BONNE

I

BONNES NOUVELLES AUJOURD'HUI

Le Nouveau Testament traduit en français courant d'après le texte grec

Illustrations de Annie Vallotton

Première Edition

LA SOCIÉTÉ BIBLIQUE CANADIENNE

LA SOCIÉTÉ BIBLIQUE CANADIENNE
Toronto — Montréal
Secteur francophone: 1450, av. Union
Montréal, Québec H3A 2B8

**Approuvé par les comités confessionnels
du Conseil supérieur de l'Éducation
du Ministère de l'Éducation du Québec**

ISBN 0-88834-247-0

N.T. Français courant
FC260P Imprimé au Canada SBC-1984-75M
Code de com. 22101

PRÉFACE

Le Nouveau Testament est le livre qui parle de Jésus-Christ. Son titre indique qu'il est le document de la nouvelle alliance que Dieu a conclue avec son peuple (le terme grec traduit par "testament" signifie aussi "alliance"). Cette alliance, c'est la bonne nouvelle de la promesse que Dieu a faite de sauver ceux qui croient en Jésus-Christ, Seigneur et Sauveur. Le Nouveau Testament ne se contente pas de présenter des informations; il réclame une décision de la part de ceux qui lisent cette Bonne Nouvelle et les appelle à un engagement.

Les vingt-sept livres dont se compose le Nouveau Testament ont été écrits par divers auteurs, dont le nombre s'élève peut-être à douze, durant une période d'environ cinquante ans. Bien que ces livres diffèrent quant à leur contenu, un thème leur est commun à tous et fait leur unité: l'amour de Dieu pour les hommes révélé dans la personne de Jésus-Christ.

Les quatre évangiles présentent le récit de la vie, de l'enseignement, des actions, de la mort et de la résurrection de Jésus. Ils sont suivis par les Actes des apôtres, livre qui décrit la façon dont l'Evangile s'est répandu, pendant une trentaine d'années, de Jérusalem jusqu'à Rome, capitale de l'Empire. Les lettres de Paul ont toutes été écrites pour répondre aux problèmes et besoins particuliers que connaissaient les premiers chrétiens. Les huit écrits qui suivent (Hébreux et les sept lettres appelées "catholiques," c'est-à-dire "universelles") sont de divers ordres: les uns sont adressés d'une manière générale aux croyants de partout, tandis que les autres sont destinés à des Eglises ou des personnes précises.

Le dernier livre du Nouveau Testament se distingue de tous les autres. Son enseignement, qui se rapporte à la victoire du Royaume de Dieu et à la seigneurie du Christ, est présenté au moyen de visions, d'images et de symboles, dont beaucoup sont difficiles à comprendre pour le lecteur actuel. Mais son message central, qui peut être aussi considéré comme le thème de tout le Nouveau Testament, est proclamé de façon claire: "Le pouvoir de régner sur le monde appartient maintenant à notre Seigneur et à son Christ, et il régnera pour toujours!" (Apocalypse 11.15).

La présente traduction du Nouveau Testament a été préparée par l'Alliance biblique universelle à l'intention de ceux dont le français est la langue maternelle ou une langue acquise. Il s'agit d'une traduction entièrement nouvelle; elle ne se conforme pas au vocabulaire et au style traditionnels, mais s'efforce de rendre le texte grec au moyen de termes et de tournures qui sont d'un emploi courant parmi ceux qui, partout, utilisent le français pour communiquer les uns avec les autres. Le Nouveau Testament en français courant tend à suivre, dans notre siècle, l'exemple donné par les auteurs des livres du Nouveau Testament qui, la plupart du temps, ont écrit en grec courant, utilisé communément dans l'ensemble de l'empire romain. On a évité autant que possible les termes et tournures qui ne sont pas couramment employés en français; mais on ne s'est pas fixé de limite rigide quant au vocabulaire utilisé.

A la fin de ce volume, un glossaire donne l'explication de termes techniques et de mots dont l'emploi est rare; il apporte également des précisions au sujet d'un certain nombre de noms de lieux et de personnes mentionnés dans le Nouveau Testament, afin de permettre au lecteur de mieux comprendre le texte par rapport à son contexte historique ou géographique.

Cette traduction a été effectuée à partir du texte du Nouveau Testament grec mis au point par un comité international de spécialistes du Nouveau Testament en liaison avec plusieurs membres de l'Alliance biblique universelle (*The Greek New Testament, United Bible Societies*, 2e édition, 1969).

Les passages ou versets entre crochets [..........] manquent dans plusieurs anciens manuscrits du Nouveau Testament.

L'astérisque (*) précédant un mot renvoie à l'explication qui est donnée de ce mot à la fin, dans le glossaire.

Les dessins sont dus à Mlle Annie Vallotton.

TABLE DES MATIÈRES

MATTHIEU

Les ancêtres de Jésus

(Voir aussi Luc 3.23-38)

1 Voici la liste des ancêtres de Jésus-Christ, qui était descendant de David, qui était descendant d'Abraham.

[2] Abraham fut père d'Isaac; Isaac fut père de Jacob; Jacob fut père de Juda et de ses frères; [3] Juda fut père de Pharès et de Zara (leur mère était Thamar); Pharès fut père d'Esrom; Esrom fut père d'Aram; [4] Aram fut père d'Aminadab; Aminadab fut père de Naasson; Naasson fut père de Salmon; [5] Salmon fut père de Boaz (Rahab était sa mère); Boaz fut père d'Obed (Ruth était sa mère); Obed fut père d'Isaï; [6] Isaï fut père du roi David.

David fut père de Salomon (sa mère avait été la femme d'Urie); [7] Salomon fut père de Roboam; Roboam fut père d'Abia; Abia fut père d'Asaph; [8] Asaph fut père de Josaphat; Josaphat fut père de Joram; Joram fut père d'Ozias; [9] Ozias fut père de Joatham; Joatham fut père d'Achaz; Achaz fut père d'Ezéchias; [10] Ezéchias fut père de Manassé; Manassé fut père d'Amon; Amon fut père de Josias; [11] Josias fut père de Jéchonias et de ses frères, à l'époque où les Israélites furent déportés à Babylone.

[12] Après que les Israélites eurent été déportés à Babylone, Jéchonias fut père de Salathiel; Salathiel fut père de Zorobabel; [13] Zorobabel fut père d'Abiud; Abiud fut père d'Eliakim; Eliakim fut père d'Azor; [14] Azor fut père de Sadok; Sadok fut père d'Achim; Achim fut père d'Eliud; [15] Eliud fut père d'Eléazar; Eléazar fut père de Matthan; Matthan fut père de Jacob; [16] Jacob fut père de Joseph, l'époux de Marie, qui fut la mère de Jésus, appelé le *Messie.

[17] Il y eut donc successivement quatorze pères et fils depuis Abraham jusqu'à David, puis quatorze depuis David jusqu'à l'époque où les Israélites furent déportés à Babylone, et quatorze depuis cette époque jusqu'à la naissance du Messie.

La naissance de Jésus-Christ

(Voir aussi Luc 2.1-7)

[18] Voici comment Jésus-Christ est né. Marie, sa mère, était fiancée à Joseph; mais avant qu'ils aient vécu ensemble, elle se trouva enceinte par la puissance du Saint-Esprit. [19] Joseph,

son fiancé, était un homme pieux et ne voulait pas la dénoncer publiquement; il décida de rompre secrètement ses fiançailles. [20] Comme il y pensait, un ange du Seigneur lui apparut dans un rêve et lui dit: "Joseph, descendant de David, ne crains pas de prendre Marie comme épouse, car c'est par la puissance du Saint-Esprit qu'elle attend un enfant. [21] Elle mettra au monde un fils, que tu appelleras Jésus, car il sauvera son peuple de ses péchés."

[22] Tout cela arriva afin que se réalise ce que le Seigneur avait dit par le *prophète:

[23] "La vierge sera enceinte et mettra au monde un fils,
Que l'on appellera Emmanuel."

(Ce nom signifie "Dieu est avec nous".)

[24] Quand Joseph se réveilla, il agit comme l'ange du Seigneur le lui avait ordonné et prit Marie comme épouse. [25] Mais il n'eut pas de relations avec elle jusqu'à ce qu'elle ait mis au monde son fils, que Joseph appela Jésus.

Des savants de l'Est viennent voir Jésus

2 Jésus naquit à Bethléhem, ville du pays de Judée, à l'époque où *Hérode était roi. Après sa naissance, des savants qui observaient les étoiles vinrent de l'Est et arrivèrent à Jérusalem. [2] Ils demandèrent: "Où est l'enfant qui vient de naître et qui doit être le roi des Juifs? Nous avons vu son étoile apparaître à l'Est et nous sommes venus pour l'adorer."

[3] Quand le roi Hérode apprit cela, il fut très inquiet, ainsi que tous les habitants de Jérusalem. [4] Il assembla tous les chefs des prêtres et les *maîtres de la loi de son peuple, et leur demanda où devait naître le *Messie. [5] Ils lui répondirent: "A Bethléhem, ville de Judée. Car voici ce que le *prophète a écrit:

[6] 'Et toi, Bethléhem, du pays de Judée,
Tu n'es certainement pas la moins importante des principales villes de Judée;
Car c'est de toi que viendra un chef
Qui conduira mon peuple, Israël.' "

[7] Alors Hérode appela en secret les savants et s'informa auprès d'eux du moment précis où l'étoile était apparue. [8] Puis il les envoya à Bethléhem, en leur disant: "Allez et cherchez bien l'enfant; et quand vous l'aurez trouvé, faites-le moi savoir, afin que j'aille, moi aussi, l'adorer."

[9] Après avoir reçu ces instructions du roi, ils partirent. Ils virent alors l'étoile qu'ils avaient déjà remarquée à l'Est: elle allait devant eux, mais, au moment où elle arriva au-dessus de l'endroit où se trouvait l'enfant, elle s'arrêta. [10] Ils furent remplis d'une très grande joie lorsqu'ils virent l'étoile. [11] Ils entrèrent dans la maison et virent l'enfant avec sa mère, Marie. Ils se mirent à genoux et adorèrent l'enfant; puis ils ouvrirent leurs bagages et lui offrirent des cadeaux: de l'or, de *l'encens et de la *myrrhe. [12] Ensuite, Dieu les avertit dans un rêve de ne pas retourner auprès d'Hérode; ils prirent alors un autre chemin pour rentrer dans leur pays.

La fuite en Egypte

[13] Après que les savants furent partis, un ange du Seigneur apparut à Joseph dans un rêve et lui dit: "Lève-toi, prends l'enfant et sa mère et fuis en Egypte; reste là-bas jusqu'à ce que je te dise de revenir. Car Hérode va rechercher l'enfant pour le faire mourir."

[14] Joseph se leva donc, prit l'enfant et sa mère et partit avec eux pendant la nuit pour l'Egypte. [15] Il y resta jusqu'au jour où Hérode mourut. Cela arriva afin que se réalise ce que le Seigneur avait dit par le *prophète: "J'ai appelé mon fils hors d'Egypte."

Le massacre des enfants

[16] Quand Hérode se rendit compte que les savants l'avaient trompé, il se mit très en colère. Il donna l'ordre de tuer tous les garçons de Bethléhem et des environs âgés de deux ans ou moins, selon ce qu'il avait appris des savants au sujet du moment où l'étoile était apparue. [17] Alors se réalisa ce qu'avait déclaré le *prophète Jérémie:

[18] "On a entendu un cri à Rama,
Des pleurs et de grandes lamentations.
C'est Rachel qui pleure ses enfants,
Elle ne veut pas être consolée, car ils sont morts."

Le retour d'Egypte

[19] Quand Hérode fut mort, un ange du Seigneur apparut dans un rêve à Joseph, en Egypte. [20] Il lui dit: "Lève-toi, prends l'enfant et sa mère et retourne avec eux dans le pays d'Israël, car ceux qui cherchaient à faire mourir l'enfant sont morts."

[21] Joseph se leva donc, prit l'enfant et sa mère et retourna dans le pays d'Israël. [22] Mais il apprit qu'Archelaüs avait succédé à son père Hérode comme roi de Judée; alors il eut peur de s'installer dans cette région. Après avoir reçu des indications dans un rêve, il partit pour la province de Galilée [23] et alla s'établir dans une ville appelée Nazareth. Il en fut ainsi pour que se réalise cette parole des *prophètes: "Il sera appelé *Nazaréen."

La prédication de Jean-Baptiste

(Voir aussi Marc 1.1-8; Luc 3.1-18; Jean 1.19-28)

3 En ce temps-là, Jean-Baptiste parut dans le désert de Judée et se mit à prêcher. [2] Il disait: "Changez de vie, car le *Royaume des cieux s'est approché!"

[3] Jean est celui dont le *prophète Esaïe a parlé lorsqu'il a dit:

"C'est la voix d'un homme qui crie dans le désert:
Préparez le chemin du Seigneur,
Faites-lui des sentiers bien droits!"

[4] Le vêtement de Jean était fait de poils de chameau et il portait une ceinture de cuir autour de la taille; il mangeait des *sauterelles et du miel sauvage. [5] Les habitants de Jérusalem, de toute la Judée et de toute la région voisine de la rivière du Jourdain venaient à lui. [6] Ils confessaient

publiquement leurs péchés et Jean les baptisait dans la rivière du Jourdain.

[7] Quand Jean vit que beaucoup de *Pharisiens et de *Sadducéens venaient à lui pour se faire baptiser, il leur dit: "Bande de serpents! Qui vous a enseigné que vous pourriez échapper à la colère divine qui va venir? [8] Accomplissez des actes qui montrent que vous avez changé de vie [9] et ne pensez pas que vous n'avez qu'à dire en vous-mêmes: 'Abraham est notre ancêtre.' Car je vous déclare que Dieu peut utiliser ces pierres pour en faire des descendants d'Abraham! [10] La hache est déjà prête à couper les arbres à la racine: tout arbre qui ne produit pas de bon fruit va être coupé et jeté au feu. [11] Moi, je vous baptise avec de l'eau pour montrer que vous changez de vie; mais celui qui vient après moi vous baptisera avec le Saint-Esprit et avec du feu. Il est plus puissant que moi: je ne suis pas même assez bon pour enlever ses chaussures. [12] Il tient en sa main la *pelle à vanner et séparera le grain de la paille. Il amassera son grain dans son grenier, mais il brûlera la paille dans un feu qui ne s'éteint jamais."

Le baptême de Jésus

(Voir aussi Marc 1.9-11; Luc 3.21-22)

[13] Alors Jésus vint de la Galilée au Jourdain; il arriva auprès de Jean pour être baptisé par lui. [14] Jean s'y opposait et lui disait: "C'est moi qui devrais être baptisé par toi et c'est toi qui viens à moi!" [15] Mais Jésus lui répondit: "Accepte qu'il en soit ainsi pour le moment. Car c'est de cette façon que nous devons accomplir tout ce que Dieu demande."

Alors Jean accepta. [16] Dès que Jésus fut baptisé, il sortit de l'eau. Au même moment les cieux s'ouvrirent pour lui: il vit l'Esprit de Dieu descendre comme une colombe et venir sur lui. [17] Et une voix venant des cieux déclara: "Celui-ci est mon Fils bien-aimé; je mets en lui toute ma joie."

La tentation de Jésus

(Voir aussi Marc 1.12-13; Luc 4.1-13)

4 Ensuite l'Esprit conduisit Jésus dans le désert pour qu'il y soit tenté par le diable. [2] Après avoir passé quarante jours et quarante nuits sans manger, Jésus eut faim. [3] Le diable s'approcha et lui dit: "Si tu es le Fils de Dieu, ordonne à ces pierres de se changer en pains." [4] Jésus ré-

pondit: "L'Ecriture déclare: 'L'homme ne peut pas vivre de pain seulement, mais de toute parole que Dieu prononce.' "

[5] Alors le diable l'emmena dans la ville sainte, le plaça au sommet du temple [6] et lui dit: "Si tu es le Fils de Dieu, jette-toi en-bas; car l'Ecriture déclare:

'Dieu donnera des ordres à ses anges à ton sujet
Et ils te porteront sur leurs mains
Pour que tu ne te blesses pas le pied contre une pierre.' "

[7] Jésus lui répondit: "L'Ecriture déclare aussi: 'Ne mets pas à l'épreuve le Seigneur ton Dieu.' "

[8] Le diable l'emmena encore sur une très haute montagne, lui fit voir tous les royaumes du monde et leur grandeur, [9] et lui dit: "Je te donnerai tout cela, si tu te mets à genoux devant moi pour m'adorer."

[10] Alors Jésus lui dit: "Va-t-en, Satan! Car l'Ecriture déclare: 'Adore le Seigneur ton Dieu et ne sers que lui seul.' "

[11] Cette fois le diable le laissa. Des anges vinrent alors auprès de Jésus et se mirent à le servir.

Jésus commence son travail en Galilée

(Voir aussi Marc 1.14-15; Luc 4.14-15)

[12] Quand Jésus apprit que Jean avait été mis en prison, il s'en alla en Galilée. [13] Il ne resta pas à Nazareth, mais alla demeurer à Capernaüm, ville située au bord du lac de Galilée, dans la région de Zabulon et de Nephtali. [14] Il en fut ainsi afin que se réalisent ces paroles du *prophète Esaïe:

[15] "Pays de Zabulon, pays de Nephtali,
En direction de la mer, de l'autre côté du Jourdain,
Galilée des non-Juifs!
[16] Le peuple qui vit dans l'obscurité
Verra une grande lumière!
Pour ceux qui vivent dans le sombre pays de la mort,
La lumière apparaîtra!"

[17] Dès ce moment, Jésus se mit à prêcher. Il disait: "Changez de vie, car le *Royaume des cieux s'est approché!"

Jésus appelle quatre pêcheurs

(Voir aussi Marc 1.16-20; Luc 5.1-11)

[18] Comme Jésus marchait le long du lac de Galilée, il vit deux frères qui étaient pêcheurs, Simon (appelé Pierre) et son frère André; ils pêchaient en jetant un filet dans le lac.

[19] Jésus leur dit: “Venez avec moi et je ferai de vous des pêcheurs d’hommes.” [20] Aussitôt, ils abandonnèrent leurs filets et l’accompagnèrent.

[21] Il alla plus loin et vit deux autres frères, Jacques et Jean, les fils de Zébédée. Ils étaient dans leur barque avec Zébédée, leur père, et réparaient leurs filets. Jésus les appela; [22] aussitôt, ils abandonnèrent la barque et leur père et accompagnèrent Jésus.

[23] Jésus allait dans toute la Galilée; il enseignait dans les *synagogues de la région, proclamait la Bonne Nouvelle du *Royaume et guérissait les gens de toutes leurs maladies et de toutes leurs infirmités. [24] L’on entendit parler de lui dans toute la région de Syrie et on lui amena tous ceux qui souffraient de diverses maladies et étaient tourmentés par divers maux: ceux qui avaient des esprits mauvais, ainsi que les *épileptiques et les paralytiques. Et Jésus les guérit. [25] De

grandes foules le suivirent; elles venaient de Galilée, de la région des Dix Villes, de Jérusalem, de Judée et du territoire situé de l’autre côté du Jourdain.

Le sermon sur la montagne

5 Quand Jésus vit ces foules, il monta sur une colline et s’assit. Ses *disciples vinrent auprès de lui [2] et il se mit à les enseigner en ces mots:

Le vrai bonheur

(Voir aussi Luc 6.20-23)

[3] “Heureux ceux qui se savent pauvres en eux-mêmes,
car le *Royaume des cieux est à eux!
[4] “Heureux ceux qui sont dans la tristesse,
car Dieu les consolera!
[5] “Heureux ceux qui sont doux,
car ils recevront la terre, selon ce que Dieu leur a promis!
[6] “Heureux ceux qui ont un vif désir de vivre selon ce que Dieu demande,
car Dieu le leur accordera pleinement!
[7] “Heureux ceux qui ont pitié des autres,
car Dieu aura pitié d'eux!
[8] “Heureux ceux qui sont purs en leur coeur,
car ils verront Dieu!
[9] “Heureux ceux qui créent la paix autour d'eux,
car Dieu les appellera ses fils!
[10] “Heureux ceux qui sont persécutés parce qu'ils font ce que Dieu demande,
car le Royaume des cieux est à eux!

[11] “Heureux êtes-vous si les hommes vous insultent, vous persécutent et mentent pour dire toute sorte de mal contre vous parce que vous êtes mes *disciples. [12] Réjouissez-vous, soyez heureux, car une grande récompense vous attend dans les cieux. C'est ainsi, en effet, que l'on a persécuté les *prophètes qui ont vécu avant vous.”

Le sel et la lumière

(Voir aussi Marc 9.50; Luc 14.34-35)

[13] “C'est vous qui êtes le sel pour le monde. Mais si le sel perd son goût, comment pourrait-on le rendre de nouveau salé? Il ne sert plus à rien; on ne peut que le jeter dehors, et les gens marchent dessus.

[14] “C'est vous qui êtes la lumière pour le monde. Une ville construite sur une colline ne peut être cachée. [15] On n'allume pas une lampe pour la mettre sous un seau. Au contraire, on la place sur le porte-lampe d'où elle éclaire tous ceux qui sont dans la maison. [16] C'est ainsi que votre lumière doit briller devant les hommes, afin qu'ils voient le bien que vous faites et qu'ils louent votre Père qui est dans les cieux.”

Enseignement au sujet de la loi

[17] "Ne pensez pas que je sois venu pour détruire la *loi de Moïse et l'enseignement des *prophètes. Je ne suis pas venu pour les détruire mais pour leur donner leur véritable sens. [18] Je vous le déclare, c'est la vérité: aussi longtemps que le ciel et la terre dureront, ni la plus petite lettre ni le plus petit détail de la loi ne seront supprimés, et cela jusqu'à la fin de toutes choses. [19] C'est pourquoi, celui qui désobéit même au plus petit des commandements et enseigne aux autres à agir ainsi, sera le plus petit dans le *Royaume des cieux. Mais celui qui obéit à la loi et enseigne aux autres à agir ainsi, sera grand dans le Royaume des cieux. [20] Je vous l'affirme: vous ne pourrez entrer dans le Royaume des cieux que si vous obéissez à ce que Dieu demande mieux que ne le font les *maîtres de la loi et les *Pharisiens."

Enseignement au sujet de la colère

[21] "Vous avez entendu qu'il a été dit à vos ancêtres: 'Ne tue pas; tout homme qui commet un meurtre sera amené devant le juge.' [22] Mais moi je vous déclare: tout homme qui se met en colère contre son frère sera amené devant le juge; celui qui dit à son frère: "Imbécile!" sera amené devant le *Conseil supérieur; celui qui lui dit: "Fou!" mérite d'aller dans le feu de l'enfer. [23] Si donc tu viens présenter ton offrande à Dieu à *l'autel et que là tu te souviennes que ton frère a quelque chose contre toi, [24] laisse là ton offrande, devant l'autel, et va d'abord faire la paix avec ton frère; puis reviens et présente ton offrande à Dieu.

[25] "Si quelqu'un porte une accusation contre toi et que vous allez ensemble au tribunal, hâte-toi de te mettre d'accord avec lui pendant que vous êtes encore en chemin, de peur qu'il ne te livre au juge, que le juge ne te remette à la police et qu'on ne te jette en prison. [26] Je te le déclare, c'est la vérité: tu ne sortiras pas de là jusqu'à ce que tu aies payé le dernier centime dû."

Enseignement au sujet de l'adultère

[27] "Vous avez entendu qu'il a été dit: "Ne commets pas d'adultère." [28] Mais moi je vous déclare: tout homme qui regarde la femme d'un autre pour la désirer a déjà commis

l'adultère avec elle dans son coeur. [29] Si donc c'est à cause de ton oeil droit que tu tombes dans le péché, arrache-le et jette-le loin de toi: il vaut mieux pour toi perdre une seule partie de ton corps que d'avoir ton corps tout entier jeté en enfer. [30] Si c'est à cause de ta main droite que tu tombes dans le péché, coupe-la et jette-la loin de toi: il vaut mieux pour toi perdre un de tes membres que d'aller en enfer avec ton corps tout entier."

Enseignement au sujet du divorce

(Voir aussi Matt. 19.9; Marc 10.11-12; Luc 16.18)

[31] "Il a été dit aussi: 'Celui qui renvoie sa femme doit lui donner une lettre de divorce.' [32] Mais moi je vous déclare: tout homme qui renvoie sa femme, alors qu'elle n'a pas été infidèle, lui fait commettre un adultère si elle se remarie; et celui qui se marie avec une femme renvoyée par un autre commet aussi un adultère."

Enseignement au sujet des serments

[33] "Vous avez aussi entendu qu'il a été dit à nos ancêtres: 'Ne romps pas ton serment, mais accomplis ce que tu as promis avec serment devant le Seigneur." [34] Mais moi je vous dis de ne point faire du tout de serment: n'en faites ni par le ciel, car c'est le trône de Dieu; [35] ni par la terre, car elle est l'endroit où il pose ses pieds; ni par Jérusalem, car elle est la ville du grand Roi. [36] Ne fais pas non plus de serment par ta tête, car tu ne peux en rendre un seul cheveu blanc ou noir. [37] Dites simplement 'oui' ou 'non', tout ce que l'on dit en plus vient du diable."

Enseignement au sujet de la vengeance

(Voir aussi Luc 6.29-30)

[38] "Vous avez entendu qu'il a été dit: 'Oeil pour oeil, et dent pour dent.' [39] Mais moi je vous dis de ne pas vous venger de celui qui vous fait du mal. Si quelqu'un te gifle sur la joue droite, laisse-le aussi te gifler sur la joue gauche. [40] Si quelqu'un veut te faire un procès et te prendre ta chemise, laisse-le prendre aussi ton manteau. [41] Si un représentant des autorités t'oblige à porter une charge sur un kilomètre, porte-la sur deux kilomètres. [42] Donne à celui qui te demande quelque chose; ne refuse pas de prêter à celui qui veut t'emprunter quelque chose."

L'amour pour les ennemis

(Voir aussi Luc 6.27-28, 32-36)

[43] "Vous avez entendu qu'il a été dit: 'Tu dois aimer ton prochain et haïr ton ennemi.' [44] Mais moi je vous dis: aimez vos ennemis et priez pour ceux qui vous persécutent, [45] afin que vous deveniez les fils de votre Père qui est dans les cieux. Car il fait lever son soleil aussi bien sur les méchants que sur les bons, il fait pleuvoir sur ceux qui agissent bien comme sur ceux qui agissent mal. [46] Si vous aimez seulement ceux qui vous aiment, pourquoi vous attendre à recevoir une récompense de Dieu? Même les *collecteurs d'impôts en font autant! [47] Si vous ne saluez que vos frères, faites-vous là quelque chose d'extraordinaire? Même les païens en font autant! [48] Soyez donc parfaits, tout comme votre Père qui est au ciel est parfait."

Enseignement au sujet des dons faits aux pauvres

6 "Gardez-vous d'accomplir vos devoirs religieux en public, pour que tout le monde vous remarque. Si vous les accomplissez ainsi, vous ne recevrez pas de récompense de votre Père qui est dans les cieux.

[2] "Quand donc tu donnes de l'argent aux pauvres, n'attire pas bruyamment l'attention sur toi, comme le font les hypocrites dans les *synagogues et dans les rues: ils agissent ainsi pour être loués par les hommes. Je vous le déclare, c'est la vérité: ils ont déjà leur récompense. [3] Mais toi, quand tu donnes de l'argent aux pauvres, fais-le de telle façon que même ton plus proche ami n'en sache rien, [4] afin que ce don reste secret; et ton Père, qui voit ce que tu fais en secret, te récompensera."

Enseignement au sujet de la prière

(Voir aussi Luc 11.2-4)

[5] "Quand vous priez, ne soyez pas comme les hypocrites: ils aiment à prier debout dans les *synagogues et au coin des rues pour que tout le monde les voie. Je vous le déclare, c'est la vérité: ils ont déjà leur récompense. [6] Mais toi, lorsque tu veux prier, entre dans ta chambre, ferme la porte et prie ton Père qui est là, dans cet endroit secret; et ton Père, qui voit ce que tu fais en secret, te récompensera.

[7] "Quand vous priez, ne prononcez pas un grand nombre

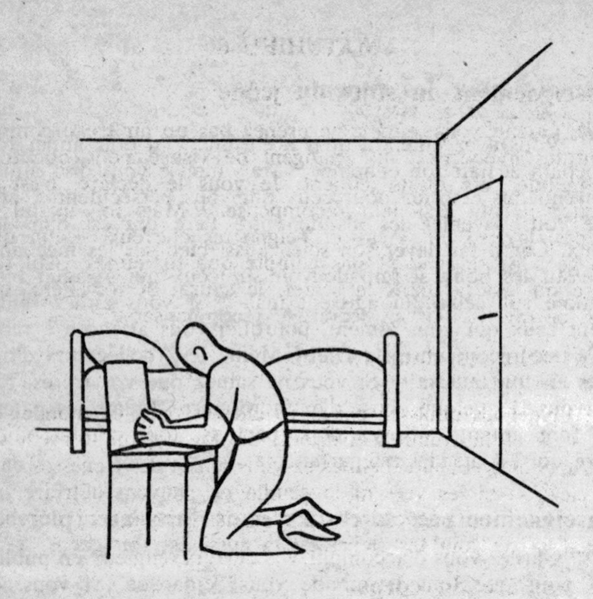

de paroles comme font les païens: ils s'imaginent que Dieu les écoutera s'ils parlent beaucoup. [8] Ne les imitez pas, car votre Père sait déjà de quoi vous avez besoin avant que vous le lui demandiez. [9] Voici comment vous devez prier:

'Notre Père qui es dans les cieux,
Que la sainteté de ton nom soit reconnue;
[10] Que ton Règne vienne;
Que ta volonté soit faite sur la terre comme elle l'est dans le ciel.
[11] Donne-nous aujourd'hui la nourriture nécessaire.
[12] Pardonne-nous le mal que nous avons commis, comme nous pardonnons à ceux qui nous ont fait du mal.
[13] Et ne nous conduis pas dans la tentation, mais délivre-nous du Mauvais.'
[Car c'est à toi qu'appartiennent le règne, la puissance et la gloire, pour toujours. Amen.]

[14] "En effet, si vous pardonnez aux autres le mal qu'ils vous ont fait, votre Père qui est au ciel vous pardonnera aussi. [15] Mais si vous ne pardonnez pas aux autres le mal qu'ils ont commis, votre Père ne vous pardonnera pas non plus vos péchés."

Enseignement au sujet du jeûne

[16] "Quand vous jeûnez, ne prenez pas un air triste comme font les hypocrites: ils changent de visage pour que tout le monde voie qu'ils jeûnent. Je vous le déclare, c'est la vérité: ils ont déjà leur récompense. [17] Mais toi, quand tu jeûnes, lave-toi le visage et peigne tes cheveux, [18] afin que les gens ne se rendent pas compte que tu jeûnes. Seul ton Père qui est là, dans le secret, le saura; et ton Père, qui voit ce que tu fais en secret, te récompensera."

Des richesses dans le ciel

(Voir aussi Luc 12.33-34)

[19] "Ne vous amassez pas des richesses dans ce monde, où les vers et la rouille détruisent, où les voleurs forcent les serrures et dérobent. [20] Amassez-vous plutôt des richesses dans le ciel, où ni les vers ni la rouille ne peuvent détruire, où les voleurs ne peuvent pas forcer des serrures ni dérober. [21] Car là où sont tes richesses, là aussi est ton coeur."

La lumière du corps

(Voir aussi Luc 11.34-36)

[22] "Les yeux sont comme la lampe du corps: si tes yeux sont en bon état, tout ton corps est éclairé; [23] mais si tes yeux sont mauvais, tout ton corps est dans l'obscurité. Si donc la lumière qui est en toi n'est qu'obscurité, comme cette obscurité sera noire!"

Dieu et l'argent

(Voir aussi Luc 16.13)

[24] "Personne ne peut servir deux maîtres: il haïra l'un et aimera l'autre; il sera fidèle à l'un et méprisera l'autre. Vous ne pouvez servir à la fois Dieu et l'argent."

Avoir confiance en Dieu

(Voir aussi Luc 12.22-31)

[25] "Voilà pourquoi je vous dis: Ne vous inquiétez pas au sujet de la nourriture et de la boisson dont vous avez besoin pour vivre, ou au sujet des vêtements dont vous avez besoin pour votre corps. La vie est plus importante que la nourriture et le corps plus important que les vêtements, n'est-ce-pas? [26] Regardez les oiseaux qui volent dans les airs: ils ne sèment ni ne moissonnent, ils n'amassent pas de récoltes dans des greniers, mais votre Père qui est au ciel

les nourrit! Ne valez-vous pas beaucoup plus que les oiseaux? [27] Qui d'entre vous parvient à prolonger un peu la durée de sa vie par le souci qu'il se fait?

[28] "Et pourquoi vous inquiétez-vous au sujet des vêtements? Observez comment poussent les fleurs des champs: elles ne travaillent pas et ne fabriquent pas de vêtements. [29] Pourtant, je vous le dis, même Salomon, avec toute sa richesse, n'a pas eu de vêtements aussi beaux que l'une de ces fleurs. [30] Dieu habille ainsi l'herbe qui se trouve aujourd'hui dans les champs et qui demain sera jetée au feu du four: ne vous habillera-t-il pas à bien plus forte raison vous-mêmes? Comme votre foi est petite! [31] Ne vous inquiétez donc pas en disant: 'Qu'allons-nous manger? qu'allons-nous boire? avec quoi nous habillerons-nous?' [32] Ce sont les païens qui cherchent continuellement tout cela. Mais votre Père qui est au ciel sait que vous en avez besoin. [33] Préoccupez-vous d'abord du *Royaume de Dieu et de la vie juste qu'il demande, et Dieu vous accordera aussi tout le reste. [34] Ne vous inquiétez donc pas du lendemain: il vous apportera ses propres soucis. La peine qui se présente chaque jour suffit pour la journée."

Ne pas juger les autres

(Voir aussi Luc 6.37-38, 41-42)

7 "Ne jugez pas les autres, afin que Dieu ne vous juge pas. [2] Car Dieu vous jugera de la façon dont vous jugez et il utilisera pour vous la mesure que vous employez pour les autres. [3] Pourquoi regardes-tu le brin de paille qui est dans l'oeil de ton frère, alors que tu ne remarques pas la poutre qui est dans ton oeil? [4] Comment peux-tu dire à ton frère: 'Laisse-moi enlever cette paille de ton oeil,' alors que tu as une poutre dans le tien? [5] Hypocrite, enlève d'abord la poutre de ton oeil et alors tu verras assez clair pour enlever la paille de l'oeil de ton frère.

[6] "Ne donnez pas ce qui est saint aux chiens, de peur qu'ils ne se tournent contre vous pour vous déchirer; ne jetez pas vos perles devant les porcs, de peur qu'ils ne les piétinent."

Demander, chercher et frapper à la porte

(Voir aussi Luc 11.9-13)

[7] "Demandez et vous recevrez; cherchez et vous trouverez; frappez et l'on vous ouvrira la porte. [8] Car tout homme

qui demande reçoit, celui qui cherche trouve et l'on ouvre la porte à celui qui frappe. [9] Y a-t-il quelqu'un parmi vous qui donne à son fils une pierre s'il lui demande du pain? [10] ou qui lui donne un serpent s'il lui demande un poisson? [11] Tout mauvais que vous êtes, vous savez donner de bonnes choses à vos enfants. A combien plus forte raison, donc, votre Père qui est dans les cieux donnera-t-il de bonnes choses à ceux qui les lui demandent!

[12] "Faites pour les autres tout ce que vous voulez qu'ils fassent pour vous: c'est là ce qu'ordonnent la *loi de Moïse et les livres des *prophètes."

La porte étroite

(Voir aussi Luc 13.24)

[13] "Entrez par la porte étroite! Car large est la porte, facile est le chemin qui mènent à la destruction, et nombreux sont ceux qui les utilisent. [14] Mais étroite est la porte, difficile est le chemin qui mènent à la vie, et peu nombreux sont ceux qui les trouvent."

L'arbre et son fruit

(Voir aussi Luc 6.43-44)

[15] "Gardez-vous des faux *prophètes. Ils viennent à vous en se donnant l'apparence de moutons, mais au dedans ce sont des loups féroces. [16] Vous les reconnaîtrez à leurs actions. On ne cueille pas des raisins sur des buissons d'épines, ni des figues sur des chardons. [17] Un bon arbre produit de bons fruits, mais un mauvais arbre produit de mauvais fruits. [18] Un bon arbre ne peut produire de mauvais fruits et un mauvais arbre ne peut produire de bons fruits. [19] Tout arbre qui ne produit pas du bon fruit est coupé, puis jeté au feu. [20] Ainsi donc, vous reconnaîtrez les faux prophètes à leurs actions."

"Je ne vous ai jamais connus"

(Voir aussi Luc 13.25-27)

[21] "Ce ne sont pas tous ceux qui me disent: 'Seigneur, Seigneur,' qui entreront dans le *Royaume des cieux, mais seulement ceux qui font ce que veut mon Père qui est dans les cieux. [22] Quand viendra ce Jour-là, beaucoup me diront: 'Seigneur, Seigneur, nous avons annoncé en ton nom des messages reçus de Dieu, nous avons chassé en ton nom des esprits mauvais, nous avons accompli en ton nom de nom-

breux miracles!' [23] Alors je leur déclarerai: 'Je ne vous ai jamais connus; éloignez-vous de moi, vous qui commettez le mal!' "

Les deux maisons

(Voir aussi Luc 6.47-49)

[24] "Ainsi, tout homme qui écoute les paroles que je viens de dire et les met en pratique sera semblable à un homme intelligent qui a bâti sa maison sur le roc. [25] La pluie est tombée, les rivières ont débordé, les vents ont soufflé avec violence contre cette maison, mais elle ne s'est pas écroulée, car ses fondations avaient été posées sur le roc. [26] Mais tout homme qui écoute les paroles que je viens de dire et ne les met pas en pratique sera semblable à un homme insensé qui a bâti sa maison sur le sable. [27] La pluie est tombée, les rivières ont débordé, les vents ont soufflé avec violence contre cette maison et elle s'est écroulée: sa ruine a été complète."

L'autorité de Jésus

[28] Quand Jésus eut achevé ces instructions, les foules étaient très étonnées de sa manière d'enseigner; [29] car il n'était pas comme leurs *maîtres de la loi, mais il les enseignait avec autorité.

Jésus guérit un lépreux

(Voir aussi Marc 1.40-45; Luc 5.12-16)

8 Jésus descendit de la colline et de grandes foules le suivirent. [2] Alors un *lépreux s'approcha, se mit à genoux devant lui et dit: "Maître, si tu le veux, tu peux me rendre pur." [3] Jésus étendit la main, le toucha et dit: "Je le veux, sois pur!" Aussitôt, l'homme fut purifié de sa lèpre. [4] Puis Jésus lui dit: "Ecoute bien: ne parle de cela à personne. Mais va montrer au prêtre comment tu es, puis offre le sacrifice que Moïse a ordonné, pour prouver à tous que tu es guéri."

Jésus guérit le serviteur d'un officier romain

(Voir aussi Luc 7.1-10)

[5] Comme Jésus entrait dans Capernaüm, un capitaine romain s'approcha de lui et lui demanda son aide [6] en disant: "Maître, mon serviteur est couché à la maison, il est paralysé et souffre terriblement." [7] Jésus lui dit: "Je vais aller

le guérir." [8] Mais le capitaine répondit: "Maître, je ne mérite pas que tu entres dans ma maison. Mais donne seulement un ordre et mon serviteur sera guéri. [9] Je suis moi-même sous l'autorité de mes supérieurs et j'ai des soldats sous mes ordres. Je dis à l'un: 'Va!' et il va; je dis à un autre 'Viens!' et il vient; et je dis à mon serviteur: 'Fais ceci!' et il le fait." [10] Quand Jésus entendit ces mots, il fut dans l'admiration et dit à ceux qui le suivaient: "Je vous le déclare, c'est la vérité: je n'ai jamais trouvé une telle foi chez qui que ce soit en Israël. [11] Je vous affirme que beaucoup viendront de l'est et de l'ouest et prendront place à table dans le *Royaume des cieux avec Abraham, Isaac et Jacob. [12] Mais ceux qui devaient appartenir au Royaume seront jetés dehors, dans l'obscurité, où ils pleureront et grinceront des dents." [13] Puis Jésus dit au capitaine: "Va chez toi, il te sera fait selon ce que tu as cru." Et le serviteur du capitaine fut guéri à ce moment même.

Jésus guérit beaucoup de malades

(Voir aussi Marc 1.29-34; Luc 4.38-41)

[14] Jésus se rendit à la maison de Pierre. Il y trouva la belle-mère de Pierre au lit: elle avait de la fièvre. [15] Il lui toucha la main et la fièvre la quitta; elle se leva et se mit à le servir.

[16] Quand le soir fut venu, on amena à Jésus un grand nombre de personnes qui avaient des esprits mauvais. Par sa parole Jésus chassa ces esprits et il guérit aussi tous les malades. [17] Il le fit afin que se réalise cette parole du *prophète Esaïe: "Il a pris nos infirmités et nous a déchargés de nos maladies."

Ceux qui désirent suivre Jésus

(Voir aussi Luc 9.57-62)

[18] Jésus vit la foule autour de lui; alors, il donna l'ordre de passer de l'autre côté du lac. [19] Un *maître de la loi s'approcha et lui dit: "Maître, je te suivrai partout où tu iras." [20] Jésus lui répondit: "Les renards ont des terriers et les oiseaux ont des nids, mais le *Fils de l'homme n'a pas un endroit où il puisse se coucher pour se reposer." [21] Un autre homme, qui était un de ses *disciples, lui dit: "Maître, permets-moi d'aller d'abord enterrer mon père." [22] Jésus lui répondit: "Suis-moi et laisse les morts enterrer leurs morts."

Jésus apaise une tempête

(Voir aussi Marc 4.35-41; Luc 8.22-25)

[23] Jésus monta dans la barque et ses *disciples l'accompagnèrent. [24] Soudain, une si grande tempête s'éleva sur le lac que les vagues recouvraient la barque. Mais Jésus dormait. [25] Les disciples s'approchèrent de lui, le réveillèrent et lui dirent: "Seigneur, sauve-nous! Nous allons mourir!" [26] Jésus leur répondit: "Pourquoi avez-vous si peur? Comme votre foi est petite!" Alors il se leva, parla sévèrement aux vents et à l'eau du lac, et il se fit un grand calme. [27] Tous étaient remplis d'étonnement et disaient: "Quel genre d'homme est-ce pour que même les vents et l'eau du lac lui obéissent?"

Jésus guérit deux hommes ayant des esprits mauvais

(Voir aussi Marc 5.1-20; Luc 8.26-39)

[28] Quand Jésus arriva de l'autre côté du lac, dans le territoire des Gadaréniens, deux hommes sortirent des tombeaux et vinrent à sa rencontre. Ces hommes avaient en eux des esprits mauvais et étaient si dangereux que personne n'osait passer par ce chemin. [29] Ils se mirent à crier: "Que nous veux-tu, Fils de Dieu? Es-tu venu ici pour nous punir avant le moment fixé?" [30] Il y avait, à une certaine distance, un grand troupeau de porcs qui cherchait sa nourriture. [31] Les esprits mauvais adressèrent cette prière à Jésus: "Si tu veux nous chasser, envoie-nous dans ce troupeau de porcs." [32] "Allez," leur dit Jésus. Ils sortirent des deux hommes et s'en allèrent dans les porcs. Aussitôt tout le troupeau se précipita du haut de la pente dans le lac et s'y noya.

[33] Les hommes qui gardaient les porcs s'enfuirent; ils se rendirent dans la ville où ils racontèrent toute l'histoire et ce qui s'était passé pour les deux hommes aux esprits mauvais. [34] Alors tous les habitants de la ville sortirent pour aller à la rencontre de Jésus; quand ils le virent, ils le prièrent de quitter leur territoire.

Jésus guérit un paralytique

(Voir aussi Marc 2.1-12; Luc 5.17-26)

9 Jésus monta dans la barque, refit la traversée du lac et se rendit dans sa ville. [2] On lui amena un paralytique couché sur un lit. Quand Jésus vit la foi de ces gens, il dit au paralytique: "Prends courage, mon fils! Tes pé-

chés sont pardonnés!" [3] Alors quelques *maîtres de la loi se dirent en eux-mêmes: "Cet homme parle contre Dieu!" [4] Jésus sut ce qu'ils pensaient et dit: "Pourquoi avez-vous ces mauvaises pensées? [5] Est-il plus facile de dire: 'Tes péchés sont pardonnés,' ou de dire: 'Lève-toi et marche'? [6] Mais je veux que vous sachiez que le *Fils de l'homme a le pouvoir sur la terre de pardonner les péchés." Il dit alors au paralytique: "Lève-toi, prends ton lit et rentre chez toi!"

[7] L'homme se leva et s'en alla chez lui. [8] Quand la foule vit cela, elle fut remplie de crainte et loua Dieu d'avoir donné un tel pouvoir aux hommes.

Jésus appelle Matthieu

(Voir aussi Marc 2.13-17; Luc 5.27-32)

[9] Jésus partit de là et vit, en passant, un homme appelé Matthieu assis au bureau de paiement des impôts. Il lui dit: "Suis-moi!" Matthieu se leva et le suivit.

[10] Comme Jésus prenait un repas dans sa maison, beaucoup de *collecteurs d'impôts et de gens de mauvaise réputation vinrent prendre place à table avec lui et ses *disciples. [11] Les *Pharisiens virent cela et dirent à ses disciples: "Pourquoi votre maître mange-t-il avec les collecteurs d'impôts et les gens de mauvaise réputation?" [12] Jésus les entendit et dit: "Les gens en bonne santé n'ont pas besoin de docteur, ce sont les malades qui en ont besoin. [13] Allez apprendre ce que signifient ces mots de l'Ecriture: 'Je désire la bonté et non des sacrifices d'animaux.' Car je ne suis pas venu appeler des gens respectables, mais des gens de mauvaise réputation."

Jésus et le jeûne

(Voir aussi Marc 2.18-22; Luc 5.33-39)

[14] Les *disciples de Jean-Baptiste s'approchèrent alors de Jésus et lui demandèrent: "Pourquoi nous et les *Pharisiens jeûnons-nous souvent et tes disciples ne le font-ils jamais?" [15] Et Jésus leur répondit: "Pensez-vous que les invités d'une noce peuvent être tristes pendant que l'époux est avec eux? Bien sûr que non! Mais le temps viendra où l'époux leur sera enlevé; alors ils jeûneront.

[16] "Personne ne répare un vieux vêtement avec un morceau d'étoffe neuve; car ce morceau arrache une partie du vêtement et la déchirure s'agrandit encore. [17] On ne verse pas non plus du vin nouveau dans de vieilles *outres; les

outres éclatent, le vin se répand et les outres sont perdues. On verse au contraire le vin nouveau dans des outres neuves et ainsi le tout se conserve bien."

La fille d'un chef juif et la femme qui toucha le vêtement de Jésus

(Voir aussi Marc 5.21-43; Luc 8.40-56)

[18] Pendant que Jésus leur disait ces paroles, un chef juif arriva, se mit à genoux devant lui et dit: "Ma fille est morte il y a un instant; mais viens, pose ta main sur elle et elle vivra." [19] Jésus se leva et le suivit avec ses *disciples.

[20] Une femme, qui souffrait de pertes de sang depuis douze ans, s'approcha alors de Jésus par derrière et toucha le bord de son vêtement. [21] Car elle se disait: "Si je peux seulement toucher son vêtement, je serai guérie". [22] Jésus se retourna, la vit et dit: "Prends courage, ma fille! Ta foi t'a guérie." Et à ce moment même la femme fut guérie.

[23] Jésus arriva à la maison du chef. Quand il vit les musiciens prêts pour l'enterrement et la foule qui s'agitait bruyamment, [24] il dit: "Sortez d'ici, car la fillette n'est pas morte mais elle dort." Ils se moquèrent de lui. [25] Quand on eut mis la foule dehors, Jésus entra dans la chambre, il saisit la fillette par la main et elle se leva. [26] La nouvelle s'en répandit dans toute cette région.

Jésus guérit deux aveugles

[27] Jésus partit de là et, comme il passait en un certain endroit, deux aveugles se mirent à le suivre en criant: "Aie pitié de nous, *Fils de David!" [28] Quand Jésus fut arrivé à la maison, les aveugles s'approchèrent de lui et il leur demanda: "Croyez-vous que je peux faire cela?" Ils lui répondirent: "Oui, Maître." [29] Alors Jésus leur toucha les yeux et dit: "Qu'il vous soit fait selon la foi que vous avez!" [30] Et leurs yeux purent voir. Jésus leur parla durement: "Ecoutez bien, leur dit-il, personne ne doit le savoir." [31] Mais ils s'en allèrent et parlèrent de Jésus dans toute cette région.

Jésus guérit un homme muet

[32] Au moment où ils s'en allaient, on amena à Jésus un homme qui ne pouvait pas parler parce qu'il avait un esprit mauvais. [33] Dès que Jésus eut chassé cet esprit, le muet se mit à parler. Les foules étaient remplies d'étonnement et disaient: "On n'a jamais rien vu de pareil en Israël!" [34] Mais les *Pharisiens disaient: "C'est le chef des esprits mauvais qui lui donne le pouvoir de chasser ces esprits!"

Jésus a pitié des foules

[35] Jésus passait par toutes les villes et tous les villages; il enseignait dans leurs *synagogues, prêchait la Bonne Nouvelle du *Royaume et guérissait toutes les maladies et toutes les infirmités. [36] Son coeur fut rempli de pitié pour les foules qu'il voyait, car ces gens étaient fatigués et découragés, comme des moutons qui n'ont pas de *berger. [37] Il dit alors à ses *disciples: "Il y a une grande moisson, mais peu d'ouvriers pour la rentrer. [38] Priez donc le propriétaire de la moisson d'envoyer plus d'ouvriers pour rentrer sa moisson."

Les douze apôtres

(Voir aussi Marc 3.13-19; Luc 6.12-26)

10 Jésus appela ses douze *disciples et leur donna le pouvoir de chasser les esprits mauvais et de guérir toutes les maladies et toutes les infirmités. [2] Voici les noms des douze *apôtres: d'abord Simon (appelé Pierre) et son frère André; Jacques et son frère Jean, les fils de Zébédée; [3] Philippe et Barthélemy; Thomas et Matthieu le *collecteur d'impôts; Jacques le fils d'Alphée et Thaddée; [4] Simon le nationaliste et Judas Iscariote qui livra Jésus à ses ennemis.

Jésus envoie les douze

(Voir aussi Marc 6.7-13; Luc 9.1-6)

[5] Jésus envoya ces douze hommes avec les instructions suivantes: "N'allez pas dans les régions habitées par les non-Juifs et n'entrez pas dans des villes de Samarie. [6] Allez plutôt vers les moutons perdus du peuple d'Israël. [7] En chemin, prêchez et dites: 'Le *Royaume des cieux s'est approché!' [8] Guérissez les malades, ramenez les morts à la vie, rendez purs les *lépreux, chassez les esprits mauvais. Vous avez reçu gratuitement, donnez aussi gratuitement. [9] Ne vous procurez ni or, ni argent, ni monnaie de cuivre pour vos poches; [10] ne prenez pas de sac pour le voyage, ni une deuxième chemise, ne prenez ni chaussures, ni bâton. En effet, l'ouvrier a droit à sa nourriture.

[11] "Quand vous arriverez dans une ville ou un village, cherchez qui est prêt à vous y recevoir et restez chez cette personne jusqu'à ce que vous quittiez l'endroit. [12] Quand vous entrerez dans une maison, dites: 'La paix soit avec vous.' [13] Si les habitants de cette maison vous reçoivent, que votre salut de paix repose sur eux; mais s'ils ne vous reçoivent pas, retirez votre salut de paix. [14] Si, dans une maison ou dans une ville, on refuse de vous accueillir ou de vous écouter, partez de là et secouez la poussière de vos pieds. [15] Je vous le déclare, c'est la vérité: au jour du Jugement le châtiment sera moins dur pour les habitants de *Sodome et *Gomorrhe que pour les habitants de cette ville-là."

Les persécutions à venir

(Voir aussi Marc 13.9-13; Luc 21.12-17)

[16] "Ecoutez! Je vous envoie comme des moutons au milieu des loups. Soyez donc prudents comme les serpents et innocents comme les colombes. [17] Prenez garde, car des hommes vous feront passer devant les tribunaux et vous frapperont à coups de fouet dans leurs *synagogues. [18] On vous fera comparaître devant des dirigeants et des rois à cause de moi, pour que vous puissiez apporter votre témoignage devant eux et devant les non-Juifs. [19] Lorsqu'on vous conduira devant le tribunal, ne vous inquiétez pas de ce que vous aurez à dire ni de la manière de le dire; les paroles que vous aurez à dire vous seront données à ce moment-là: [20] elles ne viendront pas de vous, mais l'Esprit de votre Père parlera en vous.

[21] “Des hommes livreront leurs propres frères pour qu’on les mette à mort, et des pères agiront de même avec leurs enfants; des enfants se tourneront contre leurs parents et les feront mettre à mort. [22] Tout le monde vous haïra à cause de moi. Mais celui qui tiendra bon jusqu’à la fin sera sauvé. [23] Quand on vous persécutera dans une ville, fuyez dans une autre. Je vous le déclare, c’est la vérité: vous n’aurez pas achevé de passer dans toutes les villes d’Israël avant que vienne le *Fils de l’homme.

[24] “Aucun élève n’est plus grand que son maître; aucun serviteur n’est plus grand que son patron. [25] Il suffit que l’élève devienne comme son maître et que le serviteur devienne comme son patron. Si l’on a appelé le chef de famille *Béelzébul, on donnera des noms pires encore aux membres de sa famille!”

Celui qu’il faut craindre

(Voir aussi Luc 12.2-7)

[26] “Ne craignez donc pas les hommes. Tout ce qui est caché sera découvert, et tout ce qui est secret sera connu. [27] Ce que je vous dis dans l’obscurité, répétez-le à la lumière du jour; et ce que vous entendez en secret, criez-le du haut des toits. [28] Ne craignez pas ceux qui tuent le corps mais qui ne peuvent tuer l’âme; craignez plutôt Dieu qui peut détruire à la fois le corps et l’âme dans l’enfer. [29] Ne vend-on pas deux moineaux pour un sou? Cependant, aucun d’eux ne tombe à terre sans que votre Père le permette. [30] Quand à vous, même vos cheveux sont tous comptés. [31] N’ayez donc pas peur: vous valez plus que beaucoup de moineaux!”

Confesser et renier Jésus-Christ

(Voir aussi Luc 12.8-9)

[32] “Tout homme qui déclarera publiquement m’appartenir, je déclarerai moi aussi devant mon Père qui est dans les cieux qu’il m’appartient; [33] mais celui qui aura affirmé publiquement ne pas me connaître, j’affirmerai moi aussi devant mon Père qui est dans les cieux que je ne le connais pas.”

Non la paix, mais l’épée

(Voir aussi Luc 12.51-53; 14.26-27)

[34] “Ne pensez pas que je sois venu apporter la paix au monde: je ne suis pas venu apporter la paix, mais l’épée.

35 Je suis venu opposer l'homme à son père, la fille à sa mère, la belle-fille à sa belle-mère; 36 on aura pour ennemis les membres de sa propre famille.

37 " Celui qui aime son père ou sa mère plus que moi n'est pas digne de moi; celui qui aime son fils ou sa fille plus que moi n'est pas digne de moi. 38 Celui qui ne se charge pas de sa croix et ne marche pas à ma suite n'est pas digne de moi. 39 Celui qui voudra garder sa vie la perdra; mais celui qui perdra sa vie pour moi la retrouvera."

Des récompenses

(Voir aussi Marc 9.41)

40 "L'homme qui vous reçoit me reçoit; et l'homme qui me reçoit reçoit celui qui m'a envoyé. 41 Celui qui reçoit un *prophète de Dieu parce qu'il est prophète de Dieu, recevra la récompense accordée au prophète; et celui qui reçoit un homme juste devant Dieu parce qu'il est juste devant Dieu, recevra la récompense accordée à l'homme juste. 42 Je vous le déclare, c'est la vérité: celui qui donne même un simple

verre d'eau fraîche à l'un de ces petits parmi mes *disciples parce qu'il est mon disciple, recevra sa récompense."

Les envoyés de Jean-Baptiste

(Voir aussi Luc 7.18-35)

11 Lorsque Jésus eut achevé de donner ces instructions à ses douze *disciples, il partit de là pour aller enseigner et prêcher dans les villes de la région.

2 Jean-Baptiste, dans sa prison, entendit parler des oeuvres

du Christ. Il lui envoya alors quelques-uns de ses disciples [3] pour lui demander: "Es-tu celui dont nous savons qu'il doit venir ou devons-nous en attendre un autre?" [4] Jésus leur répondit: "Allez raconter à Jean ce que vous entendez et voyez: [5] les aveugles voient, les boiteux marchent, les *lépreux sont rendus purs, les sourds entendent, les morts reviennent à la vie et la Bonne Nouvelle est annoncée aux pauvres. [6] Heureux celui qui ne perdra pas la foi en moi!"

[7] Quand les disciples de Jean partirent, Jésus se mit à parler de Jean aux foules en disant: "Qu'êtes-vous allés voir au désert? un roseau agité par le vent? Non? [8] Alors qu'êtes-vous allés voir? un homme vêtu d'habits magnifiques? Mais ceux qui portent des habits magnifiques se trouvent dans les palais des rois. [9] Qu'êtes-vous donc allés voir? un *prophète? Oui, je vous le dis, et même bien plus qu'un prophète. [10] Car Jean est celui dont l'Ecriture dit: 'Voici, j'envoie mon messager devant toi, dit Dieu, pour t'ouvrir le chemin.' [11] Je vous le déclare, c'est la vérité: parmi les humains, il n'a jamais existé personne de plus grand que Jean-Baptiste; pourtant, celui qui est le plus petit dans le *Royaume des cieux est plus grand que lui. [12] Depuis l'époque où Jean-Baptiste prêchait jusqu'à présent, le Royaume des cieux subit la violence et les violents cherchent à s'en emparer. [13] Tous les prophètes et la *loi de Moïse ont parlé du Royaume, jusqu'à l'époque de Jean. [14] Et si vous voulez me croire, Jean est cet *Elie dont la venue a été annoncée. [15] Ecoutez bien, si vous avez des oreilles!

[16] "A qui puis-je comparer les gens d'aujourd'hui? Ils ressemblent à des enfants assis sur les places publiques, dont les uns crient aux autres: [17] 'Nous vous avons joué un air de danse sur la flûte et vous n'avez pas dansé! Nous avons chanté des chants de deuil et vous ne vous êtes pas lamentés!' [18] En effet, Jean est venu, il ne mange pas et ne boit pas de vin, et l'on dit: 'Il a en lui un esprit mauvais!' [19] Le *Fils de l'homme est venu, il mange et boit, et l'on dit: 'Voyez cet homme qui ne pense qu'à manger et à boire du vin, qui est ami des *collecteurs d'impôts et des gens de mauvaise réputation!' Mais la sagesse de Dieu se révèle juste par ses effets."

Les villes qui refusent de croire

(Voir aussi Luc 10.13-15)

[20] Alors Jésus se mit à faire des reproches aux villes dans

lesquelles il avait accompli le plus grand nombre de ses miracles, parce que leurs habitants n'avaient pas changé de vie. Il dit : [21] "Malheur à toi, Chorazin! Malheur à toi, Bethsaïda! Car si les miracles qui ont été accomplis chez vous l'avaient été à Tyr et à Sidon, il y a longtemps que leurs habitants auraient revêtu des sacs et se seraient couverts de cendre pour montrer qu'ils voulaient changer de vie. [22] C'est pourquoi, je vous le déclare, au jour du Jugement la punition sera moins dure pour Tyr et Sidon que pour vous. [23] Et toi, Capernaüm, crois-tu que tu t'élèveras jusqu'au ciel? Tu seras abaissée jusqu'en enfer. Car si les miracles qui ont été accomplis chez toi l'avaient été à *Sodome, cette ville existerait encore aujourd'hui. [24] C'est pourquoi, je vous le déclare, au jour du Jugement la punition sera moins dure pour Sodome que pour toi."

Venez à moi pour trouver le repos

(Voir aussi Luc 10.21-22)

[25] En ce temps-là, Jésus dit : "O Père, Seigneur du ciel et de la terre, je te remercie d'avoir révélé aux petits ce que tu as caché aux sages et aux gens instruits. [26] Oui, Père, il en est ainsi parce qu'il t'a plu de le vouloir.

[27] "Mon Père m'a remis toutes choses. Personne ne connaît le Fils si ce n'est le Père, et personne ne connaît le Père si ce n'est le Fils et ceux à qui le Fils veut le révéler.

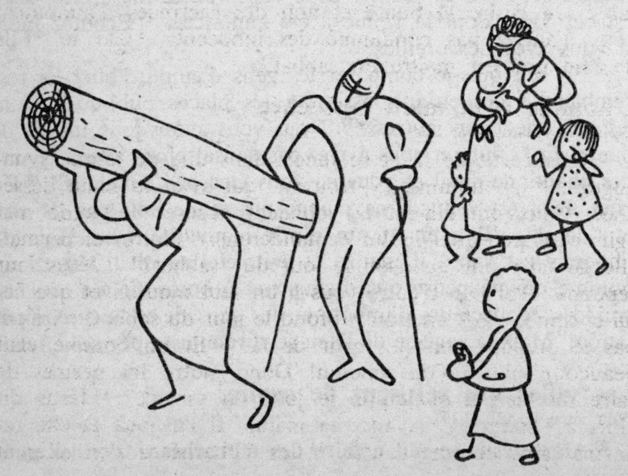

[28] "Venez à moi vous tous qui êtes fatigués de porter un lourd fardeau et je vous donnerai le repos. [29] Prenez sur vous mon *joug et laissez-vous instruire par moi, car je suis doux et humble de coeur, et vous trouverez le repos pour vous-mêmes. [30] Le joug que je vous donnerai est facile à porter et le fardeau que je mettrai sur vous est léger."

Jésus et le sabbat

(Voir aussi Marc 2.23-28; Luc 6.1-5)

12 Quelque temps après, Jésus traversait des champs de blé un jour de *sabbat. Ses *disciples avaient faim; ils se mirent à cueillir des épis de blé et à en manger les grains. [2] Quand les *Pharisiens virent cela, ils dirent à Jésus: "Regarde, tes disciples font ce que notre loi ne permet pas le jour du sabbat!" [3] Jésus leur répondit: "N'avez-vous pas lu ce que fit David un jour où lui-même et ses gens avaient faim? [4] Il entra dans la maison de Dieu et lui et ses gens mangèrent les pains offerts à Dieu; il ne leur était pourtant pas permis d'en manger: notre loi ne le permet qu'aux prêtres seuls. [5] Ou bien, n'avez-vous pas lu dans la loi de Moïse que, le jour du sabbat, les prêtres en service dans le temple n'observent pas la loi du sabbat, et cela sans être coupables? [6] Or, je vous le déclare, il y a ici quelque chose de plus grand que le temple! [7] Si vous saviez vraiment ce que signifient ces mots de l'Ecriture: 'Je désire la bonté et non des sacrifices d'animaux,' vous n'auriez pas condamné des innocents. [8] Car le *Fils de l'homme est maître du sabbat."

L'homme à la main desséchée

(Voir aussi Marc 3.1-6; Luc 6.6-11)

[9] Jésus partit de là et se rendit dans une de leurs *synagogues. [10] Un homme s'y trouvait, qui avait la main desséchée. Ceux qui étaient là voulaient accuser Jésus de mal agir; c'est pourquoi ils lui demandèrent: "Notre loi permet-elle de faire une guérison le jour du *sabbat?" [11] Jésus leur répondit: "Si l'un d'entre vous a un seul mouton et que celui-ci tombe dans un trou profond le jour du sabbat, n'ira-t-il pas le prendre pour le sortir de là? [12] Et un homme vaut beaucoup plus qu'un mouton! Donc, notre loi permet de faire du bien à quelqu'un le jour du sabbat." [13] Jésus dit alors à l'homme: "Avance ta main." Il l'avança et elle redevint saine comme l'autre. [14] Les *Pharisiens s'en allèrent

et tinrent conseil pour décider comment ils pourraient faire mourir Jésus.

Le serviteur que Dieu a choisi

[15] Quand Jésus apprit cela, il quitta cet endroit et un grand nombre de personnes le suivirent. Il guérit tous les malades, [16] mais il leur recommanda sévèrement de ne pas dire qui il était. [17] Il en fut ainsi afin que se réalisent ces paroles du *prophète Esaïe:

[18] "Voici mon serviteur que j'ai choisi, dit Dieu,
Celui que j'aime et en qui je mets toute ma joie.
Je ferai reposer mon Esprit sur lui
Et il annoncera mon jugement aux nations.
[19] Il ne se disputera avec personne et ne criera pas,
On ne l'entendra pas faire des discours dans les rues.
[20] Il ne brisera pas le roseau courbé
Et n'éteindra pas la lampe dont la lumière faiblit.
Il agira ainsi jusqu'à ce qu'il ait fait triompher la justice;
[21] Et toutes les nations mettront leur espoir en lui."

Jésus répond à une accusation portée contre lui

(Voir aussi Marc 3.22-30; Luc 11.14-23)

[22] On amena alors à Jésus un homme qui était aveugle et muet parce qu'il avait un esprit mauvais. Jésus guérit cet homme, de sorte qu'il se mit à parler et à voir. [23] Toutes les foules étaient remplies d'étonnement et disaient: "Serait-il le *Fils de David?" [24] Mais quand les *Pharisiens les entendirent, ils déclarèrent: "Cet homme ne chasse les esprits mauvais que parce que *Béelzébul, leur chef, lui en donne le pouvoir!" [25] Mais Jésus connaissait leurs pensées; il leur dit alors: "Tout royaume dont les habitants luttent les uns contre les autres finit par être détruit. Toute ville ou toute famille dont les habitants ou les membres luttent les uns contre les autres ne pourra continuer à exister. [26] Si Satan chasse ce qui est à Satan, il est en lutte contre lui-même; comment donc son royaume pourra-t-il continuer à exister? [27] Vous prétendez que je chasse les esprits mauvais parce que Béelzébul m'en donne le pouvoir; qui donne alors à vos partisans le pouvoir de les chasser? Vos partisans eux-mêmes démontrent que vous avez tort! [28] En réalité, c'est par l'Esprit de Dieu que je chasse les esprits mauvais, ce qui signifie

que le *Royaume de Dieu est déjà venu jusqu'à vous.

[29] "Personne ne peut entrer dans la maison d'un homme fort et voler ses biens, s'il n'a pas d'abord lié cet homme fort; mais quand il l'a lié, il peut tout voler dans sa maison.

[30] "Celui qui n'est pas avec moi est contre moi; et celui qui ne m'aide pas à rassembler disperse. [31] C'est pourquoi, je vous le déclare: les hommes pourront recevoir le pardon pour tout péché et pour toute parole mauvaise qu'ils prononcent; mais celui qui parle contre le Saint-Esprit ne recevra pas de pardon. [32] L'homme qui dit une parole contre le *Fils de l'homme recevra le pardon; mais celui qui parle contre le Saint-Esprit ne recevra de pardon ni dans le temps présent, ni dans le temps à venir."

L'arbre et son fruit

(Voir aussi Luc 6.43-45)

[33] "Pour avoir du bon fruit, vous devez avoir un bon arbre; si vous avez un mauvais arbre, vous aurez du mauvais fruit. Car on reconnaît un arbre au genre de fruit qu'il produit. [34] Bande de serpents! Comment pourriez-vous dire de bonnes choses, alors que vous êtes mauvais? Car la bouche exprime ce dont le coeur est plein. [35] L'homme bon tire de bonnes choses de son trésor de bien; l'homme mauvais tire de mauvaises choses de son trésor de mal. [36] Je vous le déclare: au jour du Jugement les hommes auront à rendre compte de toute parole inutile qu'ils auront prononcée. [37] Car c'est d'après tes paroles que tu seras jugé et déclaré soit innocent, soit coupable."

La demande d'un miracle

(Voir aussi Marc 8.11-12; Luc 11.29-32)

[38] Alors quelques *maîtres de la loi et quelques *Pharisiens dirent à Jésus: "Maître, nous voudrions te voir accomplir un miracle." [39] Jésus leur répondit en ces mots: "Les gens d'aujourd'hui, qui sont mauvais et infidèles à Dieu, demandent un miracle, mais aucun miracle ne leur sera accordé si ce n'est celui du *prophète Jonas. [40] Car, comme Jonas a passé trois jours et trois nuits dans le ventre du grand poisson, ainsi le *Fils de l'homme passera trois jours et trois nuits dans la terre. [41] Au jour du Jugement, les habitants de *Ninive se lèveront en face des gens d'aujourd'hui et les accuseront, car les Ninivites ont changé de vie quand ils ont entendu prêcher Jonas. Et il y a ici quelque

chose de plus grand que Jonas! [42] Au jour du Jugement, la reine du Sud se lèvera en face des gens d'aujourd'hui et les accusera, car elle est venue des régions les plus lointaines de la terre pour écouter les paroles pleines de sagesse de Salomon. Et il y a ici quelque chose de plus grand que Salomon!"

Le retour de l'esprit mauvais

(Voir aussi Luc 11.24-26)

[43] "Lorsqu'un esprit mauvais est sorti d'un homme, il va et vient dans des endroits desséchés en cherchant un lieu où se reposer. Comme il n'en trouve pas, [44] il se dit: 'Je vais retourner dans ma maison, que j'ai quittée.' Il y retourne et trouve la maison vide, balayée, bien arrangée. [45] Alors il s'en va prendre sept autres esprits encore plus mauvais que lui; ils reviennent ensemble et s'installent là. C'est ainsi que, finalement, l'état de cet homme est pire qu'au début. Et il en ira de même pour les gens mauvais d'aujourd'hui."

La mère et les frères de Jésus

(Voir aussi Marc 3.31-35; Luc 8.19-21)

[46] Comme Jésus parlait encore aux foules, sa mère et ses frères arrivèrent. Ils se tenaient dehors et cherchaient à lui parler. [47] Quelqu'un dit à Jésus: "Ecoute, ta mère et tes frères se tiennent dehors et désirent te parler." [48] Jésus répondit à cette personne: "Qui est ma mère et qui sont mes frères?" [49] Puis il désigna de la main ses *disciples et dit: "Voyez: ma mère et mes frères sont ici. [50] Car celui qui fait ce que veut mon Père qui est dans les cieux est mon frère, ma soeur ou ma mère."

La parabole du semeur

(Voir aussi Marc 4.1-9; Luc 8.4-8)

13 Ce jour-là, Jésus sortit de la maison et alla s'asseoir au bord du lac pour enseigner. [2] Une si grande foule s'assembla autour de lui qu'il monta dans une barque et s'y assit. La foule se tenait au bord de l'eau. [3] Il leur parlait de beaucoup de choses au moyen de *paraboles et leur disait:

"Un homme sortit pour semer. [4] Comme il répandait la semence dans son champ, une partie des grains tomba le long du chemin: les oiseaux vinrent et les mangèrent. [5] Une autre partie tomba sur un sol pierreux où il n'y avait pas beaucoup de terre. Les grains poussèrent aussitôt parce que la couche de terre n'était pas profonde. [6] Quand le soleil fut haut dans le ciel, il brûla les petites plantes et elles se desséchèrent parce qu'elles n'avaient pas de grandes racines. [7] Une autre partie des grains tomba parmi des plantes épineuses. Ces plantes épineuses levèrent et étouffèrent les bonnes pousses. [8] Mais d'autres grains tombèrent dans la bonne terre et donnèrent du fruit: les uns produisirent cent grains, d'autres soixante et d'autres trente." [9] Et Jésus ajouta: "Ecoutez bien, si vous avez des oreilles!"

Pourquoi Jésus emploie des paraboles

(Voir aussi Marc 4.10-12; Luc 8.9-10)

[10] Les *disciples s'approchèrent alors de Jésus et lui demandèrent: "Pourquoi leur parles-tu au moyen de *paraboles?" [11] Il leur répondit: "Vous avez reçu, vous, la connaissance des secrets du *Royaume des cieux, mais eux ne l'ont pas reçue. [12] Car celui qui a quelque chose recevra davantage et il sera dans l'abondance; mais à celui qui n'a rien on enlèvera même le peu qu'il a. [13] C'est pourquoi j'utilise des paraboles pour leur parler: parce qu'ils regardent sans voir et qu'ils écoutent sans entendre et sans comprendre. [14] Ainsi s'accomplit pour eux la prophétie exprimée par Esaïe en ces mots:

'Vous entendrez bien, mais vous ne comprendrez pas;
Vous regarderez bien, mais vous ne verrez pas.
[15] Car l'esprit de ce peuple est devenu insensible;
Ils se sont bouché les oreilles,
Ils ont fermé les yeux,
Afin que leurs yeux ne voient pas,
Que leurs oreilles n'entendent pas,
Que leur esprit ne comprenne pas
Et qu'ils ne se tournent pas vers moi pour que je les guérisse, dit Dieu.'

[16] Quant à vous, heureux êtes-vous: vos yeux voient et vos oreilles entendent! [17] Je vous le déclare, c'est la vérité: beaucoup de *prophètes et de membres du peuple de Dieu ont désiré voir ce que vous voyez, mais ne l'ont pas vu, et entendre ce que vous entendez, mais ne l'ont pas entendu."

Jésus explique la parabole du semeur

(Voir aussi Marc 4.13-20; Luc 8.11-15)

[18] "Ecoutez donc ce que signifie la *parabole du semeur.

[19] Ceux qui entendent parler du *Royaume et ne comprennent pas sont semblables au bord du chemin où tombe la semence: le Mauvais arrive et arrache ce qui a été semé dans leur coeur. [20] D'autres ressemblent au terrain pierreux où tombe la semence: ils entendent la parole et la reçoivent aussitôt avec joie. [21] Mais ils ne la laissent pas s'enraciner en eux, ils ne s'y attachent qu'un instant. Aussi, quand survient la peine ou la persécution à cause de la parole de Dieu, ils abandonnent immédiatement la foi. [22] D'autres encore reçoivent la semence parmi des plantes épineuses: ils ont entendu la parole, mais les soucis de la vie de ce monde et le plaisir trompeur de la richesse étouffent la parole qui ne produit rien. [23] D'autres hommes, enfin, reçoivent la semence dans de la bonne terre: ils entendent la parole et la comprennent; ils portent alors des fruits, les uns cent, d'autres soixante et d'autres trente."

La parabole de la mauvaise herbe

[24] Jésus leur raconta une autre *parabole: "Voici à quoi ressemble le *Royaume des cieux: Un homme avait semé de la bonne semence dans son champ. [25] Une nuit, pendant que tout le monde dormait, un ennemi de cet homme vint, sema de la mauvaise herbe parmi le blé et s'en alla. [26] Lorsque les plantes poussèrent et que les épis se formèrent, la mauvaise herbe apparut aussi. [27] Les serviteurs du propriétaire vinrent lui dire: 'Maître, tu avais semé de la bonne semence dans ton champ: d'où vient donc cette mauvaise herbe?' [28] Il leur répondit: 'C'est un ennemi qui a fait cela.' Les serviteurs lui demandèrent alors: 'Veux-tu que nous allions enlever la mauvaise herbe?' [29] 'Non,' répondit-il, 'car en enlevant la mauvaise herbe vous risqueriez d'arracher aussi le blé. [30] Laissez-les pousser ensemble jusqu'à la moisson et, à ce moment-là, je dirai aux ouvriers moissonneurs: Enlevez d'abord la mauvaise herbe et liez-la en bottes pour la brûler, puis vous rentrerez le blé dans mon grenier.' "

La parabole de la graine de moutarde

(Voir aussi Marc 4.30-32; Luc 13.18-19)

[31] Jésus leur raconta une autre *parabole: "Le *Royaume des cieux ressemble à une graine de moutarde qu'un homme a prise et semée dans son champ. [32] C'est la plus petite de toutes les graines; mais quand elle a poussé, c'est

la plus grande de toutes les plantes: elle devient un arbre, de sorte que les oiseaux viennent faire leurs nids dans ses branches."

La parabole du levain

(Voir aussi Luc 13.20-21)

[33] Jésus leur dit une autre *parabole: "Le *Royaume des cieux ressemble au *levain qu'une femme prend et mêle à vingt-cinq kilos de farine, jusqu'à ce que toute la pâte ait levé."

Comment Jésus utilisait des paraboles

(Voir aussi Marc 4.33-34)

[34] Jésus dit tout cela aux foules au moyen de *paraboles; il ne leur parlait pas sans employer de paraboles. [35] Il agissait ainsi afin que se réalise cette parole du *prophète:

"Je leur parlerai au moyen de paraboles,
Je leur annoncerai des choses tenues secrètes depuis la création du monde."

Jésus explique la parabole de la mauvaise herbe

[36] Alors Jésus laissa la foule et se rendit à la maison. Ses *disciples s'approchèrent de lui et dirent: "Explique-nous la *parabole de la mauvaise herbe dans le champ." [37] Jésus répondit en ces mots: "Celui qui sème la bonne semence, c'est le *Fils de l'homme; [38] le champ, c'est le monde; la bonne semence représente ceux qui appartiennent au *Royaume; la mauvaise herbe représente ceux qui appartiennent au Mauvais; [39] l'ennemi qui sème la mauvaise herbe, c'est le diable; la moisson, c'est la fin du monde; et les ouvriers moissonneurs, ce sont les anges. [40] Comme on enlève la mauvaise herbe pour la jeter au feu, ainsi en sera-t-il à la fin du monde: [41] le Fils de l'homme enverra ses anges, ils enlèveront de son Royaume tous ceux qui font tomber les autres dans le péché et ceux qui commettent le mal, [42] et ils les jetteront dans le feu de la fournaise où ils pleureront et grinceront des dents. [43] Mais alors, ceux qui obéissent à Dieu brilleront comme le soleil dans le Royaume de leur Père. Ecoutez bien, si vous avez des oreilles!"

La parabole du trésor caché

[44] "Le *Royaume des cieux ressemble à un trésor caché dans un champ. Un homme découvre ce trésor et le recache.

Il est si joyeux qu'il va vendre tout ce qu'il possède et revient acheter ce champ."

La parabole de la perle

[45] "Le *Royaume des cieux ressemble aussi à un marchand qui cherche de belles perles. [46] Quand il en a trouvé une de grande valeur, il va vendre tout ce qu'il possède et achète cette perle."

La parabole du filet

[47] "Le *Royaume des cieux ressemble aussi à un filet qu'on a jeté dans le lac et qui attrape toutes sortes de poissons. [48] Quand il est plein, les pêcheurs le tirent au bord de l'eau, puis s'asseyent pour trier les poissons: ils mettent les bons dans des paniers et rejettent à l'eau ceux qui ne valent rien. [49] Ainsi en sera-t-il à la fin du monde: les anges viendront séparer les méchants d'avec les bons [50] pour les jeter dans le feu de la fournaise. C'est là qu'ils pleureront et grinceront des dents."

Des richesses nouvelles et anciennes

[51] "Avez-vous compris tout cela?" leur demanda Jésus. "Oui," répondirent-ils. [52] Il leur dit alors: "Ainsi donc, tout *maître de la loi qui devient *disciple du *Royaume des cieux est semblable à un propriétaire qui tire de son trésor des choses nouvelles et des choses anciennes."

Les gens de Nazareth ne croient pas en Jésus

(Voir aussi Marc 6.1-6; Luc 4.16-30)

[53] Quand Jésus eut fini de raconter ces *paraboles, il partit de là [54] et se rendit dans la ville où il avait grandi. Il se mit à enseigner dans la *synagogue de l'endroit et toutes les personnes présentes furent très étonnées. Elles disaient: "D'où a-t-il cette sagesse? comment peut-il accomplir ces miracles? [55] N'est-ce pas lui le fils du charpentier? Marie n'est-elle pas sa mère? Jacques, Joseph, Simon et Jude ne sont-ils pas ses frères? [56] Et ses soeurs ne vivent-elles pas toutes parmi nous? D'où a-t-il donc tout ce pouvoir?" [57] Et cela les empêchait de croire en lui. Alors Jésus leur dit: "Un *prophète est respecté partout, excepté dans sa ville natale et dans sa famille." [58] Jésus n'accomplit là que peu de miracles à cause de leur manque de foi.

La mort de Jean-Baptiste
(Voir aussi Marc 6.14-29; Luc 9.7-9)

14 En ce temps-là, *Hérode, le gouverneur de Galilée, entendit parler de Jésus. [2] Il dit à ses serviteurs: "C'est Jean-Baptiste: il est revenu à la vie! Voilà pourquoi il a le pouvoir d'accomplir des miracles."

[3] En effet, Hérode avait ordonné d'arrêter Jean, il l'avait fait lier et mettre en prison. Hérode avait agi ainsi à cause d'Hérodiade, la femme de son frère Philippe. [4] Car Jean disait à Hérode: "Il ne t'est pas permis d'avoir *Hérodiade pour femme!" [5] Hérode voulait faire mourir Jean, mais il craignait le peuple juif, car tous considéraient Jean comme un *prophète.

[6] Cependant, le jour de l'anniversaire d'Hérode, la fille d'Hérodiade dansa devant les invités. Elle plut tellement à Hérode [7] qu'il jura de lui donner tout ce qu'elle demanderait. [8] Sur le conseil de sa mère, elle lui dit: "Donne-moi ici la tête de Jean-Baptiste sur un plat!" [9] Le roi en fut attristé; mais à cause des serments qu'il avait faits devant ses invités, il donna l'ordre de la lui accorder. [10] Il envoya donc quelqu'un couper la tête de Jean-Baptiste dans la prison. [11] La tête fut apportée sur un plat et donnée à la jeune fille, qui la remit à sa mère. [12] Les *disciples de Jean vinrent prendre son corps et l'enterrèrent; puis ils allèrent annoncer à Jésus ce qui s'était passé.

Jésus nourrit cinq mille hommes
(Voir aussi Marc 6.30-44; Luc 9.10-17; Jean 6.1-14)

[13] Quand Jésus entendit cette nouvelle, il partit de là dans une barque pour se rendre seul dans un endroit isolé. Mais les foules l'apprirent; elles sortirent des villes et suivirent Jésus en marchant au bord de l'eau. [14] Lorsque Jésus sortit de la barque, il vit une grande foule; il eut le coeur rempli de pitié pour ces gens et se mit à guérir leurs malades.

[15] Quand le soir fut venu, les *disciples de Jésus s'approchèrent de lui et dirent: "Il est déjà tard et cet endroit est isolé. Renvoie la foule pour qu'ils aillent dans les villages s'acheter de la nourriture." [16] Jésus leur répondit: "Il n'est pas nécessaire qu'ils s'en aillent; donnez-leur vous-mêmes à manger!" [17] Mais ils lui dirent: "Nous n'avons ici que cinq pains et deux poissons." [18] "Apportez-les moi ici," leur dit Jésus. [19] Ensuite, il ordonna à la foule de s'asseoir sur

l'herbe; puis il prit les cinq pains et les deux poissons, leva les yeux vers le ciel et remercia Dieu. Il rompit les pains et les donna aux disciples, et les disciples les distribuèrent à la foule. [20] Chacun mangea et eut assez de nourriture. Les disciples emportèrent douze corbeilles pleines des morceaux qui restaient. [21] Ceux qui avaient mangé étaient au nombre d'environ cinq mille hommes, sans compter les femmes et les enfants.

Jésus marche sur le lac

(Voir aussi Marc 6.45-52; Jean 6.15-21)

[22] Aussitôt après, Jésus fit monter les *disciples dans la barque pour qu'ils passent avant lui de l'autre côté du lac, pendant que lui-même renverrait la foule. [23] Après l'avoir renvoyée, il monta seul sur une colline pour prier. Quand la nuit vint, il se tenait là, seul; [24] la barque était déjà à une bonne distance de la terre, elle était battue par les vagues car le vent soufflait contre elle. [25] A un moment situé entre trois et six heures du matin, Jésus se dirigea vers ses disciples en marchant sur l'eau. [26] Mais quand ils le virent marcher sur l'eau, ils furent bouleversés par la peur et dirent: "C'est un fantôme!" Et ils se mirent à pousser des cris de frayeur.

[27] Mais aussitôt Jésus leur parla: "Prenez courage," leur dit-il. "C'est moi, n'ayez pas peur!" [28] Pierre prit alors la parole et lui dit: "Seigneur, si c'est bien toi, ordonne que j'aille vers toi sur l'eau." [29] "Viens!" répondit Jésus.

Pierre sortit de la barque et se mit à marcher sur l'eau pour aller à Jésus. [30] Mais quand il remarqua le vent, il prit peur et, comme il commençait à s'enfoncer dans l'eau, il s'écria: "Seigneur, sauve-moi!" [31] Aussitôt Jésus étendit la main, le saisit et lui dit: "Comme ta foi est petite! Pourquoi as-tu douté?"

[32] Ils montèrent tous les deux dans la barque et le vent tomba. [33] Alors les *disciples qui étaient dans la barque se mirent à genoux devant Jésus et dirent: "Tu es vraiment le Fils de Dieu!"

Jésus guérit les malades dans la région de Génésareth

(Voir aussi Marc 6.53-56)

[34] Ils achevèrent la traversée du lac et touchèrent terre dans la région de *Génésareth. [35] Les gens de l'endroit reconnurent Jésus et répandirent la nouvelle de son arrivée dans tous les environs, et on lui amena tous les malades. [36] On le priait de les laisser toucher au moins le bord de son manteau; et tous ceux qui le touchaient étaient guéris.

L'enseignement transmis par les ancêtres

(Voir aussi Marc 7.1-13)

15 Des *Pharisiens et des *maîtres de la loi vinrent alors de Jérusalem trouver Jésus et lui demandèrent: [2] "Pourquoi tes *disciples désobéissent-ils à l'enseignement transmis par nos ancêtres? Car ils ne se lavent pas les mains selon l'usage religieux avant de manger." [3] Jésus leur répondit: "Et vous, pourquoi désobéissez-vous au commandement de Dieu pour agir selon votre propre enseignement? [4] Dieu a dit en effet: 'Respecte ton père et ta mère,' et 'Celui qui dit du mal de son père ou de sa mère doit être mis à mort.' [5] Mais vous, vous enseignez que si quelqu'un déclare à son père ou à sa mère: 'La part de mes biens que je pourrais utiliser pour t'aider est un don réservé pour Dieu,' [6] cet homme n'a pas besoin d'aider son père. C'est ainsi que vous détruisez la valeur de la parole de Dieu pour agir selon votre propre enseignement! [7] Hypocrites! Esaïe avait bien raison lorsqu'il prophétisait à votre sujet en ces mots:

[8] 'Ce peuple, dit Dieu, m'honore avec des paroles,
Mais dans son coeur il est très loin de moi.
[9] Le culte que ces gens me rendent est inutile
Car ils enseignent des commandements faits par les hommes comme si c'étaient des enseignements de Dieu.' "

Les choses qui rendent un homme impur

(Voir aussi Marc 7.14-23)

[10] Puis Jésus appela la foule et leur dit: "Ecoutez et comprenez ceci: [11] Ce n'est pas ce qui entre dans la bouche d'un homme qui le rend *impur. C'est plutôt ce qui sort de sa bouche qui le rend impur."

[12] Les *disciples s'approchèrent alors de Jésus et lui dirent: "Sais-tu que les *Pharisiens ont été scandalisés de t'entendre parler ainsi?" [13] Il répondit: "Toute plante que n'a pas plantée mon Père qui est au ciel sera arrachée. [14] Laissez-les: ce sont des conducteurs aveugles! Et si un aveugle conduit un autre aveugle, ils tomberont tous les deux dans un trou." [15] Pierre prit la parole et lui dit: "Explique-nous cette *parabole." [16] Jésus dit: "Etes-vous encore, vous aussi, incapables de comprendre? [17] Ne comprenez-vous pas que tout ce qui entre dans la bouche de quelqu'un passe dans son ventre et sort ensuite de son corps? [18] Mais ce qui sort de la bouche vient du coeur, et c'est cela qui rend l'homme impur. [19] Car de son coeur viennent les mauvaises pensées qui le poussent à tuer, à commettre l'adultère, à agir immoralement, à voler, à mentir et à dire du mal des autres. [20] Voilà ce qui rend l'homme impur! Mais manger sans s'être lavé les mains selon l'usage religieux, cela ne rend pas l'homme impur."

Une femme étrangère croit en Jésus

(Voir aussi Marc 7.24-30)

[21] Puis Jésus partit de là et s'en alla dans la région proche des villes de Tyr et de Sidon. [22] Une femme cananéenne qui vivait dans cette région vint à lui et s'écria: "Maître, *Fils de David, aie pitié de moi! Ma fille a un esprit mauvais, elle va très mal!" [23] Mais Jésus ne répondit pas un mot. Ses *disciples s'approchèrent pour lui adresser cette demande: "Renvoie-la, car elle ne cesse de crier en nous suivant." [24] Jésus répondit: "Je n'ai été envoyé qu'aux moutons perdus du peuple d'Israël." [25] Mais la femme vint se mettre à genoux devant lui et dit: "Maître, aide-moi!" [26] Jésus répondit: " Il n'est pas bien de prendre la nourriture des enfants et de la jeter aux chiens." [27] "C'est vrai Maître," dit-elle, "pourtant les chiens mangent les morceaux qui tombent de la table de leurs maîtres." [28] Alors Jésus lui répondit: "O femme, que ta foi est grande! Il te sera fait selon ce que tu désires." Et sa fille fut guérie à ce moment même.

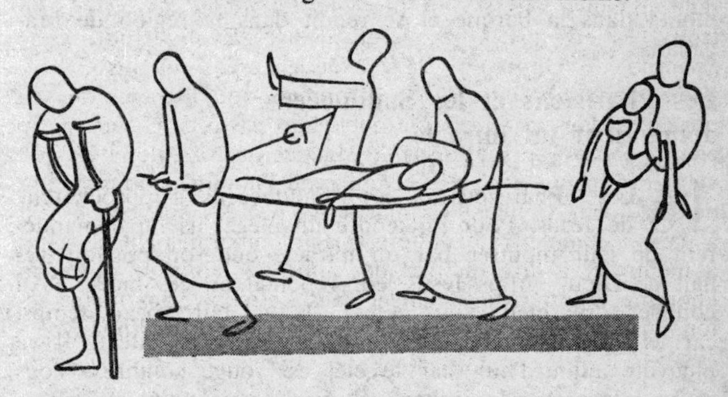

Jésus guérit beaucoup de malades

[29] Jésus partit de là et se rendit au bord du lac de Galilée. Il monta sur une colline et s'assit. [30] Des foules nombreuses vinrent à lui, amenant avec elles des boiteux, des aveugles, des infirmes, des muets et beaucoup d'autres malades. On les déposa aux pieds de Jésus et il les guérit. [31] Les gens furent remplis d'étonnement quand ils virent les muets parler, les infirmes être guéris, les boiteux marcher et les aveugles voir, et ils se mirent à louer le Dieu d'Israël.

Jésus nourrit quatre mille hommes

(Voir aussi Marc 8.1-10)

32 Jésus appela ses *disciples et dit: "J'ai pitié de ces gens, car voilà trois jours qu'ils sont avec moi et ils n'ont plus rien à manger. Je ne veux pas les renvoyer sans nourriture; ils pourraient tomber de faiblesse sur le chemin du retour." 33 Les disciples lui demandèrent: "Où pourrions-nous trouver de quoi nourrir une telle foule, dans cet endroit désert?" 34 Jésus leur demanda: "Combien avez-vous de pains?" Et ils répondirent: "Sept, et quelques petits poissons." 35 Alors, il ordonna à la foule de s'asseoir par terre. 36 Puis il prit les sept pains et les poissons, remercia Dieu, les rompit et les donna à ses disciples, et les disciples les distribuèrent à la foule. 37 Chacun mangea et eut assez de nourriture. Les disciples emportèrent sept corbeilles pleines des morceaux qui restaient. 38 Ceux qui avaient mangé étaient au nombre de quatre mille hommes, sans compter les femmes et les enfants. 39 Après avoir renvoyé la foule, Jésus monta dans la barque et se rendit dans la région de Magadan.

Les Pharisiens et les Sadducéens demandent un miracle

(Voir aussi Marc 8.11-13; Luc 12.54-56)

16 Les *Pharisiens et les *Sadducéens s'approchèrent de Jésus. Pour lui tendre un piège, ils lui demandèrent de leur montrer par un miracle que son pouvoir venait de Dieu. 2 Mais Jésus leur répondit en ces mots: "Au coucher du soleil, vous dites: 'Il va faire beau temps, car le ciel est rouge.' 3 Et tôt le matin, vous dites: 'Il va pleuvoir aujourd'hui, car le ciel est rouge sombre.' Vous savez interpréter les aspects du ciel, mais vous êtes incapables d'interpréter les signes qui concernent ces temps-ci! 4 Les gens d'aujourd'hui, qui sont mauvais et infidèles à Dieu, demandent un miracle, mais aucun miracle ne leur sera accordé si ce n'est celui de Jonas." Puis il les laissa et partit.

Le levain des Pharisiens et des Sadducéens

(Voir aussi Marc 8.14-21)

5 Quand les *disciples passèrent de l'autre côté du lac, ils oublièrent de prendre du pain. 6 Jésus leur dit alors: "Faites attention, gardez-vous du *levain des *Pharisiens

et des *Sadducéens." [7] Les disciples se mirent à dire entre eux: "Il parle ainsi parce que nous n'avons pas pris de pain." [8] Jésus s'aperçut de ce qu'ils disaient et leur demanda: "Pourquoi dire entre vous: c'est parce que nous n'avons pas de pain? Comme votre foi est petite! [9] Ne comprenez-vous pas encore? Ne vous rappelez-vous pas les cinq pains que j'ai rompus pour les cinq mille hommes et le nombre de corbeilles que vous avez emportées? [10] Et ne vous rappelez-vous pas les sept pains rompus pour quatre mille hommes et le nombre de corbeilles que vous avez emportées? [11] Comment ne comprenez-vous pas que je ne vous parlais pas de pain? Gardez-vous du levain des Pharisiens et des Sadducéens."

[12] Alors les disciples comprirent qu'il ne leur avait pas dit de se garder du levain utilisé pour le pain, mais de l'enseignement des Pharisiens et des Sadducéens.

Pierre déclare que Jésus est le Messie

(Voir aussi Marc 8.27-30; Luc 9.18-21)

[13] Jésus se rendit dans la région proche de la ville de Césarée de Philippe. Il demanda à ses *disciples: "Que disent les gens au sujet du *Fils de l'homme?" [14] Ils répondirent: "Certains disent que tu es Jean-Baptiste, d'autres disent que tu es *Elie, et d'autres encore disent que tu es Jérémie ou un autre *prophète." [15] "Et vous," leur demanda Jésus, "qui dites-vous que je suis?" [16] Simon Pierre répondit: "Tu es le *Messie, le Fils du Dieu vivant." [17] Jésus lui dit alors: "Tu es heureux, Simon fils de Jean, car ce n'est pas un être humain qui t'a révélé cette vérité, mais mon Père qui est dans les cieux. [18] Et moi, je te le déclare, tu es Pierre et sur cette pierre je construirai mon Eglise. La mort elle-même ne pourra rien contre elle. [19] Je te donnerai les clés du *Royaume des cieux: ce que tu interdiras sur terre sera interdit dans les cieux; ce que tu permettras sur terre sera permis dans les cieux."

[20] Puis Jésus ordonna à ses disciples de ne dire à personne qu'il était le Messie.

Jésus annonce sa mort et sa *résurrection

(Voir aussi Marc 8.31—9.1; Luc 9.22-27)

[21] A partir de ce moment Jésus se mit à parler ouvertement à ses *disciples en disant: "Il faut que j'aille à Jérusalem et que j'y souffre beaucoup de la part des *anciens,

des chefs des prêtres et des *maîtres de la loi. Je serai mis à mort et, le troisième jour, je reviendrai à la vie." [22] Alors Pierre le prit à part et se mit à lui faire des reproches: "Dieu t'en garde, Seigneur!" dit-il. "Non, cela ne t'arrivera pas!" [23] Mais Jésus se retourna et dit à Pierre: "Va-t-en loin de moi, Satan! Tu cherches à me faire tomber dans le péché, car tu ne penses pas comme Dieu, mais comme les hommes." [24] Puis Jésus dit à ses disciples: "Si quelqu'un veut venir avec moi, qu'il cesse de penser à lui-même, qu'il porte sa croix et me suive. [25] Car l'homme qui veut sauver sa vie la perdra; mais celui qui perdra sa vie pour moi la retrouvera. [26] A quoi servirait-il à un homme de gagner le monde entier, s'il perd sa vie? Y a-t-il quelque chose qu'un homme puisse donner pour racheter sa vie? [27] En effet, le *Fils de l'homme va venir dans la gloire de son Père avec ses anges, et alors il paiera chacun selon la façon dont il aura agi. [28] Je vous le déclare, c'est la vérité: quelques-uns de ceux qui sont ici ne mourront pas avant d'avoir vu le Fils de l'homme venir comme roi."

La transfiguration de Jésus

(Voir aussi Marc 9.2-13; Luc 9.28-36)

17 Six jours après, Jésus prit avec lui Pierre, Jacques et Jean, frère de Jacques, et les conduisit sur une haute montagne où ils se trouvèrent seuls. [2] Il changea d'apparence devant leurs yeux; son visage se mit à briller comme le soleil et ses vêtements devinrent blancs comme la lumière. [3] Puis les trois *disciples virent Moïse et *Elie qui parlaient avec Jésus. [4] Pierre dit alors à Jésus: "Seigneur, c'est bien que nous soyons ici. Si tu le veux, je vais dresser ici trois tentes, une pour toi, une pour Moïse et une pour Elie." [5] Comme il parlait encore, un nuage brillant vint les couvrir, et du nuage une voix se fit entendre: "Celui-ci est mon Fils bien-aimé en qui je mets toute ma joie. Ecoutez-le!" [6] Quand les disciples entendirent cette voix, ils eurent si peur qu'ils tombèrent le visage contre terre. [7] Jésus s'approcha d'eux, les toucha et dit: "Relevez-vous, n'ayez pas peur." [8] Ils levèrent alors les yeux et ne virent personne d'autre que Jésus.

[9] Comme ils descendaient de la montagne, Jésus leur donna cet ordre: "Ne parlez à personne de cette vision, jusqu'à ce que le *Fils de l'homme revienne à la vie après sa mort."

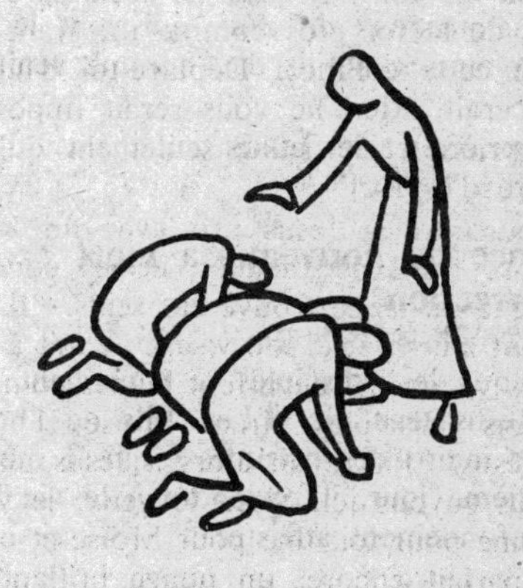

[10] Puis les disciples demandèrent à Jésus: "Pourquoi les *maîtres de la loi disent-ils qu'Elie doit venir d'abord?" [11] Il leur répondit: "Elie doit en effet venir et tout remettre en ordre. [12] Cependant je vous le déclare: Elie est déjà venu, les gens ne l'ont pas reconnu mais l'ont traité comme ils l'ont voulu. C'est ainsi que le Fils de l'homme lui-même sera maltraité par eux."

[13] Les disciples comprirent alors qu'il leur parlait de Jean-Baptiste.

Jésus guérit un enfant ayant un esprit mauvais

(Voir aussi Marc 9.14-29; Luc 9.37-43a)

[14] Quand ils arrivèrent là où était la foule, un homme s'approcha de Jésus, se mit à genoux devant lui [15] et dit: "Maître, aie pitié de mon fils. Il est *épileptique et il a de telles crises que, souvent, il tombe dans le feu ou dans l'eau. [16] Je l'ai amené à tes *disciples, mais ils n'ont pas pu le guérir." [17] Jésus répondit: "O vous, gens incrédules et mauvais! Combien de temps encore devrai-je rester avec vous? Combien de temps encore devrai-je vous supporter? Amenez-moi l'enfant ici." [18] Jésus parla sévèrement à l'esprit mauvais; celui-ci sortit de l'enfant qui fut guéri à ce moment même.

[19] Les disciples s'approchèrent alors de Jésus en particulier et lui demandèrent: "Pourquoi n'avons-nous pas pu faire sortir cet esprit?" [20] Jésus leur répondit: "Parce que vous avez trop peu de foi. Je vous le déclare, c'est la vérité: si vous aviez de la foi gros comme un grain de moutarde, vous diriez à cette colline: 'Déplace-toi d'ici à là-bas,' et elle se déplacerait. Rien ne vous serait impossible. [[21] Mais c'est par la prière et le jeûne seulement qu'on peut faire sortir ce genre d'esprit.]"

Jésus annonce de nouveau sa mort et sa *résurrection

(Voir aussi Marc 9.30-32; Luc 9.43b-45)

[22] Un jour que les *disciples se trouvaient tous ensemble en Galilée, Jésus leur dit: "Le *Fils de l'homme va être livré entre les mains des hommes [23] qui le mettront à mort; mais, le troisième jour, il reviendra à la vie." Les disciples en furent profondément attristés.

Le paiement de l'impôt du temple

[24] Quand Jésus et ses *disciples arrivèrent à Capernaüm, les percepteurs de l'impôt du temple s'approchèrent de Pierre et lui demandèrent: "Votre maître ne paie-t-il pas l'impôt du temple?" [25] "Si, il le paie," répondit Pierre. Au moment où Pierre entrait dans la maison, Jésus prit la parole le premier et dit: "Qu'en penses-tu, Simon? Qui doit payer les impôts ou les taxes aux rois de ce monde? Les citoyens de leurs pays ou les étrangers?" [26] "Les étrangers," répondit Pierre. "Par conséquent," lui dit Jésus, "les citoyens n'ont

pas à payer. [27] Cependant, nous ne voulons pas choquer ces gens. C'est pourquoi, va au lac, lance une ligne à l'eau, tire à toi le premier poisson que tu attraperas et ouvre-lui la bouche: tu y trouveras une pièce d'argent qui suffira pour payer mon impôt et le tien; prends-la et paie-leur notre impôt."

Qui est le plus grand?

(Voir aussi Marc 9.33-37; Luc 9.46-48)

18 A ce moment les *disciples s'approchèrent de Jésus et lui demandèrent: "Qui est le plus grand dans le *Royaume des cieux?" [2] Jésus appela un enfant, le plaça devant eux [3] et dit: "Je vous le déclare, c'est la vérité: si vous ne changez pas pour devenir comme des enfants, vous n'entrerez pas dans le Royaume des cieux. [4] Le plus grand dans le Royaume des cieux est celui qui s'abaisse et devient comme cet enfant. [5] Et l'homme qui reçoit un enfant comme celui-ci à cause de moi, me reçoit moi-même."

La gravité du péché

(Voir aussi Marc 9.42-48; Luc 17.1-2)

[6] "Celui qui fait tomber dans le péché un de ces petits qui croient en moi, il vaudrait mieux pour lui qu'on lui attache au cou une grosse pierre et qu'on le noie au fond de la mer. [7] Quel malheur pour le monde qu'il y ait des faits qui entraînent les hommes à pécher! Il y aura toujours de tels faits, mais malheur à l'homme qui en est la cause!

[8] "Si c'est à cause de ta main ou de ton pied que tu tombes dans le péché, coupe-les et jette-les loin de toi; il vaut mieux pour toi entrer dans la vraie vie avec une seule main ou un seul pied que de garder les deux mains et les deux pieds et d'être jeté dans le feu éternel. [9] Et si c'est à cause de ton oeil que tu tombes dans le péché, arrache-le et jette-le loin de toi; il vaut mieux pour toi entrer dans la vraie vie avec un seul oeil que de garder les deux yeux et d'être jeté dans le feu de l'enfer."

La parabole du mouton perdu et retrouvé

(Voir aussi Luc 15.3-7)

[10] "Gardez-vous de mépriser l'un de ces petits; je vous l'affirme, en effet, leurs anges dans les cieux se tiennent continuellement en présence de mon Père qui est dans les cieux. [[11] Car le *Fils de l'homme est venu sauver ce qui était perdu.]

[12] "Qu'en pensez-vous? Si un homme possède cent moutons et que l'un d'eux se perd, ne va-t-il pas laisser les quatre-vingt-dix-neuf autres sur la colline pour partir à la recherche de celui qui s'est perdu? [13] S'il le retrouve, je vous affirme qu'il ressent plus de joie pour ce mouton que pour les quatre-vingt-dix-neuf autres qui ne se sont pas perdus. [14] De même, votre Père qui est dans les cieux ne veut pas qu'un seul de ces petits se perde."

Quand un frère pèche

[15] " Si ton frère pèche contre toi, va le trouver et montre-lui sa faute, mais en demeurant seul avec lui. S'il t'écoute, tu auras gagné ton frère. [16] Mais s'il refuse de t'écouter, prends une ou deux autres personnes avec toi, afin que 'toute ac-

cusation soit appuyée par le témoignage de deux ou trois témoins' comme le déclare l'Ecriture. [17] Mais s'il refuse de les écouter, dis-le à l'Eglise; et s'il refuse d'écouter l'Eglise, considère-le comme un étranger ou un *collecteur d'impôts."

Interdire et permettre

[18] "Je vous le déclare, c'est la vérité: tout ce que vous interdirez sur terre sera interdit dans le ciel; tout ce que vous permettrez sur terre sera permis dans le ciel.

[19] "Je vous déclare aussi que si deux d'entre vous, sur la terre, s'accordent pour demander quoi que ce soit dans la prière, mon Père qui est dans les cieux le leur donnera. [20] Car là où deux ou trois s'assemblent en mon nom, je suis au milieu d'eux."

La parabole du serviteur qui refuse de pardonner

[21] Alors Pierre s'approcha de Jésus et lui demanda: "Seigneur, combien de fois devrai-je pardonner à mon frère s'il ne cesse de pécher contre moi? jusqu'à sept fois?" [22] "Non," lui répondit Jésus, "je ne te dis pas jusqu'à sept fois, mais jusqu'à soixante-dix fois sept fois. [23] C'est pourquoi, voici à quoi ressemble le *Royaume des cieux: Un roi décida de régler ses comptes avec ses serviteurs. [24] Il venait de se mettre à compter, quand on lui en amena un qui lui devait des millions de francs. [25] Cet homme n'avait pas de quoi rendre cet argent; son maître ordonna alors de le vendre comme esclave et de vendre aussi sa femme, ses enfants et tout ce qu'il possédait, afin de rembourser ainsi la dette.

[26] Le serviteur tomba à genoux devant son maître pour le supplier: 'Prends patience envers moi,' lui dit-il 'et je te paierai tout!' [27] Le maître en eut pitié: il lui remit sa dette et le laissa partir.

[28] "Le serviteur sortit et rencontra un de ses compagnons de service qui lui devait une centaine de francs. Il le saisit à la gorge et le serrait à l'étouffer en disant: 'Paie ce que tu me dois!' [29] Son compagnon tomba à ses pieds et le supplia en ces mots: 'Prends patience envers moi et je te paierai!' [30] Mais il ne voulut pas: il le fit au contraire jeter en prison jusqu'à ce qu'il ait payé sa dette. [31] Quand les autres serviteurs virent ce qui était arrivé, ils en furent profondément attristés et allèrent tout raconter à leur maître. [32] Alors le

maître fit venir ce serviteur et lui dit: 'Méchant serviteur! je t'ai remis toute ta dette parce que tu m'as supplié de le faire. [33] Tu devais toi aussi avoir pitié de ton compagnon, comme j'ai eu pitié de toi.' [34] Le maître était très en colère et il envoya le serviteur en prison pour y être puni jusqu'à ce qu'il ait payé toute sa dette." [35] Et Jésus ajouta: "C'est ainsi que mon Père qui est au ciel vous traitera si chacun de vous ne pardonne pas à son frère de tout son coeur."

L'enseignement de Jésus sur le divorce

(Voir aussi Marc 10.1-12)

19 Quand Jésus eut achevé ces instructions, il quitta la Galilée et se rendit dans la partie de la Judée qui se trouve de l'autre côté de la rivière du Jourdain. [2] De grandes foules l'y suivirent et il guérit leurs malades.

[3] Quelques *Pharisiens s'approchèrent de lui pour lui tendre un piège. Ils lui demandèrent:

"Notre loi permet-elle à un homme de renvoyer sa femme pour n'importe quelle raison?" [4] Jésus répondit: "N'avez-vous pas lu ce que déclare l'Ecriture? 'Au commencement, le Créateur les fit homme et femme, [5] puis il dit: "A cause de cela, l'homme quittera son père et sa mère pour vivre avec sa femme, et les deux deviendront un seul être." ' [6] Ainsi, ils ne sont plus deux mais un seul être. Que l'homme ne sépare donc pas ce que Dieu a uni." [7] Les Pharisiens lui demandèrent: "Pourquoi donc Moïse a-t-il commandé à l'homme de donner une lettre de divorce à sa femme pour la renvoyer?" [8] Jésus répondit: "Moïse vous a permis de renvoyer vos femmes parce que vous avez le coeur dur. Mais au commencement il n'en était pas ainsi. [9] Je vous le déclare: si un homme renvoie sa femme, alors qu'elle n'a pas été infidèle, et se marie avec une autre, il commet un adultère."

[10] Ses *disciples lui dirent: "Si telle est la condition de l'homme par rapport à sa femme, il vaut mieux ne pas se marier." [11] Jésus leur répondit: "Tous les hommes ne sont pas capables d'accepter cet enseignement, mais seulement ceux à qui Dieu a donné de le pouvoir. [12] Il y a différentes raisons qui empêchent les hommes de se marier: pour certains, c'est une impossibilité dès leur naissance; d'autres en ont été rendus incapables par les hommes; d'autres enfin ne se marient pas à cause du *Royaume des cieux. Que celui qui peut accepter cet enseignement l'accepte!"

Jésus bénit des petits enfants

(Voir aussi Marc 10.13-16; Luc 18.15-17)

[13] Des gens amenèrent des enfants à Jésus pour qu'il pose les mains sur eux et prie pour eux, mais les *disciples leur firent des reproches. [14] Jésus dit alors: "Laissez les enfants venir à moi et ne les en empêchez pas, car le *Royaume des cieux appartient à ceux qui sont comme eux." [15] Il posa les mains sur eux, puis partit de là.

Le jeune homme riche

(Voir aussi Marc 10.17-31; Luc 18.18-30)

[16] Un homme s'approcha de Jésus et lui demanda: "Maître, que dois-je faire de bon pour avoir la vie éternelle?" [17] Jésus lui dit: "Pourquoi m'interroges-tu au sujet de ce qui est bon? Un seul est bon. Si tu veux entrer dans la vie,

obéis aux commandements." [18] "Auxquels?" demanda-t-il. Jésus répondit: "Ne tue pas; ne commets pas d'adultère; ne vole pas; ne dis pas de mensonge contre quelqu'un; [19] respecte ton père et ta mère; aime ton prochain comme toi-même." [20] Le jeune homme lui dit: "J'ai obéi à tous ces commandements. Que dois-je faire encore?" [21] "Si tu veux être parfait," lui dit Jésus, "va vendre tout ce que tu possèdes et donne l'argent aux pauvres, alors tu auras des richesses dans les cieux; puis viens et suis-moi." [22] Mais quand le jeune homme entendit ces paroles, il s'en alla tout triste, parce qu'il était très riche.

[23] Jésus dit alors à ses *disciples: "Je vous le déclare, c'est la vérité: il est difficile à un homme riche d'entrer dans le *Royaume des cieux. [24] Et je vous déclare encore ceci: il est difficile à un chameau de passer par le trou d'une aiguille, mais il est encore plus difficile à un riche d'entrer dans le Royaume de Dieu." [25] Quand les disciples entendirent ces mots, ils furent très étonnés et dirent: "Mais alors qui peut être sauvé?" [26] Jésus les regarda et leur dit: "C'est impossible aux hommes, mais tout est possible à Dieu."

[27] Alors Pierre prit la parole et lui dit: "Ecoute, nous avons tout quitté et nous t'avons suivi. Que se passera-t-il pour nous?" [28] Jésus leur dit: "Je vous le déclare, c'est la vérité: quand le *Fils de l'homme sera assis sur son trône glorieux dans le monde nouveau, vous les douze qui m'avez suivi vous serez également assis sur des trônes pour juger les douze tribus d'Israël. [29] Et tous ceux qui auront quitté leurs maisons, ou leurs frères, leurs soeurs, leur père, leur mère, leurs enfants, leurs champs pour moi, recevront cent fois plus et auront part à la vie éternelle. [30] Mais beaucoup qui sont maintenant les premiers seront les derniers et beaucoup qui sont maintenant les derniers seront les premiers."

Les ouvriers dans la vigne

20 "Voici, en effet, à quoi ressemble le *Royaume des cieux: Un propriétaire sortit tôt le matin afin d'engager des ouvriers pour sa vigne. [2] Il fut d'accord de leur payer le salaire habituel, une pièce d'argent par jour, et les envoya travailler dans sa vigne. [3] Il sortit de nouveau à neuf heures du matin et en vit d'autres qui se tenaient sur la place sans

rien faire. [4] Il leur dit: 'Allez, vous aussi, travailler dans ma vigne et je vous donnerai un juste salaire.' [5] Et ils y allèrent. Le propriétaire sortit encore à midi, puis à trois heures de l'après-midi et fit de même. [6] Enfin, vers cinq heures de l'après-midi, il sortit et trouva d'autres hommes qui se tenaient encore sur la place. Il leur demanda: 'Pourquoi restez-vous ici tout le jour sans rien faire?' [7] 'Parce que personne ne nous a engagés,' répondirent-ils. Il leur dit: 'Eh bien! allez, vous aussi, travailler dans ma vigne.'

[8] "Quand vint le soir, le propriétaire de la vigne dit à son contremaître: 'Appelle les ouvriers et paie-leur leur salaire, en commençant par ceux qui ont été engagés en dernier et en terminant par ceux qui ont été engagés en premier.' [9] Ceux qui s'étaient mis au travail à cinq heures de l'après-midi vinrent alors et reçurent chacun une pièce d'argent. [10] Quand ceux qui avaient été engagés en premier vinrent, ils pensèrent qu'ils recevraient plus; mais on leur remit aussi à chacun une pièce d'argent. [11] En la recevant, ils s'indignaient contre le propriétaire [12] et disaient: 'Ces ouvriers engagés en dernier lieu n'ont travaillé qu'une heure et tu les as payés comme nous qui avons supporté la fatigue d'une journée entière de travail sous un soleil brûlant!' [13] Mais le propriétaire répondit à l'un d'eux: 'Mon ami, je ne t'ai pas trompé. Tu as été d'accord de travailler pour une pièce d'argent par jour, n'est-ce-pas? [14] Prends donc ton salaire et va-t-en. Je veux donner à cet homme qui a été engagé en dernier autant qu'à toi. [15] N'ai-je pas le droit de faire ce que je veux de mon argent? Ou bien es-tu jaloux parce que je suis bon?' [16] Ainsi," ajouta Jésus, "ceux qui sont les derniers seront les premiers et ceux qui sont les premiers seront les derniers."

Jésus annonce une troisième fois sa mort et sa *résurrection

(Voir aussi Marc 10.32-34; Luc 18.31-34)

[17] Comme Jésus se rendait à Jérusalem, il prit les douze *disciples à part et leur dit, tout en marchant: [18] "Ecoutez, nous montons à Jérusalem, où le *Fils de l'homme sera livré aux chefs des prêtres et aux *maîtres de la loi. Ils le condamneront à mort [19] et le livreront aux païens, qui se moqueront de lui, le frapperont à coups de fouet et le cloueront sur une croix. Et le troisième jour il reviendra à la vie."

La demande de la mère de Jacques et Jean

(Voir aussi Marc 10.35-45)

[20] Alors la mère des fils de Zébédée s'approcha de Jésus avec ses fils; elle s'inclina devant lui pour lui demander une faveur. [21] "Que désires-tu?" lui dit Jésus. Elle lui répondit: "Promets-moi que mes deux fils que voici seront assis l'un à ta droite et l'autre à ta gauche quand tu seras roi." [22] "Vous ne savez pas ce que vous demandez," répondit Jésus. "Pouvez-vous boire la coupe de douleur que je vais boire?" "Nous le pouvons," lui répondirent-ils. [23] "Vous boirez en effet ma coupe," leur dit Jésus. "Mais ce n'est pas à moi de décider qui sera assis à ma droite et à ma gauche; ces places sont à ceux pour qui mon Père les a préparées."

[24] Quand les dix autres *disciples entendirent cela, ils s'indignèrent contre les deux frères. [25] Alors Jésus les appela tous et dit: "Vous savez que les chefs des peuples les commandent en maîtres et que les grands personnages leur font sentir leur pouvoir. [26] Mais cela ne doit pas se passer ainsi parmi vous. Au contraire, si l'un de vous veut être grand, il doit être votre serviteur, [27] et si l'un de vous veut être le premier, il doit être votre esclave: [28] c'est ainsi que le *Fils de l'homme n'est pas venu pour se faire servir, mais il est venu pour servir et donner sa vie comme prix pour la libération de beaucoup d'hommes."

Jésus guérit deux aveugles

(Voir aussi Marc 10.46-52; Luc 18.35-43)

[29] Lorsqu'ils sortirent de Jéricho, une grande foule suivit Jésus. [30] Deux aveugles qui étaient assis au bord du chemin entendirent que Jésus passait; ils se mirent alors à crier: "Maître, *Fils de David, aie pitié de nous!" [31] La foule leur faisait des reproches et leur disait de se taire, mais ils criaient encore plus fort: "Maître, Fils de David, aie pitié de nous!" [32] Jésus s'arrêta, les appela et leur demanda: "Que voulez-vous que je fasse pour vous?" [33] Ils lui répondirent: "Maître, fais que nos yeux puissent voir." [34] Jésus eut pitié d'eux et toucha leurs yeux; aussitôt, les deux hommes purent voir, et ils le suivirent.

Jésus entre à Jérusalem

(Voir aussi Marc 11.1-11; Luc 19.28-40; Jean 12.12-19)

21 Quand ils approchèrent de Jérusalem et arrivèrent au village de Bethphagé, sur le mont des Oliviers, Jésus

envoya en avant deux des *disciples: [2] "Allez au village qui est là devant vous," leur dit-il. "Vous y trouverez tout de suite une ânesse attachée et son ânon avec elle. Détachez-les et amenez-les moi. [3] Si l'on vous dit quelque chose, répondez: 'Le Seigneur en a besoin.' Et aussitôt on les laissera partir."

[4] Cela arriva afin que se réalisent ces paroles du *prophète:

[5] "Dites à la ville de Sion:
Regarde, ton roi vient à toi,
Plein de douceur, monté sur une ânesse,
Monté sur un ânon, le petit d'une ânesse."

[6] Les disciples partirent donc et firent ce que Jésus leur avait ordonné. [7] Ils amenèrent l'ânesse et l'ânon, posèrent leurs manteaux sur eux et Jésus s'assit dessus. [8] Une grande foule de gens étendirent leurs manteaux sur le chemin; d'autres coupaient des branches aux arbres et les mettaient sur le chemin. [9] Les foules qui marchaient devant Jésus et celles

qui le suivaient criaient: "Gloire au *Fils de David! Que Dieu bénisse celui qui vient au nom du Seigneur! Gloire à Dieu dans les cieux!"

[10] Quand Jésus entra dans Jérusalem, toute la ville se mit à

s'agiter. "Qui est cet homme?" demandait-on. [11] "C'est le prophète Jésus, de Nazareth en Galilée," répondaient les foules.

Jésus dans le temple

(Voir aussi Marc 11.15-19; Luc 19.45-48; Jean 2.13-22)

[12] Jésus entra dans le temple et chassa tous ceux qui vendaient et qui achetaient dans le temple; il renversa les tables des changeurs d'argent et les chaises des vendeurs de pigeons. [13] Puis il leur dit: "Les Ecritures déclarent: 'Ma maison sera appelée une maison de prière.' Mais vous, vous en faites une caverne de voleurs!"

[14] Des aveugles et des boiteux s'approchèrent de Jésus dans le temple et il les guérit. [15] Les chefs des prêtres et les *maîtres de la loi s'indignèrent quand ils virent les actions étonnantes qu'il accomplissait et les enfants qui criaient dans le temple: "Gloire au *Fils de David!" [16] Ils dirent alors à Jésus: "Entends-tu ce qu'ils disent?" "Oui," leur répondit Jésus. "N'avez-vous jamais lu ce passage de l'Ecriture: 'Tu as fait sortir des louanges de la bouche des enfants et des bébés'?" [17] Puis il les quitta et sortit de la ville pour se rendre à Béthanie où il passa la nuit.

Jésus maudit un figuier

(Voir aussi Marc 11.12-14, 20-24)

[18] Le lendemain matin, comme il revenait en ville, Jésus eut faim. [19] Il vit un figuier au bord du chemin et s'en approcha, mais il n'y trouva que des feuilles. Il dit alors au figuier: "Tu ne porteras plus jamais de fruit!" Aussitôt, le figuier devint tout sec. [20] Les *disciples virent cela et furent remplis d'étonnement. Ils demandèrent à Jésus: "Comment ce figuier est-il devenu tout sec en un instant?" [21] Jésus leur répondit: "Je vous le déclare, c'est la vérité: si vous avez de la foi et si vous ne doutez pas, non seulement vous pourrez faire ce que j'ai fait à ce figuier, mais vous pourrez même dire à cette colline: 'Ote-toi de là et jette-toi dans la mer,' et cela arrivera. [22] Si vous croyez, vous recevrez tout ce que vous demanderez dans la prière."

D'où vient l'autorité de Jésus?

(Voir aussi Marc 11.27-33; Luc 20.1-8)

[23] Jésus entra dans le temple et se mit à enseigner; les chefs des prêtres et les *anciens du peuple juif s'approchèrent alors et lui demandèrent: "De quel droit fais-tu ces

choses? Qui t'a donné ce droit?" [24] Jésus leur répondit: "Je vais vous poser à mon tour une question, une seule; si vous me donnez une réponse, alors je vous dirai de quel droit je fais ces choses. [25] Qui a envoyé Jean baptiser, Dieu ou les hommes?" Mais ils se mirent à discuter entre eux et se dirent: "Si nous répondons: c'est Dieu qui l'a envoyé, il nous demandera: 'Pourquoi donc n'avez-vous pas cru Jean?' [26] Mais si nous disons: ce sont les hommes qui l'ont envoyé, —nous avons à craindre la foule, car tous pensent que Jean était un *prophète." [27] Alors ils répondirent à Jésus: "Nous ne savons pas." Et il leur dit: "Eh bien! moi non plus, je ne vous dirai pas de quel droit je fais ces choses."

La parabole des deux fils

[28] "Que pensez-vous de ceci?" ajouta Jésus. "Un homme avait deux fils. Il s'adressa au premier et lui dit: 'Mon fils, va travailler aujourd'hui dans la vigne.' [29] 'Je ne veux pas,' répondit-il; mais, plus tard, il changea d'idée et se rendit à la vigne. [30] Puis le père s'adressa à l'autre fils et lui dit la même chose. Celui-ci lui répondit: 'Oui, père,' mais il n'y alla pas. [31] Lequel des deux a fait ce que voulait son père?" "Le premier," répondirent-ils. Jésus leur dit alors: "Je vous le déclare, c'est la vérité: les *collecteurs d'impôts et les prostituées arriveront avant vous dans le *Royaume de Dieu. [32] Car Jean est venu à vous en vous montrant le juste chemin et vous ne l'avez pas cru; mais les collecteurs d'impôts et les prostituées ont cru en lui. Et même après avoir vu cela, vous n'avez pas changé intérieurement pour croire en lui."

La parabole des méchants vignerons

(Voir aussi Marc 12.1-12; Luc 20.9-19)

[33] "Ecoutez une autre *parabole: Il y avait un propriétaire qui planta une vigne; il l'entoura d'un mur, y creusa un trou pour le pressoir à raisin et bâtit une tour de garde. Ensuite, il loua la vigne à des ouvriers vignerons et partit en voyage. [34] Quand vint le moment de récolter le raisin, il envoya ses serviteurs vers les ouvriers vignerons pour recevoir sa part de raisin. [35] Mais les vignerons saisirent ses serviteurs, battirent l'un, tuèrent l'autre et lancèrent des pierres contre un troisième. [36] Le propriétaire envoya alors d'autres serviteurs, en plus grand nombre que la première fois, mais les vignerons les traitèrent de la même façon. [37] Finale-

ment, il leur envoya son fils en se disant: 'Ils auront du respect pour mon fils.' [38] Mais quand les vignerons virent le fils, ils se dirent entre eux: 'Voilà celui qui deviendra propriétaire plus tard. Allons, tuons-le et nous aurons sa propriété!' [39] Ils le saisirent donc, le jetèrent hors de la vigne et le tuèrent.

[40] "Quand le propriétaire de la vigne viendra, que fera-t-il donc à ces vignerons?" demanda Jésus. [41] Ils lui répondirent: "Il tuera sans pitié ces hommes mauvais et louera la vigne à d'autres vignerons qui lui remettront sa part de la récolte au moment voulu." [42] Puis Jésus leur dit: "N'avez-vous jamais lu ce que déclare l'Ecriture?

'C'est la pierre que les bâtisseurs avaient rejetée
Qui est devenue la pierre principale.
Voilà ce qu'a fait le Seigneur,
Et il est merveilleux pour nous de voir cela!'

[43] "C'est pourquoi," ajouta Jésus, "je vous le déclare: le *Royaume de Dieu vous sera enlevé pour être donné à un peuple qui produira les fruits propres à ce Royaume. [[44] Celui qui tombera sur cette pierre s'y brisera; et si la pierre tombe sur quelqu'un, elle le réduira en poussière.]"

[45] Les chefs des prêtres et les *Pharisiens entendirent les paraboles de Jésus et comprirent qu'il parlait d'eux. [46] Ils cherchèrent alors un moyen de l'arrêter, mais ils eurent peur des foules qui considéraient Jésus comme un *prophète.

La parabole du grand repas de mariage

(Voir aussi Luc 14.15-24)

22 Jésus utilisa de nouveau des *paraboles pour parler à ses auditeurs. Il leur dit: [2] "Voici à quoi ressemble le *Royaume des cieux: Un roi organisa un repas de mariage pour son fils. [3] Il envoya ses serviteurs appeler les invités pour ce repas, mais ils ne voulurent pas venir. [4] Il envoya alors d'autres serviteurs avec cet ordre: 'Dites aux invités: Mon repas est préparé maintenant, mes taureaux et mes bêtes grasses sont tués, tout est prêt. Venez au repas de mariage!' [5] Mais les invités ne s'en soucièrent pas et s'en allèrent à leurs affaires: l'un à son champ, l'autre à son commerce; [6] les autres saisirent les serviteurs, les maltraitèrent et les tuèrent. [7] Le roi se mit en colère: il envoya ses soldats tuer ces assassins et incendier leur ville. [8] Puis il dit à ses serviteurs: 'Le repas de mariage

est prêt, mais les invités ne le méritaient pas. [9] Allez donc dans les principales rues et invitez au repas tous ceux que vous pourrez trouver.' [10] Les serviteurs s'en allèrent dans les rues et rassemblèrent tous ceux qu'ils trouvèrent, les mauvais comme les bons; et ainsi, la salle de fête se remplit de monde.

[11] "Le roi entra alors pour voir les invités et il aperçut un homme qui ne portait pas d'habit de mariage. [12] Il lui dit: 'Mon ami, comment es-tu entré ici sans avoir d'habit de mariage?' Mais l'homme ne répondit rien. [13] Alors le roi dit aux serviteurs: 'Liez-lui les pieds et les mains et jetez-le dehors, dans l'obscurité. C'est là qu'il pleurera et grincera des dents.' [14] Car," ajouta Jésus, "beaucoup sont appelés, mais peu sont choisis."

L'impôt payé à l'empereur

(Voir aussi Marc 12.13-17; Luc 20.20-26)

[15] Les *Pharisiens allèrent alors tenir conseil pour décider comment ils pourraient prendre Jésus au piège par une question. [16] Ils envoyèrent ensuite quelques-uns de leurs *disciples et quelques membres du *parti d'Hérode dire à Jésus: "Maître, nous savons que tu dis la vérité et que tu enseignes la vérité sur la manière de vivre que Dieu demande; tu n'as pas peur de ce que pensent les gens, car tu ne fais pas attention à l'importance que semble avoir un homme. [17] Dis-nous donc ce que tu penses de ceci: notre loi permet-elle ou non de payer des impôts à l'empereur romain?" [18] Mais Jésus connaissait leurs mauvaises intentions; il leur dit alors: "Hypocrites, pourquoi me tendez-vous un piège? [19] Montrez-moi l'argent qui sert à payer l'impôt." Ils lui présentèrent une pièce d'argent, [20] et Jésus leur demanda: "A qui appartiennent ce visage et ce nom gravés ici?" [21] "A l'empereur," répondirent-ils. Alors Jésus leur dit: "Payez donc à l'empereur ce qui lui appartient, et payez à Dieu ce qui lui appartient."

[22] Quand ils entendirent cette réponse, ils furent remplis d'étonnement. Ils le laissèrent et s'en allèrent.

Une question sur la *résurrection des morts

(Voir aussi Marc 12.18-27; Luc 20.27-40)

[23] Le même jour, quelques *Sadducéens vinrent auprès de Jésus. (Ce sont eux qui disent que les morts ne reviendront pas à la vie). Ils l'interrogèrent [24] de la façon suivante:

"Maître, voici ce que Moïse a déclaré: 'Si un homme meurt sans avoir eu d'enfants, son frère doit épouser la veuve et avoir des enfants avec elle pour son frère mort.' [25] Or, il y avait parmi nous sept frères. Le premier se maria, mourut sans avoir eu d'enfants et laissa ainsi sa veuve à son frère. [26] Il en fut de même pour le deuxième frère, puis pour le troisième et pour tous les sept. [27] Après eux tous, la femme mourut aussi. [28] Au jour où les morts reviendront à la vie, duquel des sept sera-t-elle donc la femme? Car ils l'ont tous eue comme épouse!"

[29] Jésus leur répondit: "Vous vous trompez parce que vous ne connaissez ni les Ecritures, ni la puissance de Dieu. [30] En effet, quand les morts reviendront à la vie, les hommes et les femmes ne se marieront pas, mais ils vivront comme les anges dans le ciel. [31] Pour ce qui est des morts qui reviennent à la vie, n'avez-vous jamais lu ce que Dieu vous a déclaré? Il a dit: [32] 'Je suis le Dieu d'Abraham, le Dieu d'Isaac et le Dieu de Jacob.' Dieu est le Dieu d'hommes vivants, et non de morts."

[33] Les foules qui l'avaient entendu étaient très étonnées de son enseignement.

Le commandement le plus important

(Voir aussi Marc 12.28-34; Luc 10.25-28)

[34] Quand les *Pharisiens apprirent que Jésus avait réduit au silence les *Sadducéens, ils se réunirent. [35] Et l'un d'eux, un *maître de la loi, voulut lui tendre un piège; il lui demanda: [36] "Maître, quel est le plus grand commandement de la loi?" [37] Jésus lui répondit: " 'Tu dois aimer le Seigneur ton Dieu de tout ton coeur, de toute ton âme et de tout ton esprit.' [38] C'est là le commandement le plus grand et le plus important. [39] Et voici le second commandement, qui est d'une importance semblable: 'Tu dois aimer ton prochain comme toi-même.' [40] Toute la *loi de Moïse et tout l'enseignement des *prophètes dépendent de ces deux commandements."

Le Messie et David

(Voir aussi Marc 12.35-37; Luc 20.41-44)

[41] Comme les *Pharisiens se trouvaient réunis, Jésus leur posa cette question: [42] "Que pensez-vous du *Messie? De qui est-il le descendant?" "Il est le descendant de David," lui répondirent-ils. [43] Jésus leur dit: "Comment donc David,

dirigé par le Saint-Esprit, a-t-il pu l'appeler 'Seigneur'? Car David a dit:

[44] 'Le Seigneur a dit à mon Seigneur:
Assieds-toi à ma droite,
Jusqu'à ce que je mette tes ennemis sous tes pieds.'

[45] Si donc David l'appelle 'Seigneur,' comment le Messie peut-il être aussi descendant de David?"

[46] Aucun d'eux ne put lui répondre un seul mot et, à partir de ce jour, personne n'osa plus lui poser de questions.

Jésus met en garde contre les maîtres de la loi et les Pharisiens

(Voir aussi Marc 12.38-39; Luc 11.43, 46; 20.45-46)

23 Alors Jésus s'adressa aux foules et à ses *disciples: [2] "Les *maîtres de la loi et les *Pharisiens," dit-il, "sont chargés d'expliquer la *loi de Moïse. [3] Vous devez donc leur obéir et accomplir tout ce qu'ils vous disent; mais n'imitez pas leur façon d'agir, car ils ne mettent pas en pratique ce qu'ils enseignent. [4] Ils lient de lourds fardeaux et les mettent sur les épaules des hommes, mais ils refusent de les aider même du bout du doigt à porter ces fardeaux. [5] Ils accomplissent toutes leurs oeuvres de façon à ce que les hommes les remarquent. Ainsi, ils élargissent les boîtes contenant des versets bibliques qu'ils portent au front et au bras, et ils allongent les franges de leurs manteaux. [6] Ils aiment les meilleures places dans les grands repas et les sièges les plus en vue dans les *synagogues; [7] ils aiment à recevoir des salutations respectueuses sur les places publiques et à être appelés 'Maître' par les gens. [8] Mais vous, ne vous faites pas appeler 'Maître,' car vous êtes tous frères et vous n'avez qu'un seul Maître. [9] N'appelez personne sur la terre 'Père,' car vous n'avez qu'un seul Père, celui qui est au ciel. [10] Ne vous faites pas non plus appeler 'Chef,' car vous n'avez qu'un seul Chef, le *Messie. [11] Le plus grand parmi vous doit être votre serviteur. [12] Celui qui s'élève sera abaissé, et celui qui s'abaisse sera élevé."

Jésus condamne l'hypocrisie des maîtres de la loi et des Pharisiens

(Voir aussi Marc 12.40; Luc 11.39-42, 44, 52; 20.47)

[13] "Malheur à vous, *maîtres de la loi et *Pharisiens, hypocrites! Vous fermez la porte du *Royaume des cieux devant les hommes; vous n'y entrez pas vous-mêmes et vous

ne laissez pas entrer ceux qui le désirent.

[[14] "Malheur à vous, maîtres de la loi et Pharisiens, hypocrites! Vous prenez aux veuves tout ce qu'elles possèdent et, en même temps, vous faites de longues prières pour paraître bons. C'est pourquoi vous recevrez une punition d'autant plus grande!]

[15] "Malheur à vous, maîtres de la loi et Pharisiens, hypocrites! Vous voyagez partout sur terre et sur mer pour gagner un seul converti, et quand vous l'avez gagné vous le rendez deux fois plus digne de l'enfer que vous.

[16] "Malheur à vous, conducteurs aveugles! Vous dites: 'Si quelqu'un jure par le temple, il n'est pas tenu par ce serment; mais s'il jure par l'or du temple, il est tenu.' [17] Insensés, aveugles! Qu'est-ce qui a le plus d'importance: l'or, ou le temple qui rend cet or sacré? [18] Vous dites aussi: 'Si quelqu'un jure par *l'autel, il n'est pas tenu par ce serment; mais s'il jure par l'offrande qui se trouve sur l'autel, il est tenu.' [19] Aveugles! Qu'est-ce qui a le plus d'importance: l'offrande, ou l'autel qui rend cette offrande sacrée? [20] Celui donc qui jure par l'autel jure par l'autel et par tout ce qui se trouve dessus; [21] celui qui jure par le temple jure par le temple et par Dieu qui l'habite; [22] celui qui jure par le ciel jure par le trône de Dieu et par Dieu qui y est assis.

[23] "Malheur à vous, maîtres de la loi et Pharisiens, hypocrites! Vous donnez à Dieu la dixième partie de plantes comme la menthe, le fenouil et le cumin, mais vous négligez les enseignements les plus importants de la loi, tels que la justice, la bonté et la fidélité: c'est pourtant là ce qu'il fallait pratiquer, sans négliger le reste. [24] Conducteurs aveugles! Vous filtrez votre boisson pour en éliminer un moustique, mais vous avalez un chameau!

[25] "Malheur à vous, maîtres de la loi et Pharisiens, hypocrites! Vous nettoyez l'extérieur de la coupe et du plat, mais à l'intérieur ils sont remplis du produit de vos vols et de vos mauvais désirs. [26] Pharisien aveugle! Nettoie d'abord l'intérieur de la coupe et alors l'extérieur deviendra également propre.

[27] " Malheur à vous, maîtres de la loi et Pharisiens, hypocrites! Vous ressemblez à des tombeaux blanchis qui paraissent beaux à l'extérieur mais qui, à l'intérieur, sont pleins d'ossements de morts et de toute sorte de pourriture. [28] Vous de même, à l'extérieur vous paraissez bons aux hommes, mais à l'intérieur vous êtes pleins d'hypocrisie et de mal."

Jésus annonce la punition

(Voir aussi Luc 11.47-51)

[29] "Malheur à vous, *maîtres de la loi et *Pharisiens, hypocrites! Vous construisez de belles tombes pour les *prophètes, vous décorez les tombeaux de ceux qui ont eu une vie juste, [30] et vous dites: 'Si nous avions vécu au temps de nos ancêtres, nous n'aurions pas été leurs complices pour tuer les prophètes.' [31] Ainsi, vous reconnaissez vous-mêmes que vous êtes les descendants de ceux qui ont assassiné les prophètes. [32] Eh bien! continuez, achevez ce que vos ancêtres ont commencé! [33] Serpents, bande de vipères! Comment pensez-vous éviter d'être condamnés à l'enfer? [34] C'est pourquoi, écoutez: je vais vous envoyer des prophètes, des sages et des hommes instruits. Vous tuerez les uns, vous en clouerez d'autres sur des croix, vous en frapperez d'autres encore à coups de fouet dans vos *synagogues et vous les poursuivrez de ville en ville. [35] Ainsi, c'est sur vous que retombera la punition méritée pour tous les meurtres d'innocents qui ont été commis depuis le meurtre d'Abel le juste jusqu'au meurtre de Zacharie, fils de Barachie, que vous avez assassiné entre le *sanctuaire et *l'autel. [36] Je vous le déclare, c'est la vérité: la punition méritée pour tous ces meurtres retombera sur les gens d'aujourd'hui!"

Jésus et Jérusalem

(Voir aussi Luc 13.34-35)

[37] "Jérusalem, Jérusalem, toi qui mets à mort les *prophètes et tues à coups de pierres ceux que Dieu t'envoie! Combien de fois ai-je voulu rassembler ta population auprès de moi comme une poule rassemble ses poussins sous ses ailes, mais vous ne l'avez pas voulu! [38] Eh bien! votre maison va être complètement abandonnée. [39] En effet, je vous le déclare: dès maintenant vous ne me verrez plus jusqu'à ce que vous disiez: 'Que Dieu bénisse celui qui vient au nom du Seigneur!' "

Jésus annonce la destruction du temple

(Voir aussi Marc 13.1-2; Luc 21.5-6)

24 Jésus sortit du temple et, comme il s'en allait, ses *disciples s'approchèrent de lui pour lui faire remarquer les constructions du temple. [2] Alors Jésus prit la parole et leur dit: "Vous voyez tout cela? Je vous le déclare, c'est la vérité: il ne restera pas ici une seule pierre posée sur une autre; tout sera renversé."

Les malheurs qui arriveront avant la fin du monde

(Voir aussi Marc 13.3-13; Luc 21.7-19)

3 Jésus s'était assis sur le mont des Oliviers. Ses *disciples s'approchèrent alors de lui en particulier et lui demandèrent: "Dis-nous quand cela se passera, et quel signe indiquera le moment de ta venue et de la fin du monde."

4 Jésus leur répondit: "Faites attention que personne ne vous trompe. 5 Car beaucoup d'hommes viendront sous mon nom et diront: 'Je suis le *Messie!' Et ils tromperont beaucoup de gens. 6 Vous allez entendre le bruit de guerres proches et des nouvelles sur des guerres lointaines; ne vous laissez pas effrayer: il faut que cela arrive, mais ce ne sera pas encore la fin du monde. 7 Un peuple combattra contre un autre peuple, et un royaume attaquera un autre royaume; il y aura des famines et des tremblements de terre dans différentes régions. 8 Tous ces événements seront comme les premières douleurs de l'enfantement.

9 "Alors des hommes vous livreront pour qu'on vous fasse souffrir et l'on vous mettra à mort. Tous les peuples vous haïront à cause de moi. 10 En ce temps-là, beaucoup abandonneront la foi; ils se trahiront et se haïront les uns les autres. 11 De nombreux faux *prophètes apparaîtront et tromperont beaucoup de gens. 12 Le mal se répandra à tel point que l'amour d'un grand nombre de personnes se refroidira. 13 Mais celui qui tiendra bon jusqu'à la fin sera sauvé. 14 Cette Bonne Nouvelle du *Royaume sera annoncée dans le monde entier pour que le témoignage en soit présenté à tous les peuples. Et alors viendra la fin."

L'horreur abominable

(Voir aussi Marc 13.14-23; Luc 21.20-24)

15 "Vous verrez celui qu'on appelle 'l'horreur abominable,' dont le *prophète Daniel a parlé, placé dans le lieu saint. (Que celui qui lit comprenne bien cela!) 16 Alors, ceux qui seront en Judée devront s'enfuir vers les montagnes; 17 celui qui sera sur le toit de sa maison ne devra pas descendre pour prendre à l'intérieur des affaires à emporter; 18 et celui qui sera dans les champs ne devra pas retourner chez lui pour prendre son manteau. 19 Quel malheur ce sera, en ces jours-là, pour les femmes enceintes et pour celles qui allaiteront!

[20] Priez Dieu pour que vous n'ayez pas à fuir pendant la saison froide ou un jour de *sabbat! [21] Car, en ce temps-là, la souffrance sera plus terrible que toutes celles qu'il y a eu depuis le commencement du monde jusqu'à maintenant, et il n'y en aura plus jamais de pareille. [22] Si Dieu n'avait pas décidé de diminuer le nombre de ces jours-là, personne ne pourrait survivre. Mais il en a diminué le nombre à cause des hommes qu'il a choisis.

[23] "Si quelqu'un vous dit alors: 'Regardez, le *Messie est ici!' ou: 'Il est là!', ne le croyez pas. [24] Car de faux Messies et de faux *prophètes apparaîtront; ils produiront de grands signes et des miracles pour tromper, si possible, ceux que Dieu a choisis. [25] Ecoutez! Je vous l'ai annoncé d'avance.

[26] "Si donc on vous dit: 'Regardez, il est dans le désert!', n'y allez pas. Ou si l'on vous dit: 'Regardez, il se cache ici!', ne le croyez pas. [27] Comme l'éclair brille à travers le ciel de l'est à l'ouest, ainsi viendra le *Fils de l'homme. [28] Où que soit le cadavre, là se rassembleront les vautours."

La venue du Fils de l'homme

(Voir aussi Marc 13.24-27; Luc 21.25-28)

[29] "Aussitôt après la souffrance de ces jours-là, le soleil s'obscurcira, la lune ne donnera plus sa clarté, les étoiles tomberont du ciel et les puissances des cieux trembleront. [30] Alors, le signe du *Fils de l'homme apparaîtra dans le ciel; alors, toutes les tribus de la terre se lamenteront, elles verront le Fils de l'homme arriver sur les nuages du ciel avec beaucoup de puissance et de gloire. [31] La grande trompette sonnera et il enverra ses anges aux quatre côtés de la terre: ils rassembleront ceux qu'il a choisis, d'un bout du monde à l'autre."

L'enseignement donné par le figuier

(Voir aussi Marc 13.28-31; Luc 21.29-33)

[32] "Comprenez l'enseignement que donne le figuier: dès que ses branches deviennent tendres et que ses feuilles poussent, vous savez que la bonne saison est proche. [33] De même, quand vous verrez tout cela, sachez que l'événement est proche, qu'il va se produire. [34] Je vous le déclare, c'est la vérité: les gens actuellement vivants ne seront pas tous morts avant que tout cela arrive. [35] Le ciel et la terre disparaîtront, mais mes paroles ne disparaîtront jamais."

Dieu seul connaît le moment de la fin

(Voir aussi Marc 13.32-37; Luc 17.26-30, 34-36)

[36] "Mais personne ne sait quand viendra ce jour ou cette heure, pas même les anges dans les cieux, ni même le Fils; le Père seul le sait. [37] Ce qui s'est passé du temps de *Noé se passera de la même façon quand viendra le *Fils de l'homme. [38] En effet, durant les jours qui précédèrent la grande inondation, les gens mangeaient et buvaient, se mariaient ou donnaient leurs filles en mariage, jusqu'au jour où Noé entra dans *l'arche; [39] ils ne se rendirent compte de rien jusqu'au moment où la grande inondation vint et les emporta tous. Ainsi en sera-t-il quand viendra le Fils de l'homme. [40] Alors, deux hommes seront aux champs: l'un sera emmené et l'autre laissé. [41] Deux femmes moudront du grain au moulin: l'une sera emmenée et l'autre laissée. [42] Veillez donc, car vous ne savez pas quel jour votre Seigneur viendra. [43] Comprenez bien ceci: si le maître de la maison savait à quel moment de la nuit le voleur doit venir, il resterait éveillé et ne le laisserait pas pénétrer dans sa maison. [44] C'est pourquoi tenez-vous prêts, vous aussi, car le *Fils de l'homme viendra à l'heure que vous ne pensez pas."

Le serviteur fidèle et le serviteur infidèle

(Voir aussi Luc 12.41-48)

[45] "Quel est donc le serviteur fidèle et intelligent? C'est celui à qui son maître a confié la charge de prendre soin des autres serviteurs pour leur donner leur nourriture au moment voulu. [46] Heureux ce serviteur que le maître, à son retour chez lui, trouvera occupé à ce travail! [47] Je vous le déclare, c'est la vérité: le maître confiera à ce serviteur la charge de tous ses biens. [48] Mais si ce serviteur est mauvais, il se dira en lui-même: 'Mon maître tarde à revenir', [49] et il se mettra à battre ses compagnons de service, il mangera et boira avec des ivrognes. [50] Alors le maître reviendra un jour où le serviteur ne l'attend pas et à une heure qu'il ne connaît pas; [51] il punira le serviteur d'une façon terrible et lui fera partager le sort des hypocrites. C'est là qu'il pleurera et grincera des dents."

La parabole des dix jeunes filles

25 "Alors le *Royaume des cieux ressemblera à dix jeunes filles qui prirent leurs lampes et sortirent pour

aller à la rencontre de l'époux. [2] Cinq d'entre elles étaient insensées et cinq étaient sages. [3] Celles qui étaient insensées prirent leurs lampes mais sans emporter une réserve d'huile avec elles, [4] tandis que celles qui étaient sages emportèrent des bouteilles d'huile avec leurs lampes. [5] Comme l'époux tardait à venir, les dix jeunes filles eurent toutes sommeil et s'endormirent.

[6] "A minuit, un cri se fit entendre: 'Voici l'époux! Sortez, allez à sa rencontre!' [7] Alors ces dix jeunes filles se réveillèrent et se mirent à préparer leurs lampes. [8] Les insensées dirent aux sages: 'Donnez-nous un peu de votre huile, car nos lampes s'éteignent.' [9] Les sages répondirent: 'Non, car il n'y en aurait pas assez pour nous et pour vous. Allez plutôt au magasin et achetez-en pour vous.' [10] Les insensées allèrent donc acheter de l'huile, mais pendant ce temps, l'époux arriva. Les cinq jeunes filles qui étaient prêtes entrèrent avec lui dans la salle de mariage et l'on ferma la porte à clé. [11] Plus tard, les autres jeunes filles arrivèrent et s'écrièrent: 'Maître, maître, ouvre-nous!' [12] Mais l'époux répondit: 'Je vous le déclare, c'est la vérité: je ne vous connais pas.' "

[13] "Veillez donc," ajouta Jésus, "car vous ne connaissez ni le jour ni l'heure."

La parabole des trois serviteurs

(Voir aussi Luc 19.11-27)

[14] "Il en sera comme d'un homme qui allait partir en voyage: il appela ses serviteurs et leur confia ses biens. [15] Il remit à l'un cinq cents pièces d'or, à un autre deux cents, à un troisième cent: à chacun selon ses capacités.

Puis il partit. [16] Le serviteur qui avait reçu les cinq cents pièces d'or s'en alla aussitôt faire du commerce avec cet argent et gagna cinq cents autres pièces d'or. [17] Celui qui avait reçu deux cents pièces agit de même et gagna deux cents autres pièces. [18] Mais celui qui avait reçu cent pièces s'en alla creuser un trou dans la terre et y cacha l'argent de son maître.

[19] "Longtemps après, le maître de ces serviteurs revint et se mit à régler ses comptes avec eux. [20] Le serviteur qui avait reçu cinq cents pièces d'or s'approcha et présenta les cinq cents autres pièces en disant: 'Maître, tu m'avais remis cinq cents pièces d'or. Regarde: en voici cinq cents autres que j'ai gagnées.' [21] Son maître lui dit: 'C'est bien, bon et fidèle serviteur. Tu as été fidèle dans des choses qui ont peu de valeur, je te confierai par conséquent celles qui ont beaucoup de valeur. Viens te réjouir avec moi.' [22] Le serviteur qui avait reçu les deux cents pièces s'approcha ensuite et dit: 'Maître, tu m'avais remis deux cents pièces d'or. Regarde: en voici deux cents autres que j'ai gagnées.' [23] Son maître lui dit: 'C'est bien, bon et fidèle serviteur. Tu as été fidèle dans des choses qui ont peu de valeur, je te confierai par conséquent celles qui ont beaucoup de valeur. Viens te réjouir avec moi.' [24] Enfin, le serviteur qui avait reçu les cent pièces s'approcha et dit: 'Maître, je savais que tu es un homme dur: tu moissonnes où tu n'as pas semé, tu récoltes où tu n'as pas répandu de graines. [25] J'ai eu peur et je suis allé cacher ton argent dans la terre. Regarde: voici ce qui t'appartient.' [26] Son maître lui répondit: 'Serviteur mauvais et paresseux! Tu savais que je moissonne où je n'ai pas semé, que je récolte où je n'ai pas répandu de graines? [27] Eh bien! tu aurais dû placer mon argent à la banque et, à mon retour, j'aurais retiré mon bien avec l'intérêt. [28] Enlevez-lui donc ces cent pièces d'or et donnez-les à celui qui a cinq cents pièces. [29] Car à tout homme qui a, l'on donnera davantage et il sera dans l'abondance; mais à celui qui n'a rien, on enlèvera même le peu qu'il a. [30] Quant à ce serviteur inutile, jetez-le dehors, dans l'obscurité. C'est là qu'il pleurera et grincera des dents.' "

Le jugement dernier

[31] "Quand le *Fils de l'homme viendra comme roi avec tous les anges, il s'assiéra sur son trône glorieux. [32] Tous les

peuples de la terre seront assemblés devant lui et il séparera les gens les uns des autres comme le *berger sépare les moutons des chèvres; [33] il placera les moutons à sa droite et les chèvres à sa gauche. [34] Alors le roi dira à ceux qui seront à sa droite: 'Venez, vous qui êtes bénis par mon Père, et recevez le *Royaume qui a été préparé pour vous depuis la création du monde. [35] Car j'ai eu faim et vous m'avez donné à manger; j'ai eu soif et vous m'avez donné à boire; j'étais étranger et vous m'avez accueilli chez vous; [36] j'étais nu et vous m'avez habillé; j'étais malade et vous avez pris soin de moi; j'étais en prison et vous êtes venus me voir.' [37] Les justes lui répondront alors: 'Seigneur, quand t'avons-nous vu affamé et t'avons-nous donné à manger, ou assoiffé et t'avons-nous donné à boire? [38] Quand t'avons-nous vu étranger et t'avons-nous accueilli chez nous, ou nu et t'avons-nous habillé? [39] Quand t'avons-nous vu malade ou en prison et sommes-nous allés te voir?' [40] Le roi leur répondra: 'Je vous le déclare, c'est la vérité: toutes les fois que vous l'avez fait à l'un de ces plus petits de mes frères, c'est à moi que vous l'avez fait.'

[41] "Ensuite, le roi dira à ceux qui seront à sa gauche: 'Eloignez-vous de moi, vous qui êtes maudits par Dieu! Allez dans le feu éternel qui a été préparé pour le diable et ses anges! [42] Car j'ai eu faim et vous ne m'avez pas donné à manger; j'ai eu soif et vous ne m'avez pas donné à boire; [43] j'étais étranger et vous ne m'avez pas accueilli chez vous; j'étais nu et vous ne m'avez pas habillé; j'étais malade et en prison et vous n'avez pas pris soin de moi.' [44] Ils lui répondront alors: 'Seigneur, quand t'avons-nous vu affamé, ou assoiffé, ou étranger, ou nu, ou malade, ou en prison et ne t'avons-nous pas aidé?' [45] Le roi leur répondra: 'Je vous le déclare, c'est la vérité: toutes les fois que vous ne l'avez pas fait à l'un de ces plus petits, vous ne l'avez pas fait à moi non plus.' [46] Et ils seront envoyés à la punition éternelle, tandis que les justes iront à la vie éternelle."

Les chefs complotent contre Jésus

(Voir aussi Marc 14.1-2; Luc 22.1-2; Jean 11.45-53)

26 Quand Jésus eut achevé toutes ces instructions, il dit à ses *disciples: [2] "Vous savez que la fête de la *Pâque aura lieu dans deux jours, et le *Fils de l'homme va être livré pour être cloué sur une croix."

[3] Alors les chefs des prêtres et les *anciens du peuple juif se réunirent dans le palais de Caïphe, le *grand-prêtre; [4] ils prirent ensemble la décision d'arrêter Jésus en cachette et de le mettre à mort. [5] Ils disaient: "Nous ne devons pas l'arrêter pendant la fête, sinon le peuple va se soulever."

Une femme met du parfum sur la tête de Jésus

(Voir aussi Marc 14.3-9; Jean 12.1-8)

[6] Comme Jésus était à Béthanie, dans la maison de Simon le *lépreux, [7] une femme s'approcha de lui avec un vase *d'albâtre plein d'un parfum de grande valeur: elle versa ce parfum sur la tête de Jésus pendant qu'il était à table. [8] Quand les *disciples virent cela, ils furent indignés et dirent: "Pourquoi ce gaspillage? [9] On aurait pu vendre ce parfum très cher et donner l'argent aux pauvres!" [10] Jésus se rendit compte qu'ils parlaient ainsi et leur dit: "Pourquoi faites-vous de la peine à cette femme? Ce qu'elle a accompli pour moi est beau. [11] Car vous aurez toujours des pauvres avec vous; mais moi, vous ne m'aurez pas toujours avec vous. [12] Elle a répandu ce parfum sur mon corps et elle l'a fait afin de me préparer pour le tombeau. [13] Je vous le déclare, c'est la vérité: partout où l'on annoncera cette Bonne Nouvelle, dans le monde entier, on racontera ce que cette femme a fait, en souvenir d'elle."

Judas veut livrer Jésus aux chefs des prêtres

(Voir aussi Marc 14.10-11; Luc 22.3-6)

[14] Alors un des douze *disciples, appelé Judas Iscariote, alla trouver les chefs des prêtres [15] et leur dit: "Que me donnerez-vous si je vous livre Jésus?" Et ils comptèrent trente pièces d'argent qu'ils lui remirent. [16] A partir de ce moment, Judas se mit à chercher une occasion favorable pour leur livrer Jésus.

Jésus mange le repas de la *Pâque avec ses disciples

(Voir aussi Marc 14.12-21; Luc 22.7-14, 21-23; Jean 13.21-30)

[17] Le premier jour de la fête des *pains sans levain, les *disciples vinrent demander à Jésus: "Où veux-tu que nous te préparions le repas de la *Pâque?" [18] Jésus leur dit alors: "Allez à la ville chez un tel et dites-lui: 'Le Maître déclare: Mon heure est arrivée; c'est chez toi que je célébrerai la Pâque avec mes disciples.' " [19] Les disciples firent ce que Jésus leur avait ordonné et préparèrent le repas de la Pâque.

[20] Quand le soir fut venu, Jésus se mit à table avec les douze disciples. [21] Pendant qu'ils mangeaient, Jésus dit: "Je vous le déclare, c'est la vérité: l'un de vous me trahira." [22] Les disciples en furent profondément attristés et se mirent à lui demander l'un après l'autre: "Ce n'est pas moi, n'est-ce pas, Seigneur?" [23] Jésus répondit: "Celui qui a trempé avec moi son pain dans le plat, c'est lui qui me trahira. [24] Le *Fils de l'homme va mourir de la façon dont les Ecritures l'annoncent à son sujet; mais quel malheur pour l'homme qui trahira le Fils de l'homme! Il aurait mieux valu pour cet homme-là ne pas naître!" [25] Judas, celui qui le trahissait, prit la parole et demanda: "Ce n'est pas moi, n'est-ce pas, Maître?" Jésus lui répondit: "C'est toi qui le dis."

La sainte cène

(Voir aussi Marc 14.22-26; Luc 22.15-20; 1 Cor. 11.23-25)

[26] Pendant qu'ils mangeaient, Jésus prit du pain et, après avoir remercié Dieu, il le rompit et le donna à ses *disciples; il leur dit: "Prenez et mangez ceci, c'est mon corps." [27] Il prit ensuite une coupe de vin et, après avoir remercié Dieu, il la leur donna en disant: "Buvez-en tous, [28] car ceci est mon sang, le sang qui confirme *l'alliance de Dieu et qui est versé pour beaucoup, pour le pardon des péchés. [29] Je vous le déclare: dès maintenant, je ne boirai plus de ce vin jusqu'au jour où je boirai avec vous le vin nouveau dans le *Royaume de mon Père." [30] Ils chantèrent ensuite les chants de la fête, puis ils s'en allèrent au mont des Oliviers.

Jésus annonce que Pierre le reniera

(Voir aussi Marc 14.27-31; Luc 22.31-34; Jean 13.36-38)

[31] Alors Jésus dit à ses *disciples: "Cette nuit même, vous allez tous m'abandonner, car on lit dans les Ecritures: 'Je tuerai le *berger et les moutons du troupeau partiront de tous côtés.' [32] Mais quand je serai de nouveau vivant, je me rendrai avant vous en Galilée." [33] Pierre prit la parole et lui dit: "Même si tous les autres t'abandonnent, moi je ne t'abandonnerai jamais." [34] Jésus lui répondit: "Je te le déclare, c'est la vérité: cette nuit même, avant que le coq chante, tu auras affirmé trois fois que tu ne me connais pas." [35] Pierre lui dit: "Je n'affirmerai jamais que je ne te connais pas, même si je dois mourir avec toi." Et tous les autres disciples dirent la même chose.

Jésus prie à Gethsémané

(Voir aussi Marc 14.32-42; Luc 22.39-46)

[36] Alors Jésus arriva avec ses *disciples à un endroit appelé Gethsémané et il leur dit: "Asseyez-vous ici, pendant que je vais là-bas pour prier." [37] Puis il emmena avec lui Pierre et les deux fils de Zébédée. Il commença à ressentir de la tristesse et de l'angoisse. [38] Il leur dit alors: "Mon coeur est plein d'une tristesse de mort; restez ici et veillez avec moi." [39] Il alla un peu plus loin, se jeta le visage contre terre et pria en ces mots: "Mon Père, si c'est possible, éloigne de moi cette coupe de douleur. Toutefois, non pas comme je veux, mais comme tu veux."

[40] Il revint ensuite vers les trois disciples et les trouva endormis. Il dit à Pierre: "Ainsi vous n'avez pas pu veiller avec moi même une heure? [41] Restez éveillés et priez pour ne pas tomber dans la tentation. L'esprit de l'homme est plein de bonne volonté, mais son corps est faible."

[42] Il s'éloigna une deuxième fois et pria en ces mots: "Mon Père, si cette coupe ne peut être enlevée sans que je la boive, que ta volonté soit faite!"

[43] Il revint encore vers ses disciples et les trouva endormis; ils ne pouvaient garder leurs yeux ouverts. [44] Jésus les quitta de nouveau, s'éloigna et pria pour la troisième fois en disant les mêmes paroles. [45] Puis il revint vers les disciples et leur dit: "Vous dormez encore et vous vous reposez? Voyez, l'heure est arrivée et le *Fils de l'homme va être livré entre les mains des hommes pécheurs. [46] Levez-vous, allons! Voyez, l'homme qui me trahit est ici!"

L'arrestation de Jésus

(Voir aussi Marc 14.43-50; Luc 22.47-53; Jean 18.3-12)

[47] Jésus parlait encore quand arriva Judas, l'un des douze *disciples. Il y avait avec lui une foule nombreuse de gens qui portaient des épées et des bâtons. Ils étaient envoyés par les chefs des prêtres et les *anciens du peuple juif. [48] Judas, celui qui trahissait Jésus, avait indiqué à la foule le signe qu'il utiliserait: "L'homme que j'embrasserai est celui que vous voulez. Saisissez-le." [49] Judas s'approcha immédiatement de Jésus et lui dit: "Salut Maître!" Puis il l'embrassa. [50] Jésus lui répondit: "Mon ami, que s'accomplisse ce que tu es venu faire." Alors les autres s'approchèrent, mirent la main sur Jésus et l'arrêtèrent. [51] Un de ceux qui étaient avec Jésus tira son épée, frappa le serviteur du grand-prêtre et lui coupa l'oreille. [52] Jésus lui dit alors: "Remets ton épée à sa place, car tous ceux qui prennent l'épée périront par l'épée. [53] Ne sais-tu pas que je pourrais appeler mon Père à l'aide et qu'aussitôt il m'enverrait plus de douze armées d'anges? [54] Mais, en ce cas, comment s'accompliraient les Ecritures? Elles déclarent, en effet, que cela doit se passer ainsi."

[55] Puis Jésus dit à la foule: "Deviez-vous venir avec des épées et des bâtons pour me prendre, comme si j'étais un brigand? Tous les jours, j'étais assis dans le temple pour y enseigner, et vous ne m'avez pas arrêté. [56] Mais tout cela est arrivé pour que s'accomplissent les paroles des *prophètes contenues dans les Ecritures."

Alors tous les disciples l'abandonnèrent et s'enfuirent.

Jésus devant le Conseil supérieur

(Voir aussi Marc 14.53-65; Luc 22.54-55, 63-71; Jean 18.13-14, 19-24)

[57] Ceux qui avaient arrêté Jésus l'emmenèrent chez Caïphe, le *grand-prêtre, où les *maîtres de la loi et les *anciens étaient assemblés. [58] Pierre suivit Jésus de loin, jusqu'à la cour de la maison du grand-prêtre. Il entra dans la cour et s'assit avec les gardes pour voir comment cela finirait.

[59] Les chefs des prêtres et tout le *Conseil supérieur cherchaient une accusation, même fausse, contre Jésus pour le condamner à mort; [60] mais ils n'en trouvèrent pas, quoique beaucoup de gens fussent venus déposer de fausses accusations contre lui. Finalement, deux hommes se présentèrent [61] et dirent: "Cet homme a déclaré: 'Je peux détruire le

temple de Dieu et le rebâtir en trois jours.' "

[62] Le grand-prêtre se leva et dit à Jésus: "Ne réponds-tu rien? Que disent ces gens contre toi?" [63] Mais Jésus se taisait. Le grand-prêtre lui dit alors: "Au nom du Dieu vivant, je te demande de nous répondre sous serment: es-tu le *Messie, le Fils de Dieu?" [64] Jésus lui répondit: "C'est toi qui le dis. Mais je vous le déclare: dès maintenant vous verrez le *Fils de l'homme assis à la droite du Dieu puissant; vous le verrez aussi venir sur les nuages du ciel." [65] Alors le grand-prêtre déchira ses vêtements et dit: "Il a parlé contre Dieu! Nous n'avons plus besoin de témoins! Vous venez d'entendre ce qu'il a dit contre Dieu. [66] Qu'en pensez-vous?" Ils répondirent: "Il est coupable et doit être mis à mort."

[67] Puis ils lui crachèrent au visage et le frappèrent à coups de poings; certains lui donnèrent des gifles [68] en disant: "Devine, Messie, dis-nous qui t'a frappé!"

Pierre renie Jésus

(Voir aussi Marc 14.66-72; Luc 22.56-62; Jean 18.15-18, 25-27)

[69] Pierre était assis dehors, dans la cour. Une servante du *grand-prêtre s'approcha de lui et lui dit: "Toi aussi, tu étais avec Jésus, cet homme de Galilée." [70] Mais il le nia devant tout le monde en ces mots: "Je ne sais pas ce que tu veux dire." [71] Puis il s'en alla vers la porte de la cour. Une autre servante le vit et dit à ceux qui étaient là: "Celui-ci était avec Jésus de Nazareth." [72] Et Pierre le nia de nouveau en déclarant: "Je jure que je ne connais pas cet homme." [73] Peu de temps après, ceux qui étaient là s'approchèrent de Pierre et lui dirent: "Certainement, tu es l'un d'eux: ta façon de parler révèle d'où tu viens." [74] Alors Pierre se mit à dire: "Que Dieu me punisse si je mens! Je jure que je ne connais pas cet homme!" A ce moment même un coq chanta, [75] et Pierre se rappela ce que Jésus lui avait dit: "Avant que le coq chante, tu auras affirmé trois fois que tu ne me connais pas." Il sortit et pleura amèrement.

Jésus est amené à Pilate

(Voir aussi Marc 15.1; Luc 23.1-2; Jean 18.28-32)

27 Tôt le matin, tous les chefs des prêtres et les *anciens du peuple juif prirent ensemble la décision de faire mourir Jésus. [2] Ils le firent lier, l'emmenèrent et le remirent à *Pilate, le gouverneur.

La mort de Judas

(Voir aussi Actes 1.18-19)

[3] Lorsque Judas, celui qui l'avait trahi, vit que Jésus avait été condamné, il fut pris de remords et rapporta les trente pièces d'argent aux chefs des prêtres et aux *anciens. [4] Il leur dit: "J'ai péché en livrant un innocent à la mort!" Mais ils lui répondirent: "Que nous importe? C'est ton affaire!" [5] Judas jeta l'argent dans le temple et partit; puis il alla se pendre.

[6] Les chefs des prêtres ramassèrent l'argent et dirent: "Notre loi ne permet pas de verser cet argent dans le trésor du temple, car c'est le prix du sang." [7] Après s'être mis d'accord, ils achetèrent avec cette somme le champ du potier pour y établir un cimetière d'étrangers. [8] C'est pourquoi ce champ s'est appelé "champ du sang" jusqu'à ce jour. [9] Alors se réalisèrent ces paroles du *prophète Jérémie: "Ils prirent les trente pièces d'argent (somme que les membres du peuple d'Israël avaient été d'accord de payer pour lui) [10] et les employèrent pour acheter le champ du potier, comme le Seigneur me l'avait ordonné."

Pilate interroge Jésus

(Voir aussi Marc 15.2-5; Luc 23.3-5; Jean 18.33-38)

[11] Jésus comparut devant le gouverneur qui l'interrogea: "Es-tu le roi des Juifs?" Jésus répondit: "Tu le dis." [12] Ensuite, lorsque les chefs des prêtres et les *anciens l'accusèrent, il ne répondit rien. [13] *Pilate lui dit alors: "N'entends-tu pas toutes les accusations qu'ils portent contre toi?" [14] Mais Jésus ne lui répondit sur aucun point, de sorte que le gouverneur était profondément étonné.

Jésus est condamné à mort

(Voir aussi Marc 15.6-15; Luc 23.13-25; Jean 18.39—19.16)

[15] A chaque fête de *Pâque, le gouverneur avait l'habitude de libérer un prisonnier, celui que la foule voulait. [16] Or, il y avait à ce moment-là un prisonnier célèbre appelé Jésus Barabbas. [17] *Pilate demanda donc à la foule assemblée: "Qui voulez-vous que je vous libère: Jésus Barabbas ou Jésus appelé Christ?" [18] Car il savait bien qu'ils lui avaient livré Jésus parce qu'ils étaient jaloux.

[19] Pendant que Pilate siégeait au tribunal, sa femme lui envoya ce message: "N'aie rien à faire avec cet homme

innocent car, cette nuit, j'ai beaucoup souffert en rêve à cause de lui."

[20] Les chefs des prêtres et les *anciens persuadèrent la foule de demander la libération de Barabbas et la mise à mort de Jésus. [21] Le gouverneur reprit la parole pour leur demander: "Lequel des deux voulez-vous que je vous libère?" "Barabbas!" lui répondirents-ils. [22] "Que ferai-je donc de Jésus appelé Christ?" leur demanda Pilate. Tous répondirent: "Cloue-le sur une croix!" [23] "Quelle mauvaise action a-t-il donc commise?" demanda Pilate. Mais ils se mirent à crier de toutes leurs forces: "Cloue-le sur une croix!" [24] Quand Pilate vit qu'il n'arrivait à rien, mais que l'agitation augmentait, il prit de l'eau, se lava les mains devant la foule et dit: "Je ne suis pas responsable de la mort de cet homme! C'est votre affaire!" [25] Toute la foule répondit: "Que la responsabilité de sa mort retombe sur nous et sur nos enfants!" [26] Alors Pilate leur libéra Barabbas; il fit fouetter Jésus et le livra pour qu'on le cloue sur une croix.

Les soldats se moquent de Jésus

(Voir aussi Marc 15.16-20; Jean 19.2-3)

[27] Les soldats de *Pilate emmenèrent Jésus dans le palais du gouverneur et toute la troupe se rassembla autour de lui. [28] Ils lui enlevèrent ses vêtements et lui mirent une robe rouge. [29] Puis ils tressèrent une couronne avec des épines, qu'ils posèrent sur sa tête, et ils placèrent un bâton dans sa main droite. Ils se mirent ensuite à genoux devant lui et se moquèrent de lui en disant: "Salut, roi des Juifs!" [30] Ils crachaient sur lui et prenaient le bâton pour le frapper sur la tête. [31] Quand ils eurent fini de se moquer de lui, ils lui enlevèrent la robe, lui remirent ses vêtements et l'emmenèrent pour le clouer sur une croix.

Jésus est cloué sur la croix

(Voir aussi Marc 15.21-32; Luc 23.26-43; Jean 19.17-27)

[32] Comme ils sortaient, ils rencontrèrent un homme de Cyrène appelé Simon; ils l'obligèrent à porter la croix de Jésus. [33] Ils arrivèrent à un endroit appelé Golgotha, ce qui signifie "Le lieu du Crâne." [34] Et là, ils donnèrent à boire à Jésus du vin mélangé avec de la bile; après l'avoir goûté, il ne voulut pas en boire.

[35] Ils le clouèrent sur la croix et se partagèrent ses vêtements en tirant au sort. [36] Puis ils s'assirent là pour le garder.

[37] Au-dessus de sa tête, ils placèrent une inscription qui indiquait la raison de sa condamnation: "Celui-ci est Jésus, le roi des Juifs." [38] Deux brigands furent alors cloués sur des croix à côté de Jésus, l'un à sa droite et l'autre à sa gauche.

[39] Les gens qui passaient par là secouaient la tête et l'insultaient; [40] ils lui disaient: "Toi qui voulais détruire le temple et en bâtir un autre en trois jours! sauve-toi toi-même, si tu es le Fils de Dieu, descends de la croix!" [41] De même, les chefs des prêtres, les *maîtres de la loi et les *anciens se moquaient de lui et disaient: [42] "Il a sauvé d'autres gens, mais il ne peut pas se sauver lui-même! Il est le roi d'Israël? Qu'il descende maintenant de la croix et nous croirons en lui. [43] Il a mis sa confiance en Dieu et a déclaré: 'Je suis le Fils de Dieu.' Eh bien! voyons si Dieu veut le sauver maintenant!" [44] Et les brigands qui avaient été mis en croix à côté de lui l'insultaient de la même manière.

La mort de Jésus

(Voir aussi Marc 15.33-41; Luc 23.44-49; Jean 19.28-30)

[45] A midi, l'obscurité se fit sur tout le pays et dura jusqu'à trois heures de l'après-midi. [46] Vers trois heures, Jésus cria d'une voix forte: "*Eli, Eli, lema sabachthani?*" — ce qui signifie: Mon Dieu, mon Dieu, pourquoi m'as-tu abandonné? [47] Quelques-uns de ceux qui se tenaient là l'entendirent

et dirent: "Il appelle *Elie!" [48] L'un d'eux courut aussitôt prendre une éponge, la remplit de vinaigre et la fixa au bout d'un bâton, puis il la tendit à Jésus pour qu'il boive. [49] Mais les autres dirent: "Attends, nous allons voir si Elie vient le sauver!" [50] Jésus poussa de nouveau un grand cri et mourut.

[51] A ce moment, le rideau suspendu dans le temple se déchira depuis le haut jusqu'en bas. La terre trembla, les rochers se fendirent, [52] les tombeaux s'ouvrirent et de nombreux membres du peuple de Dieu qui étaient morts revinrent à la vie. [53] Ils sortirent des tombeaux et, après la *résurrection de Jésus, ils entrèrent dans la ville sainte où beaucoup de personnes les virent.

[54] L'officier romain et les soldats qui gardaient Jésus avec lui virent le tremblement de terre et tout ce qui arrivait; ils eurent alors très peur et dirent: "Il était vraiment le Fils de Dieu!" [55] De nombreuses femmes étaient là et regardaient de loin: elles avaient suivi Jésus depuis la Galilée pour le servir. [56] Parmi elles, il y avait Marie de la ville de Magdala, Marie la mère de Jacques et de Joseph, et la mère des fils de Zébédée.

La mise au tombeau de Jésus

(Voir aussi Marc 15.42-47; Luc 23.50-56; Jean 19.38-42)

[57] Quand le soir fut venu, un homme riche, de la ville d'Arimathée, arriva. Il s'appelait Joseph et était lui aussi *disciple de Jésus. [58] Il alla trouver *Pilate et lui demanda le corps de Jésus. Alors Pilate ordonna de le remettre à Joseph. [59] Celui-ci prit le corps, l'enveloppa dans un drap de lin neuf [60] et le déposa dans son propre tombeau qu'il venait de faire creuser dans le roc. Puis il roula une grosse

pierre pour fermer l'entrée du tombeau et s'en alla. [61] Marie de Magdala et l'autre Marie étaient là, assises en face du tombeau.

La garde du tombeau

[62] Le lendemain, c'est-à-dire le jour après la *préparation du *sabbat, les chefs des prêtres et les *Pharisiens allèrent ensemble chez *Pilate [63] et dirent: "Excellence, nous nous souvenons que ce menteur, quand il était encore vivant, a dit: 'Après trois jours, je reviendrai à la vie.' [64] Ordonne donc que le tombeau soit gardé jusqu'au troisième jour, afin que ses *disciples ne viennent pas voler le corps et ne puissent pas dire ensuite au peuple: 'Il est revenu de la mort à la vie.' Ce dernier mensonge serait encore pire que le premier." [65] Pilate leur dit: "Voici des soldats pour monter la garde. Allez et faites garder le tombeau le mieux que vous pourrez." [66] Ils s'en allèrent donc; ils assurèrent la fermeture du tombeau en scellant la pierre et placèrent les soldats pour monter la garde.

La *résurrection de Jésus

(Voir aussi Marc 16.1-10; Luc 24.1-12; Jean 20.1-10)

28 Après le *sabbat, dimanche au lever du jour, Marie de Magdala et l'autre Marie vinrent voir le tombeau. [2] Soudain, il y eut un fort tremblement de terre; un ange du Seigneur descendit du ciel, vint rouler la pierre de côté et s'assit dessus. [3] Il avait l'aspect d'un éclair et ses vêtements

étaient blancs comme la neige. [4] Les gardes en eurent si peur qu'ils se mirent à trembler et devinrent comme morts. [5] L'ange prit la parole et dit aux femmes: "N'ayez pas peur, vous. Je sais que vous cherchez Jésus, celui qu'on a cloué sur la croix; [6] il n'est pas ici, il est revenu à la vie comme il l'avait dit. Venez, voyez l'endroit où il était couché. [7] Allez vite dire à ses *disciples: 'Il est revenu de la mort à la vie et il se rend maintenant avant vous en Galilée; c'est là que vous le verrez.' Voilà ce que j'avais à vous dire."

[8] Elles quittèrent rapidement le tombeau, remplies tout à la fois de crainte et d'une grande joie, et coururent porter la nouvelle aux disciples de Jésus. [9] Tout à coup, Jésus vint à leur rencontre et dit: "Je vous salue!" Elles s'approchèrent de lui, saisirent ses pieds et l'adorèrent. [10] Jésus leur dit alors: "N'ayez pas peur. Allez dire à mes frères de se rendre en Galilée: c'est là qu'ils me verront."

Le récit des gardes

[11] Pendant qu'elles étaient en chemin, quelques-uns des soldats qui gardaient le tombeau revinrent en ville et racontèrent aux chefs des prêtres tout ce qui était arrivé. [12] Les chefs des prêtres se réunirent avec les *anciens: après s'être mis d'accord, ils donnèrent une forte somme d'argent aux soldats [13] et leur dirent: "Vous déclarerez que ses *disciples sont venus durant la nuit et qu'ils ont volé son corps pendant que vous dormiez. [14] Et si le gouverneur l'apprend, nous saurons le convaincre et vous éviter toute difficulté." [15] Les gardes prirent l'argent et agirent conformément aux instructions reçues. Ainsi, cette histoire s'est répandue parmi les Juifs jusqu'à ce jour.

Jésus apparaît à ses disciples

(Voir aussi Marc 16.14-18; Luc 24.36-49; Jean 20.19-23; Actes 1.6-8)

[16] Les onze *disciples se rendirent en Galilée, sur la colline que Jésus leur avait indiquée. [17] Quand ils le virent, ils l'adorèrent; certains d'entre eux, pourtant, eurent des doutes. [18] Jésus s'approcha et leur dit: "Tout pouvoir m'a été donné dans le ciel et sur la terre. [19] Allez donc auprès des hommes de toutes les nations et faites d'eux mes disciples: baptisez-les au nom du Père, du Fils et du Saint-Esprit, [20] et enseignez-leur à obéir à tout ce que je vous ai commandé. Et sachez-le: je vais être avec vous tous les jours, jusqu'à la fin du monde."

MARC

La prédication de Jean-Baptiste

(Voir aussi Matt. 3.1-12; Luc 3.1-18; Jean 1.19-28)

1 Ici commence la Bonne Nouvelle qui parle de Jésus-Christ, le Fils de Dieu. [2] Dans le livre du *prophète Esaïe, il est écrit:

“ ‘Voici, j’envoie mon messager devant toi,’ dit Dieu,
‘Pour t’ouvrir le chemin.’
[3] C’est la voix d’un homme qui crie dans le désert:
‘Préparez le chemin du Seigneur,
Faites-lui des sentiers bien droits!’ ”

[4] Ainsi, Jean parut dans le désert; il baptisait et lançait cet appel: “Changez de vie, faites-vous baptiser et Dieu pardonnera vos péchés.” [5] Et tous les habitants de la région de Judée et de la ville de Jérusalem venaient à lui; ils confessaient publiquement leurs péchés et Jean les baptisait dans la rivière du Jourdain.

[6] Jean portait un vêtement fait de poils de chameau et une ceinture de cuir autour de la taille; il mangeait des *sauterelles et du miel sauvage. [7] Il déclarait à la foule: “Celui qui va venir après moi est plus puissant que moi; je ne suis pas même assez bon pour me baisser et délier la courroie de ses sandales. [8] Moi, je vous ai baptisés avec de l’eau, mais lui, il vous baptisera avec le Saint-Esprit.”

Le baptême et la tentation de Jésus

(Voir aussi Matt. 3.13—4.11; Luc 3.21-22; 4.1-13)

[9] Alors, Jésus vint de Nazareth, village de la région de Galilée, et Jean le baptisa dans le Jourdain. [10] Au moment où Jésus sortait de l’eau, il vit les cieux s’ouvrir et l’Esprit descendre sur lui comme une colombe. [11] Et il entendit une voix venant des cieux: “Tu es mon Fils bien-aimé; je mets en toi toute ma joie.”

[12] Tout de suite après, l’Esprit le fit aller dans le désert. [13] Il resta pendant quarante jours dans le désert où il fut tenté par Satan. Il vivait parmi les bêtes sauvages et les anges le servaient.

Jésus appelle quatre pêcheurs

(Voir aussi Matt. 4.12-22; Luc 4.14-15; 5.1-11)

[14] Jean fut mis en prison; alors, Jésus alla en Galilée et proclama la Bonne Nouvelle venant de Dieu. [15] Il disait:

"Le moment fixé est arrivé car le *Royaume de Dieu s'est approché! Changez de vie et acceptez la Bonne Nouvelle!"

[16] Comme Jésus marchait le long du lac de Galilée, il vit deux pêcheurs, Simon et son frère André; ils pêchaient en jetant un filet dans le lac. [17] Jésus leur dit: "Venez avec

moi et je ferai de vous des pêcheurs d'hommes." [18] Aussitôt, ils abandonnèrent leurs filets et l'accompagnèrent.

[19] Il s'avança un peu plus loin et vit Jacques et son frère Jean, les fils de Zébédée. Ils étaient dans leur barque et réparaient leurs filets. [20] Aussitôt Jésus les appela; ils laissèrent leur père Zébédée dans la barque avec les ouvriers et allèrent avec Jésus.

L'homme tourmenté par un esprit mauvais

(Voir aussi Luc 4.31-37)

[21] Jésus et ses *disciples se rendirent à la ville de Capernaüm. Au jour du *sabbat, Jésus entra dans la *synagogue et se mit à enseigner. [22] Les gens qui l'entendaient étaient très étonnés de sa manière d'enseigner; car il n'était pas comme les *maîtres de la loi, mais il les enseignait avec autorité.

[23] Juste à ce moment, un homme qui avait en lui un esprit mauvais apparut dans la synagogue. Il cria: [24] "Que nous veux-tu, Jésus de Nazareth? Es-tu venu pour nous détruire? Je sais bien qui tu es: le Saint envoyé de Dieu!" [25] Jésus parla sévèrement à l'esprit et lui donna cet ordre: "Tais-toi et sors de cet homme!" [26] L'esprit mauvais secoua rudement l'homme et sortit de lui en poussant un grand cri. [27] Les

gens furent tous si étonnés qu'ils se demandèrent les uns aux autres: "Qu'est-ce que cela? Un nouvel enseignement donné avec autorité! Cet homme commande même aux esprits mauvais et ils lui obéissent!" [28] Et l'on entendit rapidement parler de Jésus dans toute la région de la Galilée.

Jésus guérit beaucoup de malades

(Voir aussi Matt. 8.14-17; Luc 4.38-41)

[29] Ils quittèrent la *synagogue et allèrent aussitôt à la maison de Simon et d'André, en compagnie de Jacques et Jean. [30] La belle-mère de Simon était au lit, parce qu'elle avait de la fièvre; dès que Jésus arriva, on lui parla d'elle. [31] Il s'approcha d'elle, lui prit la main et la fit se lever. La fièvre la quitta et elle se mit à les servir.

[32] Quand le soir fut venu, après le coucher du soleil, les gens transportèrent vers Jésus tous les malades et ceux qui avaient des esprits mauvais. [33] Toute la population de la ville était rassemblée devant la porte de la maison. [34] Jésus guérit beaucoup de gens qui souffraient de diverses maladies et il chassa aussi beaucoup d'esprits mauvais. Il ne laissait pas parler les esprits mauvais, parce qu'ils savaient, eux, qui il était.

Jésus parcourt la Galilée

(Voir aussi Luc 4.42-44)

[35] Très tôt le lendemain, alors qu'il faisait encore nuit noire, Jésus se leva et sortit de la maison. Il s'en alla hors de la ville vers un endroit isolé; là, il se mit à prier. [36] Simon et ses compagnons partirent à sa recherche; [37] quand ils le trouvèrent, ils lui dirent: "Tout le monde te cherche." [38] Mais Jésus leur dit: "Allons ailleurs, vers les villages voisins. Je dois prêcher là-bas aussi, car c'est pour cela que je suis venu." [39] Et ainsi, il alla dans toute la Galilée; il prêchait dans les *synagogues de la région et il chassait les esprits mauvais.

Jésus guérit un lépreux

(Voir aussi Matt. 8.1-4; Luc 5.12-16)

[40] Un *lépreux vint à Jésus, tomba à genoux devant lui et lui demanda son aide en disant: "Si tu le veux, tu peux me rendre pur." [41] Jésus fut rempli de pitié pour lui; il étendit la main, le toucha et lui dit: "Je le veux, sois pur!" [42] Aussitôt, la lèpre quitta cet homme et il fut pur. [43] Puis,

Jésus lui parla durement et le renvoya aussitôt. [44] "Ecoute bien," lui dit-il, "ne parle de cela à personne. Mais va montrer au prêtre comment tu es, puis offre le sacrifice que Moïse a ordonné, pour prouver à tous que tu es guéri." [45] Mais cet homme partit et se mit à raconter partout ce qui lui était arrivé. A cause de cela, Jésus ne pouvait plus se montrer dans une ville, mais il restait en dehors, dans des endroits isolés. Et l'on venait à lui de partout.

Jésus guérit un paralytique

(Voir aussi Matt. 9.1-8; Luc 5.17-26)

2 Quelques jours plus tard, Jésus revint à Capernaüm, et l'on apprit qu'il était à la maison. [2] Une si grande foule s'assembla qu'il ne restait plus de place, pas même dehors devant la porte. Jésus leur donnait son enseignement. [3] Quelques hommes arrivèrent alors, lui amenant un paralytique porté par quatre d'entre eux. [4] Mais ils ne pouvaient pas le présenter à Jésus, à cause de la foule. Ils ouvrirent alors le toit au-dessus de l'endroit où était Jésus; par le trou qu'ils avaient fait, ils descendirent le paralytique étendu sur sa natte. [5] Quand Jésus vit la foi de ces hommes, il dit au paralytique:

"Mon fils, tes péchés sont pardonnés." [6] Quelques *maîtres de la loi, qui étaient assis là, pensaient en eux-mêmes: [7] "Comment cet homme ose-t-il ainsi parler contre Dieu? Qui peut pardonner les péchés? Dieu seul le peut!" [8] Jésus sut aussitôt ce qu'ils pensaient et leur dit: "Pourquoi avez-vous de telles pensées? [9] Est-il plus facile de dire au paralytique: 'Tes péchés sont pardonnés,' ou de dire: 'Lève-toi, prends ta natte et marche?' [10] Mais je veux que vous sachiez que le Fils de l'homme a le pouvoir sur la terre de pardonner les péchés."

Il adressa alors ces mots au paralytique: [11] "Je te le dis, lève-toi, prends ta natte, et rentre chez toi!"

[12] Aussitôt, tandis que tout le monde le regardait, l'homme se leva, prit sa natte et partit. Ils furent tous frappés d'étonnement; ils louaient Dieu et disaient: "Nous n'avons jamais rien vu de pareil!"

Jésus appelle Lévi

(Voir aussi Matt. 9.9-13; Luc 5.27-32)

[13] Jésus retourna vers le bord du lac de Galilée. Une foule de gens venait à lui et il les enseignait. [14] En passant, il vit Lévi, le fils d'Alphée, assis au bureau de paiement des impôts. Jésus lui dit: "Suis moi!" Lévi se leva et le suivit.

[15] Jésus prit ensuite un repas dans la maison de Lévi. Beaucoup de *collecteurs d'impôts et de gens de mauvaise réputation étaient à table avec lui et ses *disciples, car nombreux étaient les hommes de cette sorte qui le suivaient. [16] Et les *maîtres de la loi qui étaient du parti des *Pharisiens virent que Jésus mangeait avec les gens de mauvaise réputation et les collecteurs d'impôts; ils dirent à ses disciples: "Pourquoi mange-t-il avec les collecteurs d'impôts et les gens de mauvaise réputation?" [17] Jésus les entendit et leur dit: "Les gens en bonne santé n'ont pas besoin de docteur, ce sont les malades qui en ont besoin. Je ne suis pas venu appeler des gens respectables mais des gens de mauvaise réputation."

Jésus et le jeûne

(Voir aussi Matt. 9.14-17; Luc 5.33-39)

[18] Un jour, les *disciples de Jean-Baptiste et les *Pharisiens jeûnaient. Des gens vinrent alors demander à Jésus: "Pourquoi les disciples de Jean-Baptiste et les disciples des Pharisiens jeûnent-ils et tes disciples ne le font-ils pas?" [19] Et Jésus leur répondit: "Pensez-vous que les invités d'une noce

peuvent se passer de manger pendant que l'époux est avec eux? Bien sûr que non! Pendant tout le temps que l'époux est avec eux, ils ne peuvent se passer de manger. [20] Mais le temps viendra où l'époux leur sera enlevé; quand ce jour sera là, alors ils jeûneront.

[21] "Personne ne coud un morceau d'étoffe neuve sur un vieux vêtement; sinon, le nouveau morceau arrache une partie du vieux vêtement et la déchirure s'agrandit encore. [22] Et personne ne verse du vin nouveau dans de vieilles *outres; sinon, le vin fait éclater les outres, et le vin et les outres sont perdus ensemble. Mais non! il faut verser le vin nouveau dans des outres neuves!"

Jésus et le sabbat

(Voir aussi Matt. 12.1-8; Luc 6.1-5)

[23] Un jour de *sabbat, Jésus traversait des champs de blé. Ses *disciples se mirent à cueillir des épis de blé le long du chemin. [24] Les *Pharisiens dirent alors à Jésus: "Regarde, pourquoi tes disciples font-ils ce que notre loi ne permet pas le jour du sabbat?" [25] Jésus leur répondit: "N'avez-vous jamais lu ce que fit David un jour où il avait besoin de

nourriture, parce que lui-même et ses gens avaient faim? [26] Il entra dans la maison de Dieu et mangea les pains offerts à Dieu. Abiathar était le grand-prêtre en ce temps-là. Notre loi permet aux prêtres seuls de manger ces pains, mais David en prit et en donna aussi à ses gens." [27] Jésus leur dit encore: "Le sabbat a été fait pour le bien de l'homme; l'homme n'a pas été fait pour le sabbat. [28] C'est pourquoi, le *Fils de l'homme est maître même du sabbat."

L'homme à la main desséchée

(Voir aussi Matt. 12.9-14; Luc 6.6-11)

3 Ensuite, Jésus retourna dans la *synagogue. Un homme s'y trouvait, il avait la main desséchée. [2] Ceux qui étaient là observaient attentivement Jésus pour voir s'il allait guérir cet homme le jour du *sabbat, car ils voulaient l'accuser de mal agir. [3] Jésus dit à l'homme qui avait la main desséchée: "Lève-toi, là, devant tout le monde." [4] Puis il demanda à ceux qui regardaient: "Que permet notre loi? de faire du bien le jour du sabbat ou de faire du mal? de sauver la vie d'un homme ou de la détruire?" Mais ils ne voulaient pas répondre. [5] Jésus les regarda tous avec colère; il était en même temps profondément attristé à cause de leurs mauvais sentiments. Il dit alors à l'homme: "Avance ta main." Il l'avança et sa main redevint saine. [6] Les *Pharisiens sortirent de la synagogue et se réunirent aussitôt avec des membres du *parti d'Hérode pour décider comment ils pourraient faire mourir Jésus.

Des foules viennent à Jésus

[7] Jésus se retira avec ses disciples vers le lac de Galilée et une grande foule de gens le suivit. Ils venaient de Galilée et de Judée, [8] de Jérusalem, du territoire d'Idumée, du territoire situé de l'autre côté du Jourdain et de la région voisine des villes de Tyr et de Sidon. Cette grande foule vint vers Jésus parce qu'elle apprenait tout ce qu'il faisait. [9] Alors Jésus demanda à ses disciples de lui préparer un petit bateau afin que la foule ne l'écrase pas. [10] En effet, comme il guérissait beaucoup de gens, tous ceux qui souffraient de maladies se précipitaient vers lui pour le toucher. [11] Et au moment où les esprits mauvais le voyaient, ils tombaient à ses pieds et criaient: "Tu es le Fils de Dieu!" [12] Mais Jésus leur recommandait sévèrement de ne pas dire qui il était.

Jésus choisit les douze apôtres

(Voir aussi Matt. 10.1-4; Luc 6.12-16)

13 Puis Jésus monta sur une colline; il appela les hommes qu'il voulait et ils vinrent à lui. 14 Il en choisit douze qu'il nomma *apôtres. Il les choisit pour les avoir avec lui, pour les envoyer prêcher 15 et leur donner le pouvoir de chasser les esprits mauvais. 16 Voici les douze qu'il choisit: Simon (Jésus lui donna le nom de Pierre), 17 Jacques et son frère Jean, les fils de Zébédée (Jésus leur donna le nom de Boanergès, qui signifie "les hommes semblables au tonnerre"); 18 André, Philippe, Barthélemy, Matthieu, Thomas, Jacques le fils d'Alphée, Thaddée, Simon le nationaliste, 19 et Judas Iscariote, celui qui livra Jésus à ses ennemis.

La famille de Jésus veut l'emmener

[20] Jésus revint ensuite à la maison. Une telle foule s'assembla de nouveau que Jésus et ses *disciples n'avaient pas même le temps de manger. [21] Quand les membres de sa famille apprirent cela, ils se mirent en route pour venir le prendre, car ils disaient: "Il a perdu la raison!"

Jésus répond à une accusation portée contre lui

(Voir aussi Matt. 12.22-32; Luc 11.14-23; 12.10)

[22] Les *maîtres de la loi qui étaient venus de Jérusalem jusque là disaient: "Il a *Béelzébul, le diable, en lui!" D'autres disaient: "C'est le chef des esprits mauvais qui lui donne le pouvoir de chasser ces esprits!" [23] Alors Jésus les appela et leur parla au moyen de *paraboles: "Comment Satan peut-il se chasser lui-même? [24] Si les membres d'un royaume luttent les uns contre les autres, ce royaume ne peut pas continuer à exister; [25] et si les membres d'une famille luttent les uns contre les autres, cette famille ne pourra pas continuer à exister. [26] Si donc Satan lutte contre lui-même, s'il y a de la division dans son royaume, son pouvoir ne peut pas continuer à exister mais prend fin.

[27] "Personne ne peut entrer dans la maison d'un homme fort et voler ses biens, s'il n'a pas d'abord lié cet homme fort; mais quand il l'a lié, il peut tout voler dans sa maison.

[28] "Je vous le déclare, c'est la vérité: les hommes pourront recevoir le pardon de tous leurs péchés et de toutes les paroles mauvaises qu'ils auront prononcées. [29] Mais l'homme qui parlera contre le Saint-Esprit ne recevra jamais de pardon, car il aura commis un péché éternel." [30] Jésus leur parla ainsi parce qu'ils déclaraient: "Il a un esprit mauvais en lui."

La mère et les frères de Jésus

(Voir aussi Matt. 12.46-50; Luc 8.19-21)

[31] La mère et les frères de Jésus arrivèrent alors; ils se tinrent en dehors de la maison et lui envoyèrent quelqu'un pour l'appeler. [32] Un grand nombre de personnes étaient assises autour de Jésus et on lui dit: "Ecoute, ta mère et tes frères sont dehors et ils te demandent." [33] Jésus répondit: "Qui est ma mère et qui sont mes frères?" [34] Puis il regarda les gens assis en cercle autour de lui et dit: "Voyez: ma mère et mes frères sont ici. [35] Car celui qui fait ce que Dieu veut est mon frère, ma sœur ou ma mère."

La parabole du semeur

(Voir aussi Matt. 13.1-9; Luc 8.4-8)

4 Jésus se mit de nouveau à enseigner au bord du lac de Galilée. Une si grande foule s'assembla autour de lui qu'il monta dans une barque et s'y assit. La barque était sur le lac et la foule était à terre, près de l'eau. [2] Il utilisait des *paraboles pour leur enseigner beaucoup de choses et il leur disait dans son enseignement: [3] "Ecoutez! Un homme sortit pour semer. [4] Or, comme il répandait la semence dans son champ, une partie des grains tomba le long du chemin: les oiseaux vinrent et les mangèrent. [5] Une autre partie tomba sur un sol pierreux où il n'y avait pas beaucoup de terre. Les grains poussèrent aussitôt parce que la couche de terre n'était pas profonde. [6] Quand le soleil fut haut dans le ciel, il brûla les petites plantes et elles se desséchèrent parce qu'elles n'avaient pas de grandes racines. [7] Une autre partie des grains tomba parmi des plantes épineuses. Ces plantes épineuses levèrent et étouffèrent les bonnes pousses, de sorte qu'elles ne produisirent rien. [8] Mais d'autres grains tombèrent dans la bonne terre; les plantes poussèrent, se développèrent et donnèrent du fruit: les unes produisirent trente grains, d'autres soixante et d'autres cent."
[9] Et Jésus dit: "Ecoutez bien, si vous avez des oreilles pour entendre!"

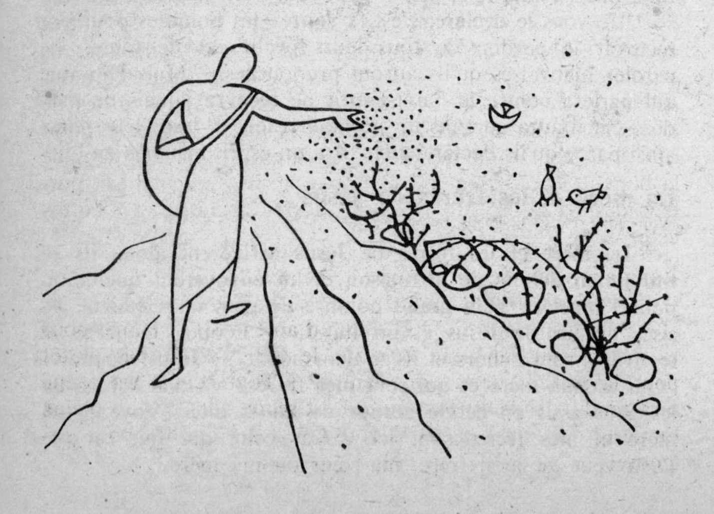

Pourquoi Jésus emploie des paraboles

(Voir aussi Matt. 13.10-17; Luc 8.9-10)

[10] Quand Jésus fut loin de la foule, ceux qui se tenaient près de lui et les douze *disciples lui demandèrent d'expliquer les *paraboles. [11] Il leur répondit: "Vous avez reçu, vous, le secret du *Royaume de Dieu; mais les autres gens entendent toutes choses sous forme de paraboles, [12] afin que

'Ils puissent bien regarder mais sans vraiment voir,
Ils puissent bien entendre mais sans vraiment comprendre,
Sinon ils se tourneraient vers Dieu et Dieu leur pardonnerait!' "

Jésus explique la parabole du semeur

(Voir aussi Matt. 13.18-23; Luc 8.11-15)

[13] Puis Jésus leur dit: "Vous ne comprenez pas cette *parabole? Alors comment comprendrez-vous toutes les autres paraboles? [14] Le semeur sème la parole de Dieu. [15] Certains hommes sont semblables au bord du chemin où tombe la parole: dès qu'ils l'ont entendue, Satan arrive et arrache la parole semée au-dedans d'eux. [16] De même, d'autres reçoivent la semence en des sols pierreux: aussitôt qu'ils entendent la parole, ils l'acceptent avec joie. [17] Mais ils ne la laissent pas s'enraciner en eux, ils ne s'y attachent qu'un instant. Aussi, quand survient la peine ou la persécution à cause de la parole de Dieu, ils abandonnent immédiatement la foi. [18] D'autres encore reçoivent la semence parmi des plantes épineuses: ils ont entendu la parole, [19] mais les soucis de la vie de ce monde, le plaisir trompeur de la richesse et les autres sortes de désirs pénètrent en eux et étouffent la parole qui ne produit rien. [20] D'autres hommes, enfin, reçoivent la semence dans de la bonne terre: ils entendent la parole, ils l'acceptent et portent des fruits, les uns trente, d'autres soixante et d'autres cent."

La parabole de la lampe

(Voir aussi Luc 8.16-18)

[21] Puis Jésus leur dit: "Quelqu'un amène-t-il la lampe pour la mettre sous un seau ou sous le lit? N'est-ce pas plutôt pour la mettre sur le porte-lampe? [22] Tout ce qui est caché sera rendu visible, et tout ce qui est secret sera mis en pleine lumière. [23] Ecoutez bien, si vous avez des oreilles pour entendre!"

[24] Jésus leur dit encore: "Faites attention à ce que vous entendez! Dieu mesurera ses dons envers vous avec la mesure que vous employez vous-mêmes. [25] Car celui qui a quelque chose recevra davantage; mais à celui qui n'a rien on enlèvera même le peu qu'il a."

La parabole de la semence qui pousse toute seule

[26] Jésus dit encore: "Voici à quoi ressemble le *Royaume de Dieu: Un homme répand de la semence dans son champ. [27] Ensuite, il continue à dormir durant la nuit et à se lever chaque jour, et pendant ce temps les graines germent et poussent sans qu'il sache comment. [28] La terre fait pousser d'elle-même la récolte: d'abord la tige des plantes, puis l'épi vert, et enfin le grain bien formé dans l'épi. [29] Dès que le grain est mûr, l'homme se met au travail avec sa faucille, car le moment de la moisson est arrivé."

La parabole de la graine de moutarde

(Voir aussi Matt. 13.31-32, 34; Luc 13.18-19)

[30] Jésus dit encore: "A quoi pouvons-nous dire que le *Royaume de Dieu ressemble? Au moyen de quelle *parabole allons-nous en parler? [31] Il ressemble à une graine de moutarde; quand on la sème dans la terre, elle est la plus petite de toutes les graines du monde. [32] Mais après qu'on l'a semée, elle monte et devient la plus grande de toutes les plantes. Elle pousse des branches si grandes que les oiseaux peuvent faire leurs nids à son ombre."

[33] Ainsi, Jésus donnait à tous son enseignement au moyen de beaucoup de paraboles comme celles-ci; il le donnait selon ce que ses auditeurs pouvaient comprendre. [34] Il ne leur parlait pas sans employer de paraboles; mais quand il était seul avec ses *disciples, il leur expliquait tout.

Jésus apaise une tempête

(Voir aussi Matt. 8.23-27; Luc 8.22-25)

[35] Le soir de ce même jour, Jésus dit à ses *disciples: " Passons de l'autre côté du lac." [36] Ils quittèrent donc la foule; les disciples emmenèrent Jésus dans la barque où il se trouvait. D'autres barques encore étaient près de lui. [37] Et voilà qu'un vent violent se mit à souffler, les vagues se jetaient dans la barque, de sorte que, déjà, elle se remplissait d'eau. [38] Jésus était à l'arrière du bateau et dormait, la tête appuyée sur un coussin. Ses disciples le réveillèrent alors

et lui dirent: “Maître, nous allons mourir: cela ne te fait-il rien?” [39] Jésus se réveilla, il parla sévèrement au vent et dit à l'eau du lac: “Silence! calme-toi!” Alors le vent tomba et il y eut un grand calme. [40] Puis Jésus dit aux disciples: “Pourquoi avez-vous peur? N'avez-vous pas encore de foi?” [41] Mais ils avaient très peur et ils se dirent les uns aux autres: “Qui est donc cet homme, pour que même le vent et l'eau du lac lui obéissent?”

Jésus guérit un homme ayant un esprit mauvais

(Voir aussi Matt. 8.28-34; Luc 8.26-39)

5 Puis ils arrivèrent de l'autre côté du lac de Galilée, dans le territoire des Géraséniens. [2] Jésus descendit de la barque et, aussitôt, un homme sortit des tombeaux et vint à sa rencontre. [3] Cet homme avait en lui un esprit mauvais et il vivait parmi les tombeaux. Personne ne pouvait plus le tenir attaché, même avec une chaîne; [4] souvent, en effet, on avait attaché ses pieds avec des liens de fer et ses mains avec des chaînes, mais il avait rompu les chaînes et brisé les liens de fer. Personne n'était assez fort pour le maîtriser. [5] Continuellement, la nuit comme le jour, il errait parmi les tombeaux et sur les collines, en poussant des cris et en se blessant avec des pierres.

[6] Il vit Jésus de loin, alors il accourut, se jeta à genoux devant lui, [7] et cria d'une voix forte: "Que me veux-tu, Jésus, Fils du Dieu très haut? Je t'en supplie, au nom de Dieu, ne me punis pas!" [8] (Il dit cela parce que Jésus lui donnait cet ordre: "Esprit mauvais, sors de cet homme!") [9] Alors Jésus demanda à l'homme: "Quel est ton nom?" Il lui répondit: "Mon nom est 'Multitude', car nous sommes nombreux." [10] Et il le priait avec insistance de ne pas envoyer les esprits mauvais hors de la région.

[11] Il y avait là un grand troupeau de porcs qui cherchait sa nourriture près de la colline. [12] Alors les esprits adressèrent cette prière à Jésus: "Envoie-nous dans ces porcs, pour que nous entrions en eux." [13] Jésus le leur permit. Alors les esprits mauvais sortirent de l'homme et entrèrent dans les porcs. Tout le troupeau —environ deux mille porcs—se précipita du haut de la pente dans le lac et s'y noya.

[14] Les hommes qui gardaient les porcs s'enfuirent et portèrent la nouvelle dans la ville et dans les fermes. Les gens vinrent donc voir ce qui s'était passé. [15] Ils arrivèrent auprès de Jésus et virent l'homme qui avait eu une multitude d'esprits mauvais en lui: il était assis, il portait des vêtements et était dans son bon sens. Et ils prirent peur. [16] Ceux qui avaient tout vu leur racontèrent ce qui était arrivé à l'homme ayant des esprits mauvais et aux porcs. [17] Alors ils se mirent à prier Jésus de quitter leur territoire.

[18] Comme Jésus montait dans la barque, l'homme qui avait eu les esprits mauvais lui demanda de pouvoir rester avec lui. [19] Jésus ne le lui permit pas, mais il lui dit: "Retourne

chez toi, dans ta famille, et raconte-leur tout ce que le Seigneur a fait dans sa pitié pour toi." [20] L'homme s'en alla donc et se mit à annoncer dans la région des Dix Villes tout ce que Jésus avait fait pour lui; et tous ceux qui l'entendirent furent remplis d'étonnement.

La fille de Jaïrus et la femme qui toucha le vêtement de Jésus

(Voir aussi Matt. 9.18-26; Luc 8.40-56)

[21] Jésus revint en barque de l'autre côté du lac. Une grande foule s'assembla autour de lui alors qu'il se tenait au bord de l'eau. [22] Un chef de *synagogue, nommé Jaïrus, arriva alors. Il vit Jésus, se jeta à ses pieds [23] et lui demanda son aide avec insistance: "Ma petite fille est en train de mourir, dit-il. Je t'en prie, viens et pose les mains sur elle afin qu'elle guérisse et qu'elle vive!" [24] Jésus partit avec lui. Une grande foule l'accompagnait et le pressait de tous côtés.

[25] Il y avait là une femme qui avait des pertes de sang depuis douze ans. [26] Elle avait beaucoup souffert chez de nombreux médecins et y avait dépensé tout son argent. Mais elle n'allait pas mieux: au contraire, elle allait plus mal. [27] Elle entendit parler de Jésus; elle vint alors dans la foule, derrière lui, et toucha son vêtement. [28] Car elle se disait: "Si je touche au moins ses vêtements, je serai guérie." [29] Sa perte de sang cessa aussitôt et elle se sentit guérie de son mal. [30] Au même moment Jésus se rendit compte qu'une force était sortie de lui. Il se retourna au milieu de la foule et dit: "Qui a touché mes vêtements?" [31] Ses *disciples lui répondirent: "Tu vois que la foule te presse de tous côtés, et tu demandes encore: Qui m'a touché?"

[32] Mais Jésus regardait autour de lui pour voir qui avait fait cela. [33] La femme tremblait de peur parce qu'elle savait ce qui lui était arrivé; elle vint alors se jeter à ses pieds et lui dit toute la vérité. [34] Jésus lui dit: "Ma fille, ta foi t'a guérie. Va en paix, et sois délivrée de ton mal."

[35] Tandis que Jésus parlait ainsi, des messagers vinrent de la maison du chef Jaïrus et lui dirent: "Ta fille est morte. Pourquoi dérangerais-tu encore le Maître?" [36] Mais Jésus ne prêta aucune attention à leurs paroles et dit à Jaïrus: "N'aie pas peur, crois seulement." [37] Il ne permit alors à personne de l'accompagner, si ce n'est à Pierre, à Jacques et à son frère Jean. [38] Ils arrivèrent à la maison du chef de synagogue,

où Jésus vit une agitation bruyante, des gens qui pleuraient et poussaient de grands cris. [39] Il entra dans la maison et leur dit: "Pourquoi toute cette agitation et pourquoi pleurez-vous? L'enfant n'est pas morte, mais elle dort." [40] Ils se moquèrent de lui. Alors il les fit tous sortir, prit avec lui le père et la mère de l'enfant et ses trois disciples et entra dans la chambre où était l'enfant. [41] Il saisit l'enfant par la main et lui dit: *Talitha koum,* — ce qui signifie: "Fillette, lève-toi, je te le dis!" [42] La fillette se leva aussitôt et se mit à marcher (elle avait douze ans). Au moment où ils virent cela, ils furent frappés d'un très grand étonnement. [43] Mais Jésus leur recommanda sérieusement de ne le faire savoir à personne; puis il leur dit: "Donnez-lui quelque chose à manger."

Les gens de Nazareth ne croient pas en Jésus

(Voir aussi Matt. 13.53-58; Luc 4.16-30)

6 Jésus quitta cet endroit et alla dans la ville où il avait grandi; ses *disciples l'accompagnaient. [2] Le jour du *sabbat, il se mit à enseigner dans la *synagogue. Les nombreuses personnes qui l'entendirent furent très étonnées. Elles disaient: "D'où a-t-il tout cela? Qu'est-ce que cette sagesse qu'il a reçue et ces miracles qu'il accomplit? [3] N'est-ce pas lui le charpentier, le fils de Marie, et le frère de Jacques, de Joses, de Jude et de Simon? Et ses sœurs ne vivent-elles pas ici parmi nous?" Et cela les empêchait de croire en lui. [4] Alors Jésus leur dit: "Un *prophète est respecté partout, excepté dans sa ville natale, sa parenté et sa famille." [5] Jésus ne put faire là aucun miracle, si ce n'est qu'il posa les mains sur quelques malades et les guérit. [6] Et il s'étonnait de leur manque de foi.

Jésus envoie les douze disciples deux par deux

(Voir aussi Matt. 10.5-15; Luc 9.1-6)

Ensuite, Jésus alla enseigner dans tous les villages des environs. [7] Il appela ses douze *disciples et se mit à les envoyer deux par deux. Il leur donna le pouvoir de commander aux esprits mauvais [8] et leur donna cet ordre: "Ne prenez rien avec vous pour le voyage, si ce n'est un bâton; ne prenez pas de pain, ni de sac, ni d'argent dans votre poche. [9] Mettez des sandales, mais ne portez pas deux chemises." [10] Il leur dit encore: "Quand vous arriverez dans une ville, restez dans la maison où l'on vous invitera jusqu'à ce que vous quittiez cet endroit. [11] Si les habitants d'une localité refusent de vous accueillir ou de vous écouter, partez de là et secouez la poussière de vos pieds: ce sera un avertissement pour eux." [12] Les disciples s'en allèrent donc prêcher aux hommes qu'il fallait changer de vie. [13] Ils chassaient beaucoup d'esprits mauvais et guérissaient beaucoup de malades en les frottant avec de l'huile.

La mort de Jean-Baptiste

(Voir aussi Matt. 14.1-12; Luc 9.7-9)

[14] Cependant le roi *Hérode entendit parler de Jésus, car sa réputation s'était répandue partout. Certaines personnes disaient: "Jean-Baptiste est revenu à la vie! C'est pourquoi il a le pouvoir de faire des miracles." [15] Mais d'autres disaient: "C'est *Elie." D'autres encore disaient: "C'est un *prophète, pareil à l'un des prophètes d'autrefois."

[16] Quand Hérode entendit cela, il dit: "C'est Jean-Baptiste! Je lui ai fait couper la tête, mais il est revenu à la vie!" [17] En effet, Hérode lui-même avait ordonné d'arrêter Jean, il l'avait fait lier et mettre en prison. Hérode agit ainsi à cause *d'Hérodiade, qu'il avait épousée bien qu'elle fût la femme de son frère Philippe. [18] Car Jean disait à Hérode: "Il ne t'est pas permis de prendre la femme de ton frère!" [19] Hérodiade était furieuse contre Jean et voulait le faire mourir, mais elle ne le pouvait pas à cause d'Hérode. [20] Hérode craignait Jean, car il savait que c'était un homme bon et saint, et il le protégeait. Quand il l'écoutait, il était très embarrassé; pourtant il aimait l'écouter.

[21] Cependant, une occasion favorable se présenta pour Hérodiade le jour de l'anniversaire d'Hérode. Celui-ci donna alors un banquet aux gens haut placés de son gouvernement, aux chefs de l'armée et aux personnages importants de la Galilée. [22] La fille d'Hérodiade entra dans la salle et dansa; elle plut à Hérode et à ses invités. Le roi dit alors à la jeune fille: "Demande-moi ce que tu voudras, et je te le donnerai." [23] Et il lui fit ce serment: "Je jure de te donner ce que tu demanderas, même la moitié de mon royaume." [24] La jeune fille sortit donc et dit à sa mère: "Que dois-je demander?" Celle-ci répondit: "La tête de Jean-Baptiste." [25] La jeune fille se hâta de retourner auprès du roi et lui fit cette demande: "Je veux que tu me donnes tout de suite la tête de Jean-Baptiste sur un plat!" [26] Le roi devint tout

triste; mais il ne voulut pas lui refuser, à cause des serments qu'il avait faits devant ses invités. [27] Il envoya donc immédiatement un soldat de sa garde, avec l'ordre d'apporter la tête de Jean-Baptiste. Le soldat partit, alla dans la prison et coupa la tête de Jean. [28] Puis il apporta la tête sur un plat et la donna à la jeune fille, et la jeune fille la donna à sa mère. [29] Quand les *disciples de Jean apprirent cela, ils vinrent prendre son corps et le mirent dans un tombeau.

Jésus nourrit cinq mille hommes

(Voir aussi Matt. 14.13-21; Luc 9.10-17; Jean 6.1-14)

[30] Les *apôtres revinrent auprès de Jésus et lui racontèrent tout ce qu'ils avaient fait et enseigné. [31] Les gens qui arrivaient et s'en allaient étaient si nombreux que Jésus et ses *disciples n'avaient pas même le temps de manger. C'est pourquoi il leur dit: "Venez avec moi dans un endroit isolé pour vous reposer un moment." [32] Ils partirent donc dans la barque, seuls, vers un endroit isolé. [33] Mais beaucoup de gens les virent s'en aller et les reconnurent; ils accoururent alors de toutes les villes et arrivèrent à pied à cet endroit avant Jésus et ses disciples.

[34] Quand Jésus sortit de la barque, il vit cette grande foule; son cœur fut rempli de pitié pour ces gens, parce qu'ils ressemblaient à des moutons qui n'ont pas de *berger. Et il se mit à leur enseigner beaucoup de choses. [35] Comme il était déjà tard, les disciples de Jésus s'approchèrent de lui et lui dirent: "Il est déjà tard et cet endroit est isolé. [36] Renvoie ces gens pour qu'ils aillent dans les fermes et les villages des environs s'acheter de la nourriture." [37] Jésus leur répondit: "Donnez-leur vous-mêmes à manger!" Mais ils lui demandèrent: "Voudrais-tu que nous allions acheter du pain pour une valeur de deux cents pièces d'argent afin de leur donner à manger?" [38] Alors Jésus leur dit: "Combien avez-vous de pains? Allez voir."

Quand ils se furent renseignés, ils lui dirent: "Nous avons cinq pains, et aussi deux poissons."

[39] Ensuite, Jésus ordonna à ses disciples de faire asseoir tous les gens, par groupes, sur l'herbe verte. [40] Et ils s'assirent en rangs de cent et en rangs de cinquante. [41] Puis Jésus prit les cinq pains et les deux poissons, leva les yeux vers le ciel et remercia Dieu. Il rompit les pains et les donna aux disciples pour qu'ils les distribuent aux gens. Il partagea

aussi les deux poissons entre eux tous. [42] Chacun mangea et eut assez de nourriture. [43] Les disciples emportèrent les morceaux de pain et de poisson qui restaient, de quoi remplir douze corbeilles. [44] Ceux qui avaient mangé les pains étaient au nombre de cinq mille hommes.

Jésus marche sur le lac

(Voir aussi Matt. 14.22-33; Jean 6.15-21)

[45] Aussitôt après, Jésus fit monter ses *disciples dans la barque pour qu'ils passent avant lui de l'autre côté du lac, vers la ville de Bethsaïda, pendant que lui-même renverrait la foule. [46] Après s'être séparé d'eux, il s'en alla sur une colline pour prier. [47] Quand la nuit vint, la barque était au milieu du lac et Jésus était seul à terre. [48] Il vit que ses disciples avaient beaucoup de peine à ramer, parce que le vent soufflait contre eux; alors, à un moment situé entre trois et six heures du matin environ, il se dirigea vers eux en

marchant sur l'eau, et il allait les dépasser. [49] Mais quand ils le virent marcher sur l'eau, ils crurent que c'était un fantôme et se mirent à pousser des cris, [50] car tous le voyaient et étaient bouleversés par la peur. Mais aussitôt il leur parla: “Prenez courage,” leur dit-il. “C'est moi; n'ayez pas peur!”
[51] Puis il monta dans la barque, auprès d'eux, et le vent tomba. Les disciples étaient remplis d'un étonnement extrê-

me, [52] car ils n'avaient pas compris le miracle des pains: leur intelligence était incapable d'en saisir le sens.

Jésus guérit les malades dans la région de Génésareth

(Voir aussi Matt. 14.34-36)

[53] Ils achevèrent la traversée du lac et touchèrent terre dans la région de Génésareth, où ils attachèrent leur barque au rivage. [54] Dès qu'ils furent sortis de la barque, les gens reconnurent Jésus. [55] Ils coururent alors dans toute la région et se mirent à lui apporter les malades sur leurs nattes, partout où ils entendaient dire qu'il était. [56] Et partout où Jésus allait, dans les villages, les villes ou les fermes, les gens venaient mettre leurs malades sur les places publiques et le priaient de les laisser toucher au moins le bord de son manteau; et tous ceux qui le touchaient étaient guéris.

L'enseignement transmis par les ancêtres

(Voir aussi Matt. 15.1-9)

7 Les *Pharisiens et quelques *maîtres de la loi venus de Jérusalem s'assemblèrent autour de Jésus. [2] Ils remarquèrent que certains de ses *disciples mangeaient leur nourriture avec des mains *impures, c'est-à-dire sans les avoir lavées selon l'usage religieux.

[3] En effet, les Pharisiens et tous les autres Juifs obéissent à l'enseignement reçu de leurs ancêtres: ils ne mangent pas sans s'être lavé les mains avec soin [4] et quand ils reviennent du marché, ils ne mangent pas sans s'être lavés d'abord. Ils obéissent à beaucoup d'autres coutumes qu'ils ont reçues, telles que la bonne manière de laver les coupes, les pots, les marmites de cuivre et les lits.

[5] Les Pharisiens et les maîtres de la loi demandèrent donc à Jésus: "Pourquoi tes disciples n'obéissent-ils pas à l'enseignement transmis par nos ancêtres mais prennent-ils leur nourriture avec des mains impures?" [6] Jésus leur répondit: "Esaïe avait bien raison lorsqu'il prophétisait à votre sujet! Vous êtes des hypocrites, ainsi qu'il l'écrivait:

'Ce peuple,-dit Dieu, m'honore avec des paroles,
Mais dans son cœur il est très loin de moi.
[7] Le culte que ces gens me rendent est inutile,
Car ils enseignent des commandements faits par les

hommes comme si c'étaient des enseignements de Dieu.'

[8] Vous mettez de côté les commandements de Dieu," dit Jésus, "pour obéir aux enseignements donnés par les hommes."

[9] Puis Jésus ajouta: "Vous savez fort bien rejeter le commandement de Dieu pour vous en tenir à votre propre enseignement! [10] Moïse a dit en effet: 'Respecte ton père et ta mère,' et 'Celui qui dit du mal de son père ou de sa mère doit être mis à mort.' [11] Mais vous, vous enseignez que si un homme déclare à son père ou à sa mère: 'La part de mes biens que je pourrais utiliser pour t'aider est *Corban*' (ce qui signifie un *don réservé pour Dieu*), [12] vous ne lui permettez plus d'aider son père ou sa mère. [13] De cette façon, vous détruisez la valeur de la parole de Dieu par l'enseignement que vous vous transmettez les uns aux autres. Et vous faites beaucoup d'autres choses semblables."

Les choses qui rendent un homme impur

(Voir aussi Matt. 15.10-20)

[14] Puis Jésus appela de nouveau la foule et leur dit: "Ecoutez-moi, vous tous, et comprenez ceci: [15] Rien de ce qui entre en l'homme du dehors ne peut le rendre *impur. C'est plutôt ce qui sort du cœur de l'homme qui le rend impur. [[16] Ecoutez bien, si vous avez des oreilles pour entendre!]"

[17] Quand Jésus eut quitté la foule et fut entré dans la maison, ses *disciples l'interrogèrent sur cette *parabole. [18] Et il leur dit: "Etes-vous, vous aussi, incapables de comprendre? Ne comprenez-vous pas que rien de ce qui entre en l'homme du dehors ne peut le rendre impur, [19] car cela n'entre pas dans son cœur, mais dans son ventre, et sort ensuite de son corps?" (Par ces paroles, Jésus déclarait donc que tous les aliments peuvent être mangés). [20] Et il dit encore: "C'est ce qui sort de l'homme qui le rend impur. [21] Car du dedans, du cœur de l'homme, viennent les mauvaises pensées qui le poussent à agir immoralement, à voler, à tuer, [22] à commettre l'adultère, à vouloir ce qui est aux autres, à agir méchamment, à tromper, à vivre dans le désordre, à être jaloux, à dire du mal des autres, à être orgueilleux et insensé. [23] Toutes ces mauvaises choses sortent du dedans de l'homme et le rendent impur."

Une femme étrangère croit en Jésus

(Voir aussi Matt. 15.21-28)

[24] Puis Jésus partit de là et s'en alla dans la région proche de la ville de Tyr. Il entra dans une maison et il voulait que personne ne sache qu'il était là, mais il ne put rester caché. [25] En effet, une femme, dont la fille avait un esprit mauvais, entendit parler de Jésus; elle vint aussitôt vers lui et se jeta à ses pieds. [26] Cette femme était étrangère, née en Phénicie de Syrie. Elle pria Jésus de chasser l'esprit mauvais hors de sa fille. [27] Mais Jésus lui dit: "Laisse d'abord les enfants se nourrir; car il n'est pas bien de prendre la nourriture des enfants et de la jeter aux chiens." [28] Elle lui répondit: "C'est vrai, Maître, pourtant les chiens, sous la table, mangent les morceaux que laissent tomber les enfants." [29] Alors Jésus lui dit: "A cause de cette réponse, tu peux retourner chez toi; l'esprit mauvais est sorti de ta fille." [30] Elle retourna donc chez elle et, là, elle trouva son enfant étendue sur le lit: l'esprit mauvais était sorti d'elle.

Jésus guérit un homme sourd et muet

[31] Jésus quitta ensuite la région de Tyr, passa par Sidon et revint vers le lac de Galilée à travers la région des Dix Villes. [32] On lui amena un homme qui était sourd et avait de la peine à parler, et on le pria de poser la main sur lui. [33] Alors Jésus l'emmena seul avec lui, loin de la foule; il mit ses doigts dans les oreilles de l'homme, cracha et lui toucha la langue. [34] Puis il leva les yeux vers le ciel, soupira et dit à l'homme: *Ephphatha*, — ce qui signifie: "Ouvre-toi!" [35] Aussitôt, les oreilles de l'homme s'ouvrirent, sa langue fut libérée et il se mit à parler normalement. [36] Jésus recommanda à tous de ne raconter cela à personne; mais plus il le leur recommandait, plus ils en parlaient. [37] Et les gens étaient étonnés au plus haut point; ils disaient: "Tout ce qu'il fait est vraiment bien! Il fait même entendre les sourds et parler les muets!"

Jésus nourrit quatre mille personnes

(Voir aussi Matt. 15.32-39)

8 En ce temps-là, une grande foule s'était de nouveau assemblée. Comme elle n'avait rien à manger, Jésus appela ses *disciples et leur dit: [2] "J'ai pitié de ces gens, car voilà trois jours qu'ils sont avec moi et ils n'ont plus rien

à manger. [3] Si je les renvoie chez eux sans nourriture, ils vont tomber de faiblesse sur le chemin, car plusieurs d'entre eux sont venus de loin." [4] Ses disciples lui répondirent: "Où pourrait-on trouver de quoi les nourrir tous, dans cet endroit désert?" [5] Jésus leur demanda: "Combien avez-vous de pains?" Et ils répondirent: "Sept."

[6] Alors, il ordonna à la foule de s'asseoir par terre. Puis il prit les sept pains, remercia Dieu, les rompit et les donna à ses disciples pour les distribuer à la foule; et les disciples les distribuèrent. [7] Ils avaient encore quelques petits poissons. Jésus remercia Dieu pour ces poissons et dit à ses disciples de les distribuer aussi. [8] Chacun mangea et eut assez de nourriture. Les disciples emportèrent sept corbeilles pleines des morceaux qui restaient. [9] Or, il y avait là environ quatre mille personnes. Puis Jésus les renvoya, [10] monta aussitôt dans la barque avec ses disciples et se rendit dans la région de Dalmanoutha.

Les Pharisiens demandent un miracle

(Voir aussi Matt. 16.1-4)

[11] Les *Pharisiens arrivèrent et commencèrent à discuter avec Jésus. Pour lui tendre un piège, ils lui demandèrent de montrer par un miracle que son pouvoir venait de Dieu. [12] Jésus soupira profondément et dit: "Pourquoi les gens

d'aujourd'hui demandent-ils un miracle? Je vous le déclare, c'est la vérité: aucun miracle ne leur sera donné!" [13] Puis il les quitta, remonta dans la barque et partit vers l'autre côté du lac.

Le levain des Pharisiens et d'Hérode

(Voir aussi Matt. 16.5-12)

[14] Les *disciples avaient oublié de prendre de la nourriture et n'avaient qu'un seul pain avec eux dans la barque. [15] Jésus leur fit alors cette recommandation: "Faites attention, gardez-vous du *levain des *Pharisiens et du *levain d'Hérode." [16] Les disciples se dirent entre eux: "Il parle ainsi parce que nous n'avons pas de pain." [17] Jésus s'aperçut de ce qu'ils disaient et leur demanda: "Pourquoi dites-vous: c'est parce que nous n'avons pas de pain? Ne comprenez-vous pas encore? Ne saisissez-vous pas? Votre intelligence est-elle fermée? [18] Vous avez des yeux, ne voyez-vous pas? Vous avez des oreilles, n'entendez-vous pas? Ne vous rappelez-vous pas: [19] quand j'ai rompu les cinq pains pour les cinq mille hommes, combien de corbeilles pleines de morceaux avez-vous emportées?" "Douze," répondirent-ils. [20] "Et quand j'ai rompu les sept pains pour les quatre mille hommes," demanda Jésus, "combien de corbeilles pleines de morceaux avez-vous emportées?" "Sept," répondirent-ils. [21] Alors Jésus leur dit: "Et vous ne comprenez pas encore?"

Jésus guérit un aveugle à Bethsaïda

[22] Ils arrivèrent à Bethsaïda; là, on amena à Jésus un aveugle et on le pria de le toucher. [23] Jésus prit l'aveugle par la main et le conduisit hors du village. Puis il mit de la salive sur les yeux de cet homme, posa les mains sur lui et lui demanda: "Peux-tu voir quelque chose?" [24] L'aveugle leva les yeux et dit: "Je vois des hommes, je les vois comme des arbres, mais ils marchent." [25] Jésus posa de nouveau les mains sur les yeux de l'homme; celui-ci regarda droit devant lui: il était guéri, il voyait tout clairement. [26] Alors Jésus le renvoya chez lui en lui disant: "Ne va pas dans le village."

Pierre déclare que Jésus est le Messie

(Voir aussi Matt. 16.13-20; Luc 9.18-21)

[27] Jésus et ses *disciples partirent ensuite vers les villages de la région de Césarée de Philippe. En chemin, il leur demanda: "Que disent les gens à mon sujet?" [28] Ils lui ré-

pondirent: “Certains disent que tu es Jean-Baptiste, d'autres disent que tu es *Elie, et d'autres encore disent que tu es l'un des *prophètes.” [29] “Et vous,” leur demanda Jésus, “qui dites-vous que je suis?” Pierre lui répondit: “Tu es le *Messie.” [30] Alors, Jésus leur ordonna de n'en parler à personne.

Jésus annonce sa mort et sa *résurrection

(Voir aussi Matt. 16.21-28; Luc 9.22-27)

[31] Ensuite, Jésus se mit à enseigner ses *disciples en disant: “Il faut que le *Fils de l'homme souffre beaucoup; les *anciens, les chefs des prêtres et les *maîtres de la loi le rejetteront; il sera mis à mort, et après trois jours il reviendra à la vie.” [32] Il leur disait cela très clairement. Alors Pierre le prit à part et se mit à lui faire des reproches. [33] Mais Jésus se retourna, regarda ses disciples et parla sévèrement à Pierre: “Va-t-en loin de moi, Satan,” dit-il, “car tu ne penses pas comme Dieu mais comme les hommes.”

[34] Puis Jésus appela la foule et ses disciples et leur dit: “Si quelqu'un veut venir avec moi, qu'il cesse de penser à lui-même, qu'il porte sa croix et me suive. [35] Car l'homme qui veut sauver sa vie la perdra; mais celui qui perdra sa vie pour moi et pour la Bonne Nouvelle la sauvera. [36] A quoi sert-il à un homme de gagner le monde entier, s'il perd sa vie? [37] Y a-t-il quelque chose qu'un homme puisse donner pour racheter sa vie? [38] Si donc un homme a honte de moi et de mes paroles au milieu des gens d'aujourd'hui, qui sont infidèles à Dieu et font le mal, alors le Fils de l'homme aussi aura honte de lui, quand il viendra dans la gloire de son Père avec les saints anges.”

9 Jésus leur dit encore: “Je vous le déclare, c'est la vérité: quelques-uns de ceux qui sont ici ne mourront pas avant d'avoir vu le *Royaume de Dieu venu avec puissance.”

La transfiguration de Jésus

(Voir aussi Matt. 17.1-13; Luc 9.28-36)

[2] Six jours après, Jésus prit avec lui Pierre, Jacques et Jean, et les conduisit sur une haute montagne où ils se trouvèrent seuls. Il changea d'apparence devant leurs yeux; [3] ses vêtements devinrent très brillants et tellement blancs que personne sur toute la terre ne pourrait les rendre aussi blancs. [4] Puis les trois disciples virent *Elie et Moïse qui parlaient avec Jésus. [5] Pierre dit alors à Jésus: “Maître, c'est bien que nous soyons ici. Nous allons dresser trois tentes, une pour

toi, une pour Moïse et une pour Elie." [6] Il ne savait pas que dire, car les autres disciples et lui-même étaient très effrayés. [7] Un nuage apparut et les couvrit de son ombre, et du nuage une voix se fit entendre: "Celui-ci est mon Fils bien-aimé, écoutez-le!" [8] Aussitôt, les disciples regardèrent autour d'eux, mais ils ne virent plus personne; Jésus seul était avec eux.

[9] Comme ils descendaient de la montagne, Jésus leur donna cet ordre: " Ne racontez à personne ce que vous avez vu, jusqu'à ce que le *Fils de l'homme revienne à la vie après sa mort." [10] Ils obéirent à l'ordre, mais ils se demandèrent entre eux: "Que signifie ce 'revenir à la vie après la mort'?" [11] Puis ils demandèrent à Jésus: "Pourquoi les *maîtres de la loi disent-ils qu'Elie doit venir d'abord?" [12] Il leur répondit: "Elie doit en effet venir d'abord pour tout remettre en ordre. Mais pourquoi les Ecritures affirment-elles aussi que le Fils de l'homme souffrira beaucoup et qu'on le traitera avec mépris? [13] Cependant, je vous déclare qu'Elie est déjà venu, et les gens l'ont traité comme ils l'ont voulu, ainsi que les Ecritures l'annoncent à son sujet."

Jésus guérit un enfant ayant un esprit mauvais

(Voir aussi Matt. 17.14-21; Luc 9.37-43a)

[14] Quand ils arrivèrent près des autres *disciples, ils virent une grande foule qui les entourait et des *maîtres de la loi qui discutaient avec eux. [15] Dès que les gens virent Jésus, ils furent tous très surpris, et ils coururent à lui pour le saluer. [16] Jésus demanda à ses disciples: "De quoi discutez-vous avec eux?" [17] Un homme dans la foule lui répondit: "Maître, je t'ai amené mon fils, car il a un esprit mauvais qui l'empêche de parler. [18] Partout où l'esprit le saisit, il le jette à terre, l'enfant a de l'écume à la bouche et grince des dents, son corps devient raide. J'ai demandé à tes disciples de chasser cet esprit, mais ils ne l'ont pas pu." [19] Jésus leur dit: "O vous, gens sans foi! Combien de temps encore devrai-je rester avec vous? Combien de temps encore devrai-je vous supporter? Amenez-moi l'enfant." [20] Et on le lui amena. Dès que l'esprit vit Jésus, il secoua rudement l'enfant; celui-ci tomba à terre, il se roulait et avait de l'écume à la bouche. [21] Jésus demanda au père: "Depuis combien de temps est-il ainsi?" Et le père répondit: "Depuis sa petite enfance. [22] Et souvent l'esprit l'a poussé dans le feu et dans l'eau pour le

faire mourir. Mais si tu peux faire quelque chose, aie pitié de nous et aide-nous!" [23] Jésus lui dit: "Si tu peux, dis-tu. Mais, tout est possible pour celui qui croit." [24] Aussitôt, le père de l'enfant s'écria: "Je crois, aide-moi car j'ai de la peine à croire!"

[25] Jésus vit la foule accourir près d'eux; alors, il parla sévèrement à l'esprit mauvais et lui dit: "Esprit qui empêche de parler et d'entendre, je te le commande: sors de cet enfant et ne rentre plus jamais en lui!" [26] L'esprit poussa des cris, secoua l'enfant avec violence, et sortit. Le garçon paraissait comme mort, de sorte que beaucoup de ceux qui étaient là disaient: "Il est mort." [27] Mais Jésus lui prit la main et le fit se lever, et il se tint debout.

[28] Quand Jésus fut rentré à la maison et que ses disciples furent seuls avec lui, ils lui demandèrent: "Pourquoi n'avons-nous pas pu faire sortir cet esprit?" [29] Et Jésus leur répondit: "C'est par la prière seulement qu'on peut faire sortir ce genre d'esprit."

Jésus annonce de nouveau sa mort et sa *résurrection

(Voir aussi Matt. 17.22-23; Luc 9.43b-45)

[30] Ils partirent de là et traversèrent la Galilée. Jésus ne voulait pas qu'on sache où il était [31] car il enseignait ses *disciples; il leur disait: "Le *Fils de l'homme sera livré entre les mains des hommes qui le mettront à mort; et trois jours après sa mort, il reviendra à la vie." [32] Mais les disciples ne comprenaient pas la signification de cette parole et ils avaient peur de lui poser des questions.

Qui est le plus grand?

(Voir aussi Matt. 18.1-5; Luc 9.46-48)

[33] Ils arrivèrent à Capernaüm. Quand il fut dans la maison, Jésus demanda à ses *disciples: "De quoi discutiez-vous en chemin?" [34] Mais ils se taisaient, car, en chemin, ils avaient discuté entre eux pour savoir lequel était le plus grand. [35] Alors Jésus s'assit, il appela les douze disciples et leur dit: "Si quelqu'un veut être le premier, il doit être le dernier de tous et le serviteur de tous." [36] Puis il prit un petit enfant et le plaça devant eux; il le serra dans ses bras et leur dit: [37] "Celui qui reçoit un de ces enfants à cause de moi, me reçoit moi-même; et celui qui me reçoit, ce n'est pas seulement moi qu'il reçoit, mais aussi celui qui m'a envoyé."

Celui qui n'est pas contre nous est pour nous

(Voir aussi Luc 9.49-50)

[38] Jean dit à Jésus: "Maître, nous avons vu un homme qui chassait les esprits mauvais en ton nom, et nous avons voulu l'en empêcher, parce qu'il n'est pas avec nous." [39] Mais Jésus répondit: "Ne l'en empêchez pas, car personne ne peut accomplir un miracle en mon nom et tout de suite après dire du mal de moi. [40] Car celui qui n'est pas contre nous est pour nous. [41] Et celui qui vous donnera à boire un verre d'eau parce que vous appartenez au Christ, je vous le déclare, c'est la vérité: il recevra sa récompense."

La gravité du péché

(Voir aussi Matt. 18.6-9; Luc 17.1-2)

[42] "Celui qui fait tomber dans le péché un de ces petits qui croient en moi, il vaudrait mieux pour lui qu'on lui attache au cou une grosse pierre et qu'on le jette dans la mer. [43] Si c'est à cause de ta main que tu tombes dans le péché, coupe-la; il vaut mieux pour toi entrer dans la vraie vie avec une seule main que de garder les deux mains et d'aller en enfer, dans le feu qui ne s'éteint pas. [[44] Là, 'les vers qui mangent les corps ne meurent pas et le feu ne s'éteint jamais.'] [45] Si c'est à cause de ton pied que tu tombes dans le péché, coupe-le; il vaut mieux pour toi entrer dans la vie avec un seul pied que de garder les deux pieds et d'être jeté en enfer. [[46] Là, 'les vers qui mangent les corps ne meurent pas et le feu ne s'éteint jamais.'] [47] Et si c'est à cause de ton œil que tu tombes dans le péché, arrache-le; il vaut mieux pour toi entrer dans le *Royaume de Dieu avec un seul œil que de garder les deux yeux et d'être jeté en enfer. [48] Là, 'les vers qui mangent les corps ne meurent pas et le feu ne s'éteint jamais.' [49] Car tout homme sera salé de feu.

[50] "Le sel est une bonne chose; mais si le sel perd son goût particulier, comment le rendrez-vous de nouveau salé? Ayez du sel en vous-mêmes et vivez en paix les uns avec les autres."

L'enseignement de Jésus sur le divorce

(Voir aussi Matt. 19.1-12; Luc 16.18)

10 Jésus partit de là et alla dans la région de Judée, puis de l'autre côté du Jourdain. De nouveau, des foules s'assemblèrent près de lui et il se mit à les enseigner, comme il le faisait toujours.

[2] Quelques *Pharisiens s'approchèrent de lui pour lui tendre un piège. Ils lui demandèrent: "Notre loi permet-elle à un homme de renvoyer sa femme?" [3] Jésus leur répondit par cette question: "Quel commandement Moïse vous a-t-il donné?" [4] Ils dirent: "Moïse a permis à un homme d'écrire une lettre de divorce et de renvoyer sa femme." [5] Alors Jésus leur dit: "Moïse a écrit ce commandement pour vous parce que vous avez le cœur dur. [6] Mais au commencement, quand Dieu a tout créé, 'il les fit homme et femme', est-il écrit. [7] 'A cause de cela, l'homme quittera son père et sa mère pour vivre avec sa femme, [8] et les deux deviendront un seul être.' Ainsi, ils ne sont plus deux mais un seul être. [9] Que l'homme ne sépare donc pas ce que Dieu a uni."

[10] Quand ils furent dans la maison, les *disciples posèrent de nouveau des questions à Jésus sur ce sujet. [11] Il leur dit: "Si un homme renvoie sa femme et se marie avec une autre, il commet un adultère contre la première; [12] de même, si une femme se sépare de son mari et épouse un autre homme, elle commet un adultère."

Jésus bénit des petits enfants

(Voir aussi Matt. 19.13-15; Luc 18.15-17)

[13] Des gens amenèrent des enfants à Jésus pour qu'il les touche, mais les *disciples leur firent des reproches. [14] Quand Jésus vit cela, il s'indigna et dit à ses disciples: "Laissez les enfants venir à moi! Ne les en empêchez pas, car le *Royaume de Dieu appartient à ceux qui sont comme eux. [15] Je vous le déclare, c'est la vérité: celui qui n'accepte pas le Royaume de Dieu comme un enfant ne pourra jamais y entrer." [16] Ensuite, il prit les enfants dans ses bras; il posa ses mains sur chacun d'eux et les bénit.

L'homme riche

(Voir aussi Matt. 19.16-30; Luc 18.18-30)

[17] Comme Jésus se mettait en route, un homme vint en courant, se mit à genoux devant lui et lui demanda: "Bon maître, que dois-je faire pour recevoir la vie éternelle? [18] Jésus lui dit: "Pourquoi m'appelles-tu bon? Personne n'est bon, à part Dieu seul. [19] Tu connais les commandements: 'Ne tue pas; ne commets pas d'adultère; ne vole pas; ne dis pas de mensonge contre quelqu'un; ne prends pas aux autres par tromperie; respecte ton père et ta mère.' " [20] L'homme lui répondit: "Maître, j'ai obéi à tous ces commandements

depuis ma jeunesse." [21] Jésus le regarda avec amour et lui dit: "Il te manque une chose: va, vends tout ce que tu as et donne l'argent aux pauvres, alors tu auras des richesses dans le ciel; puis viens et suis-moi." [22] Mais quand l'homme entendit ces paroles, il prit un air sombre et il s'en alla tout triste parce qu'il était très riche.

[23] Jésus regarda ses *disciples qui l'entouraient et leur dit: "Qu'il est difficile aux riches d'entrer dans le *Royaume de Dieu!" [24] Les disciples furent très étonnés de ces paroles. Mais Jésus leur dit encore: "Mes enfants, qu'il est difficile d'entrer dans le Royaume de Dieu! [25] Il est difficile à un chameau de passer par le trou d'une aiguille, mais il est encore plus difficile à un homme riche d'entrer dans le Royaume de Dieu." [26] Les disciples furent encore plus étonnés de ces paroles, et ils se demandèrent les uns aux autres: "Mais alors qui peut être sauvé?" [27] Jésus les regarda et leur dit: "C'est quelque chose d'impossible aux hommes, mais non à Dieu, car tout est possible à Dieu."

[28] Alors Pierre lui dit: "Ecoute, nous avons tout quitté et nous t'avons suivi." [29] Jésus lui répondit: "Je vous le déclare, c'est la vérité: si quelqu'un quitte sa maison, ou ses frères, ses sœurs, sa mère, son père, ses enfants, ses champs, pour moi et pour la Bonne Nouvelle, [30] il recevra cent fois plus dans le temps où nous vivons maintenant: des maisons, des frères, des sœurs, des mères, des enfants et des champs, avec des persécutions aussi; et dans le temps qui viendra ensuite, il recevra la vie éternelle. [31] Mais beaucoup de ceux qui sont maintenant les premiers seront les derniers, et beaucoup qui sont maintenant les derniers seront les premiers."

Jésus annonce une troisième fois sa mort et sa *résurrection

(Voir aussi Matt. 20.17-19; Luc 18.31-34)

[32] Ils étaient maintenant sur le chemin qui monte à Jérusalem. Jésus marchait devant ses *disciples, qui étaient remplis de crainte, et ceux qui les suivaient avaient peur. Jésus prit de nouveau les douze disciples avec lui et se mit à leur parler de ce qui devait bientôt lui arriver. [33] Il leur dit: "Ecoutez, nous montons à Jérusalem, où le *Fils de l'homme sera livré aux chefs des prêtres et aux *maîtres de la loi. Ils le condamneront à mort et le livreront aux

païens. [34] Ceux-ci se moqueront de lui, cracheront sur lui, le frapperont à coups de fouet et le mettront à mort. Et, après trois jours, il reviendra à la vie."

La demande de Jacques et Jean

(Voir aussi Matt. 20.20-28)

[35] Ensuite, Jacques et Jean, les fils de Zébédée, vinrent auprès de Jésus. Ils lui dirent: "Maître, nous désirons que tu fasses pour nous ce que nous te demanderons." [36] Jésus leur demanda: "Que voulez-vous que je fasse pour vous?" [37] Ils lui répondirent: "Quand tu seras dans ton règne glorieux, permets-nous de nous asseoir à côté de toi, l'un à ta droite, l'autre à ta gauche." [38] Mais Jésus leur dit: "Vous ne savez pas ce que vous demandez. Pouvez-vous boire la coupe de douleur que je vais boire, ou recevoir le baptême de souffrance que je vais recevoir?" [39] Et ils lui répondirent: "Nous le pouvons." Jésus leur dit: "Vous boirez en effet la coupe que je vais boire et vous recevrez le baptême que je vais recevoir. [40] Mais ce n'est pas à moi de décider qui sera assis à ma droite ou à ma gauche; ces places sont à ceux pour qui Dieu les a préparées."

[41] Quand les dix autres *disciples entendirent cela, ils s'indignèrent contre Jacques et Jean. [42] Alors Jésus les appela tous et leur dit: "Vous savez que ceux qu'on regarde comme les chefs des peuples les commandent en maîtres, et que les grands personnages leur font sentir leur pouvoir. [43] Mais cela ne se passe pas ainsi parmi vous. Au contraire, si l'un de vous veut être grand, il doit être votre serviteur, [44] et si l'un de vous veut être le premier, il doit être l'esclave de tous. [45] Car le *Fils de l'homme lui-même n'est pas venu pour se faire servir, mais il est venu pour servir et donner sa vie comme prix pour la libération de beaucoup d'hommes."

Jésus guérit l'aveugle Bartimée

(Voir aussi Matt. 20.29-34; Luc 18.35-43)

[46] Ils arrivèrent à Jéricho. Lorsque Jésus sortit de cette ville avec ses *disciples et une grande foule, un aveugle appelé Bartimée, le fils de Timée, était assis au bord du chemin et mendiait. [47] Quand il entendit que c'était Jésus de Nazareth, il se mit à crier: "Jésus, *Fils de David, aie pitié de moi!" [48] Beaucoup lui faisaient des reproches et lui disaient de se taire, mais il criait encore plus fort: " Fils de David, aie pitié de moi!" [49] Jésus s'arrêta et dit: "Appe-

lez-le." Ils appelèrent donc l'aveugle et lui dirent: "Prends courage, lève-toi, il t'appelle." 50 Alors il jeta son manteau, sauta sur ses pieds et vint vers Jésus. 51 Jésus lui demanda: "Que veux-tu que je fasse pour toi?" L'aveugle lui répondit: "Maître, fais que je voie de nouveau." 52 Et Jésus lui dit: "Va, ta foi t'a guéri."

Aussitôt, il put voir, et il suivait Jésus sur le chemin.

Jésus entre à Jérusalem

(Voir aussi Matt. 21.1-11; Luc 19.28-40; Jean 12.12-19)

11 Quand ils approchèrent de Jérusalem, vers les villages de Bethphagé et de Béthanie, ils arrivèrent au mont des Oliviers. Jésus envoya en avant deux de ses *disciples: 2 "Allez au village qui est là devant vous," leur dit-il. "Dès que vous y serez arrivés, vous trouverez un petit âne attaché, sur lequel personne ne s'est encore assis. Détachez-le et amenez-le ici. 3 Et si quelqu'un vous demande: 'Pourquoi faites-vous cela?', dites-lui: 'Le Seigneur en a besoin et il va le renvoyer tout de suite ici.' "

4 Ils partirent donc et trouvèrent un âne dehors, dans la rue, attaché à la porte d'une maison. Ils le détachèrent. 5 Quelques-uns de ceux qui étaient là leur demandèrent:

"Que faites-vous? pourquoi détachez-vous cet ânon?" [6] Ils leur répondirent ce que Jésus avait dit, et ces gens les laissèrent aller. [7] Ils amenèrent l'ânon à Jésus; ils posèrent leurs manteaux sur l'animal, et Jésus s'assit dessus. [8] Beaucoup de gens étendirent leurs manteaux sur le chemin, et d'autres y mirent des branches vertes qu'ils avaient coupées dans les champs. [9] Ceux qui marchaient devant Jésus et ceux qui le suivaient criaient: "Gloire à Dieu! Que Dieu bénisse celui qui vient au nom du Seigneur! [10] Que Dieu bénisse le royaume qui vient, le royaume de David notre père! Gloire à Dieu dans les cieux!"

[11] Jésus entra dans Jérusalem et alla dans le temple. Quand il eut tout regardé autour de lui, il partit pour Béthanie avec les douze disciples, car il était déjà tard.

Jésus maudit un figuier

(Voir aussi Matt. 21.18-19)

[12] Le lendemain, comme ils quittaient Béthanie, Jésus eut faim. [13] Il vit de loin un figuier qui avait des feuilles, et il alla regarder s'il y trouverait des fruits; mais quand il fut près de l'arbre, il ne trouva que des feuilles, car ce n'était pas la saison des figues. [14] Alors Jésus dit au figuier: "Que personne ne mange plus jamais de tes fruits!"

Et ses *disciples l'entendirent.

Jésus dans le temple

(Voir aussi Matt. 21.12-17; Luc 19.45-48; Jean 2.13-22)

[15] Ils arrivèrent ensuite à Jérusalem. Jésus entra dans le temple et se mit à chasser ceux qui vendaient et ceux qui achetaient dans le temple; il renversa les tables des changeurs d'argent et les chaises des vendeurs de pigeons, [16] et il ne laissait personne transporter un objet à travers le temple. [17] Puis il les enseigna en ces mots: "Les Ecritures déclarent: 'Ma maison sera appelée une maison de prière pour tous les peuples.' Mais vous, vous en avez fait une caverne de voleurs!"

[18] Les chefs des prêtres et les *maîtres de la loi apprirent cela et ils cherchaient un moyen de faire mourir Jésus; en effet, ils avaient peur de lui, parce que toute la foule était fortement impressionnée par son enseignement.

[19] Quand le soir fut venu, Jésus et ses *disciples sortirent de la ville.

Jésus et le figuier desséché

(Voir aussi Matt. 21.20-22)

[20] Tôt le lendemain matin, comme ils passaient le long du chemin, ils virent le figuier: il était complètement sec jusqu'aux racines. [21] Pierre se rappela ce qui s'était passé et dit à Jésus: "Maître, regarde, le figuier que tu as maudit est devenu tout sec." [22] Jésus dit alors à ses *disciples: "Je vous le déclare, c'est la vérité: Si vous avez foi en Dieu, [23] vous pouvez dire à cette colline: 'Ote-toi de là et jette-toi dans la mer.' Si vous ne doutez pas dans votre cœur mais croyez que ce que vous dites arrivera, cela arrivera pour vous. [24] C'est pourquoi, je vous dis: Quand vous priez pour demander quelque chose, croyez que vous l'avez reçu et cela vous sera donné. [25] Et quand vous êtes debout pour prier, si vous avez quelque chose contre quelqu'un, pardon-

nez-lui, afin que votre Père qui est dans les cieux vous pardonne aussi vos péchés. [[26] Mais si vous ne pardonnez pas aux autres, votre Père qui est dans les cieux ne vous pardonnera pas non plus vos péchés.]"

D'où vient l'autorité de Jésus?

(Voir aussi Matt. 21.23-27; Luc 20.1-8)

[27] Ils se rendirent de nouveau à Jérusalem. Pendant que Jésus marchait dans le temple, les chefs des prêtres, les *maîtres de la loi et les *anciens vinrent auprès de lui. [28] Ils lui demandèrent: "De quel droit fais-tu ces choses? Qui t'a donné le droit de les faire?" [29] Jésus leur répondit: "Je vais vous poser une seule question; si vous me donnez une réponse, alors je vous dirai de quel droit je fais ces choses. [30] Qui a envoyé Jean baptiser, Dieu ou les hommes? Répondez-moi." [31] Mais ils se mirent à discuter entre eux et se dirent: "Si nous répondons: 'c'est Dieu qui l'a envoyé,' il nous demandera: 'Pourquoi donc n'avez-vous pas cru Jean?' [32] Mais si nous disons: 'ce sont les hommes qui l'ont envoyé...' " (Ils avaient peur de la foule, car tous pensaient que Jean avait été un vrai *prophète.) [33] Alors ils répondirent à Jésus: "Nous ne savons pas." Et Jésus leur dit: "Eh bien! moi non plus, je ne vous dirai pas de quel droit je fais ces choses."

La parabole des méchants vignerons

(Voir aussi Matt. 21.33-46; Luc 20.9-19)

13 Puis Jésus se mit à leur parler au moyen de *paraboles: "Un homme planta une vigne; il l'entoura d'un mur, creusa un trou pour le pressoir à raisin et bâtit une tour de garde. Ensuite, il loua la vigne à des ouvriers vignerons et partit en voyage. [2] Quand vint le moment de la récolte du raisin, il envoya un serviteur vers les ouvriers vignerons pour recevoir d'eux sa part de la récolte. [3] Mais ils saisirent le serviteur, le battirent et le renvoyèrent sans rien lui donner. [4] Le propriétaire envoya alors un autre serviteur; celui-là, ils le frappèrent à la tête et l'insultèrent. [5] Le propriétaire en envoya encore un autre, et, celui-là, ils le tuèrent; et ils traitèrent de la même manière beaucoup d'autres serviteurs: ils battirent les uns et tuèrent les autres. [6] Le seul homme qui restait au propriétaire était son fils bien-aimé. Il l'envoya vers eux en dernier, et il se disait: 'Ils auront du respect pour mon fils.' [7] Mais ces vignerons se dirent

les uns aux autres: 'Voilà celui qui deviendra propriétaire plus tard. Allons, tuons-le, et la vigne sera à nous!' [8] Ils saisirent donc le fils, le tuèrent et jetèrent son corps hors de la vigne.

[9] "Que fera donc le propriétaire de la vigne?" demanda Jésus. "Il viendra, il tuera les vignerons et remettra la vigne à d'autres hommes. [10] Vous avez sûrement lu cette parole de l'Ecriture?

'C'est la pierre que les bâtisseurs avaient rejetée
Qui est devenue la pierre principale.
[11] Voilà ce qu'a fait le Seigneur,
Et il est merveilleux pour nous de voir cela!' "

[12] Les chefs des Juifs cherchaient un moyen d'arrêter Jésus, car ils savaient qu'il avait dit cette parabole contre eux. Mais comme ils avaient peur de la foule, ils le laissèrent et s'en allèrent.

L'impôt payé à l'empereur

(Voir aussi Matt. 22.15-22; Luc 20.20-26)

[13] On envoya auprès de Jésus quelques *Pharisiens et quelques membres du *parti d'Hérode pour le prendre au piège par une question. [14] Ils vinrent lui dire: "Maître, nous savons que tu dis la vérité; tu n'as pas peur de ce que pensent les gens, car tu ne fais pas attention à l'importance que semble avoir un homme, mais tu enseignes la vérité sur la manière de vivre que Dieu demande. Dis-nous, notre loi permet-elle ou non de payer des impôts à l'empereur romain? Devons-nous les payer, oui ou non?" [15] Mais Jésus savait qu'ils cachaient leur véritable pensée; il leur dit alors: "Pourquoi me tendez-vous un piège? Apportez-moi une pièce d'argent, pour que je la voie." [16] Ils en apportèrent une, et Jésus leur demanda: "A qui appartiennent ce visage et ce nom gravés ici?" "A l'empereur," lui répondirent-ils. [17] Alors Jésus leur dit: "Payez donc à l'empereur ce qui lui appartient, et payez à Dieu ce qui lui appartient." Et sa réponse les remplit d'étonnement.

Une question sur la *résurrection des morts

(Voir aussi Matt. 22.23-33; Luc 20.27-40)

[18] Quelques *Sadducéens vinrent auprès de Jésus. (Ce sont eux qui disent que les morts ne reviendront pas à la vie.) Ils l'interrogèrent de la façon suivante: [19] "Maître, Moïse nous a donné ce commandement écrit: 'Si un homme, qui

a un frère, meurt et laisse une femme sans enfants, il faut que son frère épouse la veuve et qu'il ait des enfants avec elle pour son frère mort.' [20] Or, il y avait une fois sept frères. Le premier se maria et mourut sans laisser d'enfants. [21] Le deuxième épousa la veuve, et il mourut sans laisser d'enfants. La même chose arriva au troisième frère, [22] et à tous les sept, qui épousèrent la femme et moururent sans laisser d'enfants. Après eux tous, la femme mourut aussi. [23] Au jour de la *résurrection, quand les morts reviendront à la vie, de qui sera-t-elle donc la femme? Car tous les sept l'ont eue comme épouse!" [24] Jésus leur répondit: "Vous vous trompez, et savez-vous pourquoi? Parce que vous ne connaissez ni les Ecritures, ni la puissance de Dieu. [25] En effet, quand les morts reviendront à la vie, les hommes et les femmes ne se marieront pas, mais ils vivront comme les anges dans les cieux. [26] Pour ce qui est des morts qui reviennent à la vie, n'avez-vous jamais lu dans le livre de Moïse le passage qui parle du buisson d'épines? Il est écrit, là, que Dieu dit à Moïse: 'Je suis le Dieu d'Abraham, le Dieu d'Isaac et le Dieu de Jacob.' [27] Dieu est le Dieu d'hommes vivants, et non de morts. Ainsi, vous vous trompez complètement."

Le commandement le plus important

(Voir aussi Matt. 22.34-40; Luc 10.25-28)

[28] Un *maître de la loi les avait entendus discuter. Il vit que Jésus avait bien répondu aux *Sadducéens; il s'approcha donc de lui et lui demanda: "Quel est le plus important de tous les commandements?" [29] Jésus lui répondit: "Voici le commandement le plus important: 'Ecoute, Israël! Le Seigneur notre Dieu est le seul Seigneur. [30] Tu dois aimer le Seigneur ton Dieu de tout ton cœur, de toute ton âme, de tout ton esprit et de toute ta force.' [31] Et voici le second commandement: 'Tu dois aimer ton prochain comme toi-même.' Il n'y a pas d'autre commandement plus important que ces deux-là." [32] Le maître de la loi dit alors à Jésus: "Très bien, Maître! Ce que tu as dit est vrai: Le Seigneur est le seul Dieu, et il n'y a pas d'autre Dieu que lui. [33] L'homme doit donc aimer Dieu de tout son cœur, de tout son esprit et de toute sa force; et il doit aimer son prochain comme lui-même. C'est beaucoup mieux que de présenter à Dieu des animaux qu'on brûle sur l'autel et de lui offrir

toutes sortes de sacrifices." [34] Jésus vit qu'il avait répondu de façon intelligente; il lui dit alors: "Tu n'es pas loin du *Royaume de Dieu."

Après cela, personne n'osait plus lui poser de questions.

Le Messie et David

(Voir aussi Matt. 22.41-46; Luc 20.41-44)

[35] Alors que Jésus enseignait dans le temple, il posa cette question: "Comment les *maîtres de la loi peuvent-ils dire que le *Messie est descendant de David? [36] Car David, dirigé par le Saint-Esprit, a dit lui-même:

'Le Seigneur a dit à mon Seigneur:
Assieds-toi à ma droite,
Jusqu'à ce que je mette tes ennemis sous tes pieds.'

[37] David lui-même l'appelle 'Seigneur': comment le Messie peut-il alors être aussi descendant de David?"

Jésus met la foule en garde contre les maîtres de la loi

(Voir aussi Matt. 23.1-36; Luc 20.45-47)

La foule, nombreuse, écoutait Jésus avec plaisir. [38] Il disait aux gens qu'il enseignait: "Gardez-vous des *maîtres de la loi qui aiment à se promener en longues robes et à recevoir des salutations respectueuses sur les places publiques; [39] ils choisissent les sièges les plus en vue dans les *synagogues et les meilleures places dans les grands repas. [40] Ils prennent aux veuves tout ce qu'elles possèdent et, en même temps, font de longues prières pour paraître bons. Ils recevront une punition d'autant plus grande!"

Le don offert par une pauvre veuve

(Voir aussi Luc 21.1-4)

[41] Puis Jésus s'assit à côté des troncs à offrandes du temple, et il regardait comment la foule y mettait de l'argent. De nombreux riches mettaient beaucoup d'argent. [42] Une pauvre veuve arriva et mit deux petites pièces de cuivre, d'une valeur de quelques centimes. [43] Alors Jésus appela ses *disciples et leur dit: "Je vous le déclare, c'est la vérité: cette pauvre veuve a mis dans le tronc à offrandes plus que tous les autres. [44] Car tous les autres ont mis de l'argent dont ils n'avaient pas besoin; mais elle, dans sa pauvreté, a mis tout ce qu'elle possédait, tout ce qu'elle avait pour vivre."

Jésus annonce la destruction du temple

(Voir aussi Matt. 24.1-2; Luc 21.5-6)

13 Comme Jésus sortait du temple, un de ses *disciples lui dit: "Maître, regarde! Quelles belles pierres, quelles grandes constructions!" [2] Jésus lui répondit: "Tu vois ces grandes constructions? Il ne restera pas ici une seule pierre posée sur une autre; tout sera renversé."

Les malheurs qui arriveront avant la fin du monde

(Voir aussi Matt. 24.3-14; Luc 21.7-19)

[3] Jésus s'assit sur le mont des Oliviers, en face du temple. Pierre, Jacques, Jean et André, qui étaient seuls avec lui, lui demandèrent: [4] "Dis-nous quand cela se passera et quel signe indiquera le moment où toutes ces choses doivent arriver."

[5] Alors Jésus se mit à leur dire: "Faites attention que personne ne vous trompe. [6] Beaucoup d'hommes viendront

sous mon nom et diront: 'Je suis le *Messie!' Et ils tromperont beaucoup de gens. [7] Quand vous entendrez le bruit de guerres proches et des nouvelles sur des guerres lointaines, ne vous effrayez pas; il faut que cela arrive, mais ce ne sera pas encore la fin du monde. [8] Un peuple combattra contre un autre peuple, et un royaume attaquera un autre royaume; il y aura des tremblements de terre dans différentes régions, et il y aura des famines. Ce sera comme les premières douleurs de l'enfantement.

[9] "Mais vous, faites attention à vous-mêmes. Car des gens vous feront passer devant les tribunaux; on vous battra dans les *synagogues. Vous devrez comparaître devant des dirigeants et des rois à cause de moi, pour apporter votre témoignage devant eux. [10] Il faut premièrement que la Bonne Nouvelle soit annoncée à tous les peuples. [11] Et lorsqu'on vous arrêtera pour vous conduire devant le tribunal, ne vous inquiétez pas d'avance de ce que vous aurez à dire; mais, à ce moment-là, dites les paroles qui vous seront données, car elles ne viendront pas de vous, mais du Saint-Esprit. [12] Des hommes livreront leurs propres frères pour qu'on les mette à mort, et des pères agiront de même avec leurs enfants; des enfants se tourneront contre leurs parents et les feront mettre à mort. [13] Tout le monde vous haïra à cause de moi. Mais celui qui tiendra bon jusqu'à la fin sera sauvé."

L'horreur abominable

(Voir aussi Matt. 24.15-28; Luc 21.20-24)

[14] "Vous verrez celui qu'on appelle 'l'horreur abominable' placé là où il ne doit pas être. (Que celui qui lit comprenne bien cela!) Alors, ceux qui seront en Judée devront s'enfuir vers les montagnes; [15] celui qui sera sur le toit de sa maison ne devra pas descendre à l'intérieur pour y prendre des affaires à emporter; [16] et celui qui sera dans les champs ne devra pas retourner chez lui pour prendre son manteau. [17] Quel malheur ce sera, en ces jours-là, pour les femmes enceintes et pour celles qui allaiteront! [18] Priez Dieu pour que ces choses n'arrivent pas pendant la saison froide! [19] Car, en ces jours-là, la souffrance sera plus grande que toutes celles qu'on a connues depuis le commencement du monde, quand Dieu a tout créé, jusqu'à maintenant, et il n'y en aura plus jamais de pareille. [20] Si le Seigneur n'avait pas décidé de diminuer le nombre de ces jours, personne ne

pourrait survivre. Mais il en a diminué le nombre à cause des hommes qu'il a choisis pour être à lui.

[21] "Si quelqu'un vous dit alors: 'Regardez, le *Messie est ici!' ou: 'Regardez, il est là!', ne le croyez pas. [22] Car de faux Messies et de faux *prophètes apparaîtront; ils produiront des signes et des miracles pour tromper, si possible, ceux que Dieu a choisis. [23] Vous donc, faites attention! Je vous ai tout annoncé d'avance."

La venue du Fils de l'homme

(Voir aussi Matt. 24.29-31; Luc 21.25-28)

[24] "Mais en ces jours-là, après ce temps de souffrance, le soleil s'obscurcira, la lune ne donnera plus sa clarté, [25] les étoiles tomberont du ciel, et les puissances qui sont dans le ciel trembleront. [26] Alors on verra le *Fils de l'homme arriver sur les nuages, avec beaucoup de puissance et de gloire. [27] Il enverra les anges aux quatre côtés de la terre pour rassembler ceux que Dieu a choisis, d'un bout du monde à l'autre."

L'enseignement donné par le figuier

(Voir aussi Matt. 24.32-35; Luc 21.29-33)

[28] "Comprenez l'enseignement que donne le figuier: dès que ses branches deviennent tendres et que ses feuilles poussent, vous savez que la bonne saison est proche. [29] De même, quand vous verrez ces choses arriver, sachez que l'événement est proche, qu'il va se produire. [30] Je vous le déclare, c'est la vérité: les gens actuellement vivants ne seront pas tous morts avant que tout cela arrive. [31] Le ciel et la terre disparaîtront, mais mes paroles ne disparaîtront jamais."

Dieu seul connaît le moment de la fin

(Voir aussi Matt. 24.36-44)

[32] "Mais personne ne sait quand viendra ce jour ou cette heure, pas même les anges dans les cieux, ni même le Fils; le Père seul le sait. [33] Faites attention, ne vous endormez pas, car vous ne savez pas quand le moment viendra. [34] Ce sera comme quand un homme part en voyage: il quitte sa maison et en laisse le soin à ses serviteurs, il donne à chacun un travail particulier à faire et il ordonne au gardien de la porte de rester éveillé. [35] Restez donc éveillés, car vous ne savez pas quand le maître de la maison reviendra: ce sera peut-être le soir, ou au milieu de la nuit, ou au chant

du coq, ou le matin. [36] S'il revient tout à coup, il ne faut pas qu'il vous trouve endormis. [37] Ce que je vous dis là, je le dis à tous: Restez éveillés!"

Les chefs complotent contre Jésus

(Voir aussi Matt. 26.1-5; Luc 22.1-2; Jean 11.45-53)

14 On était à deux jours de la fête de la *Pâque et des *pains sans levain. Les chefs des prêtres et les *maîtres de la loi cherchaient un moyen d'arrêter Jésus en cachette et de le mettre à mort. [2] Ils se disaient en effet: "Nous ne pouvons pas l'arrêter pendant la fête, sinon le peuple pourrait se soulever."

Une femme met du parfum sur la tête de Jésus

(Voir aussi Matt. 26.6-13; Jean 12.1-8)

[3] Jésus était à Béthanie, dans la maison de Simon le *lépreux; pendant qu'il était assis pour manger, une femme entra avec un vase *d'albâtre plein d'un parfum très cher, fait de *nard pur. Elle brisa le vase et versa le parfum sur la tête de Jésus. [4] Certains de ceux qui étaient là furent indignés et se dirent entre eux: "A quoi aura-t-il servi de gaspiller ainsi ce parfum? [5] On aurait pu le vendre plus de trois cents pièces d'argent pour les donner aux pauvres!" Et ils critiquaient sévèrement cette femme. [6] Mais Jésus dit: "Laissez-la tranquille. Pourquoi lui faites-vous de la peine? Ce qu'elle a accompli pour moi est beau. [7] Car vous aurez toujours des pauvres avec vous, et toutes les fois que vous le voudrez vous pourrez leur faire du bien; mais moi, vous ne m'aurez pas toujours avec vous. [8] Elle a fait ce qu'elle a pu: elle a déjà mis du parfum sur mon corps afin de le préparer pour le tombeau. [9] Je vous le déclare, c'est la vérité: partout où l'on annoncera la Bonne Nouvelle, dans le monde entier, on racontera ce que cette femme a fait, en souvenir d'elle."

Judas veut livrer Jésus aux chefs des prêtres

(Voir aussi Matt. 26.14-16; Luc 22.3-6)

[10] Alors Judas Iscariote, un des douze *disciples, alla dire aux chefs des prêtres qu'il voulait leur livrer Jésus. [11] Ils furent très contents de l'entendre et promirent de lui donner de l'argent. Et Judas se mit à chercher une occasion favorable pour leur livrer Jésus.

Jésus mange le repas de la Pâque avec ses disciples

(Voir aussi Matt. 26.17-25; Luc 22.7-14, 21-23; Jean 13.21-30)

[12] Le premier jour de la fête des *pains sans levain, le jour où l'on sacrifiait les agneaux pour le repas de la *Pâque, les *disciples de Jésus lui demandèrent: "Où veux-tu que nous allions te préparer le repas de la Pâque?" [13] Alors Jésus envoya deux de ses disciples en leur disant: "Allez à la ville, et vous rencontrerez un homme qui porte une cruche d'eau. Suivez-le, [14] et là où il entrera, dites au propriétaire de la maison: 'Le Maître demande: Où est ma chambre, celle où je mangerai, avec mes disciples, le repas de la Pâque?' [15] Et il vous montrera, en haut de la maison, une grande chambre toute prête, avec les meubles nécessaires. C'est là que vous nous préparerez le repas." [16] Les disciples partirent et allèrent à la ville; ils trouvèrent tout comme Jésus le leur avait dit, et ils préparèrent le repas de la Pâque.

[17] Quand le soir fut venu, Jésus arriva avec les douze disciples. [18] Pendant qu'ils étaient à table et qu'ils mangeaient, Jésus dit: "Je vous le déclare, c'est la vérité: l'un de vous, qui mange avec moi, me trahira." [19] Les disciples devinrent tout tristes, et ils se mirent à lui demander l'un après l'autre: "Ce n'est pas moi, n'est-ce pas?"

[20] Jésus leur répondit: "C'est l'un d'entre vous, les douze,

celui qui trempe avec moi son pain dans le plat. [21] Certes, le *Fils de l'homme va mourir de la façon dont les Ecritures l'annoncent à son sujet; mais quel malheur pour l'homme qui trahira le Fils de l'homme! Il aurait mieux valu pour cet homme-là ne pas naître!"

La sainte cène

(Voir aussi Matt. 26.26-30; Luc 22.15-20; 1 Cor. 11.23-25)

[22] Pendant qu'ils mangeaient, Jésus prit du pain et, après avoir remercié Dieu, il le rompit et le donna à ses *disciples; il leur dit: "Prenez ceci, c'est mon corps." [23] Il prit ensuite une coupe de vin et, après avoir remercié Dieu, il la leur donna; et ils en burent tous. [24] Jésus leur dit: "Ceci est mon sang, le sang qui confirme *l'alliance de Dieu et qui est versé pour beaucoup. [25] Je vous le déclare, c'est la vérité: je ne boirai plus jamais de vin jusqu'au jour où je boirai le vin nouveau dans le *Royaume de Dieu." [26] Ils chantèrent ensuite les chants de la fête, puis ils s'en allèrent au mont des Oliviers.

Jésus annonce que Pierre le reniera

(Voir aussi Matt. 26.31-35; Luc 22.31-34; Jean 13.36-38)

[27] Jésus dit à ses *disciples: "Vous allez tous m'abandonner, car on lit dans les Ecritures: 'Je tuerai le *berger, et les moutons partiront de tous côtés.' [28] Mais quand je serai de nouveau vivant, je me rendrai avant vous en Galilée." [29] Pierre lui dit: "Même si tous les autres t'abandonnent, moi je ne t'abandonnerai pas." [30] Et Jésus lui répondit: "Je te le déclare, c'est la vérité: aujourd'hui, cette nuit même, avant que le coq chante deux fois, toi, tu auras affirmé trois fois que tu ne me connais pas." [31] Mais Pierre déclara encore plus fort: "Je n'affirmerai jamais que je ne te connais pas, même si je dois mourir avec toi." Et tous les autres disciples dirent la même chose.

Jésus prie à Gethsémané

(Voir aussi Matt. 26.36-46; Luc 22.39-46)

[32] Ils arrivèrent ensuite à un endroit appelé Gethsémané, et Jésus dit à ses *disciples: "Asseyez-vous ici, pendant que je vais prier." [33] Puis il emmena avec lui Pierre, Jacques et Jean. Il commença à ressentir de la frayeur et de l'angoisse, [34] et il leur dit: "Mon cœur est plein d'une tristesse de mort; restez ici et demeurez éveillés." [35] Il alla un peu plus

loin, se jeta à terre et pria pour que, si c'était possible, il n'ait pas à passer par cette heure de souffrance. [36] Il disait: "O mon Père, tout t'est possible; éloigne de moi cette coupe de douleur. Toutefois, non pas ce que je veux, mais ce que tu veux."

[37] Il revint ensuite vers les trois disciples et les trouva endormis. Il dit à Pierre: "Simon, tu dors? Tu n'as pas pu rester éveillé même une heure? [38] Restez éveillés et priez, pour ne pas tomber dans la tentation. L'esprit de l'homme est plein de bonne volonté, mais son corps est faible."

[39] Il s'éloigna de nouveau et pria en disant les mêmes paroles. [40] Puis il revint vers ses disciples et les trouva endormis; ils ne pouvaient garder leurs yeux ouverts. Et ils ne savaient que lui dire.

[41] Quand il revint la troisième fois, il leur dit: "Vous dormez encore et vous vous reposez? C'est assez! L'heure est arrivée. Voyez, le *Fils de l'homme va être livré entre les mains des hommes pécheurs. [42] Levez-vous, allons! Voyez, l'homme qui me trahit est ici!"

L'arrestation de Jésus

(Voir aussi Matt. 26.47-56; Luc 22.47-53; Jean 18.3-12)

[43] Jésus parlait encore quand arriva Judas, l'un des douze *disciples. Il y avait avec lui une foule de gens qui portaient des épées et des bâtons. Ils étaient envoyés par les chefs des prêtres, les *maîtres de la loi et les *anciens. [44] Judas, celui qui trahissait Jésus, avait indiqué à la foule le signe qu'il utiliserait: "L'homme que j'embrasserai est celui que vous voulez. Saisissez-le et emmenez-le sous bonne garde." [45] Dès que Judas arriva, il s'approcha de Jésus et lui dit: "Maître!" Puis il l'embrassa. [46] Les autres mirent alors la main sur Jésus et l'arrêtèrent. [47] Mais un de ceux qui étaient là tira son épée, frappa le serviteur du grand-prêtre et lui coupa l'oreille. [48] Jésus leur dit: "Deviez-vous venir avec des épées et des bâtons pour me prendre, comme si j'étais un brigand? [49] Tous les jours j'étais avec vous et j'enseignais dans le temple, et vous ne m'avez pas arrêté. Mais cela arrive pour que les Ecritures s'accomplissent." [50] Alors tous les disciples l'abandonnèrent et s'enfuirent.

[51] Un jeune homme suivait Jésus, vêtu seulement d'un drap. On essaya de le saisir, [52] mais il abandonna le drap et s'enfuit tout nu.

Jésus devant le Conseil supérieur

(Voir aussi Matt. 26.57-68; Luc 22.54-55, 63-71; Jean 18.13-14, 19-24)

[53] Ils emmenèrent Jésus chez le *grand-prêtre, où s'assemblèrent tous les chefs des prêtres, les *anciens et les *maîtres de la loi. [54] Pierre suivit Jésus de loin, et il entra dans la

cour de la maison du grand-prêtre. Là, il s'assit avec les gardes et il se chauffait près du feu.

[55] Les chefs des prêtres et tout le *Conseil supérieur cherchaient une accusation contre Jésus pour le condamner à mort, mais ils n'en trouvaient pas. [56] Beaucoup de gens, en effet, portaient de fausses accusations contre Jésus, mais ils se contredisaient entre eux. [57] Quelques-uns se levèrent alors et portèrent cette fausse accusation contre lui: [58] "Nous l'avons entendu dire: 'Je détruirai ce temple que les hommes ont construit, et en trois jours j'en bâtirai un autre qui ne sera pas fait par les hommes.' " [59] Mais même sur ce point-là ils se contredisaient.

[60] Le grand-prêtre se leva alors devant tous et interrogea Jésus: "Ne réponds-tu rien? Que disent ces gens contre toi?" [61] Mais Jésus se taisait et ne répondait rien. Le grand-prêtre l'interrogea de nouveau: "Es-tu le *Messie, le Fils du Dieu béni?" [62] Jésus répondit: "Oui, je le suis, et vous verrez tous le Fils de l'homme assis à la droite du Dieu puissant; vous le verrez aussi venir parmi les nuages du ciel." [63] Alors le grand-prêtre déchira ses vêtements et dit: "Nous n'avons plus besoin de témoins! [64] Vous l'avez entendu parler contre Dieu. Qu'en pensez-vous?" Tous le déclarèrent coupable et dirent qu'il devait être mis à mort.

[65] Quelques-uns d'entre eux commencèrent à cracher sur Jésus, ils couvrirent son visage, le frappèrent à coups de poing et lui dirent: "Devine qui t'a fait cela!" Et les gardes prirent Jésus et lui donnèrent des gifles.

Pierre renie Jésus

(Voir aussi Matt. 26.69-75; Luc 22.56-62; Jean 18.15-18, 25-27)

[66] Pierre était encore en-bas dans la cour, quand arriva une des servantes du *grand-prêtre. [67] Elle vit Pierre qui se chauffait, le regarda bien et lui dit: "Toi aussi, tu étais avec Jésus, cet homme de Nazareth." [68] Mais il le nia en ces mots: "Je ne sais pas, je ne comprends pas ce que tu veux dire." Puis il s'en alla hors de la cour, dans l'entrée. Et un coq chanta. [69] Mais la servante le vit et recommença à dire à ceux qui étaient là: "Cet homme est l'un d'eux!" [70] Et Pierre le nia de nouveau. Peu de temps après, ceux qui étaient là dirent encore à Pierre: "Certainement, tu es l'un d'eux, parce que, toi aussi, tu es de Galilée." [71] Alors Pierre se mit à dire: "Que Dieu me punisse si je mens!

Je jure que je ne connais pas l'homme dont vous parlez." [72] A ce moment même un coq chanta pour la seconde fois, et Pierre se rappela ce que Jésus lui avait dit: "Avant que le coq chante deux fois, tu auras affirmé trois fois que tu ne me connais pas." Alors, il se mit à pleurer.

Jésus devant Pilate

(Voir aussi Matt. 27.1-2, 11-14; Luc 23.1-5; Jean 18.28-38)

15 Tôt le matin, les chefs des prêtres se réunirent avec les *anciens, les *maîtres de la loi et tout le *Conseil supérieur pour prendre une décision. Ils firent lier Jésus, l'emmenèrent et le remirent à *Pilate. [2] Pilate l'interrogea: "Es-tu le roi des Juifs?" Jésus lui répondit: "Tu le dis." [3] Les chefs des prêtres portaient de nombreuses accusations contre Jésus. [4] Alors, Pilate l'interrogea de nouveau: "Ne réponds-tu rien? Tu entends combien d'accusations ils portent contre toi!" [5] Mais Jésus ne répondit plus rien, de sorte que Pilate était très étonné.

Jésus est condamné à mort

(Voir aussi Matt. 27.15-26; Luc 23.13-25; Jean 18.39—19.16)

[6] A chaque fête de *Pâque, *Pilate libérait un prisonnier, celui que la foule demandait. [7] Or, un homme appelé Barabbas était en prison avec des rebelles qui avaient tué quel-

qu'un lors de la révolte. [8] La foule monta donc chez Pilate et les gens se mirent à lui demander ce qu'il avait l'habitude de faire pour eux. [9] Pilate leur répondit: "Voulez-vous que je vous libère le roi des Juifs?" [10] Car il savait bien que les chefs des prêtres lui avaient livré Jésus parce qu'ils étaient jaloux. [11] Mais les chefs des prêtres excitèrent la foule à demander que Pilate leur libère plutôt Barabbas. [12] Pilate s'adressa de nouveau à la foule: "Que voulez-vous donc que je fasse de celui que vous appelez le roi des Juifs?" [13] Ils lui répondirent en criant: "Cloue-le sur une croix!" [14] Pilate leur demanda: "Quelle mauvaise action a-t-il donc commise?" Mais ils crièrent encore plus fort: "Cloue-le sur une croix!" [15] Pilate voulut contenter la foule et leur libéra Barabbas; puis il fit fouetter Jésus et le livra pour qu'on le cloue sur une croix.

Les soldats se moquent de Jésus

(Voir aussi Matt. 27.27-31; Jean 19.2-3)

[16] Les soldats emmenèrent Jésus à l'intérieur de la cour (c'est-à-dire dans le palais du gouverneur), et ils appelèrent

toute la troupe. [17] Ils mirent à Jésus une robe rouge, tressèrent une couronne avec des épines et la posèrent sur sa tête. [18] Puis ils se mirent à le saluer: "Salut, roi des Juifs!" [19] Et ils le frappaient sur la tête avec un bâton, crachaient sur lui et se mettaient à genoux pour s'incliner bien bas devant lui. [20] Quand ils eurent fini de se moquer de lui, ils lui enlevèrent la robe rouge et lui remirent ses vêtements. Puis ils l'emmenèrent au dehors pour le clouer sur une croix.

Jésus est cloué sur la croix

(Voir aussi Matt. 27.32-44; Luc 23.26-43; Jean 19.17-27)

[21] Un homme de Cyrène appelé Simon, le père d'Alexandre et de Rufus, passait par là alors qu'il revenait des champs. Les soldats l'obligèrent à porter la croix de Jésus. [22] Ils conduisirent Jésus à un endroit appelé Golgotha, ce qui signifie "Le lieu du Crâne." [23] Ils voulurent lui donner du vin mélangé avec une drogue appelée *myrrhe, mais Jésus n'en prit pas. [24] Puis ils le clouèrent sur la croix et se partagèrent ses vêtements, en tirant au sort pour savoir ce que chacun recevrait. [25] Il était neuf heures du matin quand ils le clouèrent sur la croix. [26] Sur l'écriteau qui indiquait la raison de sa condamnation il y avait ces mots: "Le roi des Juifs." [27] Ils clouèrent aussi deux brigands sur des croix à côté de Jésus, l'un à sa droite et l'autre à sa gauche. [[28] C'est ainsi

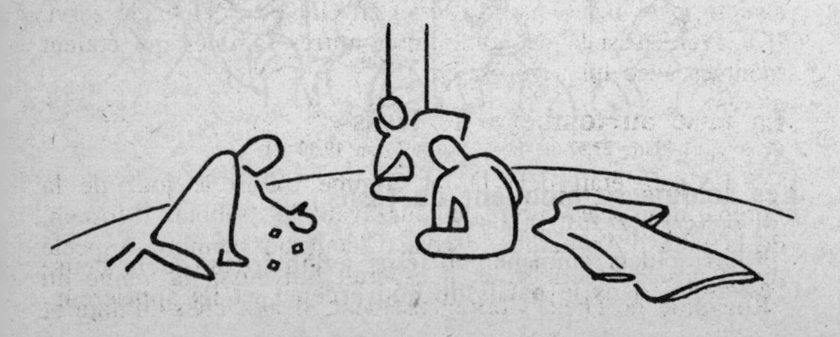

que s'accomplit le passage de l'Ecriture qui déclare: "Il a été compté parmi les malfaiteurs."]

[29] Les gens qui passaient par là secouaient la tête et l'insultaient; ils lui disaient: "Hé! toi qui voulais détruire le temple et en bâtir un autre en trois jours, [30] sauve-toi toi-même, descends de la croix!" [31] De même, les chefs des prêtres et les *maîtres de la loi se moquaient de Jésus et se disaient les uns aux autres: "Il a sauvé d'autres gens, mais il ne peut pas se sauver lui-même! [32] Que le *Messie, le roi d'Israël descende maintenant de la croix! Si nous voyons cela, alors nous croirons en lui." Ceux qui avaient été mis en croix à côté de Jésus l'insultaient aussi.

La mort de Jésus

(Voir aussi Matt. 27.45-56; Luc 23.44-49; Jean 19.28-30)

[33] A midi, l'obscurité se fit sur tout le pays et dura jusqu'à trois heures de l'après-midi. [34] Et à trois heures, Jésus cria d'une voix forte: *Eloï, Eloï, lema sabachthani?* ce qui signifie: "Mon Dieu, mon Dieu, pourquoi m'as-tu abandonné?" [35] Quelques-uns de ceux qui étaient là l'entendirent et s'écrièrent: "Ecoutez, il appelle *Elie!" [36] L'un d'eux courut remplir une éponge de vinaigre et la fixa au bout d'un bâton, puis il la tendit à Jésus pour qu'il boive et dit: "Attendez, nous allons voir si Elie vient le descendre de la croix!" [37] Mais Jésus poussa un grand cri et mourut.

[38] Le rideau suspendu dans le temple se déchira en deux depuis le haut jusqu'en bas. [39] L'officier romain, qui se tenait en face de Jésus, vit comment il était mort après avoir crié, et il dit: "Cet homme était vraiment le Fils de Dieu!"

[40] Quelques femmes étaient aussi là et regardaient de loin. Parmi elles, il y avait Marie de la ville de Magdala, Marie la mère de Jacques le jeune et de Joses, et Salomé. [41] Elles avaient suivi Jésus quand il était en Galilée et l'avaient servi. Il y avait aussi là de nombreuses autres femmes qui étaient montées avec lui à Jérusalem.

La mise au tombeau de Jésus

(Voir aussi Matt. 27.57-61; Luc 23.50-56; Jean 19.38-42)

[42] Le soir était déjà là, et comme c'était le jour de la *préparation, c'est-à-dire le jour avant le *sabbat, [43] Joseph, de la ville d'Arimathée, arriva. C'était un membre respecté du *Conseil supérieur, et il espérait, lui aussi, la venue du *Royaume de Dieu. Courageusement, il alla chez *Pilate et

lui demanda le corps de Jésus. [44] Mais Pilate fut étonné d'apprendre qu'il était déjà mort. Il fit donc appeler l'officier et lui demanda si Jésus était mort depuis longtemps. [45] Après avoir reçu la réponse de l'officier, il permit à Joseph d'avoir le corps. [46] Joseph acheta un drap de lin, il descendit le corps de la croix, l'enveloppa dans le drap et le déposa dans un tombeau qui avait été creusé dans le roc. Puis il roula une grosse pierre pour fermer l'entrée du tombeau. [47] Marie de Magdala et Marie la mère de Joses regardaient où on le mettait.

La *résurrection de Jésus

(Voir aussi Matt. 28.1-8; Luc 24.1-12; Jean 20.1-10)

16 Quand le jour du *sabbat fut passé, Marie de Magdala, Marie mère de Jacques, et Salomé achetèrent des huiles parfumées pour aller les mettre sur le corps de Jésus. [2] Très tôt le dimanche matin, au lever du soleil, elles se

rendirent au tombeau. [3] Elles se disaient l'une à l'autre: "Qui va rouler pour nous la pierre de devant l'entrée du tombeau?" [4] Mais quand elles regardèrent, elles virent que la pierre, qui était très grande, avait déjà été roulée de côté. [5] Elles entrèrent alors dans le tombeau; elles virent là un jeune homme, assis à droite, qui portait une robe blanche, et elles furent effrayées. [6] Mais il leur dit: "Ne soyez pas effrayées; vous cherchez Jésus de Nazareth, celui qu'on a cloué sur la croix: il est revenu à la vie, il n'est pas ici. Regardez, voici l'endroit où on l'avait mis. [7] Allez maintenant, et dites à ses disciples, y compris Pierre: il se rend avant vous en Galilée; c'est là que vous le verrez, comme il vous l'a dit."

[8] Elles sortirent alors et s'enfuirent loin du tombeau, car elles étaient toutes tremblantes et remplies de crainte. Et elles ne dirent rien à personne, parce qu'elles avaient peur.

Jésus apparaît à Marie de Magdala

(Voir aussi Matt. 28.9-10; Jean 20.11-18)

[[9] Après que Jésus fut revenu à la vie, tôt le dimanche matin, il apparut tout d'abord à Marie de Magdala, de laquelle il avait chassé sept esprits mauvais. [10] Elle alla le raconter à ceux qui avaient été avec lui. Ils étaient tristes et pleuraient. [11] Mais quand ils entendirent ce qu'elle disait, que Jésus était vivant et qu'elle l'avait vu, ils ne la crurent pas.

Jésus apparaît à deux disciples

(Voir aussi Luc 24.13-35)

[12] Ensuite, Jésus apparut d'une manière différente à deux d'entre eux qui étaient en chemin pour aller à la campagne. [13] Ils revinrent et le racontèrent aux autres, qui ne les crurent pas non plus.

Jésus apparaît aux onze disciples

(Voir aussi Matt. 28.16-20; Luc 24.36-49; Jean 20.19-23; Actes 1.6-8)

[14] Enfin, Jésus apparut aux onze *disciples pendant qu'ils mangeaient; il leur reprocha de manquer de foi et d'avoir le cœur si dur qu'ils n'avaient pas cru ceux qui l'avaient vu vivant. [15] Puis il leur dit: "Allez dans le monde entier et annoncez la Bonne Nouvelle à tous les hommes. [16] Celui qui croira et sera baptisé sera sauvé; mais celui qui ne croira pas sera condamné. [17] Et voici les miracles que feront voir ceux qui auront cru: ils chasseront des esprits mauvais en mon nom; ils parleront des langues nouvelles; [18] s'ils prennent des serpents dans leurs mains ou boivent du poison, il ne leur arrivera aucun mal; ils poseront les mains sur les malades et ceux-ci seront guéris."

Jésus retourne auprès de Dieu

(Voir aussi Luc 24.50-53; Actes 1.9-11)

[19] Après leur avoir ainsi parlé, le Seigneur Jésus fut enlevé au ciel et s'assit à la droite de Dieu. [20] Les disciples partirent pour annoncer partout la Bonne Nouvelle. Le Seigneur travaillait avec eux et montrait que leur prédication était vraie par les miracles qui l'accompagnaient.]

LUC

Introduction

1 Cher Théophile,
Plusieurs personnes ont essayé d'écrire le récit des événements qui se sont passés parmi nous. [2] Ils ont rapporté les faits tels que nous les ont racontés ceux qui les ont vus dès le commencement et qui ont été chargés d'annoncer la parole de Dieu. [3] Et maintenant, à mon tour, je me suis renseigné exactement sur tout ce qui est arrivé depuis le début et il m'a semblé bon, Excellence, d'en écrire pour vous le récit suivi. [4] Je le fais pour que vous puissiez reconnaître la vérité des enseignements que vous avez reçus.

Un ange annonce la prochaine naissance de Jean-Baptiste

[5] Au temps où *Hérode était roi de Judée, il y avait un prêtre nommé Zacharie qui appartenait au groupe de prêtres d'Abia. Sa femme s'appelait Elisabeth et était une descendante *d'Aaron le grand-prêtre. [6] Ils étaient tous deux justes devant Dieu et obéissaient parfaitement à toutes les lois et tous les commandements du Seigneur. [7] Mais ils n'avaient pas d'enfant car Elisabeth ne pouvait en avoir et ils étaient déjà âgés tous les deux.

[8] Un jour, Zacharie exerçait ses fonctions de prêtre devant Dieu, car c'était au tour de son groupe de le faire. [9] Selon la coutume des prêtres, il fut désigné par le sort pour entrer dans le *sanctuaire du Seigneur et y brûler *l'encens. [10] Toute la foule des fidèles priait au dehors à l'heure où l'on brûlait l'encens. [11] Un ange du Seigneur apparut alors à Zacharie: il se tenait à la droite de *l'autel servant à l'offrande de l'encens. [12] Quand Zacharie le vit, il fut troublé et la crainte le saisit. [13] Mais l'ange lui dit: "N'aie pas peur, Zacharie, car Dieu a entendu ta prière: Elisabeth, ta femme, te donnera un fils que tu nommeras Jean. [14] Tu en seras profondément heureux et beaucoup de gens se réjouiront au sujet de sa naissance. [15] Car ce sera un grand homme aux yeux du Seigneur. Il ne boira ni vin, ni aucune autre boisson fermentée. Il sera rempli du Saint-Esprit dès le moment de sa naissance. [16] Il ramènera beaucoup d'Israélites au Seigneur leur Dieu. [17] Il s'avancera lui-même devant Dieu avec l'esprit et

la puissance du *prophète *Elie, pour remettre d'accord les pères avec leurs enfants et ramener les désobéissants à la sagesse des hommes justes; il formera un peuple prêt pour le Seigneur."

[18] Mais Zacharie dit à l'ange: "Comment saurai-je que cela est vrai? Car je suis vieux et ma femme aussi est âgée." [19] Et l'ange lui répondit: "Je suis *Gabriel; je me tiens devant Dieu pour le servir; il m'a envoyé pour te parler et t'apporter cette bonne nouvelle. [20] Mais tu n'as pas cru à mes paroles qui se réaliseront pourtant au moment voulu; c'est pourquoi tu vas devenir muet et tu seras incapable de parler jusqu'au jour où ces événements se produiront."

[21] Pendant ce temps, les fidèles attendaient Zacharie et s'étonnaient qu'il reste si longtemps à l'intérieur du sanctuaire. [22] Mais quand il sortit, il ne put leur parler et les gens comprirent qu'il avait eu une vision dans le sanctuaire. Il leur faisait des signes et restait muet.

[23] Quand Zacharie eut achevé la période où il devait servir dans le temple, il retourna chez lui. [24] Quelque temps après, Elisabeth sa femme devint enceinte, et elle se tint cachée pendant cinq mois. Elle se disait: [25] "Voilà ce que le Seigneur a fait pour moi: il a bien voulu me délivrer maintenant de ce qui causait ma honte devant les hommes."

Un ange annonce la prochaine naissance de Jésus

[26] Le sixième mois, Dieu envoya l'ange *Gabriel dans une ville de Galilée nommée Nazareth, [27] chez une jeune fille fiancée à un homme appelé Joseph, qui était un descendant du roi David; le nom de la jeune fille était Marie. [28] L'ange entra chez elle et lui dit: "Je te salue, toi à qui Dieu a

accordé une grâce! Le Seigneur est avec toi." [29] Marie fut très troublée par ces mots; elle se demandait ce que pouvait signifier cette salutation. [30] L'ange lui dit alors: "N'aie pas peur, Marie, car tu as la faveur de Dieu. [31] Tu vas devenir enceinte et tu mettras au monde un fils que tu nommeras Jésus. [32] Il sera grand et on l'appellera le Fils du Dieu très haut. Le Seigneur Dieu fera de lui un roi, comme le fut David son ancêtre, [33] et il régnera sur le peuple d'Israël pour toujours; son règne n'aura point de fin."

[34] Marie dit à l'ange: "Comment cela sera-t-il possible, puisque je suis vierge?"

[35] L'ange lui répondit: "Le Saint-Esprit viendra sur toi et la puissance du Dieu très haut te couvrira comme d'une ombre. C'est pourquoi on appellera saint et Fils de Dieu l'enfant qui doit naître. [36] Elisabeth ta parente attend elle-même un fils, bien qu'elle soit âgée; on disait qu'elle ne pouvait avoir d'enfant et elle en est maintenant à son sixième mois. [37] Car rien n'est impossible à Dieu."

[38] Alors Marie dit: "Je suis la servante du Seigneur; qu'il me soit fait comme tu l'as dit." Et l'ange la quitta.

Marie rend visite à Elisabeth

[39] A cette même époque, Marie se mit en route et se rendit en hâte dans une ville de la région montagneuse de Judée. [40] Elle entra dans la maison de Zacharie et salua Elisabeth. [41] Au moment où Elisabeth entendit la salutation de Marie, l'enfant remua au-dedans d'elle. Elisabeth fut remplie du Saint-Esprit [42] et s'écria d'une voix forte: "Dieu t'a bénie plus que toutes les femmes et sa bénédiction repose sur l'enfant que tu auras! [43] Qui suis-je pour que la mère de mon Seigneur vienne chez moi? [44] Car, vois-tu, au moment où j'ai entendu ta salutation, l'enfant a remué de joie au-dedans de moi. [45] Tu es heureuse toi qui as cru que ce qui t'a été annoncé de la part du Seigneur s'accomplira!"

Le cantique de Marie

[46] Marie dit alors:

"Mon âme loue la grandeur du Seigneur,

[47] Et mon coeur est plein de joie à cause de Dieu, mon Sauveur;

[48] Car il a bien voulu abaisser son regard sur moi, son humble servante.

Oui, dès maintenant, les humains de tous les temps
me diront bienheureuse,
[49] Car Dieu le Tout-Puissant a fait pour moi des choses
magnifiques.
Son nom est saint,
[50] Il aura pitié dans tous les temps
De ceux qui le craignent respectueusement.
[51] Il a accompli des oeuvres puissantes par la force de
son bras:
Il a mis en déroute les hommes au coeur orgueilleux,
[52] Il a renversé des rois de leurs trônes
Et il a donné une place élevée à d'humbles personnes.
[53] Il a accordé des biens en abondance à ceux qui
avaient faim,
Et il a renvoyé les riches les mains vides.
[54] Il est venu en aide au peuple d'Israël, son serviteur:
Il n'a pas oublié de manifester sa bonté
[55] Envers Abraham et ses descendants, pour toujours,
Comme il l'avait promis à nos ancêtres."

[56] Marie resta avec Elisabeth pendant environ trois mois, puis elle retourna chez elle.

La naissance de Jean-Baptiste

[57] Le moment arriva où Elisabeth devait avoir son enfant et elle mit au monde un fils. [58] Les voisins d'Elisabeth et les membres de sa parenté apprirent que le Seigneur lui avait donné cette grande preuve de sa bonté et ils s'en réjouissaient avec elle. [59] Quand l'enfant eut une semaine, ils vinrent pour le *circoncire; ils voulaient lui donner le nom de son père, Zacharie. [60] Mais sa mère déclara: "Non, il s'appellera Jean." [61] Ils lui dirent: "Mais, il n'y a personne dans ta famille qui porte ce nom."

[62] Ils interrogèrent alors par gestes le père pour savoir comment il voulait qu'on nomme son enfant. [63] Zacharie demanda une tablette à écrire et il y écrivit ces mots: "Jean est son nom." Ils s'en étonnèrent tous. [64] Aussitôt, Zacharie put de nouveau parler: il se mit à louer Dieu à haute voix. [65] Alors, tous les voisins furent saisis de crainte, et dans toute la région montagneuse de Judée l'on se racontait ces événements. [66] Tous ceux qui en entendaient parler se mettaient à y réfléchir et se demandaient: "Que deviendra donc ce petit enfant?" La puissance du Seigneur était en effet réellement avec lui.

Le cantique prophétique de Zacharie

[67] Zacharie, le père du petit enfant, fut rempli du Saint-Esprit; il se mit à prophétiser en ces mots:

[68] "Loué soit le Seigneur, le Dieu du peuple d'Israël,
Parce qu'il a porté son attention sur son peuple et l'a délivré.
[69] Il a fait apparaître un puissant Sauveur, pour nous,
Parmi les descendants du roi David, son serviteur.
[70] C'est ce qu'il avait annoncé depuis longtemps par ses saints *prophètes:
[71] Il avait promis qu'il nous délivrerait de nos ennemis
Et du pouvoir de tous ceux qui nous haïssent,
[72] Qu'il manifesterait sa pitié à nos ancêtres
Et se souviendrait de sa sainte *alliance.
[73] Car Dieu avait fait serment à Abraham, notre ancêtre,
[74] De nous libérer du pouvoir de nos ennemis
Et de nous permettre de le servir sans peur,
[75] Pour que nous soyons saints et justes devant lui
Tous les jours de notre vie.
[76] Et toi, mon enfant, tu seras appelé prophète du Dieu très haut;
Car tu marcheras devant le Seigneur pour préparer son chemin
[77] Et pour faire savoir à son peuple qu'il le sauvera
En pardonnant ses péchés.
[78] Car notre Dieu est plein de tendresse et de bonté,
Il fera briller sur nous une lumière d'en haut, semblable à celle du soleil levant,
[79] Pour éclairer ceux qui se trouvent dans l'obscurité et dans l'ombre de la mort,
Pour diriger nos pas sur le chemin de la paix."

[80] L'enfant grandissait et son esprit se fortifiait. Il demeura dans des lieux déserts jusqu'au jour où il se présenta publiquement devant le peuple d'Israël.

La naissance de Jésus

(Voir aussi Matt. 1.18-25)

2 En ce temps-là, l'empereur *Auguste donna l'ordre de faire le recensement de tous les habitants de l'empire romain. [2] Ce recensement, le premier, eut lieu alors que

Quirinius était gouverneur de la province de Syrie. [3] Tous les gens allaient se faire inscrire, en se rendant chacun dans sa propre ville.

[4] Joseph partit de la ville de Nazareth, en Galilée, pour aller en Judée dans la ville appelée Bethléhem, où est né le roi David, parce qu'il était lui-même un descendant de David. [5] Il alla s'y faire inscrire avec Marie, sa fiancée. Elle

attendait un enfant [6] et, pendant qu'ils étaient à Bethléhem, le jour arriva où son bébé devait naître. [7] Elle mit au monde un fils, son premier-né. Elle l'enveloppa de langes et le coucha dans une crèche, parce qu'il n'y avait pas de place pour eux dans la maison où logeaient les voyageurs.

Un ange apparaît à des bergers

[8] Dans cette même région, il y avait des *bergers qui passaient la nuit dans les champs pour garder leur troupeau. [9] Un ange du Seigneur leur apparut et la gloire du Seigneur brilla sur eux. Ils eurent alors très peur. [10] Mais l'ange leur dit: "N'ayez pas peur, car je vous apporte une bonne nouvelle qui réjouira beaucoup tout le peuple: [11] cette nuit, dans la ville de David, un Sauveur est né pour vous; c'est le Christ, le Seigneur. [12] Et voici le signe qui vous le fera reconnaître: vous trouverez un bébé enveloppé de langes et couché dans une crèche."

[13] Tout à coup, il y eut avec l'ange une troupe nombreuse d'anges du ciel, qui louaient Dieu en disant:

[14] "La gloire est à Dieu dans les cieux très hauts,
Et sa paix est donnée sur la terre aux hommes qu'il aime!"

Les bergers vont à Bethléhem

[15] Lorsque les anges les eurent quittés pour retourner au ciel, les *bergers se dirent les uns aux autres: "Allons donc jusqu'à Bethléhem: il faut que nous voyions ce qui est arrivé, ce que le Seigneur nous a fait connaître." [16] Ils se dépêchèrent d'y aller et ils trouvèrent Marie et Joseph, et le bébé couché dans la crèche. [17] Quand ils le virent, ils racontèrent ce que l'ange leur avait dit au sujet de ce petit enfant. [18] Tous ceux qui entendirent les bergers furent étonnés de ce qu'ils leur disaient. [19] Mais Marie gardait tout cela dans sa mémoire et y réfléchissait en elle-même. [20] Puis les bergers prirent le chemin du retour. Ils célébraient la grandeur de Dieu et le louaient pour tout ce qu'ils avaient entendu et vu, car tout s'était passé comme l'ange le leur avait annoncé.

Jésus reçoit son nom

[21] Une semaine après, le moment vint de *circoncire l'enfant; on lui donna le nom de Jésus, nom que l'ange avait indiqué avant que sa mère devienne enceinte.

Jésus est présenté dans le temple

[22] Puis le moment vint pour Joseph et Marie d'accomplir la cérémonie de purification qu'ordonne la loi de Moïse. Ils amenèrent alors l'enfant dans la ville de Jérusalem pour le présenter au Seigneur, [23] car il est écrit dans la *loi du Seigneur: "Tout garçon premier-né sera mis à part pour le Seigneur." [24] Ils offrirent aussi le sacrifice que demande la loi du Seigneur, "une paire de tourterelles ou deux jeunes pigeons."

[25] Il y avait alors à Jérusalem un homme qui s'appelait Siméon. Cet homme était bon; il respectait Dieu et attendait celui qui devait sauver Israël. Le Saint-Esprit était avec lui [26] et lui avait appris qu'il ne mourrait pas avant d'avoir vu le *Messie envoyé par le Seigneur. [27] Dirigé par l'Esprit, Siméon alla dans le temple. Quand les parents de Jésus amenèrent leur petit enfant afin d'accomplir pour lui ce que demandait la loi, [28] Siméon le prit dans ses bras et remercia Dieu en disant:

[29] "Maintenant, Seigneur, ta promesse s'est réalisée:
Tu peux laisser ton serviteur mourir en paix.
[30] Car j'ai vu de mes propres yeux ton salut,
[31] Que tu as préparé devant tous les peuples:
[32] C'est la lumière qui te fera connaître aux nations du monde
Et donnera de la gloire à Israël, ton peuple."

La prophétie de Siméon

[33] Le père et la mère de Jésus étaient tout étonnés de ce que Siméon disait de lui. [34] Siméon les bénit et dit à Marie, la mère de Jésus: "Dieu a choisi cet enfant pour causer la chute et le relèvement de beaucoup en Israël. Il sera un signe de Dieu auquel les hommes s'opposeront, [35] et il fera ainsi apparaître en pleine lumière les pensées cachées dans le coeur de beaucoup. Quant à toi, femme, la douleur te transpercera l'âme comme une épée."

Anne, la prophétesse

[36] Il y avait aussi une prophétesse, appelée Anne, qui était la fille de Phanuel, de la tribu d'Aser. Elle était très âgée. Elle avait vécu sept ans avec le mari qu'elle avait épousé dans sa jeunesse, [37] puis, demeurée veuve, elle était parvenue

à l'âge de quatre-vingt-quatre ans. Elle ne quittait pas le temple, mais elle servait Dieu jour et nuit: elle jeûnait et elle priait. [38] Elle arriva à ce même moment et se mit à remercier Dieu. Et elle parla de l'enfant à tous ceux qui attendaient que Dieu délivre Jérusalem.

Le retour à Nazareth

[39] Quand les parents de Jésus eurent achevé de faire tout ce que demandait la *loi du Seigneur, ils retournèrent avec lui en Galilée, dans leur ville de Nazareth. [40] L'enfant grandissait et se fortifiait. Il était rempli de sagesse et la faveur de Dieu était avec lui.

Jésus à douze ans dans le temple

[41] Chaque année, les parents de Jésus allaient à Jérusalem pour la fête de la *Pâque. [42] Lorsque Jésus eut douze ans, ils se rendirent à la fête comme d'habitude. [43] Quand la fête fut terminée, ils repartirent, mais l'enfant Jésus resta à Jérusalem et ses parents ne s'en aperçurent pas. [44] Ils pensaient que Jésus se trouvait avec leurs compagnons de voyage et firent une journée de marche, puis ils se mirent à le chercher parmi leurs parents et leurs amis. [45] Mais ils ne le trouvèrent pas, de sorte qu'ils retournèrent à Jérusalem en le cherchant. [46] Le troisième jour, ils le trouvèrent dans le temple: il était assis au milieu des maîtres juifs, les écou-

tait et leur posait des questions. [47] Tous ceux qui l'entendaient étaient surpris de son intelligence et des réponses qu'il donnait. [48] Quand ses parents le virent, ils furent très étonnés et sa mère lui dit: "Mon enfant, pourquoi nous as-tu fait cela? Ton père et moi, nous étions très inquiets en te cherchant." [49] Il leur répondit: "Pourquoi me cherchiez-vous? Ne saviez-vous pas que je dois être dans la maison de mon Père?" [50] Mais ils ne comprirent pas ce qu'il leur disait.

[51] Jésus retourna alors avec eux à Nazareth. Il leur obéissait. Sa mère gardait dans son coeur le souvenir de tous ces événements. [52] Et Jésus grandissait de corps, progressait en sagesse et se rendait agréable à Dieu et aux hommes.

La prédication de Jean-Baptiste

(Voir aussi Matt. 3.1-12; Marc 1.1-8; Jean 1.19-28)

3 C'était la quinzième année du règne de l'empereur *Tibère; Ponce Pilate était gouverneur de Judée, Hérode régnait sur la Galilée et son frère Philippe sur le territoire de l'Iturée et de la Trachonite, Lysanias régnait sur l'Abilène, [2] Anne et Caïphe étaient grands-prêtres. La parole de Dieu se fit alors entendre à Jean, fils de Zacharie, dans le désert. [3] Jean se mit à parcourir toute la région voisine de la rivière du Jourdain. Il lançait cet appel: "Changez de vie, faites-vous baptiser et Dieu pardonnera vos péchés." [4] Ainsi arriva ce que le *prophète Esaïe avait écrit dans son livre:

"C'est la voix d'un homme qui crie dans le désert:
Préparez le chemin du Seigneur,
Faites-lui des sentiers bien droits!
[5] Toute vallée sera comblée,
Toute montagne et toute colline seront aplanies;
Les courbes de la route seront redressées,
Les chemins en mauvais état seront égalisés.
[6] Et tout être humain verra comment Dieu nous sauve."

[7] Des foules venaient à Jean pour qu'il les baptise. Il leur disait: "Bande de serpents! Qui vous a enseigné que vous pourriez échapper à la colère divine qui va venir? [8] Accomplissez des actes qui montrent que vous avez changé de vie et ne vous mettez pas à dire en vous-mêmes: 'Abraham est notre ancêtre.' Car je vous déclare que Dieu peut utiliser ces pierres pour en faire des descendants d'Abraham! [9] La hache est déjà prête à couper les arbres à la racine: tout arbre

qui ne produit pas de bon fruit va être coupé et jeté au feu."

[10] Les foules lui demandèrent alors: "Que devons-nous donc faire?" [11] Il leur répondit: "Celui qui a deux chemises doit en donner une à celui qui n'en a pas et celui qui a de la nourriture doit la partager." [12] Des *collecteurs d'impôts vinrent aussi pour être baptisés et demandèrent à Jean: "Maître, que devons-nous faire?" [13] Il leur répondit: "Ne faites pas payer plus que ce qu'ordonne la loi." [14] Des soldats lui demandèrent également: "Et nous, que devons-nous faire?" Il leur dit: "Ne prenez d'argent à personne par la force ou en portant de fausses accusations, mais contentez-vous de votre solde."

[15] Le peuple attendait, plein d'espoir: chacun pensait que Jean était peut-être le *Messie. [16] Jean leur dit alors à tous: "Moi, je vous baptise avec de l'eau; mais quelqu'un de plus puissant que moi va venir: je ne suis pas même assez bon pour délier la courroie de ses sandales. Il vous baptisera avec le Saint-Esprit et avec du feu. [17] Il tient en sa main la *pelle à vanner pour séparer le grain de la paille. Il amassera le grain dans son grenier, mais il brûlera la paille dans un feu qui ne s'éteint jamais."

[18] C'est en leur adressant beaucoup d'autres appels encore que Jean annonçait la Bonne Nouvelle au peuple. [19] Cependant Jean fit des reproches au gouverneur *Hérode parce qu'il avait épousé *Hérodiade, la femme de son frère, et parce qu'il avait commis beaucoup d'autres mauvaises actions. [20] Alors Hérode commit une mauvaise action de plus: il fit mettre Jean en prison.

Le baptême de Jésus

(Voir aussi Matt. 3.13-17; Marc 1.9-11)

[21] Après que tout le peuple eut été baptisé, Jésus fut aussi baptisé. Pendant qu'il priait, le ciel s'ouvrit [22] et le Saint-Esprit descendit sur lui sous une forme corporelle, comme une colombe. Et une voix se fit entendre du ciel: "Tu es mon Fils bien-aimé; je mets en toi toute ma joie."

La généalogie de Jésus

(Voir aussi Matt. 1.1-17)

[23] Jésus avait environ trente ans lorsqu'il commença son travail. Il était, à ce que l'on pensait, fils de Joseph, qui était fils d'Héli, [24] fils de Matthat, fils de Lévi, fils de Melchi,

fils de Jannaï, fils de Joseph, [25] fils de Matthatias, fils d'Amos, fils de Nahum, fils d'Esli, fils de Naggaï, [26] fils de Maath, fils de Matthatias, fils de Séméïn, fils de Josech, fils de Joda, [27] fils de Joanan, fils de Rhésa, fils de Zorobabel, fils de Salathiel, fils de Néri, [28] fils de Melchi, fils d'Addi, fils de Kosam, fils d'Elmadam, fils d'Er, [29] fils de Jésus, fils d'Eliézer, fils de Jorim, fils de Matthat, fils de Lévi, [30] fils de Siméon, fils de Juda, fils de Joseph, fils de Jonam, fils d'Eliakim, [31] fils de Méléa, fils de Menna, fils de Matthata, fils de Nathan, fils de David, [32] fils d'Isaï, fils de Jobed, fils de Booz, fils de Sala, fils de Naasson, [33] fils d'Aminadab, fils d'Admin, fils d'Arni, fils d'Esrom, fils de Pharès, fils de Juda, [34] fils de Jacob, fils d'Isaac, fils d'Abraham, fils de Thara, fils de Nachor, [35] fils de Seruch, fils de Ragau, fils de Phalek, fils d'Eber, fils de Sala, [36] fils de Kaïnam, fils d'Arphaxad, fils de Sem, fils de Noé, fils de Lamech, [37] fils de Mathusala, fils d'Enoch, fils de Jared, fils de Maléléel, fils de Kaïnan, [38] fils d'Enos, fils de Seth, fils d'Adam, fils de Dieu.

La tentation de Jésus

(Voir aussi Matt. 4.1-11; Marc 1.12-13)

4 Jésus, rempli de Saint-Esprit, revint du Jourdain et fut conduit par l'Esprit dans le désert. [2] Il y fut tenté par le diable pendant quarante jours. Il ne mangea rien durant ces jours-là et, quand ils furent passés, il eut faim. [3] Le diable lui dit alors: "Si tu es le Fils de Dieu, ordonne à cette pierre de se changer en pain." [4] Jésus lui répondit: "L'Ecriture déclare: 'L'homme ne peut pas vivre de pain seulement.' "

[5] Le diable l'emmena plus haut, lui fit voir en un instant tous les royaumes de la terre [6] et lui dit: "Je te donnerai toute cette puissance et la richesse de ces royaumes: tout cela m'a été remis et je peux le donner à qui je veux. [7] Si donc tu te mets à genoux devant moi, tout sera à toi." [8] Jésus lui répondit: "L'Ecriture déclare: 'Adore le Seigneur ton Dieu et sers-le lui seul.' "

[9] Le diable le conduisit ensuite à Jérusalem, le plaça au sommet du temple et lui dit: "Si tu es le Fils de Dieu, jette-toi d'ici en bas; [10] car l'Ecriture déclare: 'Dieu ordonnera à ses anges de te garder.' [11] Et encore: 'Ils te porteront sur leurs mains pour que tu ne te blesses pas le pied contre une pierre.' " [12] Jésus lui répondit: "L'Ecriture

déclare: 'Ne mets pas à l'épreuve le Seigneur ton Dieu.' " [13] Après avoir achevé de tenter Jésus de toutes les manières, le diable s'éloigna de lui jusqu'à une autre occasion.

Jésus commence son travail en Galilée

(Voir aussi Matt. 4.12-17; Marc 1.14-15)

[14] Jésus retourna en Galilée, plein de la puissance du Saint-Esprit. On se mit à parler de lui dans toute cette région. [15] Il enseignait dans les *synagogues et tout le monde faisait son éloge.

Jésus est rejeté à Nazareth

(Voir aussi Matt. 13.53-58; Marc 6.1-6)

[16] Jésus se rendit à Nazareth, où il avait été élevé. Le jour du *sabbat, il entra dans la *synagogue selon son habitude. Il se leva pour lire les Ecritures [17] et on lui remit le livre du *prophète Esaïe. Il déroula le rouleau de ce livre et trouva le passage où il est écrit:

[18] "L'Esprit du Seigneur est sur moi,
Il m'a choisi pour apporter la Bonne Nouvelle aux pauvres,
Il m'a envoyé pour proclamer la délivrance aux prisonniers
Et le don de la vue aux aveugles,
Pour libérer les hommes maltraités,
[19] Pour annoncer l'année où se manifestera la faveur du Seigneur."

[20] Puis Jésus roula le livre, le rendit au serviteur et s'assit. Toutes les personnes présentes dans la synagogue fixaient les yeux sur lui. [21] Alors il se mit à leur dire: "Ce passage de l'Ecriture s'est réalisé aujourd'hui, au moment même où vous l'avez entendu lire." [22] Tous exprimaient leur admiration à l'égard de Jésus et s'étonnaient des paroles agréables qu'il prononçait. Ils disaient: "N'est-ce pas le fils de Joseph?" [23] Jésus leur dit: "Vous allez certainement me citer ce proverbe: 'Médecin, guéris-toi toi-même.' Vous me direz aussi: 'Nous avons appris tout ce que tu as fait à Capernaüm, accomplis les mêmes choses ici, dans ta propre ville.' " [24] Puis il ajouta: "Je vous le déclare, c'est la vérité: aucun prophète n'est bien reçu dans sa ville natale. [25] Je vous l'affirme, il est certain qu'il y avait beaucoup de veuves en Israël à l'époque *d'Elie, lorsque la pluie ne tomba pas pendant trois ans et demi et qu'une grande

famine s'étendit sur tout le pays. [26] Pourtant Dieu n'envoya Elie chez aucune d'elles, mais seulement chez une veuve qui vivait à Sarepta, dans la région de Sidon. [27] Il y avait aussi beaucoup de *lépreux en Israël à l'époque du prophète Elisée; pourtant aucun d'eux ne fut guéri, mais seulement Naaman le Syrien."

[28] Tous, dans la synagogue, furent remplis de colère lorsqu'ils entendirent ces mots. [29] Ils se levèrent, l'entraînèrent hors de la ville et le menèrent au sommet de la colline sur laquelle leur ville était bâtie, afin de le précipiter dans le vide. [30] Mais il passa au milieu d'eux et s'en alla.

L'homme tourmenté par un esprit mauvais

(Voir aussi Marc 1.21-28)

[31] Jésus se rendit alors à Capernaüm, ville de Galilée, et il y enseignait les gens le jour du *sabbat. [32] Ils étaient très étonnés de sa manière d'enseigner, car il parlait avec autorité. [33] Dans la *synagogue se trouvait un homme qui avait en lui l'esprit d'un mauvais *démon. Il se mit à crier très fort: [34] "Ah! que nous veux-tu, Jésus de Nazareth? Es-tu venu pour nous détruire? Je sais bien qui tu es: le Saint envoyé de Dieu!" [35] Jésus parla sévèrement à l'esprit et lui donna cet ordre: "Tais-toi et sors de cet homme!" L'esprit mauvais jeta l'homme à terre devant tout le monde et sortit de lui sans lui faire aucun mal. [36] Tous furent saisis d'étonnement et ils se disaient les uns aux autres: "Quel genre de parole est-ce là? Cet homme commande avec autorité et puissance aux esprits mauvais et ils sortent!" [37] Et l'on parlait de Jésus partout dans cette région.

Jésus guérit beaucoup de malades

(Voir aussi Matt. 8.14-17; Marc 1.29-34)

[38] Jésus quitta la *synagogue et se rendit à la maison de Simon. La belle-mère de Simon souffrait d'une forte fièvre et l'on demanda à Jésus de la guérir. [39] Il se pencha sur elle et, d'un ton sévère, donna un ordre à la fièvre. La fièvre la quitta, elle se leva aussitôt et se mit à les servir.

[40] Après le coucher du soleil, tous ceux qui avaient des malades atteints de divers maux les amenèrent à Jésus. Il posa les mains sur chacun d'eux et les guérit. [41] Des esprits mauvais sortirent aussi de beaucoup de malades en criant: "Tu es le Fils de Dieu!" Mais Jésus leur adressait des paroles

sévères et les empêchait de parler, parce qu'ils savaient, eux, qu'il était le *Messie.

Jésus prêche en Judée

(Voir aussi Marc 1.35-39)

[42] Dès que le jour parut, Jésus sortit de la ville et s'en alla vers un endroit isolé. Une foule de gens se mirent à le chercher; quand ils l'eurent rejoint, ils voulurent le retenir et l'empêcher de les quitter. [43] Mais Jésus leur dit: "Je dois annoncer la Bonne Nouvelle du *Royaume de Dieu aux autres villes aussi, car c'est pour cela que Dieu m'a envoyé." [44] Et il prêchait dans les *synagogues de Judée.

Jésus appelle les premiers disciples

(Voir aussi Matt. 4.18-22; Marc 1.16-20)

5 Un jour, Jésus se tenait au bord du lac de *Génésareth et la foule se pressait autour de lui pour écouter la parole de Dieu. [2] Il vit deux barques sur la rive: les pêcheurs en étaient descendus et lavaient leurs filets. [3] Jésus monta dans l'une des barques, qui appartenait à Simon, et le pria de s'éloigner un peu du bord. Jésus s'assit dans la barque et se mit à enseigner la foule.

[4] Quand il eut fini de parler, il dit à Simon: "Avance la barque à un endroit où l'eau est profonde, puis, toi et tes compagnons, jetez vos filets pour pêcher." [5] Simon lui répondit: "Maître, nous avons travaillé toute la nuit sans rien prendre. Mais puisque tu me dis de le faire, je jetterai les filets."

[6] Ils les jetèrent donc et prirent une si grande quantité de poissons que leurs filets commençaient à se rompre. [7] Ils firent alors signe à leurs compagnons qui étaient dans l'autre barque de venir les aider. Ils vinrent et remplirent les deux barques de tant de poissons qu'elles enfonçaient dans l'eau. [8] Quand Simon Pierre vit cela, il tomba à genoux devant Jésus et dit: "Eloigne-toi de moi, Seigneur, car je suis un homme pécheur!" [9] Simon était en effet saisi de crainte, ainsi que tous ceux qui étaient avec lui, à cause de la grande quantité de poissons qu'ils avaient pris. [10] Il en était de même des compagnons de Simon, Jacques et Jean, les fils de Zébédée. Mais Jésus dit à Simon: "N'aie pas peur; dès maintenant, ce sont des hommes que tu prendras." [11] Ils ramenèrent alors leurs barques à terre, laissèrent tout et suivirent Jésus.

Jésus guérit un *lépreux

(Voir aussi Matt. 8.1-4; Marc 1.40-45)

[12] Comme Jésus se trouvait dans une ville, survint un homme couvert de lèpre. Quand il vit Jésus, il se jeta devant lui le visage contre terre et le pria en ces mots: "Maître, si tu le veux, tu peux me rendre pur." [13] Jésus étendit la main, le toucha et dit: "Je le veux, sois pur!" Aussitôt, la lèpre quitta cet homme. [14] Jésus lui donna cet ordre: "Ne parle de cela à personne. Mais va montrer au prêtre comment tu es, puis offre le sacrifice que Moïse a ordonné, pour prouver à tous que tu es guéri." [15] Cependant, la réputation de Jésus se répandait de plus en plus; des foules nombreuses se rassemblaient pour l'entendre et se faire guérir de leurs maladies. [16] Mais Jésus se retirait dans des endroits isolés où il priait.

Jésus guérit un paralytique

(Voir aussi Matt. 9.1-8; Marc 2.1-12)

[17] Un jour, Jésus était en train d'enseigner. Des *Pharisiens et des *maîtres de la loi étaient assis près de lui; ils étaient venus de tous les villages de Galilée et de Judée, ainsi que de Jérusalem. La puissance du Seigneur était avec Jésus et lui faisait guérir des malades. [18] Les gens arrivèrent, portant sur un lit un homme paralysé; ils cherchaient à le faire entrer dans la maison et à le déposer devant Jésus. [19] Mais ils ne savaient par où l'introduire, à cause de la foule. Ils le montèrent alors sur le toit, firent une ouverture parmi les tuiles et le descendirent sur son lit au milieu

de l'assemblée, devant Jésus. [20] Quand Jésus vit leur foi, il dit au malade: "Mon ami, tes péchés te sont pardonnés." [21] Les maîtres de la loi et les Pharisiens se mirent à penser: "Qui est cet homme qui parle ainsi contre Dieu? Qui peut pardonner les péchés? Dieu seul le peut!" [22] Jésus connut leurs pensées et leur dit: "Pourquoi avez-vous de telles pensées? [23] Est-il plus facile de dire: 'Tes péchés te sont pardonnés,' ou de dire: 'Lève-toi et marche'? [24] Mais je veux que vous sachiez que le *Fils de l'homme a le pouvoir sur la terre de pardonner les péchés." Il adressa alors ces mots au paralytique: "Je te le dis, lève-toi, prends ton lit et rentre chez toi!" [25] Aussitôt, l'homme se leva devant tout le monde, prit le lit sur lequel il avait été couché et s'en alla chez lui en louant Dieu. [26] Tous furent frappés d'étonnement. Ils louaient Dieu, remplis de crainte, et disaient: "Nous avons vu aujourd'hui des choses merveilleuses!"

Jésus appelle Lévi

(Voir aussi Matt. 9.9-13; Marc 2.13-17)

[27] Après cela, Jésus sortit et vit un *collecteur d'impôts, nommé Lévi, assis à son bureau. Jésus lui dit: "Suis-moi!" [28] Lévi se leva, laissa tout et le suivit.

[29] Puis Lévi lui offrit un grand repas dans sa maison; un

grand nombre de collecteurs d'impôts et d'autres personnes étaient à table avec eux. [30] Les *Pharisiens et les *maîtres de la loi qui étaient de leur parti s'indignaient et ils dirent aux *disciples de Jésus: "Pourquoi mangez-vous et buvez-vous avec les *collecteurs d'impôts et les gens de mauvaise réputation?" [31] Jésus leur répondit: "Les gens en bonne santé n'ont pas besoin de docteur, ce sont les malades qui en ont besoin. [32] Je ne suis pas venu appeler des gens respectables, mais des gens de mauvaise réputation pour qu'ils changent de vie."

Jésus et le jeûne

(Voir aussi Matt. 9.14-17; Marc 2.18-22)

[33] Des personnes dirent à Jésus: "Les *disciples de Jean jeûnent souvent et font des prières, de même que les disciples des *Pharisiens; mais tes disciples mangent et boivent." [34] Jésus leur répondit: "Pensez-vous pouvoir obliger les invités d'une noce à se passer de manger pendant que l'époux est avec eux? Bien sûr que non! [35] Mais le temps viendra où l'époux leur sera enlevé; quand ces jours seront là, alors ils jeûneront." [36] Jésus leur dit aussi cette *parabole: "Personne ne déchire un morceau d'un vêtement neuf pour réparer un vieux vêtement; sinon, le vêtement neuf est déchiré et la pièce d'étoffe neuve ne s'accorde pas avec le vieux. [37] Et personne ne verse du vin nouveau dans de vieilles *outres; sinon, le vin nouveau fait éclater les outres, il se répand et les outres sont perdues. [38] Mais non! il faut verser le vin nouveau dans des outres neuves! [39] Et personne ne veut du vin nouveau après en avoir bu du vieux. On dit en effet: 'Le vieux est meilleur.' "

Jésus et le sabbat

(Voir aussi Matt. 12.1-8; Marc 2.23-28)

6 Un jour de *sabbat, Jésus traversait des champs de blé. Ses *disciples cueillaient des épis de blé, les frottaient dans leurs mains et en mangeaient les grains. [2] Quelques *Pharisiens leur dirent: "Pourquoi faites-vous ce que notre loi ne permet pas le jour du sabbat?" [3] Jésus leur répondit: "N'avez-vous pas lu ce que fit David un jour où lui-même et ses gens avaient faim? [4] Il entra dans la maison de Dieu, prit les pains offerts à Dieu, en mangea et en donna à ses gens, bien que notre loi ne permette qu'aux prêtres

seuls d'en manger." [5] Jésus leur dit encore: "Le *Fils de l'homme est maître du sabbat."

L'homme à la main desséchée

(Voir aussi Matt. 12.9-14; Marc 3.1-6)

[6] Un autre jour de *sabbat, Jésus entra dans une *synagogue et se mit à enseigner. Un homme s'y trouvait, il avait la main droite desséchée. [7] Les *maîtres de la loi et les *Pharisiens observaient attentivement Jésus pour voir s'il allait guérir quelqu'un le jour du sabbat, car ils voulaient avoir une raison pour l'accuser de mal agir. [8] Mais Jésus connaissait leurs pensées. Il dit alors à l'homme qui avait la main desséchée: "Lève-toi et tiens-toi là, devant tout le monde." L'homme se leva et se tint là. [9] Puis Jésus leur dit: "Je vous le demande: Que permet notre loi? de faire du bien le jour du sabbat ou de faire du mal? de sauver la vie d'un homme ou de la détruire?" [10] Il les regarda tous et dit ensuite à l'homme: "Avance ta main." Il le fit et sa main redevint saine. [11] Mais les autres furent remplis de fureur et se mirent à discuter entre eux sur ce qu'ils pourraient faire à Jésus.

Jésus choisit les douze apôtres

(Voir aussi Matt. 10.1-4; Marc 3.13-19)

[12] En ce temps-là, Jésus monta sur une colline pour prier et y passa toute la nuit à prier Dieu. [13] Quand le jour parut, il appela ses *disciples et en choisit douze qu'il nomma *apôtres: [14] Simon (auquel il donna aussi le nom de Pierre) et son frère André, Jacques et Jean, Philippe et Barthélemy, [15] Matthieu et Thomas, Jacques le fils d'Alphée et Simon (appelé le nationaliste), [16] Judas le fils de Jacques et Judas Iscariote, celui qui devint un traître.

Jésus enseigne la foule et guérit les malades

(Voir aussi Matt. 4.23-25)

[17] Jésus descendit de la colline avec eux et s'arrêta en un endroit plat, où se trouvait un grand nombre de ses *disciples. Il y avait aussi là une foule immense de gens de toute la Judée, de Jérusalem et des villes de la côte, Tyr et Sidon; [18] ils étaient venus pour l'entendre et se faire guérir de leurs maladies. Ceux que tourmentaient des esprits mauvais étaient aussi guéris. [19] Tout le monde cherchait à le toucher, parce qu'une force sortait de lui et les guérissait tous.

Le bonheur et le malheur

(Voir aussi Matt. 5.1-12)

[20] Jésus regarda alors ses *disciples et dit:

"Heureux, vous qui êtes pauvres,
car le *Royaume de Dieu est à vous!
[21] "Heureux, vous qui avez faim maintenant,
car vous aurez de la nourriture en abondance!
"Heureux, vous qui pleurez maintenant,
car vous rirez!

[22] "Heureux êtes-vous si les hommes vous haïssent, s'ils vous rejettent, vous insultent et vous méprisent comme mauvais, à cause du *Fils de l'homme. [23] Réjouissez-vous quand cela arrivera et sautez de joie, car une grande récompense vous attend dans le ciel. C'est ainsi, en effet, que leurs ancêtres maltraitaient les *prophètes.

[24] "Mais malheur à vous qui êtes riches,
car vous avez déjà eu votre bonheur!
[25] "Malheur à vous qui avez tout en abondance maintenant,
car vous aurez faim!
"Malheur à vous qui riez maintenant,
car vous serez dans la tristesse et vous pleurerez!
[26] "Malheur à vous si tous les hommes disent du bien de vous, car c'est ainsi que leurs ancêtres agissaient avec les faux prophètes!"

L'amour pour les ennemis

(Voir aussi Matt. 5.38-48; 7.12a)

[27] "Mais je vous le dis, à vous qui m'écoutez: Aimez vos ennemis, faites du bien à ceux qui vous haïssent, [28] bénissez ceux qui vous maudissent et priez pour ceux qui vous maltraitent. [29] Si quelqu'un te frappe sur une joue, présente-lui aussi l'autre; si quelqu'un te prend ton manteau, laisse-le prendre aussi ta chemise. [30] Donne à tout homme qui te demande quelque chose, et si quelqu'un te prend ce qui t'appartient, ne le lui réclame pas. [31] Faites pour les autres exactement ce que vous voulez qu'ils fassent pour vous.

[32] "Si vous aimez seulement ceux qui vous aiment, pourquoi vous attendre à une reconnaissance particulière? Même les pécheurs aiment ceux qui les aiment! [33] Et si vous faites du bien seulement à ceux qui vous font du bien, pourquoi vous attendre à une reconnaissance particulière? Même les

pécheurs en font autant! [34] Et si vous prêtez seulement à ceux dont vous espérez qu'ils vous rendront, pourquoi vous attendre à une reconnaissance particulière? Des pécheurs aussi prêtent à des pécheurs pour qu'ils leur rendent la même somme! [35] Au contraire, aimez vos ennemis, faites-leur du bien et prêtez sans rien espérer recevoir en retour. Vous obtiendrez une grande récompense et vous serez les fils du Dieu très haut, car il est bon pour les ingrats et les méchants. [36] Soyez pleins de bonté comme votre Père est plein de bonté."

Ne pas juger les autres

(Voir aussi Matt. 7.1-5)

[37] "Ne jugez pas les autres et Dieu ne vous jugera pas; ne condamnez pas les autres et Dieu ne vous condamnera pas; pardonnez aux autres et Dieu vous pardonnera. [38] Donnez aux autres et Dieu vous donnera: on versera dans la grande poche de votre vêtement une bonne mesure, bien serrée et secouée, débordante. Dieu mesurera ses dons envers vous avec la mesure que vous employez pour les autres."

[39] Jésus leur dit encore une *parabole: "Un aveugle ne peut pas conduire un autre aveugle, n'est-ce pas? Sinon, ils tomberont tous les deux dans un trou. [40] Aucun élève n'est plus grand que son maître; mais tout élève complètement instruit sera comme son maître.

[41] "Pourquoi regardes-tu le brin de paille qui est dans l'oeil de ton frère, alors que tu ne remarques pas la poutre qui est dans ton oeil? [42] Comment peux-tu dire à ton frère: 'Mon frère, laisse-moi enlever cette paille qui est dans ton oeil', toi qui ne vois même pas la poutre qui est dans le tien? Hypocrite, enlève d'abord la poutre de ton oeil et alors tu verras assez clair pour enlever la paille de l'oeil de ton frère."

L'arbre et son fruit

(Voir aussi Matt. 7.16-20; 12.33-35)

[43] "Un bon arbre ne produit pas du mauvais fruit et un mauvais arbre ne produit pas du bon fruit. [44] Chaque arbre se reconnaît à son fruit: on ne cueille pas des figues sur des buissons d'épines et l'on ne récolte pas du raisin sur des ronces. [45] L'homme bon tire du bien du trésor de bien que contient son coeur; l'homme mauvais tire du mal de son trésor de mal. Car la bouche de l'homme exprime ce dont son coeur est plein."

Les deux maisons
(Voir aussi Matt. 7.24-27)

[46] "Pourquoi m'appelez-vous 'Seigneur, Seigneur', et ne faites-vous pas ce que je vous dis? [47] Je vais vous montrer à qui ressemble tout homme qui vient à moi, qui écoute mes paroles et les met en pratique: [48] il ressemble à un homme qui s'est mis à bâtir une maison; il a creusé profondément la terre et a posé les fondations sur le roc. Quand l'inondation est venue, les eaux de la rivière se sont jetées contre cette maison, mais sans pouvoir l'ébranler, car la maison était bien bâtie. [49] Mais celui qui écoute mes paroles et ne les met pas en pratique ressemble à un homme qui a bâti une maison directement sur le sol, sans fondations. Quand les eaux de la rivière se sont jetées contre cette maison, elle s'est aussitôt écroulée: elle a été complètement détruite."

Jésus guérit le serviteur d'un officier romain
(Voir aussi Matt. 8.5-13)

7 Quand Jésus eut fini d'adresser toutes ces paroles au peuple, il se rendit à Capernaüm. [2] Là, un capitaine romain avait un serviteur qui lui était très cher. Ce serviteur était malade et près de mourir. [3] Quand le capitaine entendit parler de Jésus, il lui envoya quelques *anciens des Juifs pour lui demander de venir guérir son serviteur. [4] Ils arrivèrent auprès de Jésus et se mirent à le prier avec insistance en disant: "Cet homme mérite que tu lui accordes ton aide. [5] Il aime notre peuple et c'est lui qui a fait bâtir notre *synagogue." [6] Alors Jésus s'en alla avec eux. Il n'était pas loin de la maison, quand le capitaine envoya des amis pour lui dire: "Maître, ne te dérange pas. Je ne mérite pas que tu entres dans ma maison; [7] c'est pour cela que je ne me suis pas jugé digne d'aller en personne vers toi. Mais donne seulement un ordre et mon serviteur sera guéri. [8] Je suis moi-même sous l'autorité de mes supérieurs et j'ai des soldats sous mes ordres. Je dis à l'un: 'Va!' et il va; je dis à un autre: 'Viens!' et il vient; et je dis à mon serviteur: 'Fais ceci!' et il le fait." [9] Quand Jésus entendit ces mots, il admira le capitaine. Il se retourna et dit à la foule qui le suivait: "Je vous le déclare: je n'ai jamais trouvé une telle foi, non, pas même en Israël." [10] Les envoyés retournèrent dans la maison du capitaine et y trouvèrent le serviteur en bonne santé.

Jésus ramène à la vie le fils d'une veuve

[11] Jésus se rendit ensuite dans une ville appelée Naïn; ses *disciples et une grande foule l'accompagnaient. [12] Au moment où il approchait de la porte de la ville, on menait un mort au cimetière: c'était le fils unique d'une femme qui était veuve. Un grand nombre d'habitants de la ville se trouvaient avec elle. [13] Quand le Seigneur la vit, il fut rempli de pitié pour elle et lui dit: "Ne pleure pas!" [14] Puis il s'avança et toucha le cercueil; les porteurs s'arrêtèrent. Jésus dit: "Jeune homme, je te l'ordonne, lève-toi!" [15] Le mort s'assit et se mit à parler. Jésus le rendit à sa mère. [16] Tous furent saisis de crainte; ils louaient Dieu en disant: "Un grand *prophète est apparu parmi nous!" et aussi: "Dieu est venu secourir son peuple!" [17] Et dans toute la Judée et ses environs on apprit ce que Jésus avait fait.

Les envoyés de Jean-Baptiste

(Voir aussi Matt. 11.2-19)

[18] Les *disciples de Jean lui racontèrent tout cela. Jean appela deux d'entre eux [19] et les envoya au Seigneur pour lui demander: "Es-tu celui dont nous savons qu'il doit venir ou devons-nous en attendre un autre?" [20] Quand ils arrivèrent auprès de Jésus, ils lui dirent: "Jean-Baptiste nous a envoyés pour te demander: 'Es-tu celui dont nous savons qu'il doit venir ou devons-nous en attendre un autre?' " [21] Au même moment, Jésus guérit beaucoup de personnes de leurs maladies, de leurs maux, il les délivra d'esprits mauvais et rendit la vue à beaucoup d'aveugles. [22] Puis il répondit aux envoyés de Jean: "Allez raconter à Jean ce que vous avez vu et entendu: les aveugles voient, les boiteux marchent, les *lépreux sont rendus purs, les sourds entendent, les morts reviennent à la vie, la Bonne Nouvelle est annoncée aux pauvres. [23] Heureux celui qui ne perdra pas la foi en moi!"

[24] Quand les envoyés de Jean furent partis, Jésus se mit à parler de Jean aux foules en disant: "Qu'êtes-vous allés voir au désert? un roseau agité par le vent? Non? [25] Alors qu'êtes-vous allés voir? un homme vêtu d'habits magnifiques? Mais ceux qui portent de riches habits et vivent dans le luxe se trouvent dans les palais des rois. [26] Qu'êtes-vous donc allés voir? un *prophète? Oui, je vous le dis, et même bien plus qu'un prophète. [27] Car Jean est celui dont l'Ecriture dit:

‘Voici, j’envoie mon messager devant toi, dit Dieu,
Pour t’ouvrir le chemin.’

[28] Je vous le déclare,” ajouta Jésus, “il n’est jamais né personne de plus grand que Jean; pourtant, celui qui est le plus petit dans le *Royaume de Dieu est plus grand que lui.”

[29] Tout le peuple et les *collecteurs d’impôts l’écoutaient; ils avaient reconnu que Dieu est juste et s’étaient fait baptiser par Jean. [30] Mais les *Pharisiens et les *maîtres de la loi avaient rejeté ce que Dieu voulait pour eux et avaient refusé de se faire baptiser par Jean.

[31] Jésus dit encore: “A qui puis-je comparer les hommes d’aujourd’hui? A qui ressemblent-ils? [32] Ils ressemblent à des enfants assis sur la place publique, dont les uns crient aux autres: ‘Nous vous avons joué un air de danse sur la flûte et vous n’avez pas dansé! Nous avons chanté des chants de deuil et vous n’avez pas pleuré!’ [33] Car Jean-Baptiste est venu, il ne mange pas de pain et ne boit pas de vin, et vous dites: ‘Il a en lui un esprit mauvais!’ [34] Le *Fils de l’homme est venu, il mange et boit, et vous dites: ‘Voyez cet homme qui ne pense qu’à manger et à boire du vin, qui est ami des *collecteurs d’impôts et des gens de mauvaise réputation!’ [35] Mais la sagesse de Dieu est reconnue comme juste par tous ceux qui l’acceptent.”

Jésus dans la maison de Simon le Pharisien

[36] Un *Pharisien invita Jésus à prendre un repas avec lui. Jésus se rendit chez cet homme et se mit à table. [37] Il y avait dans cette ville une femme de mauvaise réputation. Lorsqu’elle apprit que Jésus était à table chez le Pharisien, elle apporta un vase *d’albâtre plein de parfum [38] et se tint derrière Jésus, à ses pieds. Elle pleurait et se mit à mouiller de ses larmes les pieds de Jésus; puis elle les essuya avec ses cheveux, les embrassa et répandit le parfum sur eux. [39] Quand le Pharisien qui avait invité Jésus vit cela, il se dit en lui-même: “Si cet homme était vraiment un *prophète, il saurait qui est cette femme qui le touche et ce qu’elle est: une femme de mauvaise réputation.” [40] Jésus prit alors la parole et dit au Pharisien: “Simon, j’ai quelque chose à te dire.” Simon répondit: “Parle, maître.” [41] Et Jésus dit: “Deux hommes devaient de l’argent à un prêteur. L’un lui devait cinq cents pièces d’argent et l’autre cinquante. [42] Comme ni l’un ni l’autre ne pouvaient le payer, il leur supprima leur dette à tous deux.

Lequel des deux l'aimera le plus?" [43] Simon lui répondit: "Je pense que c'est celui auquel il a fait grâce de la plus grosse somme." Jésus lui dit: "Tu as raison." [44] Puis il se tourna vers la femme et dit à Simon: "Tu vois cette femme? Je suis entré chez toi et tu ne m'as pas donné d'eau pour mes pieds; mais elle m'a lavé les pieds de ses larmes et les a essuyés avec ses cheveux. [45] Tu ne m'as pas reçu en m'embrassant; mais elle n'a pas cessé de m'embrasser les pieds depuis que je suis entré. [46] Tu n'as pas répandu d'huile sur ma tête; mais elle a répandu du parfum sur mes pieds. [47] C'est pourquoi, je te le déclare: le grand amour qu'elle a manifesté prouve que ses nombreux péchés ont été pardonnés. Mais celui à qui l'on a peu pardonné ne manifeste que peu d'amour." [48] Jésus dit alors à la femme: "Tes péchés sont pardonnés." [49] Ceux qui étaient à table avec lui se mirent à dire en eux-mêmes: "Qui est cet homme qui ose même pardonner les péchés?" [50] Mais Jésus dit à la femme: "Ta foi t'a sauvée; va en paix."

Les femmes qui accompagnaient Jésus

8 Ensuite, Jésus alla dans les villes et les villages, où il prêchait et annonçait la Bonne Nouvelle du *Royaume de Dieu. Les douze *disciples l'accompagnaient, [2] ainsi que quelques femmes qui avaient été délivrées d'esprits mauvais et

guéries de maladies: Marie (appelée Marie de Magdala), dont sept esprits mauvais avaient été chassés; [3] Jeanne, femme de Chuza, un administrateur d'Hérode; Suzanne et plusieurs autres qui utilisaient leurs biens pour aider Jésus et ses disciples.

La parabole du semeur

(Voir aussi Matt. 13.1-9; Marc 4.1-9)

[4] De chaque ville, des gens venaient à Jésus. Comme une grande foule s'assemblait, il dit cette *parabole:

[5] "Un homme sortit pour semer sa semence. Comme il répandait la semence dans son champ, une partie des grains tomba le long du chemin: on marcha dessus et les oiseaux les mangèrent. [6] Une autre partie tomba sur un sol pierreux: dès que les plantes poussèrent, elles se desséchèrent parce qu'elles manquaient d'humidité. [7] Une autre partie tomba parmi des plantes épineuses qui poussèrent en même temps que les bonnes plantes et les étouffèrent. [8] Mais une autre partie tomba dans la bonne terre; les plantes poussèrent et donnèrent du fruit: elle produisirent cent grains chacune." Et Jésus ajouta: "Ecoutez bien, si vous avez des oreilles pour entendre!"

Pourquoi Jésus emploie des paraboles

(Voir aussi Matt. 13.10-17; Marc 4.10-12)

[9] Les *disciples de Jésus lui demandèrent ce que signifiait cette *parabole. [10] Il leur répondit: "Vous avez reçu, vous, la connaissance des secrets du *Royaume de Dieu; mais aux autres gens, ils sont présentés sous forme de paraboles afin que

> Ils puissent regarder, mais sans voir,
> Ils puissent entendre, mais sans comprendre."

Jésus explique la parabole du semeur

(Voir aussi Matt. 13.18-23; Marc 4.13-20)

[11] "Voici ce que signifie cette *parabole: la semence, c'est la parole de Dieu. [12] Certains hommes sont semblables au bord du chemin où tombe le grain: ils entendent, mais le diable arrive et arrache la parole de leur coeur pour les empêcher de croire et d'être sauvés. [13] D'autres ressemblent à un sol pierreux: ils entendent la parole et la reçoivent avec joie. Mais ils ne la laissent pas s'enraciner, ils ne croient qu'un

instant et ils abandonnent la foi au moment où survient l'épreuve. [14] La semence qui tombe parmi les plantes épineuses représente ceux qui entendent; mais ils se laissent étouffer en chemin par les soucis, la richesse et les plaisirs de la vie, et ils ne donnent pas de fruits mûrs. [15] La semence qui tombe dans la bonne terre représente ceux qui écoutent la parole et la gardent dans un coeur bon et bien disposé, qui demeurent fidèles et portent ainsi des fruits."

La parabole de la lampe

(Voir aussi Marc 4.21-25)

[16] "Personne n'allume une lampe pour la couvrir d'un seau ou pour la mettre sous un lit. Au contraire, on la place sur le porte-lampe, afin que ceux qui entrent voient la lumière. [17] Tout ce qui est caché sera rendu visible, et tout ce qui est secret sera connu et mis en pleine lumière.

[18] "Faites attention à la manière dont vous écoutez! Car celui qui a quelque chose recevra davantage; mais à celui qui n'a rien on enlèvera même le peu qu'il pense avoir."

La mère et les frères de Jésus

(Voir aussi Matt. 12.46-50; Marc 3.31-35)

[19] La mère et les frères de Jésus vinrent le trouver, mais ils ne pouvaient arriver jusqu'à lui à cause de la foule. [20] On l'annonça à Jésus en ces mots: "Ta mère et tes frères se tiennent dehors et désirent te voir." [21] Mais Jésus dit à tous: "Ma mère et mes frères, ce sont ceux qui écoutent la parole de Dieu et lui obéissent."

Jésus apaise une tempête

(Voir aussi Matt. 8.23-27; Marc 4.35-41)

[22] Un jour, Jésus monta dans une barque avec ses *disciples et leur dit: "Passons de l'autre côté du lac." Et ils partirent. [23] Pendant qu'ils naviguaient, Jésus s'endormit. Soudain, un vent violent se mit à souffler sur le lac; la barque se remplissait d'eau et ils étaient en danger. [24] Les disciples s'approchèrent alors de Jésus, le réveillèrent et lui dirent: "Maître, maître, nous allons mourir!"

Jésus se réveilla et parla sévèrement au vent et aux grandes vagues, qui s'apaisèrent. Il y eut un grand calme. [25] Jésus dit aux disciples: "Où est votre foi?"

Mais ils avaient peur, étaient remplis d'étonnement et se disaient les uns aux autres: "Qui est donc cet homme?

Il donne des ordres même aux vents et à l'eau, et ils lui obéissent!"

Jésus guérit un homme ayant des esprits mauvais

(Voir aussi Matt. 8.28-34; Marc 5.1-20)

26 Ils abordèrent dans le territoire des Gergéséniens, qui est de l'autre côté du lac, en face de la Galilée. 27 Comme Jésus descendait à terre, un homme de la ville vint à sa rencontre. Cet homme avait en lui des esprits mauvais; depuis longtemps il ne portait pas de vêtement et n'habitait pas dans une maison, mais vivait parmi les tombeaux. 28 Quand il vit Jésus, il poussa un cri, tomba à ses pieds et dit d'une voix forte: "Que me veux-tu, Jésus, fils du Dieu très haut? Je t'en prie, ne me punis pas!" 29 Il dit cela parce que Jésus ordonnait à l'esprit mauvais de sortir de lui. Cet esprit s'était emparé de lui bien des fois; on attachait alors les mains et les pieds de l'homme avec des chaînes pour le garder, mais il rompait ses liens et l'esprit l'entraînait vers les lieux déserts. 30 Jésus lui demanda: "Quel est ton nom?" Il répondit: "Mon nom est 'Multitude.' " Il dit cela parce que de nombreux esprits mauvais étaient entrés en lui. 31 Et ces esprits priaient Jésus de ne pas les envoyer dans *l'abîme.

32 Il y avait là un grand troupeau de porcs qui cherchait sa nourriture sur la colline. Les esprits prièrent Jésus de leur permettre d'entrer dans ces porcs. Il le leur permit. 33 Alors les esprits mauvais sortirent de l'homme et entrèrent dans les porcs. Tout le troupeau se précipita du haut de la pente dans le lac et s'y noya.

34 Quand les hommes qui gardaient les porcs virent ce qui était arrivé, ils s'enfuirent et portèrent la nouvelle dans la ville et dans les fermes. 35 Les gens sortirent pour voir ce qui s'était passé. Ils arrivèrent auprès de Jésus et trouvèrent l'homme que les esprits mauvais avaient quitté: il était assis aux pieds de Jésus, il portait des vêtements et était dans son bon sens. Et ils prirent peur. 36 Ceux qui avaient tout vu leur racontèrent comment l'homme aux esprits mauvais avait été guéri. 37 Alors toute la population du territoire des Gergéséniens demanda à Jésus de s'en aller de chez eux, car ils avaient très peur. Jésus monta dans la barque pour partir. 38 L'homme que les esprits mauvais avaient quitté priait Jésus de le laisser rester avec lui. Mais Jésus le renvoya en disant: 39 "Retourne chez toi et raconte tout ce que Dieu a

fait pour toi." L'homme s'en alla donc et annonça dans la ville entière tout ce que Jésus avait fait pour lui.

La fille de Jaïrus et la femme qui toucha le vêtement de Jésus

(Voir aussi Matt. 9.18-26; Marc 5.21-43)

[40] Au moment où Jésus revint de l'autre côté du lac, la foule l'accueillit, car tous l'attendaient. [41] Un homme appelé Jaïrus arriva alors. Il était chef de la *synagogue. Il se jeta aux pieds de Jésus et le pria de venir chez lui, [42] parce qu'il avait une fille unique, âgée d'environ douze ans, qui était en train de mourir.

Pendant que Jésus s'y rendait, la foule le pressait de tous côtés. [43] Il y avait là une femme qui souffrait de pertes de

sang depuis douze ans. Elle avait dépensé tout ce qu'elle possédait chez les médecins, mais personne n'avait pu la guérir. [44] Elle s'approcha de Jésus par derrière et toucha le bord de son vêtement. Sa perte de sang cessa aussitôt. [45] Jésus demanda: "Qui m'a touché?" Tous niaient l'avoir fait et Pierre dit: "Maître, la foule t'entoure et te presse de tous côtés." [46] Mais Jésus dit: "Quelqu'un m'a touché, car j'ai senti qu'une force était sortie de moi." [47] La femme vit qu'elle avait été découverte. Elle vint alors, toute tremblante, se jeter aux pieds de Jésus. Elle lui raconta devant tout le monde pourquoi elle l'avait touché et comment elle avait été guérie immédiatement. [48] Jésus lui dit: "Ma fille, ta foi t'a guérie. Va en paix."

[49] Tandis que Jésus parlait ainsi, un messager vint de la maison du chef Jaïrus et dit à celui-ci: "Ta fille est morte. Ne dérange plus le maître." [50] Mais Jésus l'entendit et dit à Jaïrus: "N'aie pas peur, crois seulement et elle guérira." [51] Lorsqu'il fut arrivé à la maison, il ne permit à personne d'entrer avec lui, si ce n'est à Pierre, à Jean, à Jacques, et au père et à la mère de l'enfant. [52] Tous pleuraient et se lamentaient à cause de l'enfant. Alors Jésus dit: "Ne pleurez pas. Elle n'est pas morte, mais elle dort." [53] Ils se moquèrent de lui, car ils savaient qu'elle était morte. [54] Mais Jésus la saisit par la main et dit d'une voix forte: "Enfant, lève-toi!" [55] Elle revint à la vie et se leva aussitôt. Jésus leur ordonna de lui donner à manger. [56] Ses parents furent remplis d'étonnement, mais Jésus leur recommanda de ne dire à personne ce qui s'était passé.

Jésus envoie les douze disciples

(Voir aussi Matt. 10.5-15; Marc 6.7-13)

9 Jésus réunit les douze *disciples et leur donna le pouvoir et l'autorité de chasser tous les esprits mauvais et de guérir les maladies. [2] Puis il les envoya prêcher le *Royaume de Dieu et guérir les malades. [3] Il leur dit: "Ne prenez rien avec vous pour le voyage: ni bâton, ni sac, ni pain, ni argent, et n'ayez pas deux chemises chacun. [4] Partout où l'on vous accueillera, restez dans la même maison jusqu'à ce que vous quittiez l'endroit. [5] Partout où les gens refuseront de vous accueillir, quittez leur ville et secouez la poussière de vos pieds: ce sera un avertissement pour eux." [6] Les disciples partirent; ils passaient dans tous les villages, annonçaient la Bonne Nouvelle et guérissaient partout les malades.

L'inquiétude d'Hérode

(Voir aussi Matt. 14.1-12; Marc 6.14-29)

[7] Cependant *Hérode, le gouverneur, entendit parler de tout ce qui se passait. Il ne savait qu'en penser, car certaines personnes disaient: "Jean-Baptiste est revenu à la vie." [8] D'autres disaient: "C'est *Elie qui est apparu." D'autres encore disaient: "L'un des *prophètes d'autrefois est revenu à la vie." [9] Mais Hérode dit: "J'ai fait couper la tête à Jean.

Qui est donc cet homme dont j'entends dire toutes ces choses?" Et il cherchait à voir Jésus.

Jésus nourrit cinq mille hommes

(Voir aussi Matt. 14.13-21; Marc 6.30-44; Jean 6.1-14)

[10] Les *apôtres revinrent et racontèrent à Jésus tout ce qu'ils avaient fait. Il les emmena et se retira avec eux seuls vers une ville appelée Bethsaïda. [11] Mais les foules l'apprirent et le suivirent. Jésus les accueillit, leur parla du *Royaume de Dieu et guérit ceux qui en avaient besoin.

[12] Comme le jour commençait à baisser, les douze *disciples s'approchèrent de Jésus et lui dirent: "Renvoie la foule, afin qu'ils aillent dans les villages et les fermes des environs pour y trouver de la nourriture et un logement; car nous sommes ici dans un endroit isolé." [13] Mais Jésus leur dit: "Donnez-leur vous-mêmes à manger!" Ils répondirent: "Nous n'avons que cinq pains et deux poissons. Voudrais-tu peut-être que nous allions acheter de la nourriture pour tout ce monde?" [14] (Il y avait là, en effet, environ cinq mille hommes.) Jésus dit à ses disciples: "Faites-les asseoir par groupes de cinquante environ." [15] Les disciples obéirent et les firent tous asseoir. [16] Jésus prit les cinq pains et les deux poissons, leva les yeux vers le ciel et remercia Dieu pour ces aliments. Il les partagea et les donna aux disciples pour qu'ils les distribuent à la foule. [17] Tous mangèrent et eurent assez de nourriture. On emporta douze corbeilles pleines des morceaux qu'ils eurent en trop.

Pierre déclare que Jésus est le Messie

(Voir aussi Matt. 16.13-19; Marc 8.27-29)

[18] Un jour que Jésus priait seul, ses *disciples le rejoignirent. Il leur demanda: "Que disent les foules à mon sujet?" [19] Ils répondirent: "Certains disent que tu es Jean-Baptiste, d'autres disent que tu es *Elie, et d'autres encore disent que l'un des *prophètes d'autrefois est revenu à la vie." [20] "Mais vous," leur demanda Jésus, "qui dites-vous que je suis?" Pierre répondit: "Tu es le *Messie de Dieu."

Jésus annonce sa mort et sa *résurrection

(Voir aussi Matt. 16.20-28; Marc 8.30—9.1)

[21] Jésus leur ordonna sévèrement de n'en parler à personne, [22] et il ajouta: "Il faut que le *Fils de l'homme souffre beau-

coup; les *anciens, les chefs des prêtres et les *maîtres de la loi le rejetteront; il sera mis à mort et, le troisième jour, il reviendra à la vie." [23] Puis il dit à tous: "Si quelqu'un veut venir avec moi, qu'il cesse de penser à lui-même, qu'il porte sa croix chaque jour et me suive. [24] Car l'homme qui veut sauver sa vie la perdra; mais celui qui perdra sa vie pour moi la sauvera. [25] A quoi sert-il à un homme de gagner le monde entier, s'il se perd lui-même ou va à sa destruction? [26] Si un homme a honte de moi et de mes paroles, alors le Fils de l'homme aura honte de lui, quand il viendra dans sa gloire et dans la gloire du Père et des saints anges. [27] Je vous le déclare, c'est la vérité: quelques-uns de ceux qui sont ici ne mourront pas avant d'avoir vu le *Royaume de Dieu."

La transfiguration de Jésus

(Voir aussi Matt. 17.1-8; Marc 9.2-8)

[28] Environ une semaine après qu'il eut parlé ainsi, Jésus prit avec lui Pierre, Jean et Jacques, et il monta sur une montagne pour prier. [29] Pendant qu'il priait, son visage changea d'aspect et ses vêtements devinrent d'une blancheur éblouissante. [30] Soudain, il y eut là deux hommes qui s'entretenaient avec Jésus: c'étaient Moïse et *Elie, [31] qui apparaissaient au milieu d'une gloire céleste. Ils parlaient avec Jésus de la façon dont il allait accomplir sa mission en mourant à Jérusalem. [32] Pierre et ses compagnons s'étaient profondément endormis; mais ils se réveillèrent et virent la gloire de Jésus et les deux hommes qui se tenaient avec lui. [33] Au moment où ces hommes quittaient Jésus, Pierre lui dit: "Maître, c'est bien que nous soyons ici. Nous allons dresser trois tentes, une pour toi, une pour Moïse et une pour Elie." (Il ne savait pas ce qu'il disait.) [34] Pendant qu'il parlait ainsi, un nuage apparut et les couvrit de son ombre. Les *disciples eurent peur en voyant ce nuage les recouvrir. [35] Du nuage une voix se fit entendre: "Celui-ci est mon Fils, que j'ai choisi. Ecoutez-le!" [36] Après que la voix eut parlé, on ne vit plus que Jésus seul. Les disciples gardèrent le silence et, en ce temps-là, ne racontèrent rien à personne de ce qu'ils avaient vu.

Jésus guérit un enfant ayant un esprit mauvais

(Voir aussi Matt. 17.14-18; Marc 9.14-27)

[37] Le jour suivant, ils descendirent de la montagne et une

grande foule vint à la rencontre de Jésus. [38] De la foule un homme se mit à crier: “Maître, je t'en prie, jette un regard sur mon fils, mon fils unique! [39] Un esprit le saisit, le fait crier tout à coup, le secoue avec violence et le fait écumer de la bouche; il le maltraite et ne le quitte que difficilement. [40] J'ai prié tes *disciples de chasser cet esprit, mais ils ne l'ont pas pu.” [41] Jésus répondit: “O vous, gens incrédules et mauvais! Combien de temps encore devrai-je rester avec vous? Combien de temps encore devrai-je vous supporter? Amène ton fils ici.” [42] Comme l'enfant approchait, l'esprit le jeta à terre et le secoua rudement. Mais Jésus parla sévèrement à l'esprit mauvais, guérit l'enfant et le rendit à son père. [43] Et tous étaient remplis d'étonnement devant la grandeur de la puissance de Dieu.

Jésus annonce de nouveau sa mort et sa *résurrection

(Voir aussi Matt. 17.22-23; Marc 9.30-32)

Comme chacun s'étonnait encore de tout ce que Jésus faisait, il dit à ses *disciples: [44] “Retenez bien ce que je vous dis maintenant: Le *Fils de l'homme va être livré entre les mains des hommes.” [45] Mais ils ne comprenaient pas cette parole: son sens leur avait été caché afin qu'ils ne puissent le comprendre et ils avaient peur d'interroger Jésus à ce sujet.

Qui est le plus grand?

(Voir aussi Matt. 18.1-5; Marc 9.33-37)

[46] Les *disciples se mirent à discuter pour savoir lequel d'entre eux était le plus grand. [47] Jésus se rendit compte de ce qu'ils pensaient. Il prit alors un enfant, le plaça auprès de lui, [48] et leur dit: “Celui qui reçoit cet enfant à cause de moi, me reçoit moi-même; et celui qui me reçoit, reçoit aussi celui qui m'a envoyé. Car celui qui est le plus petit parmi vous tous, c'est lui qui est le plus grand.”

Celui qui n'est pas contre vous est pour vous

(Voir aussi Marc 9.38-40)

[49] Jean prit la parole et dit: “Maître, nous avons vu un homme qui chassait les esprits mauvais en ton nom et nous avons voulu l'en empêcher, parce qu'il n'est pas avec nous.” [50] Mais Jésus lui répondit: “Ne l'en empêchez pas, car celui qui n'est pas contre vous est pour vous.”

Un village de Samarie refuse de recevoir Jésus

51 Lorsqu'approchèrent les jours où Jésus devait être enlevé au ciel, il décida fermement de se rendre à Jérusalem. 52 Il envoya des messagers devant lui. Après être partis, ceux-ci entrèrent dans un village de Samarie pour lui préparer tout le nécessaire. 53 Mais les habitants ne voulurent pas le recevoir parce qu'il se dirigeait vers Jérusalem. 54 Quand les *disciples Jacques et Jean virent cela, ils dirent: "Seigneur, veux-tu que nous commandions au feu de descendre du ciel et de les détruire?" 55 Jésus se tourna vers eux et leur fit des reproches. 56 Et ils allèrent dans un autre village.

Ceux qui désirent suivre Jésus

(Voir aussi Matt. 8.19-22)

57 Comme ils étaient en chemin, un homme dit à Jésus: "Je te suivrai partout où tu iras." 58 Jésus lui dit: "Les renards ont des terriers et les oiseaux ont des nids, mais le *Fils de l'homme n'a pas un endroit où il puisse se coucher pour se reposer." 59 Il dit à un autre homme: "Suis-moi." Mais l'homme dit: "Maître, permets-moi d'aller d'abord enterrer mon père." 60 Jésus lui répondit: "Laisse les morts enterrer leurs morts; et toi, va annoncer le *Royaume de Dieu." 61 Un autre homme encore dit: "Je te suivrai, Maître, mais permets-moi d'aller d'abord dire adieu à ma famille." 62 Jésus lui dit: "Celui qui se met à labourer puis regarde en arrière est inutilisable pour le Royaume de Dieu."

Jésus envoie les soixante-douze

10 Après cela, le Seigneur choisit soixante-douze autres hommes et les envoya deux par deux devant lui dans toutes les villes et tous les endroits où lui-même devait se rendre. 2 Il leur dit: "Il y a une grande moisson, mais peu d'ouvriers pour la rentrer. Priez donc le propriétaire de la moisson d'envoyer davantage d'ouvriers pour rentrer sa moisson. 3 Allez! Je vous envoie comme des agneaux au milieu des loups. 4 Ne prenez ni bourse, ni sac, ni chaussures; ne vous arrêtez pas en chemin pour saluer quelqu'un. 5 Quand vous entrerez dans une maison, dites d'abord: 'Paix à cette maison.' 6 Si un homme de paix habite là, votre salut de paix reposera sur lui; sinon, retirez votre salut de paix.

[7] Demeurez dans cette maison-là, mangez et buvez ce que l'on vous y donnera, car l'ouvrier a droit à son salaire. Ne passez pas de maison en maison. [8] Quand vous entrerez dans une ville et que l'on vous recevra, mangez ce que l'on vous présentera; [9] guérissez les malades de cette ville et dites à ses habitants: 'Le *Royaume de Dieu s'est approché de vous.' [10] Mais quand vous entrerez dans une ville et que l'on ne vous recevra pas, sortez dans les rues et dites: [11] 'Nous secouons contre vous même la poussière de votre ville qui s'est attachée à nos pieds. Pourtant, sachez bien ceci: le Royaume de Dieu s'est approché de vous.' [12] Je vous le déclare: au jour du Jugement la punition sera moins dure pour *Sodome que pour cette ville-là."

Les villes qui refusent de croire

(Voir aussi Matt. 11.20-24)

[13] "Malheur à toi, Chorazin! Malheur à toi, Bethsaïda! Car si les miracles qui ont été accomplis chez vous l'avaient été à Tyr et à Sidon, il y a longtemps que leurs habitants se seraient assis, auraient revêtu des sacs et se seraient couverts de cendre pour montrer qu'ils voulaient changer de vie. [14] C'est pourquoi, au jour du Jugement la punition sera moins dure pour Tyr et Sidon que pour vous. [15] Et toi, Capernaüm, crois-tu que tu t'élèveras jusqu'au ciel? Tu seras abaissée jusqu'en enfer."

[16] Il dit encore à ses *disciples: "Celui qui vous écoute, m'écoute; celui qui vous rejette, me rejette; et celui qui me rejette, rejette celui qui m'a envoyé."

Le retour des soixante-douze

[17] Les soixante-douze envoyés revinrent pleins de joie et dirent: "Seigneur, même les esprits mauvais nous obéissent quand nous leur donnons des ordres en ton nom!" [18] Jésus leur répondit: "Je voyais Satan tomber du ciel comme un éclair. [19] Ecoutez: je vous ai donné le pouvoir de marcher sur les serpents et les *scorpions et d'écraser toute la puissance de l'ennemi, et rien ne pourra vous faire du mal. [20] Mais ne vous réjouissez pas de ce que les esprits mauvais vous obéissent; réjouissez-vous plutôt de ce que vos noms sont écrits dans les cieux."

Jésus se réjouit

(Voir aussi Matt. 11.25-27; 13.16-17)

[21] En ce même moment, Jésus fut rempli de joie par le Saint-Esprit et dit: "O Père, Seigneur du ciel et de la terre, je te remercie d'avoir révélé aux petits ce que tu as caché aux sages et aux gens instruits. Oui, Père, il en est ainsi parce qu'il t'a plu de le vouloir.

[22] "Mon Père m'a remis toutes choses. Personne ne sait qui est le Fils si ce n'est le Père, et personne ne sait qui est le Père si ce n'est le Fils et ceux à qui le Fils veut le révéler."

[23] Puis Jésus se tourna vers ses *disciples et leur dit à eux seuls: "Heureux êtes-vous de voir ce que vous voyez! [24] Car, je vous le déclare, beaucoup de *prophètes et de rois ont désiré voir ce que vous voyez, mais ne l'ont pas vu, et entendre ce que vous entendez, mais ne l'ont pas entendu."

La parabole du bon Samaritain

[25] Un *maître de la loi intervint alors. Pour tendre un piège à Jésus, il lui demanda: "Maître, que dois-je faire pour recevoir la vie éternelle?" [26] Jésus lui répondit: "Qu'est-il écrit dans notre loi? Comment la comprends-tu quand tu la lis?" [27] L'homme répondit: " 'Tu dois aimer le Seigneur ton Dieu de tout ton coeur, de toute ton âme, de toute ta force et de tout ton esprit.' Et: 'Tu dois aimer ton prochain comme toi-même.' " [28] Jésus lui dit alors: "Tu as bien répondu. Fais cela et tu vivras."

[29] Mais le maître de la loi voulait se donner raison. Il demanda donc à Jésus: "Qui est mon prochain?" [30] Jésus répondit: "Un homme descendait de Jérusalem à Jéricho, lorsque des brigands l'attaquèrent, lui arrachèrent ses vêtements pour le voler, le battirent et s'en allèrent en le laissant à demi mort. [31] Il se trouva qu'un prêtre descendait cette route. Quand il vit l'homme, il passa en se tenant de l'autre côté de la route. [32] De même, un *Lévite arriva à cet endroit, s'avança, vit l'homme et passa en se tenant de l'autre côté de la route. [33] Mais un *Samaritain, qui voyageait par ce même chemin, arriva près de lui. Quand il le vit, il en eut profondément pitié. [34] Il s'approcha de lui, versa de l'huile et du vin sur ses blessures et les recouvrit de pansements. Puis il le plaça sur sa propre bête et le mena dans un hôtel,

où il prit soin de lui. [35] Le lendemain, il sortit deux pièces d'argent, les donna à l'hôtelier et lui dit: 'Prends soin de cet homme; lorsque je repasserai par ici, je te paierai moi-même ce que tu auras dépensé en plus pour lui.' " [36] Jésus ajouta: "Lequel de ces trois te semble avoir été le prochain de l'homme attaqué par les brigands?" [37] Le maître de la loi répondit: "Celui qui a été bon pour lui." Jésus lui dit alors: "Va et fais de même."

Jésus chez Marthe et Marie

[38] Comme Jésus et ses *disciples étaient en chemin, il entra dans un village où une femme, appelée Marthe, le reçut chez elle. [39] Elle avait une soeur, appelée Marie, qui s'assit aux pieds du Seigneur et écoutait ce qu'il enseignait. [40] Marthe était fort affairée aux nombreux travaux du ménage. Elle survint et dit: "Seigneur, cela ne te fait-il rien que ma soeur me laisse seule pour accomplir tout le travail? Dis-lui donc de m'aider." [41] Le Seigneur lui répondit: "Marthe, Marthe, tu t'inquiètes et tu t'agites pour beau-

coup de choses, [42] mais une seule est nécessaire. Marie a choisi la meilleure part, qui ne lui sera pas enlevée."

Jésus et la prière

(Voir aussi Matt. 6.9-13; 7.7-11)

11 Un jour, Jésus priait en un certain lieu. Quand il eut fini, un de ses *disciples lui dit: "Seigneur, enseigne-nous à prier, comme Jean l'a appris à ses disciples." [2] Jésus leur dit: "Quand vous priez, dites:

'Père,
Que la sainteté de ton nom soit reconnue;
Que ton Règne vienne.
[3] Donne-nous chaque jour la nourriture nécessaire.
[4] Pardonne-nous nos péchés,
Car nous pardonnons nous-mêmes à tous ceux qui nous ont fait du mal.
Et ne nous conduis pas dans la tentation.' "

[5] Jésus leur dit encore: "Supposons ceci: l'un d'entre vous a un ami qu'il s'en va trouver chez lui à minuit pour lui dire: 'Mon ami, prête-moi trois pains. [6] Un de mes amis vient d'arriver de voyage chez moi et je n'ai rien à lui offrir.' [7] Et supposons que l'autre lui réponde de l'intérieur de la maison: 'Laisse-moi tranquille! La porte est déjà fermée à clé, mes enfants et moi sommes au lit; je ne peux pas me lever pour te donner des pains.' [8] Eh bien! je vous l'affirme, il ne se lèvera peut-être pas pour les lui donner parce qu'il est son ami; mais il se lèvera et lui donnera tout ce dont il a besoin parce que, sans se gêner, son ami continue à demander. [9] Et moi, je vous dis: demandez et vous recevrez; cherchez et vous trouverez; frappez et l'on vous ouvrira la porte. [10] Car tout homme qui demande reçoit, celui qui cherche trouve et l'on ouvre la porte à celui qui frappe. [11] Si l'un d'entre vous est père, donnera-t-il à son fils un serpent alors qu'il lui demande un poisson? [12] Ou bien lui donnera-t-il un *scorpion s'il demande un oeuf? [13] Tout mauvais que vous êtes, vous savez donner de bonnes choses à vos enfants. A combien plus forte raison, donc, le Père qui est au ciel donnera-t-il le Saint-Esprit à ceux qui le lui demandent!"

Jésus répond à une accusation portée contre lui

(Voir aussi Matt. 12.22-30; Marc 3.20-27)

[14] Jésus était en train de chasser un esprit mauvais qui rendait un homme muet. Quand l'esprit mauvais sortit, le

muet se mit à parler et les foules furent remplies d'étonnement. [15] Mais quelques-uns dirent: "C'est *Béelzébul, le chef des esprits mauvais, qui lui donne le pouvoir de chasser ces esprits!" [16] D'autres voulaient lui tendre un piège: ils lui demandèrent de montrer par un miracle que son pouvoir venait de Dieu. [17] Mais Jésus connaissait leurs pensées; il leur dit alors: "Tout royaume dont les habitants luttent les uns contre les autres finit par être détruit, ses maisons s'écroulent les unes sur les autres. [18] Si donc Satan est en lutte contre lui-même, comment son royaume pourra-t-il continuer à exister? Vous dites, en effet, que je chasse les esprits mauvais parce que Béelzébul m'en donne le pouvoir. [19] Si je les chasse de cette façon, qui donne à vos partisans le pouvoir de les chasser? Vos partisans eux-mêmes démontrent que vous avez tort! [20] En réalité, c'est avec la puissance de Dieu que je chasse les esprits mauvais, ce qui signifie que le *Royaume de Dieu est déjà venu jusqu'à vous.

[21] "Quand un homme fort et bien armé garde sa maison, tous ses biens sont en sûreté. [22] Mais si un homme plus fort que lui arrive et s'en rend vainqueur, il lui enlève les armes dans lesquelles il se confiait et il distribue tout ce qu'il lui a pris.

[23] "Celui qui n'est pas avec moi est contre moi; et celui qui ne m'aide pas à rassembler disperse."

Le retour de l'esprit mauvais

(Voir aussi Matt. 12.43-45)

[24] "Lorsqu'un esprit mauvais est sorti d'un homme, il va et vient dans des endroits desséchés en cherchant un lieu où se reposer. S'il n'en trouve pas, il se dit: 'Je vais retourner dans ma maison, que j'ai quittée.' [25] Il y retourne et trouve la maison balayée, bien arrangée. [26] Alors il s'en va prendre sept autres esprits encore plus mauvais que lui; ils reviennent ensemble et s'installent là. C'est ainsi que, finalement, l'état de cet homme est pire qu'au début."

Le vrai bonheur

[27] Jésus venait de parler ainsi, quand une femme s'adressa à lui du milieu de la foule: "Heureuse est la femme qui t'a porté en elle et qui t'a allaité!" [28] Mais Jésus répondit: "Heureux plutôt ceux qui écoutent la parole de Dieu et lui obéissent!"

La demande d'un miracle

(Voir aussi Matt. 12.38-42)

[29] Comme les foules s'amassaient autour de Jésus, il se mit à dire: "Les gens d'aujourd'hui sont mauvais; ils demandent un miracle qui soit le signe de l'intervention de Dieu. Mais aucun miracle ne leur sera accordé si ce n'est celui de Jonas. [30] Car, comme Jonas fut un signe pour les habitants de *Ninive, ainsi le *Fils de l'homme sera un signe pour les gens d'aujourd'hui. [31] Au jour du Jugement, la reine du Sud se lèvera en face des gens d'aujourd'hui et les accusera, car elle est venue des régions les plus lointaines de la terre pour écouter les paroles pleines de sagesse de Salomon. Et il y a ici quelque chose de plus grand que Salomon! [32] Au jour du Jugement, les habitants de Ninive se lèveront en face des gens d'aujourd'hui et les accuseront, car les Ninivites ont changé de vie quand ils ont entendu prêcher Jonas. Et il y a ici quelque chose de plus grand que Jonas!"

La lumière du corps

(Voir aussi Matt. 5.15; 6.22-23)

[33] "Personne n'allume une lampe pour la cacher ou la mettre sous un seau; au contraire, on la place sur le porte-lampe, afin que ceux qui entrent voient la lumière. [34] Tes yeux sont comme la lampe de ton corps: si tes yeux sont en bon état, tout ton corps est éclairé; mais si tes yeux sont mauvais, alors ton corps est dans l'obscurité. [35] Ainsi, prends garde que la lumière qui est en toi ne soit pas obscurité. [36] Si donc tout ton corps est éclairé, sans aucune partie dans l'obscurité, il sera tout entier en pleine lumière, comme lorsque la lampe t'illumine de sa brillante clarté."

Jésus accuse les Pharisiens et les maîtres de la loi

(Voir aussi Matt. 23.1-36; Marc 12.38-40)

[37] Quand Jésus eut fini de parler, un *Pharisien l'invita à prendre un repas chez lui. Jésus entra et se mit à table. [38] Le Pharisien s'étonna lorsqu'il remarqua que Jésus ne s'était pas lavé avant le repas. [39] Le Seigneur lui dit alors: "Voilà comme vous êtes, vous les Pharisiens: vous nettoyez l'extérieur de la coupe et du plat, mais à l'intérieur vous êtes pleins du désir de voler et pleins de méchanceté. [40] Insensés que vous êtes! Dieu qui a fait l'extérieur n'a-t-il pas aussi fait l'intérieur? [41] Donnez donc plutôt aux pauvres

ce qui est dans vos coupes et vos plats, et tout sera pur pour vous.

[42] "Malheur à vous, Pharisiens! Vous donnez à Dieu la dixième partie de plantes comme la menthe et la rue, ainsi que de toutes sortes de légumes, mais vous négligez la justice et l'amour pour Dieu: c'est pourtant là ce qu'il fallait pratiquer, sans négliger le reste.

[43] "Malheur à vous, Pharisiens! Vous aimez les sièges les plus en vue dans les *synagogues et vous aimez à recevoir des salutations respectueuses sur les places publiques. [44] Malheur à vous! Vous êtes comme des tombeaux qu'on ne remarque pas et sur lesquels on marche sans le savoir!"

[45] Un des *maîtres de la loi lui dit: "Maître, en parlant ainsi, tu nous insultes nous aussi!"

[46] Jésus répondit: "Malheur à vous aussi, maîtres de la loi! Vous mettez sur le dos des gens des fardeaux difficiles à por-

ter, et vous ne les aidez pas même du bout d'un seul doigt à porter ces fardeaux. [47] Malheur à vous! Vous construisez de beaux tombeaux pour les *prophètes, ces prophètes que vos ancêtres ont tués! [48] Vous montrez ainsi que vous approuvez les actes de vos ancêtres, car ils ont tué les prophètes, et vous, vous construisez leurs tombeaux! [49] C'est pourquoi la sagesse de Dieu a déclaré: 'Je leur enverrai des prophètes et des *apôtres; ils tueront certains d'entre eux et en persécuteront d'autres.' [50] Par conséquent les gens d'aujourd'hui seront punis pour le meurtre de tous les prophètes qui ont été tués depuis la création du monde, [51] depuis le meurtre d'Abel jusqu'au meurtre de Zacharie, qui fut tué entre *l'autel et le *sanctuaire. Oui, je vous l'affirme, les gens d'aujourd'hui seront punis pour tous ces meurtres!

[52] "Malheur à vous, maîtres de la loi! Vous avez pris la clé permettant d'ouvrir la porte du savoir: vous n'entrez pas vous-mêmes et vous empêchez d'entrer ceux qui le désirent."

[53] Quand Jésus eut quitté cet endroit, les maîtres de la loi et les Pharisiens se mirent à lui manifester une violente fureur et à lui poser des questions sur toutes sortes de sujets: [54] ils lui tendaient des pièges pour essayer de le surprendre en train de dire quelque chose de faux.

Une mise en garde contre l'hypocrisie

(Voir aussi Matt. 10.26-27)

12 Pendant ce temps, les gens s'étaient assemblés par milliers, au point qu'ils se marchaient sur les pieds les uns des autres. Jésus s'adressa d'abord à ses *disciples: "Gardez-vous, leur dit-il, du *levain des *Pharisiens, c'est-à-dire de leur hypocrisie. [2] Tout ce qui est caché sera découvert, et tout ce qui est secret sera connu. [3] C'est pourquoi tout ce que vous aurez dit dans l'obscurité sera entendu à la lumière du jour, et ce que vous aurez murmuré à l'oreille d'autrui dans une chambre fermée sera crié du haut des toits."

Celui qu'il faut craindre

(Voir aussi Matt. 10.28-31)

[4] "Je vous le dis, à vous mes amis: ne craignez pas ceux qui tuent le corps mais qui, ensuite, ne peuvent rien faire de plus. [5] Je vais vous montrer qui vous devez craindre: craignez Dieu qui, après avoir tué, a le pouvoir de jeter en enfer. Oui, je vous le dis, c'est lui que vous devez craindre!

[6] "Ne vend-on pas cinq moineaux pour deux sous? Cependant, Dieu n'en oublie pas un seul. [7] Et même vos cheveux sont tous comptés. N'ayez donc pas peur: vous valez plus que beaucoup de moineaux!"

Confesser et renier Jésus-Christ

(Voir aussi Matt. 10.32-33; 12.32; 10.19-20)

[8] "Je vous le dis: tout homme qui déclarera publiquement m'appartenir, le *Fils de l'homme aussi déclarera devant les anges de Dieu qu'il lui appartient; [9] mais celui qui

aura affirmé publiquement ne pas me connaître, le Fils de l'homme aussi affirmera devant les anges de Dieu qu'il ne le connaît pas.

[10] "Tout homme qui dira une parole contre le Fils de l'homme sera pardonné; mais celui qui aura parlé contre le Saint-Esprit ne sera pas pardonné.

[11] "Quand on vous conduira pour être jugés dans les *synagogues, ou devant les dirigeants ou les autorités, ne vous inquiétez pas de la manière dont vous vous défendrez ou de ce que vous aurez à dire, [12] car le Saint-Esprit vous enseignera à ce moment-là ce que vous devez dire."

La parabole du riche insensé

[13] Quelqu'un dans la foule dit à Jésus: "Maître, dis à mon frère de partager avec moi les biens que notre père nous a laissés." [14] Jésus lui répondit: "Mon ami, qui m'a établi pour juger vos affaires ou pour partager vos biens?" [15] Puis il dit à tous: "Faites attention, gardez-vous de tout amour des richesses, car la vraie vie d'un homme ne dépend pas de ses biens, même s'il est très riche." [16] Il leur dit alors cette *parabole: "Un homme riche avait des terres qui lui rapportèrent de bonnes récoltes. [17] Il réfléchissait et se disait en lui-même: 'Que vais-je faire? Je n'ai pas de place où garder toutes mes récoltes.' [18] Puis il se dit: 'Voici ce que je vais faire: je vais démolir mes greniers, j'en construirai de plus grands, j'y amasserai tout mon blé et tous mes autres biens. [19] Je me dirai ensuite à moi-même: Mon cher, tu as des biens en abondance pour de nombreuses années; reposetoi, mange, bois et réjouis-toi.' [20] Mais Dieu lui dit: 'Homme insensé! Cette nuit-même tu cesseras de vivre. Et alors, pour qui sera tout ce que tu as gardé pour toi?' " [21] Jésus ajouta: "Ainsi en est-il de celui qui amasse des richesses pour luimême, mais qui n'est pas riche aux yeux de Dieu."

Avoir confiance en Dieu

(Voir aussi Matt. 6.25-34)

[22] Puis Jésus dit à ses *disciples: "Voilà pourquoi je vous dis: Ne vous inquiétez pas au sujet de la nourriture dont vous avez besoin pour vivre, ou au sujet des vêtements dont vous avez besoin pour votre corps. [23] Car la vie est plus importante que la nourriture et le corps plus important que les vêtements. [24] Regardez les corbeaux: ils ne sèment ni ne moisson-

nent, ils n'ont ni cave à provisions ni grenier, mais Dieu les nourrit! Vous valez beaucoup plus que les oiseaux! [25] Qui d'entre vous parvient à prolonger un peu la durée de sa vie par le souci qu'il se fait? [26] Si donc vous ne pouvez rien pour ce qui est très peu de chose, pourquoi vous inquiétez-vous au sujet du reste? [27] Regardez comment poussent les fleurs des champs: elles ne travaillent pas et ne se fabriquent pas de vêtements. Pourtant, je vous le dis, même Salomon, avec toute sa richesse, n'a pas eu de vêtements aussi beaux que l'une de ces fleurs. [28] Dieu revêt ainsi l'herbe qui se trouve aujourd'hui dans les champs et qui demain sera jetée au feu du four: à combien plus forte raison vous vêtira-t-il vous-mêmes! Comme votre foi est petite! [29] Ne vous tourmentez donc pas à chercher continuellement ce que vous allez manger et boire. [30] Ce sont les païens de ce monde qui cherchent continuellement tout cela. Mais vous, vous avez un Père qui sait que vous en avez besoin. [31] Préoccupez-vous plutôt du *Royaume de Dieu et Dieu vous accordera aussi le reste."

Des richesses dans le ciel

(Voir aussi Matt. 6.19-21)

[32] "N'aie pas peur, petit troupeau! Car il a plu à votre Père de vous donner le *Royaume. [33] Vendez vos biens et donnez aux pauvres l'argent ainsi obtenu. Munissez-vous de bourses qui ne s'usent pas, amassez-vous des richesses dans les cieux, où elles ne disparaîtront jamais: les voleurs ne peuvent les y atteindre ni les vers les détruire. [34] Car là où sont vos richesses, là aussi est votre coeur."

Des serviteurs qui veillent

[35] "Soyez prêts à agir, en ayant votre ceinture serrée autour de la taille et vos lampes allumées. [36] Soyez semblables à des serviteurs qui attendent leur maître au moment où il va revenir d'un mariage, afin de lui ouvrir la porte dès qu'il arrivera et frappera. [37] Heureux ces serviteurs que le maître, à son arrivée, trouvera éveillés! Je vous le déclare, c'est la vérité: il attachera sa ceinture, les fera asseoir pour le repas et viendra les servir. [38] S'il revient à minuit ou même plus tard encore et qu'il les trouve éveillés, heureux sont-ils! [39] Comprenez bien ceci: si le maître de la maison savait à quelle heure le voleur doit venir, il ne le laisserait

pas pénétrer dans la maison. [40] Tenez-vous prêts, vous aussi, car le *Fils de l'homme viendra à l'heure que vous ne pensez pas."

Le serviteur fidèle et le serviteur infidèle

(Voir aussi Matt. 24.45-51)

[41] Pierre dit alors: "Seigneur, dis-tu cette *parabole pour nous seulement ou bien pour tout le monde?" [42] Le Seigneur répondit: " Quel est donc le serviteur fidèle et intelligent? C'est celui à qui son maître confiera la charge de veiller sur la maison et de donner aux autres serviteurs leur part de nourriture au moment voulu. [43] Heureux ce serviteur que le maître, à son retour chez lui, trouvera occupé à ce travail! [44] Je vous le déclare, c'est la vérité: le maître confiera à ce serviteur la charge de tous ses biens. [45] Mais si ce serviteur se dit en lui-même: 'Mon maître tarde à revenir,' s'il se met alors à battre les autres serviteurs et les servantes, s'il mange, boit et s'enivre, [46] alors le maître reviendra un jour où le serviteur ne l'attend pas et à une heure qu'il ne connaît pas; il punira le serviteur d'une façon terrible et lui fera partager le sort des infidèles.

[47] "Le serviteur qui sait ce que veut son maître, mais ne se tient pas prêt et ne fait pas ce que veut son maître, sera puni de nombreux coups. [48] Par contre, le serviteur qui ne sait pas ce que veut son maître et commet des actes pour lesquels il mérite d'être battu, sera puni d'un petit nombre de coups. A qui l'on a beaucoup donné, on demandera beaucoup; à qui l'on a confié beaucoup, on demandera encore plus."

Jésus, cause de division

(Voir aussi Matt. 10.34-36)

[49] "Je suis venu jeter le feu sur la terre et combien je voudrais qu'il soit déjà allumé! [50] Je dois recevoir un baptême et combien je suis dans l'angoisse jusqu'à ce qu'il soit accompli! [51] Pensez-vous que je sois venu apporter la paix au monde? Non, je vous le dis, mais la division. [52] Dès maintenant, une famille de cinq personnes sera divisée, trois contre deux et deux contre trois. [53] Le père sera contre son fils et le fils contre son père, la mère contre sa fille et la fille contre sa mère, la belle-mère contre sa belle-fille et la belle-fille contre sa belle-mère."

Comprendre les signes des temps

(Voir aussi Matt. 16.2-3)

[54] Jésus disait aussi à la foule: "Quand vous voyez un nuage se lever à l'ouest, vous dites aussitôt: 'Il va pleuvoir,' et c'est ce qui arrive. [55] Et quand vous sentez souffler le vent du sud, vous dites: 'Il va faire chaud,' et c'est ce qui arrive. [56] Hypocrites! Vous êtes capables de comprendre ce que signifient les aspects de la terre et du ciel; alors, pourquoi ne comprenez-vous pas le sens du temps présent?"

Trouver un arrangement avec son adversaire

(Voir aussi Matt. 5.25-26)

[57] "Pourquoi ne jugez-vous pas par vous-mêmes de la juste façon d'agir? [58] Si quelqu'un porte une accusation contre toi et que vous allez ensemble devant le tribunal, efforce-toi de trouver un arrangement avec lui pendant que vous êtes en chemin, de peur qu'il ne te traîne devant le juge, que le juge ne te livre à la police et que la police ne te jette en prison. [59] Tu ne sortiras pas de là, je te l'affirme, jusqu'à ce que tu aies payé le dernier centime dû."

Changer de vie ou mourir

13 [1] En ce temps-là, quelques personnes vinrent parler à Jésus des Galiléens que Pilate avait fait tuer au moment où ils offraient des sacrifices à Dieu. [2] Jésus leur répondit: "Pensez-vous que si ces Galiléens ont été ainsi massacrés, cela signifie qu'ils étaient de plus grands pécheurs que tous les autres Galiléens? [3] Non, je vous le dis; mais si vous ne changez pas de vie, vous mourrez tous comme eux. [4] Et ces dix-huit personnes que la tour de Siloé a écrasées en s'écroulant, pensez-vous qu'elles étaient plus coupables que tous les autres habitants de Jérusalem? [5] Non, je vous le dis; mais si vous ne changez pas de vie, vous mourrez tous comme eux."

La parabole du figuier qui ne donne pas de fruits

[6] Puis Jésus leur dit cette *parabole: "Un homme avait un figuier planté dans sa vigne. Il vint y chercher des figues, mais n'en trouva pas. [7] Il dit alors au vigneron: 'Regarde: depuis trois ans je viens chercher des figues sur ce figuier et je n'en trouve pas. Coupe-le! Pourquoi occupe-t-il du

terrain inutilement?' [8] Mais le vigneron lui répondit: 'Maître, laisse-le cette année encore; je vais creuser la terre tout autour et j'y mettrai du fumier. [9] Ainsi, il donnera peut-être des figues l'année prochaine; sinon, tu le feras couper.' ".

Jésus guérit une femme infirme le jour du sabbat

[10] Un jour de *sabbat, Jésus enseignait dans une *synagogue. [11] Une femme malade se trouvait là: depuis dix-huit ans, elle avait en elle un esprit mauvais qui la tenait courbée et elle ne pouvait pas du tout se redresser. [12] Quand Jésus la vit, il l'appela et lui dit: " Femme, tu es délivrée de ta maladie." [13] Il posa les mains sur elle et, aussitôt, elle se redressa et se mit à louer Dieu. [14] Mais le chef de la synagogue était indigné de ce que Jésus avait accompli une guérison le jour du sabbat. Il prit alors la parole et dit à la foule: "Il y a six jours pendant lesquels on doit travailler; venez donc vous faire guérir ces jours-là et non le jour du sabbat!" [15] Le Seigneur lui répondit en ces mots: "Hypocrites que vous êtes! Le jour du sabbat, chacun de vous détache de la crèche son boeuf ou son âne pour le mener boire, n'est-ce pas? [16] Et cette femme, descendante d'Abra-

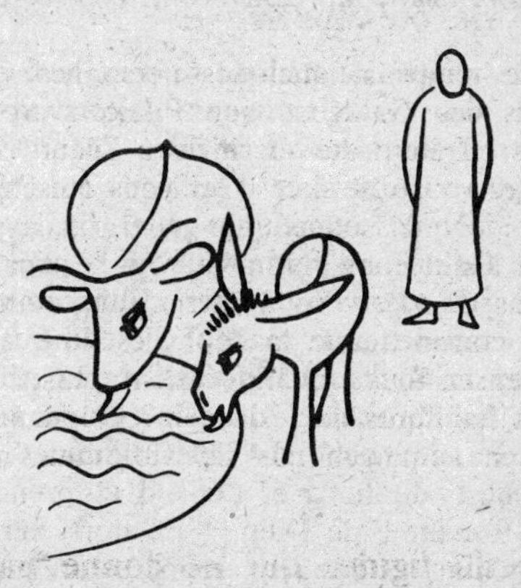

ham, que Satan a tenue liée pendant dix-huit ans, ne fallait-il pas la délivrer de ses liens le jour du sabbat?" [17] Cette réponse de Jésus remplit de honte tous ses adversaires; mais la foule entière se réjouissait de toutes les oeuvres magnifiques qu'il accomplissait.

La parabole de la graine de moutarde

(Voir aussi Matt. 13.31-32; Marc 4.30-32)

[18] Jésus dit: " A quoi le *Royaume de Dieu ressemble-t-il? A quoi puis-je le comparer? [19] Il ressemble à une graine de moutarde qu'un homme a prise et mise en terre dans son jardin: elle a poussé, elle est devenue un arbre et les oiseaux ont fait leurs nids dans ses branches."

La parabole du levain

(Voir aussi Matt. 13.33)

[20] Jésus dit encore: "A quoi puis-je comparer le *Royaume de Dieu? [21] Il ressemble au *levain qu'une femme prend et mêle à vingt-cinq kilos de farine, jusqu'à ce que toute la pâte ait levé."

La porte étroite

(Voir aussi Matt. 7.13-14, 21-23)

[22] Jésus traversait villes et villages et enseignait en faisant route vers Jérusalem. [23] Quelqu'un lui demanda: "Maître, n'y a-t-il que peu de gens qui seront sauvés?" Jésus leur répondit: [24] "Efforcez-vous d'entrer par la porte étroite; car, je vous l'affirme, beaucoup essayeront d'entrer et ne le pourront pas.

[25] "Quand le maître de maison se sera levé et aura fermé la porte à clé, vous vous trouverez dehors, vous vous mettrez à frapper à la porte et à dire: 'Maître ouvre-nous.' Il vous répondra: 'Je ne sais d'où vous êtes!' [26] Alors, vous allez lui dire: 'Nous avons mangé et bu avec toi, tu as enseigné dans les rues de notre ville.' [27] Il vous dira de nouveau: 'Je ne sais d'où vous êtes. Eloignez-vous de moi, vous tous qui commettez le mal!' [28] C'est là que vous pleurerez et grincerez des dents, quand vous verrez Abraham, Isaac, Jacob et tous les *prophètes dans le *Royaume de Dieu et que vous serez jetés dehors! [29] Des hommes viendront de l'est et de l'ouest, du nord et du sud et prendront place à table dans le Royaume de Dieu. [30] Et alors, certains de ceux qui sont maintenant les derniers seront les premiers et d'autres qui sont maintenant les premiers seront les derniers."

Jésus et Jérusalem

(Voir aussi Matt. 23.37-39)

[31] A ce moment-là, quelques *Pharisiens s'approchèrent de Jésus et lui dirent: "Pars d'ici, va-t-en ailleurs, car *Hérode

veut te faire mourir." [32] Jésus leur répondit: "Allez dire à cette espèce de renard: 'Je chasse des esprits mauvais et j'accomplis des guérisons aujourd'hui et demain, et le trosième jour j'achève mon oeuvre.' [33] Mais il faut que je continue ma route aujourd'hui, demain et le jour suivant, car il ne convient pas qu'un *prophète soit mis à mort ailleurs qu'à Jérusalem.

[34] "Jérusalem, Jérusalem, toi qui mets à mort les prophètes et tues à coups de pierres ceux que Dieu t'envoie! Combien de fois ai-je voulu rassembler ta population auprès de moi comme une poule rassemble ses poussins sous ses ailes, mais vous ne l'avez pas voulu! [35] Eh bien! votre maison va être complètement abandonnée. Je vous le déclare: vous ne me verrez plus jusqu'à ce que vienne le moment où vous direz: 'Que Dieu bénisse celui qui vient au nom du Seigneur!' "

Jésus guérit un malade

14 Un jour de *sabbat, Jésus se rendit chez un des chefs des *Pharisiens pour y prendre un repas. Ceux qui étaient là observaient attentivement Jésus. [2] Un homme, qu'une maladie faisait enfler, se tenait devant lui. [3] Jésus prit la parole et demanda aux *maîtres de la loi et aux Pharisiens: "Notre loi permet-elle ou non de faire une guérison le jour du sabbat?" [4] Mais ils ne voulurent pas répondre. Jésus prit alors le malade, le guérit et le renvoya. [5] Puis il leur dit: "Si l'un de vous a un fils ou un boeuf qui tombe dans un puits, ne va-t-il pas l'en retirer aussitôt, même le jour du sabbat?" [6] Ils furent incapables de lui répondre à ce sujet.

La façon de choisir une place et la façon d'inviter

[7] Jésus remarqua comment les invités choisissaient les meilleures places. Il dit alors à tous cette *parabole: [8] "Lorsque quelqu'un t'invite à un repas de mariage, ne va pas t'asseoir à la meilleure place. Il se pourrait en effet qu'un personnage plus important que toi ait été invité [9] et que celui qui vous a invités l'un et l'autre vienne et te dise: 'Laisse-lui cette place.' Tu devrais alors, tout honteux, aller t'asseoir à la dernière place. [10] Au contraire, lorsque tu es invité, va t'asseoir à la dernière place, pour qu'au moment où viendra celui qui t'a invité, il te dise: 'Mon ami, viens plus

haut, à une meilleure place.' Ainsi, ce sera pour toi un honneur devant tous ceux qui seront à table avec toi. [11] Car tout homme qui s'élève sera abaissé, et celui qui s'abaisse sera élevé."

[12] Puis Jésus dit à celui qui l'avait invité: "Quand tu donnes un déjeuner ou un dîner, n'invite ni tes amis, ni tes frères, ni les membres de ta parenté, ni tes riches voisins; car ils pourraient t'inviter à leur tour et tu serais ainsi payé pour ce que tu as donné. [13] Mais quand tu offres un repas de fête, invite les pauvres, les infirmes, les boiteux et les aveugles. [14] Tu seras heureux, car ils ne peuvent te le rendre. Dieu te le rendra lorsque ceux qui ont fait le bien seront ramenés à la vie."

La parabole du grand repas

(Voir aussi Matt. 22.1-10)

[15] Après avoir entendu ces mots, un de ceux qui étaient à table dit à Jésus: "Heureux celui qui prendra son repas dans le *Royaume de Dieu!" [16] Jésus lui dit: "Un homme offrit un grand repas auquel il invita beaucoup de monde. [17] A l'heure du repas, il envoya son serviteur dire aux invités: 'Venez, car tout est prêt maintenant.' [18] Mais tous, l'un après l'autre, se mirent à s'excuser. Le premier dit au serviteur: 'J'ai acheté un champ et il faut que j'aille le voir; je te prie de m'excuser.' [19] Un autre lui dit: 'J'ai acheté cinq paires de boeufs et je vais les essayer; je te prie de m'excuser.' [20] Un autre encore dit: 'Je viens de me marier et c'est pourquoi je ne puis y aller.' [21] Le serviteur retourna auprès de son maître et lui rapporta ces réponses. Le maître de la maison se mit en colère et dit à son serviteur: 'Va vite sur les places et dans les rues de la ville, et amène ici les pauvres, les infirmes, les aveugles et les boiteux.' [22] Après un moment, le serviteur vint dire: 'Maître, tes ordres ont été exécutés, mais il y a encore de la place.' [23] Le maître dit alors à son serviteur: 'Va sur les chemins de campagne, le long des haies, et oblige les gens à entrer, afin que ma maison soit remplie. [24] Je vous le dis: aucun de ces hommes qui avaient été invités ne mangera de mon repas!' "

Les conditions nécessaires pour être disciple

(Voir aussi Matt. 10.37-38)

[25] De grandes foules faisaient route avec Jésus. Il se retourna et leur dit: [26] "Celui qui vient à moi ne peut pas être

mon *disciple s'il ne hait pas son père, sa mère, sa femme, ses enfants, ses frères, ses soeurs, et même sa propre personne. [27] Celui qui ne porte pas sa croix et ne me suit pas ne peut pas être mon disciple. [28] Si l'un de vous veut construire une tour, il s'assied d'abord et calcule combien cela coûtera, pour voir s'il a assez d'argent pour achever le travail. [29] Autrement, s'il pose les fondations et ne peut ensuite achever la tour, tous ceux qui verront cela se mettront à se moquer de lui [30] en disant: 'Cet homme a commencé de construire mais a été incapable d'achever le travail!' [31] De même, si un roi veut partir en guerre contre un autre roi, il s'assied d'abord pour examiner s'il peut, avec dix mille hommes, affronter son adversaire qui marche contre lui avec vingt mille hommes. [32] S'il ne le peut pas, il envoie des messagers à l'autre roi, pendant qu'il est encore loin, pour lui demander ses conditions de paix. [33] Ainsi donc," ajouta Jésus, "aucun de vous ne peut être mon disciple s'il ne renonce pas à tout ce qu'il possède."

Le sel inutile

(Voir aussi Matt. 5.13; Marc 9.50)

[34] "Le sel est une bonne chose. Mais s'il perd son goût, comment pourrait-on le lui rendre? [35] Il n'est alors bon ni pour la terre, ni pour le fumier; on le jette dehors. Ecoutez bien, si vous avez des oreilles pour entendre!"

La parabole du mouton perdu et retrouvé

(Voir aussi Matt. 18.12-14)

15 Les *collecteurs d'impôts et autres gens de mauvaise réputation s'approchaient tous de Jésus pour l'écouter. [2] Les *Pharisiens et les *maîtres de la loi s'indignaient entre eux et disaient: "Cet homme fait bon accueil aux gens de mauvaise réputation et mange avec eux!" [3] Jésus leur dit alors cette *parabole: [4] "Si quelqu'un parmi vous possède cent moutons et qu'il perde l'un d'entre eux, ne va-t-il pas laisser les quatre-vingt-dix-neuf autres dans leur pâturage pour partir à la recherche de celui qui est perdu jusqu'à ce qu'il le retrouve? [5] Et quand il l'a retrouvé, il est tout joyeux: il met le mouton sur ses épaules, [6] il rentre chez lui, puis appelle ses amis et ses voisins et leur dit: 'Réjouissez-vous avec moi, car j'ai retrouvé mon mouton, celui qui était perdu!' [7] De même, je vous le dis, il y aura plus de joie dans le ciel pour un seul pécheur qui se détourne de ses péchés

que pour quatre-vingt-dix-neuf personnes respectables qui n'ont pas besoin de changer de vie."

La pièce d'argent perdue et retrouvée

[8] "Ou bien, si une femme possède dix pièces d'argent et qu'elle en perde une, ne va-t-elle pas allumer une lampe, balayer la maison et chercher avec soin jusqu'à ce qu'elle la retrouve? [9] Et quand elle l'a retrouvée, elle appelle ses amies et ses voisines et leur dit: 'Réjouissez-vous avec moi, car j'ai retrouvé la pièce d'argent que j'avais perdue!' [10] De même, je vous le dis, il y a de la joie parmi les anges de Dieu pour un seul pécheur qui se détourne de ses péchés."

Le fils perdu et retrouvé

[11] Jésus dit encore: "Un homme avait deux fils. [12] Le plus jeune dit à son père: 'Mon père, donne-moi la part de notre fortune qui doit me revenir.' Alors le père partagea la fortune entre ses deux fils. [13] Peu de jours après, le plus jeune fils vendit sa part de la propriété et partit avec son argent

pour un pays éloigné. Là, il vécut dans le désordre et dissipa ainsi sa fortune. [14] Quand il eut tout dépensé, une grande famine survint dans ce pays, et il commença à manquer du nécessaire. [15] Il alla donc se mettre au service d'un des habitants du pays, qui l'envoya dans ses champs garder les cochons. [16] Il aurait bien voulu se nourrir des fruits du caroubier que mangeaient les cochons, mais personne ne lui en donnait. [17] Alors, il se mit à réfléchir sur sa situation et se

dit: 'Tous les ouvriers de mon père ont plus de nourriture qu'ils n'en peuvent manger, tandis que moi, ici, je meurs de faim! [18] Je vais partir pour retourner chez mon père et je lui dirai: "Mon père, j'ai péché contre Dieu et contre toi, [19] je ne suis plus digne que tu me regardes comme ton fils. Traite-moi donc comme l'un de tes ouvriers."' [20] Et il partit pour retourner chez son père.

"Comme il était encore assez loin de la maison, son père le vit et en eut profondément pitié; il courut à sa rencontre, le serra contre lui et l'embrassa. [21] Le fils lui dit alors: 'Mon père, j'ai péché contre Dieu et contre toi, je ne suis plus digne que tu me regardes comme ton fils.' [22] Mais le père dit à ses serviteurs: 'Dépêchez-vous d'apporter la plus

belle robe et mettez-la lui; passez-lui une bague au doigt et des chaussures aux pieds. [23] Amenez le veau que nous avons engraissé et tuez-le, faisons un joyeux repas, [24] car mon fils que voici était comme mort et il est revenu à la vie, il était perdu et je l'ai retrouvé.' Et une joyeuse fête commença.

[25] "Pendant ce temps, le fils aîné de cet homme était aux champs. Lorsqu'il revint et fut près de la maison, il entendit un bruit de musique et de danses. [26] Il appela un des serviteurs et lui demanda ce que cela signifiait. [27] Le serviteur lui répondit: 'Ton frère est revenu, et ton père a fait tuer le veau que nous avons engraissé, parce qu'il a retrouvé son fils en bonne santé.' [28] Le fils aîné se mit alors en colère et refusa d'entrer dans la maison. Son père sortit pour l'inviter à entrer. [29] Mais le fils répondit à son père: 'Ecoute, il y a de nombreuses années que je te sers et je n'ai jamais désobéi à l'un de tes ordres. Pourtant, tu ne m'as jamais donné même un chevreau pour que je fasse un joyeux repas avec mes amis. [30] Mais quand ton fils que voilà revient, lui qui a dépensé entièrement ta fortune avec des prostituées, pour lui tu fais tuer le veau que nous avons engraissé!' [31] Le père lui dit: 'Mon enfant, tu es toujours avec moi, et tout ce que je possède est aussi à toi. [32] Mais nous devions faire une joyeuse fête et être heureux, car ton frère que voici était comme mort et il est revenu à la vie, il était perdu et je l'ai retrouvé!' "

Le gérant habile

16 Jésus dit à ses *disciples: "Un homme riche avait un gérant et l'on vint lui dire que ce gérant gaspillait ses biens. [2] Le maître l'appela et lui dit: 'Qu'est-ce que j'apprends à ton sujet? Rends-moi compte de la façon dont tu as exercé ta charge, car tu ne pourras plus être mon gérant.' [3] Le gérant se dit en lui-même: 'Mon maître va me retirer ma charge. Que ferai-je? Je ne suis pas assez fort pour travailler la terre et j'aurais honte de mendier. [4] Ah! je sais ce que je vais faire! Et quand j'aurai perdu ma place, des gens me recevront chez eux!' [5] Il fit alors venir un à un tous ceux qui devaient quelque chose à son maître. Il dit au premier: 'Combien dois-tu à mon maître?' [6] 'Cent tonneaux d'huile d'olive,' lui répondit-il. Le gérant lui dit: 'Voici ton compte; vite, assieds-toi et écris cinquante.' [7] Puis il dit à un autre:

'Et toi, combien dois-tu?' 'Cinq cents sacs de blé,' répondit-il. Le gérant lui dit: 'Voici ton compte; écris quatre cents.' [8] Le maître de ce gérant malhonnête le loua d'avoir agi si habilement. Car les gens de ce monde sont bien plus habiles en affaires les uns avec les autres que ceux qui appartiennent à la lumière."

[9] Jésus ajouta: "Et moi je vous dis: faites-vous des amis avec les richesses de ce monde, afin qu'au moment où elles viendront à vous manquer on vous reçoive dans les demeures éternelles. [10] Celui qui est fidèle dans les petites choses est aussi fidèle dans les grandes; celui qui est malhonnête dans les petites choses est aussi malhonnête dans les grandes. [11] Si donc vous n'avez pas été fidèles dans votre façon d'utiliser les richesses de ce monde, qui pourrait vous confier les vraies richesses? [12] Et si vous n'avez pas été fidèles en ce qui concerne le bien qui est à quelqu'un d'autre, qui vous donnera le bien qui est à vous?

[13] "Aucun serviteur ne peut servir deux maîtres; il haïra l'un et aimera l'autre; il sera fidèle à l'un et méprisera l'autre. Vous ne pouvez servir à la fois Dieu et l'argent."

Diverses déclarations de Jésus

(Voir aussi Matt. 11.12-13; 5.31-32; Marc 10.11-12)

[14] Les *Pharisiens entendaient toutes ces paroles et se moquaient de Jésus, car ils aimaient l'argent. [15] Jésus leur dit: "Vous êtes ceux qui se font passer pour justes aux yeux des hommes, mais Dieu connaît vos coeurs. Car ce que les hommes considèrent comme grand est sans valeur aux yeux de Dieu.

[16] "Le temps de la *loi de Moïse et des livres des *prophètes a duré jusqu'à l'époque de Jean-Baptiste. Depuis cette époque, la Bonne Nouvelle du *Royaume de Dieu est annoncée et chacun use de force pour entrer dans le Royaume. [17] Mais le ciel et la terre peuvent disparaître plus facilement que le plus petit détail de la loi.

[18] "Tout homme qui renvoie sa femme et se marie avec une autre commet un adultère, et celui qui se marie avec une femme renvoyée par son mari commet un adultère."

L'homme riche et Lazare

[19] "Il y avait une fois un homme riche qui s'habillait des vêtements les plus fins et les plus coûteux et qui, chaque jour, vivait dans le luxe en faisant de bons repas. [20] Un

pauvre homme, appelé Lazare, couvert de plaies, se tenait couché devant la porte de la maison du riche. [21] Il aurait bien voulu se nourrir des morceaux qui tombaient de la table du riche. De plus, même les chiens venaient lécher ses plaies. [22] Le pauvre mourut et les anges le portèrent à côté d'Abraham, dans le ciel. Le riche mourut aussi et on l'enterra. [23] Le riche souffrait beaucoup dans le lieu où sont les morts; il leva les yeux et vit de loin Abraham et Lazare à côté de lui. [24] Alors il s'écria: 'Père Abraham, aie pitié de moi et envoie Lazare pour qu'il trempe le bout de son doigt dans de l'eau et rafraîchisse ma langue, car je souffre beaucoup dans ce feu.' [25] Mais Abraham dit: 'Mon enfant, souviens-toi que tu as reçu beaucoup de biens pendant ta vie, tandis que Lazare a eu beaucoup de malheurs. Maintenant, il reçoit ici sa consolation, tandis que toi tu souffres. [26] De plus, il y a un profond abîme entre nous et vous; ainsi, ceux qui voudraient passer d'ici vers vous ne le peuvent pas et l'on ne peut pas non plus parvenir vers nous de là où tu es.' [27] Le riche dit: 'Je te prie donc, père, d'envoyer Lazare dans la maison de mon père, [28] où j'ai cinq frères. Qu'il aille les avertir, afin qu'ils ne viennent pas eux aussi dans ce lieu de souffrances.' [29] Abraham répondit: 'Tes frères ont Moïse et les *prophètes pour les avertir: qu'ils les écoutent!' [30] Le riche dit: 'Cela ne suffit pas, père Abraham. Mais si quelqu'un revient de chez les morts et va les trouver, alors ils changeront de vie.' [31] Mais Abraham lui dit: 'S'ils ne veulent pas écouter Moïse et les prophètes, ils ne se laisseront pas persuader même si l'un des morts revenait à la vie.' "

Le péché

(Voir aussi Matt. 18.6-7; 21-22; Marc 9.42)

17 Jésus dit à ses *disciples: "Il y aura toujours des faits qui entraînent les hommes à pécher. Mais malheur à celui qui en est la cause! [2] Il vaudrait mieux pour lui qu'on lui attache au cou une grosse pierre et qu'on le jette dans la mer, que s'il faisait tomber dans le péché un seul de ces petits. [3] Prenez bien garde!

"Si ton frère pèche, parle-lui sérieusement. Et s'il change de façon d'agir, pardonne-lui. [4] S'il pèche contre toi sept fois en un jour et que chaque fois il revienne te dire: 'Je le regrette,' tu lui pardonneras."

La foi

[5] Les *apôtres dirent au Seigneur: "Augmente notre foi." [6] Le Seigneur répondit: "Si vous aviez de la foi gros comme une graine de moutarde, vous pourriez dire à cet arbre, ce mûrier: 'Déracine-toi et va te planter dans la mer,' et il vous obéirait."

Le devoir du serviteur

[7] "Supposons ceci: l'un d'entre vous a un serviteur qui laboure ou qui garde les troupeaux. Lorsqu'il le voit revenir des champs, va-t-il lui dire: 'Viens vite te mettre à table'? [8] Non, mais il lui dira plutôt: 'Prépare mon repas, puis change d'habits pour me servir pendant que je mange et bois; après quoi, tu pourras manger et boire à ton tour.' [9] Il n'a pas à remercier son serviteur d'avoir fait ce qui lui était ordonné, n'est-ce pas? [10] Il en va de même pour vous: quand vous aurez fait tout ce qui vous est ordonné, dites: 'Nous sommes de simples serviteurs; nous n'avons fait que notre devoir.' "

Jésus guérit dix lépreux

[11] Comme Jésus faisait route vers Jérusalem, il passa entre la Samarie et la Galilée. [12] Il entrait dans un village quand dix *lépreux vinrent à sa rencontre. Ils se tinrent à distance

[13] et se mirent à crier: "Jésus, maître, aie pitié de nous!" [14] Jésus les vit et leur dit: "Allez vous montrer aux prêtres." Pendant qu'ils y allaient, ils furent guéris. [15] L'un d'entre eux, quand il vit qu'il était guéri, revint sur ses pas en louant Dieu à haute voix. [16] Il se jeta aux pieds de Jésus, le visage contre terre, et le remercia. Cet homme était *Samaritain. [17] Jésus dit alors: "Tous les dix ont été guéris, n'est-ce pas? Où sont les neuf autres? [18] Personne n'a-t-il pensé à revenir pour remercier Dieu, à part cet étranger?" [19] Puis Jésus lui dit: "Lève-toi; va, ta foi t'a sauvé."

La venue du Royaume

(Voir aussi Matt. 24.23-28, 37-41)

[20] Les *Pharisiens demandèrent à Jésus quand viendrait le *Royaume de Dieu. Il leur répondit: "Le Royaume de Dieu ne vient pas de telle façon qu'on puisse le voir. [21] On ne dira pas: 'Voyez, il est ici!' ou: 'Il est là!' Car, sachez-le, le Royaume de Dieu est au milieu de vous."

[22] Puis il dit aux *disciples: "Le temps viendra où vous désirerez voir l'un des jours du *Fils de l'homme, mais vous ne le verrez pas. [23] On vous dira: 'Regardez là!' ou: 'Regardez ici!' Mais n'y allez pas, n'y courez pas. [24] Comme l'éclair brille à travers le ciel et l'illumine d'une extrémité à l'autre, ainsi sera le Fils de l'homme en son jour. [25] Mais il faut d'abord qu'il souffre beaucoup et qu'il soit rejeté par les gens d'aujourd'hui. [26] Ce qui s'est passé du temps de *Noé se passera de la même façon aux jours du Fils de l'homme. [27] Les gens mangeaient et buvaient, se mariaient ou étaient donnés en mariage, jusqu'au jour où Noé entra dans l'*arche: la grande inondation vint alors et les fit tous périr. [28] Ce sera comme du temps de *Lot: les gens mangeaient et buvaient, achetaient et vendaient, plantaient et bâtissaient; [29] mais le jour où Lot quitta *Sodome, du feu et du soufre se mirent à pleuvoir du ciel et les firent tous périr. [30] Il se passera la même chose le jour où le Fils de l'homme doit apparaître.

[31] "En ce jour-là, celui qui sera sur le toit de sa maison ne devra pas descendre à l'intérieur pour prendre ses affaires qui s'y trouvent; de même, celui qui sera dans les champs ne devra pas retourner dans sa maison. [32] Rappelez-vous la femme de Lot! [33] Celui qui cherchera à sauver sa vie la perdra; mais celui qui perdra sa vie la conservera. [34] Je vous

le déclare, en cette nuit-là deux personnes seront dans un même lit: l'une sera emmenée et l'autre laissée. [35] Deux femmes moudront du grain ensemble: l'une sera emmenée et l'autre laissée. [[36] Deux hommes seront dans un champ: l'un sera emmené et l'autre laissé.]" [37] Les disciples lui demandèrent: "Où cela se passera-t-il, Seigneur?" Et il répondit: "Où sera le cadavre, là aussi se rassembleront les vautours."

La parabole de la veuve et du juge

18 Jésus leur dit ensuite cette *parabole pour leur montrer qu'ils devaient toujours prier et ne jamais se décourager: [2] "Il y avait dans une ville un juge qui ne craignait pas Dieu et ne respectait personne. [3] Il y avait aussi dans cette ville une veuve qui venait fréquemment le trouver pour obtenir justice: 'Rends-moi justice contre mon adversaire,' disait-elle. [4] Pendant longtemps, le juge ne le voulut pas, puis il se dit: 'Bien sûr, je ne crains pas Dieu et je ne respecte personne; [5] mais comme cette veuve me fatigue, je vais faire reconnaître ses droits, sinon elle continuera à venir et finira par user complètement ma patience.' " [6] Et le Seigneur ajouta: "Ecoutez ce que dit ce mauvais juge! [7] Et Dieu ne ferait-il pas justice à ceux qu'il a choisis, qui crient à lui jour et nuit? Tardera-t-il à les aider? [8] Je vous le déclare: il leur fera justice rapidement. Mais quand le *Fils de l'homme viendra, trouvera-t-il la foi sur la terre?"

La parabole du Pharisien et du collecteur d'impôts

[9] Jésus dit cette *parabole pour certains qui se croyaient justes devant Dieu et méprisaient les autres: [10] "Deux hommes montèrent au temple pour prier; l'un était *Pharisien, l'autre *collecteur d'impôts. [11] Le Pharisien se tenait à part et priait ainsi: 'O Dieu, je te remercie de ce que je ne suis pas comme le reste des hommes, qui sont voleurs, mauvais et adultères; je te remercie de ce que je ne suis pas comme ce collecteur d'impôts. [12] Je jeûne deux jours par semaine et je te donne la dixième partie de tout ce que je gagne.' [13] Le collecteur d'impôts, lui, se tenait à distance et n'osait pas même lever les yeux vers le ciel, mais il se frappait la poitrine et disait: 'O Dieu, aie pitié de moi, qui suis un pécheur.' [14] Je vous le dis," ajouta Jésus, "cet homme

était en règle avec Dieu quand il retourna chez lui, mais pas le Pharisien. Car tout homme qui s'élève sera abaissé, et celui qui s'abaisse sera élevé."

Jésus bénit des petits enfants

(Voir aussi Matt. 19.13-15; Marc 10.13-16)

[15] Des gens amenèrent à Jésus même des bébés pour qu'il les touche. Les *disciples les virent et leur firent des reproches. [16] Mais Jésus fit approcher les enfants et dit: "Laissez les enfants venir à moi! Ne les en empêchez pas, car le *Royaume de Dieu appartient à ceux qui sont comme eux. [17] Je vous le déclare, c'est la vérité: celui qui n'accepte pas le Royaume de Dieu comme un enfant ne pourra jamais y entrer."

L'homme riche

(Voir aussi Matt. 19.16-30; Marc 10.17-31)

[18] Un chef juif demanda à Jésus: "Bon maître, que dois-je faire pour recevoir la vie éternelle?" [19] Jésus lui dit: "Pourquoi m'appelles-tu bon? Personne n'est bon si ce n'est Dieu seul. [20] Tu connais les commandements: 'Ne commets pas d'adultère; ne tue pas; ne vole pas; ne dis pas de mensonge contre quelqu'un; respecte ton père et ta mère.' " [21] L'homme répondit: "J'ai obéi à tous ces commandements depuis ma jeunesse." [22] Après avoir entendu cela, Jésus lui dit: "Il te manque encore une chose: vends tout ce que tu as et distribue l'argent aux pauvres, alors tu auras des richesses dans les cieux; puis viens et suis-moi." [23] Mais quand l'homme entendit ces mots, il devint tout triste, car il était très riche. [24] Jésus vit qu'il était triste et dit: "Qu'il est difficile aux riches d'entrer dans le *Royaume de Dieu! [25] Il est difficile à un chameau de passer par le trou d'une aiguille, mais il est encore plus difficile à un homme riche d'entrer dans le Royaume de Dieu." [26] Ceux qui l'écoutaient dirent: "Mais alors qui peut être sauvé?" [27] Jésus répondit: "Ce qui est impossible aux hommes est possible à Dieu." [28] Pierre dit alors: "Ecoute, nous avons quitté ce que nous avions pour te suivre." [29] Jésus leur dit: "Je vous le déclare, c'est la vérité: si quelqu'un quitte sa maison, ou sa femme, ses frères, ses parents, ses enfants, pour le Royaume de Dieu, [30] il recevra beaucoup plus dans le temps présent et il recevra la vie éternelle dans le temps qui viendra ensuite."

Jésus annonce une troisième fois sa mort et sa *résurrection

(Voir aussi Matt. 20.17-19; Marc 10.32-34)

[31] Jésus prit les douze *disciples avec lui et leur dit: "Ecoutez, nous allons à Jérusalem où s'accomplira tout ce que les *prophètes ont écrit au sujet du *Fils de l'homme. [32] On le livrera aux païens, qui se moqueront de lui, l'insulteront et cracheront sur lui. [33] Ils le frapperont à coups de fouet et le mettront à mort. Et le troisième jour il reviendra à la vie." [34] Mais les disciples ne comprirent rien à cela; le sens de ces paroles leur était caché et ils ne savaient pas de quoi Jésus parlait.

Jésus guérit un aveugle

(Voir aussi Matt. 20.29-34; Marc 10.46-52)

[35] Comme Jésus approchait de Jéricho, un aveugle était assis au bord du chemin et mendiait. [36] Il entendit la foule passer et demanda ce que c'était. [37] On lui apprit que Jésus de Nazareth passait par là. [38] Alors il s'écria: "Jésus, *Fils de David, aie pitié de moi!" [39] Ceux qui marchaient en avant lui faisaient des reproches et lui disaient de se taire, mais il criait encore plus fort: "Fils de David, aie pitié de moi!" [40] Jésus s'arrêta et ordonna qu'on le lui amène. Quand l'aveugle se fut approché, Jésus lui demanda: [41] "Que veux-tu que je fasse pour toi?" Il répondit: "Maître, fais que je voie de nouveau." [42] Et Jésus lui dit: "Vois! Ta foi t'a guéri." [43] Aussitôt, il put voir, et il suivait Jésus en louant Dieu. Toute la foule vit cela et se mit aussi à louer Dieu.

Jésus et Zachée

19 Jésus, après être entré dans Jéricho, traversait la ville. [2] Il y avait là un homme appelé Zachée, chef des *collecteurs d'impôts, qui était riche. [3] Il cherchait à voir qui était Jésus, mais comme il était de petite taille, il ne pouvait le voir à cause de la foule. [4] Il courut alors en avant et grimpa sur un arbre, un sycomore, pour voir Jésus qui devait passer par là. [5] Quand Jésus arriva à cet endroit, il leva les yeux et dit à Zachée: "Dépêche-toi de descendre, Zachée, car il faut que je loge chez toi aujourd'hui." [6] Zachée se dépêcha de descendre et le reçut avec joie. [7] Tous ceux qui virent cela s'indignaient et disaient: "Cet homme est allé loger chez un pécheur!" [8] Zachée se leva et dit au

Seigneur: "Ecoute, Maître, je vais donner la moitié de mes biens aux pauvres, et si j'ai pris de l'argent à quelqu'un en le trompant, je vais lui rendre quatre fois autant." [9] Jésus lui dit: "Le salut est entré aujourd'hui dans cette maison, parce que cet homme est aussi un descendant d'Abraham. [10] Car le *Fils de l'homme est venu chercher et sauver ce qui était perdu."

La parabole des pièces d'or

(Voir aussi Matt. 25.14-30)

[11] Jésus dit encore une *parabole pour ceux qui venaient d'entendre ces paroles. Comme il était près de Jérusalem, on pensait en effet que le *Royaume de Dieu allait paraître immédiatement. [12] Voici donc ce qu'il dit: "Un homme de noble famille se rendit dans un pays éloigné pour y être nommé roi; il devait revenir ensuite. [13] Avant de partir, il appela ses dix serviteurs, leur remit à chacun une pièce d'or et leur dit: 'Faites du commerce avec cet argent jusqu'à ce que je revienne.' [14] Mais les gens de son pays le haïssaient; ils envoyèrent des messagers à sa suite pour dire: 'Nous ne voulons pas avoir cet homme comme roi.'

[15] "Il fut nommé roi et revint dans son pays. Il fit alors appeler les serviteurs auxquels il avait remis l'argent, pour savoir ce qu'ils avaient gagné. [16] Le premier se présenta et dit: 'Maître, j'ai gagné dix pièces d'or avec celle que tu m'as donnée.' [17] Le roi lui dit: 'C'est bien, bon serviteur; puisque tu as été fidèle dans de petites choses, je te nomme gouverneur de dix villes.' [18] Le deuxième serviteur vint et dit: 'Maître, j'ai gagné cinq pièces d'or avec celle que tu m'as donnée.' [19] Le roi dit à celui-là: 'Toi, je te nomme gouverneur de cinq villes.' [20] Un autre serviteur vint et dit: 'Maître, voici ta pièce d'or; je l'ai gardée cachée dans un mouchoir. [21] J'avais peur de toi, car tu est un homme dur: tu prends ce que tu n'as pas déposé, tu moissonnes ce que tu n'as pas semé.' [22] Le roi lui dit: 'Mauvais serviteur, je vais te juger sur tes propres paroles. Tu savais que je suis un homme dur, que je prends ce que je n'ai pas déposé et moissonne ce que je n'ai pas semé. [23] Alors, pourquoi n'as-tu pas placé mon argent dans une banque? A mon retour, j'aurais pu le retirer avec l'intérêt.' [24] Puis il dit à ceux qui étaient là: 'Enlevez-lui cette pièce d'or et donnez-la à celui qui a dix pièces.' [[25] Ils lui dirent: 'Maître, il a déjà dix

pièces!'] [26] 'Je vous le dis,' répondit-il, 'à celui qui a l'on donnera davantage; tandis qu'à celui qui n'a rien on enlèvera même le peu qu'il a. [27] Quant à mes ennemis qui n'ont pas voulu m'avoir comme roi, amenez-les ici et tuez-les devant moi.' "

Jésus entre à Jérusalem

(Voir aussi Matt. 21.1-11; Marc 11.1-11; Jean 12.12-19)

[28] Après avoir ainsi parlé, Jésus partit devant eux pour se rendre à Jérusalem. [29] Lorsqu'il approcha de Bethphagé et de Béthanie, près de la colline appelée mont des Oliviers, il envoya en avant deux *disciples: [30] "Allez au village qui est en face," leur dit-il. "Quand vous y serez arrivés, vous trouverez un petit âne attaché, sur lequel personne ne s'est jamais assis. Détachez-le et amenez-le ici. [31] Et si quelqu'un vous demande: 'Pourquoi le détachez-vous?', dites-lui: 'Le Seigneur en a besoin.' " [32] Les envoyés partirent et trouvèrent

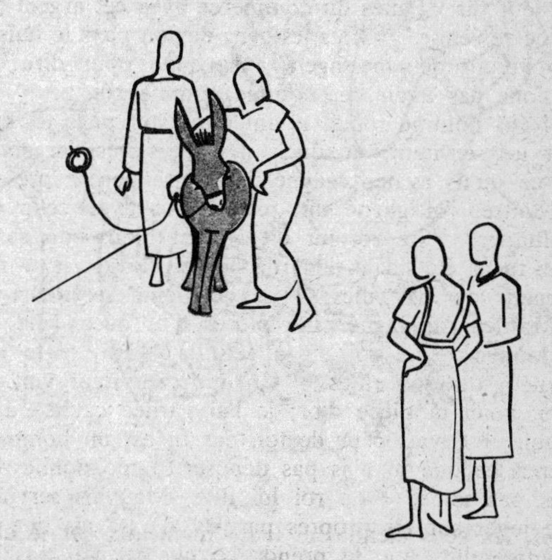

tout comme Jésus le leur avait dit. [33] Pendant qu'ils détachaient l'ânon, ses propriétaires leur dirent: "Pourquoi détachez-vous cet ânon?" [34] Ils répondirent: "Le Seigneur en a besoin." [35] Puis ils amenèrent l'ânon à Jésus; ils jetèrent leurs manteaux sur l'animal et y firent monter Jésus. [36] Tandis qu'il

avançait, les gens étendaient leurs manteaux sur le chemin. [37] Comme il approchait de Jérusalem, par le chemin qui descend du mont des Oliviers, toute la foule des disciples, pleine de joie, se mit à louer Dieu d'une voix forte pour tous les miracles qu'ils avaient vus. [38] Ils disaient: "Que Dieu bénisse le roi qui vient au nom du Seigneur! Paix dans le ciel et gloire à Dieu!"

[39] Quelques *Pharisiens, qui se trouvaient dans la foule, dirent à Jésus: "Maître, ordonne à tes disciples de se taire." [40] Jésus répondit: "Je vous le déclare, s'ils se taisent, les pierres crieront!"

Jésus pleure sur Jérusalem

[41] Quand Jésus fut près de la ville et qu'il la vit, il pleura sur elle, [42] en disant: "Si seulement tu comprenais toi aussi, en ce jour, ce qui peut te donner la paix! Mais maintenant, cela t'est caché, tu ne peux pas le voir! [43] Car des jours vont venir pour toi où tes ennemis t'entoureront d'ouvrages fortifiés, t'assiégeront et te presseront de tous côtés. [44] Ils te détruiront complètement toi et ta population; ils ne te laisseront pas une seule pierre posée sur une autre, parce que tu n'as pas reconnu le temps où Dieu est venu te secourir!"

Jésus dans le temple

(Voir aussi Matt. 21.12-17; Marc 11.15-19; Jean 2.13-22)

[45] Jésus entra dans le temple et se mit à en chasser les marchands, [46] en leur disant: "Les Ecritures déclarent: 'Ma maison sera une maison de prière.' Mais vous, vous en avez fait une caverne de voleurs!"

[47] Jésus enseignait tous les jours dans le temple. Les chefs des prêtres, les *maîtres de la loi et les personnages importants du peuple cherchaient à le faire mourir. [48] Mais ils ne savaient comment y parvenir, car tout le peuple l'écoutait avec une grande attention.

D'où vient l'autorité de Jésus?

(Voir aussi Matt. 21.23-27; Marc 11.27-33)

20 Un jour, comme Jésus enseignait le peuple dans le temple et annonçait la Bonne Nouvelle, les chefs des prêtres et les *maîtres de la loi survinrent avec les *anciens [2] et lui dirent: "Dis-nous de quel droit tu fais ces choses, qui t'a donné le droit de les faire?" [3] Jésus leur répondit: "Je vais vous poser une question, moi aussi. Dites-moi: [4] qui a envoyé Jean baptiser, Dieu ou les hommes?" [5] Mais ils se mirent à discuter entre eux et se dirent: "Si nous répondons: 'c'est Dieu qui l'a envoyé,' il nous demandera: 'Pourquoi n'avez-vous pas cru Jean?' [6] Mais si nous disons: 'ce sont les hommes qui l'ont envoyé,' le peuple tout entier nous jettera des pierres pour nous tuer, car il est persuadé que Jean a été un *prophète." [7] Ils répondirent alors:

"Nous ne savons pas qui l'a envoyé baptiser." [8] Et Jésus leur dit: "Eh bien! moi non plus, je ne vous dirai pas de quel droit je fais ces choses."

La parabole des méchants vignerons

(Voir aussi Matt. 21.33-46; Marc 12.1-12)

[9] Ensuite, Jésus se mit à dire au peuple cette *parabole: "Un homme planta une vigne, la loua à des ouvriers vignerons et partit en voyage pour longtemps. [10] Quand vint le moment de la récolte du raisin, il envoya un serviteur vers les ouvriers vignerons pour recevoir d'eux sa part de la récolte. Mais les vignerons battirent le serviteur et le renvoyèrent sans rien lui donner. [11] Le propriétaire envoya encore un autre serviteur, mais les vignerons le battirent aussi, l'insultèrent et le renvoyèrent sans rien lui donner. [12] Il envoya encore un troisième serviteur; celui-là, ils le blessèrent aussi et le jetèrent dehors. [13] Le propriétaire de la vigne dit alors: 'Que faire? Je vais envoyer mon fils bien-aimé; ils auront probablement du respect pour lui.' [14] Mais quand les vignerons le virent, ils se dirent les uns aux autres: 'Voilà celui qui deviendra propriétaire plus tard. Tuons-le, pour que la vigne soit à nous.' [15] Et ils le jetèrent hors de la vigne et le tuèrent.

"Que leur fera donc le propriétaire de la vigne?" demanda Jésus. [16] "Il viendra, il tuera ces vignerons et remettra la vigne à d'autres hommes." Quand le peuple entendit ces mots, ils dirent: "Cela n'arrivera certainement pas!" [17] Mais Jésus les regarda et dit: "Que signifie cette parole de l'Ecriture?

'C'est la pierre que les bâtisseurs avaient rejetée
Qui est devenue la pierre principale.'

[18] Tout homme qui tombera sur cette pierre s'y brisera; et si la pierre tombe sur quelqu'un, elle le réduira en poussière."

L'impôt payé à l'empereur

(Voir aussi Matt. 22.15-22; Marc 12.13-17)

[19] Les *maîtres de la loi et les chefs des prêtres cherchèrent à arrêter Jésus à ce moment même, car ils savaient qu'il avait dit cette *parabole contre eux; mais ils eurent peur du peuple. [20] Ils se mirent alors à surveiller Jésus et lui envoyèrent des espions: ceux-ci faisaient semblant d'être des hommes honorables pour prendre Jésus au piège par une question.

Ils voulaient fournir ainsi une occasion de le livrer au pouvoir et à l'autorité du gouverneur. [21] Ils lui posèrent cette question: "Maître, nous savons que ce que tu dis et enseignes est juste; tu ne fais pas attention à l'importance que semble avoir un homme, mais tu enseignes la vérité sur la manière de vivre que Dieu demande. [22] Dis-nous, notre loi permet-elle ou non de payer des impôts à l'empereur romain?" [23] Mais Jésus se rendit compte de leur ruse et leur dit: [24] "Montrez-moi une pièce d'argent. A qui appartiennent le visage et le nom gravés sur cette pièce?" "A l'empereur," répondirent-ils. [25] Alors Jésus leur dit: "Et bien! payez à l'empereur ce qui lui appartient, et payez à Dieu ce qui lui appartient." [26] Ils ne purent le prendre en faute pour ce qu'il disait devant le peuple. Au contraire, sa réponse les remplit d'étonnement et ils gardèrent le silence.

Une question sur la *résurrection des morts

(Voir aussi Matt. 22.23-33; Marc 12.18-27)

[27] Quelques *Sadducéens vinrent auprès de Jésus. (Ce sont eux qui affirment que les morts ne reviendront pas à la vie.) Ils l'interrogèrent [28] de la façon suivante: "Maître, Moïse nous a donné ce commandement écrit: 'Si un homme, qui a un frère, meurt et laisse une femme sans enfants, il faut que son frère épouse la veuve et qu'il ait des enfants avec elle pour son frère mort.' [29] Or, il y avait une fois sept frères. Le premier se maria et mourut sans laisser d'enfants. [30] Le deuxième épousa la veuve, [31] puis le troisième. Il en fut de même pour tous les sept, qui moururent sans laisser d'enfants. [32] Finalement, la femme mourut aussi. [33] Au jour où les morts reviendront à la vie, de qui sera-t-elle donc la femme? Car tous les sept l'ont eue comme épouse!"

[34] Jésus leur répondit: "Les hommes et les femmes de ce monde se marient; [35] mais les hommes et les femmes qui sont jugés dignes de revenir de la mort à la vie et de vivre dans le monde à venir ne se marient pas. [36] Ils ne peuvent plus mourir, ils sont pareils aux anges. Ils sont fils de Dieu, car ils sont revenus à la vie. [37] Moïse indique clairement que les morts reviendront à la vie. Dans le passage qui parle du buisson d'épines, il appelle le Seigneur 'le Dieu d'Abraham, le Dieu d'Isaac et le Dieu de Jacob.' [38] Dieu est le Dieu d'hommes vivants, et non de morts; car tous sont vivants pour lui." [39] Quelques *maîtres de la loi prirent alors la parole et

dirent: “Tu as bien parlé, maître.” [40] Car ils n’osaient plus lui poser d’autres questions.

Le Messie et David

(Voir aussi Matt. 22.41-46; Marc 12.35-37)

[41] Jésus leur dit: “Comment peut-on dire que le *Messie est descendant de David? [42] Car David déclare lui-même dans le livre des Psaumes:

'Le Seigneur a dit à mon Seigneur:
Assieds-toi à ma droite,
[43] Jusqu’à ce que je mette tes ennemis
Comme un escabeau sous tes pieds.'

[44] David donc l’appelle 'Seigneur': comment le Messie peut-il être aussi le descendant de David?”

Jésus met en garde contre les maîtres de la loi

(Voir aussi Matt. 23.1-36; Marc 12.38-40)

[45] Comme toute la foule l’écoutait, Jésus dit à ses *disciples: [46] “Gardez-vous des *maîtres de la loi qui se plaisent à se promener en longues robes et qui aiment à recevoir des salutations respectueuses sur les places publiques; ils choisissent les sièges les plus en vue dans les *synagogues et les meilleures places dans les grands repas. [47] Ils prennent aux veuves tout ce qu’elles possèdent et, en même temps, font de longues prières pour paraître bons. Ils recevront une punition d’autant plus grande!”

Le don offert par une pauvre veuve

(Voir aussi Marc 12.41-44)

21 Jésus regarda autour de lui et vit des riches qui déposaient leurs dons dans les troncs à offrandes du

temple. [2] Il vit aussi une pauvre veuve qui y mettait deux petites pièces de cuivre. [3] Il dit alors: “Je vous le déclare, c'est la vérité: cette pauvre veuve a mis plus que tous les autres. [4] Car tous les autres ont donné comme offrande de l'argent dont ils n'avaient pas besoin; mais elle, dans sa pauvreté, a mis tout ce qu'elle avait pour vivre.”

Jésus annonce la destruction du temple

(Voir aussi Matt. 24.1-2; Marc 13.1-2)

[5] Quelques personnes parlaient du temple et disaient qu'il était magnifique avec ses belles pierres et les objets offerts à Dieu. Alors Jésus déclara: [6] “Les jours viendront où il ne restera pas une seule pierre posée sur une autre de ce que vous voyez là; tout sera renversé.”

Les malheurs qui arriveront avant la fin du monde

(Voir aussi Matt. 24.3-14; Marc 13.3-13)

[7] Ils lui demandèrent: “Maître, quand cela se passera-t-il? Quel sera le signe qui indiquera le moment où ces choses doivent arriver?”

[8] Jésus dit: “ Faites attention, ne vous laissez pas tromper. Car beaucoup d'hommes viendront sous mon nom et diront: ‘Je suis le *Messie!’ et: ‘Le temps est arrivé!’ Mais ne les suivez pas. [9] Quand vous entendrez parler de guerres et de révolutions, ne vous effrayez pas; il faut que cela arrive d'abord, mais ce ne sera pas tout de suite la fin du monde.” [10] Puis il ajouta: “Un peuple combattra contre un autre peuple, et un royaume attaquera un autre royaume; [11] il y aura de terribles tremblements de terre et, dans différentes régions, des famines et des épidémies; il y aura aussi des phénomènes effrayants et de grands signes venant du ciel.

[12] “Mais avant tout cela, on vous arrêtera, on vous persécutera, on vous livrera pour être jugés dans les *synagogues et l'on vous mettra en prison; on vous fera comparaître devant des rois et des dirigeants à cause de moi. [13] Ce sera pour vous l'occasion d'apporter votre témoignage à mon sujet. [14] Prenez donc la décision de ne pas vous inquiéter par avance de la manière dont vous vous défendrez, [15] car je vous donnerai moi-même des paroles et une sagesse telles qu'aucun de vos adversaires ne pourra leur résister ou les contredire. [16] Vous serez livrés même par vos père et mère, vos frères, vos parents et vos amis; on mettra à mort plusieurs

d'entre vous. [17] Tout le monde vous haïra à cause de moi. [18] Mais pas un cheveu de votre tête ne sera perdu. [19] Tenez bon: c'est ainsi que vous sauverez vos vies."

Jésus annonce la destruction de Jérusalem

(Voir aussi Matt. 24.15-21; Marc 13.14-19)

[20] "Quand vous verrez Jérusalem encerclée par des armées, vous saurez, à ce moment-là, qu'elle sera bientôt détruite. [21] Alors, ceux qui seront en Judée devront s'enfuir vers les montagnes; ceux qui seront à l'intérieur de Jérusalem devront s'éloigner, et ceux qui seront dans les campagnes ne devront pas entrer dans la ville. [22] Car ce seront des jours de punition, afin que se réalise tout ce que déclarent les Ecritures. [23] Quel malheur ce sera, en ces jours-là, pour les femmes enceintes et pour celles qui allaiteront! Car il y aura une grande détresse dans ce pays et la colère de Dieu se manifestera contre ce peuple. [24] Ils seront tués par l'épée, ils seront emmenés prisonniers parmi toutes les nations, et les païens piétineront Jérusalem jusqu'à ce que leur temps soit achevé."

La venue du Fils de l'homme

(Voir aussi Matt. 24.29-31; Marc 13.24-27)

[25] "Il y aura des signes dans le soleil, dans la lune et dans les étoiles. Sur la terre, les nations seront dans l'angoisse, rendues inquiètes par le bruit violent de la mer et des vagues. [26] Des hommes mourront de frayeur en pensant à ce qui devra survenir sur toute la terre, car les puissances des cieux trembleront. [27] Alors on verra le *Fils de l'homme arriver sur un nuage, avec beaucoup de puissance et de gloire. [28] Quand ces événements commenceront à arriver, redressez-vous et relevez la tête, car votre délivrance sera proche."

L'enseignement donné par le figuier

(Voir aussi Matt. 24.32-35; Marc 13.28-31)

[29] Puis Jésus leur dit cette *parabole: "Regardez le figuier et tous les autres arbres: [30] quand vous voyez leurs feuilles commencer à pousser, vous savez que la bonne saison est proche. [31] De même, quand vous verrez ces événements arriver, sachez que le *Royaume de Dieu est proche. [32] Je vous le déclare, c'est la vérité: les gens actuellement vivants ne

seront pas tous morts avant que tout cela arrive. [33] Le ciel et la terre disparaîtront, mais mes paroles ne disparaîtront jamais."

La nécessité de veiller

[34] "Prenez garde! Ne laissez pas votre esprit s'alourdir dans les fêtes et l'ivrognerie, ainsi que dans les soucis de cette vie, sinon ce Jour-là vous surprendra tout à coup. [35] Car il s'abattra comme un filet sur tous les habitants de la terre entière. [36] Ne vous endormez pas, priez en tout temps, afin que vous ayez la force d'échapper à tout ce qui doit arriver et de vous présenter debout devant le *Fils de l'homme."

[37] Pendant le jour, Jésus enseignait dans le temple; mais, le soir, il s'en allait pour passer la nuit sur la colline appelée mont des Oliviers. [38] Et tout le peuple venait au temple tôt le matin pour l'écouter.

Les chefs complotent contre Jésus
(Voir aussi Matt. 26.1-5; Marc 14.1-2; Jean 11.45-53)

22 La fête des *pains sans levain, appelée la *Pâque, approchait. [2] Les chefs des prêtres et les *maîtres de la loi cherchaient un moyen de mettre à mort Jésus, car ils avaient peur du peuple.

Judas est prêt à livrer Jésus aux chefs
(Voir aussi Matt. 26.14-16; Marc 14.10-11)

[3] Alors Satan entra dans Judas, appelé Iscariote, qui était l'un des douze *disciples. [4] Judas alla parler avec les chefs des prêtres et les chefs des gardes du temple de la façon dont il pourrait leur livrer Jésus. [5] Ils en furent très contents et promirent de lui donner de l'argent. [6] Judas accepta et se mit à chercher une occasion favorable pour leur livrer Jésus sans que la foule le sache.

Jésus fait préparer le repas de la Pâque
(Voir aussi Matt. 26.17-25; Marc 14.12-21; Jean 13.21-30)

[7] Le jour arriva, pendant la fête des *pains sans levain, où l'on devait sacrifier les agneaux pour le repas de la *Pâque. [8] Jésus envoya alors Pierre et Jean en disant: "Allez nous préparer le repas de la Pâque." [9] Ils lui demandèrent: "Où veux-tu que nous le préparions?" [10] Il leur dit: "Ecoutez: au moment où vous entrerez dans la ville, vous ren-

contrerez un homme qui porte une cruche d'eau. Suivez-le dans la maison où il entrera [11] et dites au propriétaire de la maison: 'Le Maître te demande: Où est la chambre où je mangerai, avec mes *disciples, le repas de la Pâque?' [12] Et il vous montrera, en haut de la maison, une grande chambre avec les meubles nécessaires. C'est là que vous préparerez le repas." [13] Ils s'en allèrent, trouvèrent tout comme Jésus le leur avait dit et préparèrent le repas de la Pâque.

La sainte cène

(Voir aussi Matt. 26.26-30; Marc 14.22-26; 1 Cor. 11.23-25)

[14] Quand l'heure fut venue, Jésus se mit à table avec les *apôtres. [15] Il leur dit: "Combien j'ai désiré prendre ce repas de la *Pâque avec vous avant de souffrir! [16] Car, je vous le déclare, je ne le prendrai plus jamais jusqu'à ce que son sens soit pleinement réalisé dans le *Royaume de Dieu." [17] Il prit alors une coupe, remercia Dieu et dit: "Prenez ceci et partagez-le entre vous; [18] car, je vous le déclare, dès maintenant je ne boirai plus de vin jusqu'à ce que vienne le Royaume de Dieu." [19] Puis il prit du pain et, après avoir remercié Dieu, il le rompit et le leur donna en disant: "Ceci est mon corps [qui est donné pour vous. Faites ceci en souvenir de moi." [20] Il leur donna de même la coupe, après le repas, en disant: "Cette coupe est la nouvelle *alliance de Dieu, confirmée par mon sang qui est versé pour vous.]

[21] "Mais regardez: celui qui me trahit est ici, à table avec moi! [22] Certes, le *Fils de l'homme va mourir comme Dieu l'a décidé; mais quel malheur pour l'homme qui le trahit!" [23] Ils se mirent alors à se demander les uns aux autres qui était celui d'entre eux qui allait faire cela.

Qui est le plus grand?

[24] Les *disciples se mirent à discuter vivement pour savoir lequel d'entre eux devait être considéré comme le plus grand. [25] Jésus dit: "Les rois des nations leur commandent et ceux qui exercent le pouvoir sur elles se font appeler 'Bienfaiteurs'. [26] Mais il n'en va pas ainsi pour vous. Au contraire, le plus grand parmi vous doit être comme le plus jeune, et celui qui commande doit être comme celui qui sert. [27] Car qui est le plus grand, celui qui est à table ou celui qui sert? Celui qui est à table, n'est-ce pas? Eh bien! moi je suis parmi vous comme celui qui sert!

[28] "Vous êtes demeurés continuellement avec moi dans mes épreuves; [29] et de même que le Père a disposé du *Royaume en ma faveur, de même j'en dispose pour vous: [30] vous mangerez et boirez à ma table dans mon Royaume, et vous serez assis sur des trônes pour juger les douze tribus d'Israël."

Jésus annonce que Pierre le reniera

(Voir aussi Matt. 26.31-35; Marc 14.27-31; Jean 13.36-38)

[31] "Simon, Simon! Ecoute: Satan a demandé de pouvoir vous secouer comme on secoue le grain pour le séparer de la paille. [32] Mais j'ai prié pour toi, afin que la foi ne vienne pas à te manquer. Et quand tu seras revenu à moi, fortifie tes frères." [33] Pierre lui dit: "Seigneur, je suis prêt à aller en prison avec toi et à mourir avec toi." [34] Jésus lui répondit: "Je te le déclare, Pierre, le coq ne chantera pas aujourd'hui avant que tu aies affirmé trois fois que tu ne me connais pas."

La bourse, le sac et l'épée

[35] Puis Jésus leur dit: "Quand je vous ai envoyés sans bourse, ni sac, ni chaussures, avez-vous manqué de quelque chose?" "De rien," répondirent-ils. [36] Et il leur dit: "Mais maintenant, celui qui a une bourse doit la prendre, de même celui qui a un sac; et celui qui n'a pas d'épée doit vendre son manteau pour en acheter une. [37] Car, je vous le déclare, il faut que s'accomplisse en ma personne cette parole de l'Ecriture: 'Il a été compté parmi les malfaiteurs.' En effet, ce qui a été écrit à mon sujet va s'accomplir." [38] Les *disciples dirent: "Seigneur, voici deux épées." "C'est assez," répondit-il.

Jésus prie au mont des Oliviers

(Voir aussi Matt. 26.36-46; Marc 14.32-42)

[39] Jésus sortit et se rendit, selon son habitude, au mont des Oliviers. Ses *disciples le suivirent. [40] Quand il fut arrivé à cet endroit, il leur dit: "Priez afin de ne pas tomber dans la tentation." [41] Puis il s'éloigna d'eux à la distance d'un jet de pierre environ, se mit à genoux et pria [42] en ces mots: "Père, si tu le veux, éloigne de moi cette coupe de douleur. Toutefois, que ce ne soit pas ma volonté qui se fasse, mais la tienne." [[43] Alors un ange du ciel lui apparut pour le fortifier. [44] Saisi d'angoisse, Jésus priait avec encore plus

d'ardeur. Sa sueur devint comme des gouttes de sang qui tombaient à terre.]

[45] Après avoir prié, il se leva, revint vers les disciples et les trouva endormis de tristesse. [46] Il leur dit: "Pourquoi dormez-vous? Levez-vous et priez, afin que vous ne tombiez pas dans la tentation."

L'arrestation de Jésus

(Voir aussi Matt. 26.47-56; Marc 14.43-50; Jean 18.3-11)

[47] Il parlait encore quand une foule apparut. Judas, l'un des douze *disciples, la menait; il s'approcha de Jésus pour l'embrasser. [48] Mais Jésus lui dit: "Judas, est-ce en l'embrassant que tu trahis le *Fils de l'homme?" [49] Quand les compagnons de Jésus virent ce qui allait arriver, ils lui demandèrent: "Seigneur, devons-nous frapper avec nos épées?" [50] Et l'un d'eux frappa le serviteur du *grand-prêtre et lui coupa l'oreille droite. [51] Mais Jésus dit: "Laissez, cela suffit." Il toucha l'oreille de cet homme et le guérit.

[52] Puis Jésus dit aux chefs des prêtres, aux chefs des gardes du temple et aux *anciens qui étaient venus le prendre: "Deviez-vous venir avec des épées et des bâtons, comme si j'étais un brigand? [53] Tous les jours j'étais avec vous dans le temple et vous n'avez pas cherché à m'arrêter. Mais cette heure est à vous et à la puissance de l'obscurité."

Pierre renie Jésus

(Voir aussi Matt. 26.57-58, 69-75; Marc 14.53-54, 66-72; Jean 18.12-18, 25-27)

[54] Ils saisirent Jésus, l'emmenèrent et le conduisirent dans la maison du *grand-prêtre. Pierre suivait de loin. [55] On avait fait du feu au milieu de la cour et Pierre prit place parmi

ceux qui étaient assis autour. [56] Une servante le vit assis près du feu; elle le fixa du regard et dit: "Cet homme aussi était avec lui!" [57] Mais Pierre le nia en ces mots: "Femme, je ne le connais pas." [58] Peu après, quelqu'un d'autre le vit et dit: "Toi aussi, tu es l'un d'eux!" Mais Pierre répondit à cet homme: "Non, je n'en suis pas." [59] Environ une heure plus tard, un autre encore affirma avec force: "Certainement, cet homme était avec lui, car il est de Galilée." [60] Mais Pierre répondit: "Je ne sais ce que tu veux dire, toi." A ce moment même, comme il parlait encore, un coq chanta. [61] Le Seigneur se retourna et regarda fixement Pierre. Alors Pierre se souvint de ce que le Seigneur lui avait dit: "Avant que le coq chante aujourd'hui, tu auras affirmé trois fois que tu ne me connais pas." [62] Pierre sortit et pleura amèrement.

Jésus insulté et battu

(Voir aussi Matt. 26.67-68; Marc 14.65)

[63] Les hommes qui gardaient Jésus se moquaient de lui et le frappaient. [64] Ils lui couvraient le visage et lui demandaient: "Qui t'a frappé? Devine!" [65] Et ils lui adressaient beaucoup d'autres paroles insultantes.

Jésus devant le Conseil supérieur

(Voir aussi Matt. 26.59-66; Marc 14.55-64; Jean 18.19-24)

[66] Quand il fit jour, les *anciens du peuple juif, les chefs des prêtres et les *maîtres de la loi s'assemblèrent. Ils firent amener Jésus devant leur *Conseil supérieur [67] et lui demandèrent: "Es-tu le *Messie? Dis-le nous." Il leur répondit: "Si je vous le dis, vous ne me croirez pas, [68] et si je vous pose une question, vous ne me répondrez pas. [69] Mais dès maintenant le *Fils de l'homme sera assis à la droite du Dieu puissant." [70] Tous dirent alors: "Tu es donc le Fils de Dieu?" Il leur répondit: "Vous le dites: je le suis." [71] Alors ils dirent: "Nous n'avons plus besoin de témoins! Nous avons nous-mêmes entendu ses propres paroles!"

Jésus devant Pilate

(Voir aussi Matt. 27.1-2, 11-14; Marc 15.1-5; Jean 18.28-38)

23 L'assemblée entière se leva et ils amenèrent Jésus devant *Pilate. [2] Là, ils se mirent à l'accuser en disant: "Nous avons trouvé cet homme en train d'égarer notre

peuple: il leur dit de ne pas payer les impôts à l'empereur et prétend qu'il est lui-même Christ, un roi." [3] Pilate l'interrogea en ces mots: "Es-tu le roi des Juifs?" Jésus lui répondit: "Tu le dis." [4] Pilate dit alors aux chefs des prêtres et à la foule: "Je ne trouve aucune raison de condamner cet homme." [5] Mais ils déclarèrent avec encore plus de force: "Il pousse le peuple à la révolte par son enseignement. Il a commencé en Galilée, a passé par toute la Judée et, maintenant, il est venu jusqu'ici."

Jésus devant Hérode

[6] Quand *Pilate entendit ces mots, il demanda: "Cet homme est-il de Galilée?" [7] Et lorsqu'il eut appris que Jésus venait de la région gouvernée par *Hérode, il l'envoya à Hérode qui se trouvait aussi à Jérusalem ces jours-là. [8] Hérode fut très heureux de voir Jésus, car il avait entendu parler de lui et désirait le rencontrer depuis longtemps; il espérait le voir faire un miracle. [9] Il lui posa beaucoup de questions, mais Jésus ne lui répondit rien. [10] Les chefs des prêtres et les *maîtres de la loi étaient là et portaient de violentes accusations contre Jésus. [11] Hérode et ses soldats se moquèrent de Jésus et le traitèrent avec mépris. Ils lui mirent un vêtement magnifique et le renvoyèrent à Pilate. [12] Le même jour, Hérode et Pilate devinrent amis; auparavant, ils étaient ennemis.

Jésus est condamné à mort

(Voir aussi Matt. 27.15-26; Marc 15.6-15; Jean 18.39—19.16)

[13] *Pilate réunit les chefs des prêtres, les dirigeants et le peuple, [14] et leur dit: "Vous m'avez amené cet homme en me disant qu'il égare le peuple. Eh bien! je l'ai interrogé devant vous et je ne l'ai trouvé coupable d'aucune des mauvaises actions dont vous l'accusez. [15] Hérode ne l'a pas non plus trouvé coupable, car il nous l'a renvoyé. Ainsi, cet homme n'a commis aucune faute pour laquelle il mériterait de mourir. [16] Je vais donc le faire battre à coups de fouet, puis je le relâcherai." [[17] A chaque fête de *Pâque, Pilate devait leur libérer un prisonnier.] [18] Mais ils se mirent à crier tous ensemble: "Fais mourir cet homme! Relâche-nous Barabbas!" [19] (Barabbas avait été mis en prison pour une révolte qui avait eu lieu dans la ville et pour un meurtre.) [20] Comme Pilate désirait libérer Jésus, il adressa de nouveau la parole à la foule. [21] Mais ils lui criaient: "Cloue-le sur

une croix! Cloue-le sur une croix!" [22] Pilate prit la parole une troisième fois et leur dit: "Quelle mauvaise action a-t-il commise? Je n'ai trouvé en lui aucune faute pour laquelle il mériterait de mourir. Je vais donc le faire battre à coups de fouet, puis je le relâcherai." [23] Mais ils continuaient à réclamer à grands cris que Jésus soit cloué sur une croix. Et leurs cris l'emportèrent: [24] Pilate décida de leur accorder ce qu'ils demandaient. [25] Il libéra l'homme qu'ils réclamaient, celui qui avait été mis en prison pour révolte et meurtre, et leur livra Jésus pour qu'ils en fassent ce qu'ils voulaient.

Jésus est cloué sur la croix

(Voir aussi Matt. 27.32-44; Marc 15.21-32; Jean 19.17-27)

[26] Comme ils emmenaient Jésus, ils rencontrèrent un homme de Cyrène, appelé Simon, qui revenait des champs. Ils se saisirent de lui et le chargèrent de la croix pour qu'il la porte derrière Jésus.

[27] Une grande foule de gens du peuple le suivait, ainsi que des femmes qui pleuraient et se lamentaient à cause de lui. [28] Jésus se tourna vers elles et dit: "Femmes de Jérusalem, ne pleurez pas à cause de moi! Pleurez plutôt pour vous et pour vos enfants! [29] Car les jours vont venir où l'on dira: 'Heureuses celles qui ne peuvent avoir d'enfant, qui n'en ont jamais mis au monde et qui n'en ont jamais allaité!'

[30] Alors les gens se mettront à dire aux montagnes: 'Tombez sur nous!' et aux collines: 'Cachez-nous!' [31] Car si l'on traite ainsi le bois vert, qu'arrivera-t-il au bois sec?"

[32] On emmenait aussi deux autres hommes, des malfaiteurs, pour les mettre à mort avec Jésus. [33] Lorsqu'ils arrivèrent à l'endroit appelé "Le Crâne", ils clouèrent Jésus sur la croix à cet endroit-là et mirent aussi les deux malfaiteurs en croix, l'un à sa droite et l'autre à sa gauche. [34] Jésus dit: "Père, pardonne-leur, car ils ne savent pas ce qu'ils font." Ils partagèrent ses vêtements entre eux en les tirant au sort. [35] Le peuple se tenait là et regardait. Les chefs juifs se moquaient de lui en disant: "Il a sauvé d'autres gens; qu'il se sauve lui-même, s'il est le *Messie, celui que Dieu a choisi!" [36] Les soldats aussi se moquèrent de lui; ils s'approchèrent, lui présentèrent du vinaigre [37] et dirent: "Si tu es le roi des Juifs, sauve-toi toi-même!" [38] Au-dessus de lui étaient écrits ces mots: "Celui-ci est le roi des Juifs."

[39] L'un des malfaiteurs suspendus en croix l'insultait en disant: "N'es-tu pas le Messie? Sauve-toi toi-même et sauve-nous!" [40] Mais l'autre lui fit des reproches et lui dit: "Ne crains-tu pas Dieu, toi qui subis la même punition? [41] Pour nous, cette punition est juste, car nous recevons ce que nous avons mérité par nos actes; mais lui n'a rien fait de mal." [42] Puis il dit à Jésus: "Souviens-toi de moi, Jésus, quand tu viendras comme roi." [43] Jésus lui répondit: "Je te le déclare, c'est la vérité: aujourd'hui tu seras avec moi dans le *paradis."

La mort de Jésus

(Voir aussi Matt. 27.45-56; Marc 15.33-41; Jean 19.28-30)

[44-45] Il était environ midi quand le soleil cessa de briller: l'obscurité se fit sur tout le pays et dura jusqu'à trois heures de l'après-midi. Le rideau suspendu dans le temple se déchira par le milieu. [46] Jésus s'écria d'une voix forte: "Père, je remets mon esprit entre tes mains." Après avoir dit ces mots, il mourut. [47] L'officier romain vit ce qui était arrivé; il loua Dieu et dit: "Certainement cet homme était bon!" [48] Tous ceux qui étaient venus, en foule, assister à ce spectacle virent ce qui était arrivé. Alors ils s'en retournèrent en se frappant la poitrine. [49] Tous les amis de Jésus, ainsi que les femmes qui l'avaient accompagné depuis la Galilée, se tenaient à distance pour regarder ce qui se passait.

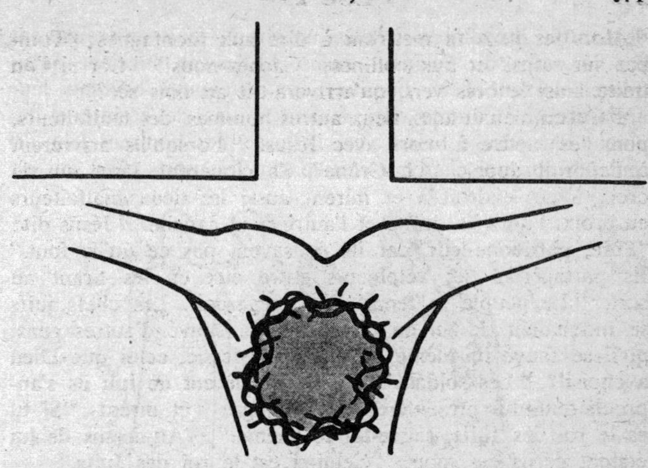

La mise au tombeau de Jésus

(Voir aussi Matt. 28.1-10; Marc 16.1-8; Jean 20.1-10)

50-51 Il y avait un homme appelé Joseph, de la ville juive d'Arimathée. Cet homme était bon et juste, et espérait la venue du *Royaume de Dieu. Il était membre du *Conseil supérieur, mais n'avait pas approuvé ce que les autres conseillers avaient décidé et fait. 52 Il se rendit chez *Pilate et lui demanda le corps de Jésus. 53 Puis il descendit le corps de la croix, l'enveloppa dans un drap de lin et le déposa dans un tombeau qui avait été creusé dans le roc, un tombeau dans lequel on n'avait jamais mis personne. 54 C'était vendredi et le *sabbat allait commencer.

55 Les femmes qui avaient accompagné Jésus depuis la Galilée vinrent avec Joseph; elles regardèrent le tombeau et virent comment le corps de Jésus y était placé. 56 Puis elles retournèrent chez elles et préparèrent les huiles et les parfums pour le corps.

Le jour du sabbat, elles se reposèrent, comme la loi l'ordonnait.

La *résurrection de Jésus

(Voir aussi Matt. 28.1-10; Marc 16.1-8; Jean 20.1-10)

24 Très tôt le dimanche matin, les femmes se rendirent au tombeau, en apportant les huiles parfumées qu'elles avaient préparées. 2 Elles trouvèrent la pierre roulée loin

de l'entrée du tombeau; [3] elles entrèrent, mais ne trouvèrent pas le corps du Seigneur Jésus. [4] Elles ne savaient qu'en penser, lorsque deux hommes aux vêtements brillants leur apparurent. [5] Comme elles étaient saisies de crainte et tenaient leur visage baissé vers la terre, ces hommes leur dirent: "Pourquoi cherchez-vous parmi les morts celui qui est

vivant? [6] Il n'est pas ici; il est revenu à la vie. Rappelez-vous ce qu'il vous a dit lorsqu'il était encore en Galilée: [7] 'Il faut que le *Fils de l'homme soit livré à des hommes pécheurs, qu'il soit cloué sur une croix et qu'il revienne à la vie le troisième jour.' "

[8] Elles se rappelèrent alors les paroles de Jésus. [9] Elles quittèrent le tombeau et allèrent raconter tout cela aux onze *disciples et à tous les autres. [10] C'étaient Marie de Magdala, Jeanne et Marie mère de Jacques. Les autres femmes qui étaient avec elles firent le même récit aux *apôtres. [11] Mais les apôtres pensèrent que ce qu'elles racontaient était insensé et ils ne les crurent pas. [12] Cependant Pierre se leva et courut au tombeau; il se baissa et ne vit que les bandes de lin. Puis il retourna chez lui, très étonné de ce qui s'était passé.

Sur le chemin d'Emmaüs

(Voir aussi Marc 16.12-13)

[13] Ce même jour, deux d'entre eux se rendaient à un village appelé Emmaüs, qui se trouvait à environ onze kilomètres de Jérusalem. [14] Ils parlaient de tout ce qui s'était passé. [15] Pendant qu'ils parlaient et discutaient, Jésus lui-même s'approcha et fit route avec eux. [16] Ils le voyaient, mais quelque chose les empêchait de le reconnaître. [17] Jésus

leur demanda: "De quoi discutez-vous en marchant?" Et ils s'arrêtèrent, tout attristés. [18] L'un d'eux, appelé Cléopas, lui dit: "Es-tu le seul habitant de Jérusalem qui ne connaisse pas les événements qui s'y sont passés ces jours-ci?" [19] "Quels événements?" leur demanda-t-il. Ils lui répondirent: "Ce qui est arrivé à Jésus de Nazareth, qui était un *prophète puissant en oeuvres et en paroles devant Dieu et devant tout le peuple. [20] Nos chefs des prêtres et nos dirigeants l'ont livré pour le faire condamner à mort et l'ont cloué sur une croix. [21] Nous avions l'espoir qu'il était celui qui devait délivrer Israël. Mais en plus de tout cela, c'est aujourd'hui le troisième jour depuis que ces événements se sont passés. [22] Quelques femmes de notre groupe nous ont étonnés, il est vrai. Elles se sont rendues tôt le matin au tombeau [23] mais n'ont pas trouvé son corps. Elles sont revenues nous raconter que des anges leur sont apparus et leur ont déclaré qu'il est vivant. [24] Quelques-uns de nos compagnons sont allés au tombeau et ont trouvé tout comme les femmes l'avaient dit, mais lui, ils ne l'ont pas vu."

[25] Alors Jésus leur dit: "O hommes sans intelligence, que vous êtes lents à croire tout ce qu'ont annoncé les *prophètes! [26] Ne fallait-il pas que le *Messie souffre ainsi et qu'il entre dans sa gloire?" [27] Puis il leur expliqua ce qui était dit à son sujet dans toutes les Ecritures, en commençant par les livres de Moïse et en continuant par les livres de tous les prophètes.

[28] Quand ils arrivèrent près du village où ils se rendaient, Jésus fit comme s'il voulait aller plus loin. [29] Mais ils le retinrent en disant: "Reste avec nous; le jour baisse déjà et la nuit approche." Il entra donc pour rester avec eux. [30] Il se mit à table avec eux, prit le pain et remercia Dieu; puis il rompit le pain et le leur donna. [31] Alors, leurs yeux s'ouvrirent et ils le reconnurent; mais il disparut de devant eux. [32] Ils se dirent l'un à l'autre: "N'y avait-il pas comme un feu qui brûlait au-dedans de nous quand il nous parlait en chemin et nous expliquait les Ecritures?"

[33] Ils se levèrent aussitôt et retournèrent à Jérusalem. Ils y trouvèrent les onze *disciples réunis avec leurs compagnons, [34] qui disaient: "Le Seigneur est vraiment *ressuscité! Simon l'a vu!" [35] Et eux-mêmes leur racontèrent ce qui s'était passé en chemin et comment ils avaient reconnu Jésus au moment où il rompait le pain.

Jésus apparaît à ses disciples

(Voir aussi Matt. 28.16-20; Marc 16.14-18; Jean 20.19-23; Actes 1.6-8)

[36] Ils parlaient encore, quand Jésus lui-même se présenta au milieu d'eux et leur dit: "La paix soit avec vous!" [37] Ils furent saisis de crainte et de terreur, car ils croyaient voir un esprit. [38] Mais Jésus leur dit: "Pourquoi êtes-vous troublés? pourquoi avez-vous ces doutes dans vos coeurs? [39] Regardez mes mains et mes pieds: c'est bien moi! Touchez-moi et voyez, car un esprit n'a ni chair ni os, comme vous pouvez constater que j'en ai." [40] Il dit ces mots et leur montra ses mains et ses pieds. [41] Comme ils ne pouvaient pas encore croire, tellement ils étaient remplis de joie et d'étonnement, il leur demanda: "Avez-vous ici quelque chose à manger?" [42] Ils lui donnèrent un morceau de poisson grillé. [43] Il le prit et le mangea devant eux. [44] Puis il leur dit: "Voilà ce que je vous ai déclaré quand j'étais encore avec vous: tout ce qui est écrit à mon sujet dans la *loi de Moïse, dans les livres des *prophètes et dans les psaumes devait se réaliser." [45] Alors il leur ouvrit l'intelligence pour qu'ils comprennent les Ecritures, [46] et il leur dit: "Voici ce qui est écrit: le *Messie doit souffrir, puis être ramené de la mort à la vie le troisième jour, [47] et il faut que l'on prêche en son nom devant toutes les nations, en commençant par

Jérusalem, pour appeler les hommes à changer de vie et à recevoir le pardon des péchés. [48] Vous êtes témoins de cela. [49] Et j'enverrai moi-même sur vous le don que mon Père a promis. Mais vous devez rester dans la ville jusqu'à ce que la puissance d'en haut descende sur vous."

Jésus monte au ciel

(Voir aussi Marc 16.19-20; Actes 1.9-11)

[50] Puis Jésus les emmena hors de la ville jusque vers Béthanie, et là, il leva les mains et les bénit. [51] Pendant qu'il les bénissait, il se sépara d'eux et fut enlevé au ciel. [52] Quant à eux, ils l'adorèrent et retournèrent à Jérusalem, pleins d'une grande joie. [53] Ils se tenaient continuellement dans le temple et louaient Dieu.

JEAN

La Parole de lumière et de vie

1 Avant que Dieu crée le monde, la Parole existait déjà; la Parole était avec Dieu, et la Parole était Dieu. [2] La Parole était donc avec Dieu au commencement. [3] Dieu a fait toutes choses par elle; rien de ce qui existe n'a été fait sans elle. [4] En elle était la vie, et cette vie donnait la lumière aux hommes. [5] La lumière brille dans l'obscurité, et l'obscurité ne l'a pas reçue.

[6] Dieu envoya son messager, un homme appelé Jean. [7] Il vint comme témoin, pour parler de la lumière. Il vint pour que tous croient grâce à ce qu'il disait. [8] Il n'était pas lui-même la lumière, il était le témoin qui vient pour parler de la lumière. [9] Cette lumière était la seule véritable, celle qui vient dans le monde et qui brille sur tous les hommes.

[10] La Parole était dans le monde. Dieu a fait le monde par elle, et pourtant le monde ne l'a pas reconnue. [11] Elle est venue dans son propre pays, mais les siens ne l'ont pas reçue. [12] Cependant, quelques-uns l'ont reçue et ont cru en elle; elle leur a donné alors la possibilité de devenir enfants de Dieu. [13] Ils ne sont pas devenus enfants de Dieu selon la nature humaine, comme on devient enfant d'un père terrestre; c'est Dieu qui a été leur Père.

[14] La Parole est devenue un être humain et a vécu parmi nous, pleine de grâce et de vérité. Nous avons vu sa gloire, la gloire que le Fils unique reçoit de son Père. [15] Jean a parlé de lui; il s'est écrié: “C'est de lui que j'ai parlé en disant: ‘Il vient après moi, mais il est plus grand que moi, car il existait déjà avant moi.’ ”

[16] Nous avons tous reçu notre part de ses richesses; nous avons reçu une bénédiction après l'autre. [17] Dieu nous a donné la loi par Moïse; mais la grâce et la vérité sont venues par Jésus-Christ. [18] Personne n'a jamais vu Dieu. Mais le Fils unique, qui est Dieu et demeure auprès du Père, l'a fait connaître.

Le message de Jean-Baptiste

(Voir aussi Matt. 3.1-12; Marc 1.1-8; Luc 3.1-18)

[19] Voici ce que Jean déclara lorsque les Juifs de Jérusalem envoyèrent des prêtres et des *Lévites pour lui demander:

"Qui es-tu?" [20] Il ne refusa pas de répondre, mais il affirma très clairement devant tous: "Je ne suis pas le *Messie." [21] Ils lui demandèrent: "Qui es-tu donc? Es-tu *Elie?" Et Jean répondit: "Non, je ne le suis pas." "Es-tu le *Prophète?" dirent-ils. "Non," répondit-il. [22] Ils lui dirent alors: "Qui es-tu donc? Nous devons donner une réponse à ceux qui nous ont envoyés. Que dis-tu de toi-même?" [23] Jean répondit:

"Je suis
'La voix d'un homme qui crie dans le désert:
Préparez un chemin bien droit pour le Seigneur!' "

(C'est ce qu'a dit le prophète Esaïe.)

[24] Parmi les messagers envoyés vers Jean, il y avait des *Pharisiens, [25] qui lui demandèrent: "Si tu n'es pas le Messie, ni Elie, ni le Prophète, pourquoi donc baptises-tu?" [26] Jean leur répondit: "Moi, je vous baptise avec de l'eau; mais il y a au milieu de vous quelqu'un que vous ne connaissez pas. [27] Il vient après moi, mais je ne suis pas même assez bon pour délier la courroie de ses sandales."

[28] Tout cela se passait à Béthanie, de l'autre côté de la rivière du Jourdain, là où Jean baptisait.

Jésus, l'Agneau de Dieu

[29] Le lendemain, Jean vit Jésus venir à lui, et il dit: "Voici l'Agneau de Dieu qui enlève le péché du monde. [30] C'est de lui que j'ai parlé en disant: 'Un homme vient après moi, mais il est plus grand que moi, car il existait déjà avant moi. [31] Je ne savais pas qui ce devait être, mais je suis venu baptiser avec de l'eau afin de le faire connaître au peuple d'Israël."

[32] Jean déclara encore: "J'ai vu l'Esprit descendre du ciel comme une colombe et demeurer sur lui. [33] Je ne savais pas encore qui il était, mais

Dieu, qui m'a envoyé baptiser avec de l'eau, m'a dit: 'Tu verras l'Esprit descendre et demeurer sur un homme; c'est lui qui doit baptiser avec le Saint-Esprit.' [34] J'ai vu cela," dit Jean, "et je déclare qu'il est le Fils de Dieu."

Les premiers disciples de Jésus

[35] Le lendemain, Jean était de nouveau là, avec deux de ses *disciples, [36] quand il vit Jésus qui passait. Il dit: "Voici l'Agneau de Dieu!" [37] Les deux disciples de Jean entendirent ce qu'il disait et suivirent Jésus. [38] Jésus se retourna, il vit qu'ils le suivaient et leur demanda: "Que cherchez-vous?" Ils lui dirent: "Où demeures-tu, Rabbi?" (Ce mot signifie "Maître.") [39] Il leur répondit: "Venez, et vous verrez." Ils allèrent donc et virent où il demeurait, et ils passèrent le reste de ce jour avec lui. (Il était alors environ quatre heures de l'après-midi.)

[40] L'un des deux qui avaient entendu les paroles de Jean et avaient suivi Jésus, était André, le frère de Simon Pierre. [41] André rencontra d'abord son frère Simon et lui dit: "Nous avons trouvé le *Messie." (Ce mot signifie "Christ".) [42] Et il conduisit Simon auprès de Jésus. Jésus le regarda et dit: "Tu es Simon, le fils de Jean; tu porteras le nom de Céphas." (Ce nom signifie "Pierre.")

Jésus appelle Philippe et Nathanaël

[43] Le lendemain, Jésus décida de partir pour la région de Galilée. Il rencontra Philippe et lui dit: "Suis-moi!" [44] (Philippe était de Bethsaïda, la ville où vivaient André et Pierre.) [45] Ensuite, Philippe rencontra Nathanaël et lui dit: "Nous avons trouvé celui dont Moïse a parlé dans le livre de la *Loi et dont les *prophètes aussi ont parlé. C'est Jésus, le fils de Joseph, de la ville de Nazareth." [46] Nathanaël lui dit: "Peut-il venir quelque chose de bon de Nazareth?" Philippe lui répondit: "Viens et vois."

[47] Quand Jésus vit Nathanaël venir à lui, il dit à son sujet: "Voici un véritable Israélite; il n'y a rien de faux en lui." [48] Nathanaël lui demanda: "Comment me connais-tu?" Jésus répondit: "Je t'ai vu quand tu étais sous le figuier, avant que Philippe t'appelle." [49] Alors Nathanaël lui dit: "Maître, tu es le Fils de Dieu, tu es le roi d'Israël!" [50] Jésus lui répondit: "Tu crois seulement parce que je t'ai dit que je t'avais vu sous le figuier? Tu verras de bien plus grandes choses

que celle-ci!" [51] Et il dit encore: "Je vous le déclare, c'est la vérité: vous verrez le ciel ouvert et les anges de Dieu monter et descendre sur le *Fils de l'homme!"

Le mariage à Cana

2 Deux jours après, il y eut un mariage dans la ville de Cana, en Galilée. La mère de Jésus était là, [2] et on avait aussi invité Jésus et ses *disciples à ce mariage. [3] Quand il ne resta plus de vin, la mère de Jésus lui dit: "Ils n'ont plus de vin." [4] Mais Jésus lui répondit: "Femme, est-ce à toi de me dire ce que j'ai à faire? Mon heure n'est pas encore venue." [5] La mère de Jésus dit alors aux serviteurs: "Faites tout ce qu'il vous dira."

[6] Il y avait là six de ces vases de pierre que les Juifs utilisaient pour se laver selon leurs règles religieuses. Chacun d'eux pouvait contenir entre quatre-vingts et cent-vingt litres. [7] Jésus dit aux serviteurs: "Remplissez d'eau ces vases." Ils les remplirent jusqu'au bord. [8] Alors Jésus leur dit: "Puisez maintenant un peu de cette eau et portez-en au maître de la

fête." Ils lui en portèrent. [9] Le maître de la fête goûta l'eau, qui s'était changée en vin. Il ne savait pas d'où venait ce vin (mais les serviteurs qui avaient puisé l'eau le savaient). Il appela donc le marié [10] et lui dit: "Tout le monde sert d'abord le meilleur vin, puis, quand les invités ont beaucoup bu, on sert le moins bon. Mais toi, tu as gardé le meilleur vin jusqu'à maintenant!"

[11] Voilà comment Jésus fit le premier de ses miracles, à Cana en Galilée; il fit apparaître ainsi sa gloire, et ses disciples crurent en lui.

[12] Après cela, il se rendit à la ville de Capernaüm avec sa mère, ses frères et ses disciples. Ils n'y restèrent que quelques jours.

Jésus dans le temple

(Voir aussi Matt. 21.12-13; Marc 11.15-17; Luc 19.45-46)

[13] Comme la fête juive de la *Pâque était proche, Jésus alla à Jérusalem. [14] Dans le temple, il trouva des gens qui vendaient des boeufs, des moutons et des pigeons; il trouva aussi des changeurs d'argent assis à leurs tables. [15] Alors, il fit un fouet

avec des cordes et les chassa tous hors du temple, avec leurs moutons et leurs boeufs; il jeta par terre l'argent des changeurs et renversa leurs tables; [16] et il dit aux vendeurs de pigeons: "Enlevez cela d'ici! Ne faites pas de la maison de mon Père une maison de commerce!" [17] Ses *disciples se rappelèrent ces paroles de l'Ecriture: "Mon amour pour ta maison, ô Dieu, brûle en moi comme un feu."

[18] Alors les Juifs lui demandèrent: "Quel miracle peux-tu faire pour nous prouver que tu as le droit d'agir ainsi?" [19] Jésus leur répondit: "Détruisez ce temple et en trois jours je le rebâtirai." [20] Et les Juifs lui dirent: "On a mis quarante-six ans pour bâtir ce temple, et toi, tu vas le rebâtir en trois jours?"

[21] Mais le temple dont parlait Jésus était son corps. [22] Quand Jésus revint de la mort à la vie, ses disciples se rappelèrent qu'il avait dit cela; et ils crurent à l'Ecriture et aux paroles que Jésus avait dites.

Jésus connaît tout ce qui est en l'homme

[23] Pendant que Jésus était à Jérusalem, au moment de la fête de la *Pâque, beaucoup crurent en lui en voyant les miracles qu'il faisait. [24] Mais Jésus n'avait pas confiance en eux, parce qu'il les connaissait bien tous. [25] Il n'avait pas besoin qu'on le renseigne sur les hommes, car il savait lui-même ce qu'il y a dans leur coeur.

Jésus et Nicodème

3 Il y avait un homme appelé Nicodème, qui était du parti des *Pharisiens et qui était un chef des Juifs. [2] Il vint une nuit auprès de Jésus et lui dit: "Maître, nous savons que Dieu t'a envoyé pour nous enseigner; car personne ne peut faire des miracles comme tu en fais si Dieu n'est avec lui." [3] Jésus lui répondit: "Je te le déclare, c'est la vérité: personne ne peut voir le *Royaume de Dieu s'il ne naît pas de nouveau." [4] Nicodème lui demanda: "Comment un homme déjà âgé peut-il naître de nouveau? Il ne peut pourtant pas retourner dans le ventre de sa mère et naître une seconde fois?" [5] Jésus répondit: "Je te le déclare, c'est la vérité: personne ne peut entrer dans le Royaume de Dieu s'il ne naît pas d'eau et de l'Esprit. [6] Ce qui naît d'un père humain est humain; ce qui naît de l'Esprit est esprit. [7] Ne sois pas étonné parce que je t'ai dit: 'Vous devez tous naître de nouveau.' [8] Le vent souffle où il veut; tu entends le bruit qu'il fait, mais tu ne sais pas d'où il vient ni où il va. Voilà ce qui se passe pour tout homme qui naît de l'Esprit." [9] Alors Nicodème lui dit: "Comment cela peut-il se faire?" [10] Jésus lui répondit: "Tu es un grand maître du peuple d'Israël et tu ne sais pas ces choses? [11] Je te le déclare, c'est la vérité: nous parlons de ce que nous savons, et nous disons ce que nous

avons vu, mais vous ne voulez pas accepter notre témoignage. [12] Vous ne me croyez pas quand je vous parle des choses qui arrivent sur la terre; comment donc me croirez-vous si je vous parle des choses qui arrivent dans le ciel? [13] Personne n'est jamais monté au ciel, excepté le *Fils de l'homme qui est descendu du ciel!

[14] "De même que Moïse a élevé le serpent d'airain sur un poteau dans le désert, de même le Fils de l'homme doit être élevé, [15] afin que tout homme qui croit en lui ait la vie éternelle. [16] Car Dieu a tellement aimé le monde qu'il a donné son Fils unique, afin que tout homme qui croit en lui ne meure pas mais qu'il ait la vie éternelle. [17] Dieu n'a pas envoyé son Fils dans le monde pour condamner le monde, mais pour que le monde reçoive le salut par lui.

[18] "Celui qui croit au Fils n'est pas condamné; mais celui qui ne croit pas est déjà condamné, parce qu'il n'a pas cru au Fils unique de Dieu. [19] Voici d'où vient la condamnation: la lumière est venue dans le monde, mais les hommes aiment mieux l'obscurité que la lumière, parce qu'ils agissent mal. [20] Tout homme qui fait le mal déteste la lumière et ne vient pas à la lumière, car il a peur que ses mauvaises actions apparaissent en plein jour. [21] Mais celui qui fait ce qui est vrai vient à la lumière, afin qu'on voie clairement qu'il accomplit ses actions en obéissant à Dieu."

Jésus et Jean

[22] Après cela, Jésus et ses *disciples allèrent dans la région de Judée. Il y resta quelque temps avec eux, et il baptisait. [23] Jean aussi baptisait à Ainon, près de Salim, parce qu'il y avait là beaucoup d'eau. Les gens venaient à lui et il les baptisait. [24] (Jean n'avait pas encore été mis en prison.)

[25] Alors quelques-uns des disciples de Jean commencèrent à discuter avec un Juif de la manière religieuse de se laver. [26] Ils allèrent auprès de Jean et lui dirent: "Maître, tu te rappelles l'homme qui était avec toi de l'autre côté du Jourdain, celui dont tu nous as parlé? Eh bien! il baptise maintenant et tous vont à lui!" [27] Jean leur répondit: "Personne ne peut avoir quelque chose si Dieu ne le lui a pas donné. [28] Vous pouvez vous-mêmes témoigner que j'ai dit: 'Je ne suis pas le *Messie, mais j'ai été envoyé devant lui.' [29] Le marié est celui à qui appartient la mariée; mais l'ami du marié se tient près de lui et l'écoute, et il est tout joyeux

d'entendre la voix du marié. Cette joie est la mienne, et elle est maintenant complète. 30 Il doit devenir plus important, lui, et moi, je dois devenir moins important."

Celui qui vient du ciel

31 Celui qui vient d'en haut est au-dessus de tous; celui qui est de la terre appartient à la terre et parle des choses de la terre. Celui qui vient du ciel est au-dessus de tous; 32 il dit ce qu'il a vu et entendu, mais personne n'accepte son témoignage. 33 Celui qui accepte son témoignage reconnaît que Dieu dit la vérité. 34 Celui que Dieu a envoyé dit les paroles de Dieu, car Dieu lui donne pleinement son Esprit. 35 Le Père aime le Fils et a tout mis en son pouvoir. 36 Celui qui croit au Fils a la vie éternelle; celui qui désobéit au Fils n'aura pas cette vie, mais la colère de Dieu demeurera sur lui.

Jésus et la femme de Samarie

4 Les *Pharisiens entendirent raconter que Jésus faisait et baptisait plus de *disciples que Jean. 2 (En réalité, Jésus lui-même ne baptisait personne, c'étaient ses disciples qui baptisaient.) 3 Quand Jésus apprit cela, il quitta la Judée et retourna en Galilée. 4 Pour y aller, il devait traverser la région de Samarie.

5 Il arriva près d'une ville de Samarie appelée Sychar, qui est proche du champ que Jacob avait donné à son fils Joseph. 6 Là se trouvait le puits de Jacob. Jésus, fatigué du voyage, s'assit au bord du puits. Il était environ midi.

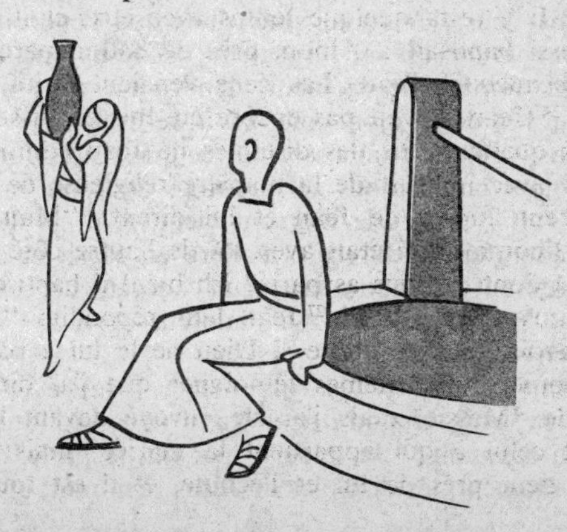

[7] Une femme de Samarie vint pour puiser de l'eau et Jésus lui dit: "Donne-moi de l'eau à boire." [8] (Ses disciples étaient allés à la ville acheter de la nourriture.) [9] La femme samaritaine dit à Jésus: "Mais, tu es Juif! Comment peux-tu donc me demander à boire, à moi qui suis une Samaritaine?" (Car les Juifs n'ont pas de relations avec les Samaritains.) [10] Jésus lui répondit: "Si tu connaissais ce que Dieu donne, et qui est celui qui te demande de l'eau à boire, c'est toi qui lui en aurais demandé et il t'aurait donné de l'eau vive." [11] La femme lui dit: "Maître, tu n'as pas de seau et le puits est profond. Comment pourrais-tu avoir de l'eau vive? [12] Notre ancêtre Jacob nous a donné ce puits; il a bu lui-même de son eau, ses fils et ses troupeaux en ont bu aussi. Penses-tu être plus grand que Jacob?" [13] Jésus lui répondit: "Tout homme qui boit de cette eau aura de nouveau soif; [14] mais celui qui boira de l'eau que je lui donnerai n'aura plus jamais soif. Car l'eau que je lui donnerai deviendra en lui une source d'où coulera la vie éternelle." [15] La femme lui dit: "Maître, donne-moi cette eau, pour que je n'aie plus soif et que je n'aie plus besoin de venir puiser de l'eau ici."

[16] Jésus lui dit: "Va appeler ton mari et reviens ici." [17] La femme lui répondit: "Je n'ai pas de mari." Et Jésus lui dit: "Tu as raison de dire que tu n'as pas de mari; [18] car tu as eu cinq maris, et l'homme avec lequel tu vis maintenant n'est pas ton mari. Tu m'as dit la vérité." [19] Alors la femme lui dit: "Je vois que tu es un *prophète, Maître. [20] Nos ancêtres samaritains ont adoré Dieu sur cette montagne, mais vous, les Juifs, vous dites que l'endroit où l'on doit adorer Dieu est à Jérusalem." [21] Jésus lui répondit: "Crois-moi, femme, le moment viendra où vous n'adorerez le Père ni sur cette montagne, ni à Jérusalem. [22] Vous, les Samaritains, vous ne connaissez pas ce que vous adorez; nous, les Juifs, nous connaissons ce que nous adorons, car le salut vient des Juifs. [23] Mais le moment vient, et il est déjà là, où les vrais adorateurs adoreront le Père en esprit et en vérité; car le Père veut des adorateurs qui l'adorent de cette façon. [24] Dieu est Esprit, et ceux qui l'adorent doivent l'adorer en esprit et en vérité."

[25] La femme lui dit: "Je sais que le *Messie (c'est-à-dire le Christ) va venir. Quand il viendra, il nous expliquera tout." [26] Jésus lui répondit: "Je le suis, moi qui te parle."

[27] A ce moment, les disciples de Jésus revinrent; et ils furent

étonnés de le voir parler avec une femme. Mais aucun d'eux n'osa lui demander: "Que lui veux-tu?" — ou: "Pourquoi parles-tu avec elle?"

[28] Alors la femme laissa là sa cruche d'eau et retourna à la ville, où elle dit aux gens: [29] "Venez voir un homme qui m'a dit tout ce que j'ai fait. Serait-il le Messie, peut-être?" [30] Ils sortirent donc de la ville et allèrent vers Jésus.

[31] Pendant ce temps, les disciples priaient Jésus de manger: "Maître, mange quelque chose!" disaient-ils. [32] Mais il leur répondit: "J'ai à manger une nourriture que vous ne connaissez pas." [33] Les disciples se demandèrent alors les uns aux autres: "Quelqu'un lui a-t-il apporté de la nourriture?"

[34] Jésus leur dit: "Ma nourriture est d'obéir à la volonté de celui qui m'a envoyé et d'achever le travail qu'il m'a donné à faire. [35] Vous dites, vous: 'Encore quatre mois et ce sera la moisson.' Mais moi je vous dis, regardez bien les champs: les grains sont mûrs et prêts pour la moisson! [36] Celui qui moissonne reçoit déjà son salaire et il rassemble le grain pour la vie éternelle; ainsi, celui qui sème et celui qui moissonne se réjouissent ensemble. [37] Car elle est vraie la parole qui dit: 'Un homme sème et un autre moissonne.' [38] Je vous ai envoyés moissonner dans un champ où vous n'avez pas travaillé; d'autres y ont travaillé et vous profitez de leur travail."

[39] Beaucoup de Samaritains de cette ville crurent en Jésus parce que la femme leur avait déclaré: "Il m'a dit tout ce que j'ai fait." [40] Aussi, quand les Samaritains vinrent auprès de lui, ils le prièrent de rester avec eux; et Jésus resta là deux jours. [41] Il y en eut encore beaucoup plus qui crurent, à cause de ce qu'il disait lui-même; [42] et ils déclaraient à la femme: "Maintenant nous croyons non seulement à cause de ce que tu as raconté, mais parce que nous l'avons entendu nous-mêmes, et nous savons qu'il est vraiment le Sauveur du monde."

Jésus guérit le fils d'un haut fonctionnaire

[43] Après avoir passé deux jours là, Jésus partit et alla en Galilée. [44] Car Jésus lui-même avait déclaré: "Un *prophète n'est pas respecté dans son propre pays." [45] Quand il arriva en Galilée, les habitants de la région le reçurent bien, car ils étaient allés eux aussi à la fête de la *Pâque à Jérusalem et avaient vu tout ce qu'il avait fait pendant cette fête.

[46] Il revint alors à Cana de Galilée, où il avait changé de

l'eau en vin. Il y avait là un haut fonctionnaire du gouvernement, qui avait un fils malade à Capernaüm. [47] Quand il apprit que Jésus était venu de Judée en Galilée, il alla vers lui et le pria de se rendre à Capernaüm et de guérir son fils, qui était près de mourir. [48] Jésus lui dit: "Vous serez toujours incapables de croire si vous ne voyez pas des miracles et des choses extraordinaires." [49] Le fonctionnaire lui répondit: "Maître, viens chez moi avant que mon enfant ne meure." [50] Jésus lui dit: "Va chez toi, ton fils vivra." L'homme crut à ce que Jésus lui disait et partit. [51] Il était en route pour aller chez lui, quand ses serviteurs vinrent à sa rencontre et lui dirent: "Ton enfant est vivant!" [52] Il leur demanda à quelle heure son fils s'était senti mieux, et ils lui répondirent: "Il était une heure de l'après-midi, hier, quand la fièvre l'a quitté." [53] Alors, le père s'aperçut que c'était l'heure même où Jésus lui avait dit: "Ton fils vivra," et lui et toute sa famille crurent en Jésus.

[54] Ce fut le second miracle que fit Jésus, après son retour de Judée en Galilée.

Jésus guérit un homme paralysé

5 Après cela, les Juifs eurent une fête religieuse et Jésus alla à Jérusalem. [2] Dans cette ville, il y a, près de la porte des moutons, une piscine avec cinq galeries à colonnes; on l'appelle en hébreu Bethzatha. [3] Dans ces galeries, beaucoup de malades étaient couchés: des aveugles, des boiteux, des paralytiques. [Ils attendaient que l'eau se mette à bouger; [4] car un ange du Seigneur descendait à certains moments dans la piscine et agitait l'eau. Le premier malade qui descendait dans l'eau, après qu'elle avait été agitée, était guéri de sa maladie, quelle qu'elle fût.] [5] Il y avait là un homme malade depuis trente-huit ans. [6] Quand Jésus le vit couché et sut qu'il était malade depuis longtemps déjà, il lui demanda: "Veux-tu être guéri?" [7] Le malade lui répondit: "Maître, je n'ai personne pour me mettre dans la piscine quand l'eau est agitée; pendant que j'essaie d'y aller, un autre y descend avant moi." [8] Jésus lui dit: "Lève-toi, prends ta natte et marche." [9] Aussitôt, l'homme fut guéri; il prit sa natte et se mit à marcher.

Mais, comme cela se passait le jour du *sabbat, [10] les Juifs dirent à l'homme qui avait été guéri: "C'est le sabbat, et notre loi ne te permet pas de porter ta natte." [11] Il leur répondit: "Celui qui m'a guéri m'a dit: 'Prends ta natte et marche.' " [12] Ils lui demandèrent alors: "Qui est celui qui t'a dit: 'Prends ta natte et marche?' " [13] Mais l'homme qui avait été guéri ne savait pas qui c'était, car Jésus était parti à cause de la foule qui se trouvait à cet endroit.

[14] Plus tard, Jésus le rencontra dans le temple et lui dit: "Ecoute, tu es guéri maintenant. Ne pèche plus, pour qu'il ne t'arrive pas quelque chose de pire." [15] L'homme s'en alla et dit aux Juifs que c'était Jésus qui l'avait guéri. [16] C'est pourquoi les Juifs se mirent à persécuter Jésus, parce qu'il avait fait cela le jour du sabbat. [17] Mais Jésus leur répondit: "Mon Père travaille toujours et moi je travaille aussi."

[18] A cause de cette parole, les Juifs cherchaient encore plus à le tuer; car il avait non seulement agi contre la loi du sabbat, mais il avait encore dit que Dieu était son propre Père et s'était fait ainsi l'égal de Dieu.

L'autorité du Fils de Dieu

[19] Alors Jésus leur répondit: "Je vous le déclare, c'est la vérité: le Fils ne fait rien par lui-même; il ne fait que ce qu'il voit faire au Père. Tout ce que le Père fait, le Fils le fait aussi. [20] Car le Père aime le Fils et lui montre tout ce qu'il fait lui-même. Il lui montrera des œuvres à faire encore plus grandes que celles-ci et vous en serez étonnés. [21] Car, de même que le Père relève les morts et leur rend la vie, de même le Fils donne la vie à ceux auxquels il veut la donner. [22] Et le Père ne juge personne, mais il a donné au Fils le pouvoir entier de juger, [23] afin que tous les hommes honorent le Fils comme ils honorent le Père. Celui qui n'honore pas le Fils, n'honore pas le Père qui l'a envoyé.

[24] "Je vous le déclare, c'est la vérité: celui qui écoute mes paroles, et croit en celui qui m'a envoyé, a la vie éternelle. Il ne sera pas condamné, mais il est déjà passé de la mort à la vie. [25] Je vous le déclare, c'est la vérité: le moment vient, et il est déjà là, où les morts entendront la voix du Fils de Dieu et ceux qui l'auront entendue vivront. [26] Car, de même que le Père possède le pouvoir de donner la vie, de même il a accordé au Fils le pouvoir de donner la vie. [27] Et il a donné au Fils le droit de juger, parce qu'il est le *Fils de l'homme. [28] Ne vous en étonnez pas, car le moment vient où tous les morts qui sont dans les tombeaux entendront sa voix [29] et sortiront de leurs tombeaux. Ceux qui ont fait le bien

*ressusciteront pour recevoir la vie, mais ceux qui ont fait le mal ressusciteront pour être condamnés."

Les preuves de l'autorité de Jésus

[30] "Je ne peux rien faire par moi-même. Je juge d'après ce que Dieu me dit, et mon jugement est juste parce que je ne cherche pas à faire ce que je veux, mais ce que veut celui qui m'a envoyé. [31] Si je me rends témoignage à moi-même, ce que je dis ne peut pas être une vraie preuve. [32] Mais c'est un autre qui rend témoignage en ma faveur et je sais que ce qu'il dit à mon sujet est vrai. [33] Vous avez envoyé des messagers à Jean et il a rendu témoignage à la vérité. [34] Je n'ai pas besoin, moi, du témoignage d'un homme; mais je dis cela seulement pour que vous puissiez être sauvés. [35] Jean était comme une lampe allumée qui éclaire et vous avez accepté de vous réjouir un moment à sa lumière. [36] Mais j'ai pour moi un témoignage plus grand que celui rendu par Jean: les œuvres que je fais, qui sont celles que le Père m'a donné à faire, parlent en ma faveur et montrent que le Père m'a envoyé. [37] Et le Père qui m'a envoyé parle aussi en ma faveur. Vous n'avez jamais entendu sa voix et vous n'avez jamais vu son visage. [38] Vous ne gardez pas ses paroles en vous, parce que vous ne croyez pas en celui qu'il a envoyé. [39] Vous étudiez les Ecritures parce que vous pensez trouver en elles la vie éternelle: ce sont justement elles qui parlent de moi! [40] Pourtant, vous ne voulez pas venir à moi pour avoir la vraie vie.

[41] "Je ne recherche pas les éloges qui viennent des hommes. [42] Mais je vous connais: je sais que vous n'avez pas en vous d'amour pour Dieu. [43] Je suis venu de la part de mon Père et vous ne voulez pas me recevoir. Mais si quelqu'un d'autre vient de sa propre autorité, vous le recevrez! [44] Vous aimez recevoir des éloges les uns des autres et vous ne recherchez pas l'éloge qui vient du seul Dieu; comment donc pouvez-vous croire? [45] Mais ne pensez pas que je vous accuserai devant mon Père. C'est Moïse qui vous accusera, lui en qui vous avez mis votre espérance. [46] Si vous aviez vraiment cru Moïse, vous m'auriez aussi cru, car il a écrit à mon sujet. [47] Mais puisque vous ne croyez pas ce qu'il a écrit, comment pourriez-vous croire mes paroles?"

Jésus nourrit cinq mille hommes

(Voir aussi Matt. 14.13-21; Marc 6.30-44; Luc 9.10-17)

6 Après cela, Jésus s'en alla de l'autre côté du lac de Galilée (ou lac de *Tibériade). [2] Une grande foule le suivait, parce que les gens voyaient les miracles qu'il faisait en guérissant les malades. [3] Jésus monta sur une colline et s'assit là avec ses *disciples. [4] La *Pâque, la fête des Juifs, était proche. [5] Jésus regarda et vit qu'une grande foule venait à lui; il dit donc à Philippe: "Où pourrions-nous acheter de la nourriture pour leur donner à manger à tous?" [6] (Il disait cela seulement pour voir ce que répondrait Philippe, car il savait déjà ce qu'il allait faire.) [7] Philippe lui répondit: "Même avec deux cents pièces d'argent, nous n'aurions pas de quoi acheter assez de pain pour que chacun d'eux en reçoive un petit morceau." [8] Un autre de ses disciples, André, le frère de Simon Pierre, lui dit: [9] "Il y a ici un garçon qui a cinq pains d'orge et deux poissons. Mais qu'est-ce que cela pour un si grand nombre de personnes?" [10] Jésus dit alors: "Faites asseoir tout le monde." (Il y avait beaucoup d'herbe à cet endroit.) Ils s'assirent donc; ils étaient au nombre d'environ cinq mille hommes. [11] Jésus prit les pains et, après avoir remercié Dieu, les distribua à ceux qui étaient assis là. Il leur donna de même du poisson, autant qu'ils

en voulaient. [12] Quand ils eurent tous assez mangé, Jésus dit à ses disciples: "Ramassez les morceaux qui restent, afin que rien ne soit perdu." [13] Ils les ramassèrent et remplirent douze corbeilles avec les morceaux qui restaient des cinq pains d'orge qu'on avait mangés.

[14] Les gens, voyant le miracle que Jésus avait fait, déclarèrent: "Cet homme est vraiment le *Prophète qui devait venir dans le monde!" [15] Jésus se rendit compte qu'ils allaient venir l'enlever de force pour le faire roi. Il se retira donc de nouveau sur la colline, tout seul.

Jésus marche sur le lac

(Voir aussi Matt. 14.22-33; Marc 6.45-52)

[16] Quand vint le soir, ses *disciples descendirent au bord du lac, [17] montèrent dans une barque et se mirent à traverser le lac en direction de Capernaüm. Il faisait déjà nuit et Jésus ne les avait pas encore rejoints. [18] L'eau du lac était agitée, car le vent soufflait avec force. [19] Ils avaient ramé environ cinq à six kilomètres quand ils virent Jésus s'approcher de la barque en marchant sur l'eau; et ils eurent peur. [20] Mais Jésus leur dit: "C'est moi, n'ayez pas peur!" [21] Ils voulaient le prendre dans la barque, et aussitôt la barque toucha terre, à l'endroit où ils allaient.

La foule cherche Jésus

[22] Le lendemain, la foule qui était restée de l'autre côté du lac remarqua qu'il n'y avait eu là qu'une seule barque; ils savaient que Jésus n'était pas monté dans la barque avec ses *disciples, mais que ses disciples étaient partis seuls. [23] Cependant, d'autres barques, venant de la ville de *Tibériade, étaient arrivées près de l'endroit où ils avaient mangé le pain après que le Seigneur eut remercié Dieu. [24] Quand la foule vit que ni Jésus, ni ses disciples n'étaient là, ils montèrent dans ces barques et se rendirent à Capernaüm pour le chercher.

Jésus, le pain de vie

[25] Ils trouvèrent Jésus de l'autre côté du lac et lui dirent: "Maître, quand es-tu arrivé ici?" [26] Jésus leur répondit: "Je vous le déclare, c'est la vérité: vous me cherchez parce que vous avez mangé du pain et en avez eu suffisamment, et non parce que vous avez vu mes miracles. [27] Ne

travaillez pas pour la nourriture qui se gâte, mais pour la nourriture qui dure et produit la vie éternelle. Cette nourriture, le *Fils de l'homme vous la donnera, parce que Dieu, le Père, a mis sur lui la marque de son autorité." [28] Ils lui demandèrent alors: "Que devons-nous faire pour accomplir les œuvres voulues par Dieu?" [29] Jésus leur répondit: "L'œuvre que Dieu attend de vous, c'est que vous croyiez en celui qu'il a envoyé." [30] Ils lui dirent: "Quel miracle peux-tu nous faire voir pour que nous te croyions? Quelle œuvre vas-tu accomplir? [31] Nos ancêtres ont mangé la *manne dans le désert, comme le dit l'Ecriture: 'Il leur a donné à manger du pain venu du ciel.' " [32] Jésus leur répondit: "Je vous le déclare, c'est la vérité: ce n'est pas Moïse qui vous a donné le pain du ciel, mais c'est mon Père qui vous donne le vrai pain du ciel. [33] Car le pain que Dieu donne, c'est celui qui descend du ciel et donne la vie au monde." [34] Ils lui dirent alors: "Maître, donne-nous toujours de ce pain-là." [35] Jésus leur déclara: "Je suis le pain de vie. Celui qui vient à moi n'aura jamais faim et celui qui croit en moi n'aura jamais soif. [36] Mais je vous l'ai dit: vous m'avez vu et pourtant vous ne croyez pas. [37] Chacun de ceux que le Père me donne viendra à moi et je ne rejetterai jamais celui qui vient à moi; [38] car je suis descendu du ciel pour faire la volonté de celui qui m'a envoyé et non ma volonté. [39] Voici ce que veut celui qui m'a envoyé: que je ne perde aucun de ceux qu'il m'a donnés, mais que je les ramène tous de la mort à la vie au dernier jour. [40] Car voici ce que veut mon Père: que tous ceux qui voient le Fils et croient en lui aient la vie éternelle et que je les ramène de la mort à la vie au dernier jour."

[41] Les Juifs s'indignaient contre Jésus parce qu'il avait dit: "Je suis le pain descendu du ciel." [42] "N'est-ce pas Jésus," disaient-ils, "le fils de Joseph? Nous connaissons son père et sa mère. Comment peut-il dire maintenant qu'il est descendu du ciel?" [43] Jésus leur répondit: "Cessez de vous indigner entre vous. [44] Personne ne peut venir à moi si le Père qui m'a envoyé ne l'attire, et moi, je le ramènerai de la mort à la vie au dernier jour. [45] Les *prophètes ont écrit cette parole: 'Ils seront tous enseignés par Dieu.' Tout homme qui écoute le Père et reçoit son enseignement vient à moi. [46] Cela ne signifie pas que quelqu'un ait vu le Père; seul celui qui est venu de Dieu a vu le Père."

[47] "Je vous le déclare, c'est la vérité: celui qui croit a la vie éternelle. [48] Je suis le pain de vie. [49] Vos ancêtres ont mangé la manne dans le désert et ils sont morts. [50] Mais le pain qui descend du ciel est tel que celui qui en mange ne mourra pas. [51] Je suis le pain vivant descendu du ciel. Si quelqu'un mange de ce pain, il vivra pour toujours. Le pain que je donnerai, c'est ma chair; je la donne afin que le monde vive."

[52] Là-dessus, les Juifs discutaient vivement entre eux: "Comment cet homme peut-il nous donner sa chair à manger?" demandaient-ils. [53] Jésus leur dit: "Je vous le déclare, c'est la vérité: si vous ne mangez la chair du Fils de l'homme et si vous ne buvez son sang, vous n'aurez pas la vie en vous. [54] Celui qui mange ma chair et boit mon sang a la vie éternelle et je le ramènerai de la mort à la vie au dernier jour. [55] Car ma chair est une vraie nourriture et mon sang est une vraie boisson. [56] Celui qui mange ma chair et boit mon sang vit en moi et je vis en lui. [57] Le Père qui m'a envoyé est vivant et je vis par lui; de même, celui qui me mange vit par moi. [58] Voici le pain qui est descendu du ciel: il n'est pas comme celui qu'ont mangé vos ancêtres, qui sont morts. Celui qui mange ce pain vivra pour toujours." [59] Jésus prononça ces paroles alors qu'il enseignait dans la *synagogue de Capernaüm.

Les paroles de la vie éternelle

[60] Après avoir entendu Jésus, beaucoup de ses *disciples dirent: "Cet enseignement est difficile à admettre. Qui peut l'accepter?" [61] Jésus s'aperçut que ses disciples s'indignaient à ce sujet, de sorte qu'il leur dit: "Cela vous choque? [62] Qu'arrivera-t-il alors si vous voyez le *Fils de l'homme monter où il était auparavant? [63] C'est l'Esprit qui donne la vie; la chair ne sert de rien. Les paroles que je vous ai dites sont Esprit et vie. [64] Mais quelques-uns parmi vous ne croient pas." (Car Jésus savait depuis le commencement qui étaient ceux qui ne croyaient pas et qui était celui qui devait le trahir.) [65] Il ajouta: "Voilà pourquoi je vous ai dit que personne ne peut venir à moi si Dieu ne lui en a pas donné la possibilité."

[66] Dès lors, beaucoup de ses disciples se retirèrent et n'allèrent plus avec lui. [67] Jésus dit alors aux douze disciples: "Voulez-vous partir, vous aussi?" [68] Simon Pierre lui répon-

dit "Seigneur, à qui irions-nous? Tu as les paroles qui donnent la vie éternelle. [69] Maintenant, nous croyons et nous savons que tu es le Saint venu de Dieu." [70] Jésus leur répondit: "Ne vous ai-je pas choisis tous les douze? Et pourtant l'un de vous est un diable!" [71] Il parlait de Judas, fils de Simon Iscariote. Car Judas, quoiqu'il fût un des douze disciples, allait le trahir.

Les frères de Jésus ne croient pas en lui

7 Après cela, Jésus parcourait la Galilée; il ne voulait pas parcourir la Judée, car les Juifs cherchaient à le tuer. [2] Comme la fête juive des *Tabernacles était proche, [3] les frères de Jésus lui dirent: "Pars d'ici et va en Judée, afin que tes *disciples voient aussi les œuvres que tu accomplis. [4] Personne ne cache ce qu'il fait s'il désire être connu. Puisque tu accomplis de telles œuvres, agis en sorte que tout le monde te voie." [5] (Ses frères eux-mêmes ne croyaient pas en lui.) [6] Jésus leur dit: "Le bon moment n'est pas encore venu pour moi. Pour vous, tout moment est bon. [7] Le monde ne peut pas vous haïr, mais il me hait, moi, parce que je déclare que les œuvres qu'il fait sont mauvaises. [8] Allez à la fête, vous. Je ne vais pas à cette fête, parce que le bon moment n'est pas encore arrivé pour moi." [9] Il leur dit ces mots et resta en Galilée.

Jésus à la fête des *Tabernacles

[10] Quand ses frères se furent rendus à la fête, Jésus y alla aussi, mais sans se faire voir, en secret. [11] Les Juifs le cherchaient pendant la fête et disaient: "Où est-il?" [12] On parlait

beaucoup de lui, à voix basse, dans la foule. "C'est un homme de bien," disaient les uns. "Non," disaient les autres, "il trompe les gens." [13] Mais personne ne parlait librement de lui, parce qu'ils avaient peur des Juifs.

[14] La fête était déjà à moitié passée, quand Jésus se rendit au temple et se mit à enseigner. [15] Les Juifs s'étonnaient et disaient: "Comment cet homme en sait-il autant, lui qui n'a pas étudié?" [16] Jésus leur répondit: "L'enseignement que je donne n'est pas de moi, mais vient de Dieu qui m'a envoyé. [17] Celui qui est disposé à faire ce que Dieu veut saura si mon enseignement vient de Dieu ou si je parle par ma seule autorité. [18] L'homme qui parle par sa seule autorité cherche la gloire pour lui-même. Mais celui qui travaille à la gloire de celui qui l'a envoyé dit la vérité et il n'y a rien de faux en lui. [19] Moïse vous a donné la loi, n'est-ce pas? Mais aucun de vous n'obéit à la loi. Pourquoi cherchez-vous à me tuer?" [20] La foule lui répondit: "Tu as en toi un esprit mauvais! Qui cherche à te tuer?" [21] Jésus leur répondit: "J'ai fait une seule œuvre et vous êtes tous étonnés! [22] Parce que Moïse vous a donné l'ordre de *circoncire les garçons (bien que ce ne soit pas Moïse qui ait commencé à le faire, mais vos ancêtres), vous acceptez de circoncire quelqu'un même le jour du *sabbat. [23] Si vous pouvez circoncire un garçon le jour du sabbat pour ne pas commettre de faute contre la loi de Moïse, pourquoi êtes-vous en colère contre moi parce que j'ai guéri un homme tout entier le jour du sabbat? [24] Cessez de juger d'après ce que vous voyez extérieurement. Soyez justes dans votre façon de juger."

Jésus est-il le Messie?

[25] Quelques habitants de Jérusalem disaient: "N'est-ce pas cet homme qu'on cherche à tuer? [26] Voyez: il parle en public et on ne lui dit rien! Nos chefs auraient-ils vraiment reconnu qu'il est le *Messie? [27] Mais quand le Messie arrivera, personne ne saura d'où il vient, tandis que nous savons d'où vient cet homme."

[28] Jésus enseignait alors dans le temple; il s'écria: "Vous me connaissez et vous savez d'où je viens? Cependant, je ne suis pas venu de moi-même, mais celui qui m'a envoyé est véritable. Vous ne le connaissez pas. [29] Moi, je le connais

parce que je viens d'auprès de lui et que c'est lui qui m'a envoyé." [30] Ils cherchèrent alors à l'arrêter, mais personne ne mit la main sur lui, car son heure n'était pas encore venue. [31] Dans la foule, cependant, beaucoup crurent en lui. Ils disaient: "Quand le Messie viendra, fera-t-il plus de miracles que n'en a fait cet homme?"

Des gardes sont envoyés pour arrêter Jésus

[32] Les *Pharisiens apprirent ce que l'on disait à voix basse dans la foule au sujet de Jésus. Les chefs des prêtres et les Pharisiens envoyèrent alors des gardes pour l'arrêter. [33] Jésus déclara: "Je suis avec vous pour un peu de temps encore, puis je m'en irai vers celui qui m'a envoyé. [34] Vous me chercherez, mais vous ne me trouverez pas, car vous ne pouvez aller là où je serai." [35] Les Juifs se demandèrent entre eux: "Où va-t-il se rendre pour que nous ne puissions pas le trouver? Va-t-il se rendre vers les Juifs dispersés parmi les Grecs et enseigner les Grecs? [36] Que signifient ces mots qu'il a dits: 'Vous me chercherez, mais vous ne me trouverez pas, car vous ne pouvez aller là où je serai?' "

Des fleuves d'eau vive

[37] Le dernier jour de la fête était le plus important. Ce jour-là, Jésus, debout devant la foule, s'écria: "Si quelqu'un a soif, qu'il vienne à moi et qu'il boive. [38] 'Celui qui croit en moi, des fleuves d'eau vive couleront de son coeur,' comme dit l'Ecriture." [39] (Jésus parlait de l'Esprit que ceux qui croyaient en lui allaient recevoir. A ce moment-là, l'Esprit n'avait pas encore été donné, parce que Jésus n'avait pas encore été glorifié).

La foule se divise à cause de Jésus

[40] Des gens de la foule, après avoir entendu ces paroles, disaient: "Cet homme est vraiment le *Prophète!" [41] D'autres disaient: "C'est le *Messie!" "Mais," disaient d'autres, "le Messie pourrait-il venir de Galilée? [42] L'Ecriture déclare que le Messie sera un descendant de David et qu'il viendra de Bethléhem, la ville où a vécu David." [43] La foule se divisa donc à cause de Jésus. [44] Certains d'entre eux voulaient l'arrêter, mais personne ne mit la main sur lui.

L'incrédulité des chefs juifs

[45] Les gardes retournèrent auprès des chefs des prêtres et des *Pharisiens qui leur demandèrent: "Pourquoi ne l'avez-vous pas amené?" [46] Les gardes répondirent: "Jamais personne n'a parlé comme cet homme!" [47] "Vous êtes-vous laissé tromper, vous aussi?" leur demandèrent les Pharisiens. [48] "Y a-t-il un seul de nos chefs ou un seul des Pharisiens qui ait cru en lui? [49] Mais cette foule ne connaît pas la loi de Moïse, ce sont des maudits!" [50] Nicodème était l'un des Pharisiens présents: c'est lui qui était allé voir Jésus quelque temps auparavant. Il leur dit: [51] "Selon notre loi, nous ne pouvons condamner un homme sans l'avoir d'abord entendu et sans savoir ce qu'il a fait." [52] Ils lui répondirent: "Es-tu de Galilée, toi aussi? Etudie les Ecritures et tu verras qu'aucun *prophète n'est jamais venu de Galilée." [[53] Ensuite, chacun s'en alla dans sa maison.

La femme adultère

8 Mais Jésus se rendit au mont des Oliviers. [2] Tôt le lendemain matin, il retourna dans le temple et toute la foule s'approcha de lui. Il s'assit et se mit à les enseigner. [3] Les *maîtres de la loi et les *Pharisiens lui amenèrent alors une femme qu'on avait surprise en train de commettre un adultère. Ils la placèrent devant tout le monde [4] et dirent à Jésus: "Maître, cette femme a été surprise au moment même

où elle commettait un adultère. [5] Moïse nous a ordonné dans la *loi de tuer de telles femmes à coups de pierres. Et toi, qu'en dis-tu?" [6] Ils disaient cela pour lui tendre un piège, afin de pouvoir l'accuser. Mais Jésus se baissa et se mit à écrire avec le doigt sur la terre. [7] Comme ils continuaient à le

questionner, Jésus se redressa et leur dit: "Que celui d'entre vous qui n'a jamais péché lui jette la première pierre." [8] Puis il se baissa de nouveau et se remit à écrire sur la terre. [9] Quand ils entendirent ces mots, ils partirent l'un après l'autre, les plus âgés d'abord. Jésus resta seul avec la femme, qui se tenait encore devant lui. [10] Alors il se redressa et lui

dit: "Femme, où sont-ils? Personne ne t'a condamnée?" [11] "Personne, Maître," répondit-elle. "Je ne te condamne pas non plus, dit Jésus. Tu peux t'en aller, mais ne pèche plus."]

Jésus, la lumière du monde

[12] Jésus adressa de nouveau la parole à la foule et dit: "Je suis la lumière du monde. Celui qui me suit aura la lumière de la vie et ne marchera jamais dans l'obscurité." [13] Les *Pharisiens lui dirent: "Tu te rends témoignage à toi-même; ce que tu déclares n'a pas de valeur." [14] Jésus leur répondit: "Même si je me rends témoignage à moi-même, ce que je déclare est vrai, parce que je sais d'où je suis venu et où je vais. Mais vous, vous ne savez ni d'où je viens ni où je vais. [15] Vous jugez à la manière des hommes; moi je ne juge personne. [16] Cependant, s'il m'arrive de juger, mon jugement est valable, parce que je ne suis pas tout seul pour juger, mais le Père qui m'a envoyé est avec moi. [17] Il est écrit dans votre *loi que quand deux personnes apportent le même témoignage, ce témoignage est valable. [18] Je me rends témoignage à moi-même et le Père qui m'a envoyé témoigne aussi pour moi." [19] Ils lui demandèrent: "Où est ton Père?" Jésus répondit: "Vous ne connaissez ni moi, ni mon Père. Si vous me connaissiez, vous connaîtriez aussi mon Père."

[20] Jésus prononça ces paroles alors qu'il enseignait dans le temple, à l'endroit où se trouvent les troncs à offrandes. Personne ne l'arrêta, parce que son heure n'était pas encore venue.

"Vous ne pouvez aller là où je vais"

[21] Jésus leur dit encore: "Je vais partir et vous me chercherez, mais vous mourrez dans votre péché. Vous ne pouvez aller là où je vais." [22] Les Juifs se disaient: "Va-t-il se tuer, puisqu'il dit: 'Vous ne pouvez aller là où je vais'?" [23] Jésus leur répondit: "Vous venez d'ici-bas, mais moi je viens d'en haut. Vous appartenez à ce monde, mais moi je n'appartiens pas à ce monde. [24] C'est pourquoi je vous ai dit que vous mourrez dans vos péchés. Car vous mourrez dans vos péchés si vous ne croyez pas que 'je suis celui que je suis.' " [25] "Qui es-tu?" lui demandèrent-ils. Jésus leur répondit: "Ce que je vous ai dit depuis le commencement. [26] J'ai beaucoup à dire et à juger à votre sujet. Mais celui qui m'a envoyé dit la vérité, et j'annonce au monde seulement ce que j'ai appris de lui."

[27] Ils ne comprirent pas qu'il leur parlait du Père. [28] Jésus leur dit alors: "Quand vous aurez élevé le *Fils de l'homme,

vous reconnaîtrez que 'je suis celui que je suis'; vous reconnaîtrez que je ne fais rien par moi-même: je dis seulement ce que le Père m'a enseigné. [29] Celui qui m'a envoyé est avec moi; il ne m'a pas laissé seul, parce que je fais toujours ce qui lui plaît." [30] Comme Jésus parlait ainsi, beaucoup crurent en lui.

Les hommes libres et les esclaves

[31] Jésus dit alors aux Juifs qui avaient cru en lui: "Si vous obéissez fidèlement à mon enseignement, vous serez vraiment mes *disciples; [32] vous connaîtrez la vérité et la vérité vous rendra libres." [33] Ils lui répondirent: "Nous sommes les descendants d'Abraham et nous n'avons jamais été les esclaves de personne. Comment peux-tu nous dire: 'Vous deviendrez libres'?" [34] Jésus leur répondit: "Je vous le déclare, c'est la vérité: tout homme qui pèche est un esclave du péché. [35] Un esclave ne fait pas toujours partie de la famille, mais un fils en fait partie pour toujours. [36] Si le Fils vous rend libres, vous serez alors vraiment libres. [37] Je sais que vous êtes les descendants d'Abraham. Mais vous cherchez à me tuer, parce que vous n'acceptez pas mon enseignement. [38] Je parle de ce que mon Père m'a montré, mais vous, vous faites ce que votre père vous a dit."

[39] Ils lui répondirent: "Notre père, c'est Abraham." "Si vous étiez vraiment les enfants d'Abraham," leur dit Jésus, "vous feriez les œuvres qu'il a faites. [40] Mais maintenant, quoique je vous aie dit la vérité que j'ai apprise de Dieu, vous cherchez à me tuer. Abraham n'a rien fait de semblable! [41] Vous faites les mêmes œuvres que votre père." Ils lui répondirent: "Nous ne sommes pas des enfants illégitimes. Nous avons un seul Père, Dieu." [42] Jésus leur dit: "Si Dieu était vraiment votre Père, vous m'aimeriez, car je suis venu de Dieu et je suis ici de sa part. Je ne suis pas venu de moi-même, mais c'est lui qui m'a envoyé. [43] Pourquoi ne comprenez-vous pas ce que je vous dis? Parce que vous êtes incapables d'écouter mes paroles. [44] Vous avez pour père le diable et vous voulez faire ce que votre père désire. Il a été meurtrier dès le commencement. Il ne s'est jamais tenu dans la vérité parce qu'il n'y a pas de vérité en lui. Quand il dit des mensonges, il parle de la manière qui lui est naturelle, parce qu'il est menteur et père du mensonge. [45] Mais moi je dis la vérité et c'est pourquoi vous ne me

croyez pas. [46] Qui d'entre vous peut prouver que j'ai péché? Et si je dis la vérité, pourquoi ne me croyez-vous pas? [47] Celui qui est de Dieu écoute les paroles de Dieu. Mais vous n'êtes pas de Dieu et c'est pourquoi vous n'écoutez pas."

Jésus et Abraham

[48] Les Juifs lui répondirent: "N'avons-nous pas raison de dire que tu es un *Samaritain et que tu as en toi un esprit mauvais?" [49] "Je n'ai pas d'esprit mauvais," répondit Jésus, "mais j'honore mon Père et vous, vous refusez de m'honorer. [50] Je ne cherche pas la gloire pour moi. Il en est un qui la cherche pour moi et qui juge. [51] Je vous le déclare, c'est la vérité: celui qui obéit à mes paroles ne mourra jamais." [52] Les Juifs lui dirent: "Maintenant nous sommes sûrs que tu as un esprit mauvais! Abraham est mort, les *prophètes sont morts, et toi, tu dis: 'Celui qui obéit à ce que je dis ne mourra jamais.' [53] Abraham, notre père, est mort: penses-tu être plus grand que lui? Les prophètes aussi sont morts. Pour qui te prends-tu?" [54] Jésus répondit: "Si je me glorifiais moi-même, ma gloire ne vaudrait rien. Celui qui me glorifie, c'est mon Père, lui dont vous dites: 'Il est notre Dieu,' [55] mais que vous ne connaissez pas. Moi je le connais. Si je disais que je ne le connais pas, je serais un menteur comme vous. Mais je le connais et j'obéis à ses paroles. [56] Abraham votre père s'est réjoui en pensant qu'il devait voir mon jour; il l'a vu et en a été heureux." [57] Les Juifs lui dirent: "Tu n'as pas encore cinquante ans et tu dis avoir vu Abraham?" [58] Jésus leur répondit: "Je vous le déclare, c'est la vérité: avant qu'Abraham soit né, 'je suis'." [59] Ils ramassèrent alors des pierres pour les lui jeter. Mais Jésus se cacha et sortit du temple.

Jésus guérit un homme aveugle de naissance

9 Comme Jésus passait en un certain endroit, il vit un homme qui était aveugle depuis sa naissance. [2] Ses disciples lui demandèrent: "Maître, pourquoi cet homme est-il né aveugle: à cause de son propre péché ou à cause du péché de ses parents?" [3] Jésus répondit: "Ce n'est ni à cause de son péché, ni à cause du péché de ses parents. Il est aveugle pour qu'apparaisse l'œuvre que Dieu peut accomplir en lui. [4] Pendant qu'il fait jour, nous devons accomplir les œuvres de celui qui m'a envoyé. La nuit s'approche, où

personne ne peut travailler. [5] Pendant que je suis dans le monde, je suis la lumière du monde." [6] Après avoir dit ces mots, Jésus cracha à terre et fit un peu de boue avec sa salive; il frotta les yeux de l'aveugle avec cette boue [7] et lui

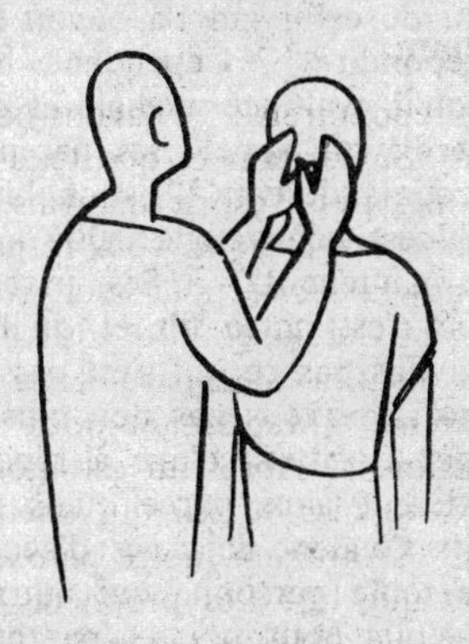

dit: "Va te laver la figure à la piscine de Siloé." (Ce nom signifie "Envoyé".) L'aveugle y alla, se lava la figure et, quand il revint, il pouvait voir.

[8] Ses voisins et ceux qui l'avaient vu mendier auparavant dirent alors: "N'est-ce pas cet homme qui se tenait assis et qui mendiait?" [9] Les uns disaient: "C'est lui." D'autres disaient: "Non, ce n'est pas lui, mais il lui ressemble." Et l'homme disait: "C'est bien moi." [10] Ils lui demandèrent: "Comment donc tes yeux se sont-ils ouverts?" [11] Il répondit: "L'homme appelé Jésus a fait un peu de boue, en a frotté mes yeux et m'a dit: 'Va à Siloé te laver la figure.' J'y suis allé et, après m'être lavé, j'ai pu voir." [12] Ils lui demandèrent: "Où est cet homme?" "Je ne sais pas," répondit-il.

Les Pharisiens interrogent l'aveugle guéri

[13] On amena alors aux *Pharisiens l'homme qui avait été aveugle. [14] Or, Jésus avait fait de la boue et lui avait ouvert les yeux un jour de *sabbat. [15] C'est pourquoi, les Pharisiens eux aussi demandèrent à l'homme ce qui s'était passé pour qu'il voie maintenant. Il leur dit: "Il m'a mis un peu de boue sur les yeux, je me suis lavé la figure et maintenant je vois." [16] Quelques-uns des Pharisiens disaient: "L'homme qui a fait cela ne peut pas venir de Dieu, car il n'obéit pas

à la loi du sabbat." Mais d'autres disaient: "Comment un homme peut-il faire de tels miracles s'il est pécheur?" Et ils étaient divisés entre eux.

[17] Les Pharisiens demandèrent encore à l'aveugle guéri: "Et toi, que dis-tu de celui qui t'a ouvert les yeux?" "C'est un *prophète," répondit-il. [18] Cependant, les Juifs ne voulaient pas croire qu'il avait été aveugle et qu'il pouvait voir maintenant, avant d'avoir appelé ses parents [19] pour les interroger. Il leur demandèrent: "Est-ce bien là votre fils? Affirmez-vous qu'il est né aveugle? Que s'est-il donc passé pour qu'il voie maintenant?" [20] Ses parents répondirent: "Nous savons que c'est notre fils et qu'il est né aveugle. [21] Mais nous ne savons pas ce qui s'est passé pour qu'il voie maintenant et nous ne savons pas non plus qui lui a ouvert les yeux. Interrogez-le: il est d'âge à répondre lui-même!" [22] Ses parents parlèrent ainsi parce qu'ils avaient peur des Juifs. Car les Juifs s'étaient déjà mis d'accord pour chasser de la *synagogue toute personne qui affirmerait que Jésus est le *Messie. [23] Voilà pourquoi ses parents dirent: "Il est d'âge à répondre, interrogez-le!"

[24] Les Pharisiens appelèrent une seconde fois l'homme qui avait été aveugle et lui dirent: "Dis la vérité devant Dieu. Nous savons que cet homme est un pécheur." [25] Il répondit: "Je ne sais pas s'il est pécheur ou non. Mais je sais une chose: j'étais aveugle et maintenant je vois." [26] Ils lui demandèrent: "Que t'a-t-il fait? Comment t'a-t-il ouvert les yeux?" [27] "Je vous l'ai déjà dit," répondit-il, "mais vous ne m'avez pas écouté. Pourquoi voulez-vous me l'entendre dire encore une fois? Peut-être désirez-vous, vous aussi, devenir ses *disciples?" [28] Ils l'injurièrent et dirent: "Toi, tu es disciple de cet homme! Nous, nous sommes disciples de Moïse. [29] Nous savons que Dieu a parlé à Moïse; mais lui, nous ne savons même pas d'où il vient!" [30] L'homme leur répondit: "Voilà bien ce qui est étonnant: vous ne savez pas d'où il vient et pourtant il m'a ouvert les yeux! [31] Nous savons que Dieu n'écoute pas les pécheurs, mais qu'il écoute l'homme qui le respecte et obéit à sa volonté. [32] On n'a jamais entendu dire que quelqu'un ait ouvert les yeux d'une personne née aveugle. [33] Si cet homme ne venait pas de Dieu, il ne pourrait rien faire." [34] Ils lui répondirent: "Tu es tout entier dans le péché depuis ta naissance et tu veux nous faire la leçon?" Et ils le chassèrent de la synagogue.

L'aveuglement spirituel

[35] Jésus apprit qu'ils l'avaient chassé. Il le rencontra et lui dit: "Crois-tu au *Fils de l'homme?" [36] "Dis-moi qui il est, Maître," répondit l'homme, "pour que je puisse croire en lui." [37] Jésus lui dit: "Tu le vois; c'est lui qui te parle maintenant." [38] "Je crois, Seigneur," dit l'homme. Et il se mit à genoux devant Jésus.

[39] Jésus dit alors: "Je suis venu dans ce monde pour qu'un jugement ait lieu: pour que les aveugles voient et pour que ceux qui voient deviennent aveugles." [40] Quelques-uns des *Pharisiens, qui se trouvaient avec lui, entendirent ces paroles et lui demandèrent: "Sommes-nous des aveugles, nous aussi?" [41] Jésus leur répondit: "Si vous étiez aveugles, vous ne seriez pas coupables; mais comme vous dites: 'Nous voyons,' vous êtes toujours coupables."

La parabole du berger et des brebis

10 "Je vous le déclare, c'est la vérité: celui qui n'entre pas par la porte dans l'enclos des *brebis, mais qui passe par-dessus le mur à un autre endroit, celui-là est un voleur et un brigand. [2] Mais celui qui entre par la porte est le *berger des brebis. [3] Le gardien lui ouvre la porte et les brebis écoutent sa voix. Il appelle ses brebis chacune par son nom et les mène dehors. [4] Quand il les a toutes fait sortir, il marche devant elles et les brebis le suivent, parce qu'elles connaissent sa voix. [5] Mais elles ne suivront pas un inconnu; au contraire, elles fuiront loin de lui, parce qu'elles ne connaissent pas sa voix."

[6] Jésus leur dit cette *parabole, mais ils ne comprirent pas de quoi il leur parlait.

Jésus, le bon berger

[7] Jésus dit encore: "Je vous le déclare, c'est la vérité: je suis la porte de l'enclos des *brebis. [8] Tous ceux qui sont venus avant moi sont des voleurs et des brigands; mais les brebis ne les ont pas écoutés. [9] Je suis la porte. Celui qui entre par moi sera sauvé; il pourra entrer et sortir, et il trouvera sa nourriture. [10] Le voleur vient uniquement pour voler, tuer et détruire. Moi, je suis venu pour que les hommes aient la vie et l'aient en abondance.

[11] "Je suis le bon *berger. Le bon berger donne sa vie

pour ses brebis. [12] L'homme qui ne travaille que pour de l'argent, qui n'est pas le berger et à qui les brebis n'appartiennent pas, abandonne les brebis et s'enfuit quand il voit venir le loup, de sorte que le loup s'empare des brebis et les disperse. [13] Il s'enfuit parce qu'il ne travaille que pour de l'argent et ne se soucie pas des brebis. [14-15] Je suis le bon berger. De même que le Père me connaît et que je connais le Père, de même je connais mes brebis et mes brebis me connaissent. Et je donne ma vie pour mes brebis. [16] J'ai encore d'autres brebis qui ne sont pas dans cet enclos. Je dois aussi les conduire; elles écouteront ma voix, et il y aura un seul troupeau avec un seul berger.

[17] "Le Père m'aime parce que je donne ma vie afin de la recevoir à nouveau. [18] Personne ne me prend la vie, mais je la donne de ma propre volonté. J'ai le pouvoir de la donner et j'ai le pouvoir de la recevoir à nouveau. C'est là ce que mon Père m'a ordonné de faire."

[19] Les Juifs furent de nouveau divisés à cause de ces paroles. [20] Beaucoup d'entre eux disaient: "Il a en lui un esprit mauvais! Il est fou! Pourquoi l'écoutez-vous?" [21] D'autres disaient: "Un homme ayant un esprit mauvais ne parlerait pas ainsi. Un esprit mauvais peut-il ouvrir les yeux des aveugles?"

Les Juifs rejettent Jésus

[22] C'était l'hiver et l'on célébrait à Jérusalem la fête de la *Dédicace. [23] Jésus allait et venait dans la galerie à colonnes de Salomon, dans le temple. [24] Les Juifs se rassemblèrent alors autour de lui et lui dirent: "Jusqu'à quand vas-tu nous maintenir dans le doute? Si tu es le *Messie, dis-le nous clairement." [25] Jésus leur répondit: "Je vous l'ai déjà dit, mais vous ne me croyez pas. Les œuvres que je fais avec l'autorité de mon Père parlent en ma faveur. [26] Mais vous ne croyez pas parce que vous ne faites pas partie de mes *brebis. [27] Mes brebis écoutent ma voix; je les connais et elles me suivent. [28] Je leur donne la vie éternelle, elles ne mourront jamais et personne ne les arrachera de ma main. [29] Ce que mon Père m'a donné est plus grand que tout et personne ne peut rien arracher de la main du Père. [30] Le Père et moi, nous sommes un."

[31] Les Juifs ramassèrent de nouveau des pierres pour les lui jeter. [32] Jésus leur dit alors: "J'ai fait devant vous beau-

coup d'œuvres bonnes par le pouvoir du Père. Pour laquelle de ces œuvres voulez-vous me tuer à coups de pierres?" [33] Les Juifs lui répondirent: "Nous ne voulons pas te tuer à coups de pierres pour une œuvre bonne, mais parce que tu parles contre Dieu: tu n'es qu'un homme et tu veux te faire Dieu!" [34] Jésus répondit: "Il est écrit dans votre *loi que Dieu a dit: 'Vous êtes des dieux.' [35] Nous savons qu'on ne peut pas supprimer ce qu'affirme l'Ecriture. Dieu a appelé dieux ceux à qui s'adressait sa parole. [36] Et moi, Dieu m'a choisi et envoyé dans le monde. Comment donc pouvez-vous dire que je parle contre Dieu parce que j'ai déclaré que je suis le Fils de Dieu? [37] Si je ne fais pas les œuvres de mon Père, ne me croyez pas. [38] Mais si je les fais, quand même vous ne me croiriez pas, croyez au moins à mes œuvres afin que vous sachiez une fois pour toutes que le Père est en moi et que je suis dans le Père."

[39] Ils cherchèrent une fois de plus à l'arrêter, mais il leur échappa.

[40] Jésus s'en alla de nouveau de l'autre côté de la rivière du Jourdain, à l'endroit où Jean avait baptisé précédemment, et il y resta. [41] Beaucoup de gens vinrent à lui. Ils disaient: "Jean n'a fait aucun miracle, mais tout ce qu'il a dit de cet homme était vrai." [42] Et là, beaucoup crurent en Jésus.

La mort de Lazare

11 Un homme appelé Lazare tomba malade. Il habitait Béthanie, le village où vivaient Marie et sa sœur Marthe. [2] (Marie était cette femme qui répandit du parfum sur les pieds du Seigneur et les essuya avec ses cheveux, et c'était son frère Lazare qui était malade.) [3] Les deux sœurs envoyèrent quelqu'un dire à Jésus: "Seigneur, ton ami est malade." [4] Lorsque Jésus apprit cette nouvelle, il dit: "La maladie de Lazare ne le fera pas mourir; elle a pour but de montrer la gloire de Dieu et doit servir à donner de la gloire au Fils de Dieu."

[5] Jésus aimait Marthe et sa sœur, ainsi que Lazare. [6] Quand il apprit que Lazare était malade, il resta encore deux jours à l'endroit où il se trouvait, [7] puis il dit à ses *disciples: "Retournons en Judée." [8] Les disciples lui répondirent: "Maître, il y a très peu de temps les Juifs cherchaient à te tuer à coups de pierres et tu veux retourner là-bas?" [9] Jésus leur dit: "Il y a douze heures dans le jour, n'est-ce pas? Si quel-

qu'un marche pendant le jour, il ne trébuche pas, parce qu'il voit la lumière de ce monde. [10] Mais si quelqu'un marche pendant la nuit, il trébuche, parce qu'il n'y a pas de lumière en lui." [11] Jésus leur dit ces mots, puis ajouta: "Notre ami Lazare s'est endormi, mais je vais aller le réveiller." [12] Les disciples répondirent: "Seigneur, s'il s'est endormi, il guérira." [13] Jésus avait voulu dire que Lazare était mort, mais les disciples pensaient qu'il parlait du sommeil normal. [14] Jésus leur dit alors clairement: "Lazare est mort. [15] Je me réjouis à cause de vous de n'avoir pas été là-bas, parce qu'ainsi vous me croirez. Mais allons auprès de lui." [16] Alors Thomas (appelé le Jumeau) dit aux autres disciples: "Allons-y, nous aussi, pour mourir avec le Maître!"

Jésus est la résurrection et la vie

[17] Quand Jésus arriva, il découvrit qu'on avait mis Lazare au tombeau déjà quatre jours auparavant. [18] Béthanie est près de Jérusalem, à moins de trois kilomètres, [19] et beaucoup de Juifs étaient venus chez Marthe et Marie pour les consoler de la mort de leur frère.

[20] Quand Marthe apprit que Jésus arrivait, elle partit à sa rencontre; mais Marie resta assise à la maison. [21] Marthe dit à Jésus: "Seigneur, si tu avais été ici, mon frère ne serait pas mort. [22] Mais je sais que même maintenant Dieu te donnera tout ce que tu lui demanderas." [23] Jésus lui dit: "Ton frère reviendra à la vie." [24] Marthe répondit: "Je sais qu'il reviendra à la vie lors de la *résurrection des morts, au dernier jour."

[25] Jésus lui dit: "Je suis la résurrection et la vie. Celui qui croit en moi vivra, même s'il meurt; [26] et celui qui vit et croit en moi ne mourra jamais. Crois-tu cela?" [27] "Oui, Seigneur," répondit-elle, "je crois que tu es le *Messie, le Fils de Dieu, celui qui devait venir dans le monde."

Jésus pleure

[28] Après avoir ainsi parlé, Marthe s'en alla appeler sa sœur Marie et lui dit en secret: "Le Maître est là et il te demande de venir." [29] Dès que Marie eut entendu ces mots, elle se leva et se hâta d'aller vers Jésus. [30] (Jésus n'était pas encore entré dans le village, mais il se trouvait toujours à l'endroit où Marthe l'avait rencontré.) [31] Quand les Juifs qui étaient dans

la maison avec Marie pour la consoler la virent se lever et sortir en hâte, ils la suivirent. Ils pensaient qu'elle allait au tombeau pour y pleurer.

[32] Lorsque Marie arriva à l'endroit où était Jésus et qu'elle le vit, elle se jeta à ses pieds et lui dit: "Seigneur, si tu avais été ici, mon frère ne serait pas mort." [33] Jésus vit qu'elle pleurait et que les Juifs qui étaient venus avec elle pleuraient aussi. Il en fut profondément attristé et troublé, [34] et il leur demanda: "Où l'avez-vous enterré?" Ils lui répondirent: "Seigneur, viens et vois." [35] Jésus pleura. [36] Les Juifs dirent alors: "Voyez comme il l'aimait!" [37] Mais quelques-uns d'entre eux dirent: "Lui qui a ouvert les yeux de l'aveugle, ne pouvait-il pas faire aussi que Lazare ne meure pas?"

Lazare est ramené à la vie

[38] Jésus, de nouveau profondément attristé, se rendit au tombeau. C'était une caverne, avec une pierre placée devant l'entrée. [39] "Enlevez la pierre," dit Jésus. Marthe, la sœur

du mort, lui dit: "Seigneur, il doit déjà sentir mauvais, car il est dans le tombeau depuis quatre jours." [40] Jésus lui répondit: "Ne t'ai-je pas dit que si tu crois tu verras la gloire de Dieu?" [41] On enleva donc la pierre. Jésus leva les yeux vers le ciel et dit: "Père, je te remercie de ce que tu m'as écouté. [42] Je sais que tu m'écoutes toujours, mais je le dis à cause de ces hommes qui m'entourent, afin qu'ils croient que tu m'as envoyé." [43] Après avoir dit ces mots, il cria d'une voix forte: "Lazare, sors de là!" [44] Le mort sortit, les pieds et les mains entourés de bandes et le visage enveloppé d'un linge. Jésus leur dit: "Déliez-le et laissez-le aller."

Le complot contre Jésus

(Voir aussi Matt. 26.1-5; Marc 14.1-2; Luc 22.1-2)

[45] Beaucoup de Juifs, parmi ceux qui étaient venus chez Marie et avaient vu ce que Jésus avait fait, crurent en lui. [46] Mais quelques-uns d'entre eux allèrent trouver les *Pharisiens et leur racontèrent ce que Jésus avait fait. [47] Les Pharisiens et les chefs des prêtres réunirent alors le *Conseil supérieur et dirent: "Qu'allons-nous faire? Car cet homme accomplit beaucoup de miracles! [48] Si nous le laissons agir ainsi, tous croiront en lui, puis les autorités romaines interviendront et détruiront notre temple et notre nation!" [49] L'un d'entre eux, nommé Caïphe, qui était grand-prêtre cette année-là, leur dit: "Vous n'y comprenez rien! [50] Ne saisissez-vous pas qu'il est préférable pour vous qu'un seul homme meure pour le peuple et qu'ainsi la nation entière ne soit pas détruite?" [51] (Il ne disait pas cette parole de sa propre volonté; mais, comme il était grand-prêtre cette année-là, il prophétisait que Jésus devait mourir pour la nation juive, [52] et non seulement pour cette nation, mais aussi pour rassembler en un seul corps tous les enfants de Dieu dispersés.) [53] Dès ce jour-là, les autorités juives décidèrent de faire mourir Jésus. [54] C'est pourquoi Jésus ne continua plus à aller et venir en public parmi les Juifs. Il se rendit dans une région voisine du désert, dans une ville appelée Ephraïm, où il resta avec ses *disciples.

[55] La fête juive de la *Pâque était proche, et beaucoup de gens du pays se rendirent à Jérusalem avant la Pâque pour la cérémonie de purification. [56] Ils cherchaient Jésus et, alors qu'ils se trouvaient dans le temple, ils se demandaient les uns aux autres: "Qu'en pensez-vous? Viendra-t-il à la fête ou non?" [57] Les chefs des prêtres et les Pharisiens avaient ordonné que si quelqu'un savait où était Jésus, il le fasse savoir, afin qu'on puisse l'arrêter.

Marie met du parfum sur les pieds de Jésus

(Voir aussi Matt. 26.6-13; Marc 14.3-9)

12 Six jours avant la *Pâque, Jésus se rendit à Béthanie, où vivait Lazare, l'homme qu'il avait ramené de la mort à la vie. [2] Là, on lui offrit un repas que Marthe servait.

Lazare était un de ceux qui se trouvaient à table avec Jésus. [3] Marie prit alors un demi-litre d'un parfum très cher, fait de *nard pur, et le répandit sur les pieds de Jésus, puis elle les essuya avec ses cheveux. Toute la maison se remplit de l'odeur du parfum. [4] L'un des *disciples de Jésus, Judas Iscariote — celui qui allait le trahir — dit: [5] "Pourquoi n'a-t-on pas vendu ce parfum trois cents pièces d'argent pour les donner aux pauvres?" [6] Il disait cela non parce qu'il se souciait des pauvres, mais parce qu'il était voleur: il tenait la bourse et prenait ce qu'on y mettait. [7] Mais Jésus dit: "Laisse-la tranquille! Laisse-la garder ce qu'elle a pour le jour où l'on me mettra au tombeau. [8] Vous aurez toujours des pauvres avec vous, mais moi, vous ne m'aurez pas toujours."

Le complot contre Lazare

[9] La foule nombreuse des Juifs apprit que Jésus était à Béthanie. Ils y allèrent non seulement à cause de Jésus, mais aussi pour voir Lazare que Jésus avait ramené de la mort à la vie. [10] Les chefs des prêtres décidèrent alors de faire mourir aussi Lazare, [11] parce que, à cause de lui, beaucoup de Juifs les quittaient et croyaient en Jésus.

Jésus entre à Jérusalem

(Voir aussi Matt. 21.1-11; Marc 11.1-11; Luc 19.28-40)

[12] Le lendemain, la foule nombreuse qui était venue pour la fête de la *Pâque apprit que Jésus arrivait à Jérusalem. [13] Ils prirent alors des branches de palmiers et sortirent à sa rencontre; ils criaient: "Gloire à Dieu! Que Dieu bénisse celui qui vient au nom du Seigneur! Que Dieu bénisse le roi d'Israël!" [14] Jésus trouva un âne et s'assit dessus, comme le déclare l'Ecriture:

> [15] "N'aie pas peur, ville de Sion!
> Regarde, ton roi vient,
> Assis sur un jeune âne."

[16] Ses *disciples ne comprirent pas cela tout d'abord; mais lorsque Jésus eut reçu sa gloire, ils se rappelèrent que l'Ecriture avait annoncé cela à son sujet et qu'on l'avait accompli pour lui.

[17] Tous ceux qui étaient avec Jésus quand il avait appelé Lazare hors du tombeau et l'avait ramené de la mort à la vie, racontaient ce qu'ils avaient vu. [18] C'est pourquoi la

foule vint à sa rencontre: parce qu'ils avaient appris qu'il avait fait ce miracle. [19] Les *Pharisiens se dirent alors entre eux: "Vous voyez que vous n'y pouvez rien: tout le monde s'est mis à le suivre!"

Quelques Grecs cherchent Jésus

[20] Quelques Grecs se trouvaient parmi ceux qui étaient venus à Jérusalem pour adorer pendant la fête. [21] Ils s'approchèrent de Philippe (qui était de Bethsaïda en Galilée) et lui dirent: "Monsieur, nous désirons voir Jésus." [22] Philippe alla le dire à André, puis tous deux allèrent le dire à Jésus. [23] Jésus leur répondit: "L'heure est maintenant venue où le *Fils de l'homme va recevoir sa gloire. [24] Je vous le déclare, c'est la vérité: un grain de blé reste un seul grain s'il ne tombe pas en terre et ne meurt pas. Mais s'il meurt, il produit beaucoup de grains. [25] Celui qui aime sa vie la perdra, mais celui qui hait sa vie en ce monde la gardera pour la vie éternelle. [26] Si quelqu'un veut me servir, il doit me suivre; ainsi, mon serviteur sera aussi là où je suis. Mon Père honore celui qui me sert."

Jésus parle de sa mort

[27] "Maintenant mon cœur est troublé. Et que dirai-je? Dirai-je: Père, délivre-moi de ce qui va arriver en cette heure? Mais c'est pour cela que je suis venu, pour passer par cette heure de souffrance. [28] Père, donne de la gloire à ton nom!" Une voix se fit alors entendre du ciel: "Je lui ai déjà donné de la gloire et je lui en donnerai de nouveau."
[29] La foule qui se trouvait là et avait entendu la voix disait: "C'était un coup de tonnerre!" D'autres disaient: "Un ange lui a parlé!" [30] Mais Jésus leur déclara: "Ce n'est pas pour moi que cette voix s'est fait entendre, mais pour vous. [31] C'est maintenant le moment où ce monde va être jugé; maintenant, le chef de ce monde va être chassé. [32] Et moi, quand j'aurai été élevé de la terre, j'attirerai tous les hommes à moi." [33] (Par ces mots, il indiquait de quel genre de mort il allait mourir.) [34] La foule lui répondit: "Nous avons appris dans les livres de notre *loi que le *Messie vivra toujours. Alors, comment peux-tu dire que le *Fils de l'homme doit être élevé? Qui est ce Fils de l'homme?" [35] Jésus leur dit: "La lumière est encore parmi vous, mais pour peu

de temps. Marchez pendant que vous avez la lumière, pour que l'obscurité ne vous surprenne pas, car celui qui marche dans l'obscurité ne sait pas où il va. [36] Croyez donc en la lumière pendant que vous l'avez, afin que vous deveniez des hommes de lumière."

Les Juifs ne croient pas en Jésus

Après avoir dit ces mots, Jésus s'en alla et se cacha loin d'eux. [37] Bien qu'il eût fait tant de miracles devant eux, ils ne croyaient pas en lui, [38] afin que s'accomplisse ce qu'avait dit le *prophète Esaïe:

"Seigneur, qui a cru notre message?
A qui le Seigneur a-t-il montré sa puissance?"

[39] Ils ne pouvaient pas croire parce qu'Esaïe a dit encore:

[40] "Dieu a rendu leurs yeux aveugles,
Il a fermé leur intelligence,
Afin que leurs yeux ne voient pas,
Que leur intelligence ne comprenne pas,
Et qu'ils ne se tournent pas vers moi
Pour que je les guérisse."

[41] Esaïe a dit cela parce qu'il avait vu la gloire de Jésus et qu'il parlait de lui.

[42] Cependant, parmi les chefs juifs eux-mêmes, beaucoup crurent en Jésus. Mais, à cause des *Pharisiens, ils ne le déclaraient pas, pour ne pas être chassés de la *synagogue. [43] Ils préféraient l'approbation qui vient des hommes à celle qui vient de Dieu.

Le jugement par la parole de Jésus

[44] Jésus s'écria: "Celui qui croit en moi ne croit pas seulement en moi, mais aussi en celui qui m'a envoyé. [45] Celui qui me voit, voit aussi celui qui m'a envoyé. [46] Moi, je suis venu dans le monde comme la lumière, afin que tout homme qui croit en moi ne reste pas dans l'obscurité. [47] Si quelqu'un entend mes paroles et ne leur obéit pas, ce n'est pas moi qui le condamne, car je suis venu pour sauver le monde et non pas pour le condamner. [48] Celui qui me rejette et n'accepte pas mes paroles trouve là ce qui le condamne: c'est l'enseignement que j'ai donné qui le condamnera au dernier jour. [49] Car je n'ai pas parlé par ma seule autorité, mais le Père qui m'a envoyé m'a ordonné lui-même ce que je devais dire

et enseigner. [50] Et je sais que ce qu'il ordonne produit la vie éternelle. Ce que je dis, donc, je le dis comme mon Père me l'a ordonné."

Jésus lave les pieds de ses disciples

13 C'était le jour avant la fête de la *Pâque. Jésus savait que l'heure était venue pour lui de quitter ce monde pour aller auprès du Père. Il avait toujours aimé les siens qui étaient dans le monde et il les aima jusqu'à la fin.

[2] Jésus et ses *disciples soupaient. Le diable avait déjà décidé que Judas, fils de Simon Iscariote, trahirait Jésus. [3] Jésus savait qu'il était lui-même venu de Dieu et retournait à Dieu, et que Dieu avait tout mis en son pouvoir. [4] Il se leva de table, ôta ses vêtements de dessus et prit un linge dont il s'entoura la taille. [5] Puis il versa de l'eau dans une cuvette et se mit à laver les pieds de ses disciples et à les

essuyer avec le linge qu'il avait autour de la taille. [6] Il arriva ainsi à Simon Pierre, qui lui dit: "Seigneur, vas-tu me laver les pieds, toi?" [7] Jésus lui répondit: "Tu ne sais pas maintenant ce que je fais, mais tu comprendras plus tard." [8] Pierre lui dit: "Non, tu ne me laveras jamais les pieds!" Jésus lui

répondit: "Si je ne te les lave pas, tu ne recevras plus rien de moi." [9] Simon Pierre lui dit: "Alors, Seigneur, ne me lave pas seulement les pieds, mais lave-moi aussi les mains et la tête!" [10] Jésus lui dit: "Celui qui a pris un bain n'a pas besoin de se laver, sinon les pieds, car il est entièrement propre. Vous êtes propres, vous, mais pas tous cependant." [11] (Jésus savait qui allait le trahir; c'est pourquoi il dit: "Vous n'êtes pas tous propres.")

[12] Après leur avoir lavé les pieds, Jésus remit ses vêtements, se rassit à table et leur dit: "Comprenez-vous ce que je vous ai fait? [13] Vous m'appelez 'Maître' et 'Seigneur,' et vous avez raison, car je le suis. [14] Si donc moi, le Seigneur et le Maître, je vous ai lavé les pieds, vous aussi vous devez vous laver les pieds les uns aux autres. [15] Je vous ai donné un exemple pour que vous agissiez comme j'ai agi envers vous. [16] Je vous le déclare, c'est la vérité: aucun serviteur n'est plus grand que son maître et aucun envoyé n'est plus grand que celui qui l'envoie. [17] Maintenant vous savez cela; vous serez heureux si vous le mettez en pratique.

[18] "Je ne parle pas de vous tous; je connais ceux que j'ai choisis. Mais il faut que s'accomplisse ce que l'Ecriture annonce: "Celui qui mange ma nourriture s'est tourné contre moi." [19] Je vous le dis maintenant déjà, avant que la chose arrive, afin que lorsqu'elle arrivera vous croyiez que 'je suis celui que je suis.' [20] Je vous le déclare, c'est la vérité: l'homme qui reçoit celui que j'envoie me reçoit aussi; et l'homme qui me reçoit, reçoit celui qui m'a envoyé."

Jésus annonce que Judas va le trahir

(Voir aussi Matt. 26.20-25; Marc 14.17-21; Luc 22.21-23)

[21] Après avoir prononcé ces mots, Jésus fut profondément troublé et dit: "Je vous le déclare, c'est la vérité: l'un de vous me trahira." [22] Les *disciples se regardaient les uns les

autres, sans savoir du tout de qui il parlait. [23] L'un des disciples, celui que Jésus aimait, était assis à côté de Jésus. [24] Simon Pierre lui fit un signe pour qu'il demande à Jésus de qui il parlait. [25] Le disciple se pencha alors vers Jésus et lui demanda: "Seigneur, qui est-ce?" [26] Jésus répondit: "Je vais tremper un morceau de pain dans le plat: celui à qui je le donnerai, c'est lui." Jésus prit alors un morceau de pain, le trempa et le donna à Judas, fils de Simon Iscariote. [27] Dès que Judas eut pris le morceau, Satan entra en lui. Jésus lui dit: "Ce que tu as à faire, fais-le vite!"

[28] (Aucun de ceux qui étaient à table ne comprit pourquoi il lui disait cela. [29] Comme Judas tenait la bourse, plusieurs pensaient que Jésus voulait lui dire d'aller acheter ce qui leur était nécessaire pour la fête, ou qu'il lui demandait de donner quelque chose aux pauvres.) [30] Judas prit donc le morceau de pain et sortit aussitôt. Il faisait nuit.

Le nouveau commandement

[31] Après que Judas fut sorti, Jésus dit: "Maintenant apparaît la gloire du *Fils de l'homme et la gloire de Dieu apparaît en lui. [32] Et si la gloire de Dieu apparaît en lui, Dieu aussi fera apparaître en lui-même la gloire du Fils et il le fera bientôt. [33] Mes enfants, je ne suis avec vous que pour peu de temps encore. Vous me chercherez, mais je vous dis maintenant ce que j'ai dit aux Juifs: vous ne pouvez aller là où je vais. [34] Je vous donne un commandement nouveau: aimez-vous les uns les autres. Il faut que vous vous aimiez les uns les autres comme je vous ai aimés. [35] Si vous vous aimez les uns les autres, alors tous sauront que vous êtes mes *disciples."

Jésus annonce que Pierre le reniera

(Voir aussi Matt. 26.31-35; Marc 14.27-31; Luc 22.31-34)

[36] Simon Pierre lui demanda: "Seigneur, où vas-tu?" Jésus lui répondit: "Tu ne peux pas me suivre maintenant là où je vais, mais tu me suivras plus tard." [37] Pierre lui dit: "Seigneur, pourquoi ne puis-je pas te suivre maintenant? Je suis prêt à donner ma vie pour toi!" [38] Jésus répondit: "Es-tu vraiment prêt à donner ta vie pour moi? Je te le déclare, c'est la vérité: avant que le coq chante, tu auras affirmé trois fois que tu ne me connais pas."

Jésus est le chemin qui conduit au Père

14 "Ne soyez pas si inquiets," leur dit Jésus. "Croyez en Dieu et croyez aussi en moi. [2] Il y a beaucoup d'endroits où demeurer dans la maison de mon Père et je vais vous préparer une place. Je ne vous l'aurais pas dit si ce n'était pas vrai. [3] Et après être allé vous préparer une place, je reviendrai et vous prendrai auprès de moi, afin que vous soyez, vous aussi, là où je suis. [4] Vous connaissez le chemin qui conduit où je vais." [5] Thomas lui dit: "Seigneur, nous ne savons pas où tu vas. Comment pourrions-nous en connaître le chemin?" [6] Jésus lui répondit: "Je suis le chemin, je suis la vérité, je suis la vie. Personne ne peut aller au Père autrement que par moi. [7] Si vous me connaissez, vous connaîtrez aussi mon Père. Et dès maintenant vous le connaissez et vous l'avez vu."

[8] Philippe lui dit: "Seigneur, montre-nous le Père et nous serons satisfaits." [9] Jésus lui répondit: "Il y a si longtemps que je suis avec vous et tu ne me connais pas, Philippe? Celui qui m'a vu a vu le Père. Pourquoi donc dis-tu: 'Montre-nous le Père?' [10] Ne crois-tu pas que je suis dans le Père et que le Père est en moi? Les paroles que je vous dis à tous ne viennent pas de moi. Le Père qui demeure en moi accomplit ses propres œuvres. [11] Croyez-moi quand je dis: je suis dans le Père et le Père est en moi. Ou, du moins, croyez à cause de ces œuvres. [12] Je vous le déclare, c'est la vérité: celui qui croit en moi fera aussi les œuvres que je fais. Il en fera même de plus grandes, parce que je vais auprès du Père. [13] Et je ferai tout ce que vous demanderez en mon nom, afin que le Fils manifeste la gloire du Père. [14] Si vous me demandez quelque chose en mon nom, je le ferai."

La promesse de l'envoi du Saint-Esprit

[15] "Si vous m'aimez, vous obéirez à mes commandements. [16] Je demanderai au Père de vous donner quelqu'un d'autre pour vous aider, l'Esprit de vérité, afin qu'il soit toujours avec vous. [17] Le monde ne peut pas le recevoir, parce qu'il ne peut ni le voir ni le connaître. Mais vous, vous le connaissez, parce qu'il demeure avec vous et qu'il est en vous.

[18] "Je ne vous laisserai pas seuls; je reviendrai vers vous. [19] Dans peu de temps le monde ne me verra plus, mais vous,

vous me verrez, parce que je vis et que vous vivrez aussi. [20] Quand viendra ce jour, vous comprendrez que je suis en mon Père et que vous êtes en moi et moi en vous.

[21] "Celui qui retient mes commandements et leur obéit, voilà celui qui m'aime. Mon Père aimera celui qui m'aime; je l'aimerai aussi et lui apparaîtrai." [22] Jude (non pas Judas Iscariote) lui dit: "Seigneur, comment se fait-il que tu doives nous apparaître, à nous et non au monde?" [23] Jésus lui répondit: "Celui qui m'aime obéira à ce que je dis. Mon Père l'aimera, et mon Père et moi viendrons à lui et vivrons chez lui. [24] Celui qui ne m'aime pas n'obéit pas à mes paroles. Ce que vous m'entendez dire n'est pas de moi mais vient de mon Père qui m'a envoyé.

[25] "Je vous ai dit cela pendant que je suis encore avec vous. [26] Celui qui doit vous aider, le Saint-Esprit que le Père enverra en mon nom, vous enseignera tout et vous rappellera tout ce que je vous ai dit.

[27] "C'est la paix que je vous laisse, c'est ma paix que je vous donne. Je ne vous la donne pas comme le monde la donne. Ne soyez pas inquiets, ne soyez pas effrayés. [28] Vous avez entendu que je vous ai dit: 'Je m'en vais, mais je reviendrai vers vous.' Si vous m'aimiez, vous vous réjouiriez de savoir que je vais auprès du Père, parce que le Père est plus grand que moi. [29] Je vous l'ai dit maintenant, avant que ces choses arrivent, afin que lorsqu'elles arriveront vous croyiez. [30] Je ne parlerai plus beaucoup avec vous, car le chef de ce monde vient. Il n'a aucun pouvoir sur moi, [31] mais il faut que le monde sache que j'aime le Père et que j'agis comme le Père me l'a ordonné. Levez-vous, partons d'ici!"

Jésus, la vraie plante de vigne

15 "Je suis la vraie plante de vigne et mon Père est celui qui cultive la vigne. [2] Il coupe chacune de mes branches qui ne porte pas de fruit et il taille chaque branche qui porte du fruit pour qu'elle soit nette et porte encore plus de fruit. [3] L'enseignement que je vous ai donné vous a déjà rendus nets. [4] Demeurez unis à moi, comme je suis uni à vous. Une branche ne peut porter de fruit toute seule, sans être unie à la plante de vigne; de même, vous ne pouvez porter du fruit si vous ne demeurez unis à moi.

[5] "Je suis la plante de vigne, vous êtes les branches. Celui

qui demeure uni à moi, et à qui je suis uni, porte beaucoup de fruit, car vous ne pouvez rien faire sans moi. [6] Celui qui ne demeure pas uni à moi est jeté dehors, comme une branche, et il sèche; les branches sèches, on les ramasse, on les jette au feu et elles brûlent. [7] Si vous demeurez en moi et que mes paroles demeurent en vous, demandez ce que vous voulez et vous l'aurez. [8] Voici comment apparaît la gloire de mon Père: quand vous portez beaucoup de fruit et que vous vous montrez ainsi mes *disciples. [9] Je vous aime comme le Père m'aime. Demeurez dans mon amour. [10] Si vous obéissez à mes commandements, vous demeurerez dans mon amour, comme moi j'ai obéi aux commandements de mon Père et que je demeure dans son amour.

[11] "Je vous ai dit cela afin que ma joie soit en vous et que votre joie soit complète. [12] Voici mon commandement: aimez-vous les uns les autres comme je vous aime. [13] Le plus grand amour que quelqu'un puisse montrer, c'est de donner sa vie pour ses amis. [14] Vous êtes mes amis si vous faites ce que je vous commande. [15] Je ne vous appelle plus serviteurs, parce que le serviteur ne sait pas ce que fait son maître. Je vous appelle amis, parce que je vous ai fait connaître tout ce que j'ai appris de mon Père. [16] Vous ne m'avez pas choisi; mais moi je vous ai choisis, je vous ai chargés d'aller, de porter du fruit et du fruit durable. Ainsi, le Père vous donnera tout ce que vous lui demanderez en mon nom. [17] Ce que je vous commande donc, c'est de vous aimer les uns les autres."

Le monde hait Jésus et les siens

[18] "Si le monde vous hait, sachez qu'il m'a haï avant vous. [19] Si vous apparteniez au monde, le monde vous aimerait parce que vous seriez à lui. Mais je vous ai choisis et tirés du monde, et vous n'appartenez pas au monde: c'est pourquoi le monde vous hait. [20] Rappelez-vous ce que je vous ai dit: 'Aucun serviteur n'est plus grand que son maître.' S'ils m'ont persécuté, ils vous persécuteront aussi; s'ils ont obéi à mon enseignement, ils obéiront aussi au vôtre. [21] Mais ils vous feront tout cela à cause de moi, parce qu'ils ne connaissent pas celui qui m'a envoyé. [22] Ils ne seraient pas coupables de péché si je n'étais pas venu et si je ne leur avais pas parlé. Mais maintenant, ils n'ont pas d'excuse pour leur péché. [23] Celui qui me hait, hait aussi mon Père.

[24] Ils n'auraient pas été coupables de péché si je n'avais pas fait parmi eux des œuvres que personne d'autre n'a jamais faites. Mais maintenant, ils ont vu mes œuvres et ils nous haïssent, moi et mon Père. [25] Mais cela arrive pour que s'accomplisse la parole écrite dans leur *loi: 'Ils m'ont haï sans cause.'

[26] "Celui qui doit vous aider viendra: c'est l'Esprit de vérité qui vient du Père. Je vous l'enverrai de la part du Père et il parlera de moi. [27] Et vous aussi, vous parlerez de moi, parce que vous avez été avec moi depuis le commencement.

16 "Je vous dis cela pour que vous ne perdiez pas la foi. [2] On vous chassera des *synagogues. Et même, le moment viendra où ceux qui vous tueront croiront servir Dieu de cette façon. [3] Ils agiront ainsi parce qu'ils n'ont connu ni le Père, ni moi. [4] Mais je vous dis cela pour que, lorsque le moment sera venu pour eux d'agir ainsi, vous vous rappeliez que je vous l'ai dit."

L'œuvre du Saint-Esprit

"Je ne vous ai pas dit cela dès le commencement, parce que j'étais avec vous. [5] Maintenant, je m'en vais auprès de celui qui m'a envoyé et aucun d'entre vous ne me demande:

'Où vas-tu?' [6] Mais la tristesse a rempli votre cœur parce que je vous ai parlé ainsi. [7] Cependant, je vous dis la vérité: il est préférable pour vous que je parte, car, si je ne pars pas, celui qui doit vous aider ne viendra pas à vous. Mais si je pars, je vous l'enverrai. [8] Et lorsqu'il viendra, il prouvera aux habitants du monde qu'ils se trompent au sujet du péché, au sujet de ce qui est juste et au sujet du jugement de Dieu. [9] Ils se trompent au sujet du péché, parce qu'ils ne croient pas en moi; [10] au sujet de ce qui est juste, parce que je vais auprès du Père et que vous ne me verrez plus; [11] au sujet du jugement, parce que le chef de ce monde est déjà jugé.

[12] "J'ai encore beaucoup de choses à vous dire, mais vous ne pourriez pas les supporter maintenant. [13] Quand viendra l'Esprit de vérité, il vous conduira dans toute la vérité. Il ne parlera pas par sa seule autorité, mais il dira tout ce qu'il aura entendu et vous annoncera ce qui doit arriver. [14] Il me donnera de la gloire, car il recevra de ce qui est à moi et vous l'annoncera. [15] Tout ce que le Père possède est aussi à moi. C'est pourquoi j'ai dit que l'Esprit recevra de ce qui est à moi et vous l'annoncera."

La tristesse se changera en joie

[16] "Dans peu de temps vous ne me verrez plus, puis peu de temps après vous me reverrez." [17] Quelques-uns de ses *disciples se dirent alors entre eux: "Qu'est-ce que cela signifie? Il nous déclare: 'Dans peu de temps vous ne me verrez plus, puis peu de temps après vous me reverrez' et aussi: 'C'est parce que je m'en vais auprès du Père.' [18] Que signifie ce 'peu de temps' dont il parle? Nous ne comprenons pas ce qu'il veut dire." [19] Jésus sut qu'ils désiraient l'interroger. Il leur dit donc: "Je vous ai déclaré: 'Dans peu de temps vous ne me verrez plus, puis peu de temps après vous me reverrez.' Est-ce à ce sujet que vous vous posez des questions entre vous? [20] Je vous le déclare, c'est la vérité: vous pleurerez et vous vous lamenterez, mais le monde se réjouira; vous serez tristes, mais votre tristesse se changera en joie. [21] Quand une femme va mettre un enfant au monde, elle est triste parce que le moment de souffrir est arrivé pour elle; mais quand le bébé est né, elle oublie sa souffrance parce qu'elle est joyeuse de ce qu'un être humain soit venu au monde. [22] De même, vous

êtes tristes, vous aussi, maintenant; mais je vous reverrai et votre cœur se réjouira, et personne ne pourra vous enlever votre joie.

[23] "Quand viendra ce jour, vous ne m'interrogerez plus sur rien. Je vous le déclare, c'est la vérité: le Père vous donnera tout ce que vous lui demanderez en mon nom. [24] Jusqu'à maintenant, vous n'avez rien demandé en mon nom. Demandez et vous recevrez, et ainsi votre joie sera complète."

Jésus est vainqueur du monde

[25] "Je vous ai dit tout cela au moyen de *paraboles. Le moment viendra où je n'utiliserai plus de paraboles pour vous parler, mais où je vous annoncerai clairement ce qui se rapporte au Père. [26] Quand viendra ce jour, vous adresserez vos demandes au Père en mon nom; et je ne vous dis pas que je le prierai pour vous, [27] car le Père lui-même vous aime. Il vous aime parce que vous m'aimez et que vous croyez que je suis venu de Dieu. [28] Je suis venu du Père et je suis arrivé dans le monde. Maintenant je quitte le monde et je m'en vais auprès du Père."

[29] Ses *disciples lui dirent alors: "Voilà, maintenant tu parles clairement, sans utiliser de paraboles. [30] Maintenant nous savons que tu connais tout et que tu n'as pas besoin qu'on t'interroge. C'est pourquoi nous croyons que tu es venu de Dieu." [31] Jésus leur répondit: "Vous croyez maintenant? [32] Eh bien, le moment vient, et il est déjà là, où vous serez tous dispersés, chacun dans sa maison, et où vous me laisserez seul. Non, je ne suis pas vraiment seul, parce que le Père est avec moi. [33] Je vous ai dit tout cela pour que vous ayez la paix dans l'union avec moi. Vous aurez à souffrir dans le monde. Mais soyez courageux! J'ai vaincu le monde!"

Jésus prie pour ses disciples

17 Après avoir ainsi parlé, Jésus leva les yeux vers le ciel et dit: "Père, l'heure est venue. Donne de la gloire à ton Fils, afin que le Fils te donne aussi de la gloire. [2] Car tu lui as donné le pouvoir sur tous les hommes, pour qu'il accorde la vie éternelle à tous ceux que tu lui as donnés. [3] La vie éternelle consiste pour eux à te connaître, toi le seul véritable Dieu, et à connaître Jésus-Christ, que tu as envoyé. [4] J'ai manifesté ta gloire sur la terre; j'ai achevé

l'œuvre que tu m'as donné à faire. [5] Maintenant donc, Père, donne-moi en ta présence la gloire que j'avais déjà auprès de toi avant que le monde existe.

[6] "Je t'ai fait connaître aux hommes que tu as tirés du monde pour me les donner. Ils t'appartenaient, tu me les as donnés, et ils ont obéi à ta parole. [7] Ils savent maintenant que tout ce que tu m'as donné vient de toi, [8] car je leur ai donné les paroles que tu m'as données et ils les ont reçues. Ils ont reconnu que je suis vraiment venu de toi et ils ont cru que tu m'as envoyé.

[9] "Je te prie pour eux. Je ne prie pas pour le monde, mais pour ceux que tu m'as donnés, car ils t'appartiennent. [10] Tout ce que j'ai est à toi et tout ce que tu as est à moi; et ma gloire apparaît en eux. [11] Je ne suis plus dans le monde, mais eux sont dans le monde; moi je vais à toi. Père saint, garde-les par le pouvoir de ton nom, le nom que tu m'as donné, afin qu'ils soient un comme toi et moi nous sommes un. [12] Pendant que j'étais avec eux, je les gardais par le pouvoir de ton nom, le nom que tu m'as donné. Je les ai protégés et aucun d'eux ne s'est perdu, à part celui qui devait se perdre, pour que l'Ecriture s'accomplisse. [13] Mais maintenant je vais à toi, et je parle ainsi pendant que je suis encore dans le monde, afin qu'ils aient en eux-mêmes ma joie, une joie complète. [14] Je leur ai donné ta parole, et le monde les a haïs parce qu'ils n'appartiennent pas au monde, comme moi je n'appartiens pas au monde. [15] Je ne te prie pas de les retirer du monde, mais de les garder du Mauvais. [16] Ils n'appartiennent pas au monde, comme moi je n'appartiens pas au monde. [17] Fais qu'ils soient entièrement à toi, par le moyen de la vérité; ta parole est la vérité. [18] Je les ai envoyés dans le monde comme tu m'as envoyé dans le monde. [19] Je m'offre entièrement à toi pour eux, afin qu'eux aussi soient vraiment à toi.

[20] "Je ne prie pas seulement pour eux, mais aussi pour ceux qui croiront en moi à cause de leur prédication. [21] Je prie pour que tous soient un. Père, qu'ils soient unis à nous, comme toi tu es en moi et moi en toi. Qu'ils soient un pour que le monde croie que tu m'as envoyé. [22] Je leur ai donné la gloire que tu m'as donnée, pour qu'ils soient un comme toi et moi nous sommes un: [23] moi en eux et toi en moi, pour qu'ils soient parfaitement un et que le monde reconnaisse ainsi que tu m'as envoyé et que tu les aimes comme tu m'aimes.

[24] "Père, tu me les as donnés, et je désire qu'ils soient avec moi là où je serai, afin qu'ils voient ma gloire, la gloire que tu m'as donnée, parce que tu m'as aimé avant que le monde soit fait. [25] Père juste, le monde ne te connaît pas, mais moi je te connais, et ceux-ci savent que tu m'as envoyé. [26] Je t'ai fait connaître à eux et te ferai encore connaître, afin que l'amour que tu as pour moi soit en eux et que je sois moi-même en eux."

L'arrestation de Jésus

(Voir aussi Matt. 26.47-56; Marc 14.43-50; Luc 22.47-53)

18 Après avoir ainsi parlé, Jésus partit avec ses *disciples et alla de l'autre côté du ruisseau du Cédron. Il y avait là un jardin dans lequel il entra avec ses disciples. [2] Judas, celui qui le trahissait, connaissait aussi l'endroit, parce que Jésus et ses disciples y étaient souvent venus ensemble. [3] Judas se rendit donc au jardin, emmenant avec lui une troupe de soldats et des gardes fournis par les chefs des prêtres et le parti des *Pharisiens; ils étaient armés et portaient des lanternes et des flambeaux. [4] Alors Jésus, qui savait tout ce qui devait lui arriver, s'avança vers eux et leur demanda: "Qui cherchez-vous?" [5] Ils lui répondirent: "Jésus de Nazareth." Jésus leur dit: "C'est moi."

Et Judas, celui qui le trahissait, se tenait là avec eux. [6] Lorsque Jésus leur dit: "C'est moi," ils reculèrent et tombèrent à terre. [7] Jésus leur demanda de nouveau: "Qui cher-

chez-vous?" Ils dirent: "Jésus de Nazareth." [8] Jésus leur répondit: "Je vous ai déjà dit que c'est moi. Si donc c'est moi que vous cherchez, laissez partir ces autres hommes." [9] C'est ainsi que devait se réaliser la parole qu'il avait dite: "Je n'ai perdu aucun de ceux que toi, Père, tu m'as donnés."

[10] Simon Pierre avait une épée; il la tira, frappa le serviteur du grand-prêtre et lui coupa l'oreille droite. (Ce serviteur s'appelait Malchus.) [11] Mais Jésus dit à Pierre: "Remets ton épée dans son fourreau. Penses-tu que je ne boirai pas la coupe de douleur que le Père m'a donnée?"

Jésus est amené devant Anne

[12] La troupe de soldats avec leur commandant et les gardes des Juifs se saisirent alors de Jésus et le lièrent. [13] Ils le conduisirent tout d'abord chez Anne. Anne était le beau-père de Caïphe qui était *grand-prêtre cette année-là. [14] Or, c'est Caïphe qui avait donné ce conseil aux Juifs: "Il est préférable qu'un seul homme meure pour tout le peuple."

Pierre nie être disciple de Jésus

(Voir aussi Matt. 26.69-70; Marc 14.66-68; Luc 22.55-57)

[15] Simon Pierre et un autre *disciple suivaient Jésus. Cet autre disciple était connu du *grand-prêtre, de sorte qu'il entra en même temps que Jésus dans la cour intérieure de la maison du grand-prêtre. [16] Mais Pierre resta dehors, près de la porte. Alors l'autre disciple, celui qui était connu du grand-prêtre, sortit et parla à la femme qui gardait la porte, puis il fit entrer Pierre. [17] La servante qui gardait la porte dit à Pierre: "N'es-tu pas, toi aussi, un des disciples de cet homme?" "Non, je n'en suis pas," répondit-il.

[18] Comme il faisait froid, les serviteurs et les gardes avaient allumé du feu autour duquel ils se tenaient pour se chauffer. Pierre aussi se tenait avec eux et se chauffait.

Le grand-prêtre interroge Jésus

(Voir aussi Matt. 26.59-66; Marc 14.55-64; Luc 22.66-71)

[19] Le *grand-prêtre interrogea alors Jésus sur ses *disciples et sur l'enseignement qu'il donnait. [20] Jésus lui répondit: "J'ai parlé en public à tout le monde; j'ai toujours enseigné dans les *synagogues et dans le temple, où se rassemblent tous les Juifs; je n'ai rien dit en cachette. [21] Pourquoi m'interroges-tu? Demande à ceux qui m'ont entendu ce que je leur ai dit: ils savent bien, eux, de quoi je leur ai parlé." [22] Au moment où Jésus prononçait ces paroles, un des gardes, qui se trouvait à côté de lui, lui donna une gifle en disant: "Est-ce ainsi que tu réponds au grand-prêtre?" [23] Jésus lui répondit: "Si j'ai mal parlé, montre-nous en quoi j'ai dit

du mal; mais si j'ai bien parlé, pourquoi me frappes-tu?" [24] Anne l'envoya alors, toujours lié, vers Caïphe le grand-prêtre.

Pierre renie de nouveau Jésus

(Voir aussi Matt. 26.71-75; Marc 14.69-72; Luc 22.58-62)

[25] Pendant ce temps, Simon Pierre, lui, restait là à se chauffer. On lui demanda: "N'es-tu pas, toi aussi, un des *disciples de cet homme?" Mais Pierre le nia en disant: "Non, je n'en suis pas." [26] L'un des serviteurs du *grand-prêtre, qui était parent de l'homme à qui Pierre avait coupé l'oreille, lui dit: "Ne t'ai-je pas vu avec lui dans le jardin?" [27] Mais Pierre répondit de nouveau que ce n'était pas vrai. Et à ce moment même un coq chanta.

Jésus devant Pilate

(Voir aussi Matt. 27.1-2, 11-14; Marc 15.1-5; Luc 23.1-5)

[28] Puis ils emmenèrent Jésus de chez Caïphe au palais du gouverneur. C'était tôt le matin. Mais les Juifs n'entrèrent pas dans le palais afin de ne pas devenir *impurs et de pouvoir manger le repas de la *Pâque. [29] C'est pourquoi le gouverneur *Pilate sortit pour aller vers eux. Il leur demanda: "De quoi accusez-vous cet homme?" [30] Ils lui répondirent: "Si ce n'était pas un malfaiteur, nous ne serions pas venus te le livrer." [31] Pilate leur dit: "Prenez-le vous-mêmes et jugez-le selon votre loi." Les Juifs lui répondirent: "Il ne nous est pas permis de mettre quelqu'un à mort." [32] C'est ainsi que devait se réaliser la parole que Jésus avait dite pour indiquer de quelle mort il allait mourir. [33] Pilate rentra alors dans le palais; il appela Jésus et lui demanda: "Es-tu le roi des Juifs?" [34] Jésus répondit: "Dis-tu cela parce que tu y as pensé toi-même ou parce que d'autres te l'ont dit de moi?" [35] Pilate répondit: "Suis-je un Juif, moi? Ceux de ta nation et les chefs des prêtres t'ont livré à moi; qu'as-tu donc fait?" [36] Jésus répondit: "Mon royaume n'appartient pas à ce monde; si mon royaume appartenait à ce monde, mes serviteurs auraient combattu pour empêcher qu'on me livre aux Juifs. Mais non, mon royaume n'appartient pas à ce monde." [37] Pilate lui dit alors: "Tu es donc roi?" Jésus répondit: "Tu le dis: je suis roi. Je suis né et je suis venu dans le monde pour parler de la vérité. Tout homme qui appartient à la vérité écoute ce que je dis." [38] "Qu'est-ce que la vérité?" lui demanda Pilate.

Jésus est condamné à mort
(Voir aussi Matt. 27.15-31; Marc 15.6-20; Luc 23.13-25)

Après avoir prononcé ces mots, *Pilate sortit de nouveau pour aller vers les Juifs. Il leur déclara: "Je ne trouve aucune raison de condamner cet homme. [39] Mais selon la coutume que vous avez, je vous libère toujours un prisonnier à la fête de la *Pâque. Voulez-vous que je vous libère le roi des Juifs?" [40] Alors ils se remirent à crier: "Non, pas lui! C'est Barabbas que nous voulons!" Or, ce Barabbas était un bandit.

19 Alors Pilate ordonna de prendre Jésus et de le frapper à coups de fouet. [2] Les soldats tressèrent une couronne avec des épines et la posèrent sur la tête de Jésus; ils le revêtirent aussi d'un manteau rouge foncé. [3] Ils s'approchaient de lui et lui disaient: "Salut, roi des Juifs!" Et ils lui donnaient des gifles.

[4] Pilate sortit de nouveau et dit à la foule: "Ecoutez, je vais vous l'amener ici, dehors, afin que vous compreniez que je ne trouve aucune raison de condamner cet homme." [5] Jésus sortit donc; il portait la couronne d'épines et le manteau rouge foncé. Et Pilate leur dit: "Voilà l'homme!" [6] Mais lorsque les chefs des prêtres et les gardes le virent, ils crièrent: "Cloue-le sur une croix! Cloue-le sur une croix!" Pilate leur dit: "Prenez-le et clouez-le vous-mêmes sur une croix, car je ne trouve pas de raison de le condamner, moi." [7] Les Juifs lui répondirent: "Nous avons une loi, et selon

cette loi il doit mourir, car il a déclaré qu'il était le Fils de Dieu."

[8] Quand Pilate entendit ces mots, il eut encore plus peur. [9] Il rentra dans le palais et demanda à Jésus: "D'où es-tu venu?" Mais Jésus ne lui donna pas de réponse. [10] Pilate lui dit alors: "Tu ne veux pas me parler? Ne sais-tu pas que j'ai le pouvoir de te relâcher et que j'ai aussi le pouvoir de te faire clouer sur une croix?" [11] Jésus lui répondit: "Tu n'as aucun pouvoir sur moi à part celui que Dieu t'a accordé d'en haut. C'est pourquoi, l'homme qui m'a livré à toi est plus coupable que toi." [12] Dès ce moment, Pilate cherchait un moyen de relâcher Jésus. Mais les Juifs se mirent à crier: "Si tu relâches cet homme, tu n'es pas un ami de l'empereur! Tout homme qui se déclare roi est un ennemi de l'empereur!"

[13] Quand Pilate entendit ces mots, il fit amener Jésus dehors; il s'assit sur le siège du juge à l'endroit appelé "Place pavée" (qu'on nomme "Gabbatha" en hébreu). [14] C'était le jour avant la fête de la *Pâque, vers midi. Pilate dit aux Juifs: "Voilà votre roi!" [15] Mais ils se mirent à crier:

"A mort! A mort! Cloue-le sur une croix!" Pilate leur dit: "Faut-il que je cloue votre roi sur une croix?" Les chefs des prêtres répondirent: "Nous n'avons pas d'autre roi que l'empereur." [16] Alors Pilate leur livra Jésus, pour qu'on le cloue sur une croix.

Jésus est cloué sur une croix

(Voir aussi Matt. 27.32-44; Marc 15.21-32; Luc 23.26-43)

Ils se saisirent donc de Jésus. [17] Jésus sortit de la ville, en portant lui-même sa croix, pour aller à un endroit appelé "le lieu du Crâne" (qu'on nomme "Golgotha" en hébreu). [18] Là, les soldats clouèrent Jésus sur la croix. En même temps, ils mirent aussi deux autres hommes sur des croix, de chaque côté de Jésus qui se trouvait au milieu.

[19] *Pilate ordonna aussi de faire un écriteau et de le mettre sur la croix; il portait cette inscription: "Jésus de Nazareth, le roi des Juifs." [20] Beaucoup de Juifs lurent cet écriteau, car l'endroit où l'on avait mis Jésus en croix était près de la ville et l'inscription était en hébreu, en latin et en grec. [21] Alors les chefs des prêtres juifs dirent à *Pilate: "Tu ne dois pas laisser cette inscription 'le roi des Juifs' mais tu dois mettre: 'Cet homme a dit: Je suis le roi des Juifs.' " [22] Pilate répondit: "Ce que j'ai écrit doit rester écrit."

[23] Quand les soldats eurent cloué Jésus sur la croix, ils prirent ses vêtements et les divisèrent en quatre parts, une pour chaque soldat. Ils prirent aussi sa robe, qui était sans couture, tissée en une seule pièce du haut en bas. [24] Les soldats se dirent les uns aux autres: "Ne déchirons pas cette robe, mais tirons au sort pour savoir à qui elle appartien-

dra." C'est ainsi que devait s'accomplir le passage de l'Ecriture qui déclare:

"Ils ont partagé mes habits entre eux
Et ils ont tiré au sort mon vêtement."

Voilà ce que firent les soldats.

[25] Près de la croix de Jésus se tenaient sa mère, la sœur de sa mère, Marie la femme de Clopas et Marie de la ville de Magdala. [26] Jésus vit sa mère et, auprès d'elle, le *disciple qu'il aimait. Il dit à sa mère: "Femme, voici ton fils." [27] Puis il dit au disciple: "Voici ta mère." Et dès ce moment le disciple la prit chez lui.

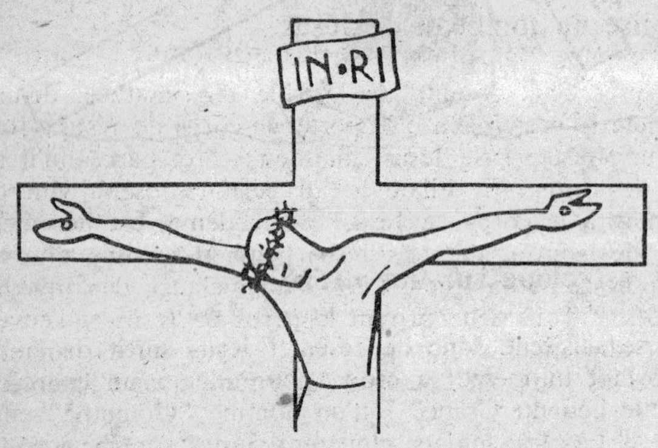

La mort de Jésus

(Voir aussi Matt. 27.45-56; Marc 15.33-41; Luc 23.44-49)

[28] Après cela, comme Jésus savait que tout était achevé maintenant, il dit pour accomplir le texte de l'Ecriture: "J'ai soif." [29] Il y avait là un vase plein de vinaigre. Alors les soldats trempèrent une éponge dans le vinaigre, la fixèrent à une branche *d'hysope et l'approchèrent de la bouche de Jésus. [30] Quand il eut pris le vinaigre, Jésus dit: "Tout est achevé!" Puis il baissa la tête et mourut.

Un soldat perce le côté de Jésus

[31] C'était le jour avant le *sabbat et les Juifs ne voulaient pas que les corps restent sur les croix durant le sabbat, car ce sabbat-là était une journée importante; ils demandèrent donc à *Pilate de faire briser les jambes des crucifiés et de faire enlever les corps. [32] Alors les soldats vinrent et brisè-

rent les jambes du premier, puis du second de ceux qu'on avait mis en croix en même temps que Jésus. [33] Quand ils arrivèrent à Jésus, ils virent qu'il était déjà mort; c'est pourquoi ils ne lui brisèrent pas les jambes. [34] Mais un des soldats lui perça le côté avec sa lance, et du sang et de l'eau en sortirent aussitôt. [35] L'homme qui rapporte ces faits les a vus, et ce qu'il rapporte est vrai. Il sait, lui, qu'il dit la vérité, afin que vous aussi vous croyiez. [36] Car cela est arrivé pour que s'accomplisse ce passage de l'Ecriture: "On ne lui brisera aucun os." [37] Et un autre texte dit encore: "Ils regarderont à celui qu'ils ont transpercé."

La mise au tombeau de Jésus

(Voir aussi Matt. 27.57-61; Marc 15.42-47; Luc 23.50-56)

[38] Après cela, Joseph, de la ville d'Arimathée, demanda à *Pilate la permission d'emporter le corps de Jésus. (Joseph était un *disciple de Jésus, mais en secret parce qu'il avait peur des Juifs.) Et Pilate le lui permit. Joseph vint donc et emporta le corps de Jésus. [39] Nicodème, cet homme qui était allé trouver une fois Jésus pendant la nuit, vint aussi et apporta environ trente kilos d'un mélange de *myrrhe et *d'aloès. [40] Tous deux prirent le corps de Jésus et l'enveloppèrent de bandes de lin, en y mettant les huiles parfumées, comme les Juifs ont coutume de le faire quand ils enterrent

quelqu'un. [41] A l'endroit où l'on avait cloué Jésus sur la croix, il y avait un jardin, et dans ce jardin il y avait un tombeau neuf dans lequel on n'avait jamais mis personne. [42] Comme c'était le jour avant le *sabbat des Juifs et que le tombeau était tout proche, ils y déposèrent Jésus.

Le tombeau vide

(Voir aussi Matt. 28.1-8; Marc 16.1-8; Luc 24.1-12)

20 Tôt le dimanche matin, alors qu'il faisait encore nuit, Marie de Magdala se rendit au tombeau. Elle vit que la pierre avait été ôtée de l'entrée du tombeau. [2] Elle s'en alla alors en courant trouver Simon Pierre et l'autre *disciple, celui qu'aimait Jésus, et leur dit: "On a enlevé le Seigneur de son tombeau, et nous ne savons pas où on l'a mis." [3] Pierre et l'autre disciple partirent et se rendirent au tombeau. [4] Ils couraient tous les deux ensemble; mais l'autre disciple courut plus vite que Pierre et arriva le premier au tombeau. [5] Il se baissa pour regarder et vit les bandes de lin posées à terre, mais il n'entra pas. [6] Puis Simon Pierre arriva après lui et entra dans le tombeau. Il vit les bandes de lin posées à terre [7] et aussi le linge qui avait été sur la tête de Jésus; ce linge n'était pas avec les bandes de lin, mais il était enroulé à part, à une autre place. [8] Alors, l'autre disciple, celui qui était arrivé le premier au tombeau, entra aussi. Il vit et il crut. [9] (En effet, les disciples n'avaient pas encore compris l'Ecriture qui annonce que Jésus devait revenir de la mort à la vie.) [10] Puis les deux disciples s'en retournèrent chez eux.

Jésus apparaît à Marie de Magdala

(Voir aussi Mat. 28.9-10; Marc 16.9-11)

[11] Marie se tenait près du tombeau, dehors, et pleurait. Tandis qu'elle pleurait, elle se baissa pour regarder dans le tombeau; [12] elle vit deux anges en vêtements blancs assis à l'endroit où avait reposé le corps de Jésus, l'un à la place de la tête et l'autre à la place des pieds. [13] Les anges lui demandèrent: "Femme, pourquoi pleures-tu?" Elle leur répondit: "On a enlevé mon Seigneur, et je ne sais pas où on l'a mis." [14] Après avoir dit ces mots, elle se retourna et vit Jésus qui se tenait là, mais elle ne savait pas que c'était Jésus. [15] Jésus lui demanda: "Femme, pourquoi pleures-tu? Qui cherches-tu?" Elle pensa que c'était le jardinier, de sorte qu'elle lui dit: "Si c'est toi qui l'as emporté, dis-moi

où tu l'as mis, et j'irai le reprendre." [16] Jésus lui dit: "Marie!" Elle se tourna vers lui et lui dit en hébreu: "Rabbouni!" (ce qui signifie "Maître"). [17] Jésus lui dit: "Ne me retiens pas, car je ne suis pas encore monté vers le Père. Mais va dire à mes frères que je monte vers mon Père qui est aussi votre Père, vers mon Dieu qui est aussi votre Dieu." [18] Alors, Marie de Magdala s'en alla annoncer aux *disciples: "J'ai vu le Seigneur!" Et elle leur raconta ce qu'il lui avait dit.

Jésus apparaît à ses disciples

(Voir aussi Matt. 28.16-20; Marc 16.14-18; Luc 24.36-49)

[19] Le soir de ce même dimanche, les *disciples étaient réunis dans une maison dont ils avaient fermé les portes à clé, car ils craignaient les Juifs. Jésus vint, se plaça au milieu d'eux, et leur dit: "La paix soit avec vous!" [20] Après avoir dit ces mots, il leur montra ses mains et son côté. Les disciples furent remplis de joie en voyant le Seigneur. [21] Jésus leur dit de nouveau: "La paix soit avec vous! Comme le Père m'a envoyé, moi aussi je vous envoie." [22] Après ces mots, il souffla sur eux et leur dit: "Recevez le Saint-Esprit! [23] Ceux à qui vous pardonnerez leurs péchés obtiendront le pardon; ceux à qui vous refuserez le pardon ne l'obtiendront pas."

Jésus et Thomas

[24] Cependant, l'un des douze *disciples, Thomas (appelé le Jumeau) n'était pas avec eux quand Jésus vint. [25] Les

autres disciples lui dirent: "Nous avons vu le Seigneur." Mais Thomas leur répondit: "Si je ne vois pas la marque des clous dans ses mains, si je ne mets pas mon doigt à la place où étaient les clous et si je ne mets pas ma main dans son côté, je ne croirai pas."

[26] Une semaine plus tard, les disciples de Jésus étaient de nouveau réunis à l'intérieur de la maison, et Thomas était avec eux. Les portes étaient fermées à clé, mais Jésus vint, se plaça au milieu d'eux et dit: "La paix soit avec vous!" [27] Puis il dit à Thomas: "Avance ton doigt ici et regarde mes mains; avance ta main et mets-la dans mon côté. Cesse de douter et crois!" [28] Thomas lui répondit: "Mon Seigneur et mon Dieu!" [29] Jésus lui dit: "C'est parce que tu m'as vu que tu as cru? Heureux sont ceux qui croient sans m'avoir vu!"

Le but de ce livre

[30] Jésus a fait encore, devant ses *disciples, beaucoup d'autres miracles qui ne sont pas racontés dans ce livre. [31] Mais ce qui s'y trouve a été écrit pour que vous croyiez que Jésus est le *Messie, le Fils de Dieu, et pour que, par cette foi, vous ayez la vie en lui.

Jésus apparaît à sept disciples

21 Quelque temps après, Jésus apparut de nouveau à ses *disciples, au bord du lac de *Tibériade. Voici comment il leur apparut: [2] Simon Pierre, Thomas (appelé le Jumeau), Nathanaël (qui était de Cana en Galilée), les fils de Zébédée, et deux autres disciples de Jésus, étaient ensemble. [3] Simon Pierre leur dit: "Je vais pêcher." Ils lui dirent: "Nous aussi, nous allons avec toi." Ils partirent donc et montèrent dans la barque. Mais ils ne prirent rien cette nuit-là. [4] Quand il commença à faire jour, Jésus parut au bord de l'eau, mais les disciples ne savaient pas que c'était lui. [5] Jésus leur dit alors: "Avez-vous pris du poisson, jeunes gens?" "Non," lui répondirent-ils. [6] Il leur dit: "Jetez le filet du côté droit de la barque et vous en trouverez." Ils jetèrent donc le filet, et ils ne pouvaient plus le retirer de l'eau, tant il était plein de poissons. [7] Le disciple que Jésus aimait dit à Pierre: "C'est le Seigneur!"

Quand Simon Pierre entendit ces mots: "C'est le Seigneur," il mit son vêtement (car il s'était déshabillé) et se jeta à l'eau. [8] Les autres disciples revinrent en barque, en tirant le filet plein de poissons: ils n'étaient pas très loin du bord, à cent mètres environ. [9] Lorsqu'ils furent descendus à terre, ils virent là un feu avec du poisson dessus, et du pain. [10] Jésus leur dit: "Apportez quelques-uns de ces poissons que vous venez de prendre." [11] Simon Pierre monta dans la barque et tira à terre le filet plein de gros poissons:

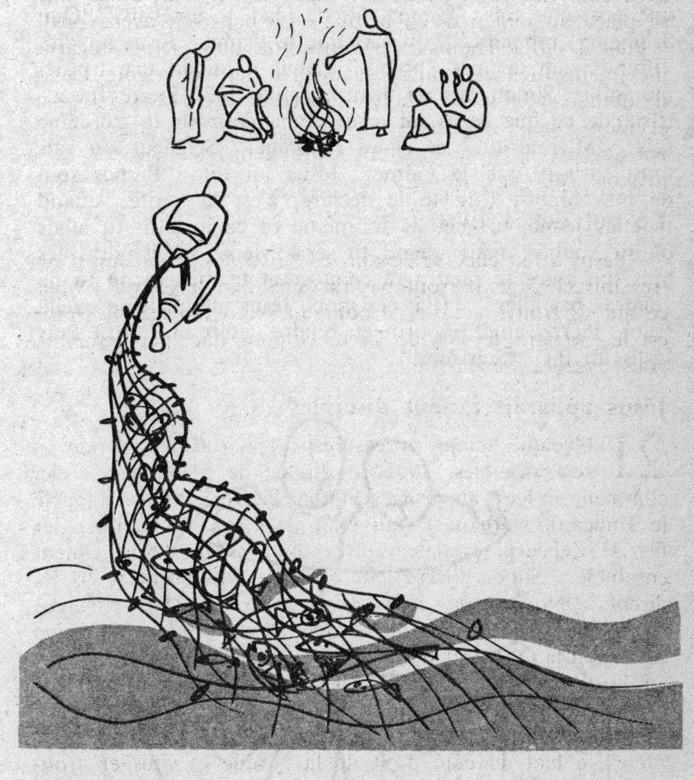

cent cinquante-trois en tout. Et quoiqu'il y en eût tant, le filet ne se déchira pas. [12] Jésus leur dit: "Venez manger." Aucun des disciples n'osait lui demander: "Qui es-tu?", car ils savaient que c'était le Seigneur. [13] Jésus s'approcha, prit le pain et le leur donna, et il leur donna aussi du poisson.

[14] C'était la troisième fois que Jésus apparaissait à ses disciples, depuis qu'il était revenu de la mort à la vie.

Jésus et Pierre

[15] Après qu'ils eurent mangé, Jésus dit à Simon Pierre: "Simon, fils de Jean, m'aimes-tu plus que ceux-ci ne m'aiment?" "Oui, Seigneur," répondit-il, "tu sais que je t'aime." Jésus lui dit: "Prends soin de mes agneaux." [16] Puis il lui dit une deuxième fois: "Simon, fils de Jean, m'aimes-tu?" "Oui, Seigneur," répondit-il, "tu sais que je t'aime." Jésus lui dit: "Prends soin de mes *brebis." [17] Puis il lui dit une troisième fois: "Simon, fils de Jean, m'aimes-tu?" Pierre fut attristé de ce que Jésus lui avait demandé pour la troisième fois: "M'aimes-tu?" et il lui répondit: "Seigneur, tu sais tout; tu sais que je t'aime!" Jésus lui dit: "Prends soin de mes brebis. [18] Je te le déclare, c'est la vérité: quand tu étais jeune, tu mettais toi-même ta ceinture et tu allais où tu voulais; mais quand tu seras vieux, tu étendras les bras, un autre te mettra ta ceinture et te mènera où tu ne voudras pas aller." [19] (Par ces mots, Jésus indiquait de quelle façon Pierre allait mourir et rendre gloire à Dieu.) Puis Jésus lui dit: "Suis-moi!"

Jésus et le disciple qu'il aimait

[20] Pierre se retourna et vit venir derrière eux le *disciple que Jésus aimait — celui qui s'était penché vers Jésus pendant le repas et lui avait demandé: "Seigneur, qui est celui qui va te trahir?" — [21] Pierre le vit donc et dit à Jésus: "Et celui-ci, Seigneur, que lui arrivera-t-il?" [22] Jésus lui répondit: "Si je désire qu'il vive jusqu'à ce que je revienne, que t'importe? Toi, suis-moi!" [23] La nouvelle se répandit alors parmi les frères que ce disciple ne mourrait pas. Pourtant Jésus n'avait pas dit à Pierre: "Il ne mourra pas," mais il avait dit: "Si je désire qu'il vive jusqu'à ce que je revienne, que t'importe?"

[24] C'est ce même disciple qui rapporte ces faits et les a mis par écrit, et nous savons que ce qu'il affirme est vrai.

Conclusion

[25] Jésus a accompli encore beaucoup d'autres actions. Si on les racontait par écrit l'une après l'autre, je pense que le monde entier ne pourrait pas contenir les livres qu'on écrirait.

LES ACTES DES APÔTRES

Le Saint-Esprit promis aux apôtres

1 Cher Théophile,
Dans mon premier livre j'ai raconté tout ce que Jésus a fait et enseigné dès le début [2] jusqu'au jour où il fut enlevé au ciel. Avant de monter au ciel, il avait donné ses instructions, par la puissance du Saint-Esprit, aux hommes qu'il avait choisis comme *apôtres. [3] Après sa mort, il se montra à eux en leur prouvant de bien des manières qu'il était vivant: pendant quarante jours, il leur apparut et leur parla du *Royaume de Dieu. [4] Un jour qu'il prenait un repas avec eux, il leur donna cet ordre: "Ne vous éloignez pas de Jérusalem, mais attendez ce que le Père a promis, le don que je vous ai annoncé. [5] Car Jean a baptisé avec de l'eau, mais, dans peu de jours, vous serez baptisés avec le Saint-Esprit."

Jésus monte au ciel

[6] Ceux qui étaient réunis auprès de Jésus lui demandèrent alors: "Seigneur, est-ce en ce temps que tu rétabliras le royaume d'Israël?" [7] Jésus leur répondit: "Il ne vous appartient pas de savoir quand viendront les temps et les moments, car le Père les a fixés de sa seule autorité. [8] Mais vous recevrez une force quand le Saint-Esprit descendra sur vous. Vous serez alors mes témoins pour parler de moi à Jérusalem, dans toute la région de Judée et de Samarie, et jusqu'aux endroits les plus lointains de la terre." [9] Après avoir dit ces mots, Jésus s'éleva vers le ciel pendant qu'ils le regardaient et un nuage le cacha à leurs yeux.

[10] Ils avaient encore les regards fixés vers le ciel où Jésus s'élevait, quand deux hommes habillés en blanc se trouvèrent tout à coup près d'eux [11] et leur dirent: "Hommes de Galilée, pourquoi restez-vous là à regarder le ciel? Ce Jésus, qui a été enlevé du milieu de vous pour aller au ciel, reviendra de la même manière que vous l'avez vu y partir."

Le successeur de Judas

[12] Les *apôtres retournèrent alors à Jérusalem depuis la colline qu'on appelle mont des Oliviers. Cette colline se

trouve près de la ville, à environ un kilomètre. [13] Quand ils furent arrivés à Jérusalem, ils montèrent à la chambre où ils se tenaient d'habitude, en haut d'une maison. Il y avait Pierre, Jean, Jacques et André, Philippe et Thomas, Barthélemy et Matthieu, Jacques le fils d'Alphée, Simon le nationaliste et Jude le fils de Jacques. [14] Tous ensemble ils se réunissaient régulièrement pour prier, avec les femmes, avec Marie la mère de Jésus, et avec les frères de Jésus.

[15] Un de ces jours-là, comme les croyants étaient réunis au nombre d'environ cent vingt, Pierre se leva au milieu d'eux et leur dit: [16] "Frères, il fallait que se réalise ce que le Saint-Esprit a annoncé dans l'Ecriture: s'exprimant par la bouche de David, il y a parlé d'avance de Judas qui devint le guide de ceux qui arrêtèrent Jésus. [17] Judas était l'un des membres de notre groupe et avait reçu sa part de notre travail."

([18] Avec l'argent qu'on lui paya pour son crime, cet homme s'acheta un champ; il y tomba la tête la première, son corps éclata par le milieu et tous ses intestins se répandirent au dehors. [19] Tous les habitants de Jérusalem ont appris ce fait, de sorte qu'ils ont appelé ce champ dans leur langue "Hakeldama," c'est-à-dire "champ du sang").

[20] "Or, voici ce qui est écrit dans le livre des Psaumes:

> 'Que sa maison soit abandonnée,
> Et que personne n'y habite.'

Et il est encore écrit:

> 'Qu'un autre prenne sa fonction.'

[21-22] "Il faut donc qu'un homme se joigne à nous pour être témoin de la *résurrection du Seigneur Jésus. Cet homme doit être l'un de ceux qui nous ont accompagnés tout le temps que le Seigneur Jésus a parcouru le pays avec nous, à partir du moment où Jean l'a baptisé jusqu'au jour où il a été enlevé du milieu de nous pour aller au ciel." [23] On proposa alors deux hommes: Joseph, appelé Barsabbas, surnommé aussi Justus, et Matthias. [24] Puis, tous ensemble, ils prièrent ainsi: "Seigneur, toi qui connais le coeur de tous, montre-nous lequel de ces deux hommes tu as choisi [25] pour occuper la place de Judas dans cette fonction d'apôtre qu'il a quittée pour aller à la place qui est la sienne." [26] Ils tirèrent alors au sort pour choisir l'un des deux. Le sort désigna Matthias, qui fut ajouté au groupe des onze apôtres.

La venue du Saint-Esprit

2 Quand le jour de la *Pentecôte arriva, les croyants étaient réunis tous ensemble au même endroit. [2] Tout à coup, un bruit vint du ciel, bruit semblable à celui d'un vent qui souffle avec violence, et il remplit toute la maison où ils étaient assis. [3] Ils virent alors apparaître des langues pareilles à des flammes de feu; elles se séparèrent et elles se posèrent une à une sur chacun d'eux. [4] Ils furent tous remplis du Saint-Esprit et se mirent à parler en d'autres langues, selon ce que l'Esprit leur faisait exprimer.

[5] A Jérusalem vivaient des Juifs, hommes pieux venus de tous les pays du monde. [6] Quand ce bruit se fit entendre, ils s'assemblèrent en foule. Ils étaient tous profondément surpris, car chacun d'eux entendait les croyants parler dans sa propre langue. [7] Ils étaient remplis d'étonnement et d'admiration, et disaient: "Ces hommes qui parlent ne sont-ils pas tous Galiléens? [8] Comment se fait-il alors que chacun de nous les entende parler dans sa langue maternelle? [9] Il y a parmi nous des gens qui viennent du pays des Parthes, de Médie et d'Elam, de Mésopotamie, de Judée et de Cappadoce, du Pont et de la province d'Asie, [10] de Phrygie et de Pamphylie, d'Egypte et de la partie de la Libye qui est proche de Cyrène; il y a ceux qui sont venus de Rome, [11] il y a ceux qui sont nés Juifs et ceux qui se sont convertis à la religion juive, des gens de Crète et d'Arabie, et pourtant tous, nous les entendons parler dans nos diverses langues des grandes oeuvres de Dieu!" [12] Ils étaient tous remplis d'étonnement et ne savaient que penser; ils se disaient les uns aux autres: "Qu'est-ce que cela signifie?" [13] Mais d'autres se moquaient des croyants en disant: "Ils sont complètement ivres!"

Le discours de Pierre

[14] Pierre se leva alors avec les onze autres *apôtres; il se mit à parler d'une voix forte et dit à la foule: "Vous, Juifs, et vous tous qui vivez à Jérusalem, apprenez ceci et écoutez bien ce que je vais vous dire. [15] Ces hommes ne sont pas ivres comme vous le supposez, car il est seulement neuf heures du matin. [16] Mais maintenant se réalise ce que le *prophète Joël a annoncé:

> [17] 'Voici ce qui arrivera dans les derniers jours, dit Dieu:

Je répandrai de mon Esprit sur tout homme;
Vos fils et vos filles prophétiseront,
Vos jeunes gens auront des visions
Et vos vieillards auront des rêves.
[18] Oui, je répandrai de mon Esprit sur mes serviteurs et mes servantes en ces jours-là,
Et ils prophétiseront.
[19] J'accomplirai des choses extraordinaires en haut dans le ciel
Et des miracles en bas sur la terre:
Il y aura du sang, du feu et des nuages de fumée,
[20] Le soleil deviendra obscur
Et la lune rouge comme du sang,
Avant que vienne le jour du Seigneur, ce jour grand et glorieux.
[21] Et alors, tout homme qui fera appel au nom du Seigneur sera sauvé.'

[22] "Hommes d'Israël, écoutez ce que je vais vous dire: Jésus de Nazareth était un homme dont Dieu vous a montré l'autorité, car Dieu a accompli par lui des miracles, des prodiges et des signes au milieu de vous, comme vous le

savez vous-mêmes. [23] Cet homme vous a été livré conformément à la décision que Dieu avait prise et au plan qu'il avait formé d'avance. Vous l'avez tué en le faisant clouer à une croix par des hommes pécheurs. [24] Mais Dieu l'a ramené à la vie, il l'a délivré des douleurs de la mort, car il n'était pas possible que la mort le retienne en son pouvoir. [25] En effet, David a dit à son sujet:

'Je voyais continuellement le Seigneur devant moi,
Car il est à ma droite pour que je ne tremble pas.
[26] C'est pourquoi mon coeur est rempli de bonheur et mes paroles sont pleines de joie;
Et même dans la faiblesse de mon corps, je reposerai avec espérance
[27] Car tu n'abandonneras pas mon âme dans le monde des morts,
Tu ne permettras pas que celui qui t'appartient connaisse la pourriture.
[28] Tu m'as montré les chemins qui mènent à la vie,
Tu me rempliras de joie par ta présence.'

[29] "Frères, il m'est permis de vous parler très clairement au sujet du *patriarche David: il est mort, il a été enterré et sa tombe se trouve encore aujourd'hui parmi nous. [30] Mais il était prophète et il savait que Dieu lui avait promis avec serment d'accorder à l'un de ses descendants la position de roi qui était la sienne. [31] David a vu d'avance ce qui allait arriver et il a donc parlé de la *résurrection du *Messie quand il a dit:

'Il n'a pas été abandonné dans le monde des morts,
Et son corps n'a pas connu la pourriture.'

[32] "Dieu a ramené à la vie ce Jésus dont je parle et nous en sommes tous témoins. [33] Il a été élevé à la droite de Dieu et il a reçu du Père le Saint-Esprit promis: il l'a répandu sur nous, et c'est ce que vous voyez et entendez maintenant. [34] Car David n'est pas monté lui-même au ciel, mais il a dit:

'Le Seigneur a dit à mon Seigneur:
Assieds-toi à ma droite,
[35] Jusqu'à ce que je mette tes ennemis
Comme un escabeau sous tes pieds.'

[36] "Tout le peuple d'Israël doit donc le savoir avec certitude: ce Jésus que vous avez cloué à la croix, c'est lui que Dieu a fait Seigneur et Messie!"

[37] Quand ils entendirent ces paroles, ils furent profondé-

ment bouleversés. Ils demandèrent à Pierre et aux autres apôtres: "Frères, que devons-nous faire?" [38] Pierre leur répondit: "Changez de vie et que chacun de vous se fasse baptiser au nom de Jésus-Christ, pour que vos péchés vous soient pardonnés. Vous recevrez alors le don de Dieu, le Saint-Esprit. [39] Car la promesse de Dieu a été faite pour vous et vos enfants, ainsi que pour tous ceux qui vivent au loin, tous ceux que le Seigneur notre Dieu appellera."

[40] Pierre leur adressait encore beaucoup d'autres paroles pour les persuader et les encourager, et il disait: "Acceptez le salut en vous séparant de ces gens perdus!" [41] Un grand nombre d'entre eux acceptèrent les paroles de Pierre et furent baptisés. Ce jour-là, environ trois mille personnes s'ajoutèrent au groupe des croyants. [42] Ils s'appliquaient fidèlement à écouter l'enseignement que donnaient les apôtres, à vivre dans la communion fraternelle, à prendre part aux repas communs et à participer aux prières.

La vie parmi les croyants

[43] Chacun ressentait de la crainte, car les *apôtres accomplissaient beaucoup de miracles et de signes. [44] Tous les croyants étaient unis et mettaient en commun tout ce qu'ils possédaient. [45] Ils vendaient leurs propriétés et leurs biens et répartissaient l'argent ainsi obtenu entre tous, en tenant compte des besoins de chacun. [46] Chaque jour, régulièrement, ils se réunissaient dans le temple, ils prenaient leurs repas ensemble dans leurs maisons et mangeaient leur nourriture avec joie et simplicité de coeur. [47] Ils louaient Dieu et se faisaient aimer de tout le peuple. Et le Seigneur ajoutait chaque jour à leur groupe ceux qui étaient sauvés.

Un homme infirme est guéri

3 Un après-midi, Pierre et Jean montaient au temple pour la prière de trois heures. [2] Près de la porte du temple, appelée "la Belle Porte", il y avait un homme infirme depuis sa naissance. Chaque jour, on l'apportait et le déposait là, pour qu'il puisse demander de l'argent à ceux qui entraient dans le temple. [3] Il vit Pierre et Jean qui allaient y entrer et il leur demanda un don. [4] Pierre et Jean fixèrent les yeux sur lui et Pierre lui dit: "Regarde-nous." [5] L'homme les regarda avec attention, car il s'attendait à recevoir d'eux quelque chose. [6] Pierre lui dit alors: "Je n'ai

ni argent ni or, mais ce que j'ai, je te le donne: au nom de Jésus-Christ de Nazareth, marche!" [7] Puis il le prit par la main droite et le fit lever. Aussitôt, les pieds et les chevilles de l'infirme devinrent fermes; [8] d'un saut, il fut sur ses pieds, se tint debout puis se mit à marcher. Il entra avec les *apôtres dans le temple, en marchant, sautant et louant Dieu. [9] Toute la foule le vit marcher et louer Dieu. [10] Quand ils reconnurent en lui l'homme qui se tenait assis à la Belle Porte du temple pour mendier, ils furent tous remplis de crainte et d'étonnement à cause de ce qui lui était arrivé.

Discours de Pierre dans le temple

[11] Comme l'homme ne quittait pas Pierre et Jean, tous, frappés d'étonnement, accoururent vers eux dans la galerie à colonnes qu'on appelait "Galerie de Salomon". [12] Quand Pierre vit cela, il s'adressa à la foule en ces mots: "Hommes d'Israël, pourquoi vous étonnez-vous de cette guérison? Pourquoi nous regardez-vous comme si nous avions fait marcher cet homme par notre propre puissance ou à cause de notre attachement à Dieu? [13] Le Dieu d'Abraham, d'Isaac et de Jacob, le Dieu de nos ancêtres a donné de la gloire à son serviteur Jésus. Vous-mêmes, vous l'avez livré aux autorités et vous l'avez rejeté devant *Pilate, alors que celui-ci

avait décidé de le relâcher. [14] Vous avez rejeté celui qui était saint et juste et vous avez préféré demander à Pilate de vous accorder la libération d'un criminel. [15] Ainsi, vous avez fait mourir le maître de la vie. Mais Dieu l'a ramené de la mort à la vie et nous en sommes témoins. [16] C'est la puissance du nom de Jésus qui, par la foi en ce nom, a rendu la force à cet homme que vous voyez et connaissez. C'est la foi en Jésus qui lui a donné d'être complètement guéri comme vous pouvez tous le constater.

[17] "Cependant, frères, je sais bien que vous et vos chefs avez agi par ignorance à l'égard de Jésus. [18] Mais Dieu a réalisé ainsi ce qu'il avait annoncé autrefois par tous les *prophètes: son *Messie devait souffrir. [19] Changez donc de vie et tournez-vous vers Dieu, pour qu'il efface vos péchés. [20] Alors le Seigneur pourra faire venir des temps de repos et vous envoyer le Messie qu'il avait choisi d'avance pour vous, c'est-à-dire Jésus. [21] Pour le moment, Jésus-Christ doit rester au ciel jusqu'à ce que vienne le temps où tout sera renouvelé, comme Dieu l'a annoncé par ses saints prophètes depuis longtemps déjà. [22] Moïse a dit en effet: 'Le Seigneur votre Dieu vous enverra un prophète comme moi, qui sera un membre de votre peuple. Vous écouterez tout ce qu'il vous dira. [23] Tout homme qui n'écoutera pas ce prophète sera exclu du peuple de Dieu et détruit'. [24] Et les prophètes qui ont parlé depuis Samuel ont tous, les uns après les autres, également annoncé ces jours-ci. [25] La promesse que Dieu a faite par les prophètes est pour vous et vous avez part à *l'alliance que Dieu a conclue avec vos ancêtres quand il a dit à Abraham: 'Je bénirai toutes les familles de la terre à travers tes descendants.' [26] Ainsi, Dieu a fait apparaître son serviteur pour vous d'abord, il l'a envoyé pour vous bénir en détournant chacun d'entre vous de ses mauvaises actions."

Pierre et Jean devant le *Conseil supérieur

4 Pierre et Jean parlaient encore au peuple, quand arrivèrent les prêtres, le chef des gardes du temple et les *Sadducéens. [2] Ils étaient très mécontents que les deux *apôtres enseignent le peuple et lui annoncent que Jésus était *ressuscité, ce qui signifie que les morts peuvent revenir à la vie. [3] Ils les arrêtèrent et les mirent en prison jusqu'au lendemain, car il était déjà tard. [4] Cependant, beaucoup de

ceux qui avaient entendu le message annoncé crurent, et le nombre des croyants s'éleva à cinq mille hommes environ.

[5] Le lendemain, les chefs des Juifs, les *anciens et les *maîtres de la loi s'assemblèrent à Jérusalem. [6] Il y avait en particulier Anne le grand-prêtre, Caïphe, Jean, Alexandre et tous les membres de la famille du grand-prêtre. [7] Ils firent amener les apôtres devant eux et leur demandèrent: "Par quel pouvoir ou au nom de qui avez-vous accompli cette guérison?" [8] Alors Pierre, rempli du Saint-Esprit, leur dit: "Chefs du peuple et anciens: [9] puisqu'on nous interroge aujourd'hui à propos du bien fait à un infirme et qu'on nous demande comment cet homme a été guéri, [10] il faut que vous le sachiez, vous tous, et que tout le peuple d'Israël le sache: cet homme se présente devant vous en bonne santé par le pouvoir du nom de Jésus-Christ de Nazareth, celui que vous avez cloué à la croix et que Dieu a ramené de la mort à la vie. [11] Jésus est celui dont l'Ecriture affirme:

'La pierre que vous, les bâtisseurs, avez rejetée
Est devenue la pierre principale.'

[12] Le salut ne s'obtient qu'en lui seul, car nulle part dans le monde entier Dieu n'a donné aux hommes le nom de quelqu'un d'autre par qui nous pourrions être sauvés."

[13] Les membres du Conseil étaient très étonnés, car ils voyaient l'assurance de Pierre et de Jean et se rendaient compte en même temps que c'étaient des hommes simples et sans instruction. Ils reconnaissaient en eux d'anciens compagnons de Jésus. [14] Mais ils voyaient aussi l'homme guéri qui se tenait debout auprès d'eux et ils ne trouvaient rien à répondre. [15] Ils leur ordonnèrent alors de sortir de la salle du Conseil et se mirent à discuter entre eux. [16] Ils se disaient: "Que ferons-nous de ces hommes? Car tous les habitants de Jérusalem savent clairement que ce miracle remarquable a été accompli par eux et nous ne pouvons pas le nier. [17] Mais, pour que la nouvelle de cette affaire ne se répande pas davantage parmi le peuple, défendons-leur avec des menaces de parler encore à qui que ce soit au nom de Jésus." [18] Ils les rappelèrent alors et leur ordonnèrent de cesser complètement de parler ou d'enseigner au nom de Jésus.

[19] Mais Pierre et Jean leur répondirent: "Jugez vous-mêmes s'il est juste devant Dieu de vous obéir à vous plutôt qu'à Dieu. [20] Mais nous, nous ne pouvons pas renoncer à parler de ce que nous avons vu et entendu." [21] Les mem-

bres du Conseil les menacèrent à nouveau puis les relâchèrent. Ils ne trouvaient aucun moyen de les punir, car tout le peuple louait Dieu de ce qui était arrivé. [22] L'homme miraculeusement guéri était âgé de plus de quarante ans.

La prière des croyants

[23] Dès qu'ils furent relâchés, Pierre et Jean se rendirent auprès du groupe de leurs amis et leur racontèrent tout ce que les chefs des prêtres et les *anciens avaient dit. [24] Quand ils eurent entendu ce récit, les croyants se mirent ensemble à prier Dieu en ces mots: "Maître, c'est toi qui as créé le ciel, la terre, la mer et tout ce qui s'y trouve. [25] C'est toi qui, au moyen du Saint-Esprit, a dit par la bouche de David notre ancêtre et ton serviteur:

'Pourquoi les nations se sont-elles agitées avec orgueil,
Pourquoi les peuples ont-ils formé des complots inutiles?
[26] Les rois de la terre se sont mis en position de combat
Et les chefs se sont unis
Contre le Seigneur et contre son *Messie.'

[27] Car il est bien vrai qu'*Hérode et *Ponce-Pilate se sont unis, dans cette ville, avec les étrangers et les tribus d'Israël contre ton saint serviteur Jésus que tu as choisi comme Messie. [28] Ils ont ainsi accompli tout ce que, dans ta puissance et ta volonté, tu avais décidé d'avance. [29] Et maintenant, Seigneur, vois leurs menaces et donne à tes serviteurs d'annoncer ta parole avec une pleine assurance. [30] Etends ta main pour que des guérisons, des signes et des miracles se produisent par le nom de ton saint serviteur Jésus." [31] Quand ils eurent fini de prier, l'endroit où ils étaient réunis trembla. Ils furent tous remplis du Saint-Esprit et se mirent à annoncer la parole de Dieu avec assurance.

Les croyants partagent leurs biens entre eux

[32] Le groupe des croyants était parfaitement uni, de coeur et d'esprit. Aucun d'eux ne disait que ses biens étaient à lui seul, mais, entre eux, tout ce qu'ils avaient était propriété commune. [33] C'est avec une grande puissance que les *apôtres rendaient témoignage à la *résurrection du Seigneur Jésus et Dieu leur accordait à tous d'abondantes bénédictions. [34] Personne parmi eux ne manquait du nécessaire. En effet, tous ceux qui possédaient des champs ou des maisons

les vendaient, apportaient la somme produite par cette vente [35] et la remettaient aux apôtres; on distribuait ensuite l'argent à chacun selon ses besoins.

[36] Par exemple, Joseph, un *Lévite né à Chypre, que les apôtres surnommaient Barnabas (ce qui signifie "l'homme qui encourage"), [37] vendit un champ qu'il possédait, apporta l'argent et le remit aux apôtres.

Ananias et Saphira

5 Mais un homme nommé Ananias, dont la femme s'appelait Saphira, vendit, d'accord avec elle, un terrain qui leur appartenait. [2] Il garda une partie de l'argent pour lui et alla remettre le reste aux *apôtres. Sa femme le savait. [3] Alors Pierre lui dit: "Ananias, pourquoi Satan a-t-il pu s'emparer de ton coeur pour te faire mentir au Saint-Esprit et garder pour toi une partie de l'argent rapporté par ce terrain? [4] Avant que tu vendes ce terrain, il était à toi, et après que tu l'as vendu, l'argent t'appartenait, n'est-ce pas? Comment donc as-tu pu décider en toi-même de commettre une telle action? Ce n'est pas à des hommes que tu as menti, mais à Dieu." [5] En entendant ces paroles, Ananias tomba et mourut. Et tous ceux qui l'apprirent furent saisis d'une grande crainte. [6] Les jeunes gens vinrent envelopper le corps, puis ils l'emportèrent et l'enterrèrent.

[7] Environ trois heures plus tard, la femme d'Ananias entra sans savoir ce qui s'était passé. [8] Pierre lui demanda: "Dis-moi, avez-vous vendu votre terrain pour cette somme-là?" Et elle répondit: "Oui, pour cette somme-là." [9] Alors Pierre lui dit: "Comment donc avez-vous pu décider ensemble de mettre à l'épreuve l'Esprit du Seigneur? Ecoute, ceux qui ont enterré ton mari sont déjà à la porte et ils vont t'emporter toi aussi." [10] Au même instant, elle tomba aux pieds de l'apôtre et mourut. Les jeunes gens entrèrent et la trouvèrent morte; ils l'emportèrent et l'enterrèrent auprès de son mari. [11] Toute l'Eglise et tous ceux qui apprirent ces faits furent saisis d'une grande crainte.

De nombreux miracles

[12] De nombreux signes et miracles étaient accomplis par les *apôtres au milieu du peuple. Les croyants se tenaient tous ensemble dans la galerie à colonnes de Salomon. [13] Personne d'autre n'osait se joindre à eux, et pourtant le peuple

les estimait beaucoup. [14] Une foule de plus en plus nombreuse d'hommes et de femmes croyaient au Seigneur et s'ajoutaient à leur groupe. [15] Et l'on se mit à amener les malades dans les rues: on les déposait sur des lits et des nattes afin que, au moment où Pierre passerait, son ombre au moins puisse recouvrir l'un ou l'autre d'entre eux. [16] Une foule de gens accouraient aussi des villes voisines de Jérusalem; ils apportaient des malades et des personnes tourmentées par des esprits mauvais, et tous étaient guéris.

Les apôtres sont persécutés

[17] Alors le grand-prêtre et tous ceux qui étaient avec lui, c'est-à-dire les membres du parti des *Sadducéens, furent remplis de jalousie à l'égard des *apôtres; ils décidèrent d'agir. [18] Ils arrêtèrent les apôtres et les mirent dans la prison publique. [19] Mais pendant la nuit, un ange du Seigneur ouvrit les portes de la prison, fit sortir les apôtres et leur dit: [20] "Allez, tenez-vous dans le temple et annoncez au peuple tout ce qui concerne la vie nouvelle." [21] Les apôtres obéirent: tôt le matin, ils allèrent dans le temple et se mirent à enseigner.

Le grand-prêtre et ceux qui étaient avec lui réunirent tous les *anciens du peuple juif pour une séance du *Conseil supérieur. Puis ils envoyèrent chercher les apôtres à la prison. [22] Mais quand les gardes arrivèrent à la prison, ils ne les y trouvèrent pas. Ils retournèrent au Conseil et firent le rapport [23] suivant: "Nous avons trouvé la prison soigneusement fermée et les gardiens à leur poste devant les portes. Mais quand nous avons ouvert les portes, nous n'avons trouvé personne à l'intérieur." [24] Lorsque le chef des gardes du temple et les chefs des prêtres eurent entendu ces paroles, ils ne surent que penser de la disparition des apôtres et ils se demandèrent ce qui allait arriver. [25] Puis quelqu'un survint et leur dit: "Ecoutez! Les hommes que vous avez mis en prison se trouvent dans le temple où ils enseignent le peuple." [26] Le chef des gardes partit alors avec ses hommes et ils ramenèrent les apôtres. Mais ils n'usèrent pas de violence, car ils avaient peur que le peuple leur lance des pierres.

[27] Après les avoir ramenés, ils les firent comparaître devant le Conseil et le grand-prêtre se mit à les interroger. [28] Il leur dit: "Nous vous avions sévèrement défendu d'enseigner au nom de cet homme. Et qu'avez-vous fait? Vous avez répandu votre enseignement dans toute la ville de Jérusalem et vous voulez nous rendre responsables de sa mort!" [29] Pierre et les apôtres répondirent: "Nous devons obéir à Dieu plutôt qu'aux hommes. [30] Le Dieu de nos ancêtres a rendu la vie à ce Jésus que vous aviez fait mourir en le clouant à la croix. [31] Dieu l'a élevé à sa droite et l'a établi comme chef et Sauveur pour donner l'occasion au peuple d'Israël de changer de vie et de recevoir le pardon de ses péchés. [32] Nous sommes témoins de ces événements, nous et le Saint-Esprit que Dieu a donné à ceux qui lui obéissent."

[33] Les membres du Conseil devinrent furieux en entendant ces paroles, et ils voulaient faire mourir les apôtres. [34] Mais il y avait parmi eux un *Pharisien nommé *Gamaliel, un *maître de la loi que tout le peuple respectait. Il se leva au milieu du Conseil et demanda de faire sortir un instant les apôtres. [35] Puis il dit à l'assemblée: "Hommes d'Israël, prenez garde à ce que vous allez faire à ces hommes. [36] Il n'y a pas longtemps est apparu Theudas, qui prétendait être un homme important; environ quatre cents hommes se sont joints à lui. Mais il fut tué, tous ceux qui l'avaient suivi se dispersèrent et il ne resta rien du mouvement. [37] Après lui, à l'époque du recensement, est apparu Judas le Galiléen; il entraîna une foule de gens à sa suite. Mais il fut tué, lui aussi, et tous ceux qui l'avaient suivi furent dispersés. [38] Maintenant donc, je vous le dis: ne vous occupez plus de ces hommes et laissez-les aller. Car si leur entreprise et leur oeuvre viennent des hommes, elles disparaîtront. [39] Mais si elles viennent vraiment de Dieu, vous

ne pourrez pas les détruire. Prenez garde de ne pas vous mettre à combattre Dieu!" Les membres du Conseil acceptèrent l'avis de Gamaliel. [40] Ils rappelèrent les apôtres, les firent battre et leur ordonnèrent de ne plus parler au nom de Jésus, puis ils les relâchèrent. [41] Les apôtres quittèrent le Conseil, tout joyeux de ce que Dieu les ait jugés dignes d'être traités avec mépris pour le nom de Jésus. [42] Et chaque jour, dans le temple et dans les maisons, ils continuaient sans arrêt à enseigner et à annoncer la Bonne Nouvelle qui concerne Jésus, le *Messie.

Sept hommes sont choisis pour aider les apôtres

6 En ce temps-là, comme le nombre des *disciples augmentait, les Juifs parlant grec se plaignirent des Juifs du pays : ils disaient que leurs veuves étaient négligées au moment où, chaque jour, on distribuait la nourriture. [2] Les douze *apôtres réunirent alors tout le groupe des disciples et leur dirent : "Il ne serait pas juste que nous cessions de prêcher la parole de Dieu pour nous occuper des repas. [3] C'est pourquoi, frères, choisissez parmi vous sept hommes de bonne réputation, remplis du Saint-Esprit et de sagesse, et nous les chargerons de ce travail. [4] Nous pourrons ainsi continuer à donner tout notre temps à la prière et à la tâche de la prédication." [5] Le groupe entier fut d'accord avec cette proposition. Ils choisirent alors Etienne, homme rempli de foi et du Saint-Esprit, ainsi que Philippe, Prochore, Nicanor, Timon, Parménas et Nicolas, un homme d'Antioche qui autrefois s'était converti à la religion juive. [6] Puis ils les présentèrent aux apôtres qui prièrent et posèrent les mains sur eux.

[7] La parole de Dieu se répandait de plus en plus. Le nombre des disciples augmentait beaucoup à Jérusalem et de très nombreux prêtres acceptaient la foi.

L'arrestation d'Etienne

[8] Etienne, qui était rempli de force par la bénédiction de Dieu, accomplissait de grands miracles et signes parmi le peuple. [9] Quelques hommes s'opposèrent alors à Etienne : c'étaient d'une part des membres de la *synagogue dite des "Esclaves libérés", qui comprenait des Juifs de Cyrène et d'Alexandrie, et d'autre part des Juifs de Cilicie et de la province d'Asie. Ils se mirent à discuter avec Etienne. [10] Mais

ils ne pouvaient pas lui résister, car il parlait avec la sagesse que lui donnait l'Esprit. [11] Ils payèrent alors des hommes pour qu'ils disent: "Nous l'avons entendu parler contre Moïse et contre Dieu!" [12] Ils excitèrent ainsi le peuple, les *anciens et les *maîtres de la loi. Puis ils s'approchèrent d'Etienne, s'emparèrent de lui et le conduisirent devant le *Conseil supérieur. [13] Ils amenèrent aussi des gens qui portaient de fausses accusations contre lui: "Cet homme, disaient-ils, ne cesse de parler contre notre saint temple et contre la *loi de Moïse! [14] Nous l'avons entendu dire que ce Jésus de Nazareth détruira le temple et changera les coutumes que nous avons reçues de Moïse." [15] Tous ceux qui étaient assis dans la salle du Conseil avaient les yeux fixés sur Etienne et ils virent que son visage était semblable à celui d'un ange.

Le discours d'Etienne

7 Le grand-prêtre demanda à Etienne: "Est-ce vrai?" [2] Etienne répondit: "Frères et pères, écoutez-moi. Le Dieu glorieux apparut à notre ancêtre Abraham lorsqu'il était en Mésopotamie, avant qu'il aille habiter Charan, [3] et lui dit: 'Quitte ton pays et ta famille, et va dans le pays que je te montrerai.' [4] Abraham quitta alors le pays des Chaldéens et alla habiter Charan. Puis le père d'Abraham mourut et Dieu le fit passer de Charan dans ce pays où vous vivez maintenant. [5] Dieu ne lui donna là aucune propriété, pas même un terrain de la largeur du pied; mais Dieu promit qu'il lui donnerait le pays et que ses descendants le posséderaient aussi après lui. Pourtant, à cette époque, Abraham n'avait pas d'enfant. [6] Voici ce que Dieu lui déclara: 'Tes descendants vivront dans un pays étranger, où ils deviendront esclaves et où on les maltraitera pendant quatre cents ans. [7] Mais je jugerai la nation dont ils auront été les esclaves', dit Dieu. 'Ensuite, ils s'en iront de là et me rendront un culte en ce lieu-ci.' [8] Puis Dieu conclut avec Abraham *l'alliance dont la *circoncision est le signe. C'est ainsi qu'Abraham circoncit son fils Isaac une semaine après sa naissance; de même, Isaac circoncit Jacob, et Jacob circoncit les douze *patriarches.

[9] "Les patriarches furent jaloux de Joseph et le vendirent pour être esclave en Egypte. Mais Dieu était avec lui; [10] il le délivra de toutes ses peines. Il donna à Joseph d'être trouvé

agréable et de montrer de la sagesse quand il se tenait devant *Pharaon, roi d'Egypte. Celui-ci établit Joseph comme gouverneur de l'Egypte et de toute la maison royale. [11] La famine survint alors dans toute l'Egypte et tout le pays de Canaan. La souffrance était grande et nos ancêtres ne trouvaient rien à manger. [12] Quand Jacob apprit qu'il y avait du blé en Egypte, il y envoya nos ancêtres une première fois. [13] La seconde fois qu'ils y allèrent, Joseph se fit reconnaître de ses frères et Pharaon apprit ainsi quelle était la famille de Joseph. [14] Alors Joseph envoya chercher son père Jacob et toute la famille qui comprenait soixante-quinze personnes. [15] Jacob se rendit donc en Egypte où il mourut et où nos ancêtres moururent aussi. [16] On transporta leurs corps à Sichem et on les enterra dans la tombe qu'Abraham avait achetée pour une somme d'argent aux fils d'Hémor, à Sichem.

[17] "Lorsque le temps approcha où Dieu devait accomplir la promesse qu'il avait faite à Abraham, notre peuple s'accrut et devint de plus en plus nombreux en Egypte. [18] Puis un nouveau roi, qui n'avait pas connu Joseph, se mit à régner sur l'Egypte. [19] Ce roi trompa notre peuple et maltraita nos ancêtres en les obligeant à abandonner leurs bébés pour qu'ils meurent. [20] A cette époque naquit Moïse qui était un bel enfant, agréable à Dieu. Il fut nourri pendant trois mois dans la maison de son père. [21] Lorsqu'il fut abandonné, la fille de Pharaon le recueillit et l'éleva comme son propre fils. [22] Ainsi, Moïse fut instruit dans tout ce que connaissaient les Egyptiens et devint un homme puissant dans ses paroles et ses actes.

[23] "Quand il eut quarante ans, Moïse décida d'aller voir ses frères de race, les Israélites. [24] Il vit un Egyptien maltraiter l'un d'eux; il prit la défense de l'homme maltraité et, pour le venger, tua l'Egyptien. [25] Il pensait que ses frères les Israélites comprendraient que Dieu allait leur accorder la délivrance en se servant de lui; mais ils ne le comprirent pas. [26] Le lendemain, Moïse rencontra deux Israélites qui se battaient et il voulut rétablir la paix entre eux. 'Mes amis', leur dit-il, 'vous êtes frères; pourquoi vous maltraitez-vous?' [27] Mais celui qui maltraitait son compagnon repoussa Moïse et lui dit: 'Qui t'a établi comme chef et juge sur nous? [28] Veux-tu me tuer comme tu as tué hier l'Egyptien?' [29] Quand Moïse entendit ces mots, il s'enfuit et alla vivre dans le pays de Madian. Là, il eut deux fils.

[30] "Quarante ans plus tard, dans le désert proche du mont Sinaï, un ange apparut à Moïse dans les flammes d'un buisson qui brûlait. [31] Moïse fut étonné en voyant cette apparition. Mais comme il s'avançait pour regarder de plus près, il entendit la voix du Seigneur qui disait: [32] 'Je suis le Dieu de tes ancêtres, le Dieu d'Abraham, d'Isaac et de Jacob.' Moïse se mit à trembler de peur et n'osait pas regarder. [33] Alors le Seigneur lui dit: 'Ote tes sandales, car l'endroit où tu te tiens est une terre sainte. [34] J'ai vu la souffrance de mon peuple en Egypte, j'ai entendu ses gémissements et je suis descendu pour le délivrer. Viens maintenant, je vais t'envoyer en Egypte.'

[35] "Ce même Moïse que les Israélites avaient rejeté en lui disant: 'Qui t'a établi comme chef et juge?', Dieu l'a envoyé comme chef et libérateur, avec l'aide de l'ange qui lui était apparu dans le buisson. [36] C'est Moïse qui a fait sortir les Israélites d'Egypte, en accomplissant des miracles et des signes dans ce pays, à la mer Rouge et au désert pendant quarante ans. [37] C'est Moïse encore qui dit aux Israélites: 'Dieu vous enverra un *prophète comme moi, qui sera un membre de votre peuple.' [38] C'est lui qui se trouvait auprès du peuple d'Israël assemblé dans le désert: il était avec nos ancêtres et avec l'ange qui lui parlait sur le mont Sinaï; il reçut les paroles vivantes de Dieu, pour nous les transmettre.

[39] "Mais nos ancêtres ne voulurent pas lui obéir; ils le repoussèrent et désirèrent retourner en Egypte. [40] Ils dirent à *Aaron: 'Fais-nous des dieux qui marchent devant nous, car nous ne savons pas ce qui est arrivé à ce Moïse qui nous a fait sortir du pays d'Egypte.' [41] Ils fabriquèrent alors un veau et offrirent un sacrifice à cette idole, ils se réjouirent de ce qu'ils avaient eux-mêmes fabriqué. [42] Mais Dieu se détourna d'eux et les laissa adorer les astres du ciel, comme il est écrit dans le livre des *prophètes:

'Peuple d'Israël, est-ce à moi
Que vous avez offert des animaux et d'autres sacrifices
Pendant quarante ans dans le désert?
[43] Non, mais vous avez porté la tente du dieu *Moloch
Et l'image de l'étoile de votre dieu *Réphan,
Ces idoles que vous aviez faites pour les adorer.
C'est pourquoi je vous déporterai plus loin que Babylone.'

[44] "Dans le désert, nos ancêtres avaient la tente qui renfermait les tables de la loi. Elle était faite comme Dieu l'avait ordonné à Moïse: en effet, il avait dit à Moïse de reproduire le modèle qu'il avait vu. [45] Cette tente fut transmise à ceux de nos ancêtres qui vinrent ensuite; ils l'emportèrent avec eux lorsque, sous la conduite de Josué, ils conquirent le pays des nations que Dieu chassa devant eux. Elle y resta jusqu'à l'époque de David. [46] Celui-ci obtint la faveur de Dieu et lui demanda la permission de donner une demeure au Dieu de Jacob. [47] Toutefois, ce fut Salomon qui lui bâtit une maison.

[48] "Mais le Dieu très haut n'habite pas dans des maisons construites par les hommes. Comme le déclare le prophète:

[49] 'Le ciel est mon trône, dit le Seigneur,
Et la terre un escabeau sous mes pieds.
Quelle maison pourriez-vous me bâtir?
En quel endroit pourrais-je me reposer?
[50] N'est-ce pas moi-même qui ai fait tout cela?'

[51] "O vous hommes entêtés, dont le coeur et les oreilles sont fermés aux appels de Dieu, vous résistez toujours au Saint-Esprit! Vous êtes comme vos ancêtres! [52] Lequel des prophètes vos ancêtres n'ont-ils pas persécuté? Ils ont tué ceux qui ont annoncé la venue du seul juste; et maintenant, c'est lui que vous avez trahi et tué. [53] Vous qui avez reçu la loi de Dieu par l'intermédiaire des anges, vous n'avez pas obéi à cette loi!"

La mort d'Etienne

[54] Les membres du Conseil devinrent furieux en entendant ces paroles et ils grinçaient des dents de colère contre Etienne. [55] Mais lui, rempli du Saint-Esprit, regarda vers le ciel; il vit alors la gloire de Dieu et Jésus debout à droite de Dieu. [56] Il dit: "Ecoutez, je vois les cieux ouverts et le *Fils de l'homme debout à la droite de Dieu." [57] Ils poussèrent alors de grands cris et se bouchèrent les oreilles. Ils se précipitèrent tous ensemble sur lui, [58] l'entraînèrent hors de la ville et se mirent à lui jeter des pierres pour le tuer. Les témoins laissèrent leurs vêtements à la garde d'un jeune homme appelé Saul. [59] Tandis qu'on lui jetait des pierres, Etienne priait ainsi: "Seigneur Jésus, reçois mon esprit!" [60] Puis il tomba à genoux et cria d'une voix forte: "Seigneur, ne les tiens pas pour coupables de ce péché!" Après avoir dit ces mots, il mourut.

8 Et Saul approuvait le meurtre d'Etienne.

Saul persécute l'Eglise

Le même jour commença une grande persécution contre l'Eglise de Jérusalem. Tous les croyants, excepté les *apôtres, se dispersèrent dans les régions de Judée et de Samarie. 2 Des hommes pieux enterrèrent Etienne et pleurèrent beaucoup sur sa mort.

3 Saul, lui, s'efforçait de détruire l'Eglise; il allait de maison en maison, en arrachait les croyants hommes et femmes et les jetait en prison.

Philippe annonce la Bonne Nouvelle en Samarie

4 Ceux qui avaient été dispersés parcouraient le pays en annonçant la Bonne Nouvelle. 5 Philippe se rendit dans la ville de Samarie et se mit à annoncer le *Messie à ses habitants. 6 Les foules dans leur ensemble étaient très attentives à ce que disait Philippe quand elles l'entendaient et voyaient les miracles qu'il accomplissait. 7 En effet, des esprits mauvais sortaient de beaucoup de malades en poussant un grand cri et de nombreux paralytiques et boiteux étaient égale-

ment guéris. [8] Il y eut ainsi une grande joie dans cette ville.

[9] Un homme appelé Simon se trouvait déjà auparavant dans cette même ville. Il pratiquait la magie et provoquait l'étonnement de la population de Samarie. Il prétendait être un homme important, [10] et tous, des plus jeunes aux plus âgés, lui accordaient beaucoup d'attention. On disait: "Cet homme est la puissance de Dieu, celle qu'on appelle 'la grande puissance.' " [11] Ils lui accordaient donc beaucoup d'attention, car il y avait longtemps qu'il les étonnait par ses pratiques magiques. [12] Mais quand ils crurent à la Bonne Nouvelle que Philippe annonçait au sujet du *Royaume de Dieu et du nom de Jésus-Christ, ils se firent baptiser, hommes et femmes. [13] Simon lui-même crut et fut baptisé; il restait auprès de Philippe et il était rempli d'étonnement en voyant les grands signes et miracles qui s'accomplissaient.

[14] Les *apôtres qui étaient à Jérusalem apprirent que les habitants de la Samarie avaient reçu la parole de Dieu; ils leur envoyèrent alors Pierre et Jean. [15] Quand ceux-ci arrivèrent en Samarie, ils prièrent pour les croyants afin qu'ils reçoivent le Saint-Esprit. [16] Car le Saint-Esprit n'était encore descendu sur aucun d'eux; ils avaient seulement été baptisés au nom du Seigneur Jésus. [17] Alors Pierre et Jean posèrent les mains sur eux et ils reçurent le Saint-Esprit.

[18] Quand Simon vit que l'Esprit était donné aux croyants au moment où les apôtres posaient les mains sur eux, il offrit de l'argent à Pierre et Jean [19] et dit: "Donnez-moi aussi ce pouvoir, afin que celui sur qui je poserai les mains reçoive le Saint-Esprit." [20] Mais Pierre lui répondit: "Que ton argent soit détruit avec toi, puisque tu as pensé que le don de Dieu peut s'acheter avec de l'argent! [21] Tu n'as aucune part ni aucun droit en cette affaire, car ton coeur n'est pas honnête devant Dieu, [22] Détourne-toi donc de ta mauvaise intention et prie le Seigneur pour que, si possible, il te pardonne d'avoir eu une telle pensée. [23] Car je vois que tu es plein d'un mal amer et que tu es prisonnier du péché." [24] Simon dit alors à Pierre et Jean: "Priez vous-mêmes le Seigneur pour moi, afin qu'il ne m'arrive rien de ce que vous avez dit."

[25] Après avoir rendu témoignage et prêché la parole du Seigneur, les deux apôtres retournèrent à Jérusalem. En chemin, ils annoncèrent la Bonne Nouvelle dans de nombreux villages de Samarie.

Philippe et le fonctionnaire éthiopien

[26] Un ange du Seigneur dit à Philippe: "Lève-toi et va en direction du sud, sur la route qui descend de Jérusalem à Gaza. Cette route est déserte." [27] Philippe se leva et partit. Et, sur son chemin, un homme apparut: c'était un *eunuque éthiopien, haut fonctionnaire chargé de veiller sur tous les trésors de Candace, reine d'Ethiopie; il était venu à Jérusalem pour adorer Dieu [28] et il retournait chez lui. Assis sur son char, il lisait dans le livre du *prophète Esaïe. [29] Le Saint-Esprit dit à Philippe: "Avance et tiens-toi près de ce char." [30] Philippe s'en approcha en courant et entendit l'Ethiopien qui lisait dans le livre du prophète Esaïe. Il lui demanda: "Comprends-tu ce que tu lis?" [31] L'homme répondit: "Comment pourrais-je comprendre, si personne ne me l'explique?" Et il invita Philippe à monter sur le char et à s'asseoir à côté de lui. [32] Le passage de l'Ecriture qu'il lisait était celui-ci:

"Il a été comme un mouton qu'on mène à la boucherie,
Il a été comme un agneau qui reste muet devant celui qui le tond.
Il n'a pas ouvert la bouche.
[33] Il a été humilié et n'a pas obtenu justice.
Qui pourra parler de ses descendants?
Car on a mis fin à sa vie sur terre."

[34] Le fonctionnaire demanda à Philippe: "Dis-moi, je t'en prie, de qui le prophète parle-t-il ainsi? Est-ce de lui-même ou de quelqu'un d'autre?" [35] Philippe prit alors la parole et, en partant de ce passage de l'Ecriture, il lui annonça la Bonne Nouvelle qui concerne Jésus. [36] Comme ils continuaient leur chemin, ils arrivèrent à un endroit où il y avait de l'eau, et le fonctionnaire dit: "Voici de l'eau; qu'est-ce qui empêche que je sois baptisé?" [[37] Philippe lui dit: "Si tu crois de tout ton coeur, tu peux être baptisé." Et l'homme répondit: "Je crois que Jésus-Christ est le Fils de Dieu."] [38] Puis il fit arrêter le char. Philippe et le fonctionnaire descendirent tous deux dans l'eau, et Philippe le baptisa. [39] Quand ils furent sortis de l'eau, l'Esprit du Seigneur enleva Philippe. Le fonctionnaire ne le vit plus, mais il continua son chemin tout joyeux. [40] Philippe se retrouva à Azot, puis il passa de ville en ville, en annonçant partout la Bonne Nouvelle, jusqu'au moment où il arriva à Césarée.

La conversion de Saul
(Voir aussi Actes 22.6-16; 26.12-18)

9 Cependant, Saul ne cessait de menacer de mort les *disciples du Seigneur. Il alla trouver le grand-prêtre [2] et lui demanda des lettres d'introduction pour les *synagogues de Damas, afin que, s'il y trouvait des personnes, hommes ou femmes, qui suivaient le chemin du Seigneur, il puisse les arrêter et les amener à Jérusalem.

[3] Il était en route pour Damas et approchait de cette ville, quand, tout à coup, une lumière qui venait du ciel brilla autour de lui. [4] Il tomba à terre et entendit une voix qui lui disait: “Saul, Saul, pourquoi me persécutes-tu?” [5] Il demanda: “Qui es-tu Seigneur?” Et la voix répondit: “Je suis Jésus que tu persécutes. [6] Mais relève-toi, entre dans la ville, et là on te dira ce que tu dois faire.” [7] Les hommes qui voyageaient avec Saul s'étaient arrêtés sans oser dire un mot; ils entendaient la voix, mais ne voyaient personne. [8] Saul se releva de terre et ouvrit les yeux, mais il ne pouvait rien voir. On le prit par la main pour le conduire à Damas. [9] Pendant trois jours, il fut incapable de voir et il ne mangea et ne but rien.

[10] Il y avait à Damas un disciple appelé Ananias. Le Seigneur lui apparut dans une vision et lui dit: "Ananias!" Il répondit: "Me voici, Seigneur." [11] Le Seigneur lui dit: "Pars tout de suite pour aller dans la rue Droite et, dans la maison de Judas, demande un homme de Tarse appelé Saul. Il prie en ce moment [12] et, dans une vision, il a vu un homme appelé Ananias qui entrait et posait les mains sur lui afin qu'il puisse voir de nouveau." [13] Ananias répondit: "Seigneur, de nombreuses personnes m'ont parlé de cet homme et m'ont dit tout le mal qu'il a fait à ceux qui t'appartiennent à Jérusalem. [14] Et il est venu ici avec le pouvoir que lui ont accordé les chefs des prêtres d'arrêter tous ceux qui font appel à ton nom." [15] Mais le Seigneur lui dit: "Va, car j'ai choisi cet homme et je l'utiliserai pour faire connaître mon nom aux autres nations, à leurs rois et au peuple d'Israël. [16] Je lui montrerai moi-même tout ce qu'il devra souffrir pour moi."

[17] Alors Ananias partit. Il arriva dans la maison, posa les mains sur Saul et lui dit: "Saul, mon frère, le Seigneur Jésus qui t'est apparu sur le chemin par lequel tu venais m'a envoyé pour que tu puisses voir de nouveau et que tu sois rempli du Saint-Esprit." [18] Aussitôt quelque chose de semblable à des écailles tomba des yeux de Saul et il put voir de nouveau. Il se leva et fut baptisé; [19] puis il mangea et les forces lui revinrent.

Saul prêche à Damas

Il resta quelques jours avec les *disciples qui étaient à Damas. [20] Il se mit immédiatement à prêcher dans les *synagogues, en proclamant que Jésus est le Fils de Dieu. [21] Tous ceux qui l'entendirent étaient étonnés et disaient: "N'est-ce pas cet homme qui persécutait violemment à Jérusalem ceux qui font appel au nom de Jésus? Et n'est-il pas venu ici pour les arrêter et les amener aux chefs des prêtres?"

[22] Mais Saul prêchait avec toujours plus de puissance: les Juifs qui vivaient à Damas ne savaient plus que lui répondre quand il leur démontrait que Jésus est le *Messie.

[23] Après un certain nombre de jours, les Juifs prirent ensemble la décision de faire mourir Saul, [24] mais il fut averti de leur complot. On surveillait les portes de la ville jour et nuit, afin de le faire mourir. [25] Alors les *disciples

de Saul le prirent de nuit et le firent passer de l'autre côté du mur de la ville, en le descendant dans une corbeille.

Saul à Jérusalem

[26] Quand Saul fut arrivé à Jérusalem, il essaya de se joindre aux *disciples; mais tous en avaient peur, car ils ne croyaient pas qu'il fût vraiment un disciple. [27] Barnabas le prit alors avec lui et le conduisit auprès des *apôtres. Il leur raconta comment Saul avait vu le Seigneur sur le chemin et comment le Seigneur lui avait parlé. Il leur dit aussi avec quelle assurance Saul avait prêché au nom de Jésus à Damas. [28] A partir de ce moment Saul se tint avec eux, il allait et venait dans Jérusalem et prêchait avec assurance au nom du Seigneur. [29] Il s'adressait aussi aux Juifs parlant grec et discutait avec eux; mais ceux-ci cherchaient à le faire mourir. [30] Quand les frères l'apprirent, ils conduisirent Saul à Césarée et le firent partir pour Tarse.

[31] L'Eglise était alors en paix dans toute la Judée, la Galilée et la Samarie; elle se fortifiait et vivait dans le respect du Seigneur, elle s'accroissait avec l'aide du Saint-Esprit.

La guérison d'Enée

[32] Pierre, qui parcourait tout le pays, se rendit un jour chez les croyants qui vivaient à Lydda. [33] Il y trouva un homme appelé Enée qui était couché sur un lit depuis huit ans, parce qu'il était paralysé. [34] Pierre lui dit: "Enée, Jésus-Christ te guérit! Lève-toi et fais ton lit." Aussitôt Enée se leva. [35] Tous les habitants de Lydda et de la plaine de Saron le virent et se convertirent au Seigneur.

Dorcas est ramenée à la vie

[36] Il y avait à Joppé une femme croyante appelée Tabitha. (Ce nom se traduit en grec par "Dorcas", ce qui signifie "gazelle"). Elle était continuellement occupée à faire du bien et à aider les pauvres. [37] En ce temps-là, elle tomba malade et mourut. Après avoir lavé son corps, on le déposa dans une chambre, en haut de la maison. [38] Les *disciples de Joppé avaient appris que Pierre se trouvait à Lydda, qui est proche de Joppé. Ils lui envoyèrent deux hommes avec ce message: "Nous t'en prions, viens chez nous sans tarder." [39] Pierre partit tout de suite avec eux. Lorsqu'il fut arrivé, on le conduisit dans la chambre située en haut de la maison. Toutes les veuves s'approchèrent de lui en pleurant; elles

lui montrèrent les chemises et les manteaux que Dorcas avait faits quand elle vivait encore. [40] Pierre fit sortir tout le monde, se mit à genoux et pria. Puis il se tourna vers le corps et dit: "Tabitha, lève-toi!" Elle ouvrit les yeux et, quand elle vit Pierre, elle s'assit. [41] Pierre lui prit la main et l'aida à se lever. Il appela ensuite les croyants et les veuves, et la leur présenta vivante. [42] On le sut dans toute la ville de Joppé et beaucoup crurent au Seigneur. [43] Pierre resta assez longtemps à Joppé chez un ouvrier sur cuir, appelé Simon.

Pierre et Corneille

10 Il y avait à Césarée un homme appelé Corneille, qui était capitaine dans un bataillon romain dit "bataillon italien". [2] Cet homme était pieux et, avec toute sa famille, il participait au culte rendu à Dieu. Il aidait beaucoup les pauvres du peuple juif et priait Dieu sans cesse. [3] Un après-midi, vers trois heures, il eut une vision: il vit clairement un ange de Dieu entrer chez lui et lui dire: "Corneille!" [4] Il regarda l'ange avec frayeur et lui dit: "Qu'y a-t-il, Seigneur?" L'ange lui répondit: "Dieu a accepté tes prières et l'aide que tu as apportée aux pauvres, et il s'est souvenu de toi. [5] Maintenant donc, envoie des hommes à Joppé pour en faire venir un certain Simon, surnommé Pierre. [6] Il loge chez un ouvrier sur cuir nommé Simon, dont la maison est au bord de la mer." [7] Quand l'ange qui lui avait parlé fut parti, Corneille appela deux de ses serviteurs et l'un des soldats attachés à son service, qui était un homme pieux. [8] Il leur raconta tout ce qui s'était passé, puis les envoya à Joppé.

[9] Le lendemain, comme ils étaient en route et approchaient de Joppé, Pierre monta sur le toit de la maison, vers midi, pour prier. [10] Il eut faim et voulut manger. Pendant qu'on lui préparait de la nourriture, il eut une vision. [11] Il vit le ciel ouvert et quelque chose qui en descendait: une sorte de grande nappe, tenue aux quatre coins, qui s'abaissait à terre. [12] Et dedans il y avait toutes sortes d'animaux à quatre pattes et de reptiles, et toutes sortes d'oiseaux. [13] Une voix lui dit: "Lève-toi, Pierre, tue et mange!" [14] Mais Pierre répondit: "Oh non! Seigneur, car je n'ai jamais rien mangé de malpropre ni d'*impur." [15] La voix se fit de nouveau entendre et lui dit: "Ne considère pas comme impur ce que

Dieu a déclaré pur." [16] Cela arriva trois fois, et aussitôt après, l'objet fut remonté dans le ciel.

[17] Pierre se demandait quel pouvait être le sens de la vision qu'il avait eue. Mais, pendant ce temps, les hommes envoyés par Corneille s'étaient renseignés pour savoir où était la maison de Simon et ils se trouvaient maintenant devant l'entrée. [18] Ils appelèrent et demandèrent: "Est-ce ici que loge Simon, surnommé Pierre?" [19] Pierre réfléchissait toujours au sens que pouvait avoir la vision quand l'Esprit lui dit: "Ecoute, il y a ici trois hommes qui te cherchent. [20] Lève-toi, descends et pars avec eux sans hésiter, car c'est moi qui les ai envoyés." [21] Pierre descendit alors auprès de ces hommes et leur dit: "Je suis celui que vous cherchez. Pourquoi êtes-vous venus?" [22] Ils répondirent: "Nous venons de la part du capitaine Corneille. C'est un homme bon, qui adore Dieu et que tous les Juifs estiment. Un ange de Dieu lui a conseillé de te faire venir chez lui pour écouter ce que tu as à lui dire." [23] Pierre les fit entrer et les logea pour la nuit.

Le lendemain, il se mit en route avec eux. Quelques-uns des frères de Joppé l'accompagnèrent. [24] Le jour suivant, il arriva à Césarée. Corneille les y attendait avec des membres de sa parenté et des amis intimes qu'il avait invités. [25] Au moment où Pierre allait entrer, Corneille vint à sa rencontre, se jeta à ses pieds et s'inclina très bas devant lui. [26] Mais Pierre le releva en lui disant: "Lève-toi, car je ne suis qu'un homme, moi aussi." [27] Puis il continua à parler avec Corneille et entra dans la maison où il trouva de nombreuses personnes réunies. [28] Il leur dit: "Vous savez qu'un Juif n'est pas autorisé par sa religion à fréquenter un étranger ou à entrer dans sa maison. Mais Dieu m'a montré que je ne devais considérer personne comme malpropre ou impur. [29] C'est pourquoi, quand vous m'avez appelé, je suis venu sans faire d'objection. J'aimerais donc savoir pourquoi vous m'avez fait venir."

[30] Corneille répondit: "Il y a trois jours, à la même heure, je faisais chez moi la prière de trois heures de l'après-midi. Tout à coup, un homme qui portait un vêtement brillant se trouva devant moi [31] et me dit: 'Corneille, Dieu a entendu ta prière et s'est souvenu de l'aide que tu as apportée aux pauvres. [32] Envoie donc des hommes à Joppé pour en faire venir Simon, surnommé Pierre. Il loge dans la maison de Simon, un ouvrier sur cuir qui habite au bord de la mer.'

[33] J'ai immédiatement envoyé des gens te chercher et tu as bien voulu venir. Maintenant, nous sommes tous ici devant Dieu pour écouter tout ce que le Seigneur t'a chargé de dire."

Le discours de Pierre chez Corneille

[34] Pierre prit alors la parole et dit: "Maintenant, je comprends vraiment que Dieu n'agit pas différemment selon les personnes: [35] tout homme, de n'importe quelle nationalité, qui le craint et fait ce qui est juste lui est agréable. [36] Vous connaissez le message que Dieu a envoyé au peuple d'Israël, lui apportant la Bonne Nouvelle de la paix par Jésus-Christ, qui est le Seigneur de tous les hommes. [37] Vous savez ce qui est arrivé dans toute la Judée, en commençant par la Galilée, après le baptême que Jean a prêché. [38] Vous savez comment Dieu a répandu la puissance du Saint-Esprit sur Jésus de Nazareth. Vous savez aussi comment Jésus a parcouru le pays en faisant le bien et en guérissant tous ceux qui étaient sous le pouvoir du diable, car Dieu était avec lui. [39] Nous sommes témoins de tout ce qu'il a fait dans le pays des Juifs et à Jérusalem. Ils l'ont fait mourir en le clouant à la croix. [40] Mais Dieu lui a rendu la vie le troisième jour; il lui a donné d'apparaître, [41] non à tout le peuple, mais à nous que Dieu a choisis d'avance comme témoins. Nous avons mangé et bu avec lui après que Dieu l'a ramené de la mort à la vie. [42] Il nous a commandé de prêcher au peuple et de proclamer qu'il est celui que Dieu a établi pour juger les vivants et les morts. [43] Tous les *prophètes ont parlé de lui, en disant que tout homme qui croit en lui reçoit le pardon de ses péchés par le pouvoir de son nom."

Des hommes non-juifs reçoivent le Saint-Esprit

[44] Pendant que Pierre parlait encore, le Saint-Esprit descendit sur tous ceux qui écoutaient son discours. [45] Les chrétiens d'origine juive qui étaient venus avec Pierre furent très étonnés de ce que le Saint-Esprit donné par Dieu se répande aussi sur des hommes non-juifs. [46] Car ils les entendaient parler avec des mots étranges et louer la grandeur de Dieu. Pierre dit alors: [47] "Pourrait-on empêcher ces hommes d'être baptisés avec de l'eau, maintenant qu'ils ont reçu le Saint-Esprit aussi bien que nous?" [48] Et il ordonna de les baptiser au nom de Jésus-Christ. Ils lui demandèrent alors de rester quelques jours avec eux.

Le rapport de Pierre devant l'Eglise de Jérusalem

11 Les *apôtres et les frères qui étaient en Judée apprirent que les non-Juifs avaient aussi reçu la parole de Dieu. [2] Quand Pierre revint à Jérusalem, les chrétiens d'origine juive le critiquèrent [3] en disant: "Tu es entré chez des gens qui ne sont pas *circoncis et tu as mangé avec eux!" [4] Alors Pierre leur raconta dans tous les détails tout ce qui s'était passé. Il leur dit:

[5] "J'étais dans la ville de Joppé et je priais, lorsque j'eus une vision. Je vis quelque chose qui descendait vers moi: une sorte de grande nappe, tenue aux quatre coins, qui s'abaissait du ciel et qui vint tout près de moi. [6] Je regardai attentivement à l'intérieur et vis des animaux à quatre pattes, des bêtes sauvages, des reptiles et des oiseaux. [7] J'entendis alors une voix qui me disait: 'Lève-toi, Pierre, tue et mange!' [8] Mais je répondis: 'Oh non! Seigneur, car jamais rien de malpropre ou d'*impur n'est entré dans ma bouche'. [9] La voix se fit de nouveau entendre du ciel: 'Ne considère pas comme impur ce que Dieu a déclaré pur.' [10] Cela se produisit trois fois, puis tout fut remonté dans le ciel. [11] Au même moment, trois hommes arrivèrent à la maison où je me trouvais: ils m'avaient été envoyés de Césarée. [12] L'Esprit me dit de partir avec eux sans hésiter. Ces six frères sont aussi venus avec moi à Césarée et nous sommes tous entrés dans la maison de Corneille. [13] Il nous raconta comment il avait vu dans sa maison un ange qui se tenait là et lui disait: 'Envoie des hommes à Joppé pour en faire venir Simon, surnommé Pierre. [14] Il te dira des paroles par lesquelles tu seras sauvé, ainsi que toute ta famille.' [15] Je commençais à parler, lorsque le Saint-Esprit descendit sur eux, tout comme il était descendu sur nous au début. [16] Je me souvins alors de ce que le Seigneur avait dit: 'Jean a baptisé avec de l'eau, mais vous serez baptisés avec le Saint-Esprit.' [17] Dieu leur a accordé ainsi le même don que celui qu'il nous a fait quand nous avons cru au Seigneur Jésus-Christ: qui étais-je donc pour m'opposer à Dieu?" [18] Après avoir entendu ces mots, ils se calmèrent et louèrent Dieu en disant: "C'est donc vrai, Dieu a donné aussi à ceux qui ne sont pas juifs la possibilité de changer de vie pour recevoir la vraie vie."

L'Eglise d'Antioche

[19] La persécution qui survint au moment où Etienne fut tué obligea les croyants à se disperser. Certains d'entre eux s'en allèrent jusqu'en Phénicie, à Chypre et à Antioche, mais ils ne prêchaient la parole de Dieu qu'aux Juifs. [20] Cependant, quelques croyants, qui étaient de Chypre et de Cyrène, se rendirent à Antioche et s'adressèrent aussi à des non-Juifs en leur annonçant la Bonne Nouvelle qui concerne le Seigneur Jésus. [21] La puissance du Seigneur était avec eux et un grand nombre de personnes crurent et se convertirent au Seigneur.

[22] Les membres de l'Eglise de Jérusalem apprirent cette nouvelle. Ils envoyèrent alors Barnabas à Antioche. [23] Lorsqu'il fut arrivé et qu'il vit comment Dieu avait béni les croyants, il s'en réjouit et les encouragea tous à demeurer fidèles au Seigneur avec un coeur ferme. [24] Barnabas était en effet un homme bon, rempli du Saint-Esprit et de foi. Un grand nombre de personnes furent gagnées au Seigneur.

[25] Barnabas partit ensuite pour Tarse afin d'y chercher Saul. [26] Quand il l'eut trouvé, il l'amena à Antioche. Ils passèrent tous deux une année entière dans cette Eglise et instruisirent un grand nombre de personnes. C'est à Antioche que, pour la première fois, les *disciples furent appelés chrétiens.

[27] En ce temps-là, des *prophètes se rendirent de Jérusalem à Antioche. [28] L'un d'eux, nommé Agabus, se leva et, dirigé par l'Esprit, annonça qu'il y aurait bientôt une grande famine sur toute la terre. (Elle eut lieu, en effet, à l'époque où *Claude était empereur). [29] Les disciples décidèrent que chacun d'eux donnerait ce qu'il pourrait pour envoyer de l'aide aux frères qui vivaient en Judée. [30] C'est ce qu'ils firent et ils envoyèrent ces dons aux *anciens de Judée par Barnabas et Saul.

Jacques est tué et Pierre emprisonné

12 En ce temps-là, le roi *Hérode se mit à persécuter quelques-uns des membres de l'Eglise. [2] Il fit mourir par l'épée Jacques, le frère de Jean. [3] Puis, quand il vit que cela plaisait aux Juifs, il fit encore arrêter Pierre. (C'était au moment de la fête des *pains sans levain.) [4] Après avoir arrêté Pierre, Hérode le fit mettre en prison et chargea qua-

tre groupes de quatre soldats de le garder. Il pensait l'amener devant le peuple après la *Pâque. [5] Pierre était donc gardé dans la prison, mais les membres de l'Eglise priaient Dieu pour lui avec ardeur.

Pierre est délivré

[6] La nuit avant le jour où *Hérode allait l'amener devant le peuple, Pierre dormait entre deux soldats. Il était lié avec deux chaînes et des gardiens étaient à leur poste devant

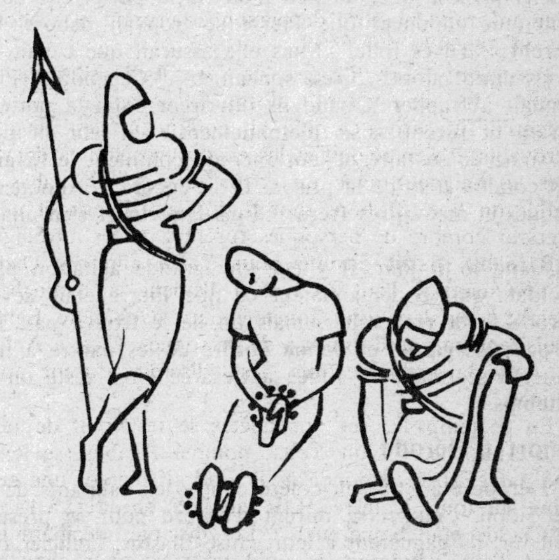

la porte de la prison. [7] Soudain, un ange du Seigneur apparut et une lumière brilla dans la cellule. L'ange toucha Pierre au côté, le réveilla et lui dit: "Lève-toi vite!" Les chaînes tombèrent alors de ses mains. [8] Puis l'ange lui dit: " Mets ta ceinture et attache tes sandales." Pierre fit ainsi, et l'ange lui dit: "Mets ton manteau et suis-moi." [9] Pierre sortit de la prison en suivant l'ange. Il ne pensait pas que ce que l'ange faisait était réel: il croyait avoir une vision. [10] Ils passèrent le premier poste de garde, puis le second et arrivèrent à la porte de fer qui donne sur la ville. Cette porte s'ouvrit d'elle-même devant eux et ils sortirent. Ils s'avancèrent dans une rue et, tout à coup, l'ange quitta Pierre.

[11] Alors Pierre se rendit compte de ce qui était arrivé et dit: "Maintenant, je vois bien que c'est vrai: le Seigneur a envoyé son ange, il m'a délivré du pouvoir d'Hérode et de tout le mal que le peuple juif me souhaitait."

[12] Quand il eut compris sa situation, il se rendit à la maison de Marie, la mère de Jean surnommé Marc. De nombreuses personnes s'y étaient réunies et priaient. [13] Pierre frappa à la porte d'entrée et une servante, nommée Rhode, s'approcha pour ouvrir. [14] Elle reconnut la voix de Pierre et en fut si joyeuse que, au lieu d'ouvrir la porte, elle courut à l'intérieur annoncer que Pierre se trouvait dehors. [15] Ils lui dirent: "Tu es folle!" Mais elle assurait que c'était bien vrai. Ils dirent alors: "C'est son ange." [16] Cependant, Pierre continuait à frapper. Quand ils ouvrirent enfin la porte, ils le virent et furent saisis d'étonnement. [17] Il leur fit de la main signe de se taire et leur raconta comment le Seigneur l'avait conduit hors de la prison. Il dit encore: "Annoncez-le à Jacques et aux autres frères." Puis il sortit et s'en alla ailleurs.

[18] Quand il fit jour, il y eut une grande agitation parmi les soldats qui se demandaient ce que Pierre était devenu. [19] Hérode le fit rechercher, mais on ne le trouva pas. Il fit interroger les gardes et donna l'ordre de les mettre à mort. Ensuite, il se rendit de Judée à Césarée où il resta un certain temps.

La mort d'Hérode

[20] *Hérode était très en colère contre les habitants de Tyr et de Sidon. Ceux-ci se mirent d'accord pour se présenter devant lui. Ils gagnèrent à leur cause Blastus, l'officier de la chambre du roi; puis ils allèrent demander à Hérode de faire la paix, car leur pays recevait ses aliments de celui du roi. [21] Au jour fixé, Hérode mit son vêtement royal, s'assit sur son trône et leur adressa publiquement un discours. [22] Le peuple s'écria: "Ce n'est pas un homme qui parle, mais un dieu!" [23] Mais, au même moment, un ange du Seigneur frappa Hérode, parce qu'il avait gardé pour lui l'honneur dû à Dieu: il fut rongé par les vers et mourut.

[24] La parole de Dieu se répandait de plus en plus.

[25] Lorsque Barnabas et Saul eurent achevé leur mission à Jérusalem, ils s'en retournèrent et emmenèrent avec eux Jean surnommé Marc.

Barnabas et Saul sont choisis pour partir en mission

13 Dans l'Eglise d'Antioche, il y avait des *prophètes et des enseignants: Barnabas, Siméon (appelé le Noir), Lucius (de Cyrène), Manaën (qui avait été élevé avec *Hérode le gouverneur), et Saul. [2] Un jour, pendant qu'ils célébraient le culte du Seigneur et qu'ils jeûnaient, le Saint-Esprit leur dit: "Mettez à part Barnabas et Saul pour accomplir l'oeuvre à laquelle je les ai appelés." [3] Alors, ils jeûnèrent et prièrent, puis posèrent les mains sur eux et les laissèrent partir.

Barnabas et Saul à Chypre

[4] Barnabas et Saul, ainsi envoyés par le Saint-Esprit, se rendirent à Séleucie d'où ils partirent en bateau pour l'île de Chypre. [5] Quand ils furent arrivés à Salamine, ils se mirent à annoncer la parole de Dieu dans les *synagogues juives. Ils avaient avec eux Jean-Marc pour les aider.

[6] Ils traversèrent toute l'île jusqu'à Paphos. Là, ils rencontrèrent un certain magicien appelé Bar-Jésus, un Juif qui se faisait passer pour *prophète. [7] Il vivait auprès du gouverneur de l'île, Sergius Paulus, qui était un homme intelligent. Le gouverneur fit appeler Barnabas et Saul, car il désirait entendre la parole de Dieu. [8] Mais le magicien Elymas (c'est ainsi qu'on traduit son nom en grec) s'opposait à eux et cherchait à détourner le gouverneur de la foi. [9] Alors Saul, appelé aussi Paul, rempli du Saint-Esprit, fixa son regard sur lui [10] et dit: "Homme plein de ruse et de méchanceté, fils du diable, ennemi de tout ce qui est bon! Ne cesseras-tu jamais de vouloir fausser les plans du Seigneur? [11] Maintenant, écoute: le Seigneur va te frapper, tu seras aveugle et tu ne verras plus la lumière du soleil pendant un certain temps." Aussitôt les yeux d'Elymas s'obscurcirent et il se trouva dans la nuit: il se tournait de tous côtés, cherchant quelqu'un pour le conduire par la main. [12] Quand le gouverneur vit ce qui était arrivé, il crut; il était très impressionné par l'enseignement qui concerne le Seigneur.

Paul et Barnabas à Antioche de Pisidie

[13] Paul et ses compagnons s'embarquèrent à Paphos d'où ils se rendirent à Perge, en Pamphylie. Jean-Marc les quitta là et retourna à Jérusalem. [14] Ils continuèrent leur route à partir de Perge et arrivèrent à Antioche de Pisidie. Le jour

du *sabbat, ils entrèrent dans la *synagogue et s'assirent. [15] Après qu'on eut lu dans les livres de la *loi et des *prophètes, les chefs de la synagogue leur envoyèrent dire: "Frères, si vous avez quelques mots à adresser à l'assemblée pour l'encourager, vous pouvez parler maintenant." [16] Paul se leva, fit un signe de la main et dit:

"Hommes d'Israël et vous qui participez au culte rendu à Dieu, écoutez-moi! [17] Le Dieu de ce peuple, le Dieu d'Israël, a choisi nos ancêtres. Il a fait grandir ce peuple pendant qu'il vivait à l'étranger, au pays d'Egypte, puis il l'a fait sortir d'Egypte en agissant avec puissance. [18] Il le supporta pendant environ quarante ans dans le désert. [19] Il détruisit sept nations dans le pays de Canaan et remit leur territoire à son peuple comme propriété [20] pour quatre cent cinquante ans environ.

"Après cela, il donna des juges à nos ancêtres jusqu'à l'époque du prophète Samuel. [21] Ensuite, ils demandèrent un roi et Dieu leur donna Saül, fils de Kis, de la tribu de Benjamin, qui régna pendant quarante ans. [22] Après avoir rejeté Saül, Dieu leur accorda David comme roi. Il déclara à son sujet: 'J'ai trouvé David, fils d'Isaï: cet homme m'est agréable et accomplira tout ce que je veux qu'il fasse.' [23] L'un des descendants de David fut Jésus que Dieu établit comme Sauveur pour le peuple d'Israël, ainsi qu'il l'avait promis. [24] Avant que Jésus vienne, Jean avait prêché en appelant tout le peuple d'Israël à changer de vie et à être baptisé. [25] Au moment où Jean arrivait à la fin de sa vie, il disait: 'Qui pensez-vous que je suis? Je ne suis pas celui que vous attendez. Mais écoutez: il vient après moi et je ne suis pas même assez bon pour détacher les sandales de ses pieds.'

[26] "Frères, vous les descendants d'Abraham et vous qui êtes ici pour participer au culte rendu à Dieu: c'est à nous que ce message de salut a été envoyé. [27] En effet, les habitants de Jérusalem et leurs chefs n'ont pas compris qui est Jésus et n'ont pas compris les paroles des prophètes qui sont lues chaque jour de sabbat. Mais ils ont accompli ces paroles en condamnant Jésus; [28] et, quoiqu'ils n'aient trouvé aucune raison de le condamner à mort, ils ont demandé à *Pilate de le faire mourir. [29] Après avoir accompli tout ce que les Ecritures avaient annoncé à son sujet, ils le descendirent de la croix et le déposèrent dans un tombeau. [30] Mais Dieu l'a ramené de la mort à la vie. [31] Pendant de nombreux

jours, Jésus est apparu à ceux qui l'avaient accompagné de la Galilée à Jérusalem et qui sont maintenant ses témoins pour parler de lui au peuple d'Israël. [32] Nous-mêmes, nous vous apportons cette Bonne Nouvelle: ce que Dieu avait promis à nos ancêtres, [33] il l'a accompli maintenant pour nous, leurs descendants, en ramenant Jésus à la vie, comme il est écrit dans le psaume deux:

> 'Tu es mon Fils,
> Aujourd'hui je suis devenu ton Père.'

[34] Dieu avait annoncé qu'il le ramènerait de la mort à la vie pour qu'il ne retourne plus à la pourriture. Il en avait parlé ainsi:

> 'Je vous donnerai les bénédictions saintes et sûres
> Que j'ai promises à David.'

[35] C'est pourquoi il affirme encore dans un autre passage:

> 'Tu ne permettras pas que celui qui t'appartient connaisse la pourriture.'

[36] David, lui, a servi en son temps le plan de Dieu; puis il est mort, il a été enterré auprès de ses ancêtres et a connu la pourriture. [37] Mais celui que Dieu a ramené à la vie n'a pas connu la pourriture. [38-39] Frères, vous devez le savoir: c'est par Jésus que le pardon des péchés vous est annoncé; c'est par lui que tout homme qui croit est libéré de tous les péchés dont la loi de Moïse ne pouvait vous libérer. [40] Prenez garde, donc, afin qu'il ne vous arrive pas ce que les prophètes ont dit:

> [41] 'Regardez, gens pleins de mépris,
> Soyez étonnés et disparaissez!
> Car je vais accomplir en votre temps une oeuvre telle que vous n'y croiriez pas si quelqu'un vous la racontait.' "

[42] Quand Paul et Barnabas sortirent de la synagogue, on leur demanda de revenir au prochain jour du sabbat pour parler de ce même sujet. [43] Après la réunion, beaucoup parmi les Juifs et parmi ceux qui s'étaient convertis à la religion juive suivirent Paul et Barnabas. Ceux-ci leur parlaient et les encourageaient à demeurer fermement dans la grâce de Dieu.

[44] Le jour du sabbat suivant, presque toute la population de la ville s'assembla pour entendre la parole du Seigneur. [45] Quand les Juifs virent cette foule, ils furent remplis de jalousie; ils contredisaient ce que Paul déclarait et l'insul-

taient. [46] Paul et Barnabas leur dirent alors avec assurance: "Il fallait que la parole de Dieu vous soit annoncée à vous d'abord. Mais puisque vous la repoussez et que vous ne vous jugez pas dignes de la vie éternelle, eh bien! nous irons maintenant vers ceux qui ne sont pas juifs. [47] Car voici ce que nous a commandé le Seigneur:

> 'Je t'ai établi comme lumière pour les nations,
> Afin que tu apportes le salut jusqu'aux endroits les plus lointains de la terre.' "

[48] Quand les non-Juifs entendirent ces mots, ils se réjouirent et se mirent à louer la parole du Seigneur. Tous ceux qui étaient destinés à la vie éternelle devinrent croyants.

[49] La parole du Seigneur se répandait dans toute cette région. [50] Mais les Juifs excitèrent les dames de la bonne société qui adoraient Dieu, ainsi que les personnages importants de la ville; ils provoquèrent une persécution contre Paul et Barnabas et les chassèrent de leur territoire. [51] Les deux hommes secouèrent contre eux la poussière de leurs pieds et se rendirent à Iconium. [52] Les *disciples, à Antioche, étaient remplis de joie et du Saint-Esprit.

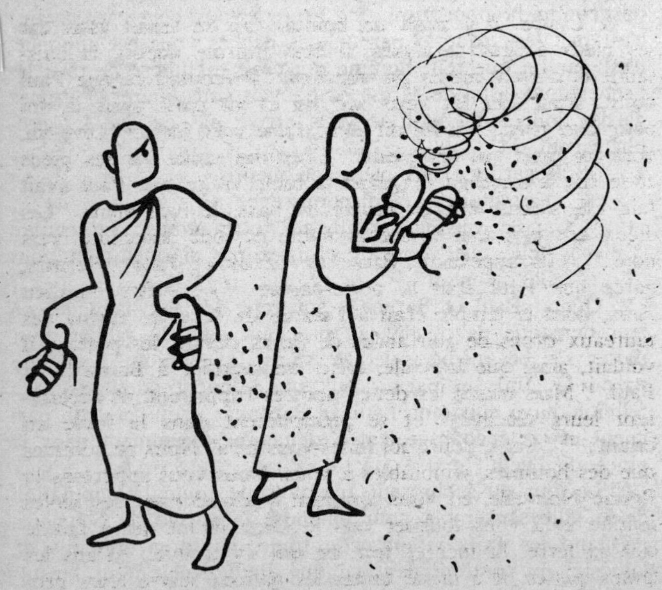

Paul et Barnabas à Iconium

14 A Iconium, Paul et Barnabas entrèrent aussi dans la *synagogue des Juifs et parlèrent de telle façon qu'un grand nombre de Juifs et de non-Juifs devinrent croyants. [2] Mais les Juifs qui refusaient de croire excitèrent les non-Juifs et les amenèrent à penser du mal des frères. [3] Paul et Barnabas restèrent longtemps à Iconium. Ils parlaient avec assurance, pleins de confiance dans le Seigneur; le Seigneur montrait que ce qu'ils prêchaient sur sa grâce était vrai en leur donnant le pouvoir d'accomplir des signes et des miracles. [4] La population de la ville se divisa: les uns étaient pour les Juifs, les autres pour les *apôtres.

[5] Les Juifs et les non-Juifs, avec leurs chefs, se préparaient à maltraiter Paul et Barnabas et à les tuer à coups de pierres. [6] Dès que les deux hommes s'en aperçurent, ils s'enfuirent vers Lystre et Derbe, villes de la Lycaonie, et leurs environs. [7] Ils se mirent à y annoncer la Bonne Nouvelle.

Paul et Barnabas à Lystre

[8] A Lystre, il y avait un homme qui se tenait assis car ses pieds étaient paralysés; il était infirme depuis sa naissance et n'avait jamais pu marcher. [9] Il écoutait ce que Paul disait. Paul fixa les yeux sur lui et vit qu'il avait la foi pour être guéri. [10] Il lui dit alors d'une voix forte: "Lève-toi, tiens-toi droit sur tes pieds!" L'homme sauta sur ses pieds et se mit à marcher. [11] Quand la foule vit ce que Paul avait fait, elle s'écria dans la langue du pays, le lycaonien: "Les dieux ont pris une forme humaine et sont descendus vers nous!" [12] Ils appelaient Barnabas *Zeus et Paul *Hermès, parce que Paul était le porte-parole. [13] Le prêtre du dieu Zeus, dont le temple était à l'entrée de la ville, amena des taureaux ornés de guirlandes de fleurs devant les portes: il voulait, ainsi que la foule, offrir un sacrifice à Barnabas et Paul. [14] Mais quand les deux *apôtres l'apprirent, ils déchirèrent leurs vêtements et se précipitèrent dans la foule en criant: [15] "Amis, pourquoi faites-vous cela? Nous ne sommes que des hommes, semblables à vous. Nous vous apportons la Bonne Nouvelle, en vous appelant à abandonner ces idoles inutiles et à vous tourner vers le Dieu vivant qui a fait le ciel, la terre, la mer et tout ce qui s'y trouve. [16] Dans les temps passés, il a laissé toutes les nations suivre leurs pro-

pres chemins. [17] Pourtant, il s'est toujours manifesté par le bien qu'il fait : du ciel, il vous donne les pluies et les récoltes en leurs saisons, il vous accorde la nourriture et remplit votre coeur de joie." [18] Même en parlant ainsi les apôtres eurent de la peine à empêcher la foule de leur offrir un sacrifice.

[19] Des Juifs vinrent d'Antioche de Pisidie et d'Iconium. Ils gagnèrent la confiance de la foule, jetèrent des pierres

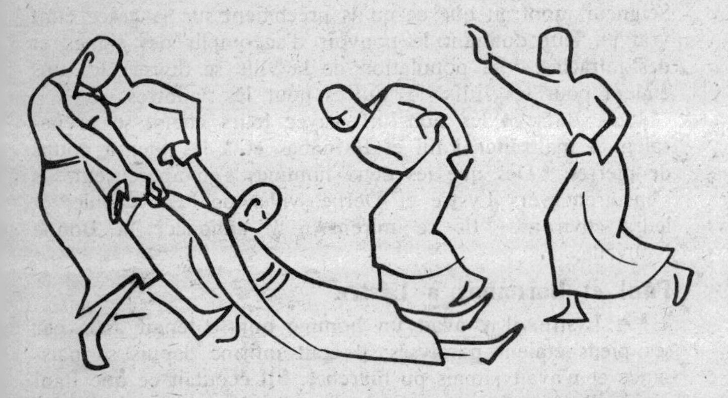

contre Paul pour le tuer, puis le traînèrent hors de la ville, car ils pensaient qu'il était mort. [20] Mais quand les croyants s'assemblèrent autour de lui, il se releva et rentra dans la ville. Le lendemain, il partit avec Barnabas pour Derbe.

Le retour à Antioche de Syrie

[21] Paul et Barnabas annoncèrent la Bonne Nouvelle dans la ville de Derbe où ils firent beaucoup de *disciples. Puis ils retournèrent à Lystre, à Iconium et à Antioche de Pisidie. [22] Ils fortifiaient le coeur des croyants, les encourageaient à demeurer fermes dans la foi et leur disaient : "Nous devons passer par beaucoup de souffrances pour entrer dans le *Royaume de Dieu." [23] Dans chaque Eglise, ils leur désignèrent des *anciens et, après avoir jeûné et prié, ils les recommandèrent au Seigneur en qui ils avaient cru.

[24] Ils traversèrent ensuite la région de Pisidie et arrivèrent en Pamphylie. [25] Ils annoncèrent la parole de Dieu à Perge, puis se rendirent à Attalie. [26] De là ils partirent en

bateau pour Antioche, la ville où on les avait confiés à la grâce de Dieu pour l'oeuvre qu'ils avaient maintenant accomplie.

[27] Quand ils arrivèrent à Antioche, ils réunirent les membres de l'Eglise et leur racontèrent tout ce que Dieu avait fait avec eux, et comment il avait ouvert la porte aux non-Juifs pour qu'ils puissent croire eux aussi. [28] Ils restèrent là assez longtemps avec les croyants.

L'assemblée de Jérusalem

15 Quelques hommes vinrent de Judée à Antioche et se mirent à donner aux frères cet enseignement: "Vous ne pouvez pas être sauvés si vous ne vous faites pas *circoncire comme la *loi de Moïse l'ordonne." [2] Paul et Barnabas les désapprouvèrent et eurent une violente discussion avec eux à ce sujet. On décida alors que Paul, Barnabas et quelques autres personnes d'Antioche iraient à Jérusalem pour parler de cette affaire avec les *apôtres et les *anciens.

[3] L'Eglise les envoya donc pour ce voyage. Ils traversèrent la Phénicie et la Samarie, en racontant comment les non-Juifs s'étaient tournés vers Dieu: cette nouvelle causait une grande joie à tous les frères. [4] Quand ils arrivèrent à Jérusalem, ils furent accueillis par l'Eglise, les apôtres et les anciens, et ils leur racontèrent tout ce que Dieu avait fait avec eux. [5] Mais quelques membres du parti des *Pharisiens, qui étaient devenus croyants, se levèrent et dirent: "Il faut circoncire les croyants non-juifs et leur commander d'obéir à la loi de Moïse."

[6] Les apôtres et les anciens se réunirent pour examiner cette question. [7] Après une longue discussion, Pierre se leva et dit: "Frères, vous savez que Dieu m'a choisi parmi vous, il y a longtemps, pour que j'annonce la Bonne Nouvelle à ceux qui ne sont pas juifs, afin qu'ils l'entendent et qu'ils croient. [8] Et Dieu, qui connaît le coeur des hommes, a montré qu'il les acceptait en leur donnant le Saint-Esprit aussi bien qu'à nous. [9] Il n'a fait aucune différence entre eux et nous: il a purifié leur coeur parce qu'ils ont cru. [10] Maintenant donc, pourquoi mettez-vous Dieu à l'épreuve en voulant imposer aux croyants un fardeau que ni nos ancêtres ni nous-mêmes n'avons pu porter? [11] Nous croyons au contraire que nous sommes sauvés par la grâce du Seigneur Jésus, de la même manière qu'eux."

[12] Alors, toute l'assemblée garda le silence et l'on écouta Barnabas et Paul raconter tous les signes et les miracles que Dieu avait accomplis par eux au milieu des non-Juifs. [13] Quand ils eurent fini de parler, Jacques prit la parole et dit: "Frères, écoutez-moi! [14] Simon a raconté comment Dieu a pris soin dès le début de ceux qui ne sont pas juifs pour choisir parmi eux un peuple qui lui appartienne. [15] Et les paroles des *prophètes s'accordent avec cela, car l'Ecriture déclare:

[16] 'Après cela je reviendrai, dit le Seigneur,
Et je reconstruirai la maison de David qui s'était écroulée,
Je relèverai ses ruines
Et je la redresserai,
[17] Afin que tous les autres hommes cherchent le Seigneur,
Ainsi que toutes les nations que j'ai appelées à être miennes.
[18] Voilà ce que dit le Seigneur, qui a fait connaître ces choses depuis très longtemps.'

[19] "C'est pourquoi," ajouta Jacques, "j'estime qu'on ne doit pas créer de difficultés à ceux, non-juifs, qui se tournent vers Dieu. [20] Mais écrivons-leur pour leur demander de ne pas manger de viandes *impures qui viennent de sacrifices offerts aux idoles, de se garder de l'immoralité et de ne pas manger de la chair d'animaux étouffés ou de sang. [21] Car, depuis les temps anciens, des hommes prêchent la loi de Moïse dans chaque ville et on la lit dans les *synagogues tous les jours de *sabbat."

La lettre envoyée aux croyants non-juifs

[22] Alors les *apôtres, les *anciens, avec toute l'Eglise, décidèrent de choisir quelques-uns d'entre eux et de les envoyer à Antioche avec Paul et Barnabas. Ils choisirent Jude, appelé Barsabbas, et Silas, tous deux des hommes qui avaient de l'autorité parmi les frères. [23] Ils les chargèrent de porter la lettre suivante:

"Les apôtres et les anciens, vos frères, adressent leurs salutations aux frères d'origine non-juive qui vivent à Antioche, en Syrie et en Cilicie. [24] Nous avons appris que des gens venus de chez nous vous ont troublés et inquiétés par leurs paroles. Nous ne leur avions donné aucun ordre à ce sujet. [25] C'est pourquoi, nous avons décidé à l'unanimité de choisir des délégués et de vous les envoyer. Ils accompagneront nos chers amis Barnabas et Paul [26] qui ont risqué leur vie au service de notre Seigneur Jésus-Christ. [27] Nous vous envoyons donc Jude et Silas qui vous diront personnellement ce que nous écrivons ici. [28] Car le Saint-Esprit et nous-mêmes avons décidé de ne vous imposer aucun fardeau en dehors des devoirs suivants qui sont indispensables: [29] ne pas manger de viandes qui viennent de sacrifices offerts aux idoles; ne pas manger de sang; ne pas manger de la chair d'animaux étouffés; vous garder de l'immoralité. Vous agirez bien en évitant tout cela. Adieu!"

[30] On laissa alors partir les délégués et ils se rendirent à Antioche. Ils y réunirent tout le groupe des croyants et leur remirent la lettre. [31] On en fit la lecture et tous se réjouirent de l'encouragement qu'elle apportait. [32] Jude et Silas, qui étaient eux-mêmes *prophètes, parlèrent longuement aux frères pour les encourager et les fortifier. [33] Ils passèrent quelque temps là, puis les frères leur souhaitèrent un paisible voyage et les laissèrent retourner vers ceux qui les avaient envoyés. [[34] Mais Silas décida de rester là.]

[35] Cependant, Paul et Barnabas restèrent à Antioche. Avec beaucoup d'autres, ils enseignaient et prêchaient la parole du Seigneur.

Paul et Barnabas se séparent

[36] Quelque temps après, Paul dit à Barnabas: "Retournons visiter les frères dans toutes les villes où nous avons annoncé le parole du Seigneur, pour voir comment ils vont." [37] Barnabas voulait emmener avec eux Jean surnommé Marc; [38] mais Paul estimait qu'il ne fallait pas l'emmener, parce qu'il les avait quittés en Pamphylie et ne les avait plus accompagnés dans leur travail. [39] Ils eurent une si vive discussion qu'ils se séparèrent. Barnabas prit Marc avec lui et s'embarqua pour Chypre, [40] tandis que Paul choisit Silas et partit, après avoir été confié par les frères à la grâce du Seigneur. [41] Il traversa la Syrie et la Cilicie, en fortifiant les Eglises dans la foi.

Timothée accompagne Paul et Silas

16 Paul arriva à Derbe, puis à Lystre. Il y avait là un croyant appelé Timothée; il était fils d'une Juive devenue chrétienne, mais son père était grec. [2] Les frères qui

vivaient à Lystre et à Iconium en disaient beaucoup de bien. [3] Paul désira l'avoir comme compagnon et le prit avec lui. Il le *circoncit, à cause des Juifs qui se trouvaient dans ces régions, car tous savaient que son père était grec. [4] Dans les villes où ils passaient, ils communiquaient aux croyants les décisions prises par les *apôtres et les *anciens de Jérusalem et leur demandaient d'obéir à ces décisions. [5] Les Eglises se fortifiaient dans la foi et augmentaient en nombre chaque jour.

A Troas, Paul a une vision

[6] Le Saint-Esprit les empêcha d'annoncer la parole de Dieu dans la province d'Asie, de sorte qu'ils traversèrent la région de Phrygie et de Galatie. [7] Quand ils arrivèrent près de la Mysie, ils essayèrent d'aller en Bithynie, mais l'Esprit de Jésus ne le leur permit pas. [8] Ils traversèrent alors la Mysie et se rendirent au port de Troas. [9] Pendant la nuit, Paul eut une vision: il vit un homme de Macédoine, debout, qui lui adressait cette prière: "Passe en Macédoine et viens nous aider!" [10] Aussitôt après cette vision, nous avons cherché à partir pour la Macédoine, car nous étions certains que Dieu nous avait appelés à porter la Bonne Nouvelle aux habitants de cette contrée.

A Philippes, Lydie croit au Seigneur

[11] Nous avons embarqué à Troas d'où nous nous sommes rendus directement à l'île de Samothrace, puis, le lendemain, à Néapolis. [12] De là, nous sommes allés à Philippes, ville du premier district de Macédoine et colonie romaine. Nous avons passé plusieurs jours dans cette ville. [13] Le jour du *sabbat, nous sommes sortis de la ville pour aller au bord de la rivière où nous pensions trouver un lieu de prière pour les Juifs. Nous nous sommes assis et avons parlé aux femmes qui s'étaient assemblées là. [14] L'une de ces femmes s'appelait Lydie; elle venait de la ville de Thyatire, était marchande d'étoffes précieuses de couleur rouge et adorait Dieu. Elle nous écoutait, et le Seigneur lui ouvrit l'esprit pour qu'elle soit attentive à ce que disait Paul. [15] Elle fut baptisée, ainsi que sa famille. Puis elle nous invita en disant: "Si vous estimez que je crois vraiment au Seigneur, venez demeurer chez moi." Et elle nous obligea à accepter.

Dans la prison de Philippes

[16] Un jour que nous nous rendions au lieu de prière, une servante vint à notre rencontre: elle avait en elle un esprit mauvais qui la poussait à prédire l'avenir et elle rapportait beaucoup d'argent à ses maîtres en faisant des prédictions. [17] Elle se mit à nous suivre, Paul et nous, et criait: "Ces hommes sont les serviteurs du Dieu très haut! Ils vous annoncent le chemin qui conduit au salut!" [18] Elle fit cela pendant bien des jours. A la fin, Paul en fut si irrité qu'il se retourna et dit à l'esprit: "Au nom de Jésus-Christ, je t'ordonne de sortir d'elle!" Et l'esprit sortit d'elle à l'instant même. [19] Quand les maîtres de la servante virent qu'ils ne pouvaient plus espérer gagner de l'argent grâce à elle, ils saisirent Paul et Silas et les traînèrent sur la place publique devant les autorités. [20] Ils les amenèrent aux fonctionnaires romains et dirent: "Ces hommes créent du désordre dans notre ville. Ils sont Juifs [21] et enseignent des coutumes que notre loi nous interdit, à nous qui sommes Romains, d'accepter ou de pratiquer." [22] La foule se tourna aussi contre eux. Les fonctionnaires firent arracher les vêtement de Paul et Silas et ordonnèrent de les battre à coups de fouet.

[23] Après les avoir frappés de nombreux coups, on les jeta en prison et l'on recommanda au gardien de bien les garder. [24] Dès qu'il eut reçu cet ordre, le gardien les mit dans une cellule tout au fond de la prison et leur fixa les pieds dans des blocs de bois.

[25] Vers minuit, Paul et Silas priaient et chantaient pour louer Dieu; les autres prisonniers les écoutaient. [26] Tout à coup, il y eut un violent tremblement de terre qui secoua les fondations de la prison. Toutes les portes s'ouvrirent aussitôt et les chaînes de tous les prisonniers se détachèrent. [27] Le gardien se réveilla; lorsqu'il vit que les portes de la prison étaient ouvertes, il tira son épée et allait se tuer, car il pensait que les prisonniers s'étaient enfuis. [28] Mais Paul cria de toutes ses forces: "Ne te fais pas de mal! Nous sommes tous ici!" [29] Alors le gardien demanda de la lumière, se précipita dans la cellule et, tout tremblant de peur, se jeta aux pieds de Paul et de Silas. [30] Puis il les fit sortir et leur demanda: "Messieurs, que dois-je faire pour être sauvé?" [31] Ils répondirent: "Crois au Seigneur Jésus et tu seras sauvé, toi et ta famille." [32] Et ils lui annoncèrent la parole du Seigneur, à lui et à tous ceux qui étaient dans sa maison. [33] Le gardien les prit avec lui à cette heure même de la nuit et lava leurs blessures. Il fut aussitôt baptisé, ainsi que tous les siens. [34] Il fit monter Paul et Silas dans sa maison et leur offrit à manger. Cet homme et toute sa famille furent remplis de joie parce qu'il avait cru en Dieu.

[35] Quand il fit jour, les fonctionnaires romains envoyèrent dire au gardien: "Relâche ces gens." [36] Le gardien vint l'annoncer à Paul en disant: "Les autorités ont envoyé l'ordre de vous relâcher. Vous pouvez donc sortir et vous en aller en paix." [37] Mais Paul dit aux agents: "Ils nous ont fait battre en public sans que nous ayons été jugés régulièrement, nous qui sommes citoyens romains! Puis ils nous ont jetés en prison. Et, maintenant, ils veulent nous faire sortir en cachette? Eh bien, non! Qu'ils viennent eux-mêmes nous libérer!" [38] Les agents rapportèrent ces paroles aux fonctionnaires romains. Ceux-ci furent effrayés en apprenant que Paul et Silas étaient citoyens romains. [39] Ils vinrent donc leur présenter des excuses, puis ils les firent sortir de prison et les prièrent de quitter la ville. [40] Quand Paul et Silas furent hors de la prison, ils se rendirent chez Lydie. Après avoir vu les frères et les avoir encouragés, ils partirent.

Paul et Silas à Thessalonique

17 Ils passèrent par Amphipolis et Apollonie, et arrivèrent à Thessalonique où il y avait une *synagogue des Juifs. [2] Selon son habitude, Paul alla dans la synagogue. Trois jours de *sabbat, il discuta des Ecritures avec les gens qui étaient là; [3] il les leur expliquait et montrait que, d'après elles, le *Messie devait souffrir et être ramené de la mort à la vie. Il leur disait: "Ce Jésus que je vous annonce, c'est lui le Messie." [4] Quelques-uns d'entre eux furent persuadés et se joignirent à Paul et Silas. C'est ce que firent aussi un grand nombre de Grecs qui adoraient Dieu, et beaucoup de femmes importantes.

[5] Mais les Juifs furent remplis de jalousie. Ils réunirent quelques vauriens trouvés dans les rues, créèrent de l'agitation dans la foule et des troubles dans la ville. Ils survinrent dans la maison de Jason et y cherchaient Paul et Silas pour les amener devant le peuple. [6] Comme ils ne les trouvèrent pas, ils traînèrent Jason et quelques autres frères devant les autorités de la ville et se mirent à crier: "Ces hommes ont troublé le monde entier, et maintenant, ils sont arrivés ici! [7] Jason les a reçus chez lui! Tous ces gens agissent d'une façon contraire aux lois de l'empereur car ils déclarent qu'il y a un autre roi, appelé Jésus." [8] Ces paroles excitèrent la foule et les autorités de la ville. [9] Jason et les autres durent payer une caution aux autorités qui les relâchèrent ensuite.

Paul et Silas à Bérée

[10] Dès que la nuit fut venue, les frères firent partir Paul et Silas pour Bérée. Quand ils y arrivèrent, ils se rendirent à la *synagogue des Juifs. [11] Ceux-ci avaient de meilleurs sentiments que les Juifs de Thessalonique; ils reçurent la parole de Dieu avec beaucoup de bonne volonté. Chaque jour, ils étudiaient les Ecritures pour voir si ce que Paul disait était exact. [12] Un grand nombre d'entre eux crurent, et, parmi les Grecs, beaucoup de femmes de la bonne société et beaucoup d'hommes crurent également. [13] Mais quand les Juifs de Thessalonique apprirent que Paul annonçait la parole de Dieu à Bérée aussi, ils y vinrent et se mirent à agiter et exciter la foule. [14] Alors, les frères firent aussitôt partir Paul en direction de la mer; mais Silas et Timothée restèrent à Bérée. [15] Ceux qui conduisaient Paul

le menèrent jusqu'à Athènes. Puis ils retournèrent à Bérée avec les instructions de Paul pour Silas et Timothée; il leur demandait de le rejoindre le plus tôt possible.

Paul à Athènes

[16] Pendant que Paul attendait Silas et Timothée à Athènes, il était profondément indigné de voir à quel point cette ville était pleine d'idoles. [17] Il discutait dans la *synagogue avec les Juifs et les non-Juifs qui adoraient Dieu, et sur la place publique, chaque jour, avec les gens qu'il pouvait y rencontrer. [18] Quelques maîtres *épicuriens et *stoïciens se mirent aussi à parler avec lui. Les uns disaient: "Que veut dire ce bavard?" D'autres déclaraient: "Il semble annoncer des dieux étrangers." Ils disaient cela parce que Paul prêchait Jésus et la *résurrection. [19] Ils le prirent alors avec eux, le menèrent devant le conseil de *l'Aréopage et lui dirent: "Pourrions-nous savoir quel est ce nouvel enseignement dont tu parles? [20] Car tu nous fais entendre des choses étranges et nous aimerions savoir ce qu'elles signifient." [21] (Tous les Athéniens, en effet, et les étrangers qui vivaient parmi eux passaient leur temps uniquement à dire ou écouter les dernières nouveautés).

[22] Paul se tint alors debout au milieu de l'Aréopage et dit: "Athéniens, je constate que vous êtes des hommes très religieux à tous points de vue. [23] En effet, comme je parcourais votre ville et regardais les monuments qui servent à vos cultes, j'ai trouvé même un *autel sur lequel il est écrit: 'A un dieu inconnu.' Eh bien! ce que vous adorez sans le connaître, je viens vous l'annoncer. [24] Dieu, qui a fait le monde et tout ce qui s'y trouve, est le Seigneur du ciel et de la terre, et il n'habite pas dans des temples construits par les hommes. [25] Il n'a pas besoin non plus que les hommes s'occupent de lui fournir quoi que ce soit, car c'est lui qui donne à tous les hommes la vie, le souffle et toutes choses. [26] Il a créé à partir d'un seul homme tous les peuples et les a établis sur toute la terre. Il a fixé par avance les temps précis et les limites des régions qu'ils devaient habiter. [27] Il a fait cela pour qu'ils le cherchent et que, en essayant d'entrer en contact avec lui, ils le trouvent peut-être. En réalité, Dieu n'est pas loin de chacun de nous, [28] car

> 'En lui nous avons la vie, nous pouvons nous mouvoir et nous sommes.'

C'est bien ce que certains de vos poètes ont également affirmé:

'Nous sommes aussi ses enfants.'

[29] Puisque nous sommes ses enfants, nous ne devons pas penser que Dieu soit semblable à une idole d'or, d'argent ou de pierre, produite par l'art et l'imagination de l'homme. [30] Dieu ne tient plus compte des temps où les hommes étaient ignorants, mais il appelle maintenant tous les hommes, en tous lieux, à changer de vie. [31] Il a en effet fixé un jour où il jugera le monde entier avec justice, par un homme qu'il a désigné. Il en a donné la preuve à tous en ramenant cet homme de la mort à la vie!"

[32] Lorsqu'ils entendirent Paul parler d'un retour de la mort à la vie, les uns se moquèrent de lui, et les autres dirent: "Nous t'écouterons parler de ce sujet une autre fois." [33] C'est ainsi que Paul les quitta. [34] Quelques-uns, pourtant, se joignirent à lui et crurent: parmi eux, il y eut Denys, membre du conseil de l'Aréopage, une femme nommée Damaris, et d'autres encore.

Paul à Corinthe

18 Après cela, Paul partit d'Athènes et se rendit à Corinthe. [2] Il y rencontra un Juif appelé Aquilas, né dans la province du Pont: il venait d'arriver d'Italie avec sa femme Priscille, parce que l'empereur *Claude avait ordonné à tous les Juifs de quitter Rome. Paul alla les trouver [3] et,

comme il avait le même métier qu'eux (ils fabriquaient des tentes), il demeura chez eux et ils travaillèrent ensemble. [4] Chaque jour de *sabbat, Paul prenait la parole dans la *synagogue et cherchait à persuader aussi bien les Juifs que les Grecs.

[5] Quand Silas et Timothée furent arrivés de Macédoine, Paul employa tout son temps à prêcher, en affirmant aux Juifs que Jésus est le *Messie. [6] Mais comme les Juifs s'opposaient à lui et l'insultaient, il secoua contre eux la poussière de ses vêtements et leur dit: "Si vous êtes perdus, ce sera par votre propre faute. Je n'en suis pas responsable. Dès maintenant, j'irai vers ceux qui ne sont pas juifs." [7] Il partit alors de là et se rendit chez un homme appelé Titius Justus qui adorait Dieu et dont la maison était à côté de la synagogue. [8] Crispus, le chef de la synagogue, crut au Seigneur, ainsi que toute sa famille. Beaucoup de Corinthiens, qui entendaient Paul, crurent aussi et furent baptisés.

[9] Une nuit, Paul eut une vision dans laquelle le Seigneur lui dit: "N'aie pas peur, mais continue à parler, ne te tais pas, [10] car je suis avec toi. Personne ne pourra te saisir pour te faire du mal, parce que nombreux sont ceux qui m'appartiennent dans cette ville." [11] Paul demeura un an et demi à Corinthe; il y enseignait aux gens la parole de Dieu.

[12] A l'époque où *Gallion était le gouverneur romain de l'Achaïe, les Juifs s'unirent contre Paul. Ils l'amenèrent devant le tribunal [13] et déclarèrent: "Cet homme cherche à persuader les gens d'adorer Dieu d'une façon contraire à la loi."

[14] Paul allait se mettre à parler, quand Gallion dit aux Juifs: "S'il s'agissait d'un crime ou d'une faute grave, je prendrais naturellement le temps de vous écouter, ô Juifs. [15] Mais puisqu'il s'agit de discussions sur des mots, sur des noms et sur votre propre loi, c'est à vous de vous en occuper. Je refuse d'être juge de telles affaires!" [16] Et il les renvoya du tribunal. [17] Alors, tous se saisirent de Sosthène, le chef de la synagogue, et se mirent à le battre devant le tribunal. Mais Gallion ne s'en souciait pas.

Paul retourne à Antioche

[18] Paul resta encore assez longtemps à Corinthe. Puis il quitta les frères et s'embarqua pour la Syrie avec Priscille et Aquilas. Avant de s'embarquer, il s'était fait raser la tête

à Cenchrées, car il avait fait un *voeu. [19] Ils arrivèrent à Ephèse où Paul laissa Aquilas et Priscille. Il se rendit à la *synagogue et y discuta avec les Juifs. [20] Ils lui demandèrent de rester plus longtemps, mais il ne le voulut pas. [21] Il les quitta en disant: "Je reviendrai vers vous, si Dieu le veut." Et il partit d'Ephèse en bateau.

[22] Quand il eut débarqué à Césarée, il se rendit à Jérusalem pour y saluer l'Eglise, puis il alla à Antioche. [23] Après y avoir passé quelque temps, il repartit. Il traversa successivement la région de Galatie et la Phrygie, en fortifiant tous les disciples dans leur foi.

Apollos à Ephèse et à Corinthe

[24] Un Juif nommé Apollos, né à Alexandrie, était arrivé à Ephèse. C'était un homme qui parlait avec éloquence et qui connaissait très bien les Ecritures. [25] Il avait été instruit dans le chemin du Seigneur et, plein d'enthousiasme, il annonçait et enseignait avec exactitude ce qui concerne Jésus. Mais il ne connaissait que le baptême de Jean. [26] Il se mit à parler avec assurance dans la *synagogue. Quand Priscille et Aquilas l'entendirent, ils le prirent avec eux et lui expliquèrent plus exactement le chemin de Dieu. [27] Ensuite, Apollos désira se rendre en Achaïe. Les frères l'y encouragèrent et écrivirent une lettre aux croyants de cette région pour qu'ils le reçoivent bien. Quand il fut arrivé là, il fut très utile à ceux qui étaient devenus croyants par la grâce de Dieu, [28] car, avec des arguments solides, il démontrait publiquement aux Juifs qu'ils étaient dans l'erreur: il leur prouvait par les Ecritures que Jésus est le *Messie.

Paul à Ephèse

19 Pendant qu'Apollos était à Corinthe, Paul traversa les hautes régions du pays et arriva à Ephèse. Il y trouva quelques *disciples [2] et leur demanda: "Avez-vous reçu le Saint-Esprit quand vous avez cru?" Ils lui répondirent: "Nous n'avons même pas entendu dire qu'il y ait un Saint-Esprit." [3] Paul leur demanda alors: "Quel baptême avez-vous donc reçu?" Ils répondirent: "Le baptême de Jean." [4] Paul leur dit: "Jean baptisait ceux qui acceptaient de changer de vie et il disait au peuple d'Israël de croire en celui qui allait venir après lui, c'est-à-dire en Jésus." [5] Après avoir

entendu ces mots, ils se firent baptiser au nom du Seigneur Jésus. [6] Paul posa les mains sur eux et le Saint-Esprit vint sur eux; ils se mirent à parler avec des mots étranges et à donner des messages reçus de Dieu. [7] Ces hommes étaient environ douze en tout.

[8] Paul se rendit à la *synagogue et, pendant trois mois, il y parla avec assurance. Il prêchait ce qui concerne le *Royaume de Dieu et cherchait à persuader ses auditeurs. [9] Mais plusieurs s'entêtaient, refusaient de croire et parlaient avec mépris du chemin du Seigneur devant l'assemblée. Alors Paul les quitta, emmena les disciples avec lui et prêcha tous les jours dans l'école de Tyrannus. [10] Cela dura deux ans, de sorte que tous ceux qui vivaient dans la province d'Asie, les Juifs et les non-Juifs, entendirent la parole du Seigneur.

Les fils de Scéva

[11] Dieu accomplissait des miracles extraordinaires par Paul. [12] C'est ainsi qu'on apportait aux malades des linges ou des mouchoirs qui avaient touché son corps: ils étaient alors délivrés de leurs maladies et les esprits mauvais sortaient d'eux. [13] Quelques Juifs qui allaient d'un endroit à l'autre et chassaient les esprits mauvais hors des malades essayèrent aussi d'utiliser le nom de Jésus pour les faire sortir. Ils disaient aux esprits mauvais: “Je vous ordonne de sortir au nom de Jésus que Paul prêche!” [14] (Ceux qui agissaient ainsi étaient les sept fils d'un grand-prêtre juif, nommé Scéva). [15] Mais l'esprit mauvais leur répondit: “Je connais Jésus et je sais qui est Paul; mais vous, qui êtes-vous?” [16] Et l'homme qui avait en lui l'esprit mauvais se jeta sur eux et se montra plus fort qu'eux tous; il les maltraita avec une telle violence qu'ils s'enfuirent de sa maison nus et blessés. [17] Tous les habitants d'Ephèse, Juifs et non-Juifs, apprirent ce fait; ils furent tous saisis de crainte et l'on éprouva un grand respect pour le nom du Seigneur Jésus. [18] Beaucoup de ceux qui étaient devenus croyants venaient avouer et déclarer publiquement ce qu'ils avaient fait. [19] Un grand nombre de ceux qui avaient pratiqué la magie apportèrent leurs livres et les brûlèrent devant tout le monde. On calcula la valeur de ces livres et l'on trouva qu'il y en avait pour cinquante mille pièces d'argent. [20] C'est ainsi que la parole du Seigneur se répandait avec puissance et démontrait sa force.

L'émeute d'Ephèse

[21] Après ces événements, Paul décida de traverser la Macédoine et l'Achaïe et de se rendre à Jérusalem. Il disait: "Lorsque j'y serai allé, il faudra aussi que je voie Rome." [22] Il envoya alors en Macédoine deux de ses aides, Timothée et Eraste, mais resta lui-même quelque temps encore dans la province d'Asie.

[23] A cette époque se produisirent de graves troubles à cause du chemin du Seigneur. [24] Un bijoutier, nommé Démétrius, fabriquait de petites copies en argent du temple de la déesse *Artémis et procurait ainsi des gains importants aux ouvriers. [25] Il réunit ces derniers, ainsi que ceux qui avaient un métier semblable, et leur dit: "Messieurs, vous savez que notre prospérité est due à ce travail. [26] Mais vous voyez et entendez ce que fait cet homme, Paul: il déclare, en effet, que les dieux faits par les hommes ne sont pas des dieux et il a réussi à persuader beaucoup de monde non seulement ici, à Ephèse, mais dans presque toute la province d'Asie. [27] Cela risque non seulement de causer du tort à notre métier, mais aussi de faire perdre toute sa réputation au temple de la grande déesse Artémis; et alors, elle sera privée de sa grandeur, cette déesse qu'adorent tous les habitants de la province d'Asie et du monde entier!"

[28] Quand ils entendirent ces paroles, les auditeurs furent remplis de colère et se mirent à crier: "Grande est l'Artémis des Ephésiens!" [29] L'agitation se répandit dans la ville entière. Les gens entraînèrent avec eux Gaïus et Aristarque, deux Macédoniens qui étaient les compagnons de voyage de Paul, et se précipitèrent en masse au théâtre. [30] Paul voulait se présenter devant la foule, mais les croyants l'en empêchèrent. [31] Quelques fonctionnaires de la province d'Asie, qui étaient ses amis, lui envoyèrent même un message pour le prier de ne pas se rendre au théâtre. [32] Pendant ce temps l'assemblée était en pleine confusion: les uns criaient une chose, les autres une autre, et la plupart d'entre eux ne savaient même pas pourquoi on s'était réuni. [33] Quelques personnes de la foule expliquèrent l'affaire à Alexandre, que les Juifs poussaient en avant. Alexandre fit alors un signe de la main et voulut faire un discours pour les défendre devant la foule. [34] Mais quand ils eurent reconnu qu'il était Juif, ils crièrent tous ensemble les mêmes mots pendant près de deux heures: "Grande est l'Artémis des Ephésiens!"

[35] Enfin, le secrétaire de la ville réussit à calmer la foule et dit: "Ephésiens, tout le monde sait que la ville d'Ephèse est la gardienne du temple de la grande Artémis et de son image tombée du ciel. [36] Personne ne peut le nier. Par conséquent, vous devez vous calmer et ne rien faire d'irréfléchi. [37] Vous avez amené ici ces hommes qui n'ont pourtant pas pillé de temples et n'ont pas parlé contre notre déesse. [38] Si Démétrius et ses ouvriers ont une accusation à porter contre quelqu'un, il y a des jours où l'on rend la justice et il y a des autorités: voilà où ils doivent porter plainte! [39] Si vous avez encore une réclamation à présenter, on la réglera dans l'assemblée légale. [40] Nous risquons, en effet, d'être accusés de révolte à cause de ce qui s'est passé aujourd'hui. Il n'y a aucune raison qui justifie un tel rassemblement et nous serions incapables d'en donner une explication suffisante."
[41] Après avoir dit ces mots, il renvoya l'assemblée.

Le voyage de Paul en Macédoine et en Grèce

20 Lorsque les troubles eurent cessé, Paul réunit les croyants et leur adressa des encouragements, puis il leur fit ses adieux et partit pour la Macédoine. [2] Il traversa cette région et y encouragea les fidèles par de nombreuses prédications. Il se rendit ensuite en Grèce [3] où il resta trois mois. Il allait s'embarquer pour la Syrie quand il apprit que les Juifs formaient un complot contre lui. Il décida alors de s'en retourner par la Macédoine. [4] Sopater, fils de Pyrrhus, de Bérée, l'accompagnait, ainsi qu'Aristarque et Secundus, de Thessalonique, Gaïus, de Derbe, et Timothée, Tychique et Trophime, de la province d'Asie. [5] Ceux-ci partirent en avant et nous attendirent à Troas. [6] Nous-mêmes, nous nous sommes embarqués à Philippes après la fête des *pains sans levain, et cinq jours plus tard, nous les avons rejoints à Troas où nous avons passé une semaine.

La dernière visite de Paul à Troas

[7] Le samedi soir, nous étions réunis pour prendre le repas de la communion et Paul parlait à l'assemblée. Comme il devait partir le lendemain, il continua à prêcher jusqu'à minuit. [8] Il y avait beaucoup de lampes dans la chambre où nous étions réunis, en haut de la maison. [9] Un jeune homme appelé Eutyche était assis sur le bord de la fenêtre. Il s'endormit profondément pendant la longue prédication de Paul;

son sommeil était tel qu'il fut entraîné dans le vide et tomba du troisième étage. On le releva, mais il était mort. [10] Paul descendit, se pencha sur lui, le prit dans ses bras et dit: "Soyez sans inquiétude: il est vivant!" [11] Puis il remonta, rompit le pain et mangea. Après avoir parlé encore longtemps, jusqu'au lever du soleil, il partit. [12] On emmena le jeune homme vivant et ce fut un grand réconfort pour tous.

Le voyage de Troas à Milet

[13] Nous sommes partis en avant pour embarquer sur le bateau qui nous transporta à Assos, où nous devions prendre Paul à bord. C'est ce qu'il avait décidé, car il voulait s'y rendre par la route. [14] Quand il nous eut rejoints à Assos, nous l'avons pris à bord et sommes allés à Mitylène. [15] Nous sommes repartis de là et sommes arrivés le lendemain devant Chio. Le jour suivant, nous parvenions à Samos, et le jour d'après nous abordions à Milet. [16] Paul, en effet, avait décidé de passer devant Ephèse sans s'y arrêter, afin de ne pas perdre de temps dans la province d'Asie. Il se hâtait pour être, si possible, à Jérusalem le jour de la *Pentecôte.

Paul s'adresse aux anciens d'Ephèse

[17] Paul envoya un message de Milet à Ephèse pour en faire venir les *anciens de l'Eglise. [18] Quand ils furent arrivés auprès de lui, il leur dit: "Vous savez comment je me suis comporté durant tout le temps que j'ai été avec vous, depuis le premier jour où je suis venu dans la province d'Asie. [19] J'ai servi le Seigneur avec une entière modestie, avec des larmes et au milieu des peines que j'ai connues à cause des complots des Juifs. [20] Vous savez que je n'ai rien caché de ce qui devait vous être utile: je vous ai tout annoncé et enseigné en public et dans vos maisons. [21] J'ai appelé les Juifs et ceux qui ne sont pas juifs à changer de vie en se tournant vers Dieu et à croire en notre Seigneur Jésus. [22] Et maintenant, je vais à Jérusalem, comme le Saint-Esprit m'oblige à le faire, sans savoir ce qui m'y arrivera. [23] Je sais seulement que, dans chaque ville, le Saint-Esprit m'avertit que la prison et des souffrances m'attendent. [24] Mais j'estime que ma vie n'a pas de valeur pour moi, pourvu que je puisse aller jusqu'au bout de ma mission et achever la tâche que m'a confiée le Seigneur Jésus: proclamer la Bonne Nouvelle de la grâce de Dieu.

[25] "J'ai passé au milieu de vous tous en prêchant le *Royaume de Dieu, mais je sais maintenant qu'aucun de vous ne me verra plus. [26] C'est pourquoi, je vous le déclare aujourd'hui: si l'un de vous se perd, je n'en suis pas responsable. [27] Car je vous ai annoncé tout le plan de Dieu, sans rien vous en cacher. [28] Veillez sur vous-mêmes et sur tout le troupeau que le Saint-Esprit a remis à votre garde. Prenez soin de l'Eglise de Dieu qu'il s'est acquise par la mort de son propre Fils. [29] Je sais qu'après mon départ des hommes pareils à des loups redoutables viendront parmi vous et n'épargneront pas le troupeau. [30] Et même du milieu de vous, des hommes se lèveront pour dire des mensonges et entraîner ainsi les croyants à leur suite. [31] Veillez donc et souvenez-vous que, pendant trois ans, le jour et la nuit, je n'ai cessé d'avertir chacun de vous avec des larmes.

[32] "Et maintenant, je vous remets à Dieu et au message de sa grâce. Il a le pouvoir de vous fortifier et de vous accorder les biens qu'il réserve comme un héritage pour tous ceux qui lui appartiennent. [33] Je n'ai désiré ni l'argent, ni l'or, ni les vêtements de personne. [34] Vous savez vous-

mêmes que j'ai travaillé de mes propres mains pour gagner ce qui nous était nécessaire à mes compagnons et à moi. [35] Je vous ai montré en tout qu'il faut travailler ainsi pour venir en aide aux pauvres, en nous souvenant des paroles que le Seigneur Jésus lui-même a dites: 'Il y a plus de bonheur à donner qu'à recevoir.' "

[36] Après avoir ainsi parlé, Paul se mit à genoux avec eux tous et pria. [37] Tous pleuraient et serraient Paul dans leurs bras pour lui donner le baiser d'adieu. [38] Ils étaient surtout attristés parce qu'il avait dit qu'il ne les reverrait plus. Puis ils l'accompagnèrent jusqu'au bateau.

Paul se rend à Jérusalem

21 Après nous être séparés d'eux, nous sommes partis en bateau et sommes allés directement à Cos; le lendemain nous sommes arrivés à Rhodes, et de là nous nous sommes rendus à Patara. [2] Nous y avons trouvé un bateau qui allait en Phénicie; nous nous sommes alors embarqués et sommes

partis. [3] Nous sommes arrivés près de Chypre, que l'on pouvait apercevoir du bateau, et avons passé au sud de cette île pour naviguer vers la Syrie. Nous avons abordé à Tyr où le bateau devait décharger sa cargaison. [4] Nous y avons trouvé des croyants et sommes restés une semaine avec eux. Avertis par l'Esprit, ils disaient à Paul de ne pas se rendre à Jérusalem. [5] Mais au bout de la semaine passée avec eux, nous sommes partis pour continuer notre voyage. Ils nous accompagnèrent tous, avec leurs femmes et leurs enfants, jusqu'en dehors de la ville. Nous nous sommes mis à genoux au bord de la mer et avons prié. [6] Puis, après nous être dit adieu les uns aux autres, nous sommes montés à bord du bateau, tandis qu'ils retournaient chez eux.

[7] Nous avons achevé notre voyage sur mer en allant de Tyr à Ptolemaïs où nous avons salué les frères et où nous sommes restés un jour avec eux. [8] Le lendemain, nous sommes repartis et nous sommes arrivés à Césarée. Là, nous sommes entrés dans la maison de Philippe l'évangéliste et avons logé chez lui. C'était l'un des sept hommes qu'on avait choisis à Jérusalem. [9] Il avait quatre filles non mariées qui donnaient des messages reçus de Dieu. [10] Nous étions là depuis plusieurs jours, lorsqu'arriva de Judée un *prophète nommé Agabus. [11] Il vint à nous, prit la ceinture de Paul, s'en servit pour se lier les pieds et les mains et dit: "Voici ce que déclare le Saint-Esprit: L'homme à qui appartient cette ceinture sera ainsi lié par les Juifs à Jérusalem, puis ils le livreront aux étrangers." [12] Après avoir entendu ces mots, nous-mêmes et ceux de Césarée avons supplié Paul de ne pas se rendre à Jérusalem. [13] Mais il répondit: "Pourquoi pleurez-vous et cherchez-vous à briser mon courage? Je suis prêt, moi, non seulement à être lié, mais encore à mourir à Jérusalem pour la cause du Seigneur Jésus." [14] Comme nous ne pouvions pas le persuader, nous avons cessé de le supplier et avons dit: "Que la volonté du Seigneur se fasse!"

[15] Après quelques jours passés là, nous nous sommes préparés et sommes partis pour Jérusalem. [16] Des *disciples de Césarée nous accompagnèrent; ils nous conduisirent chez un homme qui devait nous loger, un certain Mnason, de Chypre, qui était croyant depuis longtemps.

La visite de Paul chez Jacques

[17] Lorsque nous sommes arrivés à Jérusalem, les frères nous reçurent avec joie. [18] Le lendemain, Paul se rendit avec nous chez Jacques où tous les *anciens de l'Eglise se réunirent. [19] Paul les salua et leur raconta en détail tout ce que Dieu avait accompli par son travail au milieu de ceux qui n'étaient pas juifs. [20] Après l'avoir entendu, ils louèrent Dieu. Puis ils dirent à Paul: "Tu vois, frère, combien de milliers

de Juifs sont devenus des croyants: ils sont tous très attachés à la loi. [21] On leur a déclaré que tu enseignes à tous les Juifs qui vivent au milieu d'autres peuples à se détourner de la *loi de Moïse et que tu leur dis de ne pas *circoncire leurs enfants et de ne pas suivre les coutumes juives. [22] Que faire? Car ils vont certainement apprendre que tu es arrivé. [23] Fais donc ce que nous allons te dire. Nous avons ici quatre hommes qui ont fait un *voeu. [24] Emmène-les, participe avec eux à la cérémonie de purification et paie leurs dépenses, pour qu'ils puissent se faire raser la tête. Ainsi, tout le monde saura qu'il n'y a rien de vrai dans ce qu'on a raconté à ton sujet, mais que, toi aussi, tu vis dans l'obéissance à la loi de Moïse. [25] Quant aux non-Juifs qui sont devenus chrétiens nous leur avons écrit pour leur dire ce que nous avons décidé: ils ne doivent manger ni viandes qui viennent de sacrifices offerts aux idoles, ni sang, ni chair d'animaux étouffés, et ils doivent se garder de l'immoralité." [26] Alors Paul emmena ces quatre hommes et, le lendemain, participa avec eux à la cérémonie de purification. Il se rendit ensuite dans le temple et annonça à quel moment les jours de la purification seraient achevés, c'est-à-dire à quel moment on pourrait offrir le sacrifice pour chacun d'eux.

Paul est arrêté dans le temple

[27] Les sept jours allaient s'achever, quand des Juifs de la province d'Asie virent Paul dans le temple. Ils excitèrent toute la foule et se saisirent de lui, [28] en criant: "Hommes d'Israël, au secours! Voici l'homme qui prêche partout et à tous contre le peuple d'Israël, contre la *loi de Moïse et contre ce temple. Et maintenant, il a même introduit des non-Juifs dans le temple et ainsi rendu *impur ce saint lieu!" [29] (Ils disaient cela parce qu'ils avaient vu Trophime d'Ephèse avec Paul dans la ville: ils pensaient que Paul l'avait introduit dans le temple). [30] L'agitation se répandit dans la ville entière et le peuple accourut de tous côtés. Ils se saisirent de Paul et le traînèrent hors du temple dont ils fermèrent aussitôt les portes. [31] Ils cherchaient à tuer Paul, quand la nouvelle parvint au commandant du bataillon romain que tout Jérusalem s'agitait. [32] Immédiatement, il prit avec lui des officiers et des soldats et courut vers la foule. Quand ils virent le commandant et les soldats, ils cessèrent de frapper Paul. [33] Alors le commandant s'approcha de Paul, le fit arrêter

et ordonna de le lier avec deux chaînes; puis il demanda qui il était et ce qu'il avait fait. [34] Mais, dans la foule, les uns criaient une chose, les autres une autre. Comme le commandant ne pouvait rien apprendre de précis au milieu de ce désordre, il ordonna de conduire Paul dans la forteresse. [35] Au moment où Paul arriva avec eux à l'escalier, les soldats durent le porter, à cause de la violence de la foule, [36] car tous le suivaient en criant: "A mort!"

Paul présente sa défense

[37] Comme on allait faire entrer Paul dans la forteresse, il dit au commandant: "M'est-il permis de te dire quelque chose?" Le commandant lui demanda: "Tu sais parler grec? [38] Tu n'es donc pas cet Egyptien qui, récemment, a provoqué une révolte et emmené au désert quatre mille terroristes?" [39] Paul répondit: "Je suis Juif, né à Tarse en Cilicie, citoyen d'une ville importante. Permets-moi, je t'en prie, de parler au peuple." [40] Le commandant le lui permit. Paul se tint alors sur l'escalier et fit au peuple un signe de la main. Quand ils furent tout à fait silencieux, Paul leur adressa la parole en araméen:

22 "Frères et pères, écoutez ce que j'ai maintenant à vous dire pour ma défense." [2] Lorsqu'ils entendirent qu'il leur parlait en araméen, ils se tinrent encore plus tranquilles. Et Paul dit:

[3] "Je suis Juif, né à Tarse en Cilicie; mais j'ai été élevé ici, à Jérusalem, et j'ai eu comme maître *Gamaliel qui m'a appris à connaître exactement la loi de nos ancêtres. J'étais aussi plein de zèle pour Dieu que vous l'êtes tous aujourd'hui. [4] J'ai persécuté jusqu'à la mort ceux qui suivaient le chemin du Seigneur. J'ai arrêté des hommes et des femmes et les ai jetés en prison. [5] Le grand-prêtre et l'assemblée des *anciens peuvent affirmer que je dis la vérité. J'ai reçu d'eux des lettres pour les frères juifs de Damas où je me rendis pour arrêter les croyants qui s'y trouvaient, afin de les amener à Jérusalem et de les faire punir."

Paul raconte sa conversion

(Voir aussi Actes 9.1-19; 26.12-18)

[6] "J'étais en route et j'approchais de Damas, quand, tout à coup, vers midi, une grande lumière qui venait du ciel brilla autour de moi. [7] Je tombai à terre et entendis une voix qui me disait: 'Saul, Saul, pourquoi me persécutes-tu?' [8] Je demandai: 'Qui es-tu, Seigneur?' Et il me dit: 'Je suis Jésus de Nazareth, que tu persécutes.' [9] Ceux qui étaient avec moi virent la lumière, mais ils n'entendirent pas la voix de celui qui me parlait. [10] Je demandai alors: 'Que dois-je faire, Seigneur?' Et le Seigneur me dit: 'Relève-toi, va à Damas, et là on te dira tout ce que Dieu t'ordonne de faire.' [11] Comme j'étais devenu aveugle à cause de cette lumière si brillante, mes compagnons me prirent par la main et me conduisirent à Damas.

[12] "Il y avait là un homme appelé Ananias qui était pieux et obéissait à notre loi et que tous les Juifs de Damas estimaient. [13] Il vint me trouver, se tint près de moi et me dit: 'Saul, mon frère, que la vue te soit rendue!' Au même moment, la vue me fut rendue et je le vis. [14] Il dit: 'Le Dieu de nos ancêtres t'a choisi d'avance pour que tu connaisses sa volonté, que tu voies le seul juste et que tu l'entendes parler de sa propre bouche. [15] Car tu dois être son témoin pour annoncer devant tous les hommes ce que tu as vu et entendu. [16] Et maintenant, pourquoi attendre encore? Lève-toi, sois baptisé et lavé de tes péchés en faisant appel à son nom.' "

Paul raconte comment il a été envoyé vers ceux qui ne sont pas juifs

[17] " Je retournai à Jérusalem et, comme je priais dans le temple, j'eus une vision. [18] Je vis le Seigneur et il me dit: 'Hâte-toi, sors vite de Jérusalem, car ses habitants n'accepteront pas ce que tu affirmes à mon sujet.' [19] Je répondis: 'Seigneur, ils savent bien que j'allais dans les *synagogues et que je jetais en prison et faisais battre ceux qui croient en toi. [20] Et lorsqu'on mit à mort Etienne, ton témoin, j'étais là moi aussi. J'ai approuvé ceux qui le tuaient et j'ai gardé leurs vêtements.' [21] Le Seigneur me dit alors: 'Va, car je t'enverrai au loin, vers ceux qui ne sont pas juifs.' "

Paul et le commandant romain

[22] La foule écouta Paul jusqu'au moment où il dit ces mots; mais alors, ils se mirent à crier: "Faites disparaître cet homme! A mort! Il n'est pas digne de vivre!" [23] Ils hurlaient, agitaient leurs vêtements et lançaient de la poussière en l'air. [24] Le commandant romain ordonna de faire entrer Paul dans la forteresse et de le battre à coups de fouet pour l'obliger à parler, afin de savoir pour quelle raison la foule criait ainsi contre lui. [25] Mais quand on l'eut attaché pour le fouetter, Paul dit à l'officier qui était là: "Avez-vous le droit de fouetter un citoyen romain qui n'a même pas été jugé?" [26] Après avoir entendu ces mots, l'officier alla avertir le commandant; il lui dit: "Que vas-tu faire? Cet homme est citoyen romain!" [27] Le commandant vint auprès de Paul et lui demanda: "Dis-moi, es-tu citoyen romain?" Paul répondit: "Oui." [28] Le commandant dit alors: "J'ai payé une grosse somme d'argent pour devenir citoyen romain." Et Paul répondit: "Moi, je le suis de naissance." [29] Aussitôt, ceux qui allaient le battre pour le faire parler s'éloignèrent de lui; le commandant lui-même eut peur, quand il se rendit compte que Paul était citoyen romain et qu'il l'avait fait lier avec des chaînes.

Paul devant le Conseil supérieur

[30] Le commandant voulait savoir de façon précise de quoi les Juifs accusaient Paul; c'est pourquoi, le lendemain, il le fit délier de ses chaînes et ordonna aux chefs des prêtres et à tout le *Conseil supérieur de se réunir. Puis il amena Paul et le plaça devant eux.

23 Paul fixa les yeux sur les membres du Conseil et dit: "Frères, c'est avec une conscience tout à fait tranquille que j'ai vécu devant Dieu jusqu'à ce jour." [2] Le grand-prêtre Ananias ordonna à ceux qui étaient près de Paul de le frapper sur la bouche. [3] Alors Paul lui dit: "C'est Dieu qui te frappera, espèce de mur blanchi! Tu es assis là pour me juger selon la loi et, contrairement à la loi, tu ordonnes de me frapper!" [4] Ceux qui étaient près de Paul lui dirent: "Tu insultes le grand-prêtre de Dieu!" [5] Paul répondit: "Je ne savais pas, frères, que c'était le grand-prêtre. En effet, l'Ecriture déclare: 'Tu ne diras pas de mal du chef de ton peuple.' "

[6] Paul savait que les membres du Conseil étaient en partie des *Sadducéens et en partie des *Pharisiens; c'est pourquoi il s'écria devant eux: "Frères, je suis Pharisien, fils de Pharisiens. C'est parce que j'espère en la *résurrection des morts que je suis mis en jugement." [7] Quand il eut dit ces mots, les Pharisiens et les Sadducéens se mirent à se disputer et l'assemblée se divisa. [8] (Les Sadducéens disent en effet que les morts ne reviendront pas à la vie et qu'il n'y a ni anges, ni esprits, tandis que les Pharisiens croient en tout cela). [9] On criait de plus en plus fort et quelques *maîtres de la loi, membres du parti des Pharisiens, se levèrent et protestèrent vivement en disant: "Nous ne trouvons rien de mal en cet homme. Un esprit ou un ange lui a peut-être parlé!"

[10] La dispute devint si violente que le commandant eut peur qu'ils ne mettent Paul en pièces. C'est pourquoi il ordonna à ses soldats de descendre dans l'assemblée pour enlever Paul du milieu d'eux et le ramener dans la forteresse.

[11] La nuit suivante, le Seigneur apparut à Paul et lui dit: "Courage! Tu as rendu témoignage de moi ici, à Jérusalem, et il faut aussi que tu rendes témoignage à Rome."

Le complot contre la vie de Paul

[12] Le lendemain matin, les Juifs formèrent un complot: ils s'engagèrent avec serment à ne rien manger ni boire jusqu'à ce qu'ils aient tué Paul. [13] Ceux qui avaient formé ce complot étaient plus de quarante. [14] Ils allèrent trouver les chefs des prêtres et les *anciens, et leur dirent: "Nous nous sommes engagés par un serment solennel à ne rien manger jusqu'à ce que nous ayons tué Paul. [15] Vous donc, et tout le *Conseil supérieur, demandez maintenant au commandant qu'il vous amène Paul, en prétendant que vous dési-

rez examiner son cas plus exactement. Nous-mêmes, nous nous tenons prêts à le faire mourir avant qu'il arrive ici."

[16] Mais le fils de la soeur de Paul entendit parler de ce complot. Il se rendit à la forteresse, y entra et avertit Paul. [17] Alors Paul appela l'un des officiers et lui dit: "Conduis ce jeune homme au commandant, car il a quelque chose à lui dire." [18] L'officier le prit avec lui, le conduisit au commandant et dit: "Le prisonnier Paul m'a appelé et m'a demandé de t'amener ce jeune homme qui a quelque chose à te dire." [19] Le commandant prit le jeune homme par la main, se retira seul avec lui et lui demanda: " Qu'as-tu à me dire?" [20] Il répondit: "Les Juifs se sont mis d'accord pour te demander d'amener Paul demain devant le Conseil supérieur, en prétendant que le Conseil désire examiner son cas plus exactement. [21] Mais ne les crois pas! Car plus de quarante d'entre eux vont se cacher pour s'emparer de lui. Ils se sont engagés par serment à ne rien manger ni boire jusqu'à ce qu'ils l'aient tué. Ils sont prêts maintenant et n'attendent plus que ta réponse." [22] Après avoir recommandé au jeune homme de ne dire à personne ce qu'il lui avait raconté, le commandant le renvoya.

Paul est envoyé au gouverneur Félix

[23] Ensuite le commandant appela deux de ses officiers et leur dit: "Rassemblez deux cents soldats, ainsi que soixante-dix cavaliers et deux cents hommes armés de lances, et soyez tous prêts à partir pour Césarée à neuf heures du soir. [24] Préparez aussi des chevaux pour transporter Paul et le mener sain et sauf au gouverneur *Félix." [25] Et il écrivit la lettre suivante:

[26] "Claude Lysias adresse ses salutations à Son Excellence le gouverneur Félix. [27] Les Juifs s'étaient emparés de cet homme et allaient le tuer, quand j'appris qu'il était citoyen romain: je suis alors intervenu avec mes soldats et l'ai délivré. [28] Comme je voulais savoir de quoi les Juifs l'accusaient, je l'ai amené devant leur *Conseil supérieur. [29] J'ai découvert qu'ils l'accusaient à propos de questions relatives à leur propre loi, mais qu'on ne pouvait lui reprocher aucune faute pour laquelle il aurait mérité de mourir ou d'être mis en prison. [30] Puis, lorsque j'ai été averti que les Juifs formaient un complot contre lui, je te l'ai aussitôt envoyé et j'ai demandé à ses accusateurs de porter leur plainte contre lui devant toi."

[31] Les soldats exécutèrent les ordres qu'ils avaient reçus: ils prirent Paul et le menèrent cette nuit-là jusqu'à Antipatris. [32] Le lendemain, les soldats qui étaient à pied retournèrent à la forteresse et laissèrent les cavaliers continuer le voyage avec Paul. [33] Dès qu'ils furent arrivés à Césarée, les cavaliers remirent la lettre au gouverneur et lui livrèrent Paul. [34] Le gouverneur lut la lettre et demanda à Paul de quelle province il était. Après avoir appris qu'il était de Cilicie, [35] il lui dit: "Je t'interrogerai quand tes accusateurs seront arrivés." Et il donna l'ordre de garder Paul dans le palais *d'Hérode.

L'accusation des Juifs contre Paul

24 Cinq jours après, le grand-prêtre Ananias arriva à Césarée avec quelques *anciens et un avocat appelé Tertullus. Ils se présentèrent devant le gouverneur *Félix pour déposer leur plainte contre Paul. [2] Celui-ci fut appelé et Tertullus se mit à l'accuser en ces mots:

"Excellence, grâce à toi nous jouissons d'une paix complète et c'est à ta sage administration que nous devons les réformes effectuées pour le bien de cette nation. [3] Pour tout ce que nous recevons ainsi en tout temps et partout, nous te sommes très reconnaissants. [4] Mais je ne veux pas te prendre trop de temps, c'est pourquoi je te prie d'avoir la bonté de nous écouter un instant. [5] Nous nous sommes aperçus que cet homme est un personnage extrêmement nuisible: il provoque du désordre chez tous les Juifs du monde entier et c'est le chef du parti des *Nazaréens. [6] Il a même essayé de porter atteinte à la sainteté du temple et nous l'avons alors arrêté. [Nous avons voulu le juger selon notre loi, [7] mais le commandant Lysias est intervenu et, avec une grande violence, l'a pris de nos mains. [8] Puis Lysias a ordonné à ses accusateurs de venir devant toi.] Si tu interroges cet homme, tu pourras toi-même te rendre compte de la vérité de tout ce dont nous l'accusons." [9] Les Juifs appuyèrent l'accusation et déclarèrent que c'était exact.

Paul présente sa défense devant Félix

[10] Le gouverneur fit alors signe à Paul de parler et Paul dit: "Je sais que tu es juge de cette nation depuis de nombreuses années; c'est donc avec confiance que je présente

ma défense devant toi. [11] Comme tu peux le vérifier toi-même, il n'y a pas plus de douze jours que je suis arrivé à Jérusalem pour y adorer Dieu. [12] On ne m'a pas trouvé en train de discuter dans le temple avec qui que ce soit, ni en train d'exciter la foule dans les *synagogues ou ailleurs dans la ville. [13] Et ces gens ne peuvent pas te prouver ce dont ils m'accusent maintenant. [14] Cependant, je reconnais ceci devant toi: je sers le Dieu de nos ancêtres en suivant le chemin nouveau qu'ils disent être faux. Mais je crois à tout ce qui est écrit dans les livres de la *loi et des *prophètes. [15] J'ai cette espérance en Dieu, espérance qu'ils ont eux-mêmes, que les hommes, les bons comme les méchants, seront ramenés de la mort à la vie. [16] C'est pourquoi je m'efforce d'avoir toujours la conscience nette devant Dieu et devant les hommes.

[17] "Après avoir été absent de Jérusalem pendant plusieurs années, j'y suis revenu pour apporter de l'aide en argent à mon peuple et pour offrir des sacrifices à Dieu. [18] Voilà à quoi j'étais occupé quand ils m'ont trouvé dans le temple: j'avais alors participé à la cérémonie de purification, il n'y avait pas de foule avec moi et il n'y avait pas de désordre. [19] Mais quelques Juifs de la province d'Asie étaient là et ce sont eux qui devraient être présents devant toi pour m'accuser, s'ils ont quelque chose contre moi. [20] Ou bien, que ces gens, ici, disent de quel crime ils m'ont reconnu coupable, lorsque je me tenais devant le *Conseil supérieur, [21] en dehors de cette seule déclaration que j'ai faite à voix forte, debout devant eux: 'C'est parce que je crois en la *résurrection des morts que je suis mis aujourd'hui en jugement devant vous!' "

[22] *Félix, qui était bien renseigné au sujet du christianisme, renvoya à plus tard la suite du procès en leur disant: "Quand le commandant Lysias viendra, je prendrai une décision sur votre affaire." [23] Il ordonna à l'officier responsable de Paul de le garder prisonnier, mais de lui laisser une certaine liberté et de permettre à ses amis de lui rendre des services.

Paul devant Félix et Drusille

[24] Quelques jours plus tard, *Félix vint avec sa femme Drusille, qui était juive. Il envoya chercher Paul et écouta ce qu'il disait au sujet de la foi en Jésus-Christ. [25] Mais com-

me Paul se mettait à parler de la manière juste de vivre, de la maîtrise de soi et du jugement qui doit venir, Félix prit peur et dit: "Tu peux t'en aller maintenant. Quand j'aurai le temps je te rappellerai." [26] Il espérait aussi que Paul lui donnerait de l'argent; c'est pourquoi il le faisait souvent venir pour causer avec lui.

[27] Deux années passèrent ainsi, puis Porcius *Festus succéda à Félix comme gouverneur. Félix, qui voulait faire plaisir aux Juifs, laissa Paul en prison.

Paul en appelle à l'empereur

25 Trois jours après son arrivée dans la province, *Festus se rendit de Césarée à Jérusalem. [2] Là, les chefs des prêtres et les Juifs les plus importants lui présentèrent leur plainte contre Paul. Ils demandèrent à Festus [3] de leur accorder la faveur de faire venir Paul à Jérusalem, car ils avaient formé un complot contre lui et voulaient le tuer en chemin. [4] Mais Festus répondit que Paul était en prison à Césarée et que lui-même allait bientôt repartir. [5] Et il ajouta: "Que vos chefs m'accompagnent à Césarée et qu'ils y accusent cet homme, s'il a fait du mal."

[6] Festus passa huit à dix jours seulement parmi eux, puis il retourna à Césarée. Le lendemain, il prit place au tribunal et donna l'ordre d'amener Paul. [7] Quand Paul fut arrivé, les Juifs qui étaient venus de Jérusalem l'entourèrent et portèrent contre lui de nombreuses et graves accusations qu'ils n'étaient pas capables de prouver. [8] Mais Paul se défendit en disant: "Je n'ai commis aucune faute contre la loi des Juifs, ni contre le temple, ni contre l'empereur." [9] Festus qui voulait faire plaisir aux Juifs, demanda alors à Paul: "Veux-tu te rendre à Jérusalem pour y être jugé devant moi au sujet de cette affaire?" [10] Paul répondit: "Je me tiens devant le tribunal de l'empereur et c'est là que je dois être jugé. Je n'ai rien fait de mal contre les Juifs, comme tu le sais très bien toi-même. [11] Si je suis coupable et si j'ai commis une action pour laquelle je mérite la mort, je ne refuse pas de mourir. Mais s'il n'y a rien de vrai dans les accusations qu'ils portent contre moi, personne ne peut me livrer à eux. J'en appelle à l'empereur." [12] Alors Festus, après avoir parlé avec ses conseillers, répondit: "Tu en as appelé à l'empereur, tu iras donc devant l'empereur."

Paul devant Agrippa et Bérénice

[13] Quelques jours plus tard, le roi *Agrippa et *Bérénice arrivèrent à Césarée pour saluer *Festus. [14] Comme ils passaient là plusieurs jours, Festus présenta au roi le cas de Paul. Il lui dit: "Il y a ici un homme que *Félix a laissé prisonnier. [15] Lorsque je suis allé à Jérusalem, les chefs des prêtres et les *anciens des Juifs ont porté plainte contre lui et m'ont demandé de le condamner. [16] Je leur ai répondu que les Romains n'ont pas l'habitude de livrer un accusé avant qu'il se soit trouvé en face de ses accusateurs et qu'il ait eu l'occasion de se défendre contre l'accusation. [17] Ils sont alors venus ici avec moi. Je n'ai pas perdu de temps: le lendemain, j'ai pris place au tribunal et j'ai donné l'ordre d'amener cet homme. [18] Ses adversaires se sont présentés, mais ne l'ont accusé d'aucune des mauvaises actions que je pensais. [19] Ils avaient seulement avec lui des discussions au sujet de leur propre religion et d'un certain Jésus, qui est mort et que Paul affirme être vivant. [20] Je ne savais comment faire pour examiner de telles questions, c'est pourquoi j'ai demandé à Paul s'il voulait aller à Jérusalem pour y être jugé au sujet de cette affaire. [21] Mais Paul a fait appel: il a demandé à être gardé prisonnier de façon à ce que l'empereur prenne une décision sur son cas. J'ai donc donné l'ordre de le garder jusqu'à ce que je puisse l'envoyer à l'empereur." [22] Agrippa dit à Festus: "Je voudrais bien entendre moi-même cet homme." Festus répondit: "Demain, tu l'entendras."

[23] Le lendemain donc, Agrippa et Bérénice vinrent en cortège solennel et entrèrent dans la salle d'audience avec les chefs militaires et les principaux personnages de la ville. Festus donna un ordre et Paul fut amené. [24] Puis Festus dit: "Roi Agrippa et vous tous qui êtes ici avec nous, vous voyez cet homme au sujet de qui toute la foule des Juifs est venue se plaindre auprès de moi, aussi bien à Jérusalem qu'ici, en criant qu'il ne devait plus vivre. [25] Quant à moi, j'ai découvert qu'il n'a commis aucune action pour laquelle il mériterait de mourir. Cependant, comme lui-même en a appelé à l'empereur, j'ai décidé de le lui envoyer. [26] Je n'ai rien de précis à écrire à l'empereur sur son cas; c'est pourquoi je l'ai fait comparaître devant vous, et surtout devant toi, roi Agrippa, afin que, lorsqu'il aura été interrogé, j'aie quelque chose à écrire. [27] Il me semble absurde, en effet, d'envoyer

un prisonnier sans indiquer clairement les accusations portées contre lui."

Paul présente sa défense devant Agrippa

26 *Agrippa dit à Paul: "Il t'est permis de parler pour te défendre." Alors Paul étendit la main et présenta sa défense en ces mots:

[2] "Roi Agrippa, je m'estime heureux d'avoir aujourd'hui à me défendre devant toi de tout ce dont les Juifs m'accusent, [3] et cela en particulier parce que tu connais bien toutes les coutumes des Juifs et leurs sujets de discussion. Je te prie donc de m'écouter avec patience.

[4] "Tous les Juifs savent ce qu'a été ma vie, dès ma jeunesse; ils savent comment j'ai vécu depuis le début au milieu de mon peuple et à Jérusalem. [5] Ils me connaissent depuis longtemps et peuvent donc affirmer, s'ils le veulent, que j'ai vécu en tant que membre du parti le plus strict de notre religion, celui des *Pharisiens. [6] Et maintenant, je suis mis en jugement parce que j'espère en la promesse que Dieu a faite à nos ancêtres. [7] Les douze tribus de notre peuple espèrent voir l'accomplissement de cette promesse en servant Dieu avec ardeur jour et nuit. Et c'est à cause de cette espérance, ô roi, que les Juifs m'accusent! [8] Pourquoi estimez-vous incroyable, vous Juifs, que Dieu ramène les morts à la vie?

[9] "Moi-même, j'avais pensé devoir combattre par tous les moyens le nom de Jésus de Nazareth. [10] C'est ce que j'ai fait à Jérusalem. J'ai reçu un pouvoir spécial des chefs des prêtres et j'ai jeté en prison beaucoup de croyants, et, quand on les condamnait à mort, je donnais mon approbation. [11] Souvent je les faisais punir dans toutes les *synagogues et voulais les obliger à renier leur foi. Ma fureur contre eux était telle que j'allais les persécuter jusque dans les villes étrangères."

Paul raconte sa conversion

(Voir aussi Actes 9.1-19; 22.6-16)

[12] "C'est ainsi que je me rendis à Damas avec le pouvoir et la mission que m'avaient confiés les chefs des prêtres. [13] Comme j'étais en route, à midi, je vis, ô roi, une lumière qui venait du ciel, plus éclatante que celle du soleil, et qui brillait autour de moi et de mes compagnons de voyage.

[14] Nous sommes tous tombés à terre et j'entendis une voix qui me disait en araméen: 'Saul, Saul, pourquoi me persécutes-tu? Tu te fais du mal en résistant, comme le boeuf qui rue contre la pointe du bâton de son maître.' [15] Je demandai: 'Qui es-tu Seigneur?' Et le Seigneur dit: 'Je suis Jésus que tu persécutes. [16] Mais relève-toi et tiens-toi debout. Je te suis apparu pour faire de toi mon serviteur; tu seras mon témoin pour dire aux autres comment tu m'as vu aujourd'hui et leur annoncer ce que je te ferai voir encore. [17] Je te délivrerai du peuple juif et des autres peuples vers lesquels je vais t'envoyer. [18] Je t'envoie pour que tu leur ouvres les yeux, pour que tu les ramènes de l'obscurité à la lumière et du pouvoir de Satan à Dieu, afin qu'en croyant en moi ils reçoivent le pardon de leurs péchés et une place parmi ceux qui appartiennent à Dieu.' "

Paul parle de son oeuvre

[19] "Et ainsi, roi *Agrippa, je n'ai pas désobéi à la vision qui m'est venue du ciel. [20] Mais j'ai prêché d'abord aux habitants de Damas et de Jérusalem, puis à ceux de toute la contrée de Judée et aux membres des autres nations, en leur demandant de changer de vie, de se tourner vers Dieu et de faire des oeuvres qui montrent la réalité de ce changement. [21] C'est pour cette raison que les Juifs m'ont saisi alors que j'étais dans le temple et ont essayé de me tuer. [22] Mais Dieu m'a accordé sa protection jusqu'à ce jour et je suis encore là pour apporter mon témoignage à tous, aux petits comme aux grands. Je n'affirme rien d'autre que ce que les *prophètes et Moïse ont déclaré devoir arriver: [23] que le *Messie aurait à souffrir, qu'il serait le premier à revenir de la mort à la vie et qu'il annoncerait la lumière du salut à notre peuple et aux autres nations."

Paul appelle Agrippa à croire

[24] Comme Paul présentait ainsi sa défense, *Festus lui cria: "Tu es fou, Paul! Tu as tant étudié que cela te rend fou!" [25] Paul lui répondit: "Je ne suis pas fou, Excellence. Les paroles que je prononce sont vraies et raisonnables. [26] Le roi *Agrippa est renseigné sur ces faits et je peux donc en parler avec assurance devant lui. Je suis persuadé qu'il connaît chacun d'eux, car cela ne s'est pas passé en cachette, dans un coin. [27] Roi Agrippa, crois-tu à ce qu'ont dit les

*prophètes? Je sais que tu y crois!" [28] Agrippa dit à Paul: "Tu vas bientôt me persuader de devenir chrétien!" [29] Paul répondit: "Que ce soit tôt ou tard, je prie Dieu que non seulement toi, mais encore vous tous qui m'écoutez aujourd'hui, vous deveniez tels que je suis, à l'exception de ces chaînes!"

[30] Le roi, le gouverneur, *Bérénice et tous ceux qui se trouvaient avec eux, se levèrent alors [31] et, après s'être retirés, ils se dirent les uns aux autres: "Cet homme n'a commis aucune faute pour laquelle il mériterait de mourir ou d'être mis en prison." [32] Et Agrippa dit à Festus: "Cet homme aurait pu être relâché s'il n'en avait appelé à l'empereur."

Paul est envoyé à Rome

27 Lorsqu'il fut décidé que nous partirions en bateau pour l'Italie, on remit Paul et quelques autres prisonniers à un officier appelé Julius, du bataillon romain dit "bataillon de l'empereur". [2] Nous avons embarqué sur un bateau d'Adramytte, qui devait se diriger vers les ports de la province d'Asie, et nous sommes partis. Aristarque, un Macédonien de Thessalonique, était avec nous. [3] Le lendemain, nous sommes arrivés à Sidon. Julius, qui traitait Paul avec bienveillance, lui permit d'aller voir ses amis pour recevoir ce dont il avait besoin. [4] Après être repartis de là, nous avons passé le long de la côte abritée de l'île de Chypre, car les vents soufflaient contre nous. [5] Nous avons traversé la mer près de la Cilicie et de la Pamphylie, et nous sommes arrivés à Myra, en Lycie. [6] Là, l'officier trouva un bateau d'Alexandrie qui se rendait en Italie et il nous y fit embarquer.

[7] Pendant plusieurs jours, nous avons navigué lentement et c'est avec beaucoup de peine que nous sommes parvenus devant la ville de Cnide. Comme le vent nous empêchait d'aller plus loin dans cette direction, nous avons passé par le cap Salmoné pour nous trouver du côté abrité de l'île de Crète. [8] Nous avons avancé avec beaucoup de peine le long de la côte et sommes arrivés à un endroit appelé Bons-Ports, près de la ville de Lasée.

[9] Nous avions perdu beaucoup de temps et il devenait dangereux de continuer à naviguer, car le jour du *jeûne d'automne était déjà passé. C'est pourquoi Paul leur donna cet avertissement: [10] "Je vois, Messieurs, que ce voyage sera

dangereux: le bateau et sa cargaison vont subir de graves dommages et, de plus, nous risquons nous-mêmes d'y perdre la vie." [11] Mais l'officier romain avait plus confiance dans l'opinion du capitaine et du propriétaire du bateau que dans les paroles de Paul. [12] Le port n'était pas bon pour y passer l'hiver; c'est pourquoi, la plupart des hommes à bord décidèrent de partir de là: ils voulaient atteindre, si possible, Phénix, un port de Crète tourné vers le sud-ouest et le nord-ouest, où l'on passerait l'hiver.

La tempête sur la mer

[13] Comme un léger vent du sud se mettait à souffler, ils pensèrent qu'ils pouvaient réaliser leur projet. Ils levèrent l'ancre et avancèrent en se tenant très près de la côte de Crète. [14] Mais bientôt, un vent violent appelé "Nord-Est" descendit des montagnes de l'île. [15] Le bateau fut entraîné: il était impossible de le maintenir contre le vent et nous avons dû nous laisser emporter. [16] Nous avons passé au sud d'une petite île appelée Cauda, qui nous abritait un peu. Nous avons réussi alors, avec beaucoup de peine, à nous rendre maîtres du canot de sauvetage. [17] Ils l'ont remonté à bord, puis ils ont attaché des cordes de secours autour du bateau. Comme ils craignaient d'aller se jeter sur les bancs de sable des côtes de Libye, ils lâchèrent l'ancre flottante et se laissèrent ainsi entraîner par le vent. [18] La tempête continuait à nous secouer violemment de sorte que, le lendemain, ils se mirent à jeter la cargaison à la mer [19] et, le jour suivant, ils jetèrent de leurs propres mains l'équipement du bateau par-dessus bord. [20] Pendant plusieurs jours, on ne put voir ni le soleil, ni les étoiles, et la tempête restait toujours aussi forte. Nous avons finalement perdu tout espoir d'être sauvés.

[21] Ceux qui étaient à bord n'avaient rien mangé depuis longtemps. Alors Paul se tint debout devant eux et leur dit: "Vous auriez dû m'écouter, Messieurs, et ne pas quitter la Crète; nous aurions ainsi évité ces dommages et ces pertes. [22] Mais maintenant, je vous invite à prendre courage, car aucun de vous ne perdra la vie; le bateau seul sera perdu. [23] Cette nuit, en effet, un ange du Dieu à qui j'appartiens et que je sers s'est approché de moi [24] et m'a dit: 'N'aie pas peur, Paul! Il faut que tu te présentes devant l'empereur, et Dieu, dans sa bonté pour toi, t'accorde la vie de tous

ceux qui naviguent avec toi.' [25] C'est pourquoi, Messieurs, prenez courage, car j'ai confiance en Dieu: il en sera comme il m'a été dit. [26] Mais nous devons être jetés sur la côte d'une île."

[27] C'était la quatorzième nuit et la tempête nous emportait toujours sur la mer Méditerranée. Vers minuit, les matelots eurent l'impression que nous approchions d'une terre. [28] Ils lancèrent une ligne à laquelle était attaché un poids et trouvèrent que la profondeur de l'eau était de trente-sept mètres; un peu plus loin, ils lancèrent de nouveau la ligne et trouvèrent vingt-huit mètres de profondeur. [29] Ils craignaient que notre bateau ne heurte des rochers, c'est pourquoi ils jetèrent quatre ancres à l'arrière et attendirent avec impatience la venue du jour. [30] Les matelots cherchaient à s'échapper du navire; ils firent descendre à l'eau le canot de sauvetage et prétendirent qu'ils allaient fixer des ancres à l'avant du bateau. [31] Mais Paul dit à l'officier romain et aux soldats: "Si ces gens ne restent pas sur le bateau, vous ne pouvez être sauvés." [32] Alors les soldats coupèrent les cordes qui retenaient le canot et le laissèrent aller.

[33] Un moment avant que le jour vienne, Paul les invita tous à prendre de la nourriture, en disant: "Voici aujourd'hui quatorze jours que vous attendez et que vous restez sans rien manger. [34] Je vous invite donc à prendre de la nourriture, car vous en avez besoin pour être sauvés. Aucun de vous ne perdra même un cheveu de sa tête." [35] Après avoir dit ces mots, Paul prit du pain et remercia Dieu devant tous, puis il le rompit et se mit à manger. [36] Tous reprirent alors courage et mangèrent aussi. [37] Nous étions, sur le bateau, deux cent soixante-seize personnes en tout. [38] Quand ils eurent assez mangé, ils jetèrent le blé à la mer pour alléger le bateau.

Le naufrage

[39] Quand le jour parut, les matelots ne reconnurent pas la terre, mais ils aperçurent une baie avec une plage et décidèrent d'y faire aborder le bateau, si possible. [40] Ils détachèrent les ancres et les laissèrent dans la mer; ils délièrent en même temps les cordes des rames qui servaient de gouvernail. Puis ils mirent une voile à l'avant du bateau pour que le vent le pousse et ils se dirigèrent vers la plage. [41] Mais ils arrivèrent contre un banc de sable entre deux courants

où le bateau resta pris. La partie avant du bateau était enfoncée dans le sable et ne pouvait bouger, tandis que la partie arrière était brisée par la violence des vagues.

[42] Les soldats voulaient tuer les prisonniers, afin qu'aucun d'eux ne s'échappe en nageant. [43] Mais l'officier romain, qui désirait sauver Paul, les empêcha d'exécuter leur projet. Il ordonna à ceux qui savaient nager de sauter à l'eau les premiers pour aller à terre; [44] les autres devaient les suivre en se tenant à des planches ou à des débris du bateau. Et c'est ainsi que tous parvinrent à terre sains et saufs.

Paul dans l'île de Malte

28 Après avoir été sauvés, nous avons appris que l'île s'appelait Malte. [2] Ses habitants nous traitèrent avec une grande bienveillance: comme la pluie s'était mise à tomber et qu'il faisait froid, ils allumèrent un grand feu autour duquel ils nous accueillirent tous. [3] Paul ramassa un tas de branches pour le jeter dans le feu, mais un serpent en sortit à cause de la chaleur et s'accrocha à sa main. [4] Quand les habitants de l'île virent le serpent suspendu à la main de Paul, ils se dirent les uns aux autres: "Cet homme est certainement un meurtrier, car la justice divine ne lui permet pas de vivre, bien qu'il ait échappé à la mer." [5] Mais Paul secoua le serpent dans le feu et ne ressentit aucun mal. [6] Les autres s'attendaient à le voir enfler ou tomber mort tout à coup. Mais, après avoir attendu longtemps et avoir vu qu'il ne lui arrivait aucun mal, ils changèrent d'idée et se mirent à dire qu'il était un dieu.

[7] Près de cet endroit se trouvait la propriété du principal personnage de l'île, qui s'appelait Publius. Celui-ci nous reçut aimablement et nous logea pendant trois jours. [8] Le père de Publius était au lit parce qu'il avait de la fièvre et de la dysenterie. Paul alla le voir, pria, posa les mains sur lui et le guérit. [9] Après cela, les autres malades de l'île vinrent aussi et furent guéris. [10] Ils nous montrèrent toutes sortes de marques de respect et, au moment où nous embarquions, ils nous fournirent tout ce qui était nécessaire pour notre voyage.

Paul arrive à Rome

[11] Au bout de trois mois, nous sommes partis sur un bateau d'Alexandrie, appelé “Les dieux jumeaux”, qui avait passé l'hiver dans l'île. [12] Nous sommes arrivés à la ville de Syracuse où nous sommes restés trois jours. [13] De là, nous avons suivi la côte pour atteindre Reggio. Le lendemain, le vent du sud se mit à souffler et nous sommes parvenus en deux jours à Pouzzoles. [14] Dans cette ville, nous avons trouvé des frères qui nous demandèrent de passer une semaine avec eux. Et c'est ainsi que nous sommes allés à Rome. [15] Les frères de Rome avaient reçu des nouvelles à notre sujet et vinrent jusqu'au Marché d'Appius et à Trois-Auberges pour nous rencontrer. Dès que Paul les vit, il remercia Dieu et prit courage. [16] Quand nous sommes arrivés à Rome, on permit à Paul de demeurer à part avec un soldat qui le gardait.

Paul prêche à Rome

[17] Trois jours plus tard, Paul invita chez lui les chefs des Juifs de Rome. Quand ils furent réunis, il leur dit: “Frères, quoique je n'aie rien fait contre notre peuple ni contre les coutumes de nos ancêtres, j'ai été arrêté à Jérusalem et livré aux Romains. [18] Ceux-ci m'ont interrogé et voulaient me relâcher, car ils n'avaient trouvé en moi aucune raison de me condamner à mort. [19] Mais les Juifs s'y sont opposés et j'ai alors été obligé d'en appeler à l'empereur, sans avoir pourtant d'accusation à porter contre ma nation. [20] Voilà pourquoi j'ai demandé à vous voir et à vous parler; car je porte cette chaîne à cause de celui qu'espère le peuple d'Israël.” [21] Ils lui dirent: “Nous n'avons reçu aucune lettre de Judée à ton sujet et aucun de nos frères n'est venu de là-bas pour nous faire un rapport ou nous dire du mal de

toi. [22] Mais nous voudrions bien t'entendre exprimer ce que tu penses, car nous savons que partout on s'oppose à ce parti auquel tu appartiens."

[23] Ils fixèrent un jour avec Paul, et ils vinrent ce jour-là en plus grand nombre le trouver à l'endroit où il logeait. Depuis le matin jusqu'au soir, Paul leur donna des explications: il leur annonçait le *Royaume de Dieu et cherchait à les persuader au sujet de Jésus en se servant de la *loi de Moïse et des livres des *prophètes. [24] Les uns furent persuadés par ce qu'il disait, mais les autres refusaient de croire. [25] Comme ils s'en allaient sans pouvoir se mettre d'accord entre eux, Paul leur dit simplement ceci: "Le Saint-Esprit avait bien raison lorsqu'il s'adressait à vos ancêtres par le moyen du prophète Esaïe! [26] Il disait en effet:

'Va vers ce peuple et dis-lui:
Vous entendrez bien, mais vous ne comprendrez pas;
Vous regarderez bien, mais vous ne verrez pas.
[27] Car l'esprit de ce peuple est devenu insensible;
Ils se sont bouché les oreilles,
Ils ont fermé les yeux,
Afin que leurs yeux ne voient pas,
Que leurs oreilles n'entendent pas,
Que leur esprit ne comprenne pas
Et qu'ils ne se tournent pas vers moi pour que je les guérisse, dit Dieu.'

[28] "Sachez donc," ajouta Paul, "que le message du salut de Dieu a été envoyé à ceux qui ne sont pas juifs: ils l'écouteront, eux!" [[29] Quand Paul eut dit ces mots, les Juifs s'en allèrent en discutant vivement entre eux.]

[30] Paul demeura deux années entières dans le logement qu'il avait loué. Il y recevait tous ceux qui venaient le voir. [31] Il prêchait le Royaume de Dieu et enseignait ce qui concerne le Seigneur Jésus-Christ, avec une pleine assurance et librement.

LA LETTRE DE PAUL AUX ROMAINS

Salutation

1 De la part de Paul, qui est serviteur de Jésus-Christ, et que Dieu a appelé à être *apôtre en le choisissant pour annoncer sa Bonne Nouvelle.

[2] Dieu avait promis cette Bonne Nouvelle depuis longtemps dans les saintes Ecritures, par le moyen de ses *prophètes. [3] Elle se rapporte à son Fils, notre Seigneur Jésus-Christ: en tant qu'homme, il était descendant du roi David; [4] mais selon l'Esprit Saint, il a été manifesté Fils de Dieu avec puissance quand il a été *ressuscité d'entre les morts. [5] Par lui Dieu m'a accordé la faveur d'être apôtre pour l'honneur du Christ, afin d'amener des hommes de toutes les nations à croire et à obéir. [6] Vous faites aussi partie de ces hommes vous qui êtes à Rome, vous que Dieu a appelés à appartenir à Jésus-Christ.

[7] Je vous écris à vous qui êtes à Rome, vous tous que Dieu aime et a appelés à vivre pour lui. Que Dieu notre Père et le Seigneur Jésus-Christ vous donnent la grâce et la paix.

Paul désire aller voir les chrétiens de Rome

[8] Tout d'abord je remercie mon Dieu, par Jésus-Christ, au sujet de vous tous, parce qu'on parle de votre foi dans le monde entier. [9] Dieu sait que je dis vrai, lui que je sers de tout mon coeur en annonçant la Bonne Nouvelle qui concerne son Fils. Il sait que je me souviens toujours de vous [10] toutes les fois que je prie. Je demande à Dieu que, par sa volonté, il me soit enfin possible de me rendre chez vous. [11] Car je désire beaucoup vous voir, afin de vous apporter un don de l'Esprit pour vous rendre forts. [12] Plus encore, je désire être parmi vous pour que nous recevions ensemble un encouragement, moi par votre foi et vous par la mienne.

[13] Je veux que vous sachiez, frères, que j'ai souvent fait le projet de me rendre chez vous, mais j'en ai été empêché jusqu'à présent. Je souhaitais que mon travail produise un résultat chez vous aussi, comme il en a produit parmi les autres nations du monde. [14] Car c'est mon devoir d'aller auprès de tous, les civilisés comme les non-civilisés, les gens

instruits comme les ignorants. [15] C'est pourquoi j'ai ce désir de vous apporter la Bonne Nouvelle à vous aussi qui habitez Rome.

La puissance de la Bonne Nouvelle

[16] Car je suis fier d'annoncer la Bonne Nouvelle: elle est la puissance de Dieu pour sauver tous ceux qui croient, les Juifs d'abord, mais aussi ceux qui ne sont pas juifs. [17] En effet, la Bonne Nouvelle révèle comment Dieu rend les hommes justes devant lui: c'est par la foi seule, du commencement à la fin, comme l'affirme l'Ecriture: "Celui qui est juste aux yeux de Dieu par la foi, vivra."

Les hommes sont coupables

[18] En effet, Dieu manifeste sa colère depuis le ciel sur tout péché et tout mal commis par les hommes qui, par leurs mauvaises actions, empêchent la vérité d'agir. [19] Dieu les punit car ce que l'on peut connaître de Dieu est clair pour eux: Dieu lui-même le leur a montré clairement. [20] En effet, depuis que Dieu a créé le monde, ses qualités invisibles, c'est-à-dire sa puissance éternelle et sa nature divine, se voient dans les oeuvres qu'il a faites. C'est là que les hommes peuvent les connaître, de sorte qu'ils sont sans excuse. [21] Ils connaissent Dieu, mais ils ne l'honorent pas et ne le remercient pas comme il convient de le faire pour Dieu. Au contraire, leurs pensées sont devenues stupides et leur coeur insensé s'est rempli d'obscurité. [22] Ils déclarent être savants mais ils sont fous: [23] au lieu d'adorer la gloire du Dieu immortel, ils ont adoré des images représentant l'homme mortel, des oiseaux, des animaux à quatre pattes et des reptiles.

[24] C'est pourquoi Dieu les a livrés à des actions impures, selon les désirs de leur coeur, de sorte qu'ils se conduisent d'une façon honteuse les uns avec les autres. [25] Ils échangent la vérité concernant Dieu contre le mensonge; ils adorent et servent ce que Dieu a créé au lieu du Créateur lui-même qui doit être loué pour toujours! Amen.

[26] C'est pourquoi Dieu les a livrés à des passions honteuses. Leurs femmes elles-mêmes changent les relations naturelles en des relations contre nature. [27] De même, les hommes abandonnent les relations naturelles avec la femme et brûlent de désir les uns pour les autres. Les hommes com-

mettent des actions honteuses les uns avec les autres et reçoivent ainsi eux-mêmes la punition que mérite leur égarement.

[28] Comme ils ont refusé de reconnaître Dieu, Dieu les a livrés à leur intelligence déréglée, pour qu'ils fassent ce qu'ils ne devraient pas faire. [29] Ils sont remplis de toute sorte d'injustice, de mal, d'envie, de méchanceté; ils sont pleins de jalousie, de meurtres, de querelles, de ruse, de malice. Ils répandent des bavardages [30] et disent du mal les uns des autres; ils sont ennemis de Dieu, insolents, orgueilleux, vantards. Ils inventent de nouveaux moyens de faire le mal et désobéissent à leurs parents. [31] Ils sont sans conscience et ne tiennent pas leurs promesses; ils sont durs et sans pitié pour les autres. [32] Ils connaissent bien le jugement de Dieu : ceux qui se conduisent de cette manière méritent la mort. Pourtant, ils continuent à commettre de telles actions et, de plus, ils approuvent ceux qui les commettent aussi.

Le jugement de Dieu

2 Toi qui juges les autres, tu es donc sans excuse, qui que tu sois. Car, lorsque tu juges les autres et que tu fais les mêmes choses qu'eux, tu te condamnes toi-même. [2] Nous savons que Dieu juge d'une façon conforme à la vérité ceux qui commettent de telles actions. [3] Penses-tu que tu échapperas au jugement de Dieu, toi qui juges ceux qui

commettent ces actions alors que tu agis comme eux? [4] Ou bien méprises-tu la grande bonté de Dieu, sa patience et sa tolérance? Ne sais-tu pas que la bonté de Dieu doit t'amener à changer de vie? [5] Mais tu as un coeur dur, tu n'es pas disposé à changer. C'est pourquoi, tu te prépares une punition encore plus grande pour le jour où Dieu manifestera sa colère et son juste jugement [6] et où il paiera chacun selon ce qu'il aura fait. [7] Il donnera la vie éternelle à ceux qui s'appliquent à faire le bien et recherchent ainsi la gloire, l'honneur et la vie immortelle. [8] Mais il montrera sa colère et son indignation à ceux qui se révoltent contre lui, désobéissent à la vérité et se laissent diriger par ce qui est mauvais. [9] La souffrance et l'angoisse frapperont tous ceux qui font le mal, les Juifs d'abord, mais aussi ceux qui ne sont pas juifs. [10] Mais Dieu accordera la gloire, l'honneur et la paix à tous ceux qui font le bien, aux Juifs d'abord, mais aussi à ceux qui ne sont pas juifs, [11] car Dieu n'agit pas différemment selon les personnes.

[12] Tous ceux qui pèchent sans connaître la loi de Moïse, périront sans cette loi; mais tous ceux qui pèchent en connaissant la loi seront jugés au moyen de cette loi. [13] Car les hommes agréables à Dieu ne sont pas ceux qui se contentent d'écouter la loi, mais ceux qui obéissent à ce qu'elle ordonne. [14] Quand des étrangers, qui ne connaissent pas la loi des Juifs, obéissent d'eux-mêmes à ce qu'ordonne la loi, ils sont une loi pour eux-mêmes, bien qu'ils n'aient pas la loi. [15] Ils prouvent ainsi que la façon d'agir ordonnée par la loi est écrite dans leur coeur. Leur conscience le montre également, ainsi que leurs pensées qui parfois les accusent et parfois les défendent. [16] Voilà ce qui paraîtra au jour où Dieu jugera par Jésus-Christ tout ce qui est caché dans la vie des hommes, comme l'affirme la Bonne Nouvelle que je prêche.

Les Juifs et la loi

[17] Mais toi, tu portes le nom de Juif, tu t'appuies sur la loi et tu es fier de ton Dieu; [18] tu connais la volonté de Dieu et la loi t'a enseigné à choisir ce qui est bien; [19] tu crois être un guide pour les aveugles, une lumière pour ceux qui sont dans l'obscurité, [20] un éducateur pour les ignorants et un maître pour les enfants, parce que tu es sûr d'avoir dans la loi la présentation parfaite de la connaissance et de

la vérité. [21] Eh bien! toi qui enseignes les autres, pourquoi ne t'enseignes-tu pas toi-même? Toi qui prêches qu'on ne doit pas voler, pourquoi voles-tu? [22] Toi qui dis qu'on ne doit pas commettre d'adultère, pourquoi en commets-tu? Toi qui détestes les idoles, pourquoi pilles-tu leurs temples? [23] Tu es fier d'avoir la loi, mais tu déshonores Dieu en faisant le contraire de ce qu'ordonne sa loi! [24] Car les Ecritures l'affirment: "A cause de vous, Juifs, les autres peuples disent du mal de Dieu."

[25] Si tu obéis à la loi, la *circoncision t'est utile; mais si tu désobéis à la loi, c'est comme si tu n'avais pas été circoncis. [26] Et si l'homme qui n'a pas été circoncis obéit aux commandements de la loi, Dieu ne le considérera-t-il pas comme s'il était circoncis? [27] L'homme qui n'est pas circoncis en sa chair, mais qui obéit à la loi, te jugera, toi qui désobéis à la loi, bien que tu possèdes la loi écrite et que tu sois circoncis. [28] En effet, le vrai Juif n'est pas celui qui l'est seulement en apparence et qui est circoncis seulement de façon visible, dans sa chair. [29] Mais le vrai Juif est celui qui l'est intérieurement, qui est circoncis dans son coeur, d'une circoncision qui dépend de l'Esprit de Dieu et non de la loi écrite. Ce vrai Juif reçoit sa louange non des hommes, mais de Dieu.

3 Y a-t-il alors un avantage à être Juif? la *circoncision a-t-elle une valeur? [2] L'avantage est grand, à tous égards. Et d'abord, c'est aux Juifs que Dieu a confié ses paroles. [3] Que dire alors si certains d'entre eux ont été infidèles? Dieu va-t-il renoncer à être fidèle parce qu'eux ne l'ont pas été? [4] Certainement pas! Il faut que Dieu agisse selon la vérité, même si tout homme est menteur, comme le déclare l'Ecriture:

"Il faut que tu sois reconnu juste dans ce que tu dis,
Et que tu sois vainqueur si l'on te met en jugement."

[5] Mais si le mal que nous faisons sert à montrer que Dieu est juste, que dirons-nous? Dieu est-il injuste parce qu'il nous punit? (Je parle à la manière des hommes.) [6] Pas du tout! Car si Dieu était injuste, comment pourrait-il juger le monde?

[7] Mais si mon mensonge fait apparaître d'autant plus clairement la vérité de Dieu et sert donc à sa gloire, pourquoi devrais-je encore être condamné comme pécheur? [8] Et alors, pourquoi ne pas dire: "Faisons le mal pour qu'il en sorte

du bien"? Certains, en effet, pour dire du mal de moi, m'accusent de prononcer de telles paroles. Ces gens seront condamnés et ils le méritent bien!

Personne n'est juste

[9] Mais quoi? Sommes-nous, nous les Juifs, supérieurs aux autres hommes? Pas du tout! J'ai déjà démontré que les Juifs et les autres hommes sont tous également sous la domination du péché. [10] L'Ecriture le déclare:

"Il n'y a pas d'homme juste, pas même un seul,
[11] Il n'y a personne qui comprenne,
Personne qui cherche Dieu.
[12] Tous se sont égarés loin de Dieu, ensemble ils se sont perdus.
Il n'y a personne qui fasse le bien, pas même un seul.
[13] Leur gorge est comme une tombe ouverte,
Leur langue leur sert à tromper,
Les paroles qui sortent de leurs lèvres sont comme du poison de serpent,
[14] Leur bouche est pleine de malédictions amères.
[15] Ils courent avec rapidité pour tuer,
[16] Ils laissent la destruction et le malheur partout où ils passent,
[17] Ils n'ont pas connu le chemin de la paix.
[18] Ils vivent sans aucune crainte de Dieu."

[19] Nous savons que tout ce que dit la loi, elle le dit à ceux qui sont soumis à la loi, afin que nulle excuse ne puisse sortir de la bouche des hommes et que le monde entier soit placé sous le jugement de Dieu. [20] Car personne ne sera reconnu juste devant Dieu pour avoir accompli ce qu'ordonne la loi; la loi permet seulement à l'homme de savoir qu'il a péché.

Comment Dieu sauve l'homme

[21] Mais maintenant, Dieu nous a montré comment il nous rend justes devant lui, et cela sans l'intervention de la loi. La *loi et les *prophètes en avaient parlé: [22] Dieu rend les hommes justes par leur foi en Jésus-Christ. Il le fait pour tous ceux qui croient au Christ, car il n'y a pas de différence entre eux: [23] tous ont péché et sont privés de la présence glorieuse de Dieu. [24] Mais Dieu, dans sa bonté, les rend justes gratuitement par Jésus-Christ qui les délivre.

[25-26] Dieu l'a offert en sacrifice pour que, par sa mort, le Christ obtienne le pardon des péchés en faveur des hommes qui croient en lui. Dieu a voulu montrer ainsi comment il était juste: autrefois, il avait patienté et laissé impunis les péchés des hommes; mais dans le temps présent, il montre comment il rend les hommes justes, car il veut à la fois être juste et rendre justes tous ceux qui croient en Jésus.

[27] Y a-t-il encore une raison pour les hommes de s'enorgueillir? Non, plus une seule! Pourquoi? Parce qu'ils obéissent à ce qu'ordonne la loi? Non, mais parce qu'ils croient. [28] Car nous estimons qu'un homme est rendu juste devant Dieu à cause de sa foi et non parce qu'il obéit à ce qu'ordonne la loi. [29] Ou bien, Dieu serait-il seulement le Dieu des Juifs? N'est-il pas aussi le Dieu des autres peuples? Bien sûr, il l'est aussi des autres peuples, [30] puisqu'il n'y a qu'un seul Dieu. Il va rendre justes les Juifs à cause de leur foi et les non-Juifs également par la foi. [31] Cela signifie-t-il que par la foi nous enlevons toute valeur à la loi? Bien au contraire, nous donnons à la loi sa vraie valeur.

L'exemple d'Abraham

4 Que dirons-nous donc d'Abraham, notre ancêtre? Qu'a-t-il obtenu? [2] Si Abraham avait été reconnu juste par Dieu à cause des oeuvres qu'il a accomplies, il pourrait s'en vanter. Mais il ne peut pas se vanter devant Dieu. [3] En effet, l'Ecriture déclare: "Abraham crut en Dieu, et Dieu le considéra comme juste en tenant compte de sa foi." [4] L'homme qui travaille reçoit un salaire; ce salaire ne lui est pas compté comme un don gratuit: il lui est dû. [5] Mais quand un homme, sans accomplir de travail, met simplement sa confiance en Dieu qui juge favorablement le pécheur, Dieu tient compte de sa foi pour le considérer comme juste. [6] C'est ainsi que David parle du bonheur de l'homme que Dieu considère comme juste sans tenir compte de ses oeuvres:

[7] "Heureux sont ceux dont Dieu a pardonné les fautes
Et dont il a effacé les péchés!
[8] Heureux est l'homme à qui le Seigneur ne compte
pas son péché!"

[9] Ce bonheur existe-t-il seulement pour les hommes *circoncis? n'existe-t-il pas aussi pour les non-circoncis? Nous venons de dire que "Dieu considéra Abraham comme juste

en tenant compte de sa foi." [10] Quand cela s'est-il passé? Après qu'Abraham eut été circoncis ou avant qu'il le soit? Non pas après, mais avant. [11] Abraham reçut plus tard la circoncision comme un signe: c'était la marque indiquant que Dieu l'avait considéré comme juste à cause de sa foi, avant qu'il ait été circoncis. Abraham est ainsi le père de tous ceux qui croient en Dieu sans être circoncis et que Dieu considère comme justes. [12] Il est également le père de ceux qui sont circoncis, c'est-à-dire de ceux qui ne se contentent pas d'être circoncis mais suivent l'exemple de la foi qu'a eue notre père Abraham avant d'être circoncis.

La promesse de Dieu reçue par la foi

[13] Dieu a promis à Abraham et à ses descendants qu'ils recevraient le monde comme héritage. Cette promesse a été faite non parce qu'Abraham avait obéi à la loi, mais parce qu'il a été considéré comme juste par Dieu à cause de sa foi. [14] Si ceux qui obéissent à la loi étaient les seuls à recevoir l'héritage, alors la foi serait inutile et la promesse de Dieu serait sans valeur. [15] Car la loi amène la colère de Dieu; mais là où il n'y a pas de loi, il n'y a pas non plus de désobéissance à la loi.

[16] Ainsi, la promesse a été faite à cause de la foi, afin que ce soit un don gratuit de Dieu et qu'elle soit valable pour tous les descendants d'Abraham, non pas seulement pour ceux qui obéissent à la loi mais aussi pour ceux qui croient comme Abraham a cru. Abraham est notre père à tous, [17] comme le déclare l'Ecriture: "J'ai fait de toi le père de beaucoup de peuples." Il est notre père devant Dieu en qui il a cru, le Dieu qui rend la vie aux morts et fait exister ce qui n'existait pas. [18] Abraham a cru et espéré, alors qu'il n'y avait pas d'espoir, et il devint ainsi "le père de beaucoup de peuples," selon ce que Dieu lui avait dit: "Tel sera le nombre de tes descendants." [19] Il avait environ cent ans, mais sa foi ne faiblit pas quand il pensa à son corps qui était déjà comme mort et à Sara qui ne pouvait pas avoir d'enfant. [20] Il ne perdit pas foi et ne douta pas de la promesse de Dieu; au contraire, sa foi le fortifia et il loua Dieu. [21] Il était absolument certain que Dieu a le pouvoir d'accomplir ce qu'il a promis. [22] Voilà pourquoi Abraham, à cause de sa foi, "fut considéré comme juste par Dieu." [23] Mais ces mots "il fut considéré comme juste" n'ont pas

été écrits seulement pour lui. [24] Ils ont été écrits aussi pour nous qui devons être considérés comme justes, nous qui croyons en celui qui a ramené de la mort à la vie Jésus notre Seigneur. [25] Il a été livré à la mort à cause de nos péchés et il a été ramené à la vie pour nous rendre justes devant Dieu.

En paix avec Dieu

5 Ainsi, nous avons été rendus justes devant Dieu à cause de la foi et nous sommes maintenant en paix avec lui par notre Seigneur Jésus-Christ. [2] Par Jésus nous avons pu, au moyen de la foi, nous approcher de la grâce de Dieu dans laquelle nous sommes maintenant établis. Et ce qui nous donne de la joie c'est l'espoir d'avoir part à la gloire de Dieu. [3] Bien plus, nous nous réjouissons même dans nos souffrances, car nous savons que la souffrance produit la patience, [4] la patience produit la résistance à l'épreuve et la résistance l'espérance. [5] Cette espérance ne nous déçoit pas, car Dieu a versé son amour dans nos coeurs par le Saint-Esprit qu'il nous a donné.

[6] En effet, quand nous étions encore sans force, Christ est mort pour les méchants au moment fixé par Dieu. [7] C'est difficilement qu'on accepterait de mourir pour un juste. Quelqu'un aurait peut-être le courage de mourir pour un homme bon. [8] Mais Dieu nous a montré à quel point il nous aime: Christ est mort pour nous alors que nous étions encore pécheurs. [9] Par sa mort, nous sommes maintenant rendus justes devant Dieu; à plus forte raison serons-nous sauvés par lui de la colère de Dieu. [10] Nous étions les ennemis de Dieu, mais il nous a réconciliés avec lui par la mort de son Fils. A plus forte raison, maintenant que nous sommes réconciliés avec lui, serons-nous sauvés par la vie de son Fils. [11] Il y a plus encore: nous nous réjouissons en Dieu par notre Seigneur Jésus-Christ qui nous a maintenant réconciliés avec Dieu.

Adam et Christ

[12] Le péché est entré dans le monde à cause d'un seul homme, Adam, et le péché a amené la mort. Et, ainsi, la mort a atteint tous les hommes parce que tous ont péché. [13] Avant que Dieu ait donné la loi à Moïse, le péché existait déjà dans le monde, mais, comme il n'y avait pas encore

de loi, Dieu ne tenait pas compte du péché. [14] Pourtant, depuis l'époque d'Adam jusqu'à celle de Moïse, la mort a régné même sur les hommes qui n'avaient pas péché comme Adam, qui désobéit à l'ordre de Dieu.

Adam était l'image de celui qui devait venir. [15] Mais la faute d'Adam n'est pas comparable en importance au don gratuit de Dieu. Certes, beaucoup sont morts à cause de la faute de ce seul homme; mais la grâce de Dieu est bien plus grande et le don qu'il a accordé gratuitement à beaucoup par un seul homme, Jésus-Christ, est bien plus important. [16] Et le don de Dieu a un tout autre effet que le péché d'un seul homme; le jugement causé par le péché d'un seul a eu pour résultat la condamnation, tandis que le don gratuit accordé après de nombreuses fautes a pour résultat l'acquittement. [17] Certes, la mort a régné par la faute d'un seul, à cause d'un seul homme; mais, par le seul Jésus-Christ, nous obtenons beaucoup plus: tous ceux qui reçoivent la grâce abondante de Dieu et le don de sa justice vivront et régneront à cause du Christ.

[18] Ainsi, de même que la faute du seul Adam a entraîné la condamnation de tous les hommes, de même l'oeuvre juste du seul Jésus-Christ libère tous les hommes du jugement et les fait vivre. [19] De même que la désobéissance d'un seul a rendu beaucoup d'hommes pécheurs, de même l'obéissance d'un seul rendra beaucoup d'hommes justes devant Dieu.

[20] La loi est intervenue pour que les fautes se multiplient; mais là où le péché s'est multiplié, la grâce de Dieu a été bien plus abondante encore. [21] Ainsi, de même que le péché a régné par la mort, de même la grâce de Dieu règne par la justice pour nous conduire à la vie éternelle par Jésus-Christ notre Seigneur.

Morts par rapport au péché mais vivants en Christ

6 Que dirons-nous donc? Devons-nous continuer à vivre dans le péché pour que la grâce de Dieu soit plus abondante? [2] Certainement pas! Nous sommes morts au péché: comment pourrions-nous vivre encore dans le péché? [3] Ne savez-vous pas que nous tous qui avons été baptisés pour être unis à Jésus-Christ, nous avons été baptisés en étant unis à lui dans sa mort? [4] Par le baptême, donc, nous avons été enterrés avec lui pour être morts avec lui, afin que, tout

comme Christ a été ramené de la mort à la vie par la puissance glorieuse du Père, nous aussi nous vivions d'une vie nouvelle.

[5] Car si nous avons été unis à lui par une mort semblable à la sienne, nous serons également unis à lui par une *résurrection semblable à la sienne. [6] Sachons bien ceci: l'homme que nous étions auparavant a été mis à mort avec Christ sur la croix, afin que notre être pécheur soit détruit et que nous ne soyons plus les esclaves du péché. [7] Car celui qui est mort est libéré du péché. [8] Si nous sommes morts avec Christ, nous croyons que nous vivrons aussi avec lui. [9] Nous savons en effet que Christ, depuis qu'il a été ramené de la mort à la vie, ne doit plus mourir: la mort n'a plus de pouvoir sur lui. [10] En mourant, il est mort au péché une fois pour toutes; mais dans la vie qui est maintenant la sienne, il vit pour Dieu. [11] De même, vous aussi, considérez-vous comme morts au péché et comme vivants pour Dieu dans l'union avec Jésus-Christ.

[12] Le péché ne doit donc plus régner sur votre corps mortel pour vous faire obéir aux désirs de ce corps. [13] Ne mettez plus les diverses parties de votre corps au service du péché comme des instruments pour accomplir le mal. Au contraire, offrez-vous à Dieu, comme des hommes revenus de la mort à la vie, et mettez-vous tout entiers à son service comme des instruments pour accomplir ce qui est juste.

[14] Car le péché ne doit pas régner sur vous, puisque vous n'êtes pas soumis à la loi mais à la grâce de Dieu.

Esclaves de la justice

[15] Quoi donc? Allons-nous pécher parce que nous ne sommes pas soumis à la loi mais à la grâce de Dieu? Certainement pas! [16] Vous savez bien que si vous vous mettez au service de quelqu'un pour lui obéir, vous devenez les esclaves du maître auquel vous obéissez: ou bien du péché qui conduit à la mort, ou bien de l'obéissance qui conduit à une vie juste devant Dieu. [17] Mais Dieu soit loué: vous qui étiez auparavant esclaves du péché, vous avez maintenant obéi de tout votre coeur au modèle contenu dans l'enseignement que vous avez reçu. [18] Vous avez été libérés du péché et êtes devenus esclaves de la justice. [19] J'emploie cette façon humaine de parler à cause de votre faiblesse naturelle. Auparavant, vous vous étiez mis tout entiers comme des esclaves au service de l'impureté et du mal pour vivre dans le désordre; de même, maintenant, mettez-vous tout entiers comme des esclaves au service de la justice pour vivre d'une manière sainte.

[20] Quand vous étiez esclaves du péché, vous étiez libres par rapport à la justice. [21] Qu'avez-vous gagné à commettre alors des actes dont vous avez honte maintenant? Ces actes mènent à la mort! [22] Mais maintenant vous avez été libérés du péché et vous êtes au service de Dieu; vous y gagnez d'être dirigés dans une vie sainte et de recevoir, à la fin, la vie éternelle. [23] Car le salaire que paie le péché, c'est la mort; mais le don que Dieu accorde gratuitement, c'est la vie éternelle dans l'union avec Jésus-Christ notre Seigneur.

Un exemple emprunté au mariage

7 Frères, vous savez sûrement déjà ce que je vais vous dire, car vous connaissez la loi: la loi a de l'autorité sur un homme seulement tant qu'il vit. [2] Par exemple, une femme mariée est liée par la loi à son mari tant qu'il vit; mais si le mari meurt, elle est libérée de la loi qui la liait à lui. [3] Si donc elle devient la femme d'un autre homme alors que son mari est vivant, on l'appellera adultère; mais si son mari meurt, elle est libre par rapport à la loi, de sorte qu'elle peut devenir la femme d'un autre homme sans être adultère. [4] Il en va de même pour vous, mes frères.

Vous êtes morts à l'égard de la loi, en étant unis au corps du Christ pour appartenir à un autre. Vous appartenez maintenant à celui qui a été ramené de la mort à la vie afin que nous produisions des oeuvres utiles pour Dieu. [5] En effet, quand nous vivions selon notre nature humaine, les désirs mauvais excités par la loi agissaient dans notre corps entier et nous conduisaient à la mort. [6] Mais maintenant, nous sommes libérés de la loi, car nous sommes morts à ce qui nous retenait prisonniers. Nous pouvons ainsi servir Dieu d'une façon nouvelle, sous l'autorité de l'Esprit, et non plus à la façon ancienne, sous l'autorité de la loi écrite.

La loi et la péché

[7] Que dirons-nous donc? La loi est-elle péché? Certainement pas! Mais la loi m'a fait connaître ce qu'est le péché. En effet, je n'aurais pas su ce qu'est la convoitise si la loi n'avait pas dit: "Tu ne convoiteras pas." [8] Le péché a saisi l'occasion offerte par le commandement pour produire en moi toutes sortes de convoitises. Car, sans la loi, le péché est chose morte. [9] Autrefois, sans la loi, j'étais vivant; mais quand le commandement est venu, le péché a pris vie [10] et moi je suis mort: le commandement qui devait conduire à la vie s'est trouvé, dans mon cas, conduire à la mort. [11] Car le péché a saisi l'occasion, il m'a trompé au moyen du commandement et il m'a fait mourir par ce même commandement.

[12] Ainsi, la loi elle-même est sainte et le commandement est saint, juste et bon. [13] Ce qui est bon est-il devenu alors une cause de mort pour moi? Certainement pas! C'est le péché qui en a été la cause. Il a fait apparaître ainsi sa véritable nature de péché: il a utilisé ce qui est bon pour causer ma mort. Et voilà comment le péché est devenu, au moyen du commandement, plus gravement péché que jamais.

L'homme dominé par le péché

[14] Nous savons que la loi est spirituelle; mais moi, je suis un homme faible, vendu comme un esclave au péché. [15] Je ne comprends pas ce que je fais: car je ne fais pas ce que je voudrais faire, mais je fais ce que je déteste. [16] Si ce que je fais, je ne le veux pas, je reconnais ainsi que la loi est bonne. [17] Ce n'est donc pas moi qui agis ainsi, mais c'est

le péché qui habite en moi. [18] Car je sais que le bien n'habite pas en moi, c'est-à-dire dans ma nature humaine. En effet, quoique le désir de faire le bien existe en moi, je suis pourtant incapable de l'accomplir. [19] Je ne fais pas le bien que je veux, mais je fais le mal que je ne veux pas. [20] Si je fais ce que je ne veux pas, alors ce n'est plus moi qui agis ainsi, mais le péché qui habite en moi.

[21] Je découvre donc cette règle: quand je veux faire le bien, je suis seulement capable de faire le mal. [22] Au fond de moi-même, je prends plaisir à la loi de Dieu. [23] Mais je trouve dans mon corps une autre loi qui combat contre celle qu'approuve mon intelligence. Elle me rend prisonnier de la loi du péché qui est dans mon corps. [24] Malheureux que je suis! Qui me délivrera de ce corps qui m'entraîne à la mort? [25] Dieu soit loué, par Jésus-Christ notre Seigneur!

Ainsi, je suis au service de la loi de Dieu par mon intelligence, mais ma nature humaine est au service de la loi du péché.

La vie avec l'Esprit de Dieu

8 Mais maintenant, il n'y a plus de condamnation pour ceux qui sont unis à Jésus-Christ. [2] Car la loi de l'Esprit, qui donne la vie par l'union avec Jésus-Christ, m'a libéré de la loi du péché et de la mort. [3] Dieu a accompli ce que la loi de Moïse ne pouvait pas faire parce que la nature humaine la rendait impuissante: il a condamné le péché dans la nature humaine en envoyant son propre Fils, qui est venu avec une nature semblable à la nature pécheresse de l'homme pour enlever le péché. [4] Dieu a accompli cela pour que les exigences de la loi soient réalisées en nous qui vivons non plus selon la nature humaine mais selon l'Esprit. [5] Car ceux qui vivent selon la nature humaine se préoccupent de ce que cette nature demande; mais ceux qui vivent selon l'Esprit se préoccupent de ce que l'Esprit demande. [6] Se préoccuper de ce que la nature humaine demande mène à la mort; mais se préoccuper de ce que l'Esprit demande mène à la vie et à la paix. [7] Car ceux qui ont des préoccupations humaines sont ennemis de Dieu; ils ne se soumettent pas à la loi de Dieu, ils ne le peuvent même pas. [8] Ceux qui dépendent de leur nature humaine ne peuvent plaire à Dieu.

[9] Mais vous, vous ne vivez pas selon la nature humaine;

vous vivez selon l'Esprit, puisque l'Esprit de Dieu habite en vous. Celui qui n'a pas l'Esprit du Christ ne lui appartient pas. [10] Si le Christ est en vous, alors, bien que votre corps soit mort à cause du péché, l'Esprit est vie en vous parce que vous avez été rendus justes devant Dieu. [11] Si l'Esprit de Dieu, qui a ramené Jésus de la mort à la vie, habite en vous, alors celui qui a ramené le Christ de la mort à la vie donnera aussi la vie à vos corps mortels par son Esprit qui habite en vous.

[12] Ainsi donc, frères, nous avons une dette, mais non envers notre nature humaine pour vivre selon ce qu'elle demande. [13] Car si vous vivez selon votre nature humaine, vous allez mourir. Mais si, par l'Esprit, vous faites mourir les actions de votre être naturel, vous vivrez. [14] Tous ceux qui sont conduits par l'Esprit de Dieu sont fils de Dieu. [15] Car l'Esprit que vous avez reçu n'est pas un esprit qui vous rende esclaves et vous remplisse à nouveau de peur; mais c'est l'Esprit qui fait de vous des fils de Dieu et qui nous permet de crier à Dieu: "Mon Père!" [16] L'Esprit de Dieu affirme lui-même à notre esprit que nous sommes enfants de Dieu. [17] Nous sommes ses enfants, donc nous aurons aussi part à l'héritage que Dieu a promis à son peuple, nous y aurons part avec le Christ; car si nous souffrons avec lui, nous serons aussi avec lui dans sa gloire.

La gloire à venir

[18] J'estime que ce que nous souffrons dans le temps présent ne peut se comparer à la gloire que Dieu nous révélera. [19] Le monde entier attend avec impatience le moment où Dieu révélera ses fils. [20] Car le monde est tombé sous le pouvoir de ce qui est inutile, non parce qu'il l'a voulu lui-même, mais parce que Dieu l'y a mis. Il y a toutefois une espérance: [21] c'est que le monde lui-même sera libéré un jour du pouvoir destructeur qui le tient en esclavage et qu'il aura part à la glorieuse liberté des enfants de Dieu. [22] Nous savons, en effet, que maintenant encore le monde entier gémit et souffre comme souffre une femme qui accouche. [23] Mais pas seulement le monde: nous qui avons déjà l'Esprit comme la première part des dons de Dieu, nous gémissons aussi intérieurement en attendant que Dieu fasse de nous ses fils et délivre entièrement notre corps. [24] Car nous avons été sauvés, mais c'est encore en espérance. Si l'on voit ce

que l'on espère, ce n'est plus de l'espérance : qui donc espérerait encore ce qu'il voit? [25] Mais si nous espérons ce que nous ne voyons pas, nous l'attendons avec patience.

[26] De même, l'Esprit aussi vient nous aider, nous qui sommes faibles. Car nous ne savons pas prier comme il faut; mais l'Esprit lui-même prie Dieu pour nous avec des gémissements qu'on ne peut exprimer par des paroles. [27] Et Dieu qui voit dans les coeurs comprend ce que l'Esprit veut demander, car l'Esprit prie pour ceux qui appartiennent à Dieu, comme Dieu le désire.

[28] Nous savons que Dieu travaille en tout pour le bien de ceux qui l'aiment, de ceux qu'il a appelés selon son plan. [29] Car ceux que Dieu a choisis d'avance, il a aussi décidé d'avance de les rendre semblables à son Fils, afin que son Fils soit l'aîné d'un grand nombre de frères. [30] Ceux pour qui Dieu a pris d'avance cette décision, il les a aussi appelés; ceux qu'il a appelés, il les a aussi rendus justes devant lui; ceux qu'il a rendus justes, il leur a aussi donné part à sa gloire.

La grandeur de l'amour de Dieu

[31] Que dirons-nous de plus? Si Dieu est pour nous, qui peut être contre nous? [32] Il n'a même pas refusé son propre Fils, mais il l'a livré pour nous tous : comment ne nous donnerait-il pas tout avec son Fils? [33] Qui accusera ceux que Dieu a choisis? Personne, car c'est Dieu qui les déclare non coupables. [34] Qui peut alors les condamner? Personne, car Jésus-Christ est celui qui est mort, bien plus il est *ressuscité, il est à la droite de Dieu et il prie pour nous. [35] Qui peut nous séparer de l'amour du Christ? La souffrance le peut-elle ou bien l'angoisse, ou encore la persécution, la faim, la pauvreté, le danger, la mort? [36] Comme le déclare l'Ecriture :

> "A cause de toi, nous sommes exposés à la mort tout le long du jour,
> On nous traite comme des moutons qu'on mène à la boucherie."

[37] Mais en tout cela nous remportons la plus complète victoire par celui qui nous a aimés. [38] Car j'ai la certitude que rien ne peut nous séparer de son amour : ni la mort, ni la vie, ni les anges, ni d'autres autorités ou puissances célestes, ni le présent, ni l'avenir, [39] ni les forces d'en haut,

ni les forces d'en bas, ni aucune autre chose créée, rien ne pourra jamais nous séparer de l'amour que Dieu nous a manifesté en Jésus-Christ notre Seigneur.

Dieu et le peuple qu'il a choisi

9 Je dis la vérité; j'appartiens au Christ et je ne mens pas; ma conscience, dirigée par le Saint-Esprit, m'assure aussi que c'est la vérité: [2] mon coeur est plein d'une grande tristesse et d'une douleur continuelle. [3] Je souhaiterais être moi-même maudit par Dieu et séparé du Christ pour le bien de mes frères, ceux de ma race. [4] Ils sont les descendants d'*Israël: Dieu a fait d'eux ses fils et leur a accordé sa présence glorieuse; il a conclu ses *alliances avec eux et leur a donné la loi, le culte, les promesses. [5] Ils sont les descendants des *patriarches et le Christ, en tant qu'être humain, est de leur race, lui qui est au-dessus de tout, Dieu loué pour toujours. Amen.

[6] Je ne veux pourtant pas dire que la promesse de Dieu a échoué. En effet, les descendants d'Israël ne sont pas tous le vrai peuple d'Israël; [7] et les descendants d'Abraham ne sont pas tous ses vrais enfants, car Dieu a dit à Abraham: "Seuls les descendants d'Isaac seront considérés comme tiens." [8] C'est-à-dire: ce ne sont pas les enfants nés conformément à la nature qui sont les enfants de Dieu; seuls les enfants nés conformément à la promesse de Dieu sont con-

sidérés comme les vrais descendants. [9] Car Dieu a exprimé la promesse en ces mots: "Au moment indiqué je reviendrai et Sara aura un fils."

[10] Et ce n'est pas tout Les deux fils de Rébecca avaient le même père, notre ancêtre Isaac. [11-12] Mais Dieu a son plan pour choisir les hommes: son choix dépend de l'appel qu'il leur adresse et non de leurs actions. Pour montrer qu'il demeure fidèle à ce plan, Dieu a dit à Rébecca alors que ses fils n'étaient pas encore nés et n'avaient donc accompli ni bien ni mal: "L'aîné servira le plus jeune." [13] Comme le déclare l'Ecriture:

"J'ai aimé Jacob, mais j'ai haï Esaü."

[14] Que dirons-nous donc? Dieu serait-il injuste? Certainement pas! [15] Car il dit à Moïse: "J'aurai pitié de qui je veux avoir pitié et j'aurai compassion de qui je veux avoir compassion." [16] Cela ne dépend donc pas de ce que l'homme veut ni de ses efforts, mais uniquement de Dieu qui a pitié. [17] Dans l'Ecriture, Dieu déclare au roi d'Egypte: "Je t'ai établi roi précisément pour montrer en toi ma puissance et pour faire connaître mon nom sur toute la terre." [18] Ainsi, Dieu a pitié de qui il veut et il endurcit le coeur de qui il veut.

La colère et la pitié de Dieu

[19] On me dira peut-être: "S'il en est ainsi, qu'est-ce que Dieu reproche encore aux hommes? Car qui peut résister à sa volonté?" [20] Mais qui es-tu donc, ô homme, pour contredire Dieu? Le vase d'argile demande-t-il à celui qui l'a fabriqué: "Pourquoi m'as-tu fait ainsi?" [21] Le potier peut faire ce qu'il veut avec l'argile: à partir de la même pâte il peut fabriquer un vase précieux et un vase ordinaire.

[22] Qu'avez-vous alors à dire au sujet de Dieu? Il a voulu montrer sa colère et faire connaître sa puissance. C'est pourquoi il a supporté avec une grande patience ceux qui méritaient sa colère et étaient prêts à être détruits. [23] Il a voulu aussi manifester combien sa gloire est riche pour nous dont il a pitié, pour nous qu'il a préparés d'avance à recevoir sa gloire. [24] Car nous sommes ceux qu'il a appelés, non seulement d'entre les Juifs mais aussi d'entre les autres peuples. [25] C'est ce qu'il déclare dans le livre d'Osée:

"Ceux qui ne formaient pas mon peuple, je les appellerai mon peuple,

Et la nation que je n'aimais pas, je l'appellerai ma bien-aimée.
[26] Et à l'endroit où on leur avait dit: 'Vous n'êtes pas mon peuple',
Là même ils seront appelés fils du Dieu vivant."

[27] De son côté, Esaïe s'écrie au sujet du peuple d'Israël: "Même si les membres du peuple d'Israël étaient aussi nombreux que les grains de sable au bord de la mer, seul un petit nombre d'entre eux sera sauvé; [28] car le Seigneur réalisera complètement et rapidement sa parole sur la terre". [29] Et comme le même Esaïe l'avait dit auparavant:

"Si le Seigneur tout-puissant ne nous avait pas laissé quelques descendants,
Nous serions devenus comme *Sodome,
Nous aurions été semblables à *Gomorrhe."

Israël et l'Evangile

[30] Que dirons-nous donc? Ceci: des hommes qui ne sont pas juifs et qui ne cherchaient pas à se rendre justes devant Dieu ont été rendus justes devant lui par la foi; [31] tandis que les membres du peuple d'Israël, qui recherchaient une loi leur permettant d'être justes devant Dieu, n'ont pas atteint le but de la loi. [32] Pourquoi? Parce qu'ils ne cherchaient pas à être agréables à Dieu par la foi, ils pensaient l'être par des oeuvres. Ils se sont heurtés à la "pierre qui fait trébucher", [33] dont parle l'Ecriture:

"Voyez, je pose en *Sion une pierre qui fait trébucher,
Un rocher qui fait tomber.
Mais celui qui croit en lui ne sera pas déçu."

10 Frères, ce que je désire de tout mon coeur et que je demande à Dieu pour les Juifs, c'est qu'ils soient sauvés. [2] Car je peux déclarer en leur faveur qu'ils sont pleins de zèle pour Dieu, mais leur zèle n'est pas éclairé par la connaissance. [3] En effet, ils n'ont pas compris comment Dieu rend les hommes justes devant lui et ils ont cherché à établir leur propre façon d'être justes. Ainsi, ils ne se sont pas soumis à la façon dont Dieu rend les hommes justes. [4] Car le Christ a amené la loi de Moïse à sa fin, pour que tous ceux qui croient soient rendus justes devant Dieu.

Le salut est pour tout homme qui croit au Seigneur

[5] Voici ce que Moïse a écrit au sujet de la possibilité d'être rendu juste devant Dieu par l'obéissance à la loi: "L'homme qui met en pratique la loi vivra par elle." [6] Mais voilà comment il est parlé de la possibilité d'être juste devant Dieu par la foi: "Ne dis pas en toi-même: Qui montera au ciel?" (c'est-à-dire: pour en faire descendre le Christ). [7] Ne dis pas non plus: "Qui descendra dans le monde d'en bas?" (c'est-à-dire: pour faire remonter Christ d'entre les morts). [8] Qu'est-il dit alors? Ceci: "La parole est près de toi, dans ta bouche et dans ton coeur." Cette parole est le message de la foi que nous prêchons. [9] Si, de ta bouche, tu affirmes devant tous que Jésus est le Seigneur et si tu crois dans ton coeur que Dieu l'a ramené de la mort à la vie, tu seras sauvé. [10] Car l'homme croit dans son coeur et Dieu le rend juste devant lui; l'homme affirme avec sa bouche et Dieu le sauve. [11] L'Ecriture déclare en effet: "Tout homme qui croit en lui ne sera pas déçu." [12] Ainsi, il n'y a pas de différence entre les Juifs et les non-Juifs: ils ont tous le même Seigneur qui donne ses biens à tous ceux qui font appel à lui. [13] Car, comme le déclare l'Ecriture: "Tout homme qui fera appel au nom du Seigneur sera sauvé."

[14] Mais comment feront-ils appel à lui sans avoir cru en lui? Et comment croiront-ils en lui sans en avoir entendu parler? Et comment en entendront-ils parler si personne ne l'annonce? [15] Et comment l'annoncera-t-on s'il n'y a pas des hommes envoyés pour cela? Comme le déclare l'Ecriture: "Qu'il est beau de voir venir ceux qui apportent de bonnes nouvelles!" [16] Mais tous n'ont pas accepté la Bonne Nouvelle. Esaïe dit en effet: "Seigneur, qui a cru notre message?" [17] Ainsi, la foi vient de ce qu'on écoute le message et le message est l'annonce de la parole du Christ.

[18] Je demande alors: N'auraient-ils pas entendu ce message? Mais oui, ils l'ont entendu! L'Ecriture déclare:

"Leur voix s'est fait entendre sur toute la terre,
Et leurs paroles ont atteint les régions les plus lointaines du monde."

[19] Je demande encore: Le peuple d'Israël n'aurait-il pas compris? Comme réponse, voici d'abord ce que dit Moïse:

"Je vous rendrai jaloux de ceux qui ne sont pas une vraie nation,

J'exciterai votre colère contre une nation sans intelligence."

[20] Esaïe ose dire plus encore:

"J'ai été trouvé par ceux qui ne me cherchaient pas,
Je me suis montré à ceux qui ne me demandaient rien."

[21] Mais au sujet d'Israël, il dit: "Tout le jour j'ai tendu les mains vers un peuple désobéissant et rebelle."

Dieu n'a pas rejeté Israël

11 Je demande donc: Dieu aurait-il rejeté son peuple? Certainement pas! Car je suis moi-même Israélite, descendant d'Abraham, membre de la tribu de Benjamin. [2] Dieu n'a pas rejeté son peuple qu'il a connu d'avance comme sien. Vous savez, n'est-ce pas, ce que dit l'Ecriture dans le passage où Elie se plaint d'Israël devant Dieu: [3] "Seigneur, ils ont tué tes *prophètes et démoli tes *autels: je suis resté moi seul et ils cherchent à me tuer." [4] Mais que lui répondit Dieu? "J'ai gardé pour moi sept mille hommes qui ne se sont pas mis à genoux devant le dieu *Baal." [5] De même, dans le temps présent, il reste un petit nombre de gens que Dieu a choisis par bonté. [6] Il les a choisis à cause de sa bonté et non pas à cause de leurs actions, sinon la bonté de Dieu ne serait pas vraiment de la bonté.

[7] Que dire alors? Le peuple d'Israël n'a pas obtenu ce qu'il recherchait. Seuls ceux que Dieu a choisis l'ont obtenu; les autres sont devenus incapables de comprendre, [8] comme le déclare l'Ecriture: "Dieu a rendu leur esprit insensible; il a fait en sorte qu'ils ne voient pas avec leurs yeux et qu'ils n'entendent pas avec leurs oreilles jusqu'à ce jour." [9] David dit aussi:

"Que leurs repas soient pour eux un piège, une trappe,
Afin qu'ils tombent et soient punis.
[10] Que leurs yeux se ferment pour qu'ils ne voient plus;
Fais-leur sans cesse courber le dos."

[11] Je demande donc: quand les Juifs ont trébuché sont-ils tombés définitivement? Certainement pas! Mais, à cause de leur faute, les autres peuples ont pu obtenir le salut, de manière à rendre les Juifs jaloux d'eux. [12] Si la faute des Juifs a enrichi spirituellement le monde et si leur abaissement a enrichi spirituellement les autres peuples, combien plus grand encore sera l'effet produit par leur complet retour au salut!

Le salut de ceux qui ne sont pas juifs

[13] Je m'adresse maintenant à vous qui n'êtes pas juifs: je suis l'*apôtre destiné aux peuples non-juifs et, en tant que tel, je me réjouis de la tâche qui est la mienne. [14] J'espère ainsi exciter la jalousie des gens de ma race pour en sauver quelques-uns. [15] En effet, quand ils ont été mis de côté, le monde a pu être réconcilié avec Dieu. Qu'arrivera-t-il alors quand ils seront accueillis? Ce sera la vie pour ceux qui étaient morts!

[16] Si le premier morceau de pain est présenté à Dieu, tout le reste du pain lui appartient aussi. Si les racines d'un arbre sont offertes à Dieu, les branches lui appartiennent aussi. [17] Le peuple d'Israël est comme un olivier cultivé dont quelques branches ont été coupées; toi qui n'es pas juif, tu es comme une branche d'olivier sauvage greffée à leur place: tu profites maintenant aussi de la racine qui nourrit l'olivier cultivé. [18] C'est pourquoi, tu ne dois pas mépriser les branches coupées. Comment pourrais-tu te vanter? Ce n'est pas toi qui portes la racine, mais c'est la racine qui te porte.

[19] Tu vas me dire: "Mais, ces branches ont été coupées pour que je sois greffé à leur place." [20] C'est juste. Elles ont été coupées parce qu'elles ont manqué de foi, et tu es à cette place parce que tu as la foi. Mais garde-toi de l'orgueil! Crains plutôt. [21] Car, si Dieu n'a pas épargné les Juifs, qui sont des branches naturelles, il ne t'épargnera pas non plus. [22] Remarque comment Dieu montre sa bonté et sa sévérité: il est sévère envers ceux qui sont tombés et il est bon envers toi. Mais il faut que tu demeures dans sa bonté, sinon tu seras aussi coupé comme une branche. [23] Et si les Juifs renoncent à leur incrédulité, ils seront greffés là où ils étaient auparavant. Car Dieu a le pouvoir de les greffer de nouveau. [24] Toi qui n'es pas juif, tu es la branche naturelle d'un olivier sauvage: on l'a coupée et greffée, contrairement à la nature, sur un olivier cultivé. Les Juifs, eux, sont les branches naturelles de cet olivier cultivé: il sera donc beaucoup plus facile de les greffer de nouveau sur l'arbre auquel ils appartenaient déjà.

Le salut final du peuple d'Israël

[25] Frères, voici une vérité secrète que je veux vous faire connaître, afin que vous ne vous preniez pas pour des sages: une partie du peuple d'Israël est devenue incapable de

comprendre, mais cela ne durera que jusqu'à ce que l'ensemble des autres peuples soit parvenu au salut. [26] Et voilà comment tout Israël sera sauvé, comme le déclare l'Ecriture:

"Le libérateur viendra de *Sion,
Il enlèvera toute méchanceté des descendants de Jacob.
[27] Et voici l'*alliance que je ferai avec eux,
Quand j'ôterai leurs péchés."

[28] Si l'on considère comment les Juifs ont refusé la Bonne Nouvelle, ils sont les ennemis de Dieu pour votre bien; mais si l'on considère le choix fait par Dieu, ils sont ceux que Dieu aime à cause de leurs ancêtres. [29] Car Dieu ne reprend pas ce qu'il a donné et ne change pas d'idée à l'égard de ceux qu'il a appelés. [30] Autrefois, vous avez désobéi à Dieu; mais maintenant, vous avez connu la pitié de Dieu, parce que les Juifs ont désobéi. [31] De même, ils ont désobéi maintenant pour que la pitié de Dieu vous soit accordée, mais afin qu'eux aussi puissent connaître maintenant cette même pitié. [32] Car Dieu a rendu tous les hommes prisonniers de la désobéissance afin de leur montrer à tous sa pitié.

La grandeur merveilleuse de Dieu

[33] Que la richesse de Dieu est immense! Que sa sagesse et sa connaissance sont profondes! Qui pourrait expliquer ses décisions? Qui pourrait comprendre ses plans? [34] Comme le déclare l'Ecriture:

"Qui connaît la pensée du Seigneur?
Qui peut être son conseiller?
[35] Qui a pu le premier lui donner quelque chose,
Pour recevoir de lui un paiement en retour?"

[36] Car tout vient de lui, tout existe par lui et pour lui. A Dieu soit la gloire pour toujours! Amen.

La vie nouvelle au service de Dieu

12 Frères, puisque Dieu a ainsi manifesté sa pitié pour nous, je vous demande de vous offrir vous-mêmes comme un sacrifice vivant, réservé à Dieu et qui lui est agréable. C'est là le véritable culte que vous lui devez. [2] Ne vous conformez pas aux habitudes de ce monde, mais laissez Dieu vous transformer par un changement complet de votre intelligence. Vous pourrez alors comprendre ce que Dieu veut: ce qui est bien, ce qui lui est agréable et ce qui est parfait.

[3] A cause du don que Dieu m'a accordé dans sa bonté je le dis à vous tous: n'ayez pas une opinion de vous-mêmes plus haute qu'il ne faut. Ayez au contraire des pensées modestes, que chacun de vous s'estime d'après la part de foi que Dieu lui a donnée. [4] Dans un seul corps humain, nous avons plusieurs parties qui ont toutes des fonctions différentes. [5] De même, bien que nous soyons nombreux, nous formons un seul corps dans l'union avec le Christ et nous sommes tous unis les uns aux autres comme les parties d'un même corps. [6] Nous avons des dons différents que nous devons utiliser selon ce que Dieu a accordé gratuitement à chacun. Si l'un de nous a le don d'annoncer des messages reçus de Dieu, il doit le faire selon la foi qu'il a. [7] Si un autre a le don de servir, qu'il serve. Celui qui a le don d'enseigner doit enseigner. [8] Celui qui a le don d'encourager les autres doit les encourager. Que celui qui donne ses biens le fasse avec une entière générosité. Que celui qui dirige le fasse avec soin. Que celui qui aide les malheureux le fasse avec joie.

[9] L'amour doit être sincère. Détestez le mal, attachez-vous au bien. [10] Ayez de l'affection les uns pour les autres comme des frères qui s'aiment et ayez de l'ardeur à vous respecter les uns les autres. [11] Soyez actifs et non paresseux. Servez le Seigneur avec un coeur plein d'énergie. [12] Soyez joyeux à cause de votre espérance; soyez patients dans les souffrances; priez avec fidélité. [13] Venez en aide à vos frères dans le besoin et recevez bien ceux qui viennent chez vous.

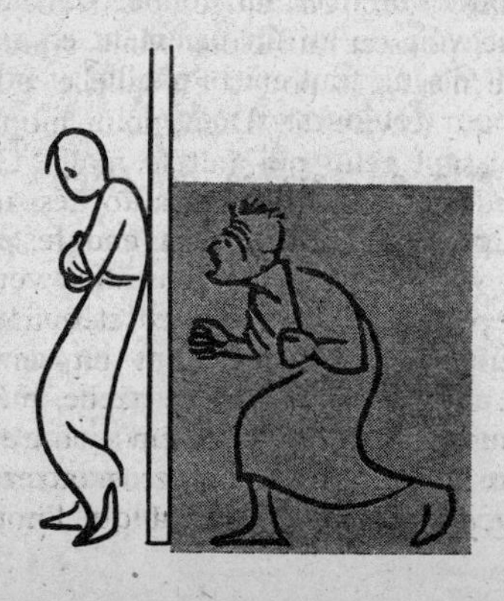

[14] Demandez à Dieu de bénir ceux qui vous persécutent; demandez-lui de les bénir et non de les maudire. [15] Réjouissez-vous avec ceux qui sont joyeux, pleurez avec ceux qui pleurent. [16] Vivez en bon accord les uns avec les autres. Ne soyez pas orgueilleux, mais acceptez des tâches modestes. Ne vous prenez pas pour des sages.

[17] Ne rendez à personne le mal pour le mal. Cherchez à faire le bien devant tous les hommes. [18] Faites tout votre possible, dans la mesure où cela dépend de vous, pour vivre en paix avec tous les hommes. [19] Mes amis, ne vous vengez pas vous-mêmes, mais laissez agir la colère de Dieu, car l'Ecriture déclare: "C'est moi qui tirerai vengeance, c'est moi qui paierai en retour, dit le Seigneur." [20] Et elle déclare aussi: "Si ton ennemi a faim, donne-lui à manger; s'il a soif, donne-lui à boire; car, en agissant ainsi, ce sera comme si tu amassais des charbons brûlants sur sa tête." [21] Ne te laisse pas vaincre par le mal. Sois au contraire vainqueur du mal par le bien.

L'obéissance aux autorités de l'Etat

13 Tout homme doit se soumettre aux autorités qui gouvernent l'Etat. Car il n'y a pas d'autorité qui ne vienne de Dieu et les autorités qui existent ont été établies par Dieu. [2] Ainsi, celui qui s'oppose à l'autorité s'oppose à l'ordre établi par Dieu. Ceux qui s'y opposent attireront le jugement sur eux-mêmes. [3] En effet, les dirigeants ne sont pas à craindre par ceux qui font le bien, mais par ceux qui font le mal. Désires-tu ne pas avoir à craindre l'autorité? Alors, fais le bien et elle t'accordera des éloges, [4] car elle est au service de Dieu pour te pousser au bien. Mais si tu fais le mal, crains-la! Car ce n'est pas pour rien qu'elle a le pouvoir de punir: elle est au service de Dieu pour montrer la colère de Dieu en punissant celui qui fait le mal. [5] C'est pourquoi il est nécessaire de se soumettre aux autorités, non seulement pour éviter la colère de Dieu, mais encore par devoir de conscience.

[6] C'est aussi pourquoi vous payez des impôts, car les fonctionnaires qui s'en occupent sont au service de Dieu pour accomplir soigneusement cette tâche. [7] Payez à tous ce que vous leur devez: payez l'impôt à qui vous devez l'impôt et la taxe à qui vous la devez; montrez du respect à qui vous le devez et honorez celui à qui l'honneur est dû.

L'amour du prochain

[8] N'ayez de dette envers personne, sinon la dette de l'amour que vous vous devez les uns aux autres. Celui qui aime les autres a obéi complètement à ce qu'ordonne la loi. [9] En effet, les commandements "Ne commets pas d'adultère, ne tue pas, ne vole pas, ne convoite pas," ceux-ci et tous les autres, se résument dans ce seul commandement: "Aime ton prochain comme toi-même." [10] Celui qui aime ne fait aucun mal à son prochain. En aimant, on obéit donc complètement à la loi.

Etre prêt pour la venue du Christ

[11] Agissez ainsi d'autant plus que vous savez en quel temps nous sommes: le moment est venu de vous réveiller de votre sommeil. En effet, le salut est plus près de nous maintenant que quand nous avons cru pour la première fois. [12] La nuit est avancée, le jour approche. Rejetons donc les oeuvres qui se font dans l'obscurité et prenons sur nous les armes qui permettent de lutter dans la lumière. [13] Conduisons-nous honnêtement, comme il le faut à la lumière du jour. Gardons-nous des orgies et de l'ivrognerie, de l'immoralité et des vices, des querelles et de la jalousie. [14] Mais revêtez-vous de la vie nouvelle qui est en Jésus-Christ le Seigneur et ne vous laissez plus entraîner par votre nature humaine pour en satisfaire les désirs.

Ne pas juger son frère

14 Accueillez celui qui est faible dans la foi, sans critiquer ses opinions. [2] Par exemple, l'un croit pouvoir manger de tout, tandis que l'autre, qui est faible dans la foi, ne mange que des légumes. [3] Celui qui mange de tout ne doit pas mépriser celui qui ne mange pas certains aliments, et celui qui ne mange pas certains aliments ne doit pas juger celui qui mange de tout, car Dieu l'a accueilli. [4] Qui es-tu pour juger le serviteur d'un autre? Qu'il demeure ferme dans son service ou qu'il tombe, c'est l'affaire de son maître. Et il demeurera ferme, car le Seigneur a le pouvoir de le soutenir.

[5] L'un pense que certains jours ont plus d'importance que d'autres, tandis que l'autre pense que tous les jours sont pareils. Il faut que chacun soit bien convaincu dans son propre esprit. [6] Celui qui attribue de l'importance à un jour

particulier le fait pour honorer le Seigneur; celui qui mange de tout agit ainsi pour honorer le Seigneur, car il remercie Dieu pour son repas. Celui qui ne mange pas de tout agit ainsi pour honorer le Seigneur et il remercie Dieu. [7] En effet, aucun de nous ne vit pour soi-même et aucun ne meurt pour soi-même. Si nous vivons, nous vivons pour le Seigneur, [8] et si nous mourons, nous mourons pour le Seigneur. Ainsi, soit que nous vivions, soit que nous mourions, nous appartenons au Seigneur. [9] Car le Christ est mort et revenu à la vie pour être le Seigneur des morts et des vivants. [10] Mais toi, pourquoi juges-tu ton frère? Et toi, pourquoi méprises-tu ton frère? Nous aurons tous à nous présenter devant Dieu pour être jugés par lui. [11] Car l'Ecriture déclare:

"Aussi vrai que je vis, dit le Seigneur, tout homme se mettra à genoux devant moi,
Et chacun reconnaîtra à haute voix la puissance de Dieu."

[12] Ainsi, chacun de nous devra rendre compte à Dieu pour soi-même.

Ne pas faire tomber son frère

[13] Cessons donc de nous juger les uns les autres. Prenez plutôt la décision que voici: ne rien faire qui amène votre frère à trébucher ou à tomber dans le péché. [14] Dans l'union avec le Seigneur Jésus je sais de façon tout à fait certaine que rien n'est *impur en soi. Mais si quelqu'un pense qu'une chose est impure, elle devient impure pour lui. [15] Si tu fais de la peine à ton frère à cause d'un aliment que tu manges, tu ne te conduis plus selon l'amour. Ne va pas entraîner la perte de celui pour qui le Christ est mort, simplement à cause de ce que tu manges! [16] Ce qui est bien pour vous ne doit pas devenir pour d'autres une occasion de dire du mal. [17] Car le *Royaume de Dieu n'est pas une affaire de nourriture et de boisson; il consiste en la justice, la paix et la joie que donne le Saint-Esprit. [18] Celui qui sert le Christ de cette manière est agréable à Dieu et approuvé des hommes.

[19] Recherchons donc ce qui est utile pour la paix et nous permet de nous fortifier ensemble dans la foi. [20] Ne détruis pas l'oeuvre de Dieu pour une question de nourriture. Certes, tous les aliments peuvent être mangés, mais il est mal de manger quelque chose si l'on fait ainsi tomber un frère

dans le péché. [21] Ce qui est bien, c'est de ne pas manger de viande, de ne pas boire de vin, de renoncer à tout ce qui peut faire tomber ton frère. [22] Ce que tu crois personnellement à ce sujet, garde-le pour toi devant Dieu. Heureux est celui qui ne se sent pas coupable au moment où il décide d'agir! [23] Mais celui qui a des doutes au sujet d'un aliment est condamné par Dieu s'il en mange, parce qu'il n'agit pas selon la foi. Et tout acte qui ne vient pas de la foi est péché.

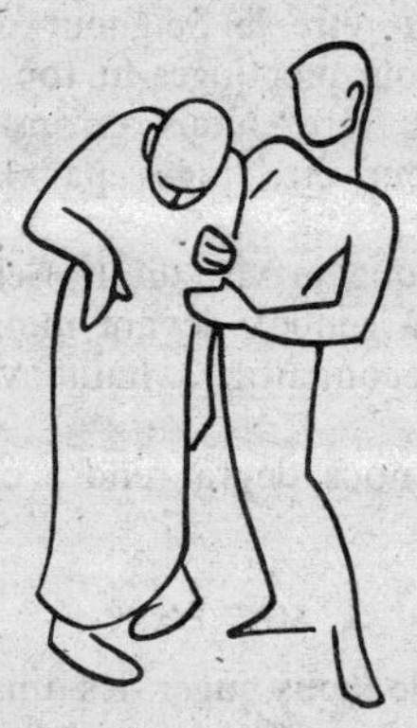

Plaire à son prochain et non à soi-même

15 Nous qui sommes forts dans la foi, nous devons aider les faibles à porter leurs faiblesses. Nous ne devons pas vivre pour ce qui nous plaît. [2] Il faut que chacun de nous cherche à plaire à son prochain pour son bien, pour le faire progresser dans la foi. [3] Car le Christ n'a pas vécu pour ce qui lui plaisait. Au contraire, comme le déclare l'Ecriture: "Les insultes de ceux qui t'insultaient sont tombées sur moi." [4] Tout ce que nous trouvons dans les Ecritures a été écrit dans le passé pour nous instruire, afin que nous ayons l'espérance au moyen de la patience et de l'encouragement que nous donnent les Ecritures. [5] Que Dieu, de qui viennent la patience et l'encouragement, vous rende capables de vivre en bon accord les uns avec les autres en suivant l'exemple de Jésus-Christ, [6] afin que, tous ensemble et d'une seule voix, vous louiez Dieu, le Père de notre Seigneur Jésus-Christ.

La Bonne Nouvelle pour tous les peuples

[7] Ainsi, accueillez-vous les uns les autres, comme le Christ vous a accueillis, pour la gloire de Dieu. [8] Car, je vous l'affirme, Christ est devenu le serviteur des Juifs pour accomplir les promesses que Dieu a faites aux *patriarches et montrer ainsi que Dieu est fidèle. [9] Il est venu aussi pour que les non-Juifs louent Dieu à cause de sa bonté, comme le déclare l'Ecriture:

"C'est pourquoi je te louerai parmi les nations,
Et je chanterai en l'honneur de ton nom."

[10] Elle déclare aussi:

"Nations, réjouissez-vous avec le peuple que Dieu a choisi!"

[11] Et encore:

"Vous, toutes les nations, louez le Seigneur,
Que tous les peuples le louent!"

[12] Esaïe dit aussi:

"Le descendant de *Jessé viendra,
Il se lèvera pour gouverner les nations,
Et elles mettront leur espoir en lui."

[13] Que Dieu qui donne l'espérance vous remplisse d'une joie et d'une paix parfaites par la foi que vous avez en lui, afin que vous soyez riches en espérance par la puissance du Saint-Esprit.

Paul a le droit d'écrire comme il l'a fait

[14] Mes frères, je suis moi-même certain que vous êtes remplis de bonté, pleinement au courant de tout ce qu'il faut connaître et capables de vous donner des conseils les uns aux autres. [15] Pourtant, je vous ai écrit avec une certaine audace en plusieurs endroits de ma lettre, pour vous rappeler ce que vous aviez déjà appris. J'ai écrit ainsi à cause de la faveur que Dieu m'a accordée [16] d'être serviteur de Jésus-Christ pour les peuples non-juifs. J'accomplis un service sacré en annonçant la Bonne Nouvelle de Dieu, afin que les peuples non-juifs deviennent une offrande agréable à Dieu, rendue digne d'être à lui par le Saint-Esprit. [17] Dans l'union avec Jésus-Christ, je peux donc être fier de mon travail pour Dieu. [18] Car si j'ose parler de quelque chose, c'est uniquement de ce que le Christ a réalisé par moi pour amener ceux qui ne sont pas juifs à obéir à Dieu. Il l'a fait au moyen de paroles et d'actions, [19] par la puissance de

signes et de miracles et par la puissance de l'Esprit. C'est ainsi que j'ai annoncé pleinement la Bonne Nouvelle qui concerne le Christ, en allant de tous côtés depuis Jérusalem jusqu'à la région d'Illyrie. [20] Mais j'ai tenu à annoncer la Bonne Nouvelle uniquement dans les endroits où l'on n'avait pas entendu parler du Christ, afin de ne pas bâtir sur les fondations posées par quelqu'un d'autre [21] et d'agir selon ce que déclare l'Ecriture:

"Ceux à qui on n'avait rien dit de lui verront,
Et ceux qui n'en avaient pas entendu parler comprendront."

Paul parle de son projet de voyage à Rome

[22] C'est là ce qui m'a empêché bien des fois d'aller chez vous. [23] Mais maintenant, j'ai terminé mon travail dans ces régions-ci. Depuis de nombreuses années, je désire vous rendre visite [24] et je voudrais le faire quand je me rendrai en Espagne. Car j'espère vous voir en passant et recevoir votre aide pour aller dans ce pays, après avoir profité de votre compagnie pendant quelque temps. [25] Mais pour le moment, je vais à Jérusalem pour le service des membres du peuple de Dieu qui sont là-bas. [26] Car les chrétiens de Macédoine et de Grèce ont décidé de faire une collecte en faveur des pauvres appartenant au peuple de Dieu à Jérusalem. [27] Ils l'ont décidé eux-mêmes, mais, en réalité, ils le devaient à ces pauvres. Car les chrétiens juifs de Jérusalem ont partagé leurs biens spirituels avec ceux qui ne sont pas juifs; les non-Juifs doivent donc aussi les servir en les aidant de leurs biens matériels. [28] Quand j'aurai terminé cette affaire et que je leur aurai remis le produit de cette collecte, je partirai pour l'Espagne et passerai chez vous en m'y rendant. [29] Et je sais que lorsque j'irai chez vous, j'arriverai avec la pleine bénédiction du Christ.

[30] Mais voici ce que je vous demande, frères, par notre Seigneur Jésus-Christ et par l'amour que donne l'Esprit: combattez avec moi en adressant à Dieu des prières pour moi. [31] Priez pour que j'échappe aux incroyants de Judée et pour que l'aide que j'apporte à Jérusalem soit bien accueillie là-bas par les membres du peuple de Dieu. [32] De cette façon, j'arriverai chez vous plein de joie, si Dieu le veut, et je trouverai du repos au milieu de vous. [33] Que Dieu, qui donne la paix, soit avec vous tous. Amen.

Salutations personnelles

16 Je vous recommande notre soeur Phoebé qui travaille au service de l'Eglise de Cenchrées. [2] Recevez-la au nom du Seigneur, comme on doit le faire entre membres du peuple de Dieu, et aidez-la en toute affaire où elle peut avoir besoin de vous. Elle a elle-même aidé beaucoup de gens et moi en particulier.

[3] Saluez Priscille et Aquilas, mes compagnons de travail dans le service de Jésus-Christ. [4] Ils ont risqué leur propre vie pour sauver la mienne. Je ne suis pas seul à leur être reconnaissant, toutes les Eglises du monde non-juif le sont aussi. [5] Saluez également l'Eglise qui se réunit dans leur maison. Saluez mon cher Epaïnète, qui fut le premier à croire au Christ dans la province d'Asie. [6] Saluez Marie, qui a beaucoup travaillé pour vous. [7] Saluez Andronicus et Junias, qui me sont apparentés et ont été en prison avec moi. Ils sont très estimés parmi les *apôtres et ils sont même devenus chrétiens avant moi.

[8] Saluez Ampliatus, mon ami dans le Seigneur. [9] Saluez Urbain, notre compagnon de travail dans le service du Christ, et mon cher Stachys. [10] Saluez Apelles, qui a donné des preuves de sa foi en Christ. Saluez les gens de la maison d'Aristobule. [11] Saluez Hérodion, mon parent. Saluez les gens de la maison de Narcisse qui croient au Seigneur. [12] Saluez Tryphène et Tryphose, qui travaillent pour le Seigneur, et ma chère Perside, qui a beaucoup travaillé pour lui. [13] Saluez Rufus, ce remarquable serviteur du Seigneur, et sa mère, qui est aussi une mère pour moi. [14] Saluez Asyncrite, Phlégon, Hermès, Patrobas, Hermas, et les autres frères qui sont avec eux. [15] Saluez Philologue et Julie, Nérée et sa soeur, Olympas et tous les membres du peuple de Dieu qui sont avec eux.

[16] Saluez-vous les uns les autres d'un baiser fraternel. Toutes les Eglises du Christ vous adressent leurs salutations.

Un dernier avertissement

[17] Je vous le demande, frères, prenez garde à ceux qui suscitent des divisions et égarent les croyants en s'opposant à l'enseignement que vous avez reçu. Eloignez-vous d'eux, [18] car les gens de cette espèce ne servent pas le Christ notre Seigneur, mais leur propre ventre! Par leurs belles paroles et leurs discours flatteurs, ils trompent l'esprit des gens simples. [19] Tout le monde connaît votre obéissance au Seigneur.

Je me réjouis donc à votre sujet, mais je désire que vous soyez sages pour faire le bien, et purs en évitant le mal. [20] Dieu, qui donne la paix, écrasera bientôt Satan sous vos pieds.

Que la grâce de notre Seigneur Jésus soit avec vous!

[21] Timothée, mon compagnon de travail, vous salue, ainsi que Lucius, Jason et Sosipater, mes parents.

[22] Et moi, Tertius, qui ai écrit cette lettre, je vous envoie mes salutations chrétiennes.

[23] Gaïus, l'hôte qui me reçoit et chez qui se réunit toute l'Eglise, vous salue. Eraste, le trésorier de la ville, et notre frère Quartus vous saluent.

[[24] Que la grâce de notre Seigneur Jésus-Christ soit avec vous tous. Amen.]

Louange finale

[25] Louons Dieu! Il a le pouvoir de vous rendre forts dans la foi, selon la Bonne Nouvelle que j'annonce, le message que je prêche au sujet de Jésus-Christ, et selon la connaissance que nous avons reçue du plan secret de Dieu. Ce plan a été tenu caché très longtemps dans le passé, [26] mais maintenant, il a été mis en pleine lumière par les livres des *prophètes; conformément à l'ordre du Dieu éternel, il est porté à la connaissance de toutes les nations pour qu'elles croient et obéissent.

[27] A Dieu seul sage soit la gloire, par Jésus-Christ, pour toujours! Amen.

LA PREMIÈRE LETTRE DE PAUL AUX CORINTHIENS

Adresse et salutation

1 De la part de Paul, qui par la volonté de Dieu a été appelé à être *apôtre de Jésus-Christ, et de la part de Sosthène, notre frère.

[2] A l'Eglise de Dieu qui est à Corinthe, à ceux qui sont appelés à vivre pour Dieu et qui lui appartiennent dans l'union avec Jésus-Christ, et à tous ceux qui, partout, font appel au nom de notre Seigneur Jésus-Christ, leur Seigneur et le nôtre: [3] Que Dieu notre Père et le Seigneur Jésus-Christ vous donnent la grâce et la paix.

Les bienfaits reçus en Christ

[4] Je remercie sans cesse mon Dieu à votre sujet à cause de la grâce qu'il vous a accordée par Jésus-Christ. [5] En effet, dans l'union avec le Christ, vous avez été enrichis de tous les dons, en particulier de tous les dons de la parole et de la connaissance. [6] Le témoignage rendu au Christ a été si fermement établi parmi vous [7] qu'il ne vous manque aucun don de Dieu, à vous qui attendez le moment où notre Seigneur Jésus-Christ apparaîtra. [8] C'est lui qui vous maintiendra fermes jusqu'au bout pour que l'on ne puisse vous accuser d'aucune faute au jour de notre Seigneur Jésus-Christ. [9] Dieu est fidèle à ses promesses, ce Dieu qui vous a appelés à vivre dans l'union avec son Fils Jésus-Christ notre Seigneur.

Divisions dans l'Eglise

[10] Frères, je vous le demande au nom de notre Seigneur Jésus-Christ: mettez-vous d'accord et qu'il n'y ait pas de divisions parmi vous; soyez parfaitement unis, en ayant la même façon de penser, la même intention. [11] En effet, mes frères, des personnes de la famille de Chloé m'ont informé qu'il y a des querelles parmi vous. [12] Voici ce que je veux dire: chacun de vous déclare quelque chose de différent. L'un déclare: "Je suis pour Paul"; l'autre: "Je suis pour Apollos"; un autre encore: "Je suis pour Pierre"; et un

autre: "Je suis pour le Christ." [13] Pensez-vous que le Christ soit divisé en plusieurs parties? Est-ce Paul qui est mort sur la croix pour vous? Avez-vous été baptisés au nom de Paul?

[14] Je remercie Dieu de ce que je n'ai baptisé aucun de vous, à part Crispus et Gaïus. [15] Ainsi, personne ne peut affirmer que vous avez été baptisés en mon nom. [16] (Ah! c'est vrai, j'ai aussi baptisé la famille de Stéphanas, mais je ne me rappelle pas avoir baptisé encore quelqu'un d'autre.) [17] Le Christ ne m'a pas envoyé pour baptiser: il m'a envoyé pour annoncer la Bonne Nouvelle, et l'annoncer sans utiliser le langage de la sagesse humaine, afin de ne pas priver de son pouvoir la mort du Christ sur la croix.

Jésus-Christ, puissance et sagesse de Dieu

[18] Car la prédication de la mort du Christ sur la croix est une folie pour ceux qui se perdent; mais pour nous qui sommes sur la voie du salut, elle est la puissance de Dieu. [19] En effet, l'Ecriture déclare:

"Je détruirai la sagesse des sages,
Je rejetterai le savoir des gens intelligents."

[20] Alors, que peut encore dire le sage? ou l'homme instruit? ou le discuteur de ce monde? Dieu a démontré que la sagesse de ce monde est folie!

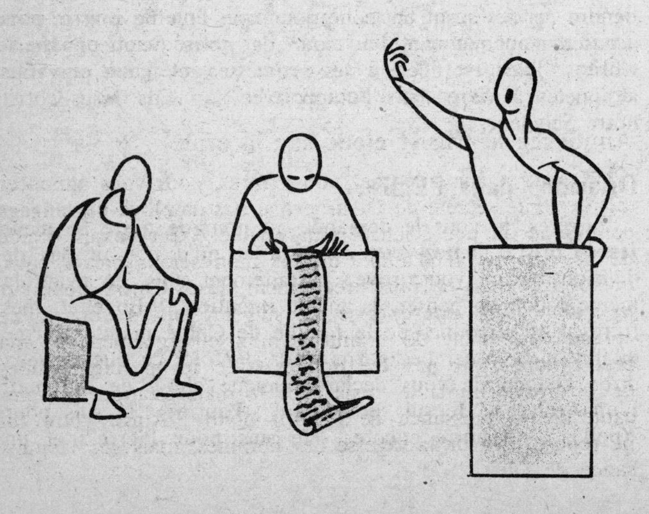

[21] En effet, le monde a été incapable, au moyen de la sagesse humaine, de reconnaître Dieu là où se manifestait la sagesse divine. C'est pourquoi, Dieu a décidé de sauver ceux qui croient en utilisant ce message apparemment fou que nous prêchons. [22] Les Juifs demandent des miracles comme preuves et les Grecs cherchent la sagesse. [23] Quant à nous, nous annonçons le Christ cloué sur la croix : c'est un message scandaleux pour les Juifs et une folie pour les non-Juifs; [24] mais pour ceux que Dieu a appelés, aussi bien Juifs que non-Juifs, le Christ est la puissance de Dieu et la sagesse de Dieu. [25] Car ce qui paraît être la folie de Dieu est plus sage que la sagesse des hommes, et ce qui paraît être la faiblesse de Dieu est plus fort que la force des hommes.

[26] Considérez, frères, quels sont ceux que Dieu a appelés à former votre groupe : il y a parmi vous, du point de vue humain, peu de sages, peu de puissants, peu de membres de familles importantes. [27] Mais Dieu a choisi ce que le monde estime fou pour couvrir de honte les sages; il a choisi ce que le monde estime faible pour couvrir de honte les forts; [28] il a choisi ce que le monde estime bas et méprisable, ce qui n'est rien à ses yeux, pour détruire ce qu'il estime important. [29] Ainsi, aucun être humain ne peut se vanter devant Dieu. [30] Mais Dieu vous a unis à Jésus-Christ et il a fait du Christ notre sagesse : par le Christ nous sommes rendus justes devant Dieu, nous sommes amenés à vivre pour Dieu et nous sommes délivrés. [31] Par conséquent, comme le déclare l'Ecriture : "Celui qui désire se vanter doit se vanter de ce que le Seigneur a accompli."

Annoncer le Christ cloué sur la croix

2 Quand je suis allé chez vous, frères, pour vous annoncer la vérité secrète de Dieu, je n'ai pas employé un langage compliqué ou une science remarquable. [2] Car j'avais décidé de ne rien savoir d'autre, durant mon séjour parmi vous, que Jésus-Christ et, plus précisément, Jésus-Christ cloué sur la croix. [3] C'est pourquoi je me suis présenté à vous faible et tout tremblant de crainte; [4] mon enseignement et ma prédication n'ont pas été donnés avec les paroles habiles de la sagesse humaine, mais avec la manifestation convaincante de la puissance de l'Esprit divin. [5] Ainsi, votre foi ne repose pas sur la sagesse des hommes, mais sur la puissance de Dieu.

La sagesse de Dieu

[6] J'annonce pourtant une sagesse aux chrétiens spirituellement adultes. Mais ce n'est pas la sagesse de ce monde, ni celle des puissances qui règnent sur ce monde et qui sont destinées à la destruction. [7] Non, j'annonce la sagesse secrète de Dieu, cachée aux hommes, et que Dieu avait déjà choisie pour notre gloire avant que le monde existe. [8] Aucune des puissances de ce monde n'a connu cette sagesse. Si elles l'avaient connue, elles n'auraient pas fait clouer le Seigneur de la gloire sur la croix. [9] Mais, comme le déclare l'Ecriture:

> "Ce que nul homme n'a jamais vu ni entendu,
> Ce à quoi nul homme n'a jamais pensé,
> Dieu l'a préparé pour ceux qui l'aiment."

[10] Or, c'est à nous que Dieu a révélé ce secret par le Saint-Esprit. En effet, l'Esprit peut tout examiner, même les plans de Dieu les plus profondément cachés. [11] Dans le cas d'un homme, seul l'esprit qui est en lui connaît tout ce qui le concerne; de même, seul l'Esprit de Dieu connaît tout ce qui concerne Dieu. [12] Nous n'avons pas reçu, nous, l'esprit

de ce monde; mais nous avons reçu l'Esprit qui vient de Dieu, afin que nous connaissions tout ce que Dieu nous a donné. [13] Et nous en parlons non avec les mots qu'enseigne la sagesse humaine, mais avec ceux qu'enseigne l'Esprit de Dieu. C'est ainsi que nous expliquons des vérités spirituelles à ceux qui ont cet Esprit.

[14] L'homme qui n'a pas l'Esprit de Dieu ne peut pas recevoir les vérités qui viennent de cet Esprit: elles sont une folie pour lui; il est incapable de les comprendre, car on ne peut juger que par l'Esprit. [15] L'homme qui a l'Esprit de Dieu peut juger de tout, mais personne ne peut le juger. [16] Comme le déclare l'Ecriture:

"Qui connaît la pensée du Seigneur?
Qui peut lui donner des conseils?"

Mais nous, nous avons la pensée du Christ.

Serviteurs de Dieu

3 En réalité, frères, je n'ai pas pu vous parler comme à des hommes qui ont l'Esprit de Dieu: j'ai dû vous parler comme à des hommes de ce monde, comme à des enfants dans la foi chrétienne. [2] J'ai dû vous donner du lait, non de la nourriture solide, car vous ne pouviez pas la supporter. Et même à présent vous ne le pouvez pas, [3] parce que vous vivez encore comme des hommes de ce monde. Du moment qu'il y a de la jalousie et des querelles entre vous, ne montrez-vous pas que vous êtes des hommes de ce monde et que vous vous conduisez d'une façon tout humaine? [4] Quand l'un de vous déclare: "Je suis pour Paul" et un autre: "Je suis pour Apollos," n'agissez-vous pas comme n'importe quel homme?

[5] Au fond, qui est Apollos? et qui est Paul? Nous sommes simplement des serviteurs de Dieu, par lesquels vous avez été amenés à croire. Chacun de nous accomplit ce que le Seigneur lui a donné à faire: [6] j'ai mis la plante en terre, Apollos l'a arrosée, mais c'est Dieu qui l'a fait pousser. [7] Ainsi, celui qui plante et celui qui arrose ne sont rien: c'est Dieu qui est tout, car il fait pousser la plante. [8] Celui qui plante et celui qui arrose sont égaux; Dieu accordera à chacun sa récompense selon le travail qu'il aura accompli. [9] Car nous sommes des compagnons de travail au service de Dieu et vous êtes le champ de Dieu.

Vous êtes aussi l'édifice de Dieu. [10] Selon le don que Dieu

m'a accordé, j'ai travaillé comme un bon architecte et posé les fondations. Maintenant, un autre bâtit dessus. Mais il faut que chacun prenne garde à la manière dont il bâtit. [11] Car les fondations sont déjà en place dans la personne de Jésus-Christ, et aucun homme ne peut en poser d'autres. [12] Certains utiliseront de l'or, ou de l'argent, ou des pierres précieuses pour bâtir sur ces fondations; d'autres utiliseront du bois, ou du foin, ou de la paille. [13] Mais la qualité de l'oeuvre de chacun apparaîtra au jour du Jugement, qui la révélera. En effet, ce jour se manifestera dans le feu, et le feu éprouvera l'oeuvre de chacun pour montrer ce qu'elle vaut. [14] Si quelqu'un a bâti sur les fondations une oeuvre qui résiste au feu, il recevra une récompense. [15] Par contre, si l'oeuvre de quelqu'un est brûlée, il perdra la récompense; cependant lui-même sera sauvé, mais comme s'il avait traversé le feu pour s'échapper.

[16] Vous savez sûrement que vous êtes le temple de Dieu et que l'Esprit de Dieu habite en vous. [17] Eh bien! si un homme détruit le temple de Dieu, Dieu détruira cet homme. Car le temple de Dieu est saint, et c'est vous qui êtes son temple.

[18] Que personne ne se trompe lui-même. Si quelqu'un parmi vous pense être sage du point de vue de ce monde, qu'il devienne fou afin d'être réellement sage. [19] Car la sagesse à la manière de ce monde est une folie aux yeux de Dieu. En effet, l'Ecriture déclare : " Dieu prend les sages au piège de leur propre ruse." [20] Elle déclare aussi : "Le Seigneur sait que les pensées des sages ne valent rien." [21] Ainsi, personne ne doit mettre sa fierté dans des hommes. Car tout vous appartient : [22] Paul, Apollos ou Pierre, le monde, la vie, la mort, le présent ou l'avenir, tout est à vous; [23] mais vous, vous appartenez au Christ et le Christ appartient à Dieu.

Apôtres du Christ

4 Vous devez donc nous regarder comme des serviteurs du Christ auxquels est confiée la responsabilité des vérités secrètes de Dieu. [2] Tout ce que l'on demande à un homme chargé d'une responsabilité, c'est d'être fidèle. [3] Pour ma part, je ne me soucie pas du tout d'être jugé par vous ou par un tribunal humain. Je ne me juge pas non plus moi-même. [4] Ma conscience, il est vrai, ne me reproche rien, mais cela ne prouve pas que je sois réellement innocent. Le Seigneur est celui qui me juge. [5] C'est pourquoi, ne portez de jugement sur personne avant que vienne le temps fixé. Attendez que le Seigneur vienne : il mettra en lumière ce qui est caché dans l'obscurité et révélera les intentions secrètes du coeur des hommes. Alors chacun recevra de Dieu la louange qui lui revient.

[6] J'ai appliqué tout ce que je viens de dire à Apollos et à moi-même pour votre instruction, frères. J'ai voulu que, par notre exemple, vous appreniez ce que signifie le proverbe : "Rester dans les limites fixées par ce qui est écrit." Aucun de vous ne doit s'enorgueillir d'un homme et mépriser l'autre. [7] Car qui t'a rendu supérieur aux autres? Dieu ne t'a-t-il pas donné tout ce que tu as? Puisqu'il en est ainsi, pourquoi te vantes-tu de ce que tu as comme si ce n'était pas un don?

[8] Déjà vous avez tout ce que vous désirez! Déjà vous êtes riches! Vous êtes devenus rois alors que nous ne le sommes pas! J'aimerais bien que vous soyez réellement rois afin que nous puissions l'être nous aussi avec vous. [9] Car il me semble que Dieu nous a mis, nous les *apôtres, à la

dernière place: nous sommes comme des hommes condamnés à mourir en public, nous sommes donnés en spectacle au monde entier, aux anges aussi bien qu'aux hommes. [10] Nous sommes fous à cause du Christ, mais vous êtes sages dans le Christ; nous sommes faibles, mais vous êtes forts; nous sommes méprisés, mais vous êtes honorés! [11] Jusqu'à cette heure même, nous souffrons de la faim et de la soif, nous manquons d'habits, nous sommes battus, nous passons d'un endroit à l'autre; [12] nous nous fatiguons à travailler pour gagner nous-mêmes notre vie. Quand on nous insulte, nous bénissons; quand on nous persécute, nous supportons; [13] quand on dit du mal de nous, nous répondons amicalement. On nous considère maintenant encore comme les balayures du monde, comme le déchet de l'humanité.

[14] Je vous écris ainsi non pas avec l'intention de vous faire honte, mais pour vous instruire comme mes enfants que j'aime. [15] Car même s'il vous arrivait d'avoir dix mille guides dans votre vie en Christ, vous ne pouvez avoir qu'un seul père: en effet, en ce qui concerne votre vie en Jésus-Christ, c'est moi qui suis devenu votre père en vous apportant la Bonne Nouvelle. [16] Je vous le demande donc, suivez mon exemple. [17] A cet effet, je vous envoie Timothée, qui est mon fils aimé et fidèle dans le Seigneur. Il vous rappellera les principes qui me dirigent dans la vie en Jésus-Christ, principes que j'enseigne partout, dans toutes les Eglises.

[18] Certains d'entre vous se sont enorgueillis en pensant que je ne viendrais pas vous voir. [19] Mais si le Seigneur le veut, j'irai bientôt chez vous. Alors je connaîtrai non pas seulement les paroles de ces orgueilleux mais ce dont ils sont capables! [20] Car le *Royaume de Dieu n'est pas une affaire de paroles mais de puissance. [21] Que préférez-vous? que je vienne à vous avec un bâton, ou avec un coeur plein d'amour et de douceur?

Immoralité dans l'Eglise

5 On entend dire partout qu'il y a de l'immoralité parmi vous, une immoralité si grave que même les païens ne s'en rendraient pas coupables: on raconte, en effet, que l'un de vous vit avec la femme de son père! [2] Et vous êtes encore pleins d'orgueil! Vous devriez au contraire être remplis de tristesse et l'homme qui a commis une telle action devrait

être chassé du milieu de vous. [3-4] Quant à moi, même si je suis loin de vous dans mon corps, je suis près de vous en esprit; et j'ai déjà jugé au nom de notre Seigneur Jésus celui qui a si mal agi, comme si j'étais présent parmi vous. Lorsque vous serez assemblés, et que je serai avec vous en esprit, la puissance de notre Seigneur Jésus sera présente au milieu de nous; [5] vous devrez alors livrer cet homme à Satan pour que son corps soit détruit et qu'ainsi son esprit puisse être sauvé au jour du Seigneur.

[6] Il n'y a pas de quoi vous vanter! Vous connaissez le proverbe: "Un peu de *levain fait lever toute la pâte." [7] Enlevez ce vieux levain de péché pour que vous deveniez tout à fait purs. Vous serez alors semblables à une pâte nouvelle et sans levain, ce que vous êtes déjà en réalité. Car notre fête de *Pâque est commencée, puisque le Christ a été sacrifié comme notre agneau pascal. [8] Célébrons donc notre fête, non pas avec du pain contenant le vieux levain, le levain du péché et de l'immoralité, mais avec du pain sans levain, le pain de la pureté et de la vérité.

[9] Dans la lettre que je vous ai écrite, je vous ai demandé de ne pas avoir de contact avec ceux qui vivent dans l'immoralité. [10] Je ne pensais pas, d'une façon générale, à tous ceux qui, dans ce monde, sont immoraux, ou envieux, ou voleurs, ou adorateurs d'idoles. Pour les éviter tous, vous devriez sortir du monde! [11] Je voulais vous dire de ne pas avoir de contact avec un homme qui, tout en se donnant le nom de chrétien, serait immoral, ou envieux, ou adorateur d'idoles, ou insulteur, ou ivrogne, ou voleur. Vous ne devez pas même prendre un repas avec un tel homme.

[12-13] Ce n'est pas mon affaire, en effet, de juger ceux qui ne sont pas chrétiens. Dieu les jugera. Mais ne devriez-vous pas juger les membres de votre communauté? Comme le déclare l'Ecriture: "Chassez le méchant du milieu de vous."

Les procès contre des frères

6 Quand l'un de vous a un conflit avec un frère, comment ose-t-il demander justice à des juges païens au lieu de s'adresser aux membres du peuple de Dieu? [2] Ne savez-vous pas que les membres du peuple de Dieu jugeront le monde? Et si vous devez juger le monde, êtes-vous incapables de juger des affaires de peu d'importance? [3] Ne savez-vous pas que nous jugerons les anges? A plus forte raison les affaires

de cette vie! [4] Or, quand vous avez des conflits pour des affaires de ce genre, vous allez prendre comme juges des gens qui ne comptent pour rien dans l'Eglise! [5] Je le dis pour vous faire honte. Il y a sûrement parmi vous au moins un homme sage qui soit capable de régler un conflit entre frères! [6] Alors, est-il vraiment nécessaire qu'un frère soit en procès avec un autre et cela devant des juges incroyants?

[7] Certes, le fait d'avoir des procès entre vous est déjà la preuve de votre complet échec. Pourquoi ne supportez-vous pas plutôt l'injustice? Pourquoi ne vous laissez-vous pas plutôt voler? [8] Au contraire, c'est vous qui pratiquez l'injustice et le vol, et vous agissez ainsi envers des frères! [9] Vous savez sûrement que les méchants ne recevront pas le *Royaume de Dieu. Ne vous y trompez pas: les gens immoraux, ou adorateurs d'idoles, ou adultères, ou homosexuels, [10] ou voleurs, ou envieux, ou ivrognes, ou insulteurs, ou brigands, ces gens ne recevront pas le Royaume de Dieu. [11] Voilà ce qu'étaient certains d'entre vous. Mais vous avez été purifiés du péché, vous avez été mis à part pour être à Dieu, vous avez été rendus justes devant Dieu au nom du Seigneur Jésus-Christ et par l'Esprit de notre Dieu.

Utilisez votre corps pour la gloire du Seigneur

[12] Certains d'entre vous disent: "Tout m'est permis." Oui, cependant tout ne vous est pas bon. Je pourrais dire: "Tout m'est permis," mais je ne vais pas me laisser réduire en esclavage par quoi que ce soit. [13] Vous dites aussi: "La nourriture est pour le ventre et le ventre pour la nourriture." Oui, cependant Dieu détruira l'une et l'autre. Mais le corps humain, lui, n'est pas fait pour l'immoralité: il est pour le Seigneur et le Seigneur est pour le corps. [14] Dieu a ramené le Seigneur à la vie et il nous ramènera de la mort à la vie par sa puissance.

[15] Vous savez que vos corps sont des parties du corps du Christ. Vais-je donc prendre une partie du corps du Christ pour en faire une partie du corps d'une prostituée? Certainement pas! [16] Ou bien ne savez-vous pas que l'homme qui s'unit à une prostituée devient avec elle un seul corps? Car l'Ecriture déclare: "Les deux deviendront un seul corps." [17] Mais celui qui s'unit au Seigneur devient spirituellement un avec lui.

[18] Fuyez l'immoralité! Tout autre péché que commet un

homme reste extérieur à son corps; mais l'homme qui se livre à l'immoralité pèche contre son propre corps. [19] Ne savez-vous pas que votre corps est le temple du Saint-Esprit, cet Esprit qui est en vous et que Dieu vous a donné? Vous ne vous appartenez pas à vous-mêmes: [20] Dieu vous a achetés, il a payé le prix pour cela. Utilisez donc votre corps pour la gloire de Dieu.

Questions concernant le mariage

7 Passons maintenant aux questions que vous m'avez posées dans votre lettre: Il est bon pour un homme de ne pas se marier. [2] Cependant, en raison de l'immoralité si répandue, il vaut mieux que chaque homme ait sa propre femme et que chaque femme ait son mari. [3] Le mari doit remplir son devoir d'époux envers sa femme et la femme, de même, doit remplir son devoir d'épouse envers son mari. [4] La femme ne peut pas faire ce qu'elle veut de son propre corps: son corps est à son mari; de même, le mari ne peut pas faire ce qu'il veut de son propre corps: son corps est à sa femme. [5] Ne vous refusez pas l'un à l'autre, à moins que vous ne vous soyez mis d'accord d'agir ainsi momentanément pour vous appliquer à la prière; mais ensuite, reprenez une vie conjugale normale, sinon vous risqueriez de ne plus pouvoir vous maîtriser et de céder aux tentations de Satan.

[6] Ce que je vous dis là n'est pas un ordre, mais une permission. [7] En réalité, je préférerais que tout le monde soit comme moi; mais chacun a le don particulier que Dieu lui a accordé, l'un ce don-ci, l'autre ce don-là.

[8] Voici ce que je déclare aux célibataires et aux veuves: il serait bon pour vous que vous continuiez à vivre seuls, comme moi. [9] Mais si vous ne pouvez pas vous maîtriser, mariez-vous: il vaut mieux se marier que de brûler de désir.

[10] Aux mariés chrétiens, je donne cet ordre (qui ne vient pas de moi, mais du Seigneur): une femme mariée ne doit pas se séparer de son mari, [11] — au cas où elle en serait séparée, qu'elle ne se remarie pas, ou bien qu'elle se réconcilie avec son mari — et un mari ne doit pas renvoyer sa femme.

[12] Aux autres, voici ce que je dis (moi-même, et non le Seigneur): si un mari chrétien a une femme non croyante et qu'elle soit d'accord de continuer à vivre avec lui, il ne

doit pas la renvoyer; [13] de même, si une femme chrétienne a un mari non croyant et qu'il soit d'accord de continuer à vivre avec elle, elle ne doit pas le renvoyer. [14] En effet, le mari non croyant est accepté de Dieu à cause de son union avec sa femme, et la femme non croyante est acceptée de Dieu à cause de son union avec son mari chrétien. Autrement, leurs enfants seraient comme des enfants païens, alors que, en réalité, ils sont acceptés de Dieu. [15] Cependant, si celui qui n'est pas croyant veut se séparer de son conjoint chrétien, qu'on le laisse agir ainsi. Dans un tel cas, le conjoint chrétien, que ce soit l'époux ou l'épouse, est libre, car Dieu vous a appelés à vivre en paix. [16] Comment pourrais-tu être sûre, femme chrétienne, que tu sauveras ton mari? Ou comment pourrais-tu être sûr, mari chrétien, que tu sauveras ta femme?

Vivre comme Dieu vous a appelés à le faire

[17] Ce cas excepté, il faut que chacun continue à vivre conformément au don que le Seigneur lui a accordé et conformément à ce qu'il était quand Dieu l'a appelé. Telle est la règle que j'établis dans toutes les Eglises. [18] Si un homme était *circoncis lorsqu'il a reçu l'appel de Dieu, il ne doit pas chercher à supprimer le signe de la circoncision; si un homme était incirconcis lorsqu'il a reçu l'appel de Dieu, il ne doit pas se faire circoncire. [19] Etre circoncis ou ne pas l'être n'a pas d'importance: ce qui importe, c'est d'obéir aux commandements de Dieu. [20] Il faut que chacun demeure dans la condition où il était lorsqu'il a reçu l'appel de Dieu. [21] Etais-tu esclave quand Dieu t'a appelé? Ne t'en inquiète pas; mais si une occasion se présente pour toi de devenir libre, profites-en. [22] Car l'esclave qui a été appelé par le Seigneur est un homme libéré qui dépend du Seigneur; de même, l'homme libre qui a été appelé par le Christ est son esclave. [23] Dieu vous a achetés, il a payé le prix pour cela; ne devenez donc pas esclaves des hommes. [24] Frères, il faut que chacun demeure devant Dieu dans la condition où il était lorsqu'il a été appelé.

Questions concernant les personnes non mariées et les veuves

[25] En ce qui concerne les personnes non mariées, je n'ai pas d'ordre du Seigneur; mais je donne mon opinion en hom-

me qui, grâce à la bonté du Seigneur, est digne de confiance.

[26] En raison de la détresse présente, voici ce que je pense : il est bon pour un homme de demeurer comme il est. [27] As-tu une femme? Alors, ne cherche pas à t'en séparer. N'es-tu pas marié? Alors, ne cherche pas de femme. [28] Cependant, si tu te maries, tu ne commets pas de péché; et si une jeune fille se marie, elle ne commet pas de péché. Mais ceux qui se marient auront des souffrances dans leur vie quotidienne, et je voudrais vous les épargner.

[29] Voici ce que je veux dire, frères : il reste peu de temps; dès maintenant il faut que les hommes mariés vivent comme s'ils n'étaient pas mariés, [30] ceux qui pleurent comme s'ils n'étaient pas tristes, ceux qui rient comme s'ils n'étaient pas joyeux, ceux qui achètent comme s'ils ne possédaient pas ce qu'ils ont acheté, [31] ceux qui usent des biens de ce monde comme s'ils n'en usaient pas. Car ce monde, tel qu'il est, ne durera plus très longtemps.

[32] J'aimerais que vous soyez libres de tout souci. Un homme qui n'est pas marié se préoccupe des affaires du Seigneur, il cherche à plaire au Seigneur; [33] mais celui qui est marié se préoccupe des affaires du monde, il cherche à plaire à sa femme, [34] et il est ainsi partagé entre deux préoccupations. De même, une femme qui n'est pas mariée ou une jeune fille se préoccupe des affaires du Seigneur, car elle désire être à lui de corps et d'esprit; mais celle qui est mariée se préoccupe des affaires du monde, elle cherche à plaire à son mari.

[35] Je dis cela pour votre bien et non pour vous imposer une contrainte; je désire que vous viviez de la façon qui convient le mieux, en demeurant totalement attachés au service du Seigneur.

[36] Passons au cas de fiancés qui ont décidé de ne pas se marier : si le jeune homme pense qu'il n'agit pas correctement à l'égard de la jeune fille, s'il est dominé par le désir et estime qu'ils devraient se marier, eh bien! qu'ils se marient, comme il le veut; il ne commet pas de péché. [37] Par contre, si le jeune homme, sans subir de contrainte, a pris intérieurement la ferme résolution de ne pas se marier, s'il est capable de dominer sa volonté et a décidé en lui-même comment agir, alors il fait bien de ne pas épouser la jeune fille. [38] Ainsi, celui qui épouse sa fiancée fait bien, mais celui qui ne l'épouse pas fait mieux encore.

[39] Une femme mariée est liée à son mari aussi longtemps qu'il vit; mais si son mari meurt, elle est libre d'épouser qui elle veut, à condition que ce soit un mariage chrétien. [40] Pourtant, elle sera plus heureuse si elle demeure comme elle est. C'est là mon opinion et j'estime avoir, moi aussi, l'Esprit de Dieu.

Les viandes qui viennent de sacrifices offerts aux idoles

8 Examinons maintenant la question des viandes qui viennent de sacrifices offerts aux idoles:

Il est vrai que "nous avons tous la connaissance," comme vous le dites. Mais cette connaissance remplit l'homme d'orgueil, tandis que l'amour nous fait progresser dans la foi. [2] Celui qui s'imagine connaître quelque chose ne connaît pas encore comme il devrait connaître. [3] Mais celui qui aime Dieu est connu par lui.

[4] La question est donc la suivante: peut-on manger des viandes qui viennent de sacrifices offerts aux idoles? Nous savons bien qu'une idole ne représente rien de réel dans le monde et qu'il n'y a qu'un seul Dieu. [5] Même s'il y a de prétendus dieux au ciel et sur la terre — et, en fait, il y a beaucoup de "dieux" et de "seigneurs", — [6] il n'en est pas moins vrai que pour nous il n'y a qu'un seul Dieu, le Père, qui a créé toutes choses et pour qui nous vivons; il n'y a également qu'un seul Seigneur, Jésus-Christ, par qui toutes choses existent et par qui nous vivons.

[7] Mais tous ne connaissent pas cette vérité. Certains ont été tellement habitués aux idoles que, maintenant encore, ils mangent ces viandes comme si elles appartenaient à une idole; leur conscience est faible et ils se sentent souillés par cette nourriture. [8] Ce n'est pourtant pas un aliment qui nous rapprochera de Dieu: nous ne perdrons rien si nous n'en mangeons pas, et nous ne gagnerons rien non plus si nous en mangeons.

[9] Cependant, prenez garde que la liberté avec laquelle vous agissez ne fasse pas tomber dans le péché ceux qui sont faibles dans la foi. [10] En effet, si quelqu'un de faible te voit, toi qui as la "connaissance", en train de manger dans le temple d'une idole, ne se sentira-t-il pas encouragé dans sa conscience à manger de la viande offerte aux idoles? [11] Et ainsi ce faible, ce frère pour qui le Christ est mort, va se

perdre à cause de ta "connaissance"! [12] En péchant de cette façon contre vos frères et en blessant leur conscience qui est faible, vous péchez contre le Christ lui-même. [13] C'est pourquoi, si un aliment fait tomber mon frère dans le péché, je ne mangerai plus jamais de viande afin de ne pas faire tomber mon frère.

Les droits et les devoirs d'un apôtre

9 Ne suis-je pas libre? Ne suis-je pas *apôtre? N'ai-je pas vu Jésus notre Seigneur? N'êtes-vous pas le résultat de mon travail au service du Seigneur? [2] Même si d'autres refusent de me reconnaître comme apôtre, vous devez certainement me reconnaître comme tel. En effet, en raison de votre union avec le Seigneur, vous êtes vous-mêmes la preuve que je suis apôtre.

[3] Voici comment je me défends contre ceux qui me critiquent: [4] N'ai-je pas le droit de recevoir nourriture et boisson pour mon travail? [5] N'ai-je pas le droit d'emmener avec moi une épouse chrétienne, comme le font les apôtres, les frères du Seigneur et Pierre? [6] Ou bien sommes-nous les seuls, Barnabas et moi, à devoir travailler pour gagner notre vie? [7] Avez-vous jamais entendu dire qu'un soldat serve dans l'armée à ses propres frais? ou qu'un homme ne mange pas du raisin de la vigne qu'il a plantée? ou qu'un *berger ne prenne pas de lait du troupeau dont il s'occupe?

[8] Ne pensez pas que je m'appuie seulement sur ces exemples tirés de la vie quotidienne, car la *loi de Moïse dit la même chose. [9] Il est en effet écrit dans cette loi: "Ne mets pas une *muselière au boeuf qui foule le blé." Dieu s'inquiète-t-il des boeufs? [10] N'est-ce pas en réalité pour nous qu'il a parlé ainsi? Assurément, cette parole a été écrite pour nous. Il faut que celui qui laboure et celui qui bat le blé accomplissent leur tâche avec l'espoir d'obtenir leur part de la récolte. [11] Nous avons semé en vous une semence spirituelle: serait-il alors excessif que nous récoltions une part de vos biens matériels? [12] Si d'autres ont ce droit sur vous, ne l'avons-nous pas encore plus qu'eux?

Cependant, nous n'avons pas usé de ce droit. Au contraire, nous avons tout supporté pour ne pas mettre d'obstacle sur le chemin de la Bonne Nouvelle qui concerne le Christ. [13] Vous savez sûrement que ceux qui travaillent dans le temple reçoivent leur nourriture du temple, et que ceux qui offrent les sacrifices sur *l'autel reçoivent leur part de ces sacrifices. [14] De même, le Seigneur a ordonné que ceux qui annoncent la Bonne Nouvelle vivent de cette activité.

[15] Mais je n'ai usé d'aucun de ces droits, et je n'écris pas cela pour demander à en profiter. J'aimerais mieux mourir! Personne ne m'enlèvera ce sujet de fierté! [16] Je n'ai pas à me vanter de ce que j'annonce la Bonne Nouvelle. C'est en effet une obligation qui m'est imposée, et malheur à moi si je n'annonce pas la Bonne Nouvelle. [17] Si j'avais choisi moi-même d'accomplir cette tâche, je pourrais m'attendre à recevoir un salaire; mais puisque c'est mon devoir de l'accomplir, je m'acquitte simplement de la charge qui m'a été confiée. [18] Quel est alors mon salaire? C'est la satisfaction de pouvoir annoncer la Bonne Nouvelle en l'offrant gratuitement, sans user des droits que j'ai en tant que prédicateur de la Bonne Nouvelle.

[19] Je suis libre, je ne suis l'esclave de personne; cependant je me suis fait l'esclave de tous afin d'en gagner le plus grand nombre possible. [20] Lorsque je travaille parmi les Juifs, je vis comme un Juif, afin de les gagner; bien que je ne sois pas soumis à la loi de Moïse, je vis comme si je l'étais lorsque je travaille parmi ceux qui sont soumis à cette loi, afin de les gagner. [21] De même, lorsque je suis avec ceux qui ne connaissent pas la loi de Moïse, je vis comme eux, sans tenir compte de cette loi, afin de les gagner. Cela ne veut pas dire que je n'obéisse pas à la loi de Dieu, car je suis soumis à la loi du Christ. [22] Avec ceux qui sont faibles dans la foi, je vis comme si j'étais faible aussi, afin de les gagner. Ainsi, je me fais tout à tous afin d'en sauver de toute manière quelques-uns. [23] Je fais tout cela pour la Bonne Nouvelle, afin d'avoir part à ses biens.

[24] Vous savez sûrement que ceux qui participent à une course courent tous, mais qu'un seul remporte le prix. Courez donc de manière à remporter le prix. [25] Tous les athlètes à l'entraînement s'imposent une discipline sévère. Ils le font pour gagner une *couronne qui ne dure pas; mais nous, nous le faisons pour gagner une couronne qui durera toujours. [26] C'est pourquoi je cours les yeux fixés sur le but; c'est pourquoi je suis comme un boxeur qui ne frappe pas au hasard. [27] Je traite durement mon corps et je le maîtrise sévèrement, afin de ne pas être moi-même rejeté après avoir prêché aux autres.

Mise en garde contre les idoles

10 Je veux que vous vous rappeliez, frères, ce qui est arrivé à nos ancêtres qui marchaient avec Moïse. Ils ont tous été sous la protection du nuage et ils ont tous passé à travers la mer Rouge. [2] Dans le nuage et dans la mer, ils ont tous été baptisés en étant unis à Moïse. [3] Ils ont tous mangé la même nourriture spirituelle [4] et ils ont tous bu la même boisson spirituelle: ils buvaient en effet au rocher spirituel qui les accompagnait, et ce rocher était le Christ. [5] Pourtant, la plupart d'entre eux ne furent pas agréables à Dieu et c'est pourquoi ils tombèrent morts dans le désert.

[6] Ces événements nous servent d'exemples, pour que nous n'ayons pas de mauvais désirs comme ils en ont eu. [7] Il ne faut pas non plus que vous vous mettiez à adorer des idoles comme certains d'entre eux l'ont fait. Ainsi que le déclare l'Ecriture: "Le peuple s'assit pour manger et boire, puis ils se levèrent pour danser." [8] Nous ne devons pas nous livrer à l'immoralité sexuelle, comme certains d'entre eux l'ont fait et vingt-trois mille personnes tombèrent mortes en un seul jour. [9] Nous ne devons pas mettre le Seigneur à l'épreuve, comme certains d'entre eux l'ont fait et ils périrent de la morsure des serpents. [10] Vous ne devez pas vous plaindre, comme certains d'entre eux l'ont fait et ils furent détruits par l'ange de la mort.

[11] Ces malheurs leur arrivèrent pour servir d'exemples à d'autres; ils ont été mis par écrit pour nous avertir, car nous vivons en un temps où la fin est proche. [12] Par conséquent, celui qui pense être debout doit prendre garde de ne pas tomber. [13] Les tentations que vous avez connues ont toutes été de celles qui se présentent normalement aux hommes.

Dieu est fidèle à ses promesses et il ne permettra pas que vous soyez tentés au delà de votre capacité de résistance; mais, au moment où surviendra la tentation, il vous donnera la force de la supporter et, ainsi, le moyen d'en sortir.

[14] C'est pourquoi, mes amis, gardez-vous du culte des idoles. [15] Je vous parle comme à des personnes raisonnables; jugez vous-mêmes de ce que je dis. [16] Pensez à la coupe de bénédiction pour laquelle nous remercions Dieu: lorsque nous en buvons, ne nous met-elle pas en communion avec le sang du Christ? Et le pain que nous rompons: lorsque nous en mangeons, ne nous met-il pas en communion avec

le corps du Christ? [17] Il y a un seul pain; aussi, bien que nous soyons nombreux, nous formons un seul corps car nous avons tous part au même pain.

[18] Voyez le peuple d'Israël: ceux qui mangent de ce qui est offert en sacrifice sont en communion avec Dieu auquel *l'autel est consacré. [19] Est-ce que je veux dire par là qu'une idole ou que la viande qui lui est offerte en sacrifice ont une valeur quelconque? [20] Non, mais j'affirme que ce que les païens sacrifient est offert aux esprits mauvais et non à Dieu. Or, je ne veux pas que vous soyez en communion

avec des esprits mauvais. [21] Vous ne pouvez pas boire à la fois à la coupe du Seigneur et à la coupe des esprits mauvais; vous ne pouvez pas manger à la fois à la table du Seigneur et à la table des esprits mauvais. [22] Ou bien voulons-nous rendre le Seigneur jaloux? Pensez-vous que nous soyons plus forts que lui?

Agir en tout pour la gloire de Dieu

[23] "Tout nous est permis," disent certains. Oui, cependant tout n'est pas bon. "Tout nous est permis," cependant tout n'est pas utile pour la foi. [24] Que personne ne cherche son propre intérêt, mais que chacun cherche celui d'autrui.

[25] Vous êtes libres de manger tout ce qui se vend au marché de la viande sans vous poser de question par motif de conscience; [26] car, comme le déclare l'Ecriture, "la terre et tout ce qu'elle contient appartiennent au Seigneur."

[27] Si un non croyant vous invite à un repas et que vous acceptiez d'y aller, mangez de tout ce qu'on vous servira, sans vous poser de question par motif de conscience. [28] Mais si quelqu'un vous dit: "Cette viande vient d'un sacrifice offert aux idoles," alors n'en mangez pas, à cause de celui qui a fait cette remarque et par motif de conscience — [29] je parle ici non pas de votre conscience, mais de celle de l'autre.

"Mais pourquoi," demandera-t-on, "ma liberté d'action devrait-elle être limitée par la conscience de quelqu'un d'autre? [30] Si je remercie Dieu pour ce que je mange, pourquoi me critiquerait-on au sujet de cette nourriture pour laquelle j'ai dit merci?"

[31] Donc, que vous mangiez, que vous buviez, ou que vous fassiez quoi que ce soit, faites tout pour la gloire de Dieu. [32] Vivez de façon à ne scandaliser ni les Juifs, ni les non-Juifs, ni l'Eglise de Dieu. [33] Agissez comme moi: je m'efforce de plaire à tous en toutes choses; je ne cherche pas mon propre bien, mais le bien de tous, afin qu'ils soient sauvés.

11 Imitez-moi, comme j'imite le Christ.

La femme doit se couvrir la tête pendant le culte

[2] Je vous félicite de ce que vous vous souvenez de moi en toute occasion et de ce que vous suivez les instructions

que je vous ai transmises. [3] Cependant, je veux que vous compreniez ceci : le Christ est le chef de tout homme, le mari est le chef de sa femme, et Dieu est le chef du Christ. [4] Si donc un homme a la tête couverte lorsqu'il prie ou donne des messages reçus de Dieu pendant le culte, il déshonore le Christ. [5] Mais si une femme n'a rien sur la tête lorsqu'elle prie ou donne des messages reçus de Dieu pendant le culte, elle déshonore son mari; elle est comme une femme dont les cheveux seraient tondus. [6] Si une femme ne se couvre pas la tête, elle pourrait tout aussi bien se couper les cheveux! Mais puisqu'il est honteux pour une femme de se couper ou de se tondre les cheveux, il faut alors qu'elle se couvre la tête. [7] L'homme n'a pas besoin de se couvrir la tête, parce qu'il reflète l'image et la gloire de Dieu. Mais la femme reflète la gloire de l'homme; [8] en effet, l'homme n'a pas été créé à partir de la femme, mais c'est la femme qui a été créée à partir de l'homme. [9] Et l'homme n'a pas été créé pour la femme, mais c'est la femme qui a été créée pour l'homme. [10] C'est pourquoi, à cause des anges, la femme doit avoir sur la tête un signe indiquant qu'elle est soumise à l'autorité de son mari. [11] Cependant, dans notre vie avec le Seigneur, la femme n'est pas indépendante de l'homme et l'homme n'est pas indépendant de la femme. [12] Car de même que la femme a été créée à partir de l'homme, de même l'homme naît de la femme, et tout vient de Dieu.

[13] Jugez-en vous-mêmes : est-il convenable qu'une femme n'ait rien sur la tête lorsqu'elle prie Dieu pendant le culte? [14] La nature elle-même vous enseigne que c'est une honte pour l'homme de porter les cheveux longs, [15] tandis que c'est un honneur pour la femme de les porter ainsi. En effet, les cheveux longs ont été donnés à la femme pour lui servir de voile. [16] Mais si quelqu'un désire encore discuter à ce sujet, qu'il sache simplement ceci : ni nous ni les Eglises de Dieu n'avons d'autre coutume dans le culte.

Le repas du Seigneur

(Voir aussi Matt. 26.26-29; Marc 14.22-25; Luc 22.15-20)

[17] En passant aux remarques qui suivent, je ne peux pas vous féliciter, car vos réunions vous font plus de mal que de bien. [18] Tout d'abord, on m'a dit que lorsque vous tenez des assemblées, il y a parmi vous des groupes opposés, —

et je le crois en partie. [19] (Il faut bien qu'il y ait des divisions parmi vous pour qu'on puisse reconnaître ceux d'entre vous qui sont vraiment fidèles.) [20] Quand vous vous réunissez, ce n'est pas le repas du Seigneur que vous prenez: [21] en effet, dès que vous êtes à table, chacun se hâte de prendre son propre repas, de sorte que certains ont faim tandis que d'autres s'enivrent. [22] N'avez-vous pas vos maisons pour y manger et y boire? Ou bien méprisez-vous l'Eglise de Dieu et voulez-vous couvrir de honte ceux qui n'ont rien? Qu'attendez-vous que je vous dise? Faut-il que je vous félicite? Non, je ne peux vraiment pas vous féliciter!

[23] Car voici l'enseignement que j'ai reçu du Seigneur et que je vous ai transmis: Le Seigneur Jésus, dans la nuit où il fut livré, prit du pain [24] et, après avoir remercié Dieu, il le rompit et dit: "Ceci est mon corps, qui est pour vous. Faites ceci en souvenir de moi." [25] De même, il prit la coupe après le repas et dit: "Cette coupe est la nouvelle *alliance de Dieu, confirmée par mon sang. Toutes les fois que vous en boirez, faites-le en souvenir de moi." [26] En effet, jusqu'à ce que le Seigneur vienne, vous annoncez sa mort toutes les fois que vous mangez de ce pain et que vous buvez de cette coupe.

[27] C'est pourquoi, si quelqu'un mange le pain du Seigneur ou boit de sa coupe d'une façon indigne, il se rend coupable de péché envers le corps et le sang du Seigneur. [28] Que chacun donc s'examine soi-même et qu'il mange alors de ce pain et boive de cette coupe; [29] car si quelqu'un mange du pain et boit de la coupe sans reconnaître leur relation avec le corps du Seigneur, il attire le jugement sur lui-même en mangeant et buvant. [30] C'est pour cette raison que beaucoup d'entre vous sont malades et faibles, et que plusieurs sont morts. [31] Si nous commencions par nous examiner nous-mêmes, nous éviterions de tomber sous le jugement de Dieu. [32] Mais nous sommes jugés et punis par le Seigneur afin que nous ne soyons pas condamnés avec le monde.

[33] Ainsi, mes frères, lorsque vous vous réunissez pour prendre le repas du Seigneur, attendez-vous les uns les autres. [34] Si quelqu'un a faim, qu'il mange chez lui, afin que vous n'attiriez pas le jugement de Dieu sur vous dans vos réunions. Quant aux autres questions, je les réglerai quand je serai arrivé chez vous.

Les dons du Saint-Esprit

12 Passons maintenant à la question des dons du Saint-Esprit:

Frères, je désire que vous connaissiez la vérité au sujet de ces dons. [2] Vous savez que lorsque vous étiez encore païens, vous étiez entraînés irrésistiblement vers les idoles muettes. [3] C'est pourquoi je veux que vous en soyez bien convaincus: aucun homme dirigé par l'Esprit de Dieu ne peut dire: "Maudit soit Jésus!", et personne ne peut déclarer: "Jésus est le Seigneur!", s'il n'est pas dirigé par le Saint-Esprit.

[4] Il y a diverses sortes de dons spirituels, mais c'est le même Esprit qui les accorde. [5] Il y a diverses façons de servir, mais c'est le même Seigneur que l'on sert. [6] Il y a diverses activités, mais c'est le même Dieu qui les produit toutes en tous. [7] En chacun l'Esprit se manifeste par un don pour le bien de tous. [8] L'Esprit donne à l'un de parler selon la sagesse, et à un autre le même Esprit donne de parler selon la connaissance. [9] Ce seul et même Esprit donne à l'un la foi et à un autre le pouvoir de guérir les malades. [10] L'Esprit accorde à l'un de pouvoir accomplir des miracles, à un autre le don d'annoncer des messages reçus de Dieu, à un autre encore la capacité de distinguer les faux esprits du véritable Esprit. A l'un il donne la possibilité de parler avec des mots étranges et à un autre la possibilité d'expliquer ce que signifient ces mots. [11] C'est le seul et même Esprit qui produit tout cela; il accorde à chacun un don différent, comme il le veut.

Un seul corps avec plusieurs parties

[12] En effet, le Christ est comme un seul corps qui possède plusieurs parties; ce corps reste un, bien qu'il se compose de différentes parties. [13] Et nous tous, les Juifs ou les non-Juifs, les esclaves ou les hommes libres, nous avons été baptisés pour former un seul corps par le même Esprit et il nous a été donné à tous de boire d'un seul Esprit.

[14] Le corps ne se compose pas d'une seule partie, mais de plusieurs. [15] Si le pied disait: "Je ne suis pas une main, donc je n'appartiens pas au corps," il ne cesserait pas pour autant d'être une partie du corps. [16] Et si l'oreille disait: "Je ne suis pas un oeil, donc je n'appartiens pas au corps,"

elle ne cesserait pas pour autant d'être une partie du corps. [17] Si tout le corps n'était qu'un oeil, comment pourrait-il entendre? Et s'il n'était qu'une oreille, comment pourrait-il sentir les odeurs? [18] En réalité, Dieu a disposé chacune des parties du corps comme il l'a voulu. [19] Il n'y aurait pas de corps s'il ne se trouvait en tout qu'une seule partie! [20] En fait, il y a plusieurs parties et un seul corps.

[21] L'oeil ne peut donc pas dire à la main: "Je n'ai pas besoin de toi!" Et la tête ne peut pas dire non plus aux pieds: "Je n'ai pas besoin de vous!" [22] Bien au contraire, les parties du corps qui paraissent les plus faibles sont indispensables; [23] celles que nous estimons le moins, nous les entourons de plus de soin que les autres; celles dont il n'est pas convenable de parler sont traitées avec des égards particuliers [24] qu'il n'est pas nécessaire d'accorder aux parties plus convenables de notre corps. Dieu a disposé le corps de manière à donner plus d'honneur aux parties qui en manquent: [25] ainsi, il n'y a pas de division dans le corps, mais les différentes parties ont toutes un égal souci les unes des autres. [26] Si une partie du corps souffre, toutes les autres souffrent avec elle; si une partie est honorée, toutes les autres s'en réjouissent avec elle.

[27] Vous tous, vous êtes le corps du Christ, et chacun de vous est une partie de ce corps. [28] C'est ainsi que, dans l'Eglise, Dieu a établi en premier lieu des *apôtres, en deuxième lieu des *prophètes et en troisième lieu des enseignants; ensuite, il y a ceux qui accomplissent des miracles, puis ceux qui ont le pouvoir de guérir les malades, ceux qui viennent en aide aux autres, ceux qui dirigent les autres, ceux qui ont le don de parler avec des mots étranges. [29] Tous ne sont pas apôtres, ou prophètes, ou enseignants. Tous n'ont pas le pouvoir d'accomplir des miracles, [30] ou de guérir les malades, ou de parler avec des mots étranges, ou d'expliquer ce que signifient ces mots. [31] Désirez donc les dons les plus importants.

Mais je vais vous montrer maintenant le chemin qui est supérieur à tout.

L'amour

13 Je pourrais être capable de parler les langues des hommes et celles des anges, mais si je n'ai pas d'amour, mes discours ne sont rien de plus qu'un tambour bruyant

ou qu'une cloche qui résonne. [2] Je pourrais avoir le don d'annoncer des messages reçus de Dieu, je pourrais posséder toute la connaissance et comprendre tous les secrets, je pourrais avoir toute la foi nécessaire pour déplacer des montagnes, mais si je n'ai pas d'amour, je ne suis rien. [3] Je pourrais distribuer tous mes biens et même livrer mon corps pour être brûlé, mais si je n'ai pas d'amour, cela ne me sert de rien.

[4] L'amour est patient, l'amour est bon, il n'est pas envieux, il ne se vante pas, il n'est pas orgueilleux; [5] l'amour ne fait rien de honteux, il n'est pas égoïste, il ne s'irrite pas, il n'éprouve pas de rancune; [6] l'amour ne se réjouit pas du mal, mais il se réjouit de la vérité. [7] L'amour permet de tout supporter, il nous fait garder en toute circonstance la foi, l'espérance et la patience.

[8] L'amour est éternel. Les messages reçus de Dieu n'ont de valeur que pour un temps, le don de parler avec des mots étranges prendra fin, la connaissance disparaîtra. [9] Car nous ne connaissons qu'incomplètement et nous ne donnons qu'incomplètement les messages divins; [10] mais quand ce qui est parfait viendra, ce qui est incomplet disparaîtra.

[11] Lorsque j'étais enfant, je parlais, pensais et raisonnais comme un enfant; mais une fois devenu homme, j'ai abandonné tout ce qui est propre à l'enfant. [12] A présent, ce que nous voyons est semblable à une image obscure reflétée par un miroir; alors, nous verrons face à face. A présent, je ne

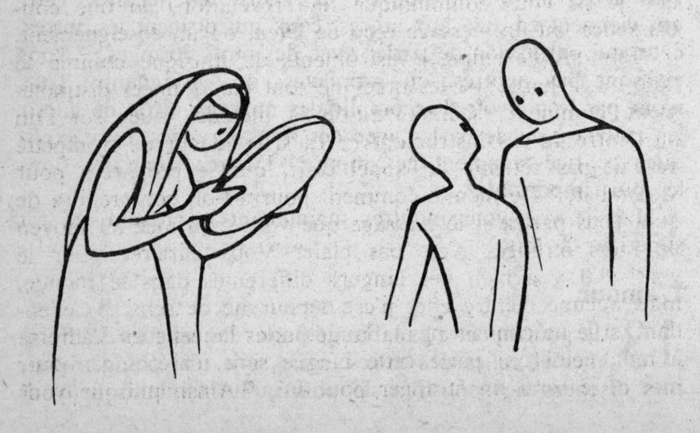

connais qu'incomplètement; alors, je connaîtrai complètement, comme Dieu me connaît.

[13] Maintenant, ces trois choses demeurent: la foi, l'espérance et l'amour; mais la plus grande des trois est l'amour.

Nouvelles remarques à propos des dons du Saint-Esprit

14 Recherchez donc l'amour. Désirez aussi les dons spirituels, surtout celui d'annoncer des messages reçus de Dieu. [2] Celui qui parle avec des mots étranges ne parle pas aux hommes mais à Dieu, car personne ne le comprend. Par la puissance de l'Esprit, il exprime des vérités cachées. [3] Mais celui qui donne des messages reçus de Dieu parle aux hommes pour les faire progresser dans la foi, pour les encourager et pour les consoler. [4] Celui qui parle avec des mots étranges ne fortifie que sa propre foi, tandis que celui qui donne des messages reçus de Dieu fortifie la foi de l'Eglise entière.

[5] Je veux bien que vous parliez tous avec des mots étranges, mais je désire encore plus que vous puissiez donner des messages reçus de Dieu. En effet, celui qui donne de tels messages est plus utile que celui qui parle avec des mots étranges, à moins que quelqu'un ne soit capable d'expliquer ce qu'il dit afin que l'Eglise entière en soit fortifiée dans sa foi. [6] Ainsi, frères, je vous le demande: quand je viendrai chez vous, en quoi vous serai-je utile si je vous parle avec des mots étranges? Je ne vous serai utile en rien à moins que je ne vous communique une révélation, ou une connaissance, ou un message reçu de Dieu, ou un enseignement.

[7] Prenons l'exemple d'instruments de musique comme la flûte ou la harpe: si les notes ne sont pas données distinctement, comment reconnaîtra-t-on la mélodie jouée sur l'un ou l'autre de ces instruments? [8] Et si le joueur de trompette ne fait pas retentir un appel clair, qui se préparera pour le combat? [9] De même, comment pourra-t-on comprendre de quoi vous parlez si le message que vous exprimez au moyen de mots étranges n'est pas clair? Vous parlerez pour le vent! [10] Il y a bien des langues différentes dans le monde, mais aucune d'entre elles n'est dépourvue de sens. [11] Cependant, si je ne connais pas la langue dans laquelle on s'adresse à moi, celui qui parle cette langue sera un étranger pour moi et je serai un étranger pour lui. [12] Ainsi, puisque vous

désirez avec ardeur les dons de l'Esprit, cherchez à être riches surtout de ceux qui font progresser l'Eglise dans la foi.

[13] Par conséquent, celui qui parle avec des mots étranges doit demander à Dieu le don d'expliquer ce que ces mots signifient. [14] Car si je prie avec des mots étranges, mon esprit est bien en prière, mais mon intelligence demeure inactive. [15] Que vais-je donc faire? Je prierai avec mon esprit, mais je prierai aussi avec mon intelligence; je chanterai avec mon esprit, mais je chanterai aussi avec mon intelligence. [16] En effet, si tu remercies Dieu uniquement en esprit, comment celui qui est un simple auditeur dans l'assemblée pourra-t-il répondre "Amen" à ta prière de reconnaissance? Il ne peut pas savoir ce que tu dis. [17] Même si ta prière de reconnaissance est très belle, l'autre n'en est pas fortifié dans sa foi.

[18] Je remercie Dieu de ce que je parle avec des mots étranges plus que vous tous. [19] Mais, devant l'Eglise assemblée, j'aime mieux dire cinq mots compréhensibles, afin d'instruire les autres, que de prononcer des milliers de mots étranges.

[20] Frères, ne soyez pas comme des enfants quant à votre façon de raisonner; soyez des enfants en ce qui concerne le mal, mais soyez des adultes quant à votre façon de raisonner. [21] Voici ce que déclare l'Ecriture:

"Je parlerai à ce peuple, dit le Seigneur:
Je lui parlerai par des hommes de langue étrangère
Et par la bouche d'étrangers.
Même alors mon peuple ne m'écoutera pas."

[22] Ainsi, le don de parler avec des mots étranges est un signe pour les non croyants, mais ne l'est pas pour les croyants; au contraire, le don d'annoncer des messages reçus de Dieu est un signe pour les croyants, mais ne l'est pas pour les non croyants.

[23] Supposons donc que l'Eglise entière s'assemble et que tous se mettent à parler avec des mots étranges: si des gens simples ou des non croyants entrent là où vous vous trouvez, ne diront-ils pas que vous êtes fous? [24] Mais si tous donnent des messages reçus de Dieu et qu'un non croyant ou un homme simple entre, il sera convaincu de son péché à cause de ce qu'il entend. Il sera jugé par tout ce qu'il entend [25] et ses pensées secrètes seront mises en pleine lumière. Alors, il se courbera le visage contre terre et adorera Dieu en déclarant: "Dieu est vraiment parmi vous!"

L'ordre dans l'Eglise

[26] Que faut-il en conclure, frères? Lorsque vous vous réunissez pour le culte, l'un de vous a un cantique, un autre un enseignement, un autre une révélation, un autre un message en mots étranges et un autre encore l'explication de ce message: tout cela doit aider l'Eglise à progresser dans la foi. [27] Si l'on se met à parler avec des mots étranges, il faut que deux ou trois au plus le fassent, chacun à son tour, et que quelqu'un explique ce qu'ils disent. [28] S'il ne se trouve personne pour donner une telle explication, que chacun d'eux renonce alors à s'exprimer à haute voix dans l'assemblée: qu'il parle seulement à lui-même et à Dieu. [29] Quant à ceux qui reçoivent des messages de Dieu, que deux ou trois prennent la parole et que les autres jugent de ce qu'ils disent. [30] Mais si une autre personne présente reçoit une révélation de Dieu, il faut que celui qui parle s'interrompe. [31] Vous pouvez tous donner, l'un après l'autre, des messages reçus de Dieu, afin que tous soient instruits et encouragés. [32] Ceux qui annoncent de tels messages doivent rester maîtres du don qui leur est accordé, [33] car Dieu ne nous a pas appelés à vivre dans le désordre mais dans la paix.

Comme dans toutes les Eglises du peuple de Dieu, [34] il faut que les femmes gardent le silence dans les assemblées de l'Eglise: il ne leur est pas permis d'y parler. Comme le dit la *loi de Dieu, elles doivent être soumises. [35] Si elles désirent un renseignement, qu'elles interrogent leur mari à la maison. Il n'est pas convenable pour une femme de parler dans une assemblée de l'Eglise.

[36] Ou bien serait-ce de chez vous que la Parole de Dieu est venue? ou serait-ce à vous seuls qu'elle est parvenue? [37] Si quelqu'un pense être messager de Dieu ou pense avoir un don spirituel, il doit reconnaître que ce que je vous écris est un commandement du Seigneur. [38] Mais s'il ne le reconnaît pas, qu'on ne tienne pas compte de lui.

[39] Ainsi, mes frères, votre désir doit être d'annoncer des messages reçus de Dieu, mais n'interdisez pas de parler avec des mots étranges. [40] Que tout se fasse avec dignité et ordre.

La *résurrection du Christ

15 Frères, je désire vous rappeler maintenant la Bonne Nouvelle que je vous ai annoncée, que vous avez reçue et à laquelle votre foi est fermement attachée. [2] C'est

par elle que vous êtes sauvés, si vous la retenez telle que je vous l'ai annoncée; autrement, vous auriez cru inutilement.

[3] Je vous ai transmis l'enseignement que j'ai reçu, celui qui est le plus important: le Christ est mort pour nos péchés, comme l'avaient annoncé les Ecritures; [4] il a été enterré et il est revenu à la vie le troisième jour, comme l'avaient annoncé les Ecritures; [5] il est apparu à Pierre, puis aux douze *apôtres. [6] Ensuite, il est apparu à plus de cinq cents de ses *disciples à la fois — la plupart d'entre eux sont encore vivants, mais quelques-uns sont morts. [7] Ensuite, il est apparu à Jacques, puis à tous les apôtres.

[8] Enfin, après eux tous, il m'est aussi apparu à moi, et pourtant je suis comme un être né de façon anormale. [9] Je suis en effet le moindre des apôtres — à vrai dire, je ne mérite même pas d'être appelé apôtre, car j'ai persécuté l'Eglise de Dieu. [10] Mais par la grâce de Dieu je suis ce que je suis, et la grâce qu'il m'a faite n'a pas été inefficace: au contraire, j'ai travaillé plus que tous les autres apôtres — non pas moi, en réalité, mais la grâce de Dieu qui est avec moi. [11] Ainsi, que cela vienne de moi ou d'eux, voilà ce que nous prêchons, voilà ce que vous avez cru.

Notre *résurrection

[12] Nous prêchons donc que le Christ est revenu de la mort à la vie: comment alors quelques-uns d'entre vous peuvent-ils dire que les morts ne reviendront pas à la vie? [13] Si c'est vrai, le Christ n'est pas non plus revenu à la vie; [14] et si le Christ n'est pas revenu à la vie, nous n'avons rien à prêcher et vous n'avez rien à croire. [15] De plus, il se trouve que nous disons des mensonges à l'égard de Dieu puisque nous avons affirmé à son sujet qu'il a ramené le Christ à la vie; or, il ne l'a pas fait, s'il est vrai que les morts ne reviennent pas à la vie. [16] Car si les morts ne reviennent pas à la vie, le Christ non plus n'est pas revenu à la vie. [17] Et si le Christ n'est pas revenu à la vie, votre foi est une illusion et vous êtes encore perdus dans vos péchés. [18] Il en résulte aussi que ceux qui sont morts en croyant au Christ sont perdus. [19] Si notre espérance en Christ est valable uniquement pour cette vie, alors nous sommes les plus à plaindre de tous les hommes.

[20] Mais, en réalité, le Christ est revenu de la mort à la

vie, en donnant ainsi la garantie que ceux qui sont morts reviendront également à la vie. [21] Car, de même que la mort est venue par un homme, de même la *résurrection des morts vient par un homme. [22] De même que tous les hommes meurent à cause de leur union avec Adam, de même tous revivront à cause de leur union avec le Christ, [23] mais chacun à son propre rang: le Christ le premier de tous, puis ceux qui appartiennent au Christ, au moment où il viendra. [24] Ensuite arrivera la fin: le Christ détruira toute autorité, tout pouvoir et toute puissance spirituels, et il remettra le *Royaume à Dieu le Père. [25] Car il faut que le Christ règne jusqu'à ce que Dieu ait vaincu tous les ennemis et les lui ait mis sous les pieds. [26] Le dernier ennemi qui sera détruit, c'est la mort. [27] En effet, l'Ecriture déclare:

"Dieu lui a tout mis sous les pieds." Mais il est clair que, dans cette phrase, le mot "tout" ne comprend pas Dieu, qui soumet toutes choses au Christ. [28] Lorsque toutes choses auront été soumises au Christ, alors lui-même, le Fils, se soumettra à Dieu qui lui aura tout soumis; ainsi, Dieu régnera parfaitement sur tout.

[29] Pensez encore au cas de ceux qui se font baptiser pour les morts: quel résultat peuvent-ils espérer obtenir? S'il est vrai que les morts ne reviennent pas à la vie, pourquoi se font-ils baptiser pour eux? [30] Et nous-mêmes, pourquoi nous exposons-nous à toute heure au danger? [31] Frères, chaque

jour je risque la mort: je vous le déclare en raison de la fierté que je ressens à votre sujet dans notre vie en Jésus-Christ notre Seigneur. [32] Si c'est pour des motifs purement humains que j'ai combattu en quelque sorte contre des bêtes sauvages ici, à Ephèse, à quoi cela m'a-t-il servi? Si les morts ne reviennent pas à la vie, alors, comme le dit le proverbe, "mangeons et buvons, car demain nous mourrons."

[33] Ne vous y trompez pas: "De mauvais compagnons font la ruine d'une bonne conduite." [34] Revenez à la raison, comme il convient, et cessez de pécher. Je le dis à votre honte: certains d'entre vous ne connaissent pas Dieu.

Le corps des *ressuscités

[35] "Mais, demandera quelqu'un, comment les morts reviennent-ils à la vie? Quelle sorte de corps auront-ils?" [36] Insensé que tu es! Quand tu mets une graine en terre, cette graine ne peut donner vie à une plante que si elle meurt. [37] Ce que tu mets en terre est une simple graine, peut-être un grain de blé ou une autre semence, et non le corps de la plante qui va pousser. [38] Dieu accorde à cette graine le corps qu'il veut; il donne à chaque graine le corps qui lui est propre.

[39] La chair des êtres vivants n'est pas la même pour tous: les hommes ont une certaine chair, les animaux en ont une autre, les oiseaux une autre et les poissons une autre encore.

[40] Il y a aussi des corps célestes et des corps terrestres; les corps célestes ont une beauté différente de celle des corps terrestres. [41] Le soleil possède sa propre beauté, la lune en a une autre et les étoiles en ont une autre; même parmi les étoiles, la beauté varie de l'une à l'autre.

[42] Il en sera ainsi lorsque les morts reviendront à la vie. Quand le corps est mis en terre, il est mortel; quand il reviendra à la vie, il sera immortel. [43] Quand il est mis en terre, il est laid et faible; quand il reviendra à la vie, il sera beau et fort. [44] Quand il est mis en terre, c'est un corps matériel; quand il reviendra à la vie, ce sera un corps spirituel. Il y a un corps matériel, il doit donc y avoir aussi un corps spirituel. [45] En effet, l'Ecriture déclare: "Le premier homme, Adam, a été fait être vivant"; mais le dernier Adam est l'Esprit qui donne la vie. [46] Ce n'est pas le spirituel qui vient le premier, mais le matériel: le spirituel vient ensuite. [47] Le premier Adam a été fait de la poussière de

la terre; le deuxième Adam est venu du ciel. [48] Ceux qui appartiennent à la terre sont semblables à celui qui a été fait de terre; ceux qui appartiennent au ciel sont semblables à celui qui est venu du ciel. [49] Et de même que nous avons ressemblé à l'homme fait de terre, de même nous ressemblerons à celui qui est du ciel.

[50] Voici ce que je veux dire, frères: ce qui est fait de chair et de sang ne peut pas avoir part au *Royaume de Dieu, et ce qui est mortel ne peut pas posséder l'immortalité.

[51] Je vais vous révéler un secret: nous ne mourrons pas tous, mais nous serons tous transformés [52] en un instant, en un clin d'oeil, quand sonnera la dernière trompette. Car lorsqu'elle sonnera, les morts reviendront à la vie pour être immortels et nous serons tous transformés. [53] En effet, ce qui est mortel doit se revêtir de ce qui est immortel; ce qui meurt doit se revêtir de ce qui ne peut pas mourir. [54] Lorsque ce qui est mortel se sera revêtu de ce qui est immortel, et que ce qui meurt se sera revêtu de ce qui ne peut pas mourir, alors se réalisera cette parole de l'Ecriture: "La mort est détruite; la victoire est complète!"

[55] "O mort, où est ta victoire?
O mort, où est ton pouvoir de blesser?"

[56] La mort tient du péché son pouvoir de blesser, et le péché tient son pouvoir de la loi. [57] Mais loué soit Dieu qui nous donne la victoire par notre Seigneur Jésus-Christ!

[58] Ainsi, mes chers frères, montrez-vous fermes et inébranlables. Soyez toujours plus zélés pour accomplir l'oeuvre du Seigneur, puisque vous savez que le travail que vous effectuez dans l'union avec le Seigneur n'est pas inutile.

La collecte en faveur des frères

16 Quelques mots encore à propos de la collecte qui se fait en faveur des membres du peuple de Dieu à Jérusalem: Agissez conformément aux instructions que j'ai données aux Eglises de Galatie. [2] Chaque dimanche, chacun de vous doit mettre de côté chez lui de l'argent, proportionnellement à ce qu'il a gagné, pour le garder, afin qu'on n'ait pas besoin de faire de collectes quand je viendrai. [3] Lorsque je serai arrivé, j'enverrai les hommes que vous aurez choisis, avec des lettres d'introduction, pour porter votre don à Jé-

rusalem. [4] S'il vaut la peine que j'y aille aussi, ils feront le voyage avec moi.

Les projets de Paul

[5] Je me rendrai chez vous après avoir traversé la Macédoine (car je vais traverser la Macédoine). [6] Je resterai probablement quelque temps chez vous, peut-être même tout l'hiver; alors, vous pourrez m'aider à me rendre à l'endroit, quel qu'il soit, où je devrai aller. [7] Car je ne veux pas vous voir juste en passant. J'espère demeurer un certain temps chez vous, si le Seigneur le permet.

[8] Cependant, je compte rester ici, à Ephèse, jusqu'au jour de la *Pentecôte. [9] Car une occasion favorable s'y présente à moi d'accomplir un grand travail, bien que les adversaires soient nombreux.

[10] Si Timothée arrive, faites en sorte qu'il se sente bien accueilli parmi vous, car il travaille comme moi à l'oeuvre du Seigneur. [11] Que personne ne le méprise. Aidez-le plutôt à poursuivre son voyage en paix, pour qu'il puisse revenir vers moi, car je l'attends avec les frères.

[12] Quant à notre frère Apollos, je l'ai souvent encouragé à se rendre chez vous avec les autres frères, mais il ne désire pas du tout le faire maintenant. Cependant, il ira quand il en aura l'occasion.

Dernières recommandations et salutations

[13] Veillez, demeurez fermes dans la foi, soyez courageux, soyez forts. [14] Agissez en tout avec amour.

[15] Vous connaissez Stephanas et sa famille: vous savez qu'ils ont été les premiers à se convertir en Grèce et qu'ils se sont mis au service des membres du peuple de Dieu. Je vous demande, frères, [16] de vous laisser diriger par de telles personnes et par tous ceux qui travaillent activement avec eux.

[17] Je suis heureux de la venue de Stephanas, Fortunatus et Achaïcus; ils m'ont donné ce qui me manquait du fait de votre absence, [18] et ils m'ont réconforté comme ils vous ont réconfortés vous-mêmes. Il faut savoir apprécier de tels hommes.

[19] Les Eglises de la province d'Asie vous saluent. Aquilas et Priscille, avec l'Eglise qui se réunit chez eux, vous envoient leurs cordiales salutations chrétiennes. [20] Tous les frères qui se trouvent ici vous saluent.

Saluez-vous les uns les autres d'un baiser fraternel.

[21] C'est de ma propre main que j'écris ces mots: Salutations de Paul.

[22] Si quelqu'un n'aime pas le Seigneur, qu'il soit maudit! *Marana tha* — Notre Seigneur, viens!

[23] Que la grâce du Seigneur Jésus soit avec vous.

[24] Mon amour est avec vous tous en Jésus-Christ.

LA DEUXIÈME LETTRE DE PAUL AUX CORINTHIENS

Adresse et salutation

1 De la part de Paul, qui par la volonté de Dieu est *apôtre de Jésus-Christ, et de la part de Timothée, notre frère.

A l'Eglise de Dieu qui est à Corinthe et à tous les membres du peuple de Dieu qui se trouvent dans la Grèce entière: [2] Que Dieu notre Père et le Seigneur Jésus-Christ vous donnent la grâce et la paix.

Paul remercie Dieu

[3] Louons Dieu, le Père de notre Seigneur Jésus-Christ, le Père qui est plein de bonté, le Dieu qui accorde le réconfort en toute occasion! [4] Il nous réconforte dans toutes nos souffrances, afin que nous puissions réconforter ceux qui passent par toutes sortes de souffrances en leur apportant le réconfort que nous avons nous-mêmes reçu de Dieu. [5] De même en effet que nous avons part aux nombreuses souffrances du Christ, de même aussi nous recevons un grand réconfort par le Christ. [6] Si nous souffrons, c'est pour que vous obteniez le réconfort et le salut; si nous sommes réconfortés, c'est pour que vous receviez le réconfort qui vous rendra capables de supporter avec patience les mêmes souffrances que nous subissons. [7] Ainsi, nous avons un ferme espoir à votre sujet; car, nous le savons, comme vous avez

part à nos souffrances, vous avez aussi part au réconfort qui nous est accordé.

[8] Nous voulons en effet que vous sachiez, frères, quelles souffrances nous avons subies dans la province d'Asie: le poids en a été si lourd pour nous, si insupportable, que nous désespérions de conserver la vie. [9] Nous avions l'impression que la peine de mort avait été décidée contre nous. Cependant, il en fut ainsi pour que nous apprenions à ne pas placer notre confiance en nous-mêmes, mais uniquement en Dieu qui ramène les morts à la vie. [10] C'est lui qui nous a délivrés de dangers de mort aussi graves et qui nous en délivrera encore; oui, nous avons cette espérance en lui qu'il nous délivrera encore, [11] car vous nous aiderez vous-mêmes en priant pour nous. Ainsi, Dieu répondra aux prières faites par beaucoup en notre faveur, il nous accordera ce bienfait et beaucoup le remercieront à notre sujet.

Paul change ses projets

[12] Voici en quoi nous pouvons être fiers: notre conscience nous assure que nous nous sommes conduits dans le monde, et particulièrement envers vous, avec la simplicité et la sincérité qui viennent de Dieu, en étant dirigés par la grâce de Dieu et non par la sagesse humaine. [13] En effet, dans nos lettres nous ne vous écrivons rien d'autre que ce que vous y lisez et comprenez. Et j'espère que vous parviendrez à comprendre parfaitement ceci [14] — vous le comprenez maintenant en partie seulement —: au jour du Seigneur Jésus, vous pourrez être fiers de nous comme nous le serons de vous.

[15] J'avais une telle confiance à cet égard que j'avais d'abord projeté d'aller chez vous afin qu'un bienfait vous soit accordé à deux reprises. [16] J'avais en effet projeté de passer chez vous en me rendant en Macédoine, puis de vous revoir à mon retour: vous m'auriez alors aidé à poursuivre mon voyage vers la Judée. [17] En formant ce projet, ai-je donc fait preuve de légèreté? Lorsque j'établis mes plans, suis-je guidé par des motifs purement humains, de sorte que je serais prêt à dire "oui, oui" et "non, non" en même temps? [18] Aussi vrai que Dieu est fidèle, ce que je vous ai dit n'était pas à la fois "oui" et "non". [19] Car Jésus-Christ, le Fils de Dieu, qui a été annoncé parmi vous par Silas, Timothée et moi-même, n'est pas venu pour être "oui" et

"non". Au contraire, il est le "oui" de Dieu: [20] en effet, il est le "oui" qui confirme toutes les promesses de Dieu. C'est donc par Jésus-Christ que nous disons notre "amen" pour rendre gloire à Dieu. [21] Et c'est Dieu lui-même qui nous affermit avec vous dans la vie en Christ; c'est Dieu lui-même qui nous a mis à part, [22] qui nous a marqués à son nom et qui a répandu dans nos coeurs le Saint-Esprit comme garantie des biens qu'il nous réserve.

[23] J'en prends Dieu à témoin — qu'il me fasse perdre la vie si je mens —: c'est pour vous épargner que j'ai décidé de ne pas retourner à Corinthe. [24] Nous ne cherchons pas à vous imposer ce que vous devez croire, car vous êtes fermement établis dans la foi; mais nous désirons travailler avec vous à votre bonheur.

2 Ainsi, j'ai décidé de ne pas aller chez vous, pour ne pas vous attrister de nouveau. [2] Car si je vous attriste, qui peut encore me donner de la joie? Ceux-là seuls que j'aurai attristés! [3] Voilà pourquoi je vous ai écrit comme je l'ai fait: je ne voulais pas arriver chez vous et être attristé par les personnes mêmes qui devraient me donner de la joie. Je suis en effet convaincu que lorsque j'éprouve de la joie, vous aussi vous êtes tous joyeux. [4] Oui, je vous ai écrit avec un coeur profondément affligé et angoissé, avec beaucoup de larmes, non pour vous attrister, mais pour que vous sachiez à quel point je vous aime.

Pardonner au coupable

[5] Si quelqu'un a été une cause de tristesse, ce n'est pas moi qu'il a attristé, mais vous tous, ou du moins, pour ne pas exagérer, une partie d'entre vous. [6] Il suffit pour cet homme d'avoir été ainsi puni par la majorité d'entre vous; [7] c'est pourquoi, maintenant, vous devez plutôt lui pardonner et l'encourager, pour éviter qu'une trop grande tristesse ne le conduise au désespoir. [8] Par conséquent, je vous le demande, agissez à son égard de façon à lui montrer que vous l'aimez. [9] Voici en effet pourquoi je vous ai écrit: je désirais vous mettre à l'épreuve et voir si vous êtes toujours prêts à obéir à mes instructions. [10] Quand vous pardonnez à quelqu'un une faute qu'il a commise, je lui pardonne aussi. Car si je pardonne — pour autant que j'aie à pardonner quelque chose — je le fais à cause de vous, devant le Christ,

[11] afin de ne pas laisser Satan prendre l'avantage sur nous; nous connaissons en effet fort bien ses intentions.

L'inquiétude de Paul à Troas

[12] Quand je suis arrivé à Troas pour y annoncer la Bonne Nouvelle qui concerne le Christ, je découvris que, grâce au Seigneur, une occasion favorable de travailler s'y présentait à moi. [13] Cependant, j'étais profondément inquiet parce que je n'avais pas trouvé notre frère Tite. C'est pourquoi je fis mes adieux aux gens de Troas et partis pour la Macédoine.

La victoire en Jésus-Christ

[14] Mais loué soit Dieu! Car il nous entraîne sans cesse dans son cortège de victoire, grâce à notre union avec le Christ. Il nous utilise pour faire connaître le Christ en tout lieu, comme un parfum dont l'odeur se répand partout. [15] Nous sommes en effet comme l'agréable odeur de *l'encens offert par le Christ à Dieu; nous le sommes pour ceux qui sont sur la voie du salut et pour ceux qui se perdent. [16] Pour ceux qui se perdent, c'est une odeur de mort qui donne la mort; pour ceux qui sont sur la voie du salut, c'est une odeur de vie qui donne la vie. Qui donc est capable d'accomplir une telle oeuvre? [17] Nous ne sommes pas comme tant d'autres qui font du commerce avec la parole de Dieu; au contraire, parce que c'est Dieu qui nous a envoyés, nous parlons avec sincérité en sa présence, comme des serviteurs du Christ.

Serviteurs de la nouvelle *alliance

3 Ces mots signifient-ils que nous recommençons à nous vanter? Ou bien aurions-nous besoin, comme certains, de vous présenter des lettres de recommandation ou de vous en demander? [2] C'est vous-mêmes qui êtes notre lettre, écrite dans nos coeurs et que tout le monde peut connaître et lire. [3] Oui, il est clair que vous êtes une lettre écrite par le Christ et transmise par nous. Elle est écrite non pas avec de l'encre, mais avec l'Esprit du Dieu vivant; elle est gravée non pas sur des tablettes de pierre, mais dans des coeurs humains.

[4] Nous affirmons cela en raison de la confiance que nous avons en Dieu par le Christ. [5] En effet, nous ne pouvons prétendre en aucune façon être capables d'accomplir une telle oeuvre par nous-mêmes. Ce que nous sommes capables

de faire vient de Dieu, [6] car c'est lui qui nous a rendus capables d'être serviteurs de la nouvelle *alliance, qui ne dépend pas d'une loi écrite mais de l'Esprit. La loi écrite fait mourir, mais l'Esprit donne la vie.

[7] La loi a été gravée lettre par lettre sur des tablettes de pierre et la gloire de Dieu a resplendi à ce moment-là. Le visage de Moïse brillait d'un tel éclat que les Israélites ne pouvaient pas fixer leurs regards sur lui, et pourtant cet éclat devait disparaître. Si la loi, dont la fonction avait pour effet de conduire à la mort, est apparue avec une telle gloire, [8] combien plus grande doit être la gloire qui entoure la fonction exercée par l'Esprit! [9] La fonction qui entraînait la condamnation des hommes était glorieuse; combien plus glorieuse est la fonction qui a pour effet de rendre les hommes justes devant Dieu! [10] Nous pouvons même dire que la gloire qui brilla dans le passé n'est rien en comparaison de la gloire actuelle, tellement supérieure. [11] En effet, si ce qui n'a duré qu'un peu de temps a été glorieux, combien plus glorieux est ce qui demeure pour toujours!

[12] C'est parce que nous avons une telle espérance que nous sommes pleins d'assurance. [13] Nous ne sommes pas comme Moïse qui se couvrait le visage d'un voile pour empêcher les Israélites d'en voir disparaître l'éclat passager. [14] Mais leur intelligence était devenue incapable de comprendre; et jusqu'à ce jour, leur intelligence est recouverte du même voile quand ils lisent les livres de l'ancienne alliance. Ce voile ne disparaît que pour l'homme qui est uni au Christ. [15] Aujourd'hui encore, chaque fois qu'ils lisent les

livres de Moïse, le voile recouvre leur intelligence. [16] Mais, comme le déclare l'Ecriture: "Lorsqu'un homme se tourne vers le Seigneur, le voile est enlevé." [17] Or, le Seigneur dont parle ce passage, c'est l'Esprit; et là où l'Esprit du Seigneur est présent, là est la liberté. [18] Nous tous, le visage découvert, nous reflétons la gloire du Seigneur; ainsi, nous sommes transformés pour être semblables au Seigneur et nous passons d'une gloire à une gloire plus grande encore. Telle est en effet l'oeuvre accomplie par l'Esprit du Seigneur.

Un trésor spirituel dans des vases d'argile

4 Dieu, dans sa bonté, nous a confié cette tâche, et c'est pourquoi nous ne perdons pas courage. [2] Nous avons rejeté les actions cachées et honteuses; nous n'agissons pas avec ruse et nous ne falsifions pas la parole de Dieu. Au contraire, nous faisons connaître clairement la vérité et nous nous recommandons ainsi à la conscience de tout homme devant Dieu. [3] Si cependant la Bonne Nouvelle que nous annonçons est obscure, elle ne l'est que pour ceux qui se perdent. [4] Ils ne croient pas parce que le dieu mauvais de ce monde a aveuglé leur intelligence. Ce dieu les empêche de voir la lumière répandue par la Bonne Nouvelle qui concerne la gloire du Christ, lequel est l'image même de Dieu. [5] En effet, nous ne nous annonçons pas nous-mêmes en prêchant: nous annonçons Jésus-Christ comme Seigneur; quant à nous, nous déclarons être vos serviteurs à cause de Jésus. [6] Le Dieu qui a dit: "Que la lumière brille du milieu de l'obscurité!" est aussi celui qui a fait briller sa lumière dans nos coeurs, pour nous donner la connaissance lumineuse de la gloire de Dieu qui resplendit sur le visage du Christ.

[7] Mais nous qui portons ce trésor spirituel, nous sommes comme des vases d'argile, pour que l'on voie bien que cette puissance extraordinaire appartient à Dieu et non à nous. [8] Nous sommes accablés de toutes sortes de souffrances, mais non écrasés; nous sommes inquiets, mais non désespérés; [9] on nous persécute, mais Dieu ne nous abandonne pas; nous sommes jetés à terre, mais non détruits. [10] Nous portons toujours dans notre corps la mort de Jésus, afin que sa vie se manifeste aussi dans notre corps. [11] Dans notre vie, nous sommes sans cesse exposés à la mort à cause de Jésus, afin que sa vie se manifeste aussi dans notre corps mortel.

[12] Ainsi, la mort agit en nous, mais la vie agit en vous.

[13] L'Ecriture déclare: "J'ai cru, c'est pourquoi j'ai parlé." Nous aussi, dans le même esprit de foi, nous croyons et c'est pourquoi nous parlons. [14] Nous savons en effet que Dieu, qui a ramené le Seigneur Jésus de la mort à la vie, nous ramènera aussi à la vie avec Jésus et nous fera paraître avec vous en sa présence. [15] Tout cela arrive pour vous; ainsi, la grâce de Dieu atteint toujours plus de personnes pour leur faire exprimer en plus grand nombre les prières de reconnaissance à la gloire de Dieu.

Vivre par la foi

[16] C'est pourquoi nous ne perdons jamais courage. Même si notre être matériel se détruit peu à peu, notre être spirituel se renouvelle de jour en jour. [17] La souffrance légère et momentanée que nous éprouvons nous prépare une gloire abondante et éternelle, beaucoup plus importante que cette souffrance. [18] Car nous portons notre attention non pas sur ce qui est visible, mais sur ce qui est invisible. Ce qui est visible ne dure que peu de temps, mais ce qui est invisible dure toujours.

5 Nous savons, en effet, que si la tente dans laquelle nous vivons — c'est-à-dire notre corps terrestre — est détruite, Dieu nous réserve une habitation dans les cieux, une demeure qu'il a faite lui-même et qui durera toujours. [2] Et nous gémissons maintenant, car notre désir est grand d'être recouverts de notre habitation céleste; [3] en effet, dans la mesure où nous en serons recouverts, nous ne serons pas trouvés dépourvus de corps. [4] Oui, aussi longtemps que nous vivons dans cette tente terrestre, nous gémissons comme sous un fardeau. Ce n'est pas que nous voudrions être débarrassés de notre corps terrestre, mais nous souhaitons être revêtus du corps céleste, afin que ce qui est mortel soit absorbé par la vie. [5] C'est Dieu lui-même qui nous a destinés à connaître une telle transformation, et il nous a accordé son Esprit comme garantie des biens qu'il nous réserve.

[6] Nous sommes donc toujours pleins de courage. Nous savons que tant que nous demeurons dans ce corps, nous sommes loin de la demeure du Seigneur [7] — nous marchons en effet dans la foi et non en voyant déjà. [8] Nous sommes pleins de courage et nous aimerions mieux quitter ce corps

pour aller demeurer auprès du Seigneur. [9] Mais nous désirons avant tout lui plaire, que nous demeurions dans ce corps ou que nous le quittions. [10] Car nous devons tous comparaître devant le Christ pour être jugés par lui, afin que chacun reçoive ce qui lui revient, selon ce qu'il aura fait en bien ou en mal pendant qu'il était dans son corps.

Réconciliés avec Dieu par le Christ

[11] Nous savons ce que signifie craindre le Seigneur et nous cherchons donc à persuader les hommes. Dieu nous connaît parfaitement et j'espère que, au fond de vous-mêmes, vous me connaissez aussi. [12] Nous ne recommençons pas à nous recommander nous-mêmes auprès de vous, mais nous désirons vous donner l'occasion d'être fiers de nous; ainsi, vous pourrez répondre à ceux qui se vantent de détails extérieurs et non de ce qui est dans le coeur. [13] S'il est vrai que nous sommes insensés, c'est pour Dieu que nous le sommes; mais si nous sommes dans notre bon sens, c'est pour vous. [14] Car l'amour du Christ nous domine, nous qui avons la certitude qu'un seul est mort pour tous, ce qui veut dire que tous ont part à sa mort. [15] Il est mort pour tous afin que ceux qui vivent ne vivent plus pour eux-mêmes, mais pour celui qui est mort et revenu à la vie pour eux.

[16] Ainsi, nous ne considérons plus personne d'un point de vue purement humain. Même si, autrefois, nous avons considéré le Christ d'un point de vue purement humain, maintenant nous ne le considérons plus de cette manière. [17] Dès que quelqu'un est uni au Christ, il est un être nouveau: ce qui est ancien a disparu, ce qui est nouveau est là. [18] Tout cela vient de Dieu, qui nous a réconciliés avec lui par le Christ et qui nous a confié la tâche d'amener d'autres hommes à être réconciliés avec lui. [19] Car, par le Christ, Dieu agissait pour réconcilier tous les hommes avec lui, sans tenir compte de leurs fautes. Et il nous a chargés d'annoncer cette oeuvre de réconciliation.

[20] C'est donc de la part du Christ que nous prenons la parole, comme si Dieu lui-même vous adressait un appel par nous: nous vous en supplions, au nom du Christ, acceptez d'être réconciliés avec Dieu. [21] Le Christ était sans péché, mais Dieu l'a rendu solidaire de notre péché, afin que nous puissions, dans l'union avec le Christ, bénéficier de l'oeuvre par laquelle Dieu nous rend justes.

6 Ainsi, nous qui travaillons avec Dieu, nous vous demandons de ne pas laisser se perdre la grâce que vous avez reçue de lui. [2] Dieu déclare en effet dans l'Ecriture:

"Je t'ai écouté au moment où se manifestait ma bienveillance,
Je t'ai aidé au jour du salut."

Eh bien! voici maintenant le moment d'accepter la bienveillance de Dieu; c'est aujourd'hui que l'on peut être sauvé.

[3] Nous désirons que l'on ne puisse pas critiquer notre fonction, c'est pourquoi nous cherchons à ne scandaliser personne en quoi que ce soit. [4] Au contraire, nous manifestons en tout que nous sommes serviteurs de Dieu: nous supportons avec beaucoup de patience les souffrances, les détresses et les angoisses. [5] On nous a battus et mis en prison, on a

suscité des troubles contre nous; nous avons exécuté des travaux pénibles, nous avons été privés de sommeil et de nourriture. [6] Nous manifestons que nous sommes serviteurs de Dieu par notre pureté, notre connaissance, notre patience et notre bonté, par le Saint-Esprit, par notre amour sincère, [7] par notre prédication de la vérité et par la puissance de Dieu. Nous utilisons comme arme ce qui est juste, aussi bien pour attaquer que pour nous défendre. [8] On nous honore et on nous couvre de honte; on dit du mal et on dit du bien de nous. On nous regarde comme des menteurs alors que nous déclarons la vérité, [9] comme des inconnus alors que nous sommes connus de tous, comme des mourants alors que nous sommes bien vivants, ainsi que vous pouvez le constater. On nous punit, sans pourtant nous mettre à mort; [10] on nous attriste et pourtant nous sommes toujours joyeux; nous paraissons pauvres, mais nous enrichissons beaucoup de gens; nous paraissons ne rien avoir alors que, en réalité, nous possédons tout.

[11] Nous vous avons parlé franchement, chers amis de Corinthe, nous vous avons largement ouvert notre coeur. [12] Nous ne vous avons pas fermé notre coeur, mais c'est vous qui nous avez fermé le vôtre. [13] Alors, je m'adresse à vous comme si vous étiez mes enfants: ayez pour nous les sentiments que nous avons pour vous, ouvrez-nous largement votre coeur!

Mise en garde contre des influences païennes

[14] N'allez pas vous associer avec des incroyants: ce ne sont pas des partenaires qui vous conviennent. Comment, en effet, ce qui est juste pourrait-il avoir à faire avec ce qui est mauvais? Comment la lumière pourrait-elle être unie à l'obscurité? [15] Comment le Christ pourrait-il s'entendre avec le diable? Ou bien, qu'est-ce qu'un croyant peut avoir en commun avec un incroyant? [16] Comment le temple de Dieu pourrait-il s'accorder avec des idoles païennes? Car nous sommes le temple du Dieu vivant, comme Dieu lui-même l'a dit:

"J'habiterai et je vivrai au milieu d'eux,
Je serai leur Dieu et ils seront mon peuple."

[17] C'est pourquoi, le Seigneur déclare:

"Vous devez les quitter et vous séparer d'eux.
N'ayez aucun contact avec ce qui est *impur,
Et moi je vous accueillerai.
[18] Je serai votre père
Et vous serez mes fils et mes filles,
Dit le Seigneur tout-puissant."

7 Toutes ces promesses sont valables pour nous, mes amis. C'est pourquoi, purifions-nous de tout ce qui salit le corps ou l'âme et efforçons-nous d'être parfaitement saints en vivant dans la crainte de Dieu.

La joie de Paul

[2] Donnez-nous une place dans votre coeur! Nous n'avons causé de tort à personne, nous n'avons ruiné personne, nous n'avons exploité personne. [3] Je ne dis pas cela pour vous condamner. En effet, comme je l'ai déjà affirmé, vous nous êtes si chers que nous sommes toujours ensemble, soit pour vivre, soit pour mourir. [4] J'ai une grande confiance en vous, je suis très fier de vous. Dans toutes nos souffrances, je demeure plein de courage et je déborde de joie.

[5] En fait, même lorsque nous sommes arrivés en Macédoine, nous n'avons eu aucun repos. Nous avons rencontré des difficultés de tous côtés: des luttes avec d'autres personnes, des craintes dans notre coeur. [6] Mais Dieu, qui donne du courage à ceux qui sont abattus nous en a donné par l'arrivée de Tite. [7] Et nous avons été encouragés non seulement par son arrivée, mais encore par ce qu'il nous a dit de la façon dont vous l'avez lui-même encouragé. Il nous a raconté à quel point vous désirez me revoir, combien vous êtes tristes, comment vous êtes prêts à me défendre. C'est pourquoi, maintenant, je suis encore plus joyeux.

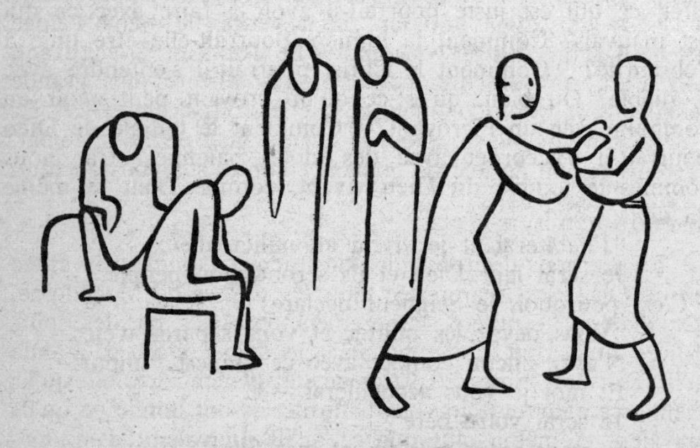

[8] En effet, même si la lettre que je vous ai écrite vous a attristés, je ne le regrette pas maintenant. J'ai pu le regretter quand j'ai vu que cette lettre vous avait attristés momentanément. [9] Mais maintenant je me réjouis — non pas de vous avoir attristés, mais parce que votre tristesse vous a amenés à changer de façon d'agir. Dieu s'est servi de vo-

tre tristesse, si bien que nous ne vous avons causé aucun mal. [10] Car la tristesse que Dieu utilise produit un changement de vie qui conduit au salut, et l'on n'a pas à le regretter. Mais la tristesse du monde produit la mort. [11] Dieu s'est servi de la tristesse que vous avez éprouvée, et voyez maintenant les résultats! Voyez combien cette tristesse vous a fait prendre au sérieux la situation et vous a rendus actifs pour présenter votre défense! Quelle indignation, quelle crainte, quel désir de me revoir, quel zèle, quelle ardeur à punir le mal! Vous avez montré de toutes les manières que vous étiez innocents dans cette affaire.

[12] Si donc je vous ai écrit, ce n'était ni à cause de celui qui a commis le mal, ni à cause de celui qui l'a subi. Mais c'était pour que vous vous rendiez clairement compte, devant Dieu, du dévouement que vous avez pour nous. [13] C'est pourquoi votre réaction nous a encouragés.

Nous n'avons pas seulement reçu du courage; nous avons ressenti une joie bien plus grande encore en voyant combien Tite était joyeux à cause de la façon dont vous tous l'avez réconforté. [14] Je me suis un peu vanté à votre sujet auprès de lui et vous ne m'avez pas déçu. Mais, de même que nous vous avons toujours dit la vérité, de même l'éloge que nous avons fait de vous auprès de Tite s'est révélé exact. [15] Et ainsi, son affection pour vous est encore plus grande lorsqu'il se rappelle comment vous étiez tous disposés à obéir et comment vous l'avez accueilli avec crainte et tremblement. [16] Je suis rempli de joie de pouvoir compter sur vous en tout.

Donner généreusement

8 Frères, nous désirons que vous sachiez comment la grâce de Dieu s'est manifestée dans les Eglises de Macédoine. [2] Les fidèles y ont été sérieusement éprouvés par les souffrances qu'ils ont connues; mais leur joie était si grande qu'ils se sont montrés extrêmement généreux, bien qu'ils soient très pauvres. [3] Je vous l'affirme, ils ont donné ce qu'ils pouvaient et même plus que ce qu'ils pouvaient; d'eux-mêmes, [4] ils nous ont demandé avec beaucoup d'insistance la faveur de participer à l'envoi d'aide aux membres du peuple de Dieu qui vivent en Judée. [5] Ce fut plus que ce que nous avions espéré: ils se sont d'abord donnés au Seigneur et ensuite, par la volonté de Dieu, également à nous. [6] C'est pourquoi nous avons prié Tite d'aller chez vous continuer

le travail comme il l'avait commencé, pour vous amener à achever cette oeuvre généreuse. [7] Vous êtes riches en tout: foi, don de la parole, connaissance, zèle sans limite et amour que vous avez pour nous. Par conséquent nous désirons que vous vous montriez riches également dans cette oeuvre généreuse.

[8] Ce n'est pas un ordre que je vous donne: mais je vous parle du zèle des autres afin de vérifier la réalité de votre amour. [9] Car vous connaissez la grâce de notre Seigneur Jésus-Christ: lui qui était riche, il s'est fait pauvre pour vous, afin de vous enrichir par sa pauvreté.

[10] Ainsi, je vous donne mon opinion dans cette affaire: il est bon pour vous de continuer ce que vous avez commencé l'année dernière. Vous avez été les premiers non seulement à agir, mais à être disposés à agir. [11] Continuez donc, maintenant, et achevez cette oeuvre. Mettez autant de bonne volonté à l'achever que vous en avez mis à la décider, et cela avec ce que vous avez. [12] Car si l'on met de la bonne volonté à donner, Dieu accepte le don offert en tenant compte de ce que l'on a et non de ce que l'on n'a pas. [13] Il ne s'agit pas de vous faire tomber dans le besoin pour soulager les autres; mais il faut qu'il y ait de l'égalité. [14] En ce moment, vous êtes dans l'abondance et vous pouvez par conséquent venir en aide à ceux qui sont dans le besoin. Puis, si vous êtes un jour dans le besoin et eux dans l'abondance, ils pourront vous venir en aide. C'est ainsi qu'il y aura égalité, [15] conformément à ce que l'Ecriture déclare:

"Celui qui avait beaucoup ramassé n'avait pas trop,
Et celui qui avait peu ramassé ne manquait de rien."

Tite et ses compagnons

[16] Loué soit Dieu qui a rendu Tite aussi zélé pour vous que nous le sommes! [17] Il a accepté notre demande; bien plus, il était si plein de zèle qu'il a décidé de lui-même de se rendre chez vous. [18] Avec lui, nous envoyons le frère dont toutes les Eglises font l'éloge à cause de son activité dans la prédication de la Bonne Nouvelle. [19] En outre, il a été désigné par les Eglises pour nous accompagner dans le voyage au cours duquel nous accomplissons cette oeuvre généreuse pour la gloire du Seigneur et pour manifester notre désir d'aider les autres.

[20] Nous tenons à éviter que l'on nous critique quant à

notre façon de nous occuper de cette somme importante. [21] Nous désirons faire ce qui est bien non seulement aux yeux du Seigneur, mais aussi aux yeux des hommes.

[22] Nous envoyons avec eux notre frère; nous avons eu beaucoup d'occasions de le mettre à l'épreuve et il s'est toujours montré zélé. Mais maintenant, il est encore bien plus zélé en raison de la grande confiance qu'il a en vous. [23] En ce qui concerne Tite, il est mon compagnon et travaille avec moi pour vous; quant aux autres frères qui l'accompagnent, ils sont les envoyés des Eglises et agissent pour la gloire du Christ. [24] Montrez-leur que vous les aimez réellement, afin que les Eglises en aient la certitude et sachent que nous avons raison d'être fiers de vous.

L'aide en faveur des frères

9 Il n'est vraiment pas nécessaire que je vous écrive au sujet de l'aide qui est envoyée aux membres du peuple de Dieu en Judée. [2] Je connais en effet votre bonne volonté et je me suis vanté à votre sujet auprès des gens de Macédoine, en disant: "Les frères de Grèce sont prêts à aider depuis l'année dernière." Votre zèle a stimulé la plupart d'entre eux. [3] Cependant, je vous envoie ces frères afin que l'éloge que nous avons fait de vous à ce sujet ne se révèle pas immérité: je désire que vous soyez réellement prêts, comme je l'ai dit. [4] Autrement, si les gens de Macédoine venaient avec moi et ne vous trouvaient pas prêts, nous serions remplis de honte de nous être sentis si sûrs de vous — pour ne rien dire de la honte qui serait la vôtre! [5] J'ai donc estimé nécessaire de prier ces frères de se rendre chez vous avant moi pour préparer le don généreux que vous avez déjà promis. Ainsi, il sera prêt quand j'arriverai et prouvera que vous donnez de bon coeur, non avec peine.

[6] Rappelez-vous ceci: celui qui sème peu récoltera peu; celui qui sème beaucoup récoltera beaucoup. [7] Il faut donc que chacun donne comme il l'a décidé, non pas à regret ou par obligation; car Dieu aime celui qui donne avec joie. [8] Et Dieu a le pouvoir de vous accorder en abondance toutes sortes de biens, afin que vous ayez toujours tout ce qui vous est nécessaire et qu'il vous reste encore bien assez pour toutes les oeuvres bonnes. [9] Comme l'Ecriture le déclare:

"Il donne généreusement aux pauvres,
Sa bonté dure pour toujours."

[10] Dieu qui fournit de la semence au semeur et du pain pour se nourrir, vous fournira toute la semence dont vous avez besoin et la fera croître, pour que votre générosité produise beaucoup de fruits. [11] Il vous rendra suffisamment riches en tout temps pour que vous puissiez toujours vous montrer généreux, de sorte que beaucoup remercieront Dieu pour vos dons transmis par nous. [12] Car ce service que vous accomplissez ne pourvoit pas seulement aux besoins des membres du peuple de Dieu, mais il suscite encore de très nombreuses prières de reconnaissance envers Dieu. [13] Ce service montrera ce que vous êtes, de sorte que beaucoup rendront gloire à Dieu pour l'obéissance avec laquelle vous manifestez votre foi en la Bonne Nouvelle du Christ; ils lui rendront gloire aussi pour la façon généreuse dont vous partagez vos biens avec eux et avec tous les autres. [14] Ils prieront pour vous, en vous portant une grande affection, à cause de la grâce extraordinaire que Dieu a répandue sur vous. [15] Loué soit Dieu pour son don incomparable!

Paul défend son ministère

10 Moi, Paul, je vous adresse personnellement un appel — moi qui suis, à ce qu'on dit, si humble quand je suis avec vous, mais si énergique à votre égard quand je suis absent. Je vous en supplie par la douceur et la bonté du Christ: [2] ne m'obligez pas à intervenir énergiquement quand je serai chez vous; car je suis sûr que je saurai faire preuve d'énergie envers ceux qui estiment que nous agissons selon des motifs purement humains. [3] Certes, nous vivons dans un corps humain, mais nous ne combattons pas d'une façon purement humaine. [4] Les armes que nous utilisons dans notre combat ne sont pas celles des hommes de ce monde: ce sont les armes puissantes de Dieu qui permettent de détruire des forteresses. Nous détruisons les faux raisonnements, [5] nous renversons tout ce que l'on dresse orgueilleusement contre la connaissance de Dieu, nous faisons prisonnière toute pensée pour l'amener à obéir au Christ [6] Et nous sommes prêts à punir toute désobéissance, dès que vous aurez manifesté une parfaite obéissance.

[7] Vous considérez les choses selon leur apparence. Eh bien! si quelqu'un est persuadé qu'il appartient au Christ, qu'il réfléchisse encore à ceci: nous appartenons au Christ tout autant que lui. [8] Car je n'ai pas à éprouver de honte même

si je me suis un peu trop vanté de l'autorité que le Seigneur nous a donnée, autorité qui a pour but de vous faire progresser dans la foi et non de vous détruire. [9] Je ne veux pas avoir l'air de chercher à vous effrayer par mes lettres. [10] En effet, voici ce que l'on dit: "Les lettres de Paul sont dures et sévères; mais quand il est parmi nous en personne, il est faible et sa façon de parler est lamentable." [11] Que celui qui s'exprime ainsi le sache bien: il n'y a pas de différence entre ce que nous écrivons dans nos lettres quand nous sommes absents et ce que nous ferons quand nous serons parmi vous.

[12] Certes, nous n'oserions pas nous égaler ou nous comparer à certains de ceux qui ont une si haute opinion d'eux-mêmes. Ils sont stupides: ils établissent leur propre mesure pour se mesurer, ils se comparent à eux-mêmes. [13] Quant à nous, nous n'allons pas nous vanter de ce qui est au-delà des limites établies; nous le ferons dans les limites de la tâche que Dieu nous a fixée en nous permettant de nous rendre jusque chez vous. [14] Nous ne dépassons pas nos limites, comme ce serait le cas si nous n'étions pas parvenus jusqu'à vous; car nous sommes bien arrivés jusqu'à vous en vous apportant la Bonne Nouvelle qui concerne le Christ.

[15] Ainsi, nous ne sortons pas des limites établies, nous ne nous vantons pas du travail effectué par d'autres. Au contraire, nous espérons que votre foi augmentera et que nous pourrons accomplir une oeuvre beaucoup plus importante parmi vous, en demeurant toujours dans les limites que Dieu nous a fixées. [16] Nous pourrons ensuite apporter la Bonne Nouvelle dans des régions situées au-delà de chez vous, sans avoir à nous vanter de ce que d'autres ont déjà effectué dans leur propre champ de travail.

[17] Cependant, comme le déclare l'Ecriture: "Celui qui désire se vanter doit se vanter de ce que le Seigneur a accompli." [18] En effet, l'homme qui est vraiment approuvé n'est pas celui qui a une haute opinion de lui-même, mais celui dont le Seigneur dit du bien.

Paul et les faux *apôtres

11 Ah! je souhaite que vous supportiez un peu de folie de ma part! Eh bien! oui, supportez-moi! [2] Je suis jaloux à votre sujet, d'une jalousie qui vient de Dieu, car vous êtes comme une vierge pure que j'ai promise en mariage à un seul époux, qui est le Christ. [3] Mais je crains que votre intelligence ne se corrompe et que vous n'abandonniez votre attachement fidèle et pur au Christ, tout comme Eve se laissa égarer par les mensonges habiles du serpent. [4] Car vous supportez fort bien que quelqu'un vienne vous annoncer un Jésus différent de celui que nous vous avons annoncé; vous êtes également prêts à accepter un esprit et un message différents de l'Esprit et de la Bonne Nouvelle que vous avez reçus de nous.

[5] J'estime que je ne suis inférieur en rien à vos super-apôtres! [6] Il est possible que je sois inexpérimenté quant à la façon de parler, mais certainement pas quant à la connaissance: nous vous l'avons clairement montré en toute occasion et à tous égards.

[7] Quand je vous ai annoncé la Bonne Nouvelle de Dieu, je l'ai fait gratuitement; je me suis abaissé afin de vous élever. Ai-je eu tort d'agir ainsi? [8] J'ai accepté d'être payé par d'autres Eglises, je les ai en quelque sorte dépouillées pour vous aider. [9] Et pendant que je me trouvais chez vous, je n'ai été à la charge de personne quand j'avais besoin d'argent; car les frères qui sont venus de Macédoine m'ont apporté tout ce qui m'était nécessaire. Je me suis gardé d'être

une charge pour vous en quoi que ce soit et je continuerai à m'en garder. [10] Par la vérité du Christ qui est en moi, je déclare que ce sujet de fierté ne me sera enlevé nulle part dans toute la Grèce. [11] Pourquoi ai-je dit cela? Parce que je ne vous aime pas? Dieu sait bien que si!

[12] Je continuerai d'agir comme je le fais maintenant, afin d'enlever tout prétexte à ceux qui désirent trouver une occasion de se vanter et d'affirmer qu'ils travaillent de la même façon que nous. [13] Ces gens-là ne sont que de faux apôtres, ils mentent au sujet de leur activité et se déguisent en apôtres du Christ. [14] Il n'y a là rien d'étonnant, car Satan lui-même est capable de se déguiser en ange de lumière. [15] Il n'est donc pas étrange que ses serviteurs aussi se déguisent en serviteurs de ce qui est juste. Mais ils auront la fin qui leur revient, selon ce qu'ils auront fait.

Les souffrances endurées par Paul en tant qu'apôtre

[16] Je le répète: que personne ne me considère comme fou. Ou bien, si vous me considérez ainsi, acceptez-moi alors comme un fou pour que je puisse moi aussi me vanter un peu. [17] Certes, ce que je dis maintenant n'est pas ce que le Seigneur voudrait; dans cette situation où je suis amené à me vanter, je parle comme si j'étais fou. [18] Puisque tant d'autres se vantent pour des motifs purement humains, je me vanterai moi aussi. [19] Vous qui êtes des sages, vous supportez si volontiers les fous! [20] Vous supportez qu'on vous commande comme à des esclaves, ou qu'on vous exploite, qu'on vous trompe, qu'on vous regarde de haut, qu'on vous frappe au visage. [21] J'ai honte de le dire: nous avons été trop faibles pour agir ainsi!

Cependant, si quelqu'un ose se vanter de quelque chose — je parle comme si j'étais fou — je l'oserai moi aussi. [22] Ils sont Hébreux? Moi aussi. Ils sont Israélites? Moi aussi. Ils sont descendants d'Abraham? Moi aussi. [23] Ils sont serviteurs du Christ? En bien! je vais parler comme si j'avais complètement perdu la raison: je le suis plus qu'eux. J'ai travaillé plus qu'eux, j'ai été en prison plus souvent, j'ai été battu beaucoup plus et j'ai été en danger de mort plus souvent. [24] Cinq fois j'ai reçu des Juifs les trente-neuf coups de fouet, [25] trois fois j'ai été battu par les Romains et une fois on m'a jeté des pierres pour me tuer; trois fois j'ai fait naufrage et une fois je suis resté vingt-quatre heures dans l'eau. [26] Pendant mes nombreux voyages j'ai connu les dangers des rivières qui débordent, les dangers des brigands, les dangers venant de mes compatriotes juifs et ceux causés par des non-Juifs, j'ai été en danger dans les villes, en danger dans les lieux déserts, en danger sur la mer et en danger parmi de faux frères. [27] J'ai connu des travaux pénibles et de dures épreuves; j'ai été souvent privé de sommeil; j'ai eu faim et soif; j'ai été souvent obligé de me passer de nourriture; j'ai souffert du froid et du manque de vêtements. [28] Et sans parler du reste, je porte chaque jour le fardeau des préoccupations que j'éprouve pour toutes les Eglises. [29] Si quelqu'un est faible, je me sens faible aussi; si quelqu'un tombe dans le péché, j'en éprouve une vive douleur.

[30] S'il faut que je me vante, je me vanterai de tout ce qui montre ma faiblesse. [31] Dieu, le Père du Seigneur Jésus — que son nom soit béni pour toujours! — sait que je ne mens pas. [32] Quand j'étais à Damas, le gouverneur qui était au service du roi *Arétas plaça des gardes aux portes de la ville pour m'arrêter. [33] Mais on me fit passer par une fenêtre du mur de la ville et l'on me descendit dans une corbeille, et c'est ainsi que je lui échappai.

Les visions et révélations accordées à Paul

12 Il faut donc que je me vante, bien que cela ne soit pas bon. Mais je vais parler maintenant des visions et révélations que le Seigneur m'a accordées. [2] Je connais un chrétien qui, il y a quatorze ans, fut enlevé jusqu'au plus haut des cieux. (Je ne sais pas s'il fut réellement enlevé ou s'il eut une vision, Dieu seul le sait). [3] Oui, je sais que cet homme fut enlevé jusqu'au *paradis (encore une fois, je ne sais pas s'il fut réellement enlevé ou s'il eut une vision, Dieu seul le sait), [4] et là il entendit des paroles qu'il n'est pas possible de répéter et dont il n'est pas permis à un être humain de parler. [5] Je me vanterai au sujet de cet homme — mais je ne me vanterai pas au sujet de moi-même, sinon pour exprimer tout ce qui montre ma faiblesse. [6] Si je voulais me vanter, je ne serais pas un fou, car je dirais la vérité. Mais j'évite de me vanter, car je ne désire pas que quelqu'un ait de moi une opinion supérieure à celle qu'il a d'après ce qu'il me voit faire et m'entend dire.

[7] Cependant, afin que je ne sois pas rempli d'orgueil pour avoir reçu des révélations si extraordinaires, il m'a été imposé dans mon corps une maladie douloureuse qui vint comme un messager de Satan pour me battre et pour m'empêcher d'être rempli d'orgueil. [8] Trois fois j'ai prié le Seigneur au sujet de cette maladie et lui ai demandé de m'en délivrer. [9] Il m'a répondu: "Ma grâce est tout ce dont tu as besoin, car ma puissance manifeste pleinement ses effets quand tu es faible." Je préfère donc de tout mon coeur avoir à me vanter de mes faiblesses, afin que la puissance du Christ étende sa protection sur moi. [10] C'est pourquoi je me réjouis des faiblesses, des insultes, des détresses, des persécutions et des angoisses que je subis pour le Christ; car lorsque je suis faible, c'est alors que je suis fort.

L'inquiétude que Paul ressent au sujet des Corinthiens

[11] Je parle comme si j'étais devenu fou, mais vous m'y avez obligé. C'est vous qui auriez dû prendre ma défense. Car même si je ne suis rien, je ne suis nullement inférieur à vos super-apôtres. [12] Les actes qui prouvent que je suis *apôtre ont été accomplis parmi vous avec une patience parfaite: ils ont consisté en signes, prodiges et miracles. [13] En quoi avez-vous été moins bien traités que les autres Eglises, à part le fait que je ne vous ai pas été à charge? Pardonnez-moi cette injustice!

[14] Me voici prêt à me rendre chez vous pour la troisième fois, et je ne vous serai pas à charge. C'est vous que je veux et non votre argent. En effet, ce n'est pas aux enfants à gagner de l'argent pour entretenir leurs parents, mais aux parents à en gagner pour entretenir leurs enfants. [15] Quant à moi, je serai heureux de dépenser tout ce que j'ai et de me dépenser moi-même pour vous aider. M'aimerez-vous moins si je vous aime à un tel point?

[16] Vous admettrez donc que je n'ai pas été un fardeau pour vous. Mais quelqu'un prétendra que j'ai été rusé et que je vous ai pris au piège par des mensonges. [17] Est-ce que je vous ai exploités par l'un de ceux que je vous ai envoyés? [18] J'ai prié Tite d'aller chez vous et j'ai envoyé avec lui le frère que vous savez. Allez-vous dire que Tite vous a exploités? N'avons-nous pas agi lui et moi selon les mêmes motifs et en nous conduisant de la même manière?

[19] Peut-être pensez-vous depuis un long moment que nous cherchons à nous défendre devant vous? Eh bien non! Nous parlons comme le Christ le veut, devant Dieu, et nous vous disons tout cela, chers amis, pour vous faire progresser dans la foi. [20] Je crains que lorsque j'irai chez vous je ne vous trouve pas tels que je voudrais et que vous ne me trouviez pas tel que vous voudriez. Je crains qu'il n'y ait des querelles et de la jalousie, de la colère et des rivalités, des insultes et des bavardages malveillants, de l'orgueil et du désordre. [21] Je crains qu'à ma prochaine visite mon Dieu ne m'humilie devant vous, et que je n'aie à pleurer sur beaucoup qui ont péché dans le passé et ne se sont pas détournés de l'impureté, de l'immoralité et du vice qu'ils ont pratiqués.

Derniers avertissements et salutations

13 C'est la troisième fois que je vais me rendre chez vous. "Toute accusation doit être appuyée par le témoignage de deux ou trois témoins" comme le déclare l'Ecriture. [2] J'ai un avertissement à donner à ceux qui ont péché dans le passé et à tous les autres; je l'ai déjà donné durant ma seconde visite chez vous, mais je le répète maintenant que je suis absent: la prochaine fois que j'irai vous voir, je ne serai indulgent pour personne. [3] Vous désirez la preuve que le Christ parle par moi, vous l'aurez alors. Le Christ n'est pas faible à votre égard, mais il manifeste sa puissance parmi vous. [4] Certes, il a été cloué sur une croix à cause de sa faiblesse, mais il vit par la puissance de Dieu. Dans l'union avec lui, nous sommes faibles nous aussi; mais dans notre façon d'agir envers vous, nous vivons avec lui par la puissance de Dieu.

[5] Mettez-vous à l'épreuve et examinez-vous vous-mêmes pour voir si vous vivez dans la foi. Vous reconnaissez que Jésus-Christ est en vous, n'est-ce pas? A moins que vous ne soyez incapables de donner des preuves de foi. [6] J'espère cependant que vous reconnaîtrez que nous ne sommes pas incapables d'en donner. [7] Nous prions Dieu que vous ne fassiez aucun mal; nous désirons non pas démontrer par là ce dont nous sommes capables, mais vous voir pratiquer le bien, même si nous devons paraître incapables. [8] Car nous ne pouvons rien faire contre la vérité de Dieu, nous ne pouvons agir que pour elle. [9] Nous nous réjouissons quand nous

sommes faibles tandis que vous êtes forts. Par conséquent, nous demandons aussi dans nos prières que vous deveniez parfaits. [10] Voilà pourquoi je vous écris ainsi en étant loin de vous: c'est pour qu'au moment où je serai parmi vous je n'aie pas à vous traiter durement en usant de l'autorité que le Seigneur m'a donnée, autorité qui a pour but de vous faire progresser dans la foi et non de vous détruire.

[11] Et maintenant, frères, adieu! Tendez à la perfection, encouragez-vous les uns les autres, mettez-vous d'accord, vivez en paix, et le Dieu d'amour et de paix sera avec vous.

[12] Saluez-vous les uns les autres d'un baiser fraternel. Tous les membres du peuple de Dieu vous adressent leurs salutations.

[13] Que la grâce du Seigneur Jésus-Christ, l'amour de Dieu et la communion du Saint-Esprit soient avec vous tous.

LA LETTRE DE PAUL AUX GALATES

Adresse et salutation

1 De la part de Paul, chargé d'être *apôtre non point par les hommes ou par l'intermédiaire d'un homme, mais par Jésus-Christ et par Dieu le Père qui l'a ramené de la mort à la vie. [2] Tous les frères qui sont ici se joignent à moi pour adresser cette lettre aux Eglises de Galatie et leur dire: [3] Que Dieu notre Père et le Seigneur Jésus-Christ vous donnent la grâce et la paix. [4] Le Christ s'est donné lui-même pour nous sauver de nos péchés afin de nous délivrer de ce monde présent et mauvais, selon la volonté de notre Dieu et Père. [5] A Dieu soit la gloire pour toujours! Amen.

La seule Bonne Nouvelle

[6] Je suis très étonné que vous abandonniez si vite celui qui vous a appelés par la grâce du Christ et que vous vous tourniez vers une autre Bonne Nouvelle. [7] En réalité, il n'y a pas d'autre Bonne Nouvelle; mais je vous parle ainsi parce qu'il y a des gens qui vous troublent et veulent changer la Bonne Nouvelle du Christ. [8] Eh bien! si quelqu'un — même si c'était nous ou un ange venu du ciel — vous annonçait une Bonne Nouvelle différente de celle que nous vous avons annoncée, qu'il soit maudit! [9] Nous vous l'avons déjà dit et je le répète maintenant: si quelqu'un vous annonce une Bonne Nouvelle différente de celle que vous avez reçue, qu'il soit maudit!

[10] Cela signifie-t-il que je cherche à gagner l'approbation des hommes? Non, c'est l'approbation de Dieu que je désire. Est-ce que je cherche à plaire aux hommes? Si je cherchais encore à plaire aux hommes, je ne serais pas serviteur du Christ.

Comment Paul est devenu apôtre

[11] Frères, je vous le déclare: la Bonne Nouvelle que j'annonce n'est pas une invention humaine. [12] Je ne l'ai pas reçue d'un homme et personne ne me l'a enseignée, mais c'est Jésus-Christ qui me l'a révélée.

[13] Vous avez entendu parler de la façon dont je me conduisais quand j'étais attaché à la religion juive. Vous savez

comment je persécutais avec violence l'Eglise de Dieu et m'efforçais de la détruire. [14] Je surpassais bien des compatriotes juifs de mon âge dans la pratique de la religion juive; j'étais beaucoup plus zélé pour les traditions de nos ancêtres.

[15] Mais Dieu, dans sa grâce, m'a choisi avant même que je naisse et m'a appelé à le servir. [16] Et quand il décida de me révéler son Fils pour que j'annonce aux non-Juifs la Bonne Nouvelle qui le concerne, je ne suis allé demander conseil à personne [17] et je ne me suis pas non plus rendu à Jérusalem pour voir ceux qui furent *apôtres avant moi; mais je suis parti aussitôt pour l'Arabie, puis je suis retourné à Damas. [18] C'est trois ans plus tard que je me suis rendu à Jérusalem pour faire la connaissance de Pierre, et je suis resté deux semaines avec lui. [19] Je n'ai vu aucun autre apôtre, mais seulement Jacques, le frère du Seigneur.

[20] Ce que je vous écris là est vrai; je déclare devant Dieu que je ne mens pas.

[21] Ensuite, je suis allé dans les régions de Syrie et de Cilicie. [22] Durant tout ce temps, les membres des Eglises chrétiennes de Judée ne me connaissaient pas personnellement. [23] Elles savaient seulement ce que d'autres disaient: "Celui qui autrefois nous persécutait prêche maintenant la foi qu'il s'efforçait alors de détruire." [24] Et ils louaient Dieu à mon sujet.

Paul et les autres apôtres

2 Quatorze ans plus tard, je suis retourné à Jérusalem avec Barnabas; j'ai également emmené Tite avec moi. [2] J'y suis allé parce que Dieu m'avait révélé que je devais le faire. Dans une réunion privée que j'ai eue avec les dirigeants, je leur ai expliqué la Bonne Nouvelle que je prêche aux non-Juifs. Je ne voulais pas que mon travail passé ou présent perde toute valeur. [3] Eh bien! Tite mon compagnon, qui est grec, n'a pas même été obligé de se faire *circoncire, [4] malgré des faux frères qui s'étaient mêlés à nous et voulaient le circoncire. Ces gens s'étaient glissés dans notre groupe comme des espions pour observer la liberté que nous avons dans notre union avec Jésus-Christ: ils désiraient nous rendre esclaves. [5] Pas un seul instant nous ne leur avons cédé, afin de maintenir pour vous la vérité de la Bonne Nouvelle.

[6] Mais ceux qui étaient considérés comme les dirigeants — en fait, ce qu'ils étaient ne m'importe pas, car Dieu ne juge pas sur les apparences, — ces dirigeants, dis-je, ne m'imposèrent pas de nouvelles instructions. [7] Au contraire, ils virent que Dieu m'avait confié la tâche d'annoncer la Bonne Nouvelle aux non-Juifs, tout comme il avait confié à Pierre la tâche de l'annoncer aux Juifs. [8] Car Dieu a fait de moi *l'apôtre destiné aux non-Juifs, tout comme il a fait de Pierre l'apôtre destiné aux Juifs. [9] Jacques, Pierre et Jean, qui étaient considérés comme les chefs, reconnurent que Dieu m'avait accordé cette tâche particulière; ils nous serrèrent alors la main, à Barnabas et à moi. Ainsi associés les uns aux autres, nous avons convenu tous ensemble que, pour notre part, nous irions travailler parmi les non-Juifs et qu'ils iraient parmi les Juifs. [10] Ils nous demandèrent seulement de nous souvenir des pauvres de leur Eglise, ce que j'ai pris grand soin de faire.

Paul adresse des reproches à Pierre à Antioche

[11] Lorsque Pierre vint à Antioche, je me suis opposé à lui en public, parce qu'il était dans l'erreur. [12] En effet, avant l'arrivée de quelques personnes envoyées par Jacques, il mangeait avec les frères non-juifs. Mais quand ces gens furent arrivés, il se retira et cessa de manger avec eux, parce qu'il avait peur des partisans de la *circoncision. [13] Les autres frères juifs se mirent à agir aussi lâchement que Pierre, et Barnabas lui-même se laissa entraîner par leur exemple de lâcheté. [14] Quand j'ai vu qu'ils ne se conduisaient pas d'une façon droite et conforme à la vérité de la Bonne Nouvelle, j'ai dit à Pierre devant tout le monde: "Toi qui es Juif, tu as vécu ici comme ceux qui ne sont pas juifs, et non comme un Juif. Comment peux-tu donc vouloir forcer les non-Juifs à vivre comme des Juifs?"

Les Juifs et les non-Juifs sont sauvés par la foi

[15] Nous sommes nous-mêmes des Juifs de naissance et non des pécheurs appartenant aux autres nations. [16] Cependant, nous savons que l'homme est reconnu juste devant Dieu uniquement à cause de sa foi en Jésus-Christ et non parce qu'il accomplit ce qu'ordonne la *loi. Nous aussi, nous avons cru en Jésus-Christ afin d'être reconnus justes à cause de notre foi au Christ et non pour avoir accompli ce qu'or-

donne la loi. Car personne ne sera reconnu juste devant Dieu pour avoir accompli ce qu'ordonne la loi. [17] Mais si, alors que nous cherchons à être reconnus justes par notre union avec le Christ, il se trouve que nous sommes pécheurs autant que les non-Juifs, cela signifie-t-il que le Christ sert la cause du péché? Certainement pas! [18] Si je me mets à reconstruire ce que j'ai détruit, je manifeste ainsi que je désobéis à la loi. [19] En ce qui concerne la loi, je suis mort, d'une mort provoquée par la loi elle-même, afin que je puisse vivre pour Dieu. J'ai été mis à mort avec le Christ sur la croix, [20] de sorte que ce n'est plus moi qui vis, mais c'est le Christ qui vit en moi. La vie humaine qui est la mienne maintenant, je la vis dans la foi au Fils de Dieu qui m'a aimé et a donné sa vie pour moi. [21] Je ne rejette pas la grâce de Dieu. Si c'est au moyen de la loi que l'on peut être rendu juste devant Dieu, alors le Christ est mort pour rien.

La loi ou la foi

3 O Galates insensés! Qui vous a ensorcelés? Vous avez pourtant eu devant les yeux la claire description de la mort de Jésus sur la croix. [2] Je désire que vous répondiez à cette seule question: avez-vous reçu l'Esprit de Dieu parce que vous avez accompli ce que la *loi ordonne ou parce que vous avez entendu et cru la Bonne Nouvelle? [3] Comment pouvez-vous être aussi insensés? Vous avez commencé par l'Esprit de Dieu, voulez-vous finir maintenant par vos propres forces? [4] Avez-vous fait de telles expériences pour rien? Il n'est pas possible que ce soit pour rien. [5] Quand Dieu vous accorde son Esprit et réalise des miracles parmi vous, le fait-il parce que vous accomplissez ce que la loi ordonne ou parce que vous entendez et croyez la Bonne Nouvelle?

[6] C'est ainsi que l'Ecriture déclare au sujet d'Abraham: "Il crut en Dieu, et Dieu le considéra comme juste en tenant compte de sa foi." [7] Vous devez donc comprendre que ceux qui ont la foi sont les vrais descendants d'Abraham. [8] L'Ecriture a prévu que Dieu rendrait les non-Juifs justes devant lui à cause de leur foi. C'est pourquoi elle a annoncé d'avance à Abraham cette bonne nouvelle: "Dieu bénira tous les peuples de la terre à travers toi." [9] Abraham a cru et il fut béni; ainsi, tous ceux qui croient sont bénis comme il l'a été.

[10] Ceux qui comptent sur l'obéissance à la loi sont frappés

d'une malédiction. En effet, l'Ecriture déclare: "Maudit soit tout homme qui n'obéit pas continuellement à tout ce qui est écrit dans le livre de la loi." [11] Il est d'ailleurs clair que personne ne peut être rendu juste devant Dieu au moyen de la loi, car l'Ecriture déclare: "Celui qui est juste aux yeux de Dieu par la foi, vivra." [12] Mais la loi ne dépend pas de la foi. Au contraire, comme le déclare l'Ecriture: "Celui qui met en pratique les commandements de la loi vivra par eux."

[13] Le Christ, en devenant objet de malédiction à notre place, nous a délivrés de la malédiction de la loi. L'Ecriture déclare en effet: "Maudit soit tout homme qui est pendu à un arbre." [14] Il en fut ainsi pour que la bénédiction que Dieu promit à Abraham soit accordée aux non-Juifs par le moyen de Jésus-Christ, et pour que nous recevions par la foi l'Esprit promis par Dieu.

La loi et la promesse

[15] Frères, je vais utiliser un exemple pris dans la vie courante: quand un homme a établi un testament d'une façon

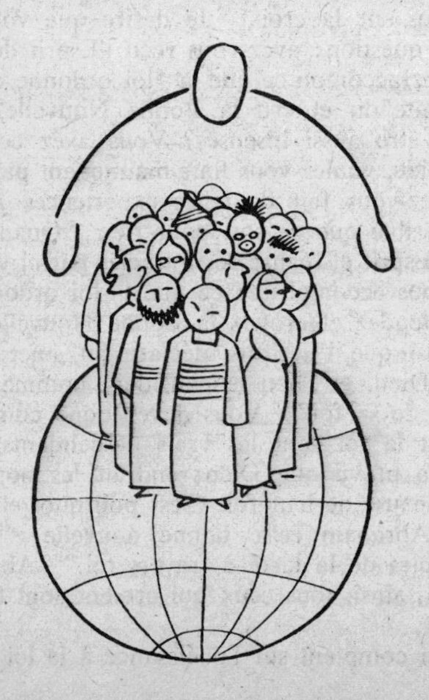

correcte, personne ne peut annuler ce testament ou lui ajouter quelque chose. [16] Eh bien! Dieu a fait ses promesses à Abraham et à son descendant. L'Ecriture ne déclare pas: "et à ses descendants," comme s'il s'agissait de nombreuses personnes. Elle déclare: "et à ton descendant," en indiquant par là une seule personne, qui est le Christ. [17] Voici ce que je veux dire: Dieu avait établi un testament et avait promis de le maintenir. La loi, qui est survenue quatre cent trente ans plus tard, ne peut annuler ce testament et supprimer la promesse de Dieu. [18] Mais si le don que Dieu accorde comme héritage dépend de la loi, alors il ne dépend plus de la promesse. Cependant, c'est par la promesse que Dieu a manifesté sa faveur à Abraham.

[19] Pourquoi la loi a-t-elle donc été donnée? Elle a été ajoutée pour faire connaître les actions contraires à la volonté de Dieu: elle devait durer jusqu'à ce que vienne le descendant d'Abraham pour qui la promesse avait été faite. Cette loi fut transmise par des anges et un homme servit d'intermédiaire. [20] Mais un intermédiaire est inutile quand une seule personne est en cause, et Dieu est seul en cause.

Le but de la loi

[21] Cela signifie-t-il que la loi est contraire aux promesses de Dieu? Certainement pas! Si une loi avait été donnée qui puisse procurer la vie aux hommes, alors l'homme pourrait être rendu juste devant Dieu par le moyen de la loi. [22] Mais l'Ecriture a déclaré que le monde entier est soumis à la puissance du péché, afin que le don promis par Dieu soit accordé à ceux qui croient à cause de leur foi en Jésus-Christ.

[23] Avant que vienne le temps de la foi, la loi nous gardait prisonniers, en attendant que cette foi soit révélée. [24] Ainsi, la loi a été notre surveillant jusqu'à ce que vienne le Christ, afin que nous soyons rendus justes devant Dieu par la foi. [25] Maintenant que le temps de la foi est venu, nous ne dépendons plus de ce surveillant.

[26] Car c'est par la foi que vous êtes fils de Dieu dans l'union avec Jésus-Christ. [27] Vous tous, en effet, avez été baptisés pour être unis à Jésus-Christ et vous vous êtes ainsi revêtus de la condition nouvelle qui est en Jésus-Christ. [28] Il n'y a donc pas de différence entre les Juifs et les non-

Juifs, entre les esclaves et les hommes libres, entre les hommes et les femmes; vous êtes tous un dans l'union avec Jésus-Christ. [29] Si vous appartenez au Christ, vous êtes alors les descendants d'Abraham et vous recevrez ce que Dieu a promis comme héritage.

4 Voici, en d'autres mots, ce que je tiens à dire: le fils qui doit hériter de la propriété de son père se trouve dans une situation tout à fait pareille à celle d'un esclave aussi longtemps qu'il est très jeune, bien qu'il soit au fond le propriétaire de tout. [2] Tant qu'il est très jeune, il est soumis à des personnes qui prennent soin de lui et s'occupent de ses affaires jusqu'au moment fixé par son père. [3] Nous, de même, tant que nous étions comme des enfants, nous étions esclaves des éléments spirituels du monde. [4] Mais quand le moment fixé fut arrivé, Dieu envoya son Fils: il naquit d'une femme et fut soumis à la loi juive, [5] afin de délivrer ceux qui étaient soumis à la loi, pour que nous puissions ainsi devenir fils de Dieu.

[6] Pour prouver que vous êtes bien ses fils, Dieu a envoyé dans nos coeurs l'Esprit de son Fils, l'Esprit qui crie: "Mon Père!". [7] Ainsi, tu n'es plus esclave, mais fils; et puisque tu es son fils, Dieu te donnera l'héritage qu'il réserve à ses fils.

L'inquiétude que Paul ressent au sujet des Galates

[8] Autrefois, vous ne connaissiez pas Dieu et vous étiez esclaves d'êtres qui ne sont pas réellement des dieux. [9] Mais

maintenant que vous connaissez Dieu — ou, plutôt, maintenant que Dieu vous connaît —, comment est-il possible que vous retourniez à ces faibles et misérables éléments spirituels? Comment est-il encore possible que vous vouliez redevenir leurs esclaves? [10] Vous attachez une telle importance à certains jours, certains mois, certaines saisons et certaines années! [11] J'ai peur à votre sujet: tout le travail que j'ai accompli pour vous serait-il inutile?

[12] Frères, je vous en supplie, devenez semblables à moi, tout comme je me suis fait semblable à vous. Vous ne m'avez fait aucun mal. [13] Vous vous rappelez pourquoi je vous ai annoncé la Bonne Nouvelle la première fois: c'est parce que j'étais malade. [14] Mon corps malade était une vraie épreuve pour vous, et pourtant vous ne m'avez pas méprisé ou repoussé. Au contraire, vous m'avez reçu comme un ange de Dieu, ou même comme Jésus-Christ. [15] Vous étiez si heureux! Que vous est-il donc arrivé? Je peux affirmer ceci à votre sujet: s'il avait été possible, vous vous seriez arraché les yeux pour me les donner! [16] Est-ce que je suis devenu maintenant votre ennemi en vous disant la vérité?

[17] Ces gens manifestent beaucoup d'intérêt pour vous, mais leurs intentions ne sont pas bonnes. Ce qu'ils veulent, c'est vous détacher de moi pour que vous leur portiez tout votre intérêt. [18] Certes, il est bon d'être rempli d'intérêt, mais pour ce qui est bien, et cela en tout temps, non pas seulement quand je suis parmi vous. [19] Mes chers enfants, j'éprouve de nouveau une vive souffrance pour vous, une souffrance semblable à celle d'une femme qui met un enfant au monde, jusqu'à ce que le Christ soit formé en vous. [20] Combien j'aimerais me trouver auprès de vous en ce moment afin de pouvoir vous parler autrement. Je suis si inquiet à votre sujet!

L'exemple d'Agar et de Sara

[21] Dites-moi, vous qui voulez être soumis à la loi: n'entendez-vous pas ce que déclare la loi? [22] Elle déclare qu'Abraham eut deux fils, l'un d'une esclave et l'autre d'une femme libre. [23] Le fils qu'il eut de l'esclave naquit conformément à la nature, mais le fils qu'il eut de la femme libre naquit conformément à la promesse de Dieu. [24] Cette histoire peut être comprise comme une image: les deux femmes représentent deux *alliances. L'une de ces alliances (représentée par

Agar) est celle du Mont Sinaï, elle donne naissance à des enfants esclaves. [25] Agar, c'est le Mont Sinaï en Arabie; elle correspond à l'actuelle ville de Jérusalem, qui est esclave avec tous les siens. [26] Mais la Jérusalem céleste est libre et c'est elle qui est notre mère. [27] En effet, l'Ecriture déclare:

"Réjouis-toi, femme qui n'as jamais pu avoir d'enfant!
Pousse des cris de joie, toi qui n'as jamais connu les douleurs de l'enfantement!
Car la femme qui a été délaissée aura plus d'enfants
Que la femme qui a un mari."

[28] Quant à vous, frères, vous êtes des enfants nés conformément à la promesse de Dieu, tout comme Isaac. [29] Autrefois, le fils né conformément à la nature persécutait celui qui était né selon l'Esprit de Dieu, et il en va de même maintenant. [30] Mais que déclare l'Ecriture? Elle déclare: "Chasse la femme esclave et son fils; car le fils de l'esclave ne doit pas avoir part à l'héritage paternel avec le fils de la femme libre." [31] Ainsi, frères, nous ne sommes pas enfants d'une esclave, nous sommes enfants de la femme libre.

Ne perdez pas votre liberté

5 Le Christ nous a libérés pour que nous soyons vraiment libres. Demeurez donc fermement dans cette liberté et prenez garde de ne pas redevenir des esclaves.

[2] Ecoutez! Moi, Paul, je vous l'affirme: si vous vous faites *circoncire, alors le Christ ne vous servira de rien. [3] Je tiens à déclarer encore une fois à tout homme qui se fait circoncire qu'il est obligé d'obéir à la loi tout entière. [4] Vous qui cherchez à être reconnus justes devant Dieu en obéissant à la loi, vous vous êtes séparés du Christ; vous êtes privés de la grâce de Dieu. [5] Quant à nous, nous espérons que Dieu nous rendra justes devant lui; c'est ce que nous attendons, par la puissance du Saint-Esprit qui agit au travers de notre foi. [6] Car si nous sommes unis à Jésus-Christ, être circoncis ou ne pas l'être n'a pas d'importance: ce qui importe, c'est la foi qui agit par l'amour.

[7] Vous étiez si bien partis! Qui vous a fait cesser d'obéir à la vérité? [8] Ce que l'on vous a dit pour vous persuader ne venait pas de Dieu qui vous appelle. [9] "Un peu de *levain fait lever toute la pâte," comme on dit. [10] Cependant, le Seigneur me donne confiance à votre sujet: il me rend

certain que vous n'allez pas penser autrement que moi. Mais celui qui vous trouble, quel qu'il soit, sera puni par Dieu.

[11] Quant à moi, frères, si je prêche encore que la circoncision est nécessaire, pourquoi continue-t-on à me persécuter? Si c'était vrai, alors le message que j'annonce au sujet du Christ cloué sur la croix ne serait plus scandaleux pour personne. [12] Je souhaite que ceux qui vous troublent aillent encore plus loin dans leurs pratiques: qu'ils se châtrent!

[13] Quant à vous, frères, vous avez été appelés à être libres. Seulement ne faites pas de cette liberté un prétexte pour vivre selon les désirs de votre nature humaine. Au contraire, laissez-vous guider par l'amour pour vous mettre au service les uns des autres. [14] Car toute la loi se résume dans ce seul commandement: "Aime ton prochain comme toi-même." [15] Mais si vous agissez comme des bêtes sauvages, en vous blessant et vous maltraitant les uns les autres, alors prenez garde, sinon vous vous détruirez les uns les autres.

Etre dirigé par l'Esprit et non par les désirs de la nature humaine

[16] Voici donc ce que j'ai à vous dire: laissez le Saint-Esprit diriger votre vie et n'obéissez pas aux désirs de la nature humaine. [17] Car notre nature humaine a des désirs contraires à ceux de l'Esprit, et l'Esprit a des désirs contraires à ceux de la nature humaine: ils sont complètement opposés l'un à l'autre, de sorte que vous ne pouvez pas faire ce que vous voudriez. [18] Si l'Esprit vous conduit, alors vous n'êtes pas soumis à la loi.

[19] On sait bien comment se manifeste l'activité de la nature humaine: dans l'immoralité, l'impureté et le vice; [20] dans le culte des idoles et la magie. Les hommes deviennent ennemis les uns des autres, ils se querellent et sont jaloux, ils sont dominés pas la colère et les rivalités. Ils se divisent en partis et en groupes opposés; [21] ils sont envieux, ils se livrent à l'ivrognerie et à des orgies, et commettent d'autres actions semblables. Je vous avertis maintenant comme je l'ai déjà fait: ceux qui agissent ainsi ne recevront pas le *Royaume de Dieu.

[22] Mais ce que l'Esprit produit, c'est l'amour, la joie, la paix, la patience, la bienveillance, la bonté, la fidélité, [23] la douceur et la maîtrise de soi. La loi n'est certes pas contre de telles choses! [24] Ceux qui appartiennent à Jésus-Christ ont

fait mourir leur nature humaine avec ses passions et ses désirs. [25] L'Esprit nous a donné la vie; il faut donc aussi qu'il dirige notre conduite. [26] Ne soyons pas orgueilleux, abstenons-nous de nous irriter les uns les autre ou de nous envier les uns les autres.

Porter les fardeaux les uns des autres

6 Frères, si quelqu'un est surpris en train de commettre une faute quelconque, vous qui avez l'Esprit de Dieu ramenez-le dans le droit chemin; mais faites preuve de douceur à son égard. Et j'ajoute pour chacun de vous: veille sur toi-même, afin de ne pas te laisser tenter, toi aussi. [2] Aidez-vous les uns les autres à porter vos fardeaux: vous

obéirez ainsi à la loi du Christ. [3] Si quelqu'un pense être quelque chose alors qu'il n'est rien, il se trompe lui-même. [4] Que chacun examine sa propre conduite; s'il peut en être fier, il le sera alors par rapport à lui seul et non par comparaison avec les autres. [5] Car chacun doit porter sa propre charge.

[6] Celui à qui l'on enseigne la Bonne Nouvelle doit partager tous les biens qu'il possède avec celui qui l'enseigne.

[7] Ne vous y trompez pas: on ne se moque pas de Dieu. L'homme récoltera ce qu'il aura semé. [8] S'il sème ce qui plaît à sa nature humaine, sa nature humaine lui fera obtenir une récolte de mort; mais s'il sème ce qui plaît à l'Esprit, l'Esprit lui fera obtenir une récolte de vie éternelle. [9] Ne nous lassons pas de faire le bien; car si nous ne nous décourageons pas, nous récolterons quand le moment sera venu. [10] Ainsi, tant que nous en avons l'occasion, faisons du bien à tous, et surtout à nos frères dans la foi.

Derniers avertissements et salutation

[11] Voyez quelles grandes lettres je trace maintenant que je vous écris de ma propre main! [12] Ce sont des hommes désireux de se faire bien voir pour des motifs humains qui veulent vous obliger à être *circoncis. Mais ils agissent ainsi uniquement pour ne pas être persécutés à cause de la croix du Christ. [13] Ces gens qui pratiquent la circoncision n'obéissent pas eux-mêmes à la loi; ils veulent que vous soyez circoncis pour pouvoir se vanter de vous avoir imposé ce signe dans votre chair. [14] Quant à moi, je ne veux me vanter que de la croix de notre Seigneur Jésus-Christ; en effet, par la croix du Christ le monde est mort pour moi et je suis mort pour le monde. [15] Etre circoncis ou ne pas l'être n'a aucune importance: ce qui importe, c'est d'être une nouvelle créature. [16] Pour tous ceux qui suivent cette règle dans leur vie, je dis: que la paix et la bonté de Dieu soient avec eux — avec eux et avec l'ensemble du peuple de Dieu.

[17] A l'avenir, que personne ne me cause plus de difficultés; car les cicatrices que je porte sur mon corps prouvent que je suis l'esclave de Jésus.

[18] Que la grâce de notre Seigneur Jésus-Christ soit avec vous tous, frères. Amen.

LA LETTRE DE PAUL AUX EPHÉSIENS

Adresse et salutation

1 De la part de Paul, qui par la volonté de Dieu est *apôtre de Jésus-Christ.

Aux membres du peuple de Dieu qui vivent à Ephèse et qui sont fidèles dans l'union avec Jésus-Christ: [2] Que Dieu notre Père et le Seigneur Jésus-Christ vous donnent la grâce et la paix.

Les bienfaits que Dieu nous a accordés en Christ

[3] Louons Dieu, le Père de notre Seigneur Jésus-Christ! Il nous a bénis dans notre union avec le Christ, en nous accordant toute bénédiction spirituelle dans le monde céleste. [4] Car Dieu, avant d'avoir fait le monde, nous avait déjà choisis pour être siens en Christ, afin que nous soyons saints et sans défauts devant lui. Dans son amour, [5] Dieu avait décidé par avance qu'il ferait de nous ses fils par Jésus-Christ; il l'a voulu parce que cela lui plaisait. [6] Louons donc Dieu pour la splendeur de la grâce qu'il nous a généreusement donnée en son Fils bien-aimé.

[7] Car, par la mort du Christ, nous sommes délivrés et nos péchés sont pardonnés. Dieu nous a ainsi montré la richesse de sa grâce, [8] qu'il nous a accordée avec abondance en nous procurant une pleine sagesse et une pleine intelligence: [9] Il nous a fait connaître son plan secret, qu'il avait librement décidé par avance d'accomplir en Christ. [10] Ce plan, que Dieu achèvera à la fin des temps, consiste à réunir tout ce qui est dans les cieux et sur la terre sous un seul chef, le Christ.

[11] Dans notre union avec le Christ, nous avons reçu notre part au salut, car Dieu nous avait choisis par avance, selon son plan; et Dieu fait toutes choses conformément à ce qu'il a décidé et voulu lui-même. [12] Louons donc la grandeur de Dieu, nous qui avons été les premiers à espérer dans le Christ!

[13] Vous aussi, quand vous avez écouté le message de la vérité, la Bonne Nouvelle qui vous a apporté le salut, vous avez cru en Christ; alors, Dieu vous a marqués à son nom, en vous donnant le Saint-Esprit qu'il avait promis. [14] Le Saint-Esprit est la garantie du salut que Dieu a promis à

son peuple comme héritage; il nous assure que nous posséderons cet héritage quand notre délivrance sera complète. Louons donc la grandeur de Dieu!

Prière de Paul

[15] A cause de tout cela, maintenant que j'ai entendu parler de votre foi dans le Seigneur Jésus et de votre amour pour tous ceux qui appartiennent à Dieu, [16] je ne cesse pas de remercier Dieu à votre sujet. Je me souviens de vous dans mes prières [17] et je demande au Dieu de notre Seigneur Jésus-Christ, au Père glorieux, de vous donner l'Esprit qui vous fera comprendre et qui vous révélera Dieu de telle sorte que vous le connaîtrez. [18] Je demande que vous receviez la lumière en votre être intérieur, afin que vous voyiez à quelle espérance Dieu vous a appelés, quelle est la richesse de l'héritage magnifique qu'il réserve pour ceux qui lui appartiennent, [19] et de quelle puissance extraordinaire il dispose pour nous les croyants. Cette puissance est celle-là même que Dieu a manifestée avec tant de force [20] quand il a ramené le Christ de la mort à la vie et l'a fait asseoir à sa droite dans le monde céleste. [21] Là, le Christ est placé au-dessus de toute autorité, de tout pouvoir, de toute puissance, de toute domination et de tout autre nom qui puisse être cité non seulement dans ce monde-ci mais aussi dans le

monde à venir. [22] Dieu a placé toutes choses sous les pieds du Christ et il l'a donné à l'Eglise comme chef suprême. [23] L'Eglise est le corps du Christ; c'est en elle que le Christ est pleinement présent, lui qui remplit tout l'univers.

De la mort à la vie

2 Autrefois, vous étiez spirituellement morts à cause de vos fautes, à cause de vos péchés. [2] Vous vous conformiez alors à la manière de vivre de ce monde; vous obéissiez au chef des puissance spirituelles de l'espace, cet esprit qui agit maintenant dans les hommes qui désobéissent à Dieu. [3] Nous tous, nous étions aussi comme eux, nous vivions selon les désirs de notre nature humaine et nous accomplissions ce que voulaient notre corps et notre esprit. A cause de ce que nous étions naturellement, nous étions destinés à subir la colère de Dieu comme les autres.

[4] Mais la bonté de Dieu est si grande et son amour pour nous est tel que, [5] lorsque nous étions spirituellement morts à cause de nos fautes, il nous a fait revivre avec le Christ. C'est par la grâce de Dieu que vous avez été sauvés. [6] Dans notre union avec Jésus-Christ, Dieu nous a ramenés à la vie avec lui pour nous faire régner avec lui dans le monde céleste. [7] Il a fait cela afin de démontrer pour tous les temps à venir la richesse extraordinaire de sa grâce par la bonté qu'il nous a manifestée en Jésus-Christ. [8] Car c'est par la grâce de Dieu que vous avez été sauvés, au moyen de la foi. Ce salut ne vient pas de vous, il est un don de Dieu; [9] il n'est pas le résultat de vos efforts, et ainsi personne ne peut se vanter. [10] Car c'est Dieu qui nous a formés; il nous a créés, dans notre union avec Jésus-Christ, pour que nous menions une vie riche en oeuvres bonnes, ces oeuvres qu'il a préparées d'avance afin que nous les pratiquions.

Un en Jésus-Christ

[11] Vous qui n'êtes pas Juifs de naissance, — vous que les Juifs appellent incirconcis alors qu'ils s'appellent *circoncis (par référence à un signe que les hommes se font dans leur chair) — vous donc, rappelez-vous ce que vous étiez autrefois: [12] En ce temps-là, vous étiez loin du Christ; vous étiez étrangers et n'apparteniez pas au peuple choisi par Dieu; vous étiez en dehors des *alliances basées sur la promesse faite par Dieu à son peuple; vous viviez dans le monde sans

espérance et sans Dieu. [13] Mais maintenant, dans l'union avec Jésus-Christ, vous qui étiez éloignés, vous avez été rapprochés par la mort du Christ. [14] Car c'est le Christ lui-même qui nous a apporté la paix, en faisant des Juifs et des non-Juifs un seul peuple. En donnant son corps, il a abattu le mur qui les séparait et les rendait ennemis. [15] Il a annulé la loi juive avec ses commandements et ses règlements, pour former de ces deux races un seul peuple nouveau dans l'union avec lui, en établissant ainsi la paix. [16] Par sa mort sur la croix, le Christ a détruit la haine; par la croix, il a réuni les deux races en un seul corps et les a réconciliées avec Dieu. [17] Ainsi, le Christ est venu annoncer la Bonne Nouvelle de la paix à vous les non-Juifs, qui étiez loin de Dieu, et aux Juifs, qui étaient proches de lui. [18] C'est en effet par le Christ que nous tous, Juifs et non-Juifs, nous pouvons nous présenter devant Dieu avec l'aide du même Saint-Esprit.

[19] Par conséquent, vous les non-Juifs, vous n'êtes plus des étrangers ou des gens venus d'ailleurs; mais vous êtes maintenant concitoyens des membres du peuple de Dieu et vous appartenez à la famille de Dieu. [20] Vous êtes, vous aussi, la construction qui s'élève sur les fondations posées par les *apôtres et les *prophètes; la pierre d'angle en est Jésus-Christ lui-même. [21] C'est lui qui assure la solidité de toute la construction et lui permet de grandir pour former un temple saint dans le Seigneur. [22] Dans l'union avec lui, vous faites partie vous aussi de la construction pour devenir avec tous les autres une maison dans laquelle Dieu habite par son Esprit.

La tâche dont Paul est chargé en faveur des non-Juifs

3 C'est pourquoi, moi Paul, prisonnier de Jésus-Christ pour vous les non-Juifs, j'adresse ma prière à Dieu. [2] Vous avez certainement entendu parler de la tâche que Dieu, dans sa bonté, m'a chargé d'accomplir pour vous. [3] Dieu m'a accordé une révélation pour me faire connaître son plan secret. (J'ai écrit plus haut quelques mots à ce sujet [4] et, en les lisant, vous pouvez vous rendre compte de la connaissance que j'ai du secret qui concerne Jésus-Christ.) [5] Dans les temps passés, ce secret n'a pas été communiqué aux hommes, mais Dieu l'a révélé maintenant par son Esprit

à ses saints *apôtres et *prophètes. [6] Voici ce secret: par le moyen de la Bonne Nouvelle, les non-Juifs sont destinés à avoir part avec les Juifs à l'héritage que Dieu réserve à son peuple, ils sont membres du même corps et participent eux aussi à la même promesse que Dieu a faite en Jésus-Christ.

[7] Je suis devenu serviteur de la Bonne Nouvelle grâce à un don que Dieu, dans sa bonté, m'a accordé par l'action de sa puissance. [8] Je suis moins que le moindre de tous les membres du peuple de Dieu; pourtant, Dieu m'a accordé cette faveur d'annoncer aux non-Juifs la Bonne Nouvelle de la richesse infinie du Christ [9] et d'amener tous les hommes à distinguer comment le plan secret de Dieu doit se réaliser. Dieu, qui est le créateur de toutes choses, a tenu caché ce plan depuis toujours, [10] afin que maintenant, par le moyen de l'Eglise, les autorités et les puissances du monde céleste puissent connaître la sagesse de Dieu sous tous ses aspects. [11] Dieu a agi ainsi conformément à son intention éternelle qu'il a réalisée par Jésus-Christ notre Seigneur. [12] Dans l'union avec lui et par notre foi en lui, nous avons la liberté de nous présenter devant Dieu avec une pleine confiance. [13] Par conséquent, je vous demande de ne pas perdre courage à cause des souffrances que j'éprouve pour vous: elles vous procurent un avantage glorieux.

L'amour du Christ

[14] C'est pourquoi, je tombe à genoux devant le Père, [15] de qui toute famille dans les cieux et sur la terre reçoit son vrai nom. [16] Je demande à Dieu que, selon la richesse de sa gloire, il vous donne d'être fortifiés avec puissance par son Esprit dans votre être intérieur, [17] et que le Christ habite dans vos coeurs par la foi. Je demande que vous soyez enracinés et solidement établis dans l'amour [18] et que, avec tous les membres du peuple de Dieu, vous soyez capables de comprendre combien l'amour du Christ est large et long, haut et profond. [19] Oui, puissiez-vous connaître son amour — bien que personne ne parvienne jamais à le connaître complètement — et être ainsi remplis de toute la plénitude de Dieu.

[20] A celui qui a le pouvoir de faire infiniment plus que tout ce que nous demandons ou même pensons, au moyen de la puissance qui agit en nous, [21] à Dieu soit la gloire dans l'Eglise et en Jésus-Christ, dans tous les temps et pour toujours! Amen.

L'unité du corps

4 Je vous le demande, donc, moi qui suis prisonnier parce que je sers le Seigneur : conduisez-vous d'une façon conforme à ce que Dieu a voulu quand il vous a appelés. [2] Soyez toujours humbles, doux et patients. Supportez-vous les uns les autres avec amour. [3] Efforcez-vous de maintenir l'unité que donne l'Esprit, par la paix qui vous lie les uns aux autres. [4] Il y a un seul corps et un seul Saint-Esprit, de même qu'il y a une seule espérance à laquelle Dieu vous a appelés. [5] Il y a un seul Seigneur, une seule foi, un seul baptême; [6] il y a un seul Dieu et Père de tous, qui règne sur tous, agit par tous et demeure en tous.

[7] Chacun de nous a reçu un don particulier, conformément à ce que le Christ a donné. [8] Comme le déclare l'Ecriture :

"Quand il est monté sur les hauteurs,
Il a emmené des prisonniers avec lui;
Il a accordé des dons aux hommes."

[9] Or, que veut dire "il est monté"? Cela veut dire qu'il est d'abord descendu dans les régions les plus profondes de la terre. [10] Celui qui est descendu est le même que celui qui est monté au plus haut des cieux afin de remplir tout l'univers. [11] C'est lui qui a accordé des dons particuliers aux hommes : il a donné aux uns d'être *apôtres, à d'autres d'être *prophètes, à d'autres d'être évangélistes, à d'autres d'être pasteurs et enseignants. [12] Il a agi ainsi pour préparer les membres du peuple de Dieu à accomplir la tâche du service chrétien, pour faire progresser le corps du Christ dans la foi. [13] De cette façon, nous parviendrons tous ensemble à l'unité de notre foi et de notre connaissance du Fils de Dieu; nous deviendrons des adultes dont le développement atteindra à la stature parfaite du Christ. [14] Alors, nous ne serons plus des enfants, emportés par les vagues et poussés çà et là par n'importe quel vent d'enseignement répandu par des hommes trompeurs, qui entraînent les autres dans l'erreur par les ruses qu'ils inventent. [15] Au contraire, en proclamant la vérité avec amour, nous devons grandir en tout jusqu'au Christ, qui est la tête. [16] C'est grâce à lui que les différentes parties du corps sont solidement assemblées et que le corps entier est bien uni par toutes les jointures dont il est pourvu.. Ainsi, lorsque chaque partie agit comme elle doit, le corps entier grandit et se développe par l'amour.

La vie nouvelle dans le Christ

[17] Voici donc ce que je dis et déclare au nom du Seigneur: ne vous conduisez plus comme les païens, qui suivent leurs pensées inutiles [18] et ont l'intelligence obscurcie. Ils n'ont aucune part à la vie que Dieu donne, parce qu'ils sont complètement ignorants et profondément endurcis. [19] Ils ont perdu tout sentiment de honte; ils se sont livrés au vice et commettent sans aucune retenue toutes sortes d'actions impures.

[20] Ce n'est pas là ce que vous avez appris au sujet du Christ! [21] Vous avez certainement entendu parler de lui, et on vous a enseigné, en tant que chrétiens, la vérité qui est en Jésus. [22] Vous devez donc vous débarrasser de votre vieille nature, qui déterminait la façon dont vous vous conduisiez dans le passé, cette vieille nature que ses désirs trompeurs mènent à la ruine. [23] Il faut que vous soyez complètement renouvelés dans votre coeur et votre esprit. [24] Revêtez-vous de la nouvelle nature, qui est créée à la ressemblance de Dieu et se manifeste dans la vie juste et sainte qu'inspire la vérité.

[25] C'est pourquoi, rejetez le mensonge! Que chacun dise la vérité à son prochain, car nous sommes tous ensemble membres d'un même corps. [26] Si vous vous mettez en colère, prenez garde de ne pas tomber dans le péché; ne soyez pas en colère durant toute la journée. [27] Ne donnez pas prise

au diable. [28] Que celui qui volait cesse de voler; qu'il se mette à travailler pour gagner lui-même sa vie de façon honnête et avoir de quoi aider les pauvres. [29] Ne prononcez aucune parole mauvaise; dites seulement des paroles utiles, qui aident les autres à progresser dans la foi et répondent à un besoin, pour faire ainsi du bien à ceux qui vous entendent. [30] N'attristez pas le Saint-Esprit de Dieu; l'Esprit est en effet la marque de Dieu appliquée sur vous, il est la garantie que le jour viendra où Dieu nous délivrera complètement. [31] Chassez loin de vous tout sentiment amer, toute

irritation, toute colère. Eliminez les cris et les insultes. Abstenez-vous de toute forme de méchanceté. [32] Soyez au contraire bons et pleins d'affection les uns pour les autres; pardonnez-vous réciproquement, comme Dieu vous a pardonné dans le Christ.

Vivre dans la lumière

5 Puisque vous êtes les enfants que Dieu aime, efforcez-vous d'agir comme lui. [2] Que votre façon de vivre soit inspirée par l'amour, à l'exemple du Christ qui nous a aimés et a donné sa vie pour nous, comme une offrande et un sacrifice d'agréable odeur qui plaît à Dieu.

[3] Vous êtes membres du peuple de Dieu, par conséquent il ne convient pas que n'importe quelle forme d'immoralité, d'impureté ou d'envie soit même mentionnée parmi vous. [4] Il n'est pas convenable non plus que vous prononciez des paroles grossières, stupides ou sales. Adressez plutôt des prières de reconnaissance à Dieu. [5] Sachez-le bien: aucun homme immoral, impur ou avare (car être avare est une façon d'adorer des idoles) n'aura jamais part au *Royaume du Christ et de Dieu.

[6] Que personne ne vous trompe par des paroles insensées: c'est à cause de telles fautes que la colère de Dieu va frapper ceux qui refusent de lui obéir. [7] N'ayez donc rien de commun avec ces gens-là. [8] Vous étiez autrefois dans l'obscurité; mais maintenant, par votre union avec le Seigneur, vous êtes dans la lumière. Par conséquent, conduisez-vous comme des personnes qui appartiennent à la lumière, [9] car la lumière produit toute sorte de bonté, de droiture et de vérité. [10] Efforcez-vous de distinguer ce qui plaît au Seigneur. [11] N'ayez rien de commun avec ceux qui accomplissent des actions inutiles qui appartiennent à l'obscurité; mettez plutôt ces actions en pleine lumière. [12] (On a honte même de parler de ce que ces gens-là font en cachette.) [13] Quand toutes ces actions sont mises en pleine lumière, leur vraie nature se révèle clairement; [14] en effet, tout ce qui est clairement révélé devient lumière. C'est pourquoi il est dit:

"Réveille-toi, toi qui dors,
Relève-toi d'entre les morts,
Et le Christ t'éclairera."

[15] Prenez donc bien garde à la façon dont vous vous conduisez. Ne vous conduisez pas comme des ignorants mais comme des sages. [16] Faites un bon usage de toute occasion qui se présente à vous, car les jours que nous vivons sont mauvais. [17] C'est pourquoi, ne soyez pas insensés, mais efforcez-vous de comprendre comment le Seigneur veut que vous agissiez.

[18] Ne vous enivrez pas de vin: cela ne peut que vous amener à vivre dans le désordre; mais soyez remplis de l'Esprit. [19] Parlez les uns avec les autres au moyen de psaumes, d'hymnes et de cantiques; chantez des cantiques et des psaumes au Seigneur, en le louant de tout votre coeur. [20] Remerciez Dieu le Père en tout temps et pour tout, au nom de notre Seigneur Jésus-Christ.

Femmes et maris

[21] Soumettez-vous les uns aux autres à cause du respect que vous avez pour le Christ.

[22] Femmes, soyez soumises à vos maris, comme au Seigneur. [23] Car le mari est le chef de sa femme, comme le Christ est le chef de l'Eglise. Le Christ lui-même est le Sauveur de l'Eglise qui est son corps. [24] Ainsi, les femmes doivent se soumettre en tout à leurs maris de la même façon que l'Eglise se soumet au Christ.

[25] Maris, aimez vos femmes de la même façon que le Christ a aimé l'Eglise et donné sa vie pour elle. [26] Il a agi ainsi pour rendre l'Eglise digne d'être à Dieu, après l'avoir purifiée par l'eau et par la parole; [27] car il voulait se présenter à lui-même l'Eglise dans toute sa beauté, pure et sans défaut, sans tache ni ride ni aucune autre imperfection. [28] Les maris doivent donc aimer leurs femmes comme ils aiment leur propre corps. Celui qui aime sa femme s'aime lui-même. [29] En effet, personne n'a jamais haï son propre corps; au contraire, on le nourrit et on en prend soin, comme le Christ le fait pour l'Eglise, [30] parce que nous sommes membres de son corps. [31] Comme le déclare l'Ecriture: "A cause de cela, l'homme quittera son père et sa mère pour vivre avec sa femme, et les deux deviendront un seul être." [32] C'est une vérité importante qui est révélée dans ce passage; pour ma part, j'estime qu'elle se rapporte au Christ et à l'Eglise. [33] Mais elle s'applique aussi à vous: il faut que chaque mari aime sa femme comme lui-même, et que chaque femme respecte son mari.

Enfants et parents

6 Enfants, c'est votre devoir devant le Seigneur d'obéir à vos parents, car cela est juste. [2] "Respecte ton père et ta mère" est le premier commandement auquel soit ajoutée une promesse: [3] "afin que tu sois heureux et que tu vives longtemps sur la terre."

[4] Et vous, pères, ne traitez pas vos enfants de façon à les irriter. Mais élevez-les en leur donnant une éducation et une discipline inspirées par le Seigneur.

Esclaves et maîtres

[5] Esclaves, obéissez à vos maîtres d'ici-bas avec crainte et tremblement, et d'un coeur sincère, comme si vous serviez

le Christ. [6] Ne vous contentez pas d'agir ainsi quand ils vous surveillent, pour leur plaire; mais accomplissez la volonté de Dieu de tout votre cœur, comme des esclaves du Christ. [7] Faites votre travail d'esclaves avec bonne volonté, comme si vous serviez le Seigneur et non des hommes seulement. [8] Rappelez-vous que chacun, qu'il soit esclave ou libre, recevra du Seigneur ce qui lui revient, selon le bien qu'il aura fait.

[9] Et vous, maîtres, conduisez-vous d'une façon semblable à l'égard de vos esclaves; abstenez-vous de formuler des menaces. Rappelez-vous que vous appartenez, vous et vos esclaves, au même Maître dans les cieux, qui n'agit pas différemment selon les personnes.

Les armes du chrétien

[10] Enfin, cherchez votre force dans l'union avec le Seigneur et dans sa grande puissance. [11] Prenez sur vous toutes les armes que Dieu vous donne, afin de pouvoir tenir bon contre les ruses du diable. [12] Car nous n'avons pas à lutter contre des êtres humains, mais contre les puissances spirituelles mauvaises du monde céleste, les autorités, les pouvoirs et les maîtres de ce monde obscur. [13] C'est pourquoi, saisissez maintenant toutes les armes de Dieu! Ainsi, quand viendra le jour mauvais, vous pourrez résister aux attaques de l'adversaire et, après avoir combattu jusqu'à la fin, vous tiendrez encore fermement votre position.

[14] Tenez-vous donc prêts: ayez la vérité comme une ceinture serrée autour de votre taille; prenez sur vous la droiture comme une cuirasse; [15] mettez le zèle à annoncer la Bonne Nouvelle de la paix comme des chaussures à vos pieds. [16] Prenez toujours la foi comme un bouclier qui vous permettra d'éteindre toutes les flèches enflammées du Mauvais. [17] Acceptez le salut comme un casque et la parole de Dieu comme une épée que vous donne l'Esprit. [18] Faites tout cela dans la prière, en demandant à Dieu son aide. Priez en toute occasion, en étant dirigés par l'Esprit. A cet effet, soyez vigilants et continuellement fidèles. Priez pour tous les membres du peuple de Dieu; [19] priez aussi pour moi, afin que Dieu me donne les mots justes quand je vais parler, et que je m'exprime avec assurance pour faire connaître le secret de la Bonne Nouvelle. [20] Je suis ambassadeur pour cette Bonne Nouvelle, bien que je sois maintenant en prison. Priez donc pour que j'en parle avec assurance, comme je le dois.

Salutations finales

[21] Tychique, notre cher frère et fidèle aide dans l'oeuvre du Seigneur, vous donnera toutes les nouvelles qui me concernent, afin que vous sachiez ce que je deviens. [22] Je vous l'envoie donc en particulier pour vous dire comment nous allons et pour redonner ainsi du courage à vos coeurs.

[23] Que Dieu le Père et le Seigneur Jésus-Christ donnent à tous les frères la paix et l'amour, avec la foi. [24] Que la grâce de Dieu soit avec tous ceux qui aiment notre Seigneur Jésus-Christ d'un amour immortel.

LA LETTRE DE PAUL AUX PHILIPPIENS

Adresse et salutation

1 De la part de Paul et Timothée, serviteurs de Jésus-Christ.

A tous les membres du peuple de Dieu qui vivent à Philippes et qui croient en Jésus-Christ, aux dirigeants de l'Eglise et aux *diacres: [2] Que Dieu notre Père et le Seigneur Jésus-Christ vous donnent la grâce et la paix.

La prière de Paul pour les chrétiens de Philippes

[3] Je remercie mon Dieu au sujet de vous tous chaque fois que je pense à vous. [4] Toutes les fois que je prie pour vous, je prie avec joie, [5] à cause de la façon dont vous m'avez aidé à répandre la Bonne Nouvelle, depuis le premier jour jusqu'à maintenant. [6] Je suis certain de ceci: Dieu, qui a commencé cette oeuvre bonne en vous, la continuera jusqu'à ce qu'elle soit achevée au jour de Jésus-Christ. [7] Il est bien juste que j'aie de tels sentiments à l'égard de vous tous. Je vous porte en effet dans mon coeur, car vous avez tous eu part à la faveur que Dieu m'a accordée, soit maintenant que je suis en prison, soit quand j'étais libre de défendre et d'établir fermement la Bonne Nouvelle. [8] Dieu sait que je dis vrai quand j'affirme que je vous aime tous avec la profonde affection de Jésus-Christ.

[9] Voici la prière que j'adresse à Dieu pour vous: je demande que votre amour grandisse de plus en plus, qu'il soit enrichi de vraie connaissance et de compréhension parfaite, [10] pour que vous soyez capables de choisir ce qui est bien. Ainsi, vous serez purs et l'on ne pourra rien vous reprocher au jour du Christ. [11] Votre vie sera remplie des actions justes que produit Jésus-Christ, à la gloire et à la louange de Dieu.

La vie, c'est le Christ

[12] Frères, je veux que vous le sachiez: ce qui m'est arrivé a contribué en réalité à la progression de la Bonne Nouvelle. [13] C'est ainsi que toute la garde du palais et tous les autres savent que je suis en prison parce que je sers le Christ. [14] En me voyant en prison, la plupart des frères ont gagné en confiance dans le Seigneur, de sorte que, de plus

en plus, ils osent annoncer sans crainte la parole de Dieu. [15] Il est vrai que certains d'entre eux prêchent le Christ par jalousie à mon égard, dans un esprit de dispute; mais d'autres le prêchent dans de bonnes intentions. [16] Ceux-ci agissent par amour, car ils savent que Dieu m'a confié la tâche de défendre la Bonne Nouvelle. [17] Les autres annoncent le Christ non pas avec sincérité, mais dans un esprit de rivalité; ils pensent augmenter mes souffrances pendant que je suis en prison.

[18] Peu importe! Que leurs intentions soient mauvaises ou sincères, le Christ est de toute façon annoncé, et je m'en réjouis. Je continuerai même à m'en réjouir, [19] car je sais que tout cela tournera à mon salut, grâce à vos prières et à l'aide apportée par l'Esprit de Jésus-Christ. [20] En effet, comme je l'attends et l'espère vivement, je n'aurai aucune raison d'être honteux. Au contraire, maintenant comme toujours, je serai plein d'assurance et ainsi je manifesterai la grandeur du Christ par tout mon être, soit en vivant soit en mourant. [21] Car pour moi, la vie c'est le Christ, et la mort est un gain. [22] Mais si en continuant à vivre je peux encore accomplir une oeuvre utile, alors je ne sais pas que choisir. [23] Je me sens tiré des deux côtés: je désire quitter cette vie pour être avec le Christ, ce qui serait bien préférable; [24] mais il est beaucoup plus important, à cause de vous, que je continue à vivre. [25] Comme je suis certain de cela, je sais que je resterai; je sais que je demeurerai avec vous tous pour vous aider à progresser et à être joyeux dans la foi. [26] Ainsi, quand je me trouverai de nouveau auprès de vous, vous aurez à cause de moi d'autant plus sujet d'être fiers dans votre vie en Jésus-Christ.

[27] Seulement, conduisez-vous d'une façon qui soit en accord avec la Bonne Nouvelle du Christ. Ainsi, que j'aille vous voir ou que je reste absent, je pourrai apprendre que vous demeurez fermes, unis dans une même intention, et que vous combattez ensemble d'un même coeur pour la foi que donne la Bonne Nouvelle. [28] Ne vous laissez effrayer en rien par vos adversaires: ce sera pour eux le signe qu'ils vont à la destruction et pour vous le signe que vous êtes sur la voie du salut; et cela vient de Dieu. [29] Car Dieu vous a accordé la faveur de servir le Christ, non seulement en croyant en lui, mais encore en souffrant pour lui. [30] Maintenant, vous prenez part au combat avec moi. Ce combat

est le même que vous m'avez vu livrer autrefois et que je livre encore, comme vous le savez.

L'humilité et la grandeur du Christ

2 Votre foi au Christ vous rend-elle plus forts? Son amour vous encourage-t-il? Etes-vous en communion avec le Saint-Esprit? Avez-vous de l'affection et de la bonté les uns pour les autres? [2] Alors, je vous le demande, rendez-moi parfaitement heureux en vous mettant d'accord, en ayant un même amour, en étant unis de coeur et d'intention. [3] Ne faites rien par esprit de rivalité ou par désir inutile de briller, mais soyez humbles les uns à l'égard des autres et que chacun considère les autres comme supérieurs à lui-même. [4] Que personne ne cherche son propre intérêt, mais pensez chacun à celui des autres. [5] Ayez entre vous les sentiments qui viennent de Jésus-Christ:

[6] Il possédait depuis toujours la condition divine,
Mais il n'a pas estimé qu'il devait chercher à se faire de force l'égal de Dieu.
[7] Au contraire, il a de lui-même renoncé à tout ce qu'il avait et il a pris la condition d'esclave.
Il est devenu semblable aux hommes, il a paru dans une situation d'homme;
[8] Il a accepté de vivre dans l'humilité et s'est montré obéissant jusqu'à la mort, la mort sur la croix.
[9] C'est pourquoi Dieu l'a élevé à la plus haute place et lui a donné le nom qui est plus important que tout autre nom,
[10] Afin que, par respect pour le nom de Jésus, tous les êtres qui se trouvent dans les cieux, sur la terre et sous la terre, tombent à genoux,
[11] Et que tous proclament que Jésus est le Seigneur, à la gloire de Dieu le Père.

Briller comme des lumières dans le monde

[12] Ainsi, mes amis, vous m'avez toujours obéi quand je me trouvais auprès de vous, et il est encore plus important que vous m'obéissiez aussi maintenant que je suis absent. Travaillez à votre salut avec crainte et tremblement, [13] car Dieu agit continuellement en vous pour vous rendre capables de vouloir et d'accomplir ce qui est conforme à son propre plan.

[14] Faites tout sans plaintes ni discussions, [15] afin que vous soyez innocents et purs, des enfants de Dieu sans défaut au milieu des gens malhonnêtes et mauvais de ce monde. Vous devez briller parmi eux comme les étoiles dans le ciel, [16] en leur apportant le message de vie. Si vous agissez ainsi, je pourrai être fier de vous au jour du Christ; ce sera en effet la preuve que tout mon travail et tous mes efforts n'ont pas été inutiles.

[17] Peut-être mon sang, c'est-à-dire ma vie, sera-t-il ajouté comme une offrande au sacrifice que votre foi présente à Dieu. Si tel doit être le cas, j'en suis heureux et vous associe tous à ma joie. [18] De même, vous aussi vous devez être heureux et m'associer à votre joie.

Timothée et Epaphrodite

[19] J'espère dans le Seigneur Jésus pouvoir vous envoyer bientôt Timothée, afin d'être encouragé moi-même par les nouvelles que j'aurai de vous. [20] Il est le seul à partager mes préoccupations et à se soucier réellement de vous. [21] Tous les autres s'inquiètent seulement de leurs affaires personnelles et non de la cause de Jésus-Christ. [22] Vous savez vous-mêmes comment Timothée a donné des preuves de sa fidélité et comment il a travaillé avec moi, comme un fils avec son père, au service de la Bonne Nouvelle. [23] J'espère vous l'envoyer dès que je serai au clair sur ma situation; [24] et j'ai la certitude dans le Seigneur que j'irai moi-même vous voir bientôt.

[25] J'ai estimé nécessaire de vous renvoyer notre frère

Epaphrodite, mon compagnon de travail et de combat, lui que vous m'aviez envoyé pour m'apporter l'aide dont j'avais besoin. [26] Il désire beaucoup vous voir tous et il est très préoccupé parce que vous avez appris qu'il était malade. [27] Il a été malade, en effet, et bien près de mourir; mais Dieu a eu pitié de lui, et non seulement de lui, mais aussi de moi, pour que je n'éprouve pas une tristesse encore plus grande. [28] Je me sens donc d'autant plus pressé de vous l'envoyer, afin que vous soyez de nouveau joyeux quand vous le verrez et que ma propre tristesse disparaisse. [29] Ainsi, recevez-le avec une joie entière, comme un frère dans le Seigneur. Vous devez manifester du respect à des hommes tels que lui, [30] car il a été près de mourir pour l'oeuvre du Christ: il a risqué sa vie pour m'apporter l'aide que vous ne pouviez pas m'apporter vous-mêmes.

La véritable manière d'être juste aux yeux de Dieu

3 Et maintenant, mes frères, réjouissez-vous dans le Seigneur. Il ne m'est pas pénible de vous répéter ce que j'ai déjà écrit, et pour vous c'est plus sûr. [2] Gardez-vous de ceux qui commettent le mal, ces chiens, ces personnages qui tiennent à couper quelque chose dans le corps! [3] C'est nous, et non eux, qui représentons la vraie *circoncision, car nous servons Dieu par son Esprit, nous plaçons notre fierté en Jésus-Christ et nous ne mettons pas notre confiance dans des pratiques humaines. [4] Pourtant, je pourrais aussi mettre ma confiance dans ces pratiques. Si quelqu'un pense être en sûreté grâce à des pratiques humaines, j'ai bien plus de raisons que lui de le penser. [5] J'ai été circoncis quand j'avais une semaine. Je suis Israélite de naissance, de la tribu de Benjamin, Hébreu de pure race. En ce qui concerne la pratique de la loi juive, j'étais *Pharisien, [6] et j'étais si zélé que je persécutais l'Eglise. En ce qui concerne la recherche d'une vie juste par l'obéissance aux commandements de la loi, on ne pouvait rien me reprocher. [7] Mais ces qualités que je regardais comme un gain, je les considère maintenant comme une perte à cause de Jésus-Christ. [8] Et ce n'est pas seulement ces qualités mais tout avantage que je considère comme une perte à cause de ce bien tellement supérieur: la connaissance de Jésus-Christ mon Seigneur. A cause de lui, je me suis débarrassé de tout avantage personnel; je considère tout cela comme balayures, afin de gagner le

Christ [9] et d'être parfaitement uni à lui. Je n'ai plus la prétention d'être juste grâce à mon obéissance à la loi. C'est par la foi au Christ que je suis juste, grâce à cette possibilité d'être juste qui vient de Dieu et que Dieu accorde à celui qui croit. [10] Tout ce que je désire, c'est de connaître le Christ et la puissance de sa *résurrection, d'avoir part à ses souffrances et d'être rendu semblable à lui dans sa mort, [11] avec l'espoir que je serai moi aussi ramené de la mort à la vie.

Courir vers le but

[12] Je ne prétends pas que j'aie déjà atteint le but ou que je sois déjà devenu parfait. Mais je continue à avancer pour m'efforcer de saisir le prix de la course, car Jésus-Christ m'a déjà saisi. [13] Non, frères, je ne pense pas avoir déjà obtenu le prix; mais je fais une chose: j'oublie ce qui est derrière moi et m'efforce d'atteindre ce qui est devant moi.

[14] Ainsi, je cours vers le but afin de gagner le prix que Dieu, par Jésus-Christ, nous appelle à recevoir là-haut.

[15] Nous tous qui sommes spirituellement adultes, ayons cette même façon de penser. Cependant, si certains d'entre vous pensent autrement, Dieu vous éclairera à ce sujet. [16] Quoi qu'il en soit, continuons à avancer conformément à la voie que nous avons suivie jusqu'à maintenant.

[17] Frères, imitez-moi tous. Nous avons donné l'exemple;

alors, fixez vos regards sur ceux qui se conduisent selon cet exemple. [18] Je vous l'ai déjà dit souvent et je vous le répète maintenant en pleurant: il y en a beaucoup qui se conduisent en ennemis de la mort du Christ sur la croix. [19] Ils finiront par être détruits, car leur dieu c'est leur ventre, ils sont fiers de ce qui devrait leur faire honte et ils pensent seulement aux choses de ce monde. [20] Quant à nous, nous sommes citoyens des cieux, et nous attendons ardemment que vienne des cieux notre Sauveur, le Seigneur Jésus-Christ. [21] Il transformera notre misérable corps terrestre et le rendra semblable à son corps glorieux, en utilisant la puissance qui lui permet de se soumettre toutes choses.

Recommandations

4 Ainsi, mes chers frères, vous que je désire tellement revoir, vous qui me rendez si heureux et dont je suis si fier, voilà comment, mes amis, vous devez demeurer fermes dans votre vie avec le Seigneur.

[2] Evodie et Syntyche, je vous en prie, je vous en supplie, mettez-vous d'accord comme des soeurs dans le Seigneur. [3] Et toi aussi, mon fidèle collègue, je te demande de les aider; elles ont en effet combattu avec moi pour répandre la Bonne Nouvelle, ainsi qu'avec Clément et tous mes autres compagnons de travail, dont les noms se trouvent dans le livre de la vie.

[4] Réjouissez-vous toujours dans le Seigneur. Je le répète: réjouissez-vous!

[5] Manifestez de la douceur envers tous. Le Seigneur viendra bientôt. [6] Ne vous inquiétez de rien, mais en toute circonstance demandez à Dieu dans la prière ce dont vous avez besoin, et demandez-le lui avec un coeur reconnaissant. [7] Et la paix de Dieu, qui dépasse tout ce que l'homme peut comprendre, gardera vos coeurs et vos esprits, en Jésus-Christ.

[8] Enfin, frères, portez toute votre attention sur ce qui est bon et digne de louange: sur tout ce qui est vrai, respectable, juste, pur, agréable et honorable. [9] Mettez en pratique ce que vous avez appris et reçu de moi, ce que vous m'avez entendu dire et vu faire. Et le Dieu qui nous donne la paix sera avec vous.

Paul remercie les Philippiens pour leur don

[10] J'ai éprouvé une grande joie dans le Seigneur: vous avez enfin eu la possibilité de manifester de nouveau votre

intérêt pour moi. Je ne veux pas dire que vous aviez cessé de vous soucier de moi, mais vous n'aviez pas l'occasion de me le montrer. [11] Et je ne parle pas ainsi parce que je suis dans le besoin. J'ai en effet appris à me contenter de ce que j'ai. [12] Je sais vivre dans la pauvreté et je sais vivre dans l'abondance. J'ai appris à être satisfait partout et dans toutes les circonstances, que j'aie assez à manger ou que j'aie

faim, que j'aie trop ou que je n'aie pas assez. [13] Je peux faire face à toutes ces situations grâce au Christ qui me fortifie. [14] Cependant, vous avez bien fait de prendre part à mes difficultés.

[15] Vous le savez bien vous-mêmes, Philippiens: quand j'ai quitté la Macédoine, à l'époque où l'on commençait à annoncer la Bonne Nouvelle, vous avez été la seule Eglise à m'aider, vous avez été les seuls à prendre part à mes profits et pertes. [16] Déjà quand j'étais à Thessalonique, vous m'avez envoyé plus d'une fois l'aide dont j'avais besoin. [17] Ce n'est pas que je cherche simplement à recevoir des dons; mais je désire qu'un bénéfice soit ajouté à votre compte. [18] J'ai donc reçu tout ce que vous m'avez envoyé et c'est plus que suffisant. Maintenant qu'Epaphrodite m'a apporté vos dons, je dispose de tout le nécessaire. Vos dons sont comme une offrande d'agréable odeur, un sacrifice que Dieu accepte et

qui lui plaît. [19] Mon Dieu pourvoira à tous vos besoins, selon sa magnifique richesse, en Jésus-Christ. [20] A Dieu notre Père soit la gloire pour toujours. Amen.

Salutations finales

[21] Saluez en Jésus-Christ tous les membres du peuple de Dieu. Les frères qui sont avec moi vous adressent leurs salutations. [22] Tous les membres du peuple de Dieu qui sont ici, et spécialement ceux du palais de l'empereur, vous adressent leurs salutations.

[23] Que la grâce du Seigneur Jésus-Christ soit avec vous tous.

LA LETTRE DE PAUL AUX COLOSSIENS

Adresse et salutation

1 De la part de Paul, qui par la volonté de Dieu est *apôtre de Jésus-Christ, et de la part de Timothée, notre frère.

[2] Aux membres du peuple de Dieu qui vivent à Colosses et qui sont nos fidèles frères en Christ: Que Dieu notre Père vous donne la grâce et la paix.

Prière de reconnaissance

[3] Nous remercions toujours Dieu, le Père de notre Seigneur Jésus-Christ, quand nous prions pour vous. [4] En effet, nous avons entendu parler de votre foi en Jésus-Christ et de l'amour que vous avez pour tous les membres du peuple de Dieu. [5] Quand le message de la vérité, la Bonne Nouvelle, est parvenu pour la première fois chez vous, on vous a fait connaître l'espérance qu'il offre. Ainsi, votre foi et votre amour sont fondés sur ce que vous espérez, qui vous est réservé dans les cieux. [6] La Bonne Nouvelle se répand et apporte ses bénédictions dans le monde entier, tout comme elle l'a fait parmi vous depuis le jour où, pour la première fois, vous avez entendu parler de la grâce de Dieu et avez appris à connaître ce qu'elle est véritablement. [7] C'est Epaphras, notre cher compagnon de service, qui vous a enseigné cela; il travaille de notre part comme un fidèle serviteur du Christ. [8] Il nous a informés de l'amour que l'Esprit vous a donné.

[9] C'est pourquoi nous ne cessons pas de prier pour vous, depuis le jour où nous avons entendu parler de vous. Nous demandons à Dieu de vous remplir de la connaissance de sa volonté, en vous accordant toute la sagesse et l'intelligence que donne son Esprit. [10] Ainsi, vous pourrez vous conduire comme le Seigneur le veut et faire toujours ce qui lui plaît. Vous produirez toutes sortes d'oeuvres bonnes et progresserez dans votre connaissance de Dieu. [11] Nous demandons à Dieu que vous soyez pleinement fortifiés par sa puissance glorieuse, afin que vous puissiez tout supporter avec patience. [12] Remerciez avec joie le Père qui vous a rendus capables d'avoir part aux biens que Dieu réserve dans le royaume de lumière pour ceux qui lui appartiennent. [13] Il

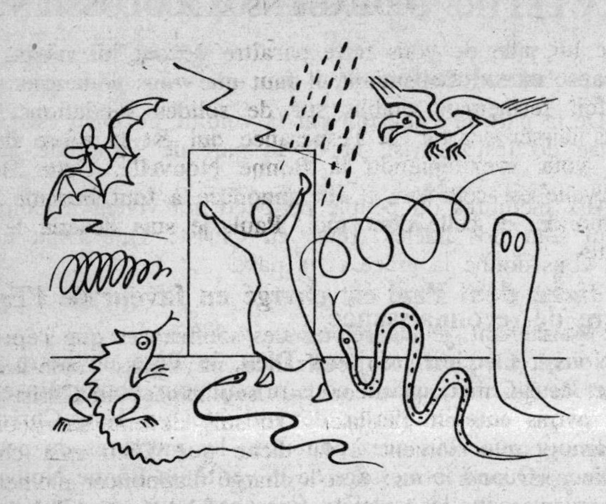

nous a en effet arrachés à la puissance de l'obscurité et nous a fait passer dans le royaume de son Fils bien-aimé, [14] grâce auquel nous sommes délivrés et nos péchés sont pardonnés.

La personne et l'oeuvre du Christ

[15] Le Christ est l'image visible du Dieu invisible. Il est le Fils premier-né, supérieur à tout ce qui a été créé. [16] Car c'est par lui que Dieu a tout créé dans les cieux et sur la terre, ce qui est visible et ce qui est invisible, les puissances spirituelles, les dominations, les autorités et les pouvoirs. Dieu a tout créé par lui et pour lui. [17] Il existait avant toutes choses, et dans leur relation avec lui toutes les parties de la création sont maintenues à leur place. [18] Il est la tête du corps que constitue l'Eglise; c'est en lui que commence la vie nouvelle, il est le Fils premier-né, le premier à avoir été ramené de la mort à la vie afin d'avoir en tout le premier rang. [19] Car Dieu a décidé d'être pleinement présent en son Fils. [20] De même, il a décidé de réconcilier l'univers entier avec lui par le Fils. Dieu a établi la paix par la mort de son Fils sur la croix et ainsi il a réconcilié toutes choses avec lui, soit sur la terre soit dans les cieux.

[21] Vous aussi, vous étiez autrefois loin de Dieu, vous étiez ses ennemis à cause de tout le mal que vous pensiez et commettiez. [22] Mais maintenant, par la mort que son Fils a subie dans son corps humain, Dieu vous a réconciliés

avec lui, afin de vous faire paraître devant lui saints, purs et sans faute. [23] Cependant, il faut que vous demeuriez dans la foi, fermement établis sur de solides fondations, sans vous laisser écarter de l'espérance qui est la vôtre depuis que vous avez entendu la Bonne Nouvelle. Cette Bonne Nouvelle est celle qui a été annoncée à tout homme dans le monde, et celle dont moi, Paul, je suis devenu le serviteur.

La tâche dont Paul est chargé en faveur de l'Eglise

[24] Maintenant, je me réjouis des souffrances que j'éprouve pour vous. Car, par mes souffrances physiques, j'aide à compléter ce qui manque encore aux souffrances du Christ pour son corps, qui est l'Eglise. [25] Je suis devenu serviteur de l'Eglise, conformément à la tâche que Dieu m'a chargé d'accomplir pour vous: il m'a chargé d'annoncer pleinement son message, [26] c'est-à-dire le secret qu'il a tenu caché depuis toujours à toute l'humanité, mais qu'il a révélé maintenant à ceux qui lui appartiennent. [27] Car Dieu a voulu leur faire connaître le plan secret, si riche et si magnifique, qui est le sien en faveur de tous les peuples. Et voici ce secret: Christ est en vous et il vous donne l'assurance que vous aurez part à la gloire de Dieu. [28] Ainsi, nous annonçons le Christ à tout homme. Nous avertissons et instruisons chacun, avec toute la sagesse possible, afin de faire paraître chacun devant Dieu comme un être adulte dans l'union avec le Christ. [29] Pour réaliser cette tâche, je travaille et lutte avec la force puissante que donne le Christ, cette force qui agit en moi.

2 Je tiens à ce que vous sachiez combien dure est la lutte que je livre pour vous, pour ceux de Laodicée et pour tous ceux qui ne me connaissent pas personnellement. [2] Je lutte pour que leur coeur soit rempli de courage, pour qu'ils soient unis dans l'amour et parfaitement enrichis de la certitude que donne une vraie intelligence. Ils pourront connaître ainsi le secret de Dieu, c'est-à-dire le Christ lui-même: [3] en lui se trouvent cachés tous les trésors de la sagesse et de la connaissance qui viennent de Dieu.

[4] Je vous parle ainsi afin que vous ne laissiez personne vous tromper par des raisonnements habiles. [5] Même si je suis loin de vous dans mon corps, je suis près de vous en esprit, et je suis heureux de voir avec quelle fermeté vous tenez bon ensemble dans votre foi au Christ.

La vie pleinement reçue en Christ

[6] Ainsi, puisque vous avez accepté Jésus-Christ comme Seigneur, vivez dans l'union avec lui. [7] Soyez enracinés en lui, construisez toute votre vie sur lui, soyez toujours plus fermes dans la foi, conformément à ce que l'on vous a enseigné, et soyez pleins de reconnaissance.

[8] Prenez garde que personne ne vous fasse prisonniers au moyen des arguments trompeurs et vides de la sagesse humaine qui s'appuie sur les enseignements transmis par les hommes, sur les éléments spirituels du monde, et non sur le Christ. [9] Car tout ce que Dieu est a pris corps dans le Christ pour être pleinement présent en lui, [10] et vous avez tout reçu pleinement dans l'union avec lui. Il domine toute autorité et tout pouvoir spirituels.

[11] Dans l'union avec lui, vous avez été circoncis, non pas de la *circoncision faite par les hommes, mais de la circoncision qui vient du Christ et qui consiste à être délivré du pouvoir du corps pécheur. [12] En effet, quand vous avez été baptisés, vous avez été enterrés avec le Christ, et vous êtes aussi *ressuscités avec lui, parce que vous avez cru en la puissance de Dieu qui l'a ramené de la mort à la vie. [13] Autrefois, vous étiez spirituellement morts à cause de vos péchés et parce que vous étiez des incirconcis, des païens. Mais maintenant, Dieu vous a fait revivre avec le Christ. Dieu nous a pardonné tous nos péchés. [14] Il a annulé le compte défavorable de nos dettes, qui nous était contraire par ses dispositions obligatoires, et il l'a supprimé en le clouant à la croix. [15] Par la croix du Christ, Dieu a enlevé leur puissance aux autorités et pouvoirs spirituels; ils les a donnés publiquement en spectacle en les emmenant comme prisonniers dans le cortège de victoire de son Fils.

[16] Ainsi, ne laissez personne porter des jugements sur ce que vous mangez ou buvez, ou au sujet de l'observance des jours de fête, de la nouvelle lune ou du *sabbat. [17] Tout cela n'est que l'ombre des biens à venir; mais la réalité, c'est le Christ. [18] Ne vous laissez pas condamner par un personnage quelconque, qui prend plaisir à des pratiques extérieures d'humilité et au culte des anges, qui attache beaucoup d'importance aux visions qu'il a eues. Un tel homme est rempli d'orgueil, et cela sans raison, par sa façon humaine de penser; [19] il ne reste pas attaché au Christ, qui

est la tête. C'est grâce au Christ que le corps entier est nourri et bien uni par ses jointures et ses articulations, et qu'il grandit comme Dieu le veut.

Mourir et vivre avec le Christ

[20] Vous êtes morts avec le Christ et avez été délivrés des éléments spirituels du monde. Alors, pourquoi vivez-vous comme si vous apparteniez à ce monde? Pourquoi acceptez-vous qu'on vous impose des règles de ce genre: [21] "Ne prends pas ceci," "Ne goûte pas cela," "N'y touche pas?" [22] Elles concernent des choses destinées à disparaître dès qu'on en fait usage. Il s'agit là de règles et d'enseignements dus aux hommes. [23] Certes, ces règles ont une apparence de sagesse avec leur culte qui vient de la volonté humaine, leurs pratiques d'humilité et l'obligation qu'elles imposent de traiter durement le corps; mais elles n'ont aucune valeur pour maîtriser les désirs physiques.

3 Vous avez été ramenés de la mort à la vie avec le Christ. Alors, recherchez les choses qui sont au ciel, là où le Christ est assis à la droite de Dieu. [2] Préoccupez-vous de ce qui est là-haut et non de ce qui est sur la terre. [3] Car vous êtes morts, et votre vie est cachée avec le Christ en Dieu. [4] Votre véritable vie, c'est le Christ, et quand il paraîtra, alors vous paraîtrez aussi avec lui et vous aurez part à sa gloire.

La vie ancienne et la vie nouvelle

[5] Faites donc mourir tout ce qui est terrestre en vous: l'immoralité, l'impureté, les passions, les mauvais désirs et l'avarice (car l'avarice est une sorte de culte des idoles). [6] C'est à cause de telles fautes que la colère de Dieu va frapper ceux qui refusent de lui obéir. [7] Vous vous conduisiez ainsi autrefois quand votre vie était dominée par ces péchés.

[8] Mais maintenant, rejetez tout cela: la colère, l'irritation et la méchanceté. Qu'aucune insulte ou parole grossière ne sorte de votre bouche. [9] Ne vous mentez pas les uns aux autres, car vous avez abandonné votre vieille nature avec ses habitudes [10] et vous vous êtes revêtus de la nouvelle nature: celle de l'homme nouveau qui se renouvelle continuellement à l'image de Dieu son Créateur, pour parvenir à le connaître pleinement. [11] Ainsi, il n'y a pas des non-Juifs

et des Juifs, des *circoncis et des incirconcis, des non-civilisés, des primitifs, des esclaves ou des hommes libres, mais le Christ est tout et il est en tous.

[12] Vous êtes membres du peuple de Dieu; Dieu vous a aimés et vous a choisis pour que vous soyez à lui. C'est pourquoi vous devez vous revêtir d'affectueuse bonté, de bienveillance, d'humilité, de douceur et de patience. [13] Supportez-vous les uns les autres et pardonnez-vous réciproquement, toutes les fois que l'un de vous a une raison de se plaindre d'un autre. Vous devez vous pardonner comme le Seigneur vous a pardonnés. [14] Et par-dessus tout, ayez de l'amour, ce lien qui vous permettra d'être parfaitement unis. [15] Que la paix du Christ dirige vos coeurs; c'est en effet à cette paix que Dieu vous a appelés ensemble, comme membres d'un seul corps. Soyez reconnaissants. [16] Que la parole du Christ, avec toute sa richesse, habite en vous. Instruisez-vous et avertissez-vous les uns les autres avec une pleine sagesse. Chantez à Dieu, de tout votre coeur et avec reconnaissance, des psaumes, des hymnes et des cantiques. [17] Dans tout ce que vous faites ou dites, agissez au nom du Seigneur Jésus, en remerciant par lui Dieu le Père.

Les rapports personnels dans la vie nouvelle

[18] Femmes, soyez soumises à vos maris, car c'est ainsi que vous devez agir devant le Seigneur.

[19] Maris, aimez vos femmes et ne leur montrez point de mauvaise humeur.

[20] Enfants, c'est votre devoir devant le Seigneur d'obéir en tout à vos parents, car cela est agréable à Dieu.

[21] Pères, n'irritez pas vos enfants, afin qu'ils ne se découragent pas.

[22] Esclaves, obéissez en tout à vos maîtres d'ici-bas. Ne vous contentez pas d'agir ainsi quand ils vous surveillent, pour leur plaire; mais obéissez d'un coeur sincère, à cause du respect que vous avez pour le Seigneur. [23] Quel que soit votre travail, faites-le de tout votre coeur, comme si vous travailliez pour le Seigneur et non pour des hommes seulement. [24] Rappelez-vous que le Seigneur vous récompensera: vous recevrez l'héritage qu'il réserve aux siens. Car le véritable Maître que vous servez, c'est le Christ. [25] Mais celui qui fait le mal recevra ce qui lui revient, d'après le mal qu'il aura commis, car Dieu n'agit pas différemment selon les personnes.

4 Maîtres, traitez vos esclaves d'une façon droite et juste. Rappelez-vous que vous avez, vous aussi, un Maître dans le ciel.

Recommandations

[2] Priez avec fidélité, demeurez vigilants par la prière adressée à Dieu avec reconnaissance. [3] En même temps, priez aussi pour nous, afin que Dieu nous accorde une occasion favorable de prêcher sa parole, d'annoncer le secret du Christ. C'est en effet à cause de ce secret que je suis maintenant en prison. [4] Priez donc pour que j'en parle de façon à le faire clairement connaître, comme je le dois.

[5] Conduisez-vous avec sagesse envers ceux qui ne sont pas chrétiens, en faisant un bon usage de toute occasion qui se présente à vous. [6] Que vos paroles soient toujours agréables et pleines d'intérêt; sachez répondre à chacun de la bonne manière.

Salutations finales

[7] Notre cher frère Tychique, cet aide fidèle qui est mon compagnon de service dans l'oeuvre du Seigneur, vous donnera toutes les nouvelles qui me concernent. [8] Je vous l'envoie donc en particulier pour vous dire comment nous allons et redonner ainsi du courage à vos coeurs. [9] Il est accompagné par Onésime, le cher et fidèle frère, qui est l'un des vôtres. Ils vous informeront de tout ce qui se passe ici.

[10] Aristarque, qui est en prison avec moi, vous adresse ses salutations, ainsi que Marc, le cousin de Barnabas. (Vous avez déjà reçu des instructions au sujet de Marc: s'il vient chez vous, recevez-le bien.) [11] Jésus, appelé Justus, vous salue aussi. Ces trois hommes sont les seuls Juifs convertis qui travaillent avec moi pour le *Royaume de Dieu; ils ont été un grand réconfort pour moi.

[12] Epaphras, qui est aussi l'un des vôtres, vous salue; ce serviteur de Jésus-Christ ne cesse pas de prier avec ardeur pour vous, afin que vous demeuriez fermes, spirituellement adultes et parfaitement prêts à accomplir tout ce que Dieu veut. [13] Je peux affirmer ceci à son sujet: il se donne beaucoup de peine pour vous, pour ceux de Laodicée et pour ceux d'Hiérapolis. [14] Luc, notre cher docteur, et Démas vous saluent.

[15] Saluez les frères qui sont à Laodicée, ainsi que Nympha

et l'Eglise qui se réunit dans sa maison. [16] Quand vous aurez lu cette lettre, faites en sorte qu'on la lise aussi dans l'Eglise de Laodicée. Et vous-mêmes, lisez la lettre que l'on vous enverra de Laodicée. [17] Dites à Archippe: "Prends soin de bien accomplir la tâche dont tu as été chargé au service du Seigneur."

[18] C'est de ma propre main que j'écris ces mots: Salutations de Paul. — N'oubliez pas que je suis en prison.

Que la grâce de Dieu soit avec vous.

LA PREMIÈRE LETTRE DE PAUL AUX THESSALONICIENS

Adresse et salutation

1 De la part de Paul, Silas et Timothée.
Aux membres de l'Eglise de Thessalonique, qui appartiennent à Dieu le Père et au Seigneur Jésus-Christ: Que la grâce et la paix vous soient données.

La vie et la foi des Thessaloniciens

[2] Nous remercions toujours Dieu au sujet de vous tous et nous nous souvenons sans cesse de vous dans nos prières. [3] En effet, nous nous rappelons devant Dieu notre Père à quel point vous avez mis votre foi en pratique, à quel point votre amour vous a rendus actifs et à quel point votre espérance en notre Seigneur Jésus-Christ est ferme. [4] Nous savons, frères, que Dieu vous a aimés et vous a choisis pour être à lui. [5] Car nous vous avons annoncé la Bonne Nouvelle non seulement par des paroles, mais aussi avec puissance, avec l'aide du Saint-Esprit, et avec l'entière certitude de la vérité de cette Nouvelle. Vous savez comment nous nous sommes comportés parmi vous, pour votre bien. [6] Vous avez suivi notre exemple et celui du Seigneur; vous avez eu beaucoup à souffrir et pourtant vous avez reçu la parole de Dieu avec la joie que donne le Saint-Esprit. [7] Ainsi, vous êtes devenus un exemple pour tous les croyants de Macédoine

et de Grèce. [8] En effet, la parole du Seigneur s'est fait connaître de chez vous non seulement en Macédoine et en Grèce, mais c'est partout que la nouvelle de votre foi en Dieu s'est répandue. Nous n'avons donc pas besoin d'en parler. [9] Tous racontent comment vous nous avez reçus quand nous sommes allés chez vous et comment vous avez abandonné les idoles pour vous tourner vers Dieu, afin de servir le Dieu vivant et vrai [10] et d'attendre que son Fils vienne des cieux — son Fils Jésus, qu'il a ramené de la mort à la vie, et qui nous délivre de la colère de Dieu qui va venir.

Le travail accompli par Paul à Thessalonique

2 Vous le savez bien vous-mêmes, frères: ce n'est pas inutilement que nous sommes allés chez vous. [2] Vous savez que nous avions déjà été maltraités à Philippes avant d'arriver chez vous, à Thessalonique. Mais Dieu nous a donné le courage de vous annoncer la Bonne Nouvelle qui vient de lui, malgré une forte opposition. [3] En effet, l'appel que nous adressons aux hommes n'est pas fondé sur l'erreur ou sur des motifs impurs, et nous ne cherchons à tromper personne. [4] Au contraire, nous parlons toujours comme Dieu le veut, car il nous a donné son approbation et nous a confié sa Bonne Nouvelle. Nous ne cherchons pas à plaire aux hommes, mais à Dieu qui examine les intentions de nos coeurs. [5] Vous le savez bien, nous n'avons jamais usé d'un langage flatteur; nous n'avons pas non plus caché sous nos paroles le désir de gagner de l'argent, Dieu nous en est témoin. [6] Nous n'avons recherché les éloges de personne, ni de vous ni des autres; [7] pourtant nous aurions pu vous imposer notre autorité, en tant *qu'apôtres du Christ. Au contraire, nous avons été doux pendant que nous étions chez vous, doux comme une mère qui prend soin de ses enfants. [8] En raison de notre affection pour vous, nous étions prêts à vous donner non seulement la Bonne Nouvelle qui vient de Dieu, mais encore notre propre vie. Vous nous étiez devenus si chers! [9] Vous vous rappelez certainement, frères, comment nous avons travaillé et connu de dures fatigues: nous avons travaillé jour et nuit pour n'être à la charge d'aucun d'entre vous pendant que nous vous annoncions la Bonne Nouvelle qui vient de Dieu.

[10] Vous en êtes témoins à notre égard et Dieu l'est aussi:

notre conduite envers vous qui croyez a été pure, juste et sans faute. [11] Vous savez que nous avons agi avec chacun de vous comme un père avec ses enfants. [12] Nous vous avons encouragés et réconfortés, nous vous avons demandé avec insistance de vous conduire d'une façon conforme à ce que Dieu veut, lui qui vous appelle à avoir part à son *Royaume et à sa gloire.

[13] Nous remercions sans cesse Dieu pour une autre raison encore : Quand nous vous avons annoncé la parole de Dieu, vous l'avez écoutée et reçue non comme la parole d'un homme, mais comme la parole de Dieu, ce qu'elle est en réalité. Ainsi, elle agit en vous qui croyez. [14] Frères, vous avez passé par la même expérience que les Eglises de Dieu qui sont en Judée et qui appartiennent à Jésus-Christ. Vous avez souffert de la part de vos compatriotes les mêmes persécutions que les croyants de là-bas ont souffertes de la part des Juifs, [15] qui ont mis à mort le Seigneur Jésus et les *prophètes, et qui nous ont persécutés. Ils déplaisent à Dieu et sont ennemis de tous les hommes! [16] Ils s'efforcent de nous empêcher d'annoncer aux non-Juifs le message qui leur apporte le salut. Ils complètent ainsi la somme des péchés qu'ils ont commis dans tous les temps. Mais la colère de Dieu les a finalement atteints.

Paul désire revoir les Thessaloniciens

[17] Quant à nous, frères, depuis que nous nous sommes trouvés séparés de vous pour quelque temps — séparés non pas en pensée, bien sûr, mais dans notre corps —, nous avons eu un tel désir de vous revoir que nous avons redoublé d'efforts pour y parvenir. [18] Nous avons voulu retourner chez vous. Moi, Paul, j'ai essayé de le faire plus d'une fois, mais Satan nous en a empêchés. [19] C'est vous, en effet, vous et personne d'autre, qui êtes notre espérance, notre joie et le signe de victoire dont nous pourrons nous vanter devant notre Seigneur Jésus quand il viendra. [20] Oui, vous êtes notre fierté et notre joie!

3 Finalement, nous n'avons plus pu supporter cette attente. Nous avons alors décidé de rester seuls à Athènes [2] et nous vous avons envoyé Timothée, notre frère qui travaille avec nous pour Dieu en annonçant la Bonne Nouvelle qui concerne le Christ. Nous vous l'avons envoyé pour qu'il vous fortifie et vous encourage dans votre foi, [3] afin qu'aucun

de vous ne se laisse abattre par les persécutions que nous vivons. Vous le savez vous-mêmes, de telles persécutions font partie de ce que Dieu a prévu pour nous. [4] En effet, lorsque nous étions encore auprès de vous, nous vous avons annoncé d'avance que nous allions être persécutés; c'est ce qui est arrivé, vous le savez bien. [5] C'est pourquoi, comme je ne pouvais plus supporter cette attente, j'ai envoyé Timothée s'informer de votre foi. Je craignais que le diable ne vous ait tentés et que tout notre travail n'en soit devenu inutile.

[6] Mais maintenant, Timothée nous est revenu de chez vous, et il nous a donné de bonnes nouvelles de votre foi et de votre amour. Il nous a dit que vous pensez toujours à nous avec affection et que vous désirez nous revoir autant que nous désirons vous revoir. [7] Ainsi, au milieu de toutes nos détresses et de toutes nos souffrances, nous avons été encouragés à votre sujet, frères. C'est votre foi qui nous a encouragés, [8] car maintenant nous revivons puisque vous demeurez fermes dans votre union avec le Seigneur. [9] Comment pourrions-nous assez remercier notre Dieu à votre sujet, à cause de toute la joie que vous nous donnez devant lui? [10] Jour et nuit, nous lui demandons avec ardeur de nous permettre de vous revoir personnellement et de compléter ce qui manque encore à votre foi.

[11] Que Dieu lui-même, notre Père, et notre Seigneur Jésus préparent le chemin pour que nous puissions aller vous voir! [12] Que le Seigneur fasse grandir de plus en plus l'amour que vous avez les uns pour les autres et envers tous les hommes, et le rende pareil à l'amour que nous avons pour vous. [13] Ainsi, il fortifiera vos coeurs, et vous serez saints et parfaits devant Dieu notre Père, quand notre Seigneur Jésus viendra avec tous ceux qui lui appartiennent.

Une conduite qui plaît à Dieu

4 Enfin, frères, vous avez appris de nous comment vous devez vous conduire pour plaire à Dieu. Certes, vous vous conduisez déjà ainsi. Mais maintenant, nous vous le demandons et vous en supplions au nom du Seigneur Jésus: faites mieux encore. [2] Vous connaissez en effet les instructions que nous vous avons données de la part du Seigneur Jésus. [3] Voici ce que Dieu veut: c'est que vous soyez saints et que vous vous gardiez de l'immoralité. [4] Que chacun de vous

sache prendre femme d'une façon sainte et honorable, [5] et non en se laissant dominer par de mauvais désirs, comme les païens qui ne connaissent pas Dieu. [6] Dans cette affaire, aucun homme ne doit causer du tort à son frère ou porter atteinte à ses droits. Nous vous l'avons déjà dit et vous en avons sérieusement avertis: le Seigneur punira ceux qui commettent de telles fautes. [7] Dieu ne nous a pas appelés à vivre dans l'immoralité, mais dans la sainteté. [8] C'est pourquoi, celui qui rejette cet enseignement ne rejette pas un homme, mais Dieu qui vous donne son Saint-Esprit.

[9] Vous n'avez pas besoin qu'on vous écrive au sujet de l'amour entre frères dans la foi; en effet, vous avez vous-mêmes appris de Dieu comment vous devez vous aimer les uns les autres. [10] C'est d'ailleurs ainsi que vous vous conduisez envers tous les frères de la Macédoine entière. Mais nous vous demandons, frères, de faire mieux encore. [11] Efforcez-vous de vivre en paix, de vous occuper de vos propres

affaires et de gagner vous-mêmes votre vie, comme nous vous l'avons déjà recommandé. [12] Vous vous attirerez ainsi le respect de ceux qui ne sont pas chrétiens et vous ne serez à la charge de personne.

La venue du Seigneur

[13] Frères, nous désirons que vous connaissiez la vérité au sujet de ceux qui sont morts, afin que vous ne soyez pas tristes comme les autres hommes, qui n'ont pas d'espérance. [14] Nous croyons que Jésus est mort et qu'il est revenu à la

vie; de même, nous croyons aussi que Dieu ramènera à la vie, avec Jésus, ceux qui seront morts en croyant en lui.

[15] Voici en effet ce que nous déclarons d'après un enseignement du Seigneur: nous qui serons encore vivants quand le Seigneur viendra, nous ne précéderons pas ceux qui seront morts. [16] On entendra un cri de commandement, la voix de *l'archange et le son de la trompette de Dieu, et le Seigneur lui-même descendra du ciel. Ceux qui seront morts en croyant au Christ reviendront à la vie en premier lieu; [17] ensuite, nous qui serons encore vivants à ce moment-là, nous serons enlevés avec eux dans les nuages pour rencontrer le Seigneur dans les airs. Et ainsi nous serons toujours avec le Seigneur. [18] Réconfortez-vous donc les uns les autres par ces paroles.

5 Vous n'avez pas besoin, frères, qu'on vous écrive au sujet des temps et des moments où ces événements se produiront. [2] Car vous savez très bien vous-mêmes que le jour du Seigneur viendra comme un voleur vient pendant la nuit. [3] Quand les hommes diront: "Tout est en paix et en sécurité," c'est alors que, tout à coup, la destruction s'abattra sur eux. Ils n'y échapperont pas — ce sera comme les douleurs de l'enfantement qui saisissent une femme enceinte. [4] Mais vous, frères, vous n'êtes pas dans l'obscurité et ce jour ne doit pas vous surprendre comme un voleur. [5] Vous tous, en effet, vous appartenez à la lumière, vous appartenez au jour. Nous ne sommes pas de la nuit ni de l'obscurité. [6] Ainsi, nous ne devons pas dormir comme les autres; mais nous devons rester éveillés et sobres. [7] C'est la nuit que l'on dort, et c'est la nuit que l'on s'enivre. [8] Mais nous, nous appartenons au jour et nous devons être sobres. Nous devons porter la foi et l'amour comme une cuirasse, et notre espérance du salut comme un casque. [9] En effet, Dieu ne nous a pas destinés à subir sa colère, mais à posséder le salut par notre Seigneur Jésus-Christ. [10] Car Jésus-Christ est mort pour nous afin que nous vivions avec lui, que nous soyons vivants ou morts quand il viendra. [11] Ainsi, encouragez-vous et fortifiez-vous les uns les autres, comme vous le faites déjà.

Dernières recommandations et salutations

[12] Frères, nous vous demandons de respecter ceux qui travaillent parmi vous, ceux que le Seigneur a chargés de vous

diriger et de vous instruire. [13] Manifestez-leur beaucoup d'estime et d'amour, à cause du travail qu'ils accomplissent. Vivez en paix entre vous.

[14] Nous vous en prions, frères: avertissez les paresseux, encouragez les craintifs, venez en aide aux faibles, soyez patients envers tous. [15] Prenez garde que personne ne rende le mal pour le mal, mais cherchez en tout temps à pratiquer le bien entre vous et envers tous les hommes.

[16] Soyez toujours joyeux, [17] priez sans cesse, [18] remerciez Dieu en toute circonstance. Voilà ce que Dieu demande de vous, dans votre vie avec Jésus-Christ.

[19] Ne faites pas obstacle à l'action du Saint-Esprit; [20] ne méprisez pas les messages inspirés. [21] Mais examinez toutes choses: retenez ce qui est bon, [22] et gardez-vous de toute forme de mal.

[23] Que le Dieu qui donne la paix fasse que vous soyez complètement à lui; qu'il garde votre être entier, l'esprit, l'âme et le corps, sans tache pour le jour où viendra notre Seigneur Jésus-Christ. [24] Celui qui vous appelle accomplira cela, car il est fidèle.

[25] Frères, priez aussi pour nous.

[26] Saluez tous les frères d'un baiser fraternel.

[27] Je vous en supplie, au nom du Seigneur: lisez cette lettre à tous les frères.

[28] Que la grâce de notre Seigneur Jésus-Christ soit avec vous.

LA DEUXIÈME LETTRE DE PAUL AUX THESSALONICIENS

Adresse et salutation

1 De la part de Paul, Silas et Timothée.
Aux membres de l'Eglise de Thessalonique, qui appartiennent à Dieu notre Père et au Seigneur Jésus-Christ: [2] Que Dieu le Père et le Seigneur Jésus-Christ vous donnent la grâce et la paix.

Le jugement prévu pour le jour de la venue du Christ

[3] Nous devons sans cesse remercier Dieu à votre sujet, frères. Il est juste que nous le fassions, car votre foi progresse beaucoup et l'amour que chacun d'entre vous a pour les autres augmente de plus en plus. [4] C'est pourquoi nous nous vantons à votre sujet dans les Eglises de Dieu, à cause de la façon dont vous continuez à tenir bon et à croire au milieu de toutes les persécutions et les souffrances que vous subissez.

[5] Il y a là une preuve du juste jugement de Dieu, car en raison de tout ce que vous supportez vous deviendrez dignes de son *Royaume, pour lequel vous souffrez. [6] En effet, Dieu accomplira ce qui est juste: il rendra la souffrance à ceux qui vous font souffrir, [7] et il donnera du repos à vous qui souffrez, ainsi qu'à nous. Il le fera quand le Seigneur Jésus apparaîtra du ciel avec ses anges puissants, [8] dans un feu flamboyant, pour punir ceux qui ne connaissent pas Dieu et ceux qui n'obéissent pas à la Bonne Nouvelle qui concerne notre Seigneur Jésus. [9] Ils subiront comme punition une destruction éternelle, loin de la présence du Seigneur et loin de sa puissance glorieuse, [10] lorsqu'il viendra en ce Jour-là pour être honoré par tous ceux qui lui appartiennent et admiré par tous ceux qui croient — dont vous serez vous-mêmes, car vous avez cru au message que nous vous avons annoncé.

[11] C'est pourquoi nous prions sans cesse pour vous. Nous demandons à notre Dieu de vous rendre dignes de la vie à laquelle il vous a appelés. Nous demandons que, par sa puissance, il réalise tous vos désirs de faire le bien et rende

parfaite l'activité de votre foi. [12] Ainsi, le nom de notre Seigneur Jésus sera honoré par vous, et vous serez honorés par lui, par la grâce de notre Dieu et du Seigneur Jésus-Christ.

Le Méchant

2 En ce qui concerne la venue de notre Seigneur Jésus-Christ et notre rassemblement auprès de lui, nous vous en prions, frères: [2] ne vous laissez pas si facilement troubler l'esprit ni effrayer par l'affirmation que le jour du Seigneur est arrivé. Il est possible que quelqu'un vous l'ai dit en prophétisant ou en prêchant; ou bien, on vous a peut-être déclaré que nous l'avons écrit dans une lettre. [3] Ne laissez personne vous tromper d'aucune façon. Car ce jour ne viendra pas avant qu'ait lieu la révolte finale et qu'apparaisse le Méchant, qui est destiné à la destruction. [4] Il s'opposera à tout ce que les hommes adorent et à tout ce que les hommes considèrent comme divin. Il s'élèvera contre tout cela, et ira jusqu'à pénétrer dans le temple de Dieu pour s'y asseoir et se faire passer lui-même pour Dieu.

[5] Ne vous rappelez-vous pas que je vous ai dit cela quand j'étais encore auprès de vous? [6] Cependant, il y a quelque chose qui empêche ces événements de se produire maintenant, et vous savez ce que c'est. Ainsi, le Méchant n'apparaîtra qu'au moment prévu. [7] La puissance secrète de la Méchanceté est déjà à l'oeuvre; seulement, ces événements ne pourront arriver que lorsque celui qui la retient encore aura disparu. [8] Alors, le Méchant apparaîtra, et le Seigneur Jésus le fera mourir par le souffle de sa bouche et le détruira par la splendeur de sa venue. [9] Le Méchant viendra avec la puissance de Satan et accomplira toutes sortes de miracles, de signes et de prodiges mensongers; [10] il utilisera le mal sous toutes ses formes pour tromper ceux qui se perdront. Ils se perdront parce qu'ils n'auront pas reçu et aimé la vérité qui les aurait sauvés. [11] Voilà pourquoi Dieu envoie une puissance d'erreur agir en eux afin qu'ils croient ce qui est faux. [12] Ainsi, tous ceux qui n'auront pas cru à la vérité, mais qui auront pris plaisir au mal, seront condamnés.

Vous avez été choisis pour être sauvés

[13] Nous devons sans cesse remercier Dieu à votre sujet, frères, vous que le Seigneur aime. Car Dieu vous a choisis pour que vous soyez les premiers à être sauvés par le Saint-

Esprit qui vous fait appartenir à Dieu et par votre foi en la vérité. [14] Dieu vous a appelés à cela par la Bonne Nouvelle que nous vous avons annoncée; il vous a appelés à posséder votre part de la gloire de notre Seigneur Jésus-Christ. [15] Ainsi, frères, demeurez fermes et retenez les enseignements que nous vous avons transmis soit oralement, soit par notre lettre.

[16] Que notre Seigneur Jésus-Christ lui-même et Dieu notre Père, qui nous a aimés et nous a donné par sa grâce un encouragement éternel et une bonne espérance, [17] remplissent vos coeurs de courage et vous accordent la force de pratiquer tout ce qui est bien, en actions et en paroles.

Priez pour nous

3 Enfin, frères, priez pour nous, afin que la parole du Seigneur continue à se répandre rapidement et à être honorée, comme cela s'est passé parmi vous. [2] Priez aussi pour que Dieu nous délivre des hommes mauvais et méchants. Car ce n'est pas tout le monde qui accepte de croire.

[3] Mais le Seigneur est fidèle. Il vous fortifiera et vous gardera du Mauvais. [4] Et le Seigneur nous donne confiance à votre sujet: il nous rend certains que vous faites et continuerez à faire ce que nous vous recommandons.

[5] Que le Seigneur dirige vos coeur vers l'amour pour Dieu et vers la patience que donne le Christ.

La nécessité de travailler

[6] Frères, nous vous le demandons au nom du Seigneur Jésus-Christ: éloignez-vous de tous les frères qui vivent en paresseux et ne se conforment pas à l'enseignement que nous leur avons transmis. [7] Vous savez bien vous-mêmes comment vous devez agir pour suivre notre exemple. Car nous n'avons pas été des paresseux quand nous étions chez vous. [8] Nous ne nous sommes laissé nourrir gratuitement par personne; au contraire, nous avons travaillé et connu de dures fatigues, nous avons travaillé jour et nuit pour n'être à la charge d'aucun d'entre vous. [9] Nous avons agi ainsi non pas parce que nous n'aurions pas le droit de recevoir votre aide, mais parce que nous avons voulu vous donner un exemple à suivre. [10] En effet, quand nous étions chez vous, nous vous avons déclaré: "Celui qui ne veut pas travailler ne doit pas manger non plus."

[11] Nous vous parlons ainsi parce que nous apprenons que certains d'entre vous vivent en paresseux, sans rien faire que de se mêler des affaires des autres. [12] A ces gens-là nous demandons et recommandons ceci au nom du Seigneur Jésus-Christ: qu'ils travaillent régulièrement pour gagner eux-mêmes leur vie.

[13] Quant à vous, frères, ne vous lassez pas de faire le bien. [14] Si quelqu'un n'obéit pas aux instructions que nous donnons dans cette lettre, notez-le et n'ayez aucun contact avec lui, afin qu'il en ait honte. [15] Cependant, ne le traitez pas en ennemi, mais avertissez-le comme un frère.

Bénédiction et salutation

[16] Que le Seigneur qui donne la paix vous accorde lui-même la paix en tout temps et de toute manière. Que le Seigneur soit avec vous tous.

[17] C'est de ma propre main que j'écris ces mots: Salutations de Paul. — Voilà comment je signe toutes mes lettres; voilà comment j'écris.

[18] Que la grâce de notre Seigneur Jésus-Christ soit avec vous tous.

LA PREMIÈRE LETTRE DE PAUL À TIMOTHÉE

Adresse et salutation

1 De la part de Paul, *apôtre de Jésus-Christ par ordre de Dieu notre Sauveur et de Jésus-Christ notre espérance.
[2] A Timothée, mon vrai fils dans la foi: Que Dieu le Père et Jésus-Christ notre Seigneur te donnent la grâce, le pardon et la paix.

Mise en garde contre de fausses doctrines

[3] Comme je te l'ai demandé en partant pour la Macédoine, reste à Ephèse. Il y a là des gens qui enseignent de fausses doctrines et il faut que tu leur ordonnes de cesser. [4] Dis-leur de renoncer à ces légendes et à ces longues listes d'ancêtres, qui ne produisent que des discussions: elles ne servent pas le plan salutaire de Dieu, que l'on connaît par la foi. [5] Cet ordre a pour but de susciter l'amour qui vient d'un coeur pur, d'une bonne conscience et d'une foi sincère. [6] Quelques-uns se sont détournés de cette ligne de conduite et se sont égarés dans des discussions stupides. [7] Ils veulent être des maîtres en ce qui concerne la loi de Dieu, mais ils ne comprennent ni leurs propres paroles ni les sujets dont ils parlent avec tant d'assurance.

[8] Nous savons que la loi est bonne, si l'on s'en sert comme il faut. [9] On se rappellera en particulier qu'une loi n'est pas établie pour ceux qui agissent bien, mais pour les malfaiteurs et les rebelles, pour les méchants et les pécheurs, pour les gens qui ne respectent ni Dieu ni ce qui est saint, pour ceux qui tuent leur père ou leur mère, pour les assassins, [10] pour les gens immoraux, pour les homosexuels, pour les marchands d'esclaves, pour les menteurs et ceux qui prononcent de faux serments, ou pour ceux qui commettent toute autre action contraire au véritable enseignement. [11] Cet enseignement se trouve dans la Bonne Nouvelle qui m'a été confiée, la Bonne Nouvelle qui concerne le Dieu glorieux et béni.

Reconnaissance pour la bonté de Dieu

[12] Je remercie Jésus-Christ notre Seigneur qui m'a rempli de force pour ma tâche. Je le remercie de m'avoir estimé digne de confiance et de m'avoir désigné pour le servir,

[13] bien que j'aie parlé contre lui autrefois, bien que je l'aie persécuté et insulté. Mais Dieu a eu pitié de moi, parce que je n'avais pas la foi et ne savais donc pas ce que je faisais. [14] Notre Seigneur a répandu avec abondance sa grâce sur moi, il m'a accordé la foi et l'amour que nous avons dans l'union avec Jésus-Christ. [15] Voici une parole certaine, qui mérite d'être entièrement reçue et crue : Jésus-Christ est venu dans le monde pour sauver les pécheurs. Je suis le pire d'entre eux, [16] mais c'est pour cela que Dieu a eu pitié de moi : il a voulu que Jésus-Christ montre en moi, le pire des pécheurs, toute sa patience comme exemple pour tous ceux qui, dans l'avenir, croiront en lui et recevront la vie éternelle. [17] Au Roi éternel, immortel, invisible et seul Dieu, soient honneur et gloire pour toujours! Amen.

[18] Timothée, mon enfant, je te confie cette recommandation, conformément aux paroles prophétiques qui ont été prononcées autrefois à ton sujet. Appuie-toi sur ces paroles pour combattre le bon combat, [19] garde la foi et une bonne conscience. Quelques-uns ont refusé d'écouter leur conscience et ont causé ainsi la ruine de leur foi. [20] Parmi eux se trouvent Hyménée et Alexandre, que j'ai livrés à Satan afin qu'ils apprennent à ne plus parler contre Dieu.

Instructions au sujet de la prière

2 En tout premier lieu, je recommande que l'on adresse à Dieu des demandes et des prières, des supplications et des remerciements pour tous les hommes. [2] Il faut prier pour les rois et tous ceux qui détiennent l'autorité, afin que nous puissions mener une vie tranquille et paisible, avec un parfait attachement à Dieu et une conduite entièrement respectable. [3] Voilà ce qui est bon et agréable à Dieu notre Sauveur, [4] qui veut que tous les hommes soient sauvés et parviennent à connaître la vérité. [5] Car il y a un seul Dieu, et il y a un seul intermédiaire entre Dieu et les hommes, l'homme Jésus-Christ [6] qui s'est donné lui-même pour payer la libération de tous. Il a apporté ainsi, au temps fixé, la preuve que Dieu veut que tous les hommes soient sauvés. [7] C'est pour cela que j'ai été établi messager et *apôtre, chargé d'enseigner aux non-Juifs ce qui concerne la foi et la vérité. Je ne mens pas, je dis la vérité.

[8] Je veux donc qu'en tout lieu les hommes prient, qu'ils

lèvent les mains pour prier avec pureté de coeur, sans colère ni esprit de dispute.

[9] Je désire aussi que les femmes s'habillent d'une façon convenable, avec modestie et simplicité; qu'elles ne s'ornent pas de coiffures compliquées, ou de bijoux d'or, ou de perles, ou de vêtements coûteux, [10] mais d'oeuvres bonnes, comme il convient à des femmes qui déclarent respecter Dieu. [11] Il faut que les femmes reçoivent l'instruction en silence, avec une entière soumission. [12] Je ne permets pas à la femme d'enseigner ou de prendre autorité sur l'homme; elle doit garder le silence. [13] En effet, Adam a été créé le premier, et Eve ensuite. [14] Et ce n'est pas Adam qui s'est laissé tromper, mais c'est la femme qui s'est laissée tromper et qui a désobéi à l'ordre de Dieu. [15] Mais la femme sera sauvée en ayant des enfants, à condition qu'elle demeure dans la foi, l'amour et la sainteté, avec modestie.

Les dirigeants de l'Eglise

3 Voici une parole certaine: si quelqu'un souhaite avoir une fonction de direction dans l'Eglise, il désire une belle tâche. [2] Un dirigeant d'Eglise doit être un homme à qui l'on n'a rien à reprocher; il faut qu'il soit le mari d'une seule femme, qu'il soit sobre, raisonnable et convenable, qu'il reçoive bien ceux qui viennent chez lui, qu'il soit capable d'enseigner; [3] il ne doit être ni buveur ni violent, mais doux et pacifique; il ne doit pas être attaché à l'argent; [4] il faut qu'il soit capable de bien diriger sa propre famille et d'obtenir que ses enfants lui obéissent avec un entier respect, [5] — car si un homme ne sait pas diriger sa propre famille, comment pourrait-il prendre soin de l'Eglise de Dieu? [6] Il ne doit pas être un homme récemment converti; sinon, il risquerait de se gonfler d'orgueil et d'être condamné comme le diable l'a été. [7] Il faut aussi qu'il mérite le respect de ceux qui ne sont pas chrétiens, afin qu'il ne soit pas méprisé et qu'il ne tombe pas dans les pièges du diable.

Les diacres

[8] Les *diacres aussi doivent être respectables et sincères; ils ne doivent pas boire trop de vin ni être prêts à gagner malhonnêtement de l'argent; [9] ils doivent rester attachés à la vérité révélée de la foi, avec une conscience pure. [10] Il faut d'abord qu'on les mette à l'épreuve, et ensuite, si on n'a

rien à leur reprocher, ils pourront travailler comme diacres. [11] Leurs femmes aussi doivent être respectables et ne pas répandre des bavardages malveillants; elles doivent être sobres et fidèles en tout. [12] Il faut que le diacre soit le mari d'une seule femme et qu'il soit capable de bien diriger ses enfants et sa famille. [13] Les diacres qui accomplissent bien leur tâche obtiennent une situation honorable et peuvent parler avec une pleine assurance de la foi que nous avons dans l'union avec Jésus-Christ.

Le grand secret

[14] Je t'écris cette lettre, mais en espérant aller te voir bientôt. [15] Cependant, si je tarde à te rejoindre, cette lettre te permettra de savoir comment il faut se conduire dans la famille de Dieu, c'est-à-dire dans l'Eglise du Dieu vivant, qui est la colonne et le soutien de la vérité. [16] Oui, personne ne peut le contester, il est grand le secret de notre religion!

Il est apparu comme un être humain,
Il a été révélé juste par l'Esprit
Et a été vu par les anges.
Il a été prêché parmi les nations,
Il a été cru dans le monde
Et a été enlevé au ciel.

Ceux qui enseignent de fausses doctrines

4 L'Esprit le dit clairement: certains hommes abandonneront la foi dans les derniers temps; ils obéiront à des esprits trompeurs et aux enseignements des démons. [2] Ils se laisseront égarer par des gens hypocrites et menteurs, dont la conscience est morte, comme si on l'avait brûlée au fer rouge. [3] Ces gens-là enseignent qu'il est mauvais de se marier et de manger certains aliments. Mais Dieu a créé ces aliments pour que les croyants, qui connaissent la vérité, les mangent après avoir prié pour le remercier. [4] Tout ce que Dieu a créé est bon; rien n'est à rejeter, mais il faut tout recevoir en remerciant Dieu, [5] car la parole de Dieu et la prière le rendent agréable à Dieu.

Un bon serviteur de Jésus-Christ

[6] Si tu donnes ces instructions aux frères, tu seras un bon serviteur de Jésus-Christ, tu montreras que tu te nourris spirituellement des paroles de la foi et du véritable ensei-

gnement que tu as suivi. [7] Mais rejette les légendes stupides et contraires à la foi. Exerce-toi à vivre dans l'attachement à Dieu. [8] Les exercices physiques sont utiles, mais à peu de chose; l'attachement à Dieu, au contraire, est utile à tout, car il nous promet la vie pour maintenant et pour le futur. [9] C'est là une parole certaine, qui mérite d'être entièrement reçue et crue. [10] Voilà pourquoi nous travaillons et luttons, car nous avons mis notre espérance dans le Dieu vivant qui est le Sauveur de tous les hommes, et surtout de ceux qui croient.

[11] Recommande et enseigne tout cela. [12] Ne laisse personne te mépriser parce que tu es jeune, mais sois un exemple pour les croyants, dans ta façon de parler, ta conduite, ton amour, ta foi et ta pureté. [13] En attendant que je vienne, applique-toi à lire publiquement l'Ecriture, à prêcher et à enseigner. [14] Ne néglige pas le don spirituel qui est en toi, qui t'a été accordé lorsque les *prophètes ont parlé et que les *anciens ont posé les mains sur toi. [15] Aie soin d'accomplir cette tâche et de t'y donner entièrement, afin que tous voient tes progrès. [16] Prends garde à toi-même et à ton enseignement. Demeure ferme dans tout cela. En effet, si tu agis ainsi, tu sauveras aussi bien toi-même que ceux qui t'écoutent.

Les devoirs à l'égard des fidèles

5 Ne fais pas des reproches avec dureté à un vieillard, mais adresse-toi à lui comme s'il était ton père. Traite les jeunes gens comme des frères, [2] les femmes âgées comme des mères, et les jeunes femmes comme des soeurs, avec une entière pureté.

[3] Occupe-toi avec respect des veuves qui sont réellement veuves. [4] Mais si une veuve a des enfants ou des petits-enfants, il faut que ceux-ci apprennent d'abord à pratiquer leurs devoirs religieux envers leur propre famille et à rendre ainsi à leurs parents et grands-parents ce qu'ils leur doivent, car cela est agréable à Dieu. [5] La femme qui est une vraie veuve, qui n'a personne pour prendre soin d'elle, a mis son espérance en Dieu et ne cesse pas de prier et de lui demander son aide jour et nuit. [6] Mais la veuve qui vit dans les plaisirs est déjà morte, bien qu'elle soit vivante. [7] Voilà ce que tu dois leur rappeler, afin qu'on n'ait rien à leur reprocher. [8] Si quelqu'un ne prend pas soin des membres de sa parenté, et surtout des membres de sa propre famille,

il a rejeté la foi et il est pire qu'un incroyant.

[9] Tu n'ajouteras une veuve à la liste des veuves que si elle a plus de soixante ans. En outre, il faut qu'elle n'ait été mariée qu'une fois [10] et qu'elle soit connue pour ses oeuvres bonnes: qu'elle ait bien élevé ses enfants, bien reçu ceux qui venaient chez elle, lavé les pieds des membres du peuple de Dieu, secouru les malheureux et pratiqué toute espèce d'oeuvres bonnes.

[11] Mais refuse de mettre les jeunes veuves sur la liste; car lorsque leurs désirs les poussent à vouloir se remarier, elles se détournent du Christ [12] et se rendent ainsi coupables d'avoir rompu leur premier engagement à son égard. [13] De plus, elles prennent l'habitude de perdre leur temps en allant de maison en maison; mais ce qui est pire encore, elles deviennent bavardes et indiscrètes, elles parlent de choses dont elles ne devraient pas s'occuper. [14] C'est pourquoi, je désire que les jeunes veuves se remarient, qu'elles aient des enfants et prennent soin de leur maison, afin de ne donner à nos adversaires aucune occasion de dire du mal de nous. [15] Car quelques veuves se sont déjà détournées du droit chemin pour suivre Satan. [16] Mais si une croyante a des veuves dans sa parenté, elle doit leur venir en aide et ne pas les laisser à la charge de l'Eglise, afin que l'Eglise puisse venir en aide aux veuves qui sont vraiment seules.

[17] Les *anciens qui dirigent bien l'Eglise doivent être estimés dignes de recevoir un double salaire, surtout ceux qui s'occupent activement de prêcher et d'enseigner. [18] En effet, l'Ecriture déclare: "Ne mets pas une *muselière au boeuf

qui foule le blé," et: "L'ouvrier a droit à son salaire." [19] N'accepte pas d'accusation contre un ancien à moins qu'elle ne soit présentée par deux ou trois témoins. [20] Adresse des reproches en public à ceux qui commettent des péchés, afin que les autres aussi éprouvent de la crainte.

[21] Je te le demande solennellement devant Dieu, devant Jésus-Christ et devant les saints anges: obéis à ces instructions sans marquer de parti pris ou de préférence envers qui que ce soit dans ce que tu fais. [22] Ne te hâte pas de poser les mains sur quelqu'un pour lui confier une charge dans l'Eglise. Ne participe pas aux péchés des autres; garde-toi pur.

[23] Cesse de boire uniquement de l'eau, mais prends un peu de vin pour faciliter ta digestion, puisque tu es souvent malade.

[24] Les péchés de certains hommes se voient clairement avant même qu'on les juge; par contre, les péchés de certains autres ne se découvrent qu'après. [25] Les oeuvres bonnes, elles aussi, se voient clairement, et même celles qui ne sont pas immédiatement visibles ne peuvent pas demeurer cachées.

6 Tous ceux qui sont esclaves doivent considérer leurs maîtres comme dignes d'un entier respect, afin que personne ne dise du mal du nom de Dieu et de notre enseignement. [2] Les esclaves qui ont des maîtres croyants ne doivent pas leur manquer de respect parce qu'ils sont leurs frères. Au contraire, ils doivent les servir encore mieux, parce que ceux qui bénéficient de leurs services sont des croyants qu'ils aiment.

Les fausses doctrines et les vraies richesses

Voilà ce que tu dois enseigner et prêcher. [3] Si quelqu'un enseigne une autre doctrine et n'est pas d'accord avec les véritables paroles de notre Seigneur Jésus-Christ et avec l'enseignement de notre religion, [4] il est gonflé d'orgueil et ne sait rien. Il a un désir maladif de discuter et de se quereller à propos de mots. De là viennent des jalousies, des disputes, des insultes, des soupçons malveillants, [5] et des discussions sans fin entre des gens qui ont l'esprit faussé et qui ne connaissent plus la vérité. Ils pensent que la religion est un moyen de s'enrichir.

[6] Certes, la religion est une grande richesse pour un homme, s'il se contente de ce qu'il a. [7] En effet, nous n'avons rien apporté dans ce monde, et nous n'en pouvons rien em-

porter. [8] Par conséquent, si nous avons la nourriture et les habits, cela doit nous suffire. [9] Mais ceux qui veulent s'enrichir tombent dans la tentation, ils sont pris au piège par de nombreux désirs insensés et mauvais, qui précipitent les hommes dans la ruine et la destruction. [10] Car l'amour de l'argent est la cause de toutes sortes de maux. Certains ont eu une telle envie d'en posséder qu'ils se sont égarés loin de la foi et ont accablé leur coeur de bien des douleurs.

Recommandations personnelles

[11] Mais toi, homme de Dieu, évite tout cela. Recherche la droiture, l'attachement à Dieu, la foi, l'amour, la patience et la douceur. [12] Combats le bon combat de la foi; saisis la vie éternelle, car Dieu t'a appelé à connaître cette vie quand tu as prononcé ta belle déclaration de foi en présence d'un grand nombre de témoins. [13] Devant Dieu, qui donne la vie à toutes choses, et devant Jésus-Christ, qui a rendu témoignage par sa belle déclaration de foi devant *Ponce-Pilate, je te le recommande: [14] obéis au commandement et garde-le pur et sans tache, jusqu'au jour où notre Seigneur Jésus-Christ apparaîtra. [15] Au moment fixé, cette apparition sera provoquée par Dieu, le Souverain unique et béni, le Roi des rois et le Seigneur des seigneurs. [16] Lui seul est immortel; il habite une lumière dont personne ne peut s'approcher. Personne ne l'a jamais vu et personne ne peut le voir. A lui soient l'honneur et la puissance éternelle! Amen.

[17] Recommande à ceux qui possèdent les richesses de ce monde de ne pas être orgueilleux; dis-leur de ne pas mettre leur espérance dans ces richesses si incertaines, mais de la mettre en Dieu qui nous donne tout avec abondance pour que nous en jouissions. [18] Recommande-leur de faire le bien, d'être riches en oeuvres bonnes, d'être généreux et prêts à partager avec les autres. [19] Ils s'amassent ainsi un bon et solide trésor pour l'avenir, et ils pourront alors obtenir la vie véritable.

[20] O Timothée, garde soigneusement ce qui t'a été confié. Evite les discours vides et contraires à la foi, les objections de ce que l'on appelle faussement la connaissance. [21] Certains, en effet, ont prétendu posséder cette connaissance, et ils se sont écartés de la foi.

Que la grâce de Dieu soit avec vous.

LA DEUXIÈME LETTRE DE PAUL À TIMOTHÉE

Adresse et salutation

1 De la part de Paul, *apôtre de Jésus-Christ par la volonté de Dieu, chargé d'annoncer la vie promise que nous avons dans l'union avec Jésus-Christ.

[2] A Timothée, mon cher fils: Que Dieu le Père et Jésus-Christ notre Seigneur te donnent la grâce, le pardon et la paix.

Reconnaissance et encouragement à la fidélité

[3] Je remercie Dieu, que je sers avec une conscience pure comme mes ancêtres l'ont fait. Je le remercie lorsque, sans cesse, jour et nuit, je me souviens de toi dans mes prières. [4] Je me rappelle tes larmes, et je désire beaucoup te revoir afin d'être rempli de joie. [5] Je garde le souvenir de la foi sincère qui est la tienne, cette foi que ta grand-mère Loïs et ta mère Eunice ont eue avant toi. Je suis certain que tu la possèdes aussi. [6] C'est pourquoi, je te le rappelle: maintiens en vie le don que Dieu t'a accordé quand j'ai posé les mains sur toi. [7] Car l'Esprit que Dieu nous a donné ne nous rend pas timides; au contraire, son Esprit nous remplit de force, d'amour et de sagesse.

[8] N'aie donc pas honte de rendre témoignage à notre Seigneur; n'aie pas honte non plus de moi, son prisonnier. Au contraire, prends ta part de souffrances pour la Bonne Nouvelle, selon la force que Dieu te donne. [9] C'est lui qui nous a sauvés et nous a appelés à être son peuple, non à cause des oeuvres que nous avons accomplies, mais à cause de son propre plan et de sa grâce. Il nous a accordé cette grâce en Jésus-Christ avant le commencement du temps, [10] mais il nous l'a manifestée maintenant par l'apparition de notre Sauveur Jésus-Christ. Car Jésus-Christ a mis fin au pouvoir de la mort et, au moyen de la Bonne Nouvelle, il a révélé la vie immortelle.

[11] Dieu m'a chargé d'annoncer cette Bonne Nouvelle en tant *qu'apôtre et enseignant, [12] et c'est pour cela que je subis ces souffrances. Mais je demeure plein d'assurance, car je sais en qui j'ai mis ma confiance et je suis certain

qu'il a le pouvoir de garder jusqu'à ce Jour-là ce qu'il m'a confié. [13] Prends comme modèle les paroles véritables que je t'ai communiquées et tiens bon dans la foi et l'amour que nous avons dans l'union avec Jésus-Christ. [14] Garde les bonnes instructions qui t'ont été confiées, avec l'aide du Saint-Esprit qui habite en nous.

[15] Comme tu le sais, tous ceux de la province d'Asie m'ont abandonné, entre autres Phygèle et Hermogène. [16] Que le Seigneur manifeste sa bonté à la famille d'Onésiphore, car il m'a souvent réconforté. Il n'a pas eu honte de moi qui suis en prison; [17] au contraire, quand il est arrivé à Rome il m'a cherché avec zèle jusqu'à ce qu'il m'ait trouvé. [18] Que le Seigneur lui accorde de bénéficier de la bonté du Seigneur en ce Jour-là! Tu sais très bien aussi tous les services qu'il m'a rendus à Ephèse.

Un fidèle soldat de Jésus-Christ

2 Toi donc, mon fils, fortifie-toi au moyen de la grâce que nous avons dans l'union avec Jésus-Christ. [2] Ce que tu m'as entendu annoncer en présence de nombreux témoins, confie-le à des hommes de confiance, qui seront eux-mêmes capables de l'enseigner aussi à d'autres.

[3] Prends ta part de souffrances, comme un fidèle soldat de Jésus-Christ. [4] Un soldat en service actif ne s'embarrasse pas des affaires de la vie civile, s'il veut plaire à son comman-

dant. [5] Un athlète qui participe à une course ne peut gagner le prix que s'il court selon les règles. [6] Le cultivateur qui a effectué le travail pénible doit être le premier à recevoir sa part de la récolte. [7] Réfléchis à ce que je dis, car le Seigneur te rendra capable de tout comprendre.

[8] Souviens-toi de Jésus-Christ, qui a été ramené de la mort à la vie et qui était un descendant de David, comme le déclare la Bonne Nouvelle que j'annonce. [9] Parce que j'annonce cette Bonne Nouvelle, je souffre et je suis même enchaîné comme un malfaiteur. Mais la parole de Dieu n'est pas enchaînée; [10] c'est pourquoi je supporte tout pour le bien de ceux que Dieu a choisis, afin qu'eux aussi puissent obtenir le salut qui est en Jésus-Christ, ainsi que la gloire éternelle. [11] Les paroles que voici sont certaines:

"Si nous sommes morts avec lui, nous vivrons aussi avec lui;
[12] Si nous restons fermes, nous régnerons aussi avec lui;
Si nous le rejetons, lui aussi nous rejettera;
[13] Si nous sommes infidèles, il reste fidèle,
Car il ne peut pas se mettre en contradiction avec lui-même."

Un ouvrier approuvé

[14] Rappelle cela à tous et demande-leur solennellement devant Dieu de ne pas se quereller à propos de mots. Ces querelles ne servent à rien, si ce n'est à causer la ruine de ceux qui écoutent. [15] Efforce-toi d'être digne d'approbation aux yeux de Dieu, comme un ouvrier qui n'a pas à avoir honte de son travail, qui annonce correctement le message de la vérité. [16] Evite les discussions vides et contraires à la foi, car ceux qui les tiennent s'éloigneront de plus en plus de Dieu. [17] Ce qu'ils enseignent sera comme une plaie infectée qui ronge les chairs. Parmi ces gens, il y a Hyménée et Philète: [18] ils se sont écartés de la vérité et ils détournent plusieurs personnes de la foi en disant que notre *résurrection a déjà eu lieu. [19] Cependant les solides fondations posées par Dieu tiennent bon. Les paroles suivantes y sont gravées: "Le Seigneur connaît les siens," et: "Tout homme qui déclare appartenir au Seigneur doit se détourner du mal."

[20] Dans une grande maison, il n'y a pas seulement de la vaisselle en or et en argent, il y en a aussi en bois et en argile. La première est réservée à des occasions spéciales,

l'autre est destinée à l'usage courant. [21] Si quelqu'un se purifie de tout le mal dont je parle, il sera utilisé pour des tâches spéciales, car il appartient entièrement à son Maître, il lui est utile, il est prêt à être employé pour toute oeuvre bonne. [22] Fuis les passions de la jeunesse; recherche la droiture, la foi, l'amour, la paix, avec ceux qui, d'un coeur pur, font appel au Seigneur. [23] Mais rejette les discussions folles et stupides: tu sais qu'elles se terminent par des querelles. [24] Or, un serviteur du Seigneur ne doit pas se quereller. Il doit être aimable envers tous, capable d'enseigner et patient, [25] il doit instruire avec douceur ses contradicteurs: Dieu leur donnera peut-être l'occasion de changer de façon d'agir et de parvenir à connaître la vérité. [26] Ils reviendront alors à leur bon sens et se dégageront des pièges du diable, qui les a attrapés et les fait obéir à sa volonté.

Les derniers jours

3 Rappelle-toi bien ceci: il y aura des temps difficiles dans les derniers jours. [2] En effet, les hommes seront égoïstes, amis de l'argent, vantards et orgueilleux; ils parleront contre Dieu et désobéiront à leurs parents, ils seront ingrats et sans respect pour ce qui est saint; [3] ils seront durs, sans pitié, calomniateurs, violents, cruels et ennemis du bien; [4] ils seront traîtres, emportés et gonflés d'orgueil; ils aimeront le plaisir plutôt que Dieu; [5] ils garderont les formes extérieures de notre foi, mais ils rejetteront sa véritable puissance. Détourne-toi de ces gens-là! [6] Certains d'entre eux s'introduisent dans les maisons et soumettent à leur influence de faibles femmes, chargées de péchés et entraînées par toutes sortes de désirs, [7] des femmes qui cherchent toujours à apprendre mais qui ne sont jamais capables de parvenir à connaître la vérité. [8] De même que Jannès et Jambrès s'opposèrent à Moïse, de même ces gens s'opposent à la vérité. Ce sont des hommes à l'esprit faussé et dont la foi ne vaut rien. [9] Mais ils n'iront pas très loin, car tout le monde se rendra compte qu'ils sont insensés, comme cela s'est passé pour Jannès et Jambrès.

Dernières recommandations

[10] Mais toi, tu m'as suivi dans mon enseignement, ma conduite, mes intentions, ma foi, ma patience, mon amour, ma fermeté, [11] mes persécutions et mes souffrances. Tu sais tout

ce qui m'est arrivé à Antioche, à Iconium, à Lystre, et quelles persécutions j'ai subies. Mais le Seigneur m'a délivré de toutes. [12] D'ailleurs, tous ceux qui veulent mener une vie fidèle à Dieu dans l'union avec Jésus-Christ seront persécutés. [13] Mais les hommes méchants et imposteurs iront toujours plus loin dans le mal, ils tromperont les autres et seront eux-mêmes trompés. [14] Quant à toi, demeure ferme dans ce que tu as appris et reçu avec une entière conviction. Tu sais de quels maîtres tu l'as appris. [15] Depuis ton enfance, en effet, tu connais les Saintes Ecritures; elles peuvent te donner la sagesse qui conduit au salut par la foi en Jésus-Christ. [16] Toute Ecriture est inspirée de Dieu et utile pour enseigner la vérité, réfuter l'erreur, corriger les fautes et former à une juste manière de vivre, [17] afin que l'homme de Dieu soit parfaitement préparé et équipé pour accomplir toute oeuvre bonne.

4 Je te le demande solennellement devant Dieu et devant Jésus-Christ, qui jugera les vivants et les morts, je te le demande au nom de la venue du Christ et de son *Royaume: [2] prêche la parole de Dieu et annonce-la avec insistance, que l'occasion soit favorable ou non; persuade, adresse des re-

proches et encourage, en enseignant avec une patience parfaite. [3] Car le temps viendra où les hommes ne voudront plus écouter le véritable enseignement, mais ils suivront leurs propres désirs et rassembleront auprès d'eux une foule de maîtres qui leur diront ce qu'ils désirent entendre. [4] Ils n'écouteront plus la vérité, ils s'en détourneront pour porter toute leur attention sur des légendes. [5] Mais toi, demeure maître de toi-même en tout, supporte la souffrance, fais ton oeuvre de prédicateur de la Bonne Nouvelle et accomplis entièrement ton devoir de serviteur de Dieu.

[6] Quant à moi, l'heure est arrivée où je vais être offert en sacrifice; le moment est venu pour moi de mourir. [7] J'ai combattu le bon combat, je suis allé jusqu'au bout de la course, j'ai gardé la foi. [8] Et maintenant, le prix de la victoire m'attend: c'est la *couronne de justice que le Seigneur, le juste juge, me donnera en ce Jour-là. Et il ne la donnera pas seulement à moi, mais à tous ceux qui attendent avec amour le moment où il apparaîtra.

Remarques personnelles

[9] Efforce-toi de venir me rejoindre bientôt. [10] Car Démas m'a abandonné, parce qu'il aime trop le monde présent; il est parti pour Thessalonique. Crescens est allé en Galatie et Tite en Dalmatie. [11] Luc seul est avec moi. Prends Marc et amène-le avec toi, car il pourra m'aider dans ma tâche. [12] J'ai envoyé Tychique à Ephèse. [13] Quand tu viendras, apporte-moi le manteau que j'ai laissé à Troas chez Carpus; apporte également les livres, et surtout ceux qui sont en *parchemin.

[14] Alexandre le forgeron m'a fait beaucoup de mal; le Seigneur le paiera selon les actions qu'il a commises. [15] Prends garde à lui, toi aussi, car il s'est violemment opposé à tout ce que nous avons dit.

[16] Personne ne m'a soutenu la première fois que j'ai présenté ma défense; tous m'ont abandonné. Que Dieu ne leur en tienne pas compte! [17] Mais le Seigneur s'est tenu près de moi et m'a fortifié, de sorte que j'ai pu pleinement proclamer le message et le faire entendre à tous les non-Juifs. Et j'ai été délivré de la gueule du lion. [18] Le Seigneur me délivrera de tout mal et me fera entrer sain et sauf dans son *Royaume céleste. A lui soit la gloire pour toujours! Amen.

Salutations finales

[19] Salue Priscille et Aquilas, ainsi que la famille d'Onésiphore. [20] Eraste est resté à Corinthe, et j'ai laissé Trophime à Milet, parce qu'il était malade. [21] Efforce-toi de venir avant l'hiver.

Eubulus, Pudens, Linus, Claudia et tous les autres frères t'adressent leurs salutations.

[22] Que le Seigneur soit avec toi.

Que la grâce de Dieu soit avec vous.

LA LETTRE DE PAUL À TITE

Adresse et salutation

1 De la part de Paul, serviteur de Dieu et *apôtre de Jésus-Christ.

J'ai été chargé d'amener à la foi ceux que Dieu a choisis et de leur faire connaître la vérité enseignée par notre religion [2] pour qu'ils possèdent l'espérance de la vie éternelle. Dieu, qui ne ment pas, nous a promis cette vie avant le commencement du temps; [3] au moment fixé, il l'a révélée par sa parole, dans le message qui m'a été confié et que je proclame par ordre de Dieu notre Sauveur.

[4] Je t'adresse cette lettre, Tite, mon vrai fils dans la foi qui nous est commune: Que Dieu le Père et Jésus-Christ notre Sauveur te donnent la grâce et la paix.

Le travail dont Tite est chargé en Crète

[5] Je t'ai laissé en Crète afin que tu mettes en ordre ce qui reste à régler et que tu établisses des *anciens d'Eglise dans chaque ville. Rappelle-toi les instructions que je t'ai données: [6] un ancien doit être un homme à qui l'on n'a rien à reprocher; il faut qu'il soit le mari d'une seule femme, et que ses enfants soient croyants et n'aient pas la réputation de se conduire mal ou d'être désobéissants. [7] En effet, un dirigeant d'Eglise est chargé de s'occuper des affaires de Dieu, par conséquent on ne doit rien avoir à lui reprocher. Il ne doit être ni arrogant, ni colérique, ni buveur, ni violent, ni prêt à gagner malhonnêtement de l'argent. [8] Il faut qu'il reçoive bien ceux qui viennent chez lui et qu'il aime ce qui est bien. Il faut qu'il soit raisonnable, juste, saint et maître de lui. [9] Il doit être fermement attaché au message sûr, qui est conforme à la doctrine. Ainsi, il sera capable d'encourager les autres au moyen du véritable enseignement et aussi de démontrer leur erreur à ceux qui s'y opposent.

[10] Car il y en a beaucoup, surtout parmi les Juifs convertis, qui sont rebelles et qui trompent les gens par leurs paroles stupides. [11] Il faut leur fermer la bouche, car ils bouleversent des familles entières et enseignent ce qu'il ne faut pas, pour gagner malhonnêtement de l'argent. [12] C'est un Crétois lui-même, un de leurs propres *prophètes, qui a dit: "Les Crétois ont toujours été des menteurs, de méchantes

bêtes, des paresseux qui ne pensent qu'à manger." [13] Et ce qu'il déclare est la vérité. C'est pourquoi, adresse-leur de sévères reproches, afin qu'ils aient une foi juste [14] et qu'ils ne s'attachent plus à des légendes juives et à des commandements dus à des hommes qui se sont détournés de la vérité. [15] Tout est pur pour ceux qui sont purs; mais rien n'est pur pour ceux qui sont *impurs et incroyants, car leur intelligence et leur conscience sont marquées par l'impureté. [16] Ils affirment connaître Dieu, mais leurs actions prouvent le contraire. Ils sont détestables, rebelles et incapables d'accomplir aucune oeuvre bonne.

La juste doctrine

2 Mais toi, enseigne ce qui est conforme à la juste doctrine. [2] Dis aux vieillards d'être sobres, respectables, raisonnables, et d'être solides dans la foi, l'amour et la patience. [3] De même, dis aux femmes âgées de se conduire comme des personnes qui mènent une vie sainte. Elles ne doivent pas répandre des bavardages malveillants, ni être esclaves du vin. Elles doivent donner de bons conseils, [4] afin d'apprendre aux jeunes femmes à aimer leur mari et leurs enfants, [5] à être raisonnables et pures, à être des ménagères soigneuses, bonnes, qui obéissent à leur mari, afin que personne ne dise du mal de la parole de Dieu.

[6] De même, demande aux jeunes gens d'être raisonnables. [7] Toi-même, tu dois être en tout un exemple d'oeuvres bonnes. Sois sincère et sérieux dans ton enseignement. [8] Emploie des paroles justes, qu'on ne puisse pas critiquer, afin que tes adversaires soient couverts de honte parce qu'ils n'auront aucun mal à dire de nous.

[9] Il faut que les esclaves obéissent à leurs maîtres et leur soient agréables en tout. Ils ne doivent pas les contredire [10] et ils ne doivent rien leur voler. Au contraire, ils doivent continuellement se montrer bons et fidèles, afin de faire honneur en tout à l'enseignement qui concerne Dieu notre Sauveur.

[11] Car Dieu a révélé sa grâce pour le salut de tous les hommes. [12] Cette grâce nous enseigne à renoncer à une vie mauvaise et aux désirs terrestres, pour mener dans ce monde une vie raisonnable, juste et fidèle à Dieu. [13] Elle nous enseigne à vivre ainsi en attendant l'heureux jour que nous espérons, celui où apparaîtra la gloire de notre grand Dieu

et Sauveur Jésus-Christ. [14] Il s'est donné lui-même pour nous, pour nous délivrer de tout mal et faire de nous un peuple purifié qui appartienne à lui seul et soit zélé pour accomplir des oeuvres bonnes.

[15] Voilà ce que tu dois enseigner, en usant de toute ton autorité pour encourager tes auditeurs ou leur adresser des reproches. Ne laisse personne d'entre eux te mépriser.

La conduite chrétienne

3 Rapelle à tous qu'ils doivent se soumettre aux dirigeants et aux autorités, qu'ils doivent leur obéir et être prêts à accomplir toute oeuvre bonne. [2] Qu'ils ne disent du mal de personne, qu'ils soient pacifiques et bienveillants, et qu'ils montrent continuellement de la douceur envers tous les hommes. [3] Car nous aussi, nous étions autrefois insensés, désobéissants, dans l'erreur. Nous étions esclaves de toutes sortes de désirs et de plaisirs. Nous vivions dans la méchanceté et l'envie; nous détestions les autres et ils nous détestaient. [4] Mais lorsque Dieu notre Sauveur manifesta sa bonté et son amour pour les hommes, [5] il nous a sauvés, non point parce que nous aurions accompli des oeuvres justes, mais parce qu'il a eu pitié de nous. Il nous a sauvés par le bain au travers duquel le Saint-Esprit nous accorde la nouvelle naissance et la vie nouvelle. [6] Car Dieu a répandu avec abondance le Saint-Esprit sur nous par Jésus-Christ notre Sauveur, [7] afin que par sa grâce nous soyons rendus justes devant Dieu et que nous puissions recevoir la vie éternelle que nous espérons. [8] C'est là une parole certaine.

Je veux que tu insistes beaucoup sur ces points-là, afin que ceux qui croient en Dieu s'appliquent à accomplir fidèlement des oeuvres bonnes. Voilà qui est bon et utile aux hommes. [9] Mais évite les discussions stupides, tout ce qui concerne les longues listes d'ancêtres, les querelles et luttes au sujet de la loi. Elles sont inutiles et sans valeur. [10] Donne au moins deux avertissements à celui qui cause des divisions, puis écarte-le. [11] Tu sais, en effet, qu'un tel homme s'est détourné du droit chemin et que ses péchés prouvent qu'il est dans l'erreur.

Dernières recommandations

[12] Lorsque je t'enverrai Artémas ou Tychique, efforce-toi de venir me rejoindre à Nicopolis, car j'ai décidé d'y passer

l'hiver. [13] Aie soin d'apporter ton aide à Zénas l'avocat et à Apollos en vue de leur voyage, fais en sorte qu'ils ne manquent de rien. [14] Il faut que les nôtres aussi apprennent à accomplir fidèlement des oeuvres bonnes, afin de pourvoir aux besoins importants; ils ne doivent pas mener une vie inutile.

[15] Tous ceux qui sont avec moi t'adressent leurs salutations. Salue nos amis dans la foi.

Que la grâce de Dieu soit avec vous tous.

LA LETTRE DE PAUL À PHILÉMON

Adresse et salutation

[1] De la part de Paul, prisonnier pour Jésus-Christ, et de la part de notre frère Timothée.

A toi, Philémon, notre ami et compagnon de travail, [2] et à l'Eglise qui se réunit dans ta maison, à notre soeur Appia et à Archippe notre compagnon de combat: [3] Que Dieu notre Père et le Seigneur Jésus-Christ vous donnent la grâce et la paix.

L'amour et la foi de Philémon

[4] Toutes les fois que je prie, cher Philémon, je pense à toi et je remercie mon Dieu; [5] car j'entends parler de ton amour pour tous les membres du peuple de Dieu et de ta foi au Seigneur Jésus. [6] Je demande à Dieu que la communion qui te lie à nous par la foi produise une meilleure connaissance de tous les biens que nous avons dans notre vie avec le Christ. [7] Ton amour, frère, m'a donné beaucoup de joie et d'encouragement, car tu as réconforté le coeur des membres du peuple de Dieu.

Paul présente une demande en faveur d'Onésime

[8] C'est pourquoi, bien que toute liberté me soit donnée par le Christ de t'ordonner ce que tu dois faire, [9] je préfère t'adresser une demande au nom de l'amour. Tel que je suis, moi Paul, un vieillard, et de plus maintenant un prisonnier pour Jésus-Christ, [10] je t'adresse une demande en faveur d'Onésime. Il est mon fils en Christ, car je suis devenu son père spirituel ici, en prison. [11] Autrefois, il t'a été inutile, mais maintenant il nous est utile à toi et à moi.

[12] Je te le renvoie, maintenant, lui qui est comme une partie de moi-même. [13] J'aurais bien aimé le garder auprès de moi pendant que je suis en prison pour la Bonne Nouvelle, afin qu'il me rende service à ta place. [14] Mais je n'ai rien voulu faire sans que tu sois d'accord: je ne désire pas t'obliger à m'accorder un bienfait; je préfère que tu agisses volontairement.

[15] Peut-être Onésime a-t-il été séparé de toi pour quelque temps afin que tu le retrouves pour toujours. [16] Car maintenant il n'est plus un simple esclave, mais il est beaucoup

mieux qu'un esclave: un frère très cher en Christ. Il m'est particulièrement cher, mais il doit l'être encore beaucoup plus pour toi, aussi bien comme esclave que comme frère dans le Seigneur.

[17] Si donc tu me tiens pour ton compagnon, reçois-le comme tu me recevrais. [18] S'il t'a causé du tort, ou s'il te doit quelque chose, mets cela sur mon compte. [19] C'est de ma propre main que j'écris ces mots: Moi, Paul, je te le rembourserai. (Je n'ai certes pas à te rappeler que toi tu me dois ta propre vie.) [20] Oui, frère, je t'en prie, accorde-moi cette faveur pour l'amour du Seigneur; réconforte mon coeur comme un frère en Christ.

[21] Je suis certain, au moment où je t'écris, que tu feras ce que je te demande — je sais même que tu feras plus encore. [22] En même temps, prépare-moi une chambre, car j'espère que Dieu répondra à vos prières et m'accordera de vous être rendu.

Salutations finales

[23] Epaphras, qui est en prison avec moi pour Jésus-Christ, t'adresse ses salutations, [24] ainsi que Marc, Aristarque, Démas et Luc, mes compagnons de travail.

[25] Que la grâce du Seigneur Jésus-Christ soit avec vous.

LA LETTRE AUX HÉBREUX

Dieu a parlé par son Fils

1 Autrefois Dieu a parlé à nos ancêtres à plusieurs reprises et de plusieurs manières par les *prophètes, [2] mais dans ces jours qui sont les derniers il nous a parlé par son Fils. C'est par lui que Dieu a créé l'univers, et c'est lui que Dieu a désigné pour entrer en possession de tout. [3] Il reflète la splendeur de la gloire divine; il est la représentation exacte de ce que Dieu est, et il soutient l'univers par sa parole puissante. Après avoir purifié les hommes de leurs péchés, il s'est assis dans les cieux à la droite de Dieu, la puissance suprême.

Le Fils est supérieur aux anges

[4] Le Fils est devenu d'autant supérieur aux anges que Dieu lui a accordé un nom plus important que le leur. [5] En effet, Dieu n'a jamais dit à l'un de ses anges:

"Tu es mon Fils,
Aujourd'hui je suis devenu ton Père."

Et il n'a jamais dit à propos d'un ange:

"Je serai son Père
Et il sera mon Fils."

[6] Mais au moment où Dieu allait envoyer son Fils premier-né dans le monde, il a dit:

"Tous les anges de Dieu doivent l'adorer."

[7] Voici ce que Dieu a dit au sujet des anges:

"Dieu fait de ses anges des vents
Et de ses serviteurs des flammes de feu."

[8] Mais au sujet du Fils, Dieu a déclaré:

"Ton trône, ô Dieu, est établi pour toujours.
C'est avec justice que tu gouvernes ton royaume.
[9] Tu aimes ce qui est juste et tu détestes le mal,
C'est pourquoi Dieu, ton Dieu, t'a choisi
Et t'a rempli de joie en t'accordant une place d'honneur
Bien supérieure à celle qu'il a accordée à tes compagnons."

[10] Il a dit aussi:

"C'est toi, Seigneur, qui au commencement as créé la terre

Et qui de tes propres mains as fait les cieux.
[11] Ils disparaîtront tous, mais toi tu resteras.
Ils vieilliront tous comme des vêtements;
[12] Tu les rouleras comme un manteau,
Et ils seront changés comme des vêtements.
Mais toi tu es le même et tu ne vieilliras jamais."
[13] Dieu n'a jamais dit à l'un de ses anges:
"Assieds-toi à ma droite,
Jusqu'à ce que je mette tes ennemis
Comme un escabeau sous tes pieds."
[14] Que sont alors les anges? Ce sont tous des esprits qui servent Dieu et sont envoyés par lui pour apporter de l'aide à ceux qui doivent recevoir le salut.

Un si grand salut

2 C'est pourquoi nous devons nous attacher d'autant plus fermement aux vérités que nous avons entendues, afin de ne pas être entraînés à notre perte. [2] Le message que les anges ont apporté a prouvé sa valeur, et tout homme qui n'en a pas tenu compte ou lui a désobéi a reçu la punition qu'il méritait. [3] Alors, comment pourrons-nous échapper à la punition si nous négligeons un si grand salut? Le Seigneur lui-même a annoncé ce salut en premier lieu, puis ceux qui l'ont entendu nous ont confirmé sa valeur. [4] En même temps, Dieu a appuyé leur témoignage par des signes, des prodiges et toutes sortes de miracles. Il a également distribué les dons du Saint-Esprit selon sa volonté.

Celui qui conduit les hommes au salut

[5] En effet, ce n'est pas aux anges que Dieu a accordé le pouvoir sur le monde à venir dont nous parlons. [6] Au contraire, dans un passage de l'Ecriture quelqu'un déclare:
"Qu'est-ce que l'homme, ô Dieu, pour que tu penses à lui?
Qu'est-ce qu'un simple homme, pour que tu prennes soin de lui?
[7] Tu l'as rendu pour un peu de temps inférieur aux anges,
Tu lui as donné la gloire et l'honneur comme à un roi,
[8] Tu lui as accordé le pouvoir sur toutes choses."

Quand il est dit que Dieu a accordé à l'homme "le pouvoir sur toutes choses," cela signifie qu'il lui a tout soumis, sans exception. Cependant, nous ne voyons pas que l'homme ait actuellement le pouvoir sur toutes choses. [9] Mais nous constatons ceci: Jésus a été rendu pour un peu de temps inférieur aux anges, afin que par la grâce de Dieu il meure pour tous les hommes; et nous le voyons maintenant couronné de gloire et d'honneur à cause de la mort qu'il a soufferte. [10] En effet, il convenait que Dieu — qui crée et maintient toutes choses — rende Jésus parfait au travers de la souffrance, afin d'amener beaucoup de fils à participer à sa gloire. Car Jésus est celui qui les conduit au salut.

[11] Jésus qui purifie les hommes de leurs péchés et ceux qui sont purifiés ont tous le même Père. C'est pourquoi Jésus n'a pas honte de les appeler ses frères. [12] Il déclare en effet:

"O Dieu, je parlerai de toi à mes frères,
Je chanterai tes louanges devant toute l'assemblée."

[13] Il dit aussi:

"Je mettrai ma confiance en Dieu."

Et encore:

"Me voici avec les enfants que Dieu m'a donnés."

[14] Puisque les enfants, comme il les appelle, sont de chair et de sang, Jésus lui-même est devenu comme eux et a participé à leur nature humaine. Il l'a fait afin de détruire par sa mort le diable, qui détient la puissance de la mort, [15] et de délivrer ainsi ceux qui étaient comme des esclaves durant toute leur vie à cause de leur peur de la mort. [16] Car ce n'est certes pas aux anges qu'il vient en aide; mais, comme le déclare l'Ecriture: "Il vient en aide aux descendants d'Abraham." [17] C'est pourquoi il devait devenir en tout semblable à ses frères, afin d'être leur *grand-prêtre fidèle et plein de bonté dans son service devant Dieu, pour que les péchés du peuple soient pardonnés. [18] Et maintenant, il peut venir en aide à ceux qui sont tentés, parce qu'il a été tenté lui-même et qu'il a souffert.

Jésus est supérieur à Moïse

3 C'est pourquoi, frères chrétiens, vous qui avez aussi été appelés par Dieu, regardez à Jésus que Dieu a envoyé pour être le *grand-prêtre de la foi que nous proclamons. [2] En effet, il a été fidèle à Dieu qui l'avait désigné pour

cette tâche, comme Moïse a été fidèle dans l'accomplissement de sa tâche dans toute la maison de Dieu. [3] Celui qui construit une maison reçoit plus d'honneur que la maison elle-même. Ainsi, Jésus est digne d'une gloire bien supérieure à celle de Moïse. [4] Toute maison, en effet, est construite par quelqu'un; or, Dieu est celui qui a construit tou-

tes choses. [5] Moïse, pour sa part, a été fidèle dans toute la maison de Dieu. Ce fut un serviteur chargé de parler de ce que Dieu allait dire. [6] Mais le Christ est fidèle en tant que Fils placé à la tête de la maison de Dieu. Nous sommes sa maison, si nous gardons notre assurance et notre confiance en ce que nous espérons.

Le repos réservé au peuple de Dieu

[7] C'est pourquoi, comme l'affirme le Saint-Esprit:
"Si vous entendez la voix de Dieu aujourd'hui,
[8] N'endurcissez pas vos coeurs comme lorsque vous vous êtes révoltés contre Dieu,
Comme le jour où vous l'avez mis à l'épreuve dans le désert.
[9] Là vos ancêtres m'ont tenté et mis à l'épreuve, dit Dieu,
Bien qu'ils aient vu tout ce que j'accomplissais pendant quarante ans.

[10] C'est pourquoi je me suis mis en colère contre ces gens
Et j'ai dit: 'Ils se trompent toujours dans leur façon de penser,
Ils n'ont jamais connu mes chemins.'
[11] Je me suis mis en colère et j'ai fait ce serment:
'Ils n'entreront jamais là où l'on se repose avec moi!' "

[12] Frères, prenez garde que personne parmi vous n'ait un coeur si mauvais et incrédule qu'il se détourne du Dieu vivant. [13] Au contraire, encouragez-vous les uns les autres chaque jour, aussi longtemps que "l'aujourd'hui" de l'Ecriture s'applique à nous, afin qu'aucun de vous ne se laisse tromper par le péché et n'endurcisse son coeur. [14] En effet, nous sommes les compagnons du Christ, si nous gardons fermement jusqu'à la fin la confiance que nous avons eue au commencement.

[15] Voici ce que l'Ecriture déclare:
"Si vous entendez la voix de Dieu aujourd'hui,
N'endurcissez pas vos coeurs comme lorsque vous vous êtes révoltés contre Dieu."

[16] Qui sont ceux qui ont entendu la voix de Dieu et se sont révoltés contre lui? Ce sont tous ceux que Moïse a conduits hors d'Egypte. [17] Contre qui Dieu a-t-il été en colère pendant quarante ans? Contre ceux qui avaient péché, et qui tombèrent morts dans le désert. [18] Quand Dieu a fait ce serment: "Ils n'entreront jamais là où l'on se repose avec moi," de qui parlait-il? Il parlait de ceux qui s'étaient révoltés. [19] Nous voyons, en effet, qu'ils n'ont pas pu entrer dans ce repos parce qu'ils n'avaient pas cru.

4 Dieu nous a laissé la promesse que nous pourrons entrer là où nous nous reposerons avec lui. Prenons donc bien garde que personne parmi vous ne se trouve avoir manqué l'entrée dans ce repos. [2] Car nous avons entendu la Bonne Nouvelle tout comme ceux qui étaient dans le désert. Ils ont entendu ce message mais il ne leur servit de rien, car lorsqu'ils l'entendirent ils ne le reçurent pas avec foi. [3] Nous qui croyons, nous allons entrer dans ce repos, dont Dieu a dit:
"Je me suis mis en colère et j'ai fait ce serment:
'Ils n'entreront jamais là où l'on se repose avec moi!' "

Il a prononcé ces mots bien que son travail ait été achevé depuis le moment où il a créé le monde. [4] En effet, quelque part dans l'Ecriture il est dit ceci à propos du septième jour: "Dieu se reposa de tout son travail le septième jour." [5] Et le même sujet est repris dans le passage où Dieu dit: "Ils n'entreront jamais là où l'on se repose avec moi." [6] Ceux qui avaient été les premiers à entendre la Bonne Nouvelle ne sont pas entrés dans ce repos parce qu'ils n'ont pas cru. Par conséquent il est encore possible pour d'autres d'y entrer. [7] C'est pourquoi Dieu fixe de nouveau un jour appelé "aujourd'hui". Il en a parlé beaucoup plus tard par l'intermédiaire de David, dans le passage déjà cité:

"Si vous entendez la voix de Dieu aujourd'hui,
N'endurcissez pas vos coeurs."

[8] En effet, si Josué avait conduit le peuple dans ce repos, Dieu n'aurait pas parlé plus tard d'un autre jour. [9] Ainsi, un repos semblable au repos de Dieu le septième jour reste offert au peuple de Dieu. [10] Car celui qui entre là où l'on se repose avec Dieu se repose de son travail comme Dieu s'est reposé du sien. [11] Efforçons-nous donc d'entrer dans ce repos; faisons en sorte qu'aucun de nous ne désobéisse de la même manière que ceux qui étaient dans le désert et ne manque l'entrée dans ce repos.

[12] Car la parole de Dieu est vivante et efficace. Elle est plus tranchante qu'aucune épée à deux tranchants. Elle pénètre jusqu'au point où l'âme et l'esprit se rencontrent, jusqu'au point où les jointures et la moelle se touchent. Elle juge les désirs et les pensées du coeur de l'homme. [13] Il n'est rien qui puisse être caché à Dieu. Tout, dans l'ensemble de la création, se trouve à nu et à découvert devant ses yeux, et c'est à lui que nous devons tous rendre compte.

Jésus le grand-prêtre souverain

[14] Tenons donc fermement la foi que nous proclamons. Nous avons, en effet, un *grand-prêtre souverain qui est parvenu jusqu'en la présence même de Dieu: c'est Jésus, le Fils de Dieu. [15] Nous n'avons pas un grand-prêtre incapable de souffrir avec nous de nos faiblesses. Au contraire, notre grand-prêtre a été tenté en tout comme nous le sommes, mais il n'a pas commis de péché. [16] Approchons-nous donc avec confiance du trône de Dieu, où est la grâce. Nous y

recevrons le pardon et y trouverons la grâce nécessaire pour être secourus au bon moment.

5 Tout grand-prêtre est choisi parmi les hommes et désigné pour servir Dieu en leur faveur. Il offre des dons et des sacrifices pour les péchés. [2] Comme il est lui-même exposé à bien des faiblesses, il peut montrer de la compréhension à l'égard des ignorants et de ceux qui commettent des erreurs. [3] Et parce qu'il est faible lui-même, il doit offrir des sacrifices non seulement pour les péchés du peuple, mais aussi pour ses propres péchés. [4] Personne ne peut s'attribuer l'honneur d'être grand-prêtre. On le devient seulement par appel de Dieu, comme ce fut le cas pour *Aaron.

[5] De même, le Christ ne s'est pas accordé lui-même l'honneur d'être grand-prêtre. Au contraire, c'est Dieu qui lui a déclaré :

"Tu es mon Fils,
Aujourd'hui je suis devenu ton Père."

[6] Et ailleurs il a dit aussi :

"Tu seras prêtre pour toujours
Dans l'ordre de Melchisédek."

[7] Durant sa vie terrestre, Jésus adressa des prières et des supplications, accompagnées de grands cris et de larmes, à Dieu qui pouvait le sauver de la mort. Et Dieu l'écouta à cause de sa soumission. [8] Bien qu'il fût le Fils de Dieu, il a appris l'obéissance par tout ce qu'il a souffert. [9] Après avoir été rendu parfait, il est devenu la source d'un salut éternel pour tous ceux qui lui obéissent, [10] et Dieu l'a déclaré grand-prêtre dans l'ordre de Melchisédek.

Mise en garde contre le danger d'abandonner la foi

[11] Nous avons beaucoup à dire sur ce sujet, mais il est difficile de vous donner des explications, car vous êtes bien lents à comprendre. [12] Il s'est passé suffisamment de temps pour que vous deveniez des maîtres, et pourtant vous avez encore besoin qu'on vous enseigne les premiers éléments du message de Dieu. Au lieu de manger de la nourriture solide, vous avez encore besoin de boire du lait. [13] Celui qui se nourrit de lait n'est qu'un enfant, il n'a pas d'expérience au sujet de ce qui est juste ou faux. [14] Par contre, la nourriture solide est destinée aux adultes qui, par la pratique, ont habitué leurs sens à distinguer le bien du mal.

6 Ainsi, progressons afin d'aborder un enseignement d'adulte, en laissant derrière nous les premiers éléments du message chrétien. Nous n'allons pas poser de nouveau les bases de ce message : la nécessité de se détourner des oeuvres inutiles et de croire en Dieu, [2] l'enseignement au sujet des divers baptêmes et de la cérémonie *d'imposition des mains, l'annonce de la *résurrection des morts et du jugement éternel. [3] Progressons! C'est là ce que nous allons faire, si Dieu le permet.

[4] En effet, qu'en est-il de ceux qui retombent dans une vie mauvaise? Ils ont reçu une fois la lumière de Dieu. Ils ont goûté au don céleste et ont eu part au Saint-Esprit. [5] Ils ont senti que la parole de Dieu est bonne et ils ont fait l'expérience des puissances du monde à venir. [6] Et pourtant, ils retombent dans une vie mauvaise! Il est impossible de les amener une nouvelle fois à changer de vie, car ils clouent de nouveau le Fils de Dieu sur la croix et l'exposent publiquement aux insultes.

[7] Lorsqu'une terre absorbe la pluie qui tombe fréquemment sur elle, et produit des plantes utiles à ceux pour qui elle est cultivée, Dieu la bénit. [8] Mais si elle produit des buissons d'épines et des chardons, elle ne vaut rien; elle sera bientôt maudite par Dieu et finira par être brûlée.

[9] Cependant, même si nous parlons ainsi, mes amis, nous sommes pleins de confiance à votre sujet : nous savons que vous êtes sur la bonne voie, celle du salut. [10] Dieu n'est pas injuste. Il n'oubliera pas votre activité, ni l'amour que vous avez montré à son égard par les services que vous avez ren-

dus et que vous rendez encore à vos frères chrétiens. [11] Mais nous désirons que chacun de vous fasse preuve du même zèle jusqu'à la fin, afin que ce que vous espérez se réalise pleinement. [12] Nous ne voulons pas que vous deveniez paresseux, mais que vous suiviez l'exemple de ceux qui croient et sont patients, et qui reçoivent ainsi ce que Dieu a promis.

La ferme promesse de Dieu

[13] Quand Dieu fit la promesse à Abraham, il l'accompagna d'un serment. Comme il n'y avait personne de plus grand que lui par qui faire ce serment, il le fit par lui-même. [14] Il déclara: "Je te promets que je te bénirai et que je t'accorderai de nombreux descendants." [15] Abraham attendit avec patience, et il reçut ainsi ce que Dieu avait promis. [16] Quand les hommes prêtent serment, ils le font au nom de quelqu'un de plus grand qu'eux, et le serment est une garantie qui met fin à toute discussion entre eux. [17] Or, Dieu a voulu montrer clairement à ceux qui devaient recevoir les biens promis qu'il ne modifierait jamais sa décision; c'est pourquoi il ajouta un serment à la promesse. [18] Il y a donc deux actes qui ne peuvent pas être modifiés et dans lesquels il est impossible que Dieu mente. Ainsi, nous qui avons trouvé un refuge en lui, nous sommes grandement encouragés à saisir avec fermeté l'espérance qui nous est proposée. [19] Cette espérance est pour nous comme l'ancre de notre âme. Elle est sûre et solide, et pénètre à travers le rideau du temple céleste jusque dans le *sanctuaire intérieur. [20] C'est là que Jésus est entré avant nous et pour nous. Il est devenu *grand-prêtre pour toujours dans l'ordre de Melchisédek.

Melchisédek, roi et prêtre

7 Ce Melchisédek était roi de Salem et prêtre du Dieu très haut. Lorsqu'Abraham revenait de la bataille où il avait vaincu les rois, Melchisédek se rendit à sa rencontre et le bénit. [2] Abraham lui donna la dixième partie de tout ce qu'il avait. Le nom de Melchisédek, tout d'abord, signifie "roi de justice"; de plus, il était roi de Salem, ce qui veut dire "roi de paix". [3] On ne connaît à Melchisédek ni père, ni mère, ni aucun ancêtre; on ne parle nulle part de sa naissance ou de sa mort. Il est semblable au Fils de Dieu: il demeure prêtre pour toujours.

[4] Remarquez comme il est grand! Abraham le *patriarche lui donna la dixième partie de tout ce qu'il avait gagné dans la bataille. [5] Ceux des descendants de Lévi qui sont prêtres ont l'ordre, selon la *loi, de demander la dixième partie de tout au peuple d'Israël — autrement dit, ils la demandent à leurs propres compatriotes, qui pourtant sont eux aussi des descendants d'Abraham. [6] Melchisédek n'était pas un descendant de Lévi, mais il obtint d'Abraham le dixième de ce qu'il avait; de plus, il bénit celui qui avait reçu les promesses de Dieu. [7] Or, sans aucun doute, celui qui bénit est supérieur à celui qui est béni. [8] Dans le cas des prêtres, la dixième partie de ce que l'on possède est reçue par des hommes qui meurent; mais dans le cas de Melchisédek, cette part fut reçue par quelqu'un qui vit, comme l'affirme l'Ecriture. [9] Enfin, et pour ainsi dire, quand Abraham paya le dixième de ses biens, Lévi (dont les descendants sont ceux qui reçoivent le dixième) le paya aussi. [10] Car bien que Lévi ne fût pas encore né, il était en quelque sorte dans le corps de son ancêtre Abraham quand Melchisédek vint à sa rencontre.

[11] La prêtrise lévitique était à la base de la loi donnée au peuple d'Israël. Or, si les prêtres lévitiques avaient accompli une oeuvre parfaite, il n'aurait pas été nécessaire qu'apparaisse un prêtre d'une autre sorte, un prêtre dans l'ordre de Melchisédek et non plus dans l'ordre *d'Aaron. [12] Car lorsque la prêtrise est changée, il faut aussi qu'il y ait un changement de loi. [13] Et notre Seigneur, auquel ces paroles se rapportent, appartenait à une autre tribu, dont aucun membre n'a jamais effectué le service de prêtre à *l'autel. [14] Il est bien connu qu'il appartenait, de naissance, à la tribu de Juda, et Moïse n'a rien dit de cette tribu quand il a parlé des prêtres.

Un autre prêtre semblable à Melchisédek

[15] Voici un fait qui rend tout cela encore plus clair: un autre prêtre est apparu qui est semblable à Melchisédek. [16] Il n'a pas été établi prêtre d'après un ensemble de règlements humains; il l'est devenu par la puissance d'une vie qui n'a pas de fin. [17] En effet, l'Ecriture déclare:

"Tu seras prêtre pour toujours
Dans l'ordre de Melchisédek."

[18] Ainsi, l'ancienne règle a été supprimée, parce qu'elle était

faible et inutile. [19] La *loi de Moïse, en effet, n'a rien amené à la perfection. Mais une espérance meilleure a été introduite, grâce à laquelle nous nous approchons de Dieu.

[20] De plus, il y a eu le serment de Dieu. Les autres sont devenus prêtres sans un tel serment. [21] Mais Jésus a été établi prêtre avec un serment, quand Dieu lui a déclaré:

"Le Seigneur l'a juré,
Et il ne changera pas d'idée:
'Tu seras prêtre pour toujours.' "

[22] Par conséquent, Jésus est aussi celui qui nous garantit une *alliance meilleure.

[23] Il existe une autre différence encore: les autres prêtres ont été nombreux, parce qu'ils mouraient et ne pouvaient pas continuer leur activité. [24] Mais Jésus vit pour toujours et sa tâche de prêtre n'a pas à être transmise à quelqu'un d'autre. [25] C'est pourquoi il peut sauver, maintenant et toujours, ceux qui s'approchent de Dieu par lui, car il est toujours vivant pour prier Dieu en leur faveur.

[26] Jésus est donc le *grand-prêtre qu'il nous fallait. Il est saint, il n'y a aucun mal et aucun péché en lui, il a été séparé des pécheurs et élevé au-dessus des cieux. [27] Il n'est pas comme les autres grands-prêtres: il n'a pas besoin d'offrir chaque jour des sacrifices, d'abord pour ses propres péchés et ensuite pour ceux du peuple. Il a offert un sacrifice une fois pour toutes, quand il s'est offert lui-même. [28] La loi de Moïse établit comme grands-prêtres des hommes imparfaits; mais la parole du serment de Dieu, formulé après la loi, établit comme grand-prêtre le Fils qui a été rendu parfait pour toujours.

Jésus, notre grand-prêtre

8 Voici le point le plus important de ce que nous sommes en train de dire: c'est bien un tel *grand-prêtre que nous avons, et il s'est assis dans les cieux à la droite du trône de Dieu, la puissance suprême. [2] Il accomplit le service de grand-prêtre dans le *sanctuaire, c'est-à-dire dans la tente véritable dressée par le Seigneur et non par un homme.

[3] Tout grand-prêtre est établi pour offrir des dons et des sacrifices; il faut donc que notre grand-prêtre ait aussi quelque chose à offrir. [4] S'il était sur la terre, il ne serait pas même prêtre, puisqu'il y a des prêtres qui offrent les dons con-

formément à la loi juive. [5] Le service que ces prêtres accomplissent n'est qu'une copie et qu'une ombre de ce qui se trouve dans le ciel. Cela correspond à ce qui s'est passé pour Moïse. Au moment où il allait construire la tente, Dieu lui dit: "Aie soin de reproduire en tout le modèle qui t'a été montré sur la montagne." [6] Mais maintenant, Jésus a été chargé d'un service bien supérieur au leur, car il est l'intermédiaire d'une *alliance bien meilleure, fondée sur de meilleures promesses.

[7] Si la première alliance avait été sans défaut, il n'aurait pas été nécessaire de la remplacer par une seconde. [8] Mais Dieu a des fautes à reprocher à son peuple, comme il le déclare dans ce passage:

"Les jours viennent, dit le Seigneur,
Où je conclurai une alliance nouvelle avec le peuple d'Israël
Et avec la tribu de Juda.
[9] Ce ne sera pas comme l'alliance que j'ai faite avec leurs ancêtres
Le jour où je les ai pris par la main pour les faire sortir du pays d'Egypte.
Ils n'ont pas été fidèles à l'alliance que j'ai faite avec eux,
Par conséquent je ne me suis pas soucié d'eux, dit le Seigneur.
[10] Voici l'alliance que je conclurai avec le peuple d'Israël
Après ces jours-là, dit le Seigneur:
Je mettrai mes lois dans leur intelligence,
Et je les inscrirai dans leur coeur.
Je serai leur Dieu
Et ils seront mon peuple.
[11] Aucun d'eux n'aura plus à enseigner son concitoyen,
Et personne n'aura plus à dire à son compatriote: 'Connais le Seigneur.'
En effet, tous me connaîtront,
Du plus petit jusqu'au plus grand d'entre eux.
[12] Je pardonnerai leurs fautes,
Et je ne me souviendrai plus de leurs péchés."

[13] En parlant d'une alliance nouvelle, Dieu a rendu ancienne la première; or, ce qui devient ancien et qui vieillit est près de disparaître.

Le culte terrestre et le culte céleste

9 La première *alliance avait des règles pour le culte et un temple terrestre. [2] Une tente avait été installée, la première, appelée le lieu saint. Là se trouvaient la lampe et la table avec les pains offerts à Dieu. [3] Derrière le second rideau était la tente appelée le lieu très saint. [4] Il y avait là *l'autel en or où l'on brûlait *l'encens, et il y avait le coffre de l'alliance entièrement recouvert d'or. Dans le coffre se trouvaient le vase d'or qui contenait la *manne, le bâton *d'Aaron qui avait fleuri et les tablettes de pierre où étaient inscrites les paroles de l'alliance. [5] Au-dessus du coffre se tenaient les êtres glorieux qui indiquaient la présence de Dieu; leurs ailes s'étendaient sur l'endroit où était offert le sacrifice pour le pardon des péchés. Mais ce n'est pas le moment de parler de tout cela en détail.

[6] L'ensemble étant ainsi disposé, les prêtres entrent jour après jour dans la première tente pour accomplir leur service. [7] Mais seul le *grand-prêtre entre dans la seconde tente, et il ne le fait qu'une fois par an. Il doit y apporter du sang d'animal qu'il offre à Dieu pour lui-même et pour les péchés que le peuple a commis par ignorance. [8] Le Saint-Esprit montre ainsi que le chemin du lieu très saint n'est pas encore ouvert aussi longtemps que subsiste la première tente. [9] C'est là une image qui se rapporte au temps présent. Elle signifie que les dons et les sacrifices d'animaux

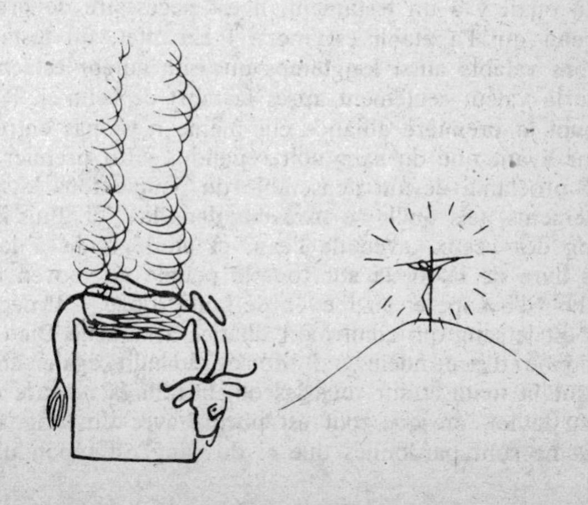

offerts à Dieu ne peuvent pas rendre parfait le coeur de celui qui pratique ce culte. [10] Il y est question seulement d'aliments, de boissons et de diverses cérémonies de purification. Il s'agit de règles d'ordre matériel qui ne sont en vigueur que jusqu'au temps où Dieu réformera toutes choses.

[11] Mais le Christ est venu comme grand-prêtre des biens qui sont déjà présents. La tente dans laquelle il accomplit son service est plus importante et plus parfaite; elle n'a pas été construite par des hommes, autrement dit elle n'appartient pas à ce monde créé. [12] Quand le Christ est entré une fois pour toutes dans le lieu très saint, il n'a pas offert du sang de boucs et de veaux; il a offert son propre sang et a obtenu pour nous un salut éternel. [13] Le sang des boucs et des taureaux et les cendres de la vache brûlée, que l'on répand sur les personnes rituellement *impures, les purifient de cette impureté extérieure. [14] S'il en est bien ainsi, combien plus efficace encore doit être le sang du Christ! Par l'Esprit éternel, il s'est offert lui-même à Dieu comme sacrifice parfait. Son sang purifiera notre conscience des oeuvres inutiles, pour que nous puissions servir le Dieu vivant.

[15] Voilà pourquoi le Christ est l'intermédiaire d'une alliance nouvelle, afin que ceux qui ont été appelés par Dieu puissent recevoir les biens éternels que Dieu a promis comme héritage. Ils le peuvent parce qu'une mort est intervenue et que cette mort délivre les hommes des fautes commises quand ils étaient soumis à la première alliance.

[16] Là où il y a un testament, il est nécessaire de prouver que celui qui l'a établi est mort. [17] En effet, un testament n'est pas valable aussi longtemps que son auteur est en vie; il a de la valeur seulement après la mort de celui-ci. [18] C'est pourquoi la première alliance elle-même n'est pas entrée en vigueur avant que du sang soit répandu. [19] En premier lieu, Moïse proclama devant l'ensemble du peuple tous les commandements, tels qu'ils se trouvent dans la *loi. Puis il prit le sang des veaux, avec de l'eau, et en répandit à la fois sur le livre de la loi et sur tout le peuple au moyen d'une branche *d'hysope et au moyen de laine rouge. [20] Il déclara: "Ceci est le sang qui confirme l'alliance à laquelle Dieu vous a ordonné d'être fidèles." [21] Moïse répandit également du sang sur la tente et sur tous les objets utilisés pour le culte. [22] Selon la loi, presque tout est purifié avec du sang, et les péchés ne sont pardonnés que si du sang est répandu.

Le sacrifice du Christ enlève les péchés

[23] Ces copies des réalités célestes devaient être purifiées de cette façon. Mais les réalités célestes elles-mêmes ont besoin de bien meilleurs sacrifices. [24] Car le Christ n'est pas entré dans un *sanctuaire construit par des hommes, qui ne serait qu'une copie du véritable. Il est entré dans le ciel même, où il se présente maintenant pour nous devant Dieu. [25] Le *grand-prêtre juif entre chaque année dans le sanctuaire avec du sang d'animal. Mais le Christ n'est pas entré pour s'offrir plusieurs fois lui-même. [26] Autrement, il aurait dû souffrir plusieurs fois depuis la création du monde. En réalité, il est apparu maintenant une fois pour toutes, alors que les temps sont proches de la fin, pour supprimer le péché en se donnant lui-même en sacrifice. [27] Tout homme est destiné à mourir une seule fois, et après cela à être jugé par Dieu. [28] De même, le Christ aussi a été offert en sacrifice une seule fois pour enlever le péché de beaucoup d'hommes. Il apparaîtra une seconde fois, non plus pour enlever le péché mais pour sauver ceux qui l'attendent.

10 La loi juive n'est pas la représentation exacte des réalités; elle n'est que l'ombre des biens à venir. Elle est tout à fait incapable de rendre parfaits ceux qui s'approchent de Dieu: comment le pourrait-elle avec ces sacrifices, toujours les mêmes, que l'on offre année après année, indéfiniment? [2] Si ceux qui rendent un tel culte à Dieu avaient été une bonne fois purifiés de leurs péchés, ils ne se sentiraient plus coupables d'aucun péché, et l'on cesserait d'offrir tout sacrifice. [3] En réalité, ces sacrifices servent à rappeler aux gens leurs péchés, année après année. [4] Car le sang des taureaux et des boucs ne pourra jamais enlever les péchés.

[5] C'est pourquoi, au moment où il allait entrer dans le monde, le Christ dit à Dieu:

"Tu ne veux ni sacrifice, ni offrande,
Mais tu m'as formé un corps.
[6] Tu ne prends plaisir ni à l'offrande d'animaux brûlés
sur *l'autel,
Ni à des sacrifices destinés à enlever les péchés.
[7] Alors j'ai dit: 'Me voici, ô Dieu,
Je viens pour faire ce que tu veux,
Conformément à ce qui est écrit à mon sujet dans
le livre de la *loi.' "

[8] Il déclare tout d'abord: "Tu ne veux ni sacrifices, ni offrandes, ni animaux brûlés sur l'autel, ni sacrifices destinés à enlever les péchés, et tu n'y prends pas plaisir." Pourtant, ces sacrifices sont offerts conformément à la loi. [9] Puis il ajoute: "Me voici, ô Dieu, je viens pour faire ce que tu veux." Ainsi, Dieu supprime tous les anciens sacrifices et les remplace par le sacrifice du Christ. [10] Parce que Jésus-Christ a accompli ce que Dieu voulait, nous sommes purifiés du péché par l'offrande qu'il a faite de son propre corps, une fois pour toutes.

[11] Tout prêtre se tient chaque jour debout pour accomplir son service; il offre souvent les mêmes sacrifices, qui ne peuvent cependant jamais enlever les péchés. [12] Le Christ, par contre, a offert un seul sacrifice pour les péchés, un sacrifice dont l'effet dure toujours, puis il s'est assis à la droite de Dieu. [13] Maintenant, c'est là qu'il attend que Dieu mette ses ennemis comme un escabeau sous ses pieds. [14] Ainsi, par une seule offrande il a rendu parfaits pour toujours ceux qui sont purifiés du péché.

[15] Le Saint-Esprit nous l'affirme également. En effet, il déclare tout d'abord:

> [16] "Voici *l'alliance que je conclurai avec eux
> Après ces jours-là, dit le Seigneur:
> Je mettrai mes lois dans leur coeur,
> Et je les inscrirai dans leur intelligence."

[17] Puis il ajoute: "Je ne me souviendrai plus de leurs péchés et de leurs fautes." [18] Or, quand les péchés ont été pardonnés, il n'est plus nécessaire de présenter une offrande destinée à les enlever.

Approchons-nous de Dieu

[19] Ainsi, frères, nous avons la liberté d'entrer dans le lieu très saint grâce à la mort de Jésus. [20] Il nous a ouvert un chemin nouveau et vivant au travers du voile, c'est-à-dire au travers de son propre corps. [21] Nous avons un *grand-prêtre placé à la tête de la maison de Dieu. [22] Approchons-nous donc de Dieu avec un coeur sincère et une foi pleine d'assurance, le coeur purifié de tout ce qui donne mauvaise conscience et le corps lavé au moyen d'une eau pure. [23] Gardons fermement l'espérance que nous proclamons, car nous pouvons être certains que Dieu tiendra ses promesses. [24] Veillons les uns sur les autres pour nous encourager à mieux

aimer et à faire des oeuvres bonnes. [25] Ne cessons pas d'assister à nos assemblées; ne soyons pas comme certains qui ont pris l'habitude de ne plus y venir. Au contraire, encourageons-nous les uns les autres, et cela d'autant plus que vous voyez approcher le jour du Seigneur.

[26] Car si nous continuons volontairement à pécher après avoir appris à connaître la vérité, il n'y a plus de sacrifice qui puisse enlever les péchés. [27] Il ne nous reste plus qu'à avoir peur en attendant ce qui arrivera, c'est-à-dire le Jugement et le feu ardent qui détruira les ennemis de Dieu. [28] Tout homme qui désobéit à la *loi de Moïse est mis à mort sans pitié, s'il est reconnu coupable d'après le témoignage de deux ou trois témoins. [29] Qu'en sera-t-il alors de celui qui méprise le Fils de Dieu, considère comme une chose sans valeur le sang de *l'alliance de Dieu par lequel il a été purifié, et insulte l'Esprit de la grâce? Vous pouvez bien penser à quel point la punition qu'il méritera sera pire! [30] Car nous connaissons celui qui a déclaré: "C'est moi qui tirerai vengeance, c'est moi qui paierai en retour," et qui a dit aussi: "Le Seigneur jugera son peuple." [31] Il est terrible de tomber dans les mains du Dieu vivant!

[32] Rappelez-vous ce que vous avez vécu dans le passé. En ces jours-là, après avoir reçu la lumière de Dieu, vous avez eu beaucoup à souffrir et vous avez tenu bon dans cette lutte. [33] Tantôt vous étiez insultés et maltraités publiquement, tantôt vous étiez prêts à soutenir ceux que l'on traitait ainsi.

[34] Vous avez pris part à la souffrance des prisonniers et, quand on a saisi vos biens, vous avez accepté avec joie de les perdre, car vous saviez que vous possédiez une richesse meilleure et qui dure toujours. [35] Ne perdez donc pas votre assurance: une grande récompense lui est réservée. [36] Vous avez besoin de patience, afin d'accomplir ce que Dieu veut et d'obtenir ce qu'il promet. [37] En effet, comme le déclare l'Ecriture:

"Encore un peu de temps, très peu même,
Et celui qui doit venir viendra,
Il ne tardera pas.
[38] Cependant, celui qui est juste à mes yeux vivra par la foi,
Mais s'il retourne en arrière, je ne prendrai pas plaisir en lui."

[39] Nous ne sommes pas de ceux qui retournent en arrière et se perdent. Nous avons la foi et nous sommes sur la voie du salut.

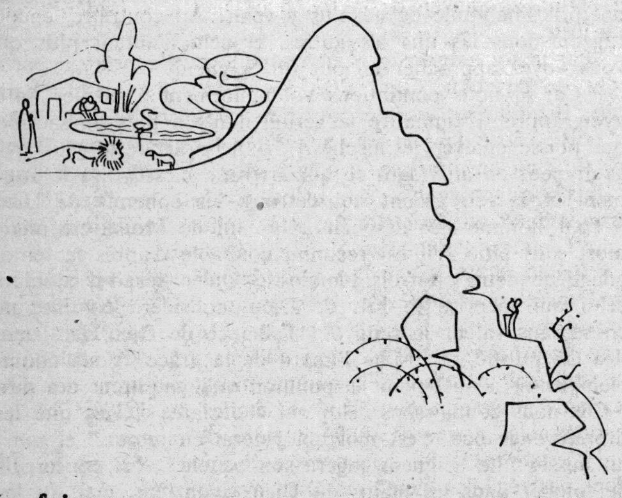

La foi

11 Avoir la foi, c'est être sûr de ce que l'on espère, c'est être convaincu de la réalité de ce que l'on ne voit pas. [2] C'est à cause de leur foi que les hommes des temps passés ont été approuvés par Dieu.

[3] Par la foi, nous comprenons que l'univers a été créé par la parole de Dieu, de sorte que ce que l'on voit a été fait à partir de ce que l'on ne voit pas.

[4] Par la foi, Abel offrit à Dieu un sacrifice meilleur que celui de Caïn. Grâce à sa foi, il fut déclaré juste par Dieu, car Dieu lui-même approuva ses dons. Par sa foi, Abel parle encore, bien qu'il soit mort.

[5] Par la foi, Hénoch n'a pas connu la mort: il fut enlevé auprès de Dieu et personne ne put le retrouver, parce que Dieu l'avait enlevé auprès de lui. L'Ecriture déclare qu'avant d'être enlevé Hénoch avait plu à Dieu. [6] Or, personne ne peut plaire à Dieu sans la foi. En effet, celui qui s'approche de Dieu doit croire que Dieu existe et qu'il récompense ceux qui le cherchent.

[7] Par la foi, Noé écouta les avertissements de Dieu au sujet de ce qui allait se passer et qu'il ne pouvait pas encore voir. Il obéit à Dieu et construisit une *arche dans laquelle sa famille et lui furent sauvés. Ainsi, il condamna le monde et obtint, au moyen de la foi, que Dieu le considère comme juste.

[8] Par la foi, Abraham obéit quand Dieu l'appela: il partit pour un pays que Dieu allait lui donner comme un héritage. Il quitta son propre pays sans savoir où il allait. [9] Par la foi, il vécut dans le pays que Dieu lui avait promis comme s'il était un étranger. Il habita sous des tentes avec Isaac et Jacob, qui avaient reçu la même promesse de Dieu. [10] Car Abraham attendait la cité qui a de solides fondations, celle dont Dieu est l'architecte et le constructeur.

[11] Par la foi, Abraham fut rendu capable d'être père, alors qu'il avait passé l'âge de l'être et que Sara elle-même ne pouvait pas avoir d'enfant. Il eut la certitude que Dieu tiendrait sa promesse. [12] C'est ainsi qu'à partir de ce seul homme, qui était pourtant déjà comme mort, naquirent des descendants aussi nombreux que les étoiles du ciel et que les innombrables grains de sable du bord de la mer.

[13] C'est dans la foi que tous ces hommes sont morts. Ils n'ont pas reçu les biens que Dieu avait promis, mais ils les ont vus et salués de loin, et ils ont déclaré qu'ils étaient des étrangers et des exilés sur la terre. [14] Ceux qui parlent ainsi montrent clairement qu'ils cherchent une patrie. [15] S'ils s'étaient mis à regretter le pays qu'ils avaient quitté, ils auraient eu l'occasion d'y retourner. [16] En réalité, ils dési-

raient une patrie meilleure, c'est-à-dire la patrie céleste. C'est pourquoi Dieu n'a pas honte d'être appelé leur Dieu, car il leur a préparé une cité.

[17] Par la foi, Abraham offrit Isaac en sacrifice lorsque Dieu le mit à l'épreuve. C'est à lui, Abraham, que Dieu avait fait la promesse, et pourtant il se montra prêt à offrir son fils unique en sacrifice. [18] Dieu lui avait dit: "C'est par Isaac que tu auras des descendants." [19] Abraham estima que Dieu avait le pouvoir de ramener Isaac de la mort à la vie; et Abraham reçut à nouveau Isaac qui lui fut, pour ainsi dire, ramené d'entre les morts.

[20] Par la foi, Isaac donna à Jacob et à Esaü une bénédiction qui se rapportait à leur avenir.

[21] Par la foi, Jacob bénit chacun des fils de Joseph, peu avant de mourir; il s'appuya sur le haut de son bâton et adora Dieu.

[22] Par la foi, Joseph, à la fin de sa vie, parla du moment où les Israélites sortiraient d'Egypte et indiqua ce que l'on devait faire de ses ossements.

[23] Par la foi, les parents de Moïse le tinrent caché pendant trois mois après sa naissance. Ils virent que c'était un bel enfant et n'eurent pas peur de désobéir à l'ordre du roi.

[24] Par la foi, Moïse, devenu grand, refusa d'être appelé fils de la fille de *Pharaon. [25] Il préféra être maltraité avec le peuple de Dieu que de jouir du péché pendant quelque temps. [26] Il estima que subir le mépris comme le *Messie avait beaucoup plus de valeur que les trésors de l'Egypte, car il avait les yeux fixés sur la récompense future.

[27] Par la foi, Moïse quitta l'Egypte, sans avoir peur de la colère du roi; il demeura ferme, comme s'il voyait le Dieu invisible. [28] Par la foi, il institua la *Pâque et ordonna de répandre du sang sur les portes, afin que l'ange de la mort ne tue pas les fils premiers-nés des Israélites.

[29] Par la foi, les Israélites traversèrent la mer Rouge comme si c'était une terre sèche; mais lorsque les Egyptiens essayèrent d'en faire autant, ils furent noyés.

[30] Par la foi, les murs de Jéricho tombèrent, après que les Israélites en eurent fait le tour pendant sept jours. [31] Par la foi, Rahab, la prostituée, ne mourut pas avec ceux qui avaient désobéi à Dieu, parce qu'elle avait accueilli les espions avec bienveillance.

[32] Que dirai-je encore? Le temps me manquerait pour par-

ler de Gédéon, de Barak, de Samson, de Jephté, de David, de Samuel et des *prophètes. [33] Grâce à la foi, ils conquirent des pays, firent ce qui est juste et obtinrent ce que Dieu avait promis. Ils fermèrent la gueule des lions, [34] éteignirent des feux violents, évitèrent d'être tués par l'épée. Ils étaient faibles et devinrent forts; ils furent redoutables à la guerre et vainquirent des armées étrangères. [35] Par la foi, des femmes virent leurs morts ramenés à la vie pour leur être rendus.

D'autres ont été torturés à mort; ils refusèrent la délivrance, afin d'être ramenés de la mort à une vie meilleure. [36] D'autres encore subirent des moqueries et des coups de fouet, certains furent liés de chaînes et jetés en prison. [37] Certains furent tués à coups de pierres, d'autres sciés en deux ou mis à mort par l'épée. Ils allaient d'un endroit à l'autre vêtus de peaux de moutons ou de chèvres, pauvres, persécutés et maltraités. [38] Le monde n'était pas digne de ces hommes-là! Ils erraient dans les déserts et les montagnes, ils vivaient dans les cavernes et les trous de la terre.

[39] Tous ces hommes ont été approuvés par Dieu à cause de leur foi; pourtant, ils n'ont pas reçu ce que Dieu avait promis. [40] En effet, comme Dieu avait prévu mieux encore pour nous, il n'a pas voulu qu'ils soient rendus parfaits autrement qu'avec nous.

Dieu notre Père

12 Quant à nous, nous sommes entourés de cette grande foule de témoins. Débarrassons-nous donc de tout ce qui gêne notre marche et du péché qui s'accroche si facilement à nous, et courons résolument la course qui nous est proposée. [2] Gardons les yeux fixés sur Jésus, dont notre foi dépend du commencement à la fin. Il a supporté qu'on le fasse mourir sur la croix, sans tenir compte de la honte attachée à une telle mort, parce qu'il avait en vue la joie qui lui était réservée; et maintenant il est assis à la droite du trône de Dieu.

[3] Pensez à lui, à la façon dont il a supporté une telle opposition de la part des pécheurs. Et ainsi, ne vous laissez pas abattre, ne vous découragez pas. [4] Car, dans votre combat contre le péché, vous n'avez pas encore dû lutter jusqu'à la mort. [5] Avez-vous oublié les paroles d'encouragement que Dieu vous adresse comme à ses fils?

"Mon fils, prends au sérieux la punition que t'inflige le Seigneur,
Et ne te décourage pas quand il t'adresse des reproches.
[6] Car le Seigneur punit celui qu'il aime,
Il frappe tout homme qu'il reconnaît comme son fils."

[7] Supportez vos souffrances comme si c'était la punition d'un père. En effet, ces souffrances prouvent que Dieu vous traite comme ses fils. Existe-t-il un fils que son père ne punisse pas? [8] Si vous n'êtes pas punis comme le sont tous ses fils, alors vous n'êtes pas de vrais fils mais des enfants illégitimes. [9] Rappelons-nous nos pères terrestres: ils nous punissaient et nous les respections. Nous devons donc, à plus forte raison, nous soumettre à notre Père céleste pour vivre. [10] Nos pères terrestres nous punissaient pour peu de temps, selon ce qui leur paraissait juste. Mais Dieu nous punit pour notre bien, afin que nous ayons part à sa sainteté. [11] Quand nous sommes punis, il nous semble au moment même que c'est là une cause de tristesse et non de joie. Mais plus tard, ceux qui ont été formés par cette punition bénéficient de l'effet qu'elle produit: la paix associée à une vie juste.

Recommandations et avertissements

[12] Relevez donc vos mains fatiguées, fortifiez vos genoux affaiblis! [13] Continuez à marcher sur des sentiers bien droits, afin que le pied boiteux ne se démette pas, mais qu'il guérisse plutôt.

[14] Efforcez-vous d'être en paix avec tout le monde et de mener une vie sainte; car, sans une vie sainte, personne ne pourra voir le Seigneur. [15] Prenez garde que personne ne se détourne de la grâce de Dieu. Prenez garde que personne ne devienne comme une plante amère qui pousse et fait du mal à beaucoup de gens par son poison. [16] Prenez garde que personne ne soit immoral ou dépourvu de respect à l'égard des choses sacrées, comme Esaü qui, pour un seul repas, vendit son droit de fils aîné. [17] Plus tard, vous le savez, il voulut recevoir la bénédiction de son père; mais il fut repoussé, car il ne trouva aucun moyen de changer ce qu'il avait fait, bien qu'il l'ait cherché en pleurant.

[18] Vous ne vous êtes pas approchés, comme le peuple

d'Israël, d'une montagne qui pourrait être touchée: le mont Sinaï, avec son feu ardent, l'obscurité et les ténèbres, l'orage, [19] le bruit d'une trompette et le son d'une voix. Quand les Israélites entendirent cette voix, ils demandèrent qu'on ne leur adresse pas un mot de plus, [20] car ils ne pouvaient pas supporter cet ordre: "Tout être qui touchera la montagne, même si c'est un animal, devra être tué à coups de pierres." [21] Le spectacle était si terrible que Moïse dit: "Je tremble, tellement je suis effrayé!"

[22] Mais vous vous êtes approchés de la montagne de *Sion et de la cité du Dieu vivant, la Jérusalem céleste, avec ses milliers d'anges. [23] Vous vous êtes approchés de l'assemblée joyeuse des fils premiers-nés de Dieu, dont les noms sont écrits dans les cieux. Vous vous êtes approchés de Dieu, le juge de tous les hommes, et des esprits des hommes justes rendus parfaits. [24] Vous vous êtes approchés de Jésus, l'intermédiaire de *l'alliance nouvelle, et de son sang répandu qui parle d'une manière plus favorable que celui d'Abel.

[25] Prenez donc garde! ne refusez pas d'écouter celui qui vous parle. Ceux qui ont refusé d'écouter celui qui leur donnait sur la terre l'avertissement divin n'ont pas échappé à la punition. A bien plus forte raison, nous ne pourrons pas y échapper si nous nous détournons de celui qui nous parle du haut des cieux. [26] Sa voix ébranla alors la terre, mais maintenant il nous a fait cette promesse: "J'ébranlerai encore une fois non seulement la terre, mais aussi le ciel." [27] Les mots "encore une fois" montrent que les choses créées seront ébranlées et disparaîtront, afin que ce qui est inébranlable demeure.

[28] Soyons donc reconnaissants, puisque nous recevons un *royaume inébranlable. Manifestons cette reconnaissance en servant Dieu d'une manière qui lui soit agréable, avec respect et crainte. [29] En effet, notre Dieu est un feu qui détruit.

Comment plaire à Dieu

13 Ne cessez pas de vous aimer les uns les autres comme des frères en Christ. [2] Rappelez-vous que vous devez bien recevoir ceux qui viennent chez vous. En effet, en agissant ainsi, quelques-uns ont accueilli des anges sans le savoir. [3] Souvenez-vous de ceux qui sont en prison, comme si vous étiez en prison avec eux. Souvenez-vous de ceux

qui sont maltraités, comme si vous étiez maltraités de la même manière qu'eux.

4 Que le mariage soit respecté par tous, que les époux soient fidèles l'un à l'autre. Dieu jugera les gens immoraux et ceux qui commettent l'adultère.

5 Ne vous laissez pas dominer, dans votre conduite, par l'amour de l'argent; contentez-vous de ce que vous avez, car

Dieu a dit: "Je ne te laisserai jamais, je ne t'abandonnerai jamais." 6 C'est pourquoi nous pouvons affirmer avec confiance:

"Le Seigneur est celui qui vient à mon aide,
Je n'aurai pas peur.
Que peut me faire un homme?"

7 Souvenez-vous de vos anciens dirigeants, qui vous ont annoncé la parole de Dieu. Pensez à la façon dont ils ont vécu et sont morts, et imitez leur foi. 8 Jésus-Christ est le même hier, aujourd'hui et pour toujours. 9 Ne vous laissez pas égarer par des doctrines diverses et étrangères. Il est bon que notre coeur soit fortifié par la grâce de Dieu, et non par des règles relatives à des aliments; ceux qui obéissent à de telles règles n'en ont jamais tiré aucun profit.

10 Les prêtres qui servent dans la tente juive n'ont pas le droit de manger de ce qui est offert sur notre *autel. 11 Le *grand-prêtre juif apporte le sang des animaux dans le lieu très saint afin de l'offrir comme sacrifice pour enlever les péchés; mais les corps de ces animaux sont brûlés en dehors du camp. 12 C'est pourquoi Jésus aussi est mort en dehors

de la ville, afin de purifier le peuple au moyen de son propre sang. [13] Allons donc à lui en dehors du camp, en supportant le même mépris que lui. [14] Car nous n'avons pas ici-bas de cité qui dure toujours; nous cherchons la cité qui est à venir. [15] Offrons donc sans cesse à Dieu notre louange, comme un sacrifice, par Jésus; c'est-à-dire louons sans cesse son nom de nos bouches. [16] N'oubliez pas de pratiquer le bien et de vous entraider les uns les autres, car ce sont de tels sacrifices qui plaisent à Dieu.

[17] Obéissez à vos dirigeants et soyez-leur soumis. En effet, ils veillent constamment sur vos âmes, puisqu'ils devront en rendre compte à Dieu. Si vous leur obéissez, ils accompliront leur tâche avec joie; sinon, ils l'accompliront avec tristesse, ce qui ne vous serait d'aucun profit.

[18] Continuez à prier pour nous. Nous sommes certains que nous avons une bonne conscience, car nous désirons bien nous conduire en toute occasion. [19] Je vous demande très particulièrement de prier pour que Dieu me permette de retourner plus vite auprès de vous.

Prière

[20] Dieu a ramené d'entre les morts notre Seigneur Jésus, qui est le grand *berger des *brebis à cause de sa mort, par laquelle *l'alliance éternelle est confirmée. [21] Que le Dieu de paix vous rende capables de pratiquer tout ce qui est bien pour que vous accomplissiez sa volonté; qu'il réalise en nous, par Jésus-Christ, ce qui lui est agréable. A Jésus-Christ soit la gloire pour toujours! Amen.

Conclusions et salutations

[22] Frères, je vous le demande: écoutez avec patience ces paroles d'encouragement, car ce que je vous ai écrit dans cette lettre n'est pas très long. [23] Je tiens à ce que vous sachiez que notre frère Timothée a été libéré. S'il arrive assez tôt, je le prendrai avec moi quand j'irai vous voir.

[24] Saluez tous vos dirigeants et tous les membres du peuple de Dieu. Les frères d'Italie vous adressent leurs salutations.

[25] Que la grâce de Dieu soit avec vous tous.

LA LETTRE DE JACQUES

Salutation

1 De la part de Jacques, serviteur de Dieu et du Seigneur Jésus-Christ.

J'adresse mes salutations à l'ensemble du peuple de Dieu dispersé dans le monde entier.

Foi et sagesse

[2] Mes frères, considérez-vous comme très heureux quand vous avez à passer par toutes sortes d'épreuves; [3] car, vous le savez, si votre foi résiste à l'épreuve, celle-ci produit la patience. [4] Mais veillez à ce que votre patience se manifeste pleinement, afin que vous soyez parfaits et complets, qu'il ne vous manque rien. [5] Cependant, si l'un de vous manque de sagesse, qu'il la demande à Dieu, qui la lui donnera; car Dieu donne à tous généreusement et avec bienveillance. [6] Mais il faut qu'il demande avec foi, sans douter; car celui qui doute est semblable à une vague de la mer, que le vent soulève et pousse de tous côtés. [7] Un tel homme ne doit pas s'imaginer qu'il recevra quelque chose du Seigneur, [8] car il est indécis et incertain dans toute sa conduite.

La pauvreté et la richesse

[9] Que le frère pauvre soit fier de ce que Dieu l'élève, [10] et le frère riche de ce que Dieu l'abaisse. En effet, le riche passera comme la fleur d'une plante sauvage. [11] Le soleil se lève avec sa chaleur brûlante et dessèche la plante; sa fleur tombe et sa beauté disparaît. De même, le riche disparaîtra au milieu de ses activités.

Epreuves et tentations

[12] Heureux est l'homme qui demeure ferme dans l'épreuve; car après avoir prouvé sa fermeté, il recevra la vie, prix que Dieu a promis à ceux qui l'aiment. [13] Quand quelqu'un est tenté, il ne doit pas dire: "C'est Dieu qui me tente." Car Dieu ne peut pas être tenté par le mal, et il ne tente lui-même personne. [14] Mais un homme est tenté quand il est attiré et pris au piège par son propre mauvais désir; [15] en-

suite, le mauvais désir conçoit et donne naissance au péché; et quand le péché est pleinement développé, il donne naissance à la mort.

[16] Ne vous y trompez pas, mes chers frères: [17] tout don excellent et tout cadeau parfait viennent du ciel; ils descendent de Dieu, le créateur des lumières célestes. Dieu ne change pas et ne produit pas d'obscurité par des variations de position. [18] De sa propre volonté, il nous a donné la vie par la parole de vérité, afin que nous soyons au premier rang de toutes ses créatures.

Ecouter et agir

[19] Rappelez-vous bien ceci, mes chers frères: chacun doit être prompt à écouter, mais lent à parler et lent à se mettre en colère; [20] car un homme en colère n'accomplit pas ce qui est juste aux yeux de Dieu. [21] C'est pourquoi, rejetez tout ce qui salit et toute activité mauvaise. Acceptez avec humilité la parole que Dieu plante dans votre coeur, car elle peut vous sauver.

[22] N'allez pas vous tromper vous-mêmes en vous contentant d'écouter la parole de Dieu; au contraire, mettez-la en pratique. [23] Car celui qui écoute la parole sans la mettre en pratique ressemble à un homme qui se regarde dans un miroir et se voit tel qu'il est. [24] Après s'être regardé, il s'en va et oublie aussitôt comment il est. [25] Mais celui qui examine attentivement la loi parfaite qui nous donne la liberté et s'y attache fidèlement, qui ne se contente pas de l'écouter pour l'oublier ensuite, mais qui la met en pratique, celui-là sera béni par Dieu dans son activité.

[26] Si quelqu'un croit être religieux et ne sait pas maîtriser sa langue, il se trompe lui-même: sa religion ne vaut rien. [27] Voici ce que Dieu le Père considère comme la religion pure et authentique: prendre soin des orphelins et des veuves dans leur souffrance, et se garder de toute tache produite par la mauvaise influence du monde.

Ne pas agir différemment selon les personnes

2 Mes frères, vous qui vivez dans la foi en notre glorieux Seigneur Jésus-Christ, vous ne devez pas en même temps agir différemment selon les personnes. [2] Supposez ceci: un homme riche portant un anneau d'or et un habit magnifique entre dans votre assemblée; un pauvre homme avec un habit usé y entre aussi. [3] Si vous manifestez un respect particulier pour l'homme bien habillé et que vous lui dites: "Veuillez vous asseoir ici, à cette place d'honneur," mais que vous dites au pauvre: "Toi, reste debout, ou assieds-toi là, par terre, à mes pieds," [4] vous faites alors des distinctions entre vous et vous portez des jugements inspirés par de mauvaises raisons.

[5] Ecoutez, mes chers frères: Dieu a choisi les pauvres de ce monde pour qu'ils soient riches dans la foi et reçoivent le *Royaume qu'il a promis à ceux qui l'aiment. [6] Mais vous, vous méprisez le pauvre! Ceux qui vous oppriment et vous traînent devant les tribunaux, ce sont les riches, n'est-ce pas? [7] Ce sont eux qui disent du mal de ce beau nom que Dieu vous a donné.

[8] Certes, vous faites bien si vous accomplissez la loi du Royaume, telle que l'Ecriture la présente: "Aime ton prochain comme toi-même." [9] Mais si vous agissez différemment selon les personnes, vous commettez un péché et la loi vous condamne parce que vous lui désobéissez. [10] Car si quelqu'un désobéit à un seul des commandements de la loi, il se rend coupable à l'égard de tous. [11] En effet, celui-là même qui a dit: "Ne commets pas d'adultère," a dit aussi: "Ne tue pas." Par conséquent, si tu ne commets pas d'adultère, mais que tu commettes un meurtre, tu désobéis à la loi. [12] Parlez et agissez en hommes qui doivent être jugés par la loi qui nous donne la liberté. [13] Car Dieu sera sans pitié quand il jugera celui qui n'aura pas eu pitié des autres; mais la pitié triomphe du jugement.

La foi et les actes

[14] Mes frères, à quoi cela sert-il qu'un homme dise: "J'ai la foi," s'il ne le prouve pas par ses actes? Cette foi peut-elle le sauver? [15] Supposez qu'un frère ou une soeur aient besoin de vêtements et n'aient pas assez à manger. [16] A quoi cela sert-il que vous leur disiez: "Au revoir, portez-vous bien; chauffez-vous et nourrissez-vous suffisamment!", si vous ne leur donnez pas ce qui est nécessaire pour vivre? [17] Il en est ainsi de la foi: à elle seule, si elle ne se manifeste pas par des actes, elle est morte.

[18] Mais si quelqu'un dit: "Tu as la foi et moi j'ai les actes," alors je lui répondrai: "Montre-moi comment ta foi peut exister sans actes, et moi je te montrerai ma foi par mes actes." [19] Tu crois qu'il y a un seul Dieu? Très bien. Les *démons le croient aussi et ils tremblent de peur. [20] Homme insensé! Veux-tu avoir la preuve que la foi sans les actes est inutile? [21] Comment Abraham, notre ancêtre, a-t-il été reconnu juste par Dieu? A cause de ses actes, quand il a offert son fils Isaac sur *l'autel. [22] Tu le vois: sa foi et ses actes agissaient ensemble, et sa foi a été rendue parfaite à cause des actes qui l'accompagnaient. [23] Ainsi s'accomplit ce que l'Ecriture déclare: "Abraham crut en Dieu, et Dieu le considéra comme juste en tenant compte de sa foi." Et Dieu l'appela son ami. [24] Vous le voyez donc, l'homme est reconnu juste par Dieu à cause des actes qu'il accomplit et pas uniquement à cause de la foi qu'il a.

[25] Il en fut de même pour Rahab la prostituée. Elle fut

reconnue juste par Dieu à cause de ses actes, elle qui avait accueilli les messagers juifs et les avait aidés à partir par un autre chemin. [26] En effet, comme le corps sans le souffle de vie est mort, de même la foi sans les actes est morte.

La langue

3 Mes frères, ne soyez pas nombreux à vouloir être des enseignants, car vous savez que nous, les enseignants, nous serons jugés plus sévèrement que les autres. [2] Nous commettons tous des erreurs, de beaucoup de manières. Si quelqu'un ne commet jamais d'erreur dans ce qu'il dit, c'est un homme parfait, capable de maîtriser aussi tout son corps. [3] Nous mettons le mors dans la bouche des chevaux pour

qu'ils nous obéissent, et nous pouvons ainsi diriger leur corps tout entier. [4] Ou bien, pensez aux navires : quoiqu'ils soient très grands et que des vents violents les poussent, ils sont dirigés par un très petit gouvernail et vont là où le pilote le veut. [5] De même, la langue est une toute petite partie du corps, mais elle peut se vanter de grandes choses.

Pensez à la grande forêt qu'un petit feu suffit à mettre en flammes! [6] La langue est comme un feu. Elle est un monde de mal, qui a sa place dans notre corps et infecte notre être entier. Elle enflamme tout le cours de notre existence du feu qui lui vient de l'enfer même. [7] L'homme est capable de dompter toute espèce de bêtes sauvages, d'oiseaux, de reptiles et de poissons, et il les a domptés. [8] Mais aucun homme n'a jamais pu dompter la langue : c'est un mal qu'on ne peut maîtriser; elle est pleine d'un poison mortel. [9] Nous l'utilisons pour remercier le Seigneur notre Père, mais aussi pour maudire les hommes que Dieu a créés à sa ressemblance. [10] Des paroles de reconnaissance et de malédiction sortent de la même bouche. Mes frères, il ne faut pas qu'il en soit ainsi. [11] Aucune source ne donne par la même ouverture de l'eau douce et de l'eau amère. [12] Un figuier, mes frères, ne peut pas produire des olives, une plante de vigne ne peut pas produire des figues; de même, l'eau salée ne peut pas donner de l'eau douce.

La sagesse qui vient d'en haut

[13] Y a-t-il parmi vous quelqu'un de sage et d'intelligent? Qu'il le prouve par sa bonne conduite, par des actes accomplis avec humilité et sagesse. [14] Mais si vous avez dans votre coeur une jalousie amère et un esprit de rivalité, ne vous vantez pas et ne mentez pas en niant la vérité. [15] Une telle sagesse ne descend pas du ciel; elle appartient à ce monde et à la nature humaine, elle vient du diable. [16] Car là où se trouvent la jalousie et l'esprit de rivalité, il y a aussi du désordre et toute espèce de mal. [17] Mais la sagesse d'en haut est pure, tout d'abord; ensuite, elle est pacifique, douce et bienveillante; elle est pleine de bonté et produit des oeuvres bonnes; elle est sans parti pris et sans hypocrisie. [18] Ceux qui créent la paix autour d'eux sèment dans la paix et le fruit qu'ils récoltent, c'est une vie juste.

L'amitié pour le monde

4 D'où viennent les luttes et les querelles parmi vous? Elles viennent de vos passions qui combattent sans cesse dans vos corps. [2] Vous désirez quelque chose, mais vous ne pouvez pas l'avoir, et alors vous êtes prêts à tuer; vous avez envie de quelque chose, mais vous ne pouvez pas l'obtenir, et alors vous avez des querelles et des luttes. Vous n'avez pas ce que vous voulez, parce que vous ne le demandez pas à Dieu. [3] Et si vous demandez, vous ne recevez pas, parce que vos intentions sont mauvaises: ce que vous demandez, vous voulez l'utiliser pour vos propres plaisirs. [4] Infidèles que vous êtes! Ne savez-vous pas qu'être ami du monde, c'est être ennemi de Dieu? Celui qui veut être ami du monde se rend ennemi de Dieu. [5] Ne pensez pas que ce soit pour rien que l'Ecriture déclare: "Dieu réclame avec jalousie l'esprit qu'il a mis en nous." [6] Cependant, Dieu nous accorde une grâce plus grande encore, car l'Ecriture déclare: "Dieu s'oppose aux orgueilleux, mais il

donne sa grâce aux humbles." [7] Soumettez-vous donc à Dieu; résistez au diable et il fuira loin de vous. [8] Approchez-vous de Dieu et il s'approchera de vous. Nettoyez vos mains, pécheurs; purifiez vos coeurs, hypocrites! [9] Soyez dans la tristesse, pleurez et lamentez-vous; changez votre rire en pleurs, et votre joie en tristesse. [10] Abaissez-vous devant le Seigneur et il vous élèvera.

Ne pas juger un frère

[11] Frères, ne dites pas de mal les uns des autres. Celui qui dit du mal de son frère ou qui le juge, dit du mal de la loi et la juge. Or, si tu juges la loi, tu n'es plus celui qui obéit à la loi, mais celui qui la juge. [12] C'est Dieu seul qui donne la loi et qui est juge; lui seul peut à la fois sauver et détruire. Pour qui te prends-tu, toi qui juges ton prochain?

Ne pas être orgueilleux

[13] Ecoutez-moi, maintenant, vous qui dites: "Aujourd'hui ou demain nous irons dans telle ville, nous y passerons une année, nous ferons du commerce et nous gagnerons de l'argent." [14] Vous ne savez pas ce que votre vie sera demain! Vous êtes, en effet, comme un léger brouillard qui apparaît un instant et disparaît ensuite. [15] Voici ce que vous devriez dire: "Si le Seigneur le veut, nous vivrons et nous ferons ceci ou cela." [16] Mais maintenant vous êtes orgueilleux et vous vous vantez. Tout orgueil de ce genre est mauvais. [17] Ainsi, celui qui connaît le bien qu'il devrait faire et ne le fait pas, se rend coupable de péché.

Avertissement aux riches

5 Et maintenant écoutez-moi, vous les riches! Pleurez et gémissez à cause des malheurs qui vont venir sur vous! [2] Vos richesses sont pourries et vos vêtements sont rongés par les vers. [3] Votre or et votre argent sont couverts de rouille; cette rouille sera un témoignage contre vous et dévorera votre chair comme un feu. Vous avez amassé des richesses dans ces jours qui sont les derniers. [4] Vous n'avez pas payé le salaire des ouvriers qui travaillent dans vos champs. Ecoutez leurs plaintes! Les cris de ceux qui rentrent vos récoltes sont parvenus jusqu'aux oreilles de Dieu, le Seigneur tout-puissant. [5] Vous avez vécu sur la terre dans le luxe et les plaisirs. Vous vous êtes engraissés pour le

jour de la boucherie. [6] Vous avez condamné et mis à mort l'innocent, et il ne vous résiste pas.

Patience et prière

[7] Prenez donc patience, frères, jusqu'à ce que le Seigneur vienne. Voyez comment le cultivateur prend patience en attendant que la terre produise de précieuses récoltes: il patiente jusqu'à ce que les pluies d'automne et de printemps soient tombées. [8] Prenez patience, vous aussi; soyez pleins de courage, car la venue du Seigneur est proche.

[9] Ne vous plaignez pas les uns des autres, frères, afin que Dieu ne vous juge pas. Le juge est proche, il est prêt à entrer! [10] Frères, souvenez-vous des *prophètes qui ont parlé au nom du Seigneur: prenez-les comme modèles de patience fidèle dans la souffrance. [11] Nous les déclarons heureux parce qu'ils ont tenu bon. Vous avez entendu parler de la patience de Job, et vous savez ce que le Seigneur lui a accordé à la fin; car le Seigneur est plein de pitié et de bonté.

[12] Surtout, mes frères, ne faites pas de serment: n'en faites ni par le ciel, ni par la terre, ni d'aucune autre façon. Dites simplement "oui" quand c'est oui, et "non" quand c'est non, afin que vous ne tombiez pas sous le jugement de Dieu.

[13] Quelqu'un parmi vous est-il dans la souffrance? Qu'il prie. Quelqu'un est-il heureux? Qu'il chante des louanges. [14] Quelqu'un parmi vous est-il malade? Qu'il appelle les *anciens de l'Eglise; ceux-ci prieront pour lui et verseront de l'huile sur lui au nom du Seigneur. [15] Cette prière, faite avec foi, sauvera le malade: le Seigneur lui rendra la santé, et les péchés qu'il a commis lui seront pardonnés. [16] Confessez donc vos péchés les uns aux autres, et priez les uns pour les autres, afin d'être guéris. La prière fervente de l'homme juste a une grande efficacité. [17] *Elie était un homme semblable à nous: il pria avec ardeur pour qu'il ne pleuve pas, et il ne tomba pas de pluie sur la terre pendant trois ans et demi. [18] Puis il pria de nouveau; alors le ciel donna de la pluie et la terre produisit ses récoltes.

[19] Mes frères, si l'un de vous s'est éloigné de la vérité et qu'un autre l'y ramène, [20] rappelez-vous ceci: celui qui ramène un pécheur du mauvais chemin où il se trouve sauvera de la mort l'âme de ce pécheur et fera qu'un grand nombre de péchés seront pardonnés.

LA PREMIÈRE LETTRE DE PIERRE

Adresse et salutation

1 De la part de Pierre, *apôtre de Jésus-Christ.
A ceux que Dieu a choisis et qui vivent en exilés, dispersés dans les provinces du Pont, de la Galatie, de la Cappadoce, de l'Asie et de la Bithynie. [2] Vous avez été choisis conformément au plan établi d'avance par Dieu le Père et vous lui appartenez, grâce à son Esprit, pour obéir à Jésus-Christ et être purifiés par son sang.

Que la grâce et la paix vous soient données avec abondance.

Une espérance vivante

[3] Louons Dieu, le Père de notre Seigneur Jésus-Christ! Dans sa grande bonté, il nous a accordé une vie nouvelle en ramenant Jésus-Christ de la mort à la vie. Nous avons ainsi une espérance vivante [4] et pouvons nous réjouir de l'héritage que Dieu réserve aux siens. C'est un héritage qui ne peut ni se gâter, ni se salir, ni perdre son éclat. Dieu le réserve dans les cieux pour vous [5] que la puissance de Dieu garde par la foi jusqu'à ce que vienne le salut, prêt à être révélé à la fin des temps.

[6] Vous vous en réjouissez, même s'il faut que, maintenant, vous soyez attristés pour un peu de temps par toutes sortes d'épreuves. [7] Celles-ci servent à éprouver la valeur de votre foi. L'or est destiné à disparaître, pourtant il est éprouvé par le feu; de même votre foi, beaucoup plus précieuse que l'or, est mise à l'épreuve afin de prouver sa solidité. Et ainsi, vous pourrez recevoir louange, gloire et honneur quand Jésus-Christ apparaîtra. [8] Vous l'aimez, bien que vous ne l'ayez pas vu; vous croyez en lui, bien que vous ne le voyiez pas maintenant; c'est pourquoi vous vous réjouissez d'une joie glorieuse, si grande qu'elle ne peut pas s'exprimer par des paroles, [9] car vous obtenez ce qui est le but de votre foi: le salut de vos âmes.

[10] Au sujet de ce salut les *prophètes ont fait des recherches et des investigations, et ils ont prophétisé à propos du don que Dieu allait vous faire. [11] Ils s'efforçaient de découvrir à quelle époque et à quelles circonstances se rapportaient les indications données par l'Esprit du Christ; car cet

Esprit, qui était en eux, annonçait d'avance les souffrances que le Christ devait subir et la gloire qui les suivrait. [12] Dieu révéla aux prophètes que le message dont ils étaient chargés n'était pas pour eux-mêmes, mais pour vous. Ce message, vous l'avez reçu maintenant: les prédicateurs de la Bonne Nouvelle, qui ont parlé avec la puissance du Saint-Esprit envoyé du ciel, vous l'ont annoncé. Et les anges eux-mêmes aimeraient le connaître.

Appel à vivre saintement

[13] C'est pourquoi, tenez votre esprit prêt à l'action. Demeurez bien éveillés et mettez toute votre espérance dans le don qui vous sera accordé quand Jésus-Christ apparaîtra. [14] Obéissez à Dieu et ne vous conformez pas aux désirs que vous aviez autrefois, quand vous étiez encore ignorants. [15] Mais soyez saints dans toute votre conduite, tout comme Dieu qui vous a appelés est saint. [16] En effet, l'Ecriture déclare: "Soyez saints, car je suis saint."

[17] Dans vos prières, vous donnez le nom de Père à Dieu qui juge tous les hommes de la même façon, selon ce que chacun a fait; c'est pourquoi, durant le temps qu'il vous reste à passer sur la terre, montrez dans votre conduite le respect que vous avez pour lui. [18] Vous savez, en effet, à quel prix vous avez été délivrés de l'inutile manière de vivre que vos ancêtres vous avait transmise. Ce ne fut pas au moyen d'objets qui perdent leur valeur, comme l'argent ou l'or; [19] non, vous avez été délivrés par le sacrifice précieux du Christ, qui a été comme un agneau sans défaut et sans tache. [20] Le Christ avait été choisi par Dieu avant la création du monde, et il a été manifesté pour votre bien dans ces temps qui sont les derniers. [21] Par lui vous croyez en Dieu qui l'a ramené de la mort à la vie et lui a donné la gloire; ainsi, votre foi et votre espérance sont dirigées vers Dieu.

[22] Vous vous êtes purifiés en obéissant à la vérité, pour aimer sincèrement vos frères en la foi. Aimez-vous donc ardemment les uns les autres, de tout votre coeur. [23] En effet, vous êtes nés de nouveau, non de pères mortels, mais grâce à une semence immortelle, grâce à la parole vivante et éternelle de Dieu. [24] Comme l'Ecriture le déclare:

"Tous les hommes sont comme l'herbe
Et toute leur gloire comme la fleur de l'herbe;
L'herbe sèche et sa fleur tombe,

[25] Mais la parole du Seigneur demeure pour toujours."
Cette parole est celle que la Bonne Nouvelle vous a apportée.

La pierre vivante et le peuple saint

2 Rejetez donc toute forme de méchanceté, tout mensonge, ainsi que l'hypocrisie, la jalousie et les bavardages malveillants. [2] Soyez semblables à des enfants nouveaux-nés: désirez sans cesse le lait spirituel et pur, afin qu'en le buvant vous grandissiez et soyez sauvés. [3] En effet, comme le déclare l'Ecriture: "Vous avez goûté la bonté du Seigneur."

[4] Approchez-vous du Seigneur, la pierre vivante rejetée par les hommes, mais choisie par Dieu qui l'a jugée précieuse. [5] Approchez-vous pour que vous aussi, comme des pierres vivantes, vous soyez utilisés dans la construction du temple spirituel. Vous y formerez un groupe de prêtres saints chargés d'offrir à Dieu des sacrifices spirituels, qui lui soient agréables par Jésus-Christ. [6] Car voici ce que déclare l'Ecriture:

"J'ai choisi une pierre de valeur
Que je pose maintenant comme pierre d'angle en *Sion;
Et celui qui croit en elle ne sera jamais déçu."

[7] Cette pierre est d'une grande valeur pour vous qui croyez; mais pour ceux qui ne croient pas

"La pierre que les bâtisseurs avaient rejetée
Est devenue la pierre principale."

[8] Et ailleurs, il est dit encore:

"C'est la pierre qui fait trébucher les hommes,
Le rocher qui les fait tomber."

Ils ont trébuché parce qu'ils ont refusé de croire à la parole, et c'est à cela qu'ils étaient destinés.

[9] Mais vous, vous êtes la race choisie, les prêtres du Roi, la nation sainte, le peuple qui appartient à Dieu. Vous avez été choisis afin de proclamer les oeuvres magnifiques de Dieu qui vous a appelés à passer des ténèbres à sa merveilleuse lumière. [10] Autrefois, vous n'étiez pas le peuple de Dieu, mais maintenant vous êtes son peuple; autrefois, vous ne connaissiez pas la pitié de Dieu, mais maintenant elle vous a été accordée.

Vivre en serviteurs de Dieu

[11] Je vous le demande, mes amis, en tant qu'étrangers et

exilés sur la terre: gardez-vous des désirs humains qui font la guerre à l'âme. [12] Ayez une bonne conduite parmi les païens; ainsi, même s'ils vous accusent d'être des malfaiteurs, ils seront obligés de reconnaître vos bonnes oeuvres et de louer Dieu le jour où il viendra.

[13] Soyez soumis, à cause du Seigneur, à toute autorité humaine: à l'empereur, qui a le pouvoir suprême, [14] et aux gouverneurs, envoyés par lui pour punir les malfaiteurs et louer ceux qui font le bien. [15] En effet, ce que Dieu veut, c'est que vous réduisiez au silence les hommes ignorants et insensés par le bien que vous pratiquez. [16] Conduisez-vous en hommes libres; cependant, n'utilisez pas votre liberté comme un voile pour couvrir le mal, mais agissez en serviteurs de Dieu. [17] Respectez tous les hommes, aimez vos frères en la foi, craignez Dieu, respectez l'empereur.

L'exemple des souffrances du Christ

[18] Serviteurs, soyez soumis à vos maîtres avec un entier respect, non seulement à ceux qui sont bons et bien disposés, mais aussi à ceux qui sont durs. [19] En effet, c'est un bien de supporter, par respect pour Dieu, les peines que l'on souffre injustement. [20] Car quel mérite y a-t-il à supporter les coups si vous les recevez pour avoir commis une faute? Mais si vous avez à souffrir après avoir bien agi et que vous le supportez, c'est un bien devant Dieu. [21] C'est à cela que Dieu vous a appelés, car le Christ lui-même a souffert pour vous et vous a laissé un exemple afin que vous suiviez ses traces. [22] Il n'a pas commis de péché; on n'a jamais entendu de mensonge sortir de sa bouche. [23] Quand on l'a insulté, il n'a pas répondu par l'insulte; quand il a souffert, il n'a pas formulé de menaces, mais il s'en est remis à Dieu qui juge avec justice. [24] Et le Christ lui-même a porté dans son corps nos péchés sur la croix, afin que nous mourions au péché et que nous vivions d'une vie juste. C'est par ses blessures que vous avez été guéris. [25] Car vous étiez comme des moutons égarés, mais maintenant vous avez été ramenés vers celui qui est le *berger et le gardien de vos âmes.

Femmes et maris

3 Vous de même, femmes, soyez soumises à vos maris, afin que si quelques-uns d'entre eux ne croient pas à la parole de Dieu, ils soient gagnés à la foi par votre conduite.

Vous n'aurez pas besoin de prononcer une parole, [2] car ils verront combien votre conduite est pure et respectueuse. [3] Ne cherchez pas à vous rendre belles par des moyens extérieurs, comme la façon d'arranger vos cheveux et les bijoux d'or ou les beaux vêtements que vous pourriez porter. [4] Mais que votre beauté soit celle de votre être intérieur, qu'elle soit la beauté impérissable d'un esprit doux et tranquille, qui est d'un grand prix devant Dieu. [5] C'est ainsi que les femmes pieuses d'autrefois, qui espéraient en Dieu, se rendaient belles; elles étaient soumises à leurs maris. [6] Telle était Sara; elle obéissait à Abraham et l'appelait "Mon maître." Vous êtes maintenant ses filles si vous faites le bien et si vous ne vous laissez effrayer par rien.

[7] Vous de même, maris, vivez avec vos femmes en tenant compte de leur nature plus délicate; traitez-les avec respect, car elles doivent recevoir avec vous le don de la vie de la part de Dieu. Agissez ainsi afin que rien ne fasse obstacle à vos prières.

Souffrir en faisant ce qui est juste

[8] Enfin, ayez tous les mêmes pensées et les mêmes sentiments; aimez-vous comme des frères, soyez bienveillants et humbles les uns à l'égard des autres. [9] Ne rendez pas le mal

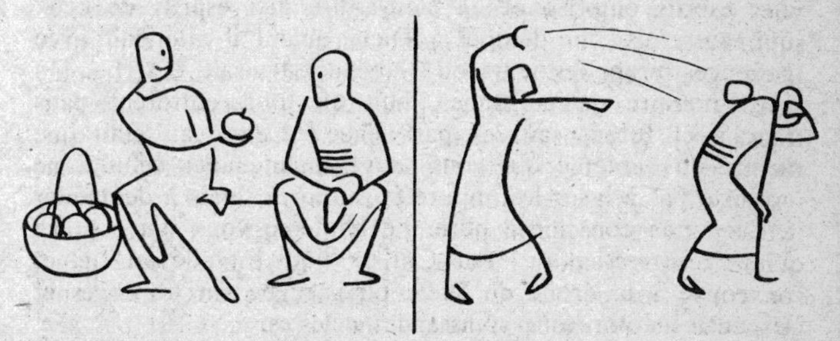

pour le mal, ou l'insulte pour l'insulte. Au contraire, répondez par une bénédiction, car c'est une bénédiction que Dieu a promis de vous donner à vous-mêmes quand il vous a appelés. [10] Comme l'Ecriture le déclare:

> "Celui qui veut jouir d'une vie agréable et connaître des jours heureux
> Doit cesser de dire du mal et ne plus prononcer de mensonges.

[11] Il doit se détourner du mal et pratiquer le bien,
Il doit rechercher la paix et la poursuivre.
[12] Car le Seigneur a les yeux fixés sur les justes
Et il écoute leurs prières;
Mais il se tourne contre ceux qui font le mal."

[13] Qui vous fera du mal si vous êtes zélés pour pratiquer le bien? [14] Même si vous avez à souffrir parce que vous accomplissez ce qui est juste, vous êtes heureux. N'ayez aucune crainte des hommes et ne vous laissez pas troubler. [15] Mais honorez dans vos coeurs le Christ, comme votre Seigneur. Soyez toujours prêts à répondre à tous ceux qui vous demandent des explications au sujet de l'espérance qui est en vous. [16] Mais faites-le avec douceur et respect. Ayez une conscience pure afin que, lorsqu'on vous accuse, ceux qui disent du mal de votre bonne conduite inspirée par le Christ soient honteux de leurs paroles. [17] Car il vaut mieux souffrir en faisant le bien, si telle est la volonté de Dieu, plutôt qu'en faisant le mal. [18] En effet, le Christ lui-même est mort pour vous; il est mort une fois pour toutes pour les péchés des hommes; lui qui était bon il est mort pour des méchants, afin de vous amener à Dieu. Il a été mis à mort dans son corps humain, mais il a été rendu à la vie par le Saint-Esprit. [19] Par cet Esprit, il est même allé prêcher aux esprits emprisonnés, [20] c'est-à-dire aux esprits de ceux qui, autrefois, ont désobéi à Dieu, quand il attendait avec patience durant les jours où *Noé construisait *l'arche. Un petit nombre de personnes, huit en tout, entrèrent dans l'arche et furent sauvées par l'eau. [21] Cette eau était une image du baptême qui vous sauve maintenant: celui-ci ne consiste pas à laver les impuretés du corps, mais à demander à Dieu une conscience pure. Le baptême vous sauve grâce à la *résurrection de Jésus-Christ, [22] qui est allé au ciel et se trouve à la droite de Dieu, où il règne sur les anges et les autres autorités et puissances célestes.

Des vies transformées

4 Puisque le Christ a souffert physiquement, fortifiez-vous aussi dans la même disposition d'esprit; car celui qui supporte des souffrances physiques en a fini avec le péché. [2] Dès maintenant, vous devez donc vivre le reste de votre vie terrestre selon la volonté de Dieu et non selon les désirs

humains. [3] En effet, vous avez passé autrefois un temps suffisamment long à agir comme les païens aiment à le faire. Vous avez vécu dans le vice, les mauvais désirs, l'ivrognerie, les orgies, les beuveries et l'abominable culte des idoles. [4] Et maintenant, les païens s'étonnent de ce que vous ne vous livrez plus avec eux aux excès d'une si mauvaise conduite et ils vous insultent. [5] Mais ils auront à rendre compte de leurs actes à Dieu, qui est prêt à juger les vivants et les morts. [6] C'est pour cela que la Bonne Nouvelle a été annoncée aussi aux morts, à ceux qui ont été jugés dans leur existence humaine comme le sont tous les hommes; elle leur a été annoncée afin que, par l'Esprit, ils puissent vivre comme Dieu vit.

De bons administrateurs des dons de Dieu

[7] La fin de toutes choses est proche. Vivez d'une manière raisonnable et ayez l'esprit éveillé afin de pouvoir prier. [8] Avant tout, aimez-vous ardemment les uns les autres, car l'amour efface un grand nombre de péchés. [9] Recevez-vous les uns les autres, dans vos maisons, sans mauvaise humeur. [10] Que chacun de vous, comme un bon administrateur des divers dons de Dieu, utilise pour le bien des autres le don particulier qu'il a reçu de Dieu. [11] Celui qui prêche doit transmettre les paroles de Dieu; celui qui sert doit le faire avec la force que Dieu lui accorde, afin qu'en toutes choses gloire soit rendue à Dieu, par Jésus-Christ à qui appartiennent la gloire et la puissance pour toujours! Amen.

Souffrir comme chrétien

[12] Mes amis, ne vous étonnez pas de la dure épreuve que vous avez à subir, comme s'il vous arrivait quelque chose d'anormal. [13] Réjouissez-vous plutôt d'avoir part aux souffrances du Christ, afin que vous soyez également remplis de joie quand sa gloire sera révélée. [14] Vous êtes heureux si l'on vous insulte parce que vous êtes *disciples du Christ, car l'Esprit glorieux, l'Esprit de Dieu, repose sur vous. [15] Qu'aucun d'entre vous n'ait à souffrir comme meurtrier, voleur ou malfaiteur, ou pour s'être mêlé des affaires d'autrui. [16] Mais si quelqu'un souffre parce qu'il est chrétien, qu'il n'en ait pas honte; qu'il remercie plutôt Dieu de pouvoir porter le nom du Christ.

[17] Le moment est arrivé où le Jugement commence, et

c'est le peuple de Dieu qui est jugé en premier lieu. Or, si le Jugement débute par nous, comment s'achèvera-t-il lorsqu'il frappera ceux qui refusent de croire à la Bonne Nouvelle de Dieu? [18] Comme l'Ecriture le déclare:

"Si les bons sont sauvés difficilement
Qu'en sera-t-il des méchants et des pécheurs?"

[19] Ainsi, ceux qui souffrent selon la volonté de Dieu doivent continuer à pratiquer le bien et se confier entièrement au Créateur, qui est fidèle à ses promesses.

Prendre soin du troupeau de Dieu

5 Je m'adresse maintenant à ceux qui, parmi vous, sont *anciens d'Eglise. Je suis ancien moi aussi; je suis témoin des souffrances du Christ et j'aurai part à la gloire qui va être révélée. Voici ce que je leur demande: [2] prenez soin comme des *bergers du troupeau que Dieu vous a confié, veillez sur lui avec bonne volonté, comme Dieu le désire, et non à contre-coeur. Accomplissez votre tâche non par désir de gagner de l'argent, mais par dévouement. [3] Ne cherchez pas à dominer ceux qui ont été confiés à votre garde, mais soyez des modèles pour le troupeau. [4] Et quand le Chef des bergers paraîtra, vous recevrez la *couronne glorieuse qui ne perdra jamais son éclat.

[5] De même, jeunes gens, soyez soumis aux hommes plus âgés. Et vous tous, revêtez-vous d'humilité pour vous servir les uns les autres, car l'Ecriture déclare: "Dieu s'oppose aux orgueilleux, mais il donne sa grâce aux humbles." [6] Humiliez-vous donc sous la main puissante de Dieu, afin qu'il vous élève au moment qu'il a fixé. [7] Déchargez-vous sur lui de tous vos soucis, car il prend soin de vous.

[8] Ayez l'esprit éveillé, prenez garde! Car votre adversaire, le diable, rôde comme un lion rugissant, cherchant quelqu'un à dévorer. [9] Soyez fermes dans la foi et résistez-lui, car vous savez que vos frères répandus dans le monde entier passent par les mêmes souffrances. [10] Mais après que vous aurez souffert un peu de temps, le Dieu de toute grâce, qui vous a appelés à participer à sa gloire éternelle dans l'union avec le Christ, vous perfectionnera lui-même, vous affermira, vous fortifiera et vous établira sur de solides fondations. [11] A lui soit la puissance pour toujours! Amen.

Salutations finales

[12] Je vous écris cette courte lettre avec l'aide de Silas, que je considère comme un frère fidèle. Je désire vous encourager et vous assurer que telle est la véritable grâce de Dieu. Demeurez fermes en elle.

[13] L'Eglise qui est à *Babylone, et que Dieu a choisie comme vous, vous adresse ses salutations, ainsi que Marc, mon fils. [14] Saluez-vous les uns les autres avec un baiser d'affection fraternelle.

Que la paix soit avec vous tous qui appartenez au Christ.

LA DEUXIÈME LETTRE DE PIERRE

Adresse et salutation

1 De la part de Simon Pierre, serviteur et *apôtre de Jésus-Christ.

A ceux qui, par la justice de notre Dieu et Sauveur Jésus-Christ, ont reçu une foi aussi précieuse que la nôtre: [2] Que la grâce et la paix vous soient données avec abondance, par la connaissance que vous avez de Dieu et de Jésus notre Seigneur.

L'appel et le choix de Dieu

[3] Sa divine puissance nous a donné tout ce qui nous est nécessaire pour vivre dans l'attachement à Dieu, en nous faisant connaître celui qui nous a appelés à participer à sa propre gloire et à sa bonté. [4] C'est ainsi qu'il nous a accordé de précieuses et très grandes promesses, afin qu'en recevant ce qu'il a promis vous puissiez échapper au désir destructeur qui règne dans le monde et participer à la nature divine. [5] Pour cette raison même, faites tous vos efforts pour ajouter à votre foi la bonne conduite et à votre bonne conduite la connaissance; [6] efforcez-vous aussi d'ajouter à la connaissance la maîtrise de soi, à la maîtrise de soi la patience et à la patience l'attachement à Dieu; [7] enfin, à l'attachement à Dieu ajoutez l'affection fraternelle et à l'affection fraternelle l'amour. [8] Telles sont les qualités que vous devez posséder, et si vous les avez en abondance elles vous rendront actifs et efficaces dans la connaissance de notre Seigneur Jésus-Christ. [9] Mais celui qui ne les possède pas a la vue si courte qu'il est comme un aveugle; il a oublié qu'il a été purifié de ses péchés d'autrefois.

[10] C'est pourquoi, frères, efforcez-vous d'autant plus de vous attacher solidement à l'appel que Dieu vous a adressé et au choix qu'il a fait de vous; car si vous agissez de cette façon, vous ne tomberez jamais dans le mal. [11] C'est ainsi que vous sera largement accordé le droit d'entrer dans le *Royaume éternel de notre Seigneur et Sauveur Jésus-Christ.

[12] Voilà pourquoi je vous rappellerai toujours ces choses, bien que vous les connaissiez déjà et que vous soyez fermement établis dans la vérité que vous avez reçue. [13] Mais

j'estime juste de vous tenir en éveil par mes rappels, tant que je suis encore en vie. [14] Car je sais que je vais bientôt quitter ce corps mortel, comme notre Seigneur Jésus-Christ me l'a révélé. [15] Je ferai donc tout mon possible pour vous donner les moyens de vous rappeler toujours ces choses après ma mort.

Ceux qui ont vu la gloire du Christ

[16] En effet, nous ne nous sommes pas appuyés sur des légendes habilement imaginées pour vous faire connaître la venue puissante de notre Seigneur Jésus-Christ: nous avons vu sa grandeur de nos propres yeux. [17] Nous étions présents au moment où il a reçu honneur et gloire de Dieu le Père, lorsque la Gloire suprême lui fit entendre la voix qui disait: "Celui-ci est mon Fils bien-aimé en qui je mets toute ma joie." [18] Nous avons entendu nous-mêmes cette voix qui venait du ciel, lorsque nous étions avec lui sur la montagne sainte.

[19] Ainsi, nous sommes d'autant plus sûrs du message annoncé par les *prophètes. Vous ferez bien d'y prêter attention, car il est comme une lampe qui brille dans un lieu obscur, jusqu'à ce que le jour paraisse et que l'étoile du matin illumine vos coeurs. [20] Avant tout, sachez bien ceci: personne ne peut expliquer de lui-même une prophétie contenue dans l'Ecriture. [21] Car aucune prophétie n'est jamais venue de la seule volonté d'un homme, mais c'est parce que le Saint-Esprit les guidait que des hommes ont parlé de la part de Dieu.

De faux enseignants

(Voir aussi Jude 4-13)

2 De faux *prophètes sont apparus autrefois parmi le peuple; de même, de faux enseignants apparaîtront parmi vous. Ils introduiront des doctrines fausses, qui entraînent la destruction, et rejetteront le Maître qui les a sauvés; ils attireront ainsi sur eux une destruction soudaine. [2] Beaucoup les suivront dans leur vie immorale et, à cause de leur façon d'agir, on critiquera le chemin de la vérité. [3] Par désir de gagner de l'argent, ces faux enseignants vous exploiteront en vous présentant des histoires imaginées. Mais depuis longtemps déjà leur Juge est prêt à agir et leur Destructeur ne dort pas!

[4] Car Dieu n'a pas épargné les anges qui avaient péché, mais il les a jetés dans l'enfer où ils sont gardés enchaînés dans l'obscurité pour le jour du Jugement. [5] Dieu n'a pas épargné le monde ancien, mais il a fait venir la grande inondation sur ce monde d'hommes méchants; il a sauvé seulement *Noé, qui prêchait ce qui est juste, et sept autres personnes. [6] Dieu a condamné les villes de *Sodome et *Gomorrhe et les a détruites par le feu, en donnant par là aux méchants un exemple de ce qui allait leur arriver. [7] Il a délivré *Lot, homme bon, qui était affligé par la conduite immorale des hommes mauvais de son temps; [8] car cet homme bon, qui vivait au milieu d'eux, voyait et entendait jour après jour de telles choses qu'il était tourmenté dans son coeur honnête par leurs mauvaises actions. [9] Ainsi, le Seigneur sait comment délivrer de l'épreuve ceux qui lui sont attachés, et comment tenir en réserve les méchants pour les punir au jour du Jugement; [10] et il punira surtout ceux qui suivent les désirs impurs de leur nature humaine et méprisent l'autorité de Dieu.

Les faux enseignants dont je vous ai parlé sont audacieux et arrogants, ils n'ont pas de respect pour les êtres glorieux du ciel mais ils les insultent. [11] Même les anges, qui sont pourtant bien plus forts et puissants que ces faux enseignants, ne portent pas d'accusation insultante devant le Seigneur contre les êtres glorieux. [12] Mais ces hommes agissent par instinct, comme des animaux sauvages qui naissent pour être capturés et tués; ils insultent ce qu'ils ne comprennent pas. Ils périront de la même manière que les animaux sauvages; [13] c'est par la souffrance qu'ils seront payés en retour des souffrances qu'ils auront causées. Ils trouvent leur plaisir à satisfaire leurs mauvais désirs en plein jour; leur présence est une honte et un scandale quand ils participent à vos repas et jouissent de leurs tromperies. [14] Ils ne pensent qu'à regarder des femmes peu sérieuses; ils n'en ont jamais assez de pécher. Ils prennent au piège les personnes faibles. Leur coeur est exercé au désir de gagner de l'argent. La malédiction de Dieu est sur eux! [15] Ils ont quitté le droit chemin et se sont égarés; ils ont suivi le chemin pris par *Balaam, fils de Bosor, qui aima l'argent qu'il devait gagner en agissant mal, [16] mais qui reçut des reproches pour sa désobéissance. En effet, une ânesse muette se mit à parler avec une voix humaine et arrêta l'action insensée du *prophète.

[17] Ces hommes sont comme des sources desséchées et comme des nuages poussés par la tempête; Dieu leur a réservé une place dans l'obscurité la plus profonde. [18] Ils formulent des déclarations orgueilleuses et stupides, ils se servent des désirs immoraux de la nature humaine pour prendre au piège ceux qui viennent à peine de s'échapper du milieu des hommes qui vivent dans l'erreur. [19] Ils leur promettent la liberté, alors qu'ils sont eux-mêmes esclaves d'habitudes qui les entraînent à la destruction — car chacun est esclave de ce qui le domine. [20] En effet, si les hommes qui ont échappé aux mauvaises influences du monde parce qu'ils ont connu notre Seigneur et Sauveur Jésus-Christ, se laissent ensuite reprendre et vaincre par elles, ils se trouvent finalement dans une situation pire qu'au commencement. [21] Il aurait mieux valu pour eux ne pas connaître le juste chemin, que de l'avoir connu et de se détourner ensuite du saint commandement qui leur avait été transmis. [22] Ce qui leur est arrivé prouve la vérité du proverbe qui déclare: "Le chien retourne à ce qu'il a vomi," et: "Le cochon qui vient d'être lavé va de nouveau se rouler dans la boue."

La promesse de la venue du Seigneur

3 Mes amis, voici déjà la seconde lettre que je vous écris. Dans toutes les deux, j'ai cherché à éveiller dans vos esprits des pensées saines par les enseignements que je vous rappelle. [2] Je désire que vous vous souveniez des paroles prononcées autrefois par les saints *prophètes et du commandement du Seigneur et Sauveur, que vous ont enseigné vos *apôtres. [3] Sachez tout d'abord que, dans les derniers jours, apparaîtront des gens qui vivront selon leurs propres désirs. Ils se moqueront de vous [4] et diront: "Il a promis de venir, n'est-ce pas? Eh bien, où est-il? Nos pères sont déjà morts, mais tout reste dans le même état que depuis la création du monde!" [5] Ils oublient volontairement ceci: il y a longtemps, Dieu a parlé et les cieux et la terre ont été créés. La terre a été tirée de l'eau et formée au moyen de l'eau, [6] et c'est également par l'eau, celle de la grande inondation, que le monde ancien a été détruit. [7] Mais les cieux et la terre actuels sont tenus en réserve par la même parole de Dieu pour être détruits par le feu. Ils sont gardés pour le jour où les méchants seront jugés et détruits.

[8] Mais il est un point que vous ne devez pas oublier, mes amis: c'est que, pour le Seigneur, un jour est comme mille ans et mille ans sont comme un jour. [9] Le Seigneur ne tarde pas à accomplir ce qu'il a promis, comme certains le pensent. Mais il est patient envers vous, car il ne veut pas que qui que ce soit périsse; au contraire, il veut que tous parviennent à changer de vie.

[10] Cependant, le jour du Seigneur viendra comme un voleur. En ce jour-là, les cieux disparaîtront avec un bruit effrayant, les corps célestes seront détruits par le feu, la terre avec tout ce qu'elle contient cessera d'exister. [11] Puisque tout va être détruit de cette façon, vous comprenez bien quel doit être votre comportement! Vous devez avoir une conduite sainte et marquée par l'attachement à Dieu, [12] en attendant le jour de Dieu et en faisant tous vos efforts pour qu'il puisse venir bientôt — ce jour où les cieux seront détruits pas le feu et où les corps célestes se fondront dans la chaleur des flammes. [13] Mais Dieu a promis de nouveaux cieux et une nouvelle terre, où la justice habitera, et voilà ce que nous attendons.

[14] C'est pourquoi, mes amis, en attendant ce jour, faites tous vos efforts pour être purs et sans faute aux yeux de Dieu et pour être en paix avec lui. [15] Considérez la patience de notre Seigneur comme l'occasion pour vous d'être sauvés, ainsi que notre cher frère Paul vous l'a écrit avec la sagesse que Dieu lui a donnée. [16] C'est ce qu'il a écrit dans toutes les lettres où il parle de ce sujet. Il y a, dans ses lettres, des passages difficiles à comprendre, et des gens ignorants et sans fermeté en déforment le sens, comme ils le font d'ailleurs avec d'autres parties des Ecritures. Ils causent ainsi leur propre destruction.

[17] Mais vous, mes amis, vous êtes maintenant avertis. Prenez donc garde, afin de ne pas vous laisser égarer par les erreurs d'hommes mauvais et de ne pas perdre la position solide qui est la vôtre. [18] Mais continuez à progresser dans la grâce et la connaissance de notre Seigneur et Sauveur Jésus-Christ. A lui soit la gloire, maintenant et pour toujours! Amen.

LA PREMIÈRE LETTRE DE JEAN

La Parole de vie

1 Nous vous écrivons au sujet de la Parole de vie, qui a existé dès le commencement de toutes choses: nous l'avons entendue, nous l'avons vue de nos propres yeux, nous l'avons regardée et nos mains l'ont touchée. [2] Quand cette vie est apparue, nous l'avons vue; c'est pourquoi nous vous en parlons et nous vous annonçons la vie éternelle qui était auprès du Père et qui nous a été révélée. [3] Ce que nous avons vu et entendu, nous vous l'annonçons à vous aussi, afin que vous soyez unis à nous dans la communion que nous avons avec le Père et avec son Fils Jésus-Christ. [4] Nous vous écrivons ceci afin que notre joie soit complète.

Dieu est lumière

[5] Voici le message que nous avons entendu de Jésus-Christ et que nous vous annonçons: Dieu est lumière et il n'y a aucune obscurité en lui. [6] Si nous disons que nous sommes unis à lui et si, en même temps, nous vivons dans l'obscurité, nous mentons à la fois en paroles et en actes. [7] Mais si nous vivons dans la lumière, comme Dieu lui-même est dans la lumière, alors nous sommes unis les uns aux autres et le sang de Jésus, son Fils, nous purifie de tout péché.

[8] Si nous disons que nous sommes sans péché, nous nous trompons nous-mêmes et la vérité n'est pas en nous. [9] Mais si nous confessons nos péchés à Dieu, nous pouvons avoir confiance en lui, car il agit de façon juste: il pardonnera nos péchés et nous purifiera de tout mal. [10] Si nous disons que nous n'avons pas péché, nous faisons de Dieu un menteur et sa parole n'est pas en nous.

Le Christ vient à notre aide

2 Mes enfants, je vous écris ceci afin que vous ne péchiez pas. Mais s'il arrive à quelqu'un de pécher, nous avons un avocat auprès du Père: Jésus-Christ, le juste. [2] Car Jésus-Christ est celui qui a été offert pour que nos péchés soient pardonnés, et non seulement les nôtres, mais aussi ceux de tous les hommes.

[3] Si nous obéissons aux commandements de Dieu, alors nous savons que nous connaissons Dieu. [4] Si quelqu'un affirme: "Je le connais," mais n'obéit pas à ses commandements, c'est un menteur et il n'y a pas de vérité en lui. [5] Par contre, celui qui obéit à sa parole est un homme dont l'amour pour Dieu est véritablement parfait. Voici comment nous pouvons savoir que nous sommes unis à Dieu: [6] celui qui déclare demeurer uni à Dieu doit vivre comme Jésus a vécu.

Le commandement nouveau

[7] Mes amis, ce n'est pas un commandement nouveau que je vous écris; c'est le commandement ancien, que vous avez reçu dès le commencement. Ce commandement ancien est la parole que vous avez déjà entendue. [8] Et pourtant, c'est un commandement nouveau que je vous écris, et sa vérité se manifeste en Christ et en vous aussi. En effet, l'obscurité s'en va et la véritable lumière brille déjà.

[9] Celui qui affirme vivre dans la lumière et qui a de la haine pour son frère se trouve encore dans l'obscurité. [10] Celui qui aime son frère demeure dans la lumière, et ainsi il n'y a rien en lui qui puisse faire tomber un autre homme dans le péché. [11] Mais celui qui a de la haine pour son frère se trouve dans l'obscurité; il marche dans l'obscurité et ne sait pas où il va parce que l'obscurité l'a rendu aveugle.

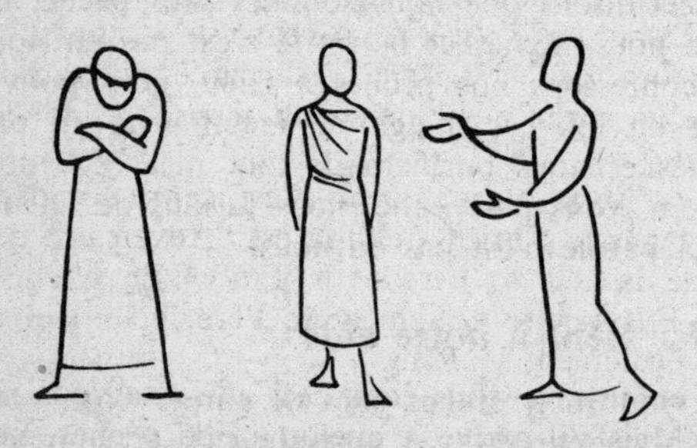

[12] Je vous écris, mes enfants, parce que vos péchés sont pardonnés grâce au nom du Christ. [13] Je vous écris, pères, parce que vous connaissez celui qui a existé dès le commencement. Je vous écris, jeunes gens, parce que vous avez vaincu le Mauvais.

[14] Je vous écris, enfants, parce que vous connaissez le Père. Je vous écris, pères, parce que vous connaissez celui qui a existé depuis le commencement. Je vous écris, jeunes gens, parce que vous êtes forts; la parole de Dieu demeure en vous et vous avez vaincu le Mauvais.

[15] N'aimez pas le monde, ni rien de ce qui appartient au monde. Si quelqu'un aime le monde, il ne possède pas en lui d'amour pour le Père. [16] Tout ce qui appartient au monde — les mauvais désirs de la nature humaine, le désir de posséder ce que l'on voit et l'orgueil suscité par des biens terrestres — tout cela vient non pas du Père, mais du monde. [17] Le monde est en train de passer, ainsi que tout ce que les hommes trouvent à y désirer; mais celui qui fait ce que Dieu veut vit pour toujours.

L'Adversaire du Christ

[18] Mes enfants, la fin est proche! Vous avez entendu dire que l'Adversaire du Christ doit venir; or, maintenant, de nombreux adversaires du Christ sont apparus et nous savons ainsi que la fin est proche. [19] Ces gens n'étaient pas vraiment des nôtres et c'est pourquoi ils nous ont quittés; en effet, s'ils avaient été des nôtres, ils seraient restés avec nous. Mais ils nous ont quittés afin qu'il soit bien clair qu'aucun d'eux n'était vraiment des nôtres.

[20] Quant à vous, vous avez reçu le Saint-Esprit que le Christ a répandu sur vous, et ainsi vous connaissez tous la vérité. [21] Donc, si je vous écris ce n'est pas parce que vous ne connaissez pas la vérité, c'est parce que vous la connaissez; vous savez aussi qu'aucun mensonge ne peut venir de la vérité.

[22] Qui est alors le menteur? C'est celui qui déclare que Jésus n'est pas le Christ. Celui-là est l'Adversaire du Christ: il rejette à la fois le Père et le Fils. [23] En effet, celui qui rejette le Fils rejette également le Père; celui qui reconnaît le Fils a également le Père.

[24] C'est pourquoi, prenez soin de garder dans votre coeur le message que vous avez entendu dès le commencement. Si ce que vous avez entendu dès le commencement demeure dans votre coeur, vous demeurerez vous aussi unis au Fils et au Père. [25] Et voici ce que le Christ a promis de nous donner: la vie éternelle.

[26] Je vous écris ceci au sujet de ceux qui cherchent à vous

tromper. [27] Quant à vous, le Christ a répandu son Esprit sur vous. Comme son Esprit demeure en vous, vous n'avez pas besoin que quelqu'un vous instruise. En effet, l'Esprit vous instruit de tout, et ce qu'il enseigne est vrai, et non pas faux. C'est pourquoi, obéissez à l'enseignement de l'Esprit en demeurant unis au Christ.

[28] Oui, mes enfants, demeurez unis au Christ, afin que nous soyons pleins d'assurance quand il paraîtra et que nous ne soyons pas remplis de honte devant lui le jour où il viendra. [29] Vous savez que le Christ est juste; par conséquent vous devez aussi savoir que tout homme qui fait ce qui est juste est enfant de Dieu.

Enfants de Dieu

3 Voyez combien le Père nous a aimés! Son amour est tel que nous sommes appelés enfants de Dieu — et c'est ce que nous sommes réellement. Voici pourquoi le monde ne nous connaît pas: il n'a pas connu Dieu. [2] Mes amis, nous sommes maintenant enfants de Dieu, mais ce que nous deviendrons n'est pas encore clairement révélé. Cependant, nous savons ceci: quand le Christ paraîtra nous deviendrons semblables à lui, parce que nous le verrons tel qu'il est. [3] Tout homme qui a cette espérance en Christ se rend pur, comme Jésus-Christ est pur.

[4] Tout homme qui pèche désobéit à la loi de Dieu, car le péché est la désobéissance à la loi. [5] Vous le savez, Jésus-Christ est apparu pour enlever leurs péchés aux hommes, et il n'y a point de péché en lui. [6] Ainsi, quiconque demeure uni à lui cesse de pécher; mais quiconque continue à pécher ne l'a pas vu et ne l'a pas connu.

[7] Mes enfants, ne vous laissez tromper par personne! Celui qui fait ce qui est juste est lui-même juste, comme Jésus-Christ est juste. [8] Celui qui continue à pécher appartient au diable, car le diable a péché dès le commencement. Le Fils de Dieu est apparu précisément pour détruire les oeuvres du diable.

[9] Quiconque est enfant de Dieu cesse de pécher, car la puissance de vie qui vient de Dieu est en lui; puisque Dieu est son Père, il ne peut pas continuer à pécher. [10] Voici ce qui distingue clairement les enfants de Dieu des enfants du diable: quiconque ne fait pas ce qui est juste, ou n'aime pas son frère, n'est pas enfant de Dieu.

S'aimer les uns les autres

[11] En effet, voici le message que vous avez entendu dès le commencement: aimons-nous les uns les autres. [12] Nous ne devons pas être comme Caïn; il appartenait au Mauvais et tua son frère. Et pourquoi le tua-t-il? Parce que les oeuvres que Caïn faisait étaient mauvaises, tandis que celles de son frère étaient justes.

[13] Ne vous étonnez pas, frères, si les gens de ce monde vous haïssent. [14] Nous savons que nous avons quitté la mort pour entrer dans la vie; nous le savons parce que nous aimons nos frères. Celui qui n'aime pas se trouve encore dans la mort. [15] Tout homme qui a de la haine pour son frère est un meurtrier, et vous savez qu'un meurtrier ne possède pas en lui la vie éternelle. [16] Voici comment nous savons ce qu'est l'amour: Jésus-Christ a donné sa vie pour nous. Donc, nous aussi, nous devons donner notre vie pour nos frères. [17] Si un homme, qui est riche, voit son frère dans le besoin mais lui ferme son coeur, comment peut-il prétendre qu'il a de l'amour pour Dieu dans son coeur? [18] Mes enfants, il ne faut pas que notre amour consiste uniquement en discours et en belles paroles; ce doit être un véritable amour qui se manifeste par des actes.

L'assurance devant Dieu

[19] Voilà comment nous saurons que nous appartenons à la vérité. Voilà comment notre coeur pourra se sentir rassuré devant Dieu. [20] En effet, si notre coeur nous condamne, nous savons que Dieu est plus grand que notre coeur et qu'il connaît tout. [21] Ainsi, mes amis, si notre coeur ne nous condamne pas, nous avons une pleine assurance devant Dieu. [22] Nous recevons de lui tout ce que nous demandons, parce que nous obéissons à ses commandements et faisons ce qui lui plaît. [23] Voici ce qu'il nous commande: c'est que nous croyions au nom de son Fils Jésus-Christ et que nous nous aimions les uns les autres, comme le Christ nous l'a commandé. [24] Celui qui obéit aux commandements de Dieu demeure en Dieu et Dieu demeure en lui. Voici comment nous savons que Dieu demeure en nous: nous le savons à cause de l'Esprit qu'il nous a donné.

L'Esprit de Dieu et l'esprit de l'Adversaire

4 Mes amis, ne croyez pas tous ceux qui prétendent avoir l'Esprit, mais mettez-les à l'épreuve pour vérifier si l'esprit qu'ils ont vient de Dieu. En effet, de nombreux faux *prophètes se sont répandus dans le monde. [2] Voici comment vous pourrez savoir s'il s'agit de l'Esprit de Dieu: quiconque déclare que Jésus-Christ est réellement devenu homme a l'Esprit qui vient de Dieu. [3] Mais quiconque refuse de reconnaître ce fait à propos de Jésus n'a pas l'Esprit qui vient de Dieu. L'esprit qu'il a est celui de l'Adversaire du Christ: vous avez appris qu'il devait venir et, maintenant, il est déjà dans le monde.

[4] Mais vous, mes enfants, vous appartenez à Dieu et vous avez vaincu les faux prophètes; car l'Esprit qui est en vous est plus puissant que l'esprit qui est dans ceux qui appartiennent au monde. [5] Ils parlent à la manière du monde et le monde les écoute parce qu'ils appartiennent au monde. [6] Mais nous, nous appartenons à Dieu. Celui qui connaît Dieu nous écoute; celui qui n'appartient pas à Dieu ne nous écoute pas. C'est ainsi que nous pouvons connaître la différence entre l'Esprit de la vérité et l'esprit de l'erreur.

Dieu est amour

[7] Mes amis, aimons-nous les uns les autres, car l'amour vient de Dieu. Quiconque aime est enfant de Dieu et connaît Dieu. [8] Celui qui n'aime pas ne connaît pas Dieu, car Dieu est amour. [9] Voici comment Dieu a manifesté son amour pour nous: il a envoyé son Fils unique dans le monde afin que nous ayons la vie par lui. [10] Et l'amour consiste en ceci: non pas en ce que nous avons aimé Dieu, mais en ce qu'il nous a aimés et a envoyé son Fils pour que, grâce à lui, nos péchés soient pardonnés.

[11] Mes amis, si c'est ainsi que Dieu nous a aimés, nous devons, nous aussi, nous aimer les uns les autres. [12] Personne n'a jamais vu Dieu; si nous nous aimons les uns les autres, Dieu demeure en nous et son amour se manifeste parfaitement en nous.

[13] Voici comment nous savons que nous demeurons en Dieu et qu'il demeure en nous: il nous a donné son Esprit. [14] Et nous avons vu et nous proclamons que le Père a envoyé son Fils pour être le Sauveur du monde. [15] Si quel-

qu'un déclare que Jésus est le Fils de Dieu, Dieu demeure en lui et il demeure en Dieu. [16] Et nous, nous connaissons l'amour que Dieu a pour nous et nous y croyons.

Dieu est amour; celui qui demeure dans l'amour demeure en Dieu et Dieu demeure en lui. [17] Voici ce qui montre que l'amour est parfait en nous: c'est que nous soyons pleins d'assurance au jour du Jugement, parce que notre vie dans ce monde est semblable à celle de Jésus-Christ. [18] Il n'y a pas de crainte dans l'amour; l'amour parfait exclut la crainte. Ainsi, l'amour n'est pas parfait chez celui qui a de la crainte, car la crainte est en rapport avec une punition.

[19] Quant à nous, nous aimons parce que Dieu nous a aimés le premier. [20] Si quelqu'un dit: "J'aime Dieu," et qu'il haïsse son frère, c'est un menteur. En effet, il ne peut pas aimer Dieu qu'il n'a pas vu, s'il n'aime pas son frère qu'il a vu. [21] Voici donc le commandement que le Christ nous a donné: celui qui aime Dieu doit aussi aimer son frère.

Notre victoire sur le monde

5 Tout homme qui croit que Jésus est le Christ est enfant de Dieu; et quiconque aime un père aime aussi ses enfants. [2] Voici comment nous savons que nous aimons les enfants de Dieu: c'est en aimant Dieu et en mettant ses commandements en pratique. [3] En effet, voici en quoi consiste l'amour pour Dieu: c'est que nous obéissions à ses commandements. Et ses commandements ne sont pas trop difficiles pour nous, [4] car tout enfant de Dieu peut vaincre le monde. Voici comment nous remportons la victoire sur le monde: par notre foi. [5] Qui peut vaincre le monde? Seul celui qui croit que Jésus est le Fils de Dieu.

Le témoignage rendu au sujet de Jésus-Christ

[6] Jésus-Christ est celui qui est venu; il est venu avec l'eau de son baptême et avec le sang de sa mort. Il est venu non pas avec l'eau seulement, mais avec l'eau et le sang. Et l'Esprit témoigne que cela est vrai, car l'Esprit est la vérité. [7] Il y a trois témoins: [8] l'Esprit, l'eau et le sang, et tous les trois sont d'accord. [9] Nous acceptons le témoignage des hommes; le témoignage de Dieu est bien supérieur, et c'est là le témoignage qu'il a rendu au sujet de son Fils. [10] Ainsi, celui qui croit au Fils de Dieu possède en lui ce témoignage; mais celui qui ne croit pas en Dieu a fait de Dieu un men-

teur, car il n'a pas cru au témoignage que Dieu a rendu au sujet de son Fils. [11] Voici ce témoignage: Dieu nous a donné la vie éternelle et cette vie nous est accordée en son Fils. [12] Celui qui a le Fils a cette vie; celui qui n'a pas le Fils de Dieu n'a pas la vie.

La vie éternelle

[13] Je vous écris cela afin que vous sachiez que vous avez la vie éternelle, vous qui croyez au nom du Fils de Dieu. [14] Voici pourquoi nous avons une pleine assurance devant Dieu: nous savons qu'il nous écoutera si nous demandons quelque chose de conforme à sa volonté. [15] Ainsi, comme nous savons qu'il nous écoute quand nous lui présentons une demande, nous savons aussi qu'il nous accorde ce que nous lui demandons.

[16] Si quelqu'un voit son frère commettre un péché qui ne mène pas à la mort, il faut qu'il prie et Dieu donnera la vie à ce frère. Ceci est valable pour ceux dont les péchés ne mènent pas à la mort. Mais il y a un péché qui mène à la mort, et je ne demande pas de prier pour un tel péché. [17] Toute mauvaise action est un péché, mais il y a des péchés qui ne mènent pas à la mort.

[18] Nous savons qu'aucun enfant de Dieu ne continue à pécher, car le Fils de Dieu le garde et le Mauvais ne peut rien contre lui.

[19] Nous savons que nous appartenons à Dieu et que le monde entier est au pouvoir du Mauvais.

[20] Nous savons que le Fils de Dieu est venu et qu'il nous a donné l'intelligence pour que nous connaissions le Dieu véritable. Nous demeurons unis au Dieu véritable par son Fils Jésus-Christ. C'est lui le Dieu véritable, c'est lui la vie éternelle.

[21] Mes enfants, gardez-vous des faux dieux!

LA DEUXIÈME LETTRE DE JEAN

Adresse et salutation

[1] De la part de *l'Ancien, à la Dame choisie par Dieu et à ses enfants que j'aime véritablement. Ce n'est pas moi seul qui vous aime, mais aussi tous ceux qui connaissent la vérité, [2] parce que la vérité demeure en nous et sera avec nous pour toujours.

[3] Que Dieu le Père et Jésus-Christ, le Fils du Père, nous donnent la grâce, le pardon et la paix pour que nous possédions ces dons dans la vérité et l'amour.

La vérité et l'amour

[4] J'ai été très heureux de trouver que certains de tes enfants vivent dans la vérité, comme le Père nous l'a commandé. [5] Et maintenant je te le demande, chère Dame: aimons-nous les uns les uns les autres. Ce n'est pas un commandement nouveau que je t'écris; c'est le commandement que nous avons reçu dès le commencement. [6] L'amour consiste à vivre selon les commandements de Dieu. Et le commandement, ainsi que vous l'avez appris dès le commencement, c'est que vous viviez dans l'amour.

[7] Beaucoup de menteurs se sont répandus dans le monde; ils refusent de reconnaître que Jésus-Christ est réellement devenu homme. Celui qui agit ainsi est un menteur, c'est l'Adversaire du Christ. [8] Prenez donc garde à vous-mêmes, afin que vous ne perdiez pas le résultat de votre travail, mais que vous receviez pleinement votre récompense.

[9] Quiconque ne demeure pas dans l'enseignement du Christ, mais va au-delà, n'a pas Dieu. Celui qui demeure dans l'enseignement a le Père et le Fils. [10] Si quelqu'un vient à vous et n'apporte pas cet enseignement, ne le recevez pas chez vous et refusez même de le saluer; [11] car celui qui le salue devient complice des mauvaises actions qu'il commet.

Dernières remarques

[12] J'ai beaucoup de choses à vous dire, mais je préfère ne pas le faire avec du papier et de l'encre; j'espère aller chez vous et vous parler personnellement, afin que nous soyons pleinement heureux.

[13] Les enfants de ta Soeur, choisie par Dieu elle aussi, t'adressent leurs salutations.

LA TROISIÈME LETTRE DE JEAN

Adresse

[1] De la part de *l'Ancien, à mon cher Gaïus que j'aime véritablement.

[2] Cher ami, je souhaite que tout aille bien pour toi et que tu sois en aussi bonne santé physiquement que tu l'es spirituellement. [3] J'ai été très heureux quand des frères sont arrivés et m'ont déclaré combien tu es fidèle à la vérité — selon ta façon habituelle de vivre dans la vérité. [4] Rien ne me rend plus heureux que d'apprendre que mes enfants vivent dans la vérité.

La fidélité de Gaïus

[5] Cher ami, tu agis fidèlement dans ce que tu fais pour les frères, même pour ceux qui sont étrangers. [6] Ils ont parlé de ton amour devant l'Eglise. Aide-les, je t'en prie, à poursuivre leur voyage, d'une façon qui plaise à Dieu. [7] En effet, ils se sont mis en route au service du Christ sans accepter d'aide des païens. [8] Nous devons donc, nous les chrétiens, soutenir de tels hommes, afin que nous participions au travail qu'ils accomplissent pour la vérité.

Diotrèphe et Démétrius

[9] J'ai écrit une courte lettre à l'Eglise; mais Diotrèphe, qui aime à être leur chef, refuse de tenir compte de ce que je dis. [10] C'est pourquoi, quand je viendrai, je signalerai tout le mal qu'il commet, les paroles méchantes et les mensonges qu'il prononce à notre sujet. Mais cela ne lui suffit pas: il refuse de recevoir les frères qui arrivent; il empêche même ceux qui voudraient les recevoir de le faire et cherche à les chasser de l'Eglise.

[11] Cher ami, n'imite pas ce qui est mal, mais imite ce qui est bien. Celui qui pratique le bien appartient à Dieu; celui qui commet le mal n'a pas vu Dieu.

[12] Tous disent du bien de Démétrius, et la vérité elle-même parle en sa faveur. Nous aussi, nous lui rendons un bon témoignage, et tu sais que ce que nous déclarons est vrai.

Salutations finales

[13] J'ai beaucoup de choses à te dire, mais je ne veux pas le faire avec une plume et de l'encre. [14] J'espère te voir bientôt et nous parlerons alors personnellement.

[15] Que la paix soit avec toi.

Tes amis t'adressent leurs salutations. Salue personnellement chacun de nos amis.

LA LETTRE DE JUDE

Adresse et salutation

[1] De la part de Jude, serviteur de Jésus-Christ et frère de Jacques.

A ceux qui ont été appelés par Dieu, qui vivent dans l'amour de Dieu le Père et qui sont gardés par Jésus-Christ:
[2] Que le pardon, la paix et l'amour vous soient donnés avec abondance.

De faux enseignants
(Voir aussi 2 Pierre 2.1-17)

[3] Mes amis, je faisais tout mon possible pour vous écrire au sujet du salut que nous avons en commun, quand je me suis vu dans l'obligation de vous adresser cette lettre afin de vous encourager à combattre pour la foi que Dieu a donnée une fois pour toutes à ceux qui lui appartiennent. [4] En effet, certains hommes méchants se sont introduits discrètement parmi nous; ils déforment le message concernant la grâce de notre Dieu pour justifier leur vie immorale, et ils rejettent Jésus-Christ, notre seul Maître et Seigneur. Il y a longtemps que les Ecritures ont annoncé la condamnation qui est portée contre eux.

[5] Bien que vous connaissiez déjà parfaitement tout cela, je tiens à vous rappeler comment le Seigneur a sauvé le peuple d'Israël du pays d'Egypte, mais a fait périr ensuite ceux qui refusèrent de croire. [6] Rappelez-vous les anges qui ne se sont pas contentés du pouvoir qui leur était accordé mais ont abandonné leur propre demeure: Dieu les a gardés dans l'obscurité d'en bas, liés par des chaînes éternelles pour le grand Jour où ils seront condamnés. [7] Rappelez-vous *Sodome et *Gomorrhe et les villes voisines, dont les habitants agirent comme ces anges; ils se livrèrent à l'immoralité sexuelle et recherchèrent des relations contre nature: ils subissent la punition d'un feu éternel et leur exemple est ainsi un clair avertissement donné à tous.

[8] Eh bien! ces hommes-là agissent de la même manière: ils ont des visions qui les entraînent à pécher contre leur propre corps, ils méprisent l'autorité de Dieu, ils insultent les êtres glorieux du ciel. [9] C'est là une chose que *l'archange Michel lui-même n'a pas faite. Dans sa querelle avec le

diable, lorsqu'il se disputait avec lui pour savoir qui aurait le corps de Moïse, Michel n'osa pas porter une condamnation insultante contre le diable; il lui dit seulement: "Que le Seigneur te punisse!" [10] Mais ces hommes insultent ce qu'ils ne comprennent pas; et ce qu'ils connaissent par instinct, comme des animaux sauvages, cela même cause leur perte. [11] Malheur à eux! Ils ont suivi le chemin pris par Caïn; ils se sont livrés à l'erreur pour de l'argent, comme *Balaam; ils ont péri parce qu'ils se sont révoltés comme Coré. [12] Leur présence est un scandale dans vos repas fraternels, où ils font la fête sans aucune honte et ne s'occupent que d'eux-mêmes. Ils sont comme des nuages emportés par les vents et qui ne donnent pas de pluie. Ils sont comme des arbres qui ne produisent pas de fruits même quand la saison est là, des arbres déracinés et complètement morts. [13] Ils sont semblables aux vagues furieuses de la mer et produisent leurs actions honteuses comme de l'écume. Ils sont comme des étoiles errantes et Dieu leur a réservé pour toujours une place dans l'obscurité la plus profonde.

[14] C'est Hénoch, septième descendant d'Adam en ligne directe, qui, il y a longtemps, a prophétisé à leur sujet en ces mots: "Ecoutez: le Seigneur va venir avec ses saints anges par dizaines de milliers, [15] afin d'exercer le jugement sur tous, afin de condamner tous les méchants pour toutes les mauvaises actions qu'ils ont commises dans leur révolte contre Dieu et pour toutes les paroles affreuses que ces pécheurs sans respect ont prononcées contre lui." [16] Ces hommes sont toujours mécontents et en train de se plaindre; ils vivent selon leurs propres désirs; ils prononcent des paroles orgueilleuses et flattent les gens par intérêt.

Avertissements et recommandations

[17] Mais vous, mes amis, souvenez-vous de ce qui vous a été annoncé autrefois par les *apôtres de notre Seigneur Jésus-Christ. [18] Ils vous ont dit, en effet: "Dans les derniers temps, il y aura des gens qui se moqueront de vous et vivront selon leurs mauvais désirs." [19] Ce sont eux qui causent des divisions; ils sont dominés par leur nature humaine et non par l'Esprit de Dieu. [20] Mais vous, mes amis, continuez à progresser dans votre très sainte foi. Priez avec la puissance du Saint-Esprit [21] et maintenez-vous dans l'amour de

Dieu, en attendant que notre Seigneur Jésus-Christ, dans sa bonté, vous donne la vie éternelle.

[22] Ayez pitié de ceux qui doutent: [23] sauvez-les en les arrachant du feu. Ayez également pitié des autres, une pitié mêlée de crainte; mais haïssez jusqu'à leurs vêtements tachés par leurs passions d'hommes pécheurs.

Louange finale

[24] A celui qui peut vous garder de toute chute et vous faire paraître sans défaut et pleins de joie en sa glorieuse présence, [25] au Dieu unique, notre Sauveur par Jésus-Christ notre Seigneur, soient la gloire, la grandeur, la puissance et l'autorité, dès tous les temps passés, maintenant et pour toujours! Amen.

L'APOCALYPSE
OU RÉVÉLATION ACCORDÉE À JEAN

Introduction

1 Dans ce livre sont présentés les événements que Jésus-Christ a révélés. Dieu lui a donné de les révéler pour montrer à ses serviteurs ce qui doit arriver bientôt. Le Christ les a fait connaître à son serviteur Jean en lui envoyant son ange. [2] Jean a raconté tout ce qu'il a vu. Il rapporte ici le message venu de Dieu et la vérité révélée par Jésus-Christ. [3] Heureux celui qui lit ce livre, et heureux ceux qui écoutent les paroles de ce message prophétique et obéissent à ce qui est écrit ici! Car le moment fixé pour tous ces événements est proche.

Salutations aux sept Eglises

[4] De la part de Jean, aux sept Eglises de la province d'Asie:

Que la grâce et la paix vous soient données de la part de Dieu qui est, qui était et qui va venir, de la part des sept esprits qui sont devant son trône, [5] et de la part de Jésus-Christ, le témoin fidèle, le Fils premier-né, le premier à avoir été ramené de la mort à la vie, et le souverain des rois de la terre.

Il nous aime, il nous a délivrés de nos péchés par sa mort [6] et a fait de nous un royaume de prêtres pour servir son Dieu et Père. A Jésus-Christ soient la gloire et la puissance pour toujours! Amen.

[7] Regardez, il vient avec les nuages! Tout homme le verra, même ceux qui l'ont transpercé. Tous les peuples de la terre se lamenteront à son sujet. Oui, il en sera ainsi! Amen.

[8] "Je suis *l'Alpha et *l'Oméga," déclare le Seigneur Dieu tout-puissant, qui est, qui était et qui va venir.

Jean a une vision du Christ

[9] Je suis Jean, votre frère, et dans l'union avec Jésus je participe avec vous à la souffrance, au *Royaume et à l'attente patiente. J'ai été placé sur l'île appelée Patmos, parce que j'avais prêché la parole de Dieu et la vérité révélée par

Jésus. [10] Le jour du Seigneur, l'Esprit se saisit de moi et j'entendis derrière moi une voix forte, qui résonnait comme une trompette; [11] elle disait: "Ecris dans un livre ce que tu vois, et envoie le livre aux sept Eglises suivantes: à Ephèse, Smyrne, Pergame, Thyatire, Sardes, Philadelphie et Laodicée."

[12] Je me retournai pour voir qui me parlait. Alors je vis sept porte-lampes d'or. [13] Au milieu d'eux se tenait un être semblable à un homme; il portait une robe qui lui descendait jusqu'aux pieds et une ceinture d'or autour de la poitrine. [14] Ses cheveux étaient blancs comme de la laine, ou comme de la neige, et ses yeux flamboyaient comme du feu; [15] ses pieds brillaient comme du bronze fondu au four puis poli, et sa voix résonnait comme de grandes chutes d'eau. [16] Il tenait sept étoiles dans sa main droite, et une épée aiguë à deux tranchants sortait de sa bouche. Son visage était aussi brillant que le soleil à midi. [17] Quand je le vis, je tombai à ses pieds comme mort. Il posa sa main droite sur moi et dit: "N'aie pas peur! Je suis le premier et le dernier. [18] Je suis le vivant. J'étais mort, mais maintenant je suis vivant pour toujours. Je détiens le pouvoir sur la mort et le monde des morts. [19] Ecris donc ce que tu vois: aussi bien ce qui se passe maintenant que ce qui doit arriver ensuite. [20] Voici quel est le sens secret des sept étoiles que tu vois dans ma main droite et des sept porte-lampes d'or: les sept étoiles sont les anges des sept Eglises, et les sept porte-lampes sont les sept Eglises."

Le message adressé à l'Eglise d'Ephèse

2 "Ecris à l'ange de l'Eglise d'Ephèse:

"Voici ce que déclare celui qui tient les sept étoiles dans sa main droite et qui marche au milieu des sept porte-lampes d'or: [2] Je connais tout ce que tu as fait, je connais la peine que tu t'es donnée et la patience que tu as montrée. Je le sais, tu ne peux supporter les méchants, tu as mis à l'épreuve ceux qui se disent *apôtres mais ne le sont pas et tu as découvert qu'ils sont menteurs. [3] Tu as de la patience, tu as souffert à cause de moi et tu ne t'es pas découragé. [4] Mais voici ce que j'ai contre toi: tu ne m'aimes plus comme au commencement. [5] Souviens-toi donc d'où tu es tombé, détourne-toi de tes péchés et agis comme tu l'as fait au commencement. Si tu ne te détournes pas de tes péchés, je viendrai à toi et j'enlèverai ton porte-lampe de sa place. [6] Cependant, tu as ceci en ta faveur: tu détestes ce que font les *Nicolaïtes, tout comme moi.

[7] "Que chacun, s'il a des oreilles, écoute bien ce que l'Esprit dit aux Eglises!

"A ceux qui auront remporté la victoire j'accorderai le droit de manger le fruit de l'arbre de la vie qui se trouve dans le jardin de Dieu."

Le message adressé à l'Eglise de Smyrne

[8] "Ecris à l'ange de l'Eglise de Smyrne:

"Voici ce que déclare celui qui est le premier et le dernier, celui qui était mort et qui est revenu à la vie: [9] Je connais tes souffrances; je connais ta pauvreté — mais en réalité tu es riche! Je sais le mal que disent de toi ceux qui se prétendent Juifs mais ne le sont pas: ils sont une assemblée de Satan! [10] N'aie pas peur de ce que tu vas souffrir. Ecoute: le diable va vous mettre à l'épreuve en jetant plusieurs d'entre vous en prison; vous aurez à souffrir pendant dix jours. Sois fidèle jusqu'à la mort, et je te donnerai la couronne de vie.

[11] "Que chacun, s'il a des oreilles, écoute bien ce que l'Esprit dit aux Eglises!

"Ceux qui auront remporté la victoire ne seront pas frappés par la seconde mort."

Le message adressé à l'Eglise de Pergame

[12] "Ecris à l'ange de l'Eglise de Pergame:

"Voici ce que déclare celui qui possède l'épée aiguë à deux tranchants: [13] Je sais où tu demeures: là où Satan a son trône. Tu es fermement attaché à moi et tu n'as pas rejeté la foi en moi, même à l'époque où Antipas, mon témoin fidèle, a été mis à mort chez vous, là où Satan demeure. [14] Cependant, j'ai quelque chose contre toi: tu as chez toi des gens attachés à la doctrine de *Balaam: Balaam enseignait à *Balak à faire en sorte que les Israélites tombent dans le péché en mangeant des viandes qui viennent de sacrifices offerts aux idoles et en se livrant à l'immoralité. [15] De même, tu as également chez toi des gens attachés à la doctrine des *Nicolaïtes. [16] Détourne-toi donc de tes péchés. Sinon, je viendrai à toi bientôt et je combattrai ces gens avec l'épée qui sort de ma bouche.

[17] "Que chacun, s'il a des oreilles, écoute bien ce que l'Esprit dit aux Eglises!

"A ceux qui auront remporté la victoire je donnerai de la *manne cachée. Je donnerai aussi à chacun d'eux un caillou blanc sur lequel est écrit un nom nouveau, que personne ne connaît à part celui qui le reçoit."

Le message adressé à l'Eglise de Thyatire

[18] "Ecris à l'ange de l'Eglise de Thyatire:

"Voici ce que déclare le Fils de Dieu, celui dont les yeux flamboient comme du feu et dont les pieds brillent comme du bronze poli. [19] Je connais tout ce que tu fais; je connais ton amour, ta fidélité, ton dévouement dans le service et ta patience. Je sais que ton activité est plus grande maintenant qu'au commencement. [20] Mais voici ce que j'ai contre toi: tu tolères Jézabel, cette femme qui prétend parler de la part de Dieu. Elle égare mes serviteurs en leur enseignant à se livrer à l'immoralité et à manger des viandes qui viennent de sacrifices offerts aux idoles. [21] Je lui ai laissé du temps pour se détourner de ses péchés, mais elle ne veut pas se détourner de son immoralité. [22] C'est pourquoi, je vais la jeter sur un lit de souffrance; je ferai également beaucoup souffrir ceux qui ont commis l'adultère avec elle, à moins qu'ils ne se détournent des mauvaises actions accomplies avec elle. [23] De plus, je mettrai à mort ses enfants, et ainsi toutes les Eglises sauront que je suis celui qui connaît les pensées et les désirs des hommes. Je paierai chacun de vous selon ce qu'il aura fait.

[24] "Quant à vous, les autres membres de l'Eglise de Thyatire, vous ne vous êtes pas attachés à cette mauvaise doctrine; vous n'avez pas appris ce que ces gens appellent 'les profonds secrets de Satan'. Je vous déclare que je ne vous imposerai pas d'autre fardeau. [25] Mais tenez fermement ce que vous avez jusqu'à ce que je vienne. [26-28] A ceux qui auront remporté la victoire et qui auront continué à pratiquer jusqu'à la fin ce que je veux, j'accorderai le pouvoir que j'ai reçu moi-même de mon Père: je leur donnerai le pouvoir sur les nations, ils les dirigeront avec une barre de fer et les briseront comme des vases d'argile. Je leur donnerai aussi l'étoile du matin.

[29] "Que chacun, s'il a des oreilles, écoute bien ce que l'Esprit dit aux Eglises!"

Le message adressé à l'Eglise de Sardes

3 "Ecris à l'ange de l'Eglise de Sardes:

"Voici ce que déclare celui qui possède les sept esprits de Dieu et les sept étoiles: Je connais tout ce que tu fais; je sais que tu as la réputation d'être vivant, alors que tu es mort. [2] Réveille-toi, affermis ce que tu as encore, avant que cela ne vienne à mourir complètement. Car j'ai remarqué que tes actions ne sont pas parfaites devant mon Dieu. [3] Rappelle-toi donc l'enseignement que tu as reçu et rappelle-toi comment tu l'as entendu; obéis à cet enseignement et détourne-toi de tes péchés. Si tu ne te réveilles pas, je viendrai te surprendre comme un voleur, sans que tu saches à quelle heure je viendrai. [4] Cependant, quelques-uns des tiens, à Sardes même, n'ont pas sali leurs vêtements. Ils marcheront avec moi habillés de blanc, car ils en sont dignes. [5] Ceux qui auront remporté la victoire seront ainsi habillés de blanc; je n'effacerai pas leurs noms du livre de la vie. Je déclarerai devant mon Père et devant ses anges qu'ils m'appartiennent.

[6] "Que chacun, s'il a des oreilles, écoute bien ce que l'Esprit dit aux Eglises!"

Le message adressé à l'Eglise de Philadelphie

[7] "Ecris à l'ange de l'Eglise de Philadelphie:

"Voici ce que déclare celui qui est saint et véritable, celui qui possède la clé du roi David, celui qui ouvre et personne ne peut fermer, celui qui ferme et personne ne peut ouvrir: [8] Je connais tout ce que tu fais; je sais que tu as peu de puissance, et pourtant tu as obéi à ma parole et tu m'as été fidèle. J'ai ouvert une porte devant toi, que personne ne peut fermer. [9] Voici ce que je ferai des gens de l'assemblée de Satan, ces menteurs qui se prétendent Juifs mais ne le sont pas: je les forcerai à venir se mettre à genoux devant toi pour t'honorer. Ils reconnaîtront que je t'aime. [10] Puisque tu as gardé mon ordre d'être patient, moi aussi je te garderai du temps de malheur qui va venir sur le monde entier pour mettre à l'épreuve les habitants de la terre. [11] Je vais venir bientôt. Tiens fermement ce que tu as, afin que personne ne te prenne le prix de ta victoire. [12] Je ferai de celui qui est vainqueur une colonne dans le temple de mon Dieu et il n'en sortira plus. J'écrirai sur lui le nom de mon Dieu et le nom de la ville de mon Dieu, la nouvelle Jérusalem qui va descendre du ciel d'auprès de mon Dieu. J'écrirai aussi sur lui le nom nouveau que je porte.

[13] "Que chacun, s'il a des oreilles, écoute bien ce que l'Esprit dit aux Eglises!"

Le message adressé à l'Eglise de Laodicée

[14] "Ecris à l'ange de l'Eglise de Laodicée:

"Voici ce que déclare *l'Amen, le témoin fidèle et véritable, celui qui est à l'origine de tout ce que Dieu a créé: [15] Je connais tout ce que tu as fait; je sais que tu n'es ni froid ni bouillant. Combien j'aimerais que tu sois l'un ou l'autre! [16] Mais parce que tu es tiède, c'est-à-dire ni bouillant ni froid, je vais te vomir de ma bouche! [17] 'Je suis riche et j'ai fait de bonnes affaires,' dis-tu, 'je ne manque de rien.' Mais tu ne sais pas combien tu es malheureux et misérable! Tu es pauvre, nu et aveugle. [18] C'est pourquoi je te conseille d'acheter chez moi de l'or purifié au feu, pour que tu sois riche. Achète aussi des habits blancs pour t'en revêtir et cacher ta honteuse nudité. Et achète également un remède à mettre sur tes yeux pour que tu puisses voir. [19] Je corrige et je punis tous ceux que j'aime. Fais donc preuve de zèle et détourne-toi de tes péchés. [20] Ecoute, je me tiens à la porte et je frappe; si quelqu'un entend ma voix et ouvre la porte, j'entrerai chez lui, je mangerai avec lui et il mangera avec moi. [21] A ceux qui auront remporté la victoire j'accorderai le droit de s'asseoir auprès de moi sur mon trône, tout comme moi j'ai remporté la victoire et je me suis assis auprès de mon Père sur son trône.

[22] "Que chacun, s'il a des oreilles, écoute bien ce que l'Esprit dit aux Eglises!"

L'adoration dans le ciel

4 J'eus ensuite une autre vision et je vis une porte ouverte dans le ciel.

La voix qui résonnait comme une trompette et que j'avais entendue me parler auparavant, me dit: "Monte ici, et je te montrerai ce qui doit arriver après cela." [2] Aussitôt, l'Esprit se saisit de moi. Et là, dans le ciel, se trouvait un trône. Sur ce trône quelqu'un était assis; [3] son visage avait un éclat semblable à celui de pierres précieuses de *jaspe et de *sardoine. Le trône était entouré d'un arc-en-ciel qui brillait comme une pierre *d'émeraude. [4] Autour du trône, il y avait vingt-quatre autres trônes, sur lesquels étaient assis vingt-quatre *anciens habillés de blanc et portant des couronnes d'or. [5] Du trône partaient des éclairs, des sons et des coups de tonnerre. Sept flambeaux allumés brûlaient devant le trône: ce sont les sept esprits de Dieu. [6] Devant le trône, il y avait comme une mer de verre, aussi claire que du cristal.

Immédiatement autour du trône, et de chaque côté, se trouvaient quatre êtres vivants, couverts d'yeux par devant et par derrière. [7] Le premier être vivant ressemblait à un lion; le deuxième ressemblait à un veau; le troisième avait un visage semblable à celui d'un homme; et le quatrième ressemblait à un aigle qui vole. [8] Chacun des quatre êtres vivants avait six ailes, et ils étaient couverts d'yeux partout, au dedans et au dehors. Ils ne cessent pas de chanter jour et nuit:

"Saint, saint, saint est le Seigneur Dieu tout-puissant,
Qui était, qui est et qui va venir."

[9] Chaque fois que les quatre êtres vivants chantent pour glorifier, honorer et remercier celui qui est assis sur le trône, celui qui vit pour toujours, [10] les vingt-quatre anciens tombent à genoux devant celui qui est assis sur le trône et adorent celui qui vit pour toujours. Ils jettent leurs couronnes devant le trône et disent:

[11] "O notre Seigneur et notre Dieu, tu es digne de recevoir la gloire, l'honneur et la puissance.
Car tu as créé toutes choses,
Et c'est par ta volonté que l'existence et la vie leur ont été accordées."

Le livre et l'Agneau

5 Je vis un livre en forme de rouleau dans la main droite de celui qui était assis sur le trône; il était écrit en dedans et en dehors, et il était scellé de sept *sceaux. [2] Et je vis un ange puissant qui proclamait d'une voix forte: " Qui est digne de briser les sceaux et d'ouvrir le livre?" [3] Mais il n'y avait personne, ni dans le ciel, ni sur la terre, ni sous la terre, qui pût ouvrir le livre et regarder à l'intérieur. [4] Je pleurai beaucoup, parce qu'il ne s'était trouvé personne qui fût digne d'ouvrir le livre ou de regarder à l'intérieur. [5] Alors l'un des *anciens me dit: "Ne pleure pas. Regarde: le lion de la tribu de Juda, le descendant du roi David, a remporté la victoire et peut briser les sept sceaux et ouvrir le livre."

[6] Et je vis un Agneau debout au milieu du trône, entouré par les quatre êtres vivants et les anciens. Il semblait avoir été mis à mort. Il avait sept cornes et sept yeux, qui sont les sept esprits de Dieu envoyés par toute la terre. [7] L'Agneau s'avança et prit le livre de la main droite de celui qui était assis sur le trône. [8] Quand il prit le livre, les quatre êtres vivants et les vingt-quatre anciens tombèrent à genoux devant l'Agneau. Chacun d'eux avait une harpe et des coupes d'or pleines *d'encens, qui sont les prières des membres du

peuple de Dieu. [9] Ils chantaient un cantique nouveau:

"Tu es digne de prendre le livre
Et d'en briser les sceaux.
Car tu as été mis à mort et, par ta mort,
Tu as racheté pour Dieu des hommes
De toute tribu, de toute langue, de tout peuple et de toute nation.
[10] Tu as fait d'eux un royaume de prêtres pour servir notre Dieu,
Et ils régneront sur la terre."

[11] Je regardai encore et j'entendis un grand nombre d'anges: il y en avait des milliers et des dizaines de milliers. Ils se tenaient autour du trône, des êtres vivants et des anciens, [12] et chantaient d'une voix forte:

"L'Agneau qui a été mis à mort
Est digne de recevoir la puissance,
La richesse, la sagesse et la force,
L'honneur, la gloire et la louange!"

[13] J'entendis aussi toutes les créatures dans le ciel, sur la terre, sous la terre et dans la mer — toutes les créatures de l'univers entier — qui chantaient:

"A celui qui est assis sur le trône et à l'Agneau
Soient la louange, l'honneur, la gloire et la puissance pour toujours!"

[14] Les quatre êtres vivants répondaient: "Amen!" Et les anciens tombèrent à genoux et adorèrent.

Les sceaux

6 Puis je vis l'Agneau briser le premier des sept *sceaux, et j'entendis l'un des quatre êtres vivants dire d'une voix qui résonnait comme le tonnerre: "Viens!" [2] Je regardai et je vis un cheval blanc. Celui qui le montait tenait un arc, et on lui donna une *couronne. Il partit en vainqueur et pour vaincre encore

[3] Puis l'Agneau brisa le deuxième sceau, et j'entendis le deuxième être vivant qui disait: "Viens!" [4] Alors un autre cheval sortit, il était de couleur rouge. Celui qui le montait reçut le pouvoir de répandre la guerre sur la terre, afin que les hommes se tuent les uns les autres. On lui donna une grande épée.

[5] Puis l'Agneau brisa le troisième sceau, et j'entendis le troisième être vivant qui disait: "Viens!" Je regardai et je vis un cheval noir. Celui qui le montait tenait une balance à la main. [6] J'entendis comme une voix qui venait du milieu des quatre êtres vivants et qui disait: "Un kilo de blé pour le salaire de toute une journée de travail, et trois kilos d'orge pour le salaire de toute une journée de travail. Mais ne cause pas de dommages à l'huile et au vin."

[7] Puis l'Agneau brisa le quatrième sceau, et j'entendis le quatrième être vivant qui disait: "Viens!" [8] Je regardai et je vis un cheval de couleur verdâtre. Celui qui le montait se nommait la Mort, et il était suivi par celui qui représente le monde des morts. On leur donna le pouvoir sur le quart de la terre, pour faire mourir les hommes par l'épée, par la famine, par la maladie et par les bêtes sauvages de la terre.

[9] Puis l'Agneau brisa le cinquième sceau. Alors je vis sous *l'autel les âmes de ceux qui avaient été mis à mort parce qu'ils avaient annoncé la parole de Dieu et avaient fidèlement rendu témoignage. [10] Ils criaient d'une voix forte: "Seigneur saint et véritable, jusques à quand attendras-tu pour juger les habitants de la terre et les punir de nous avoir mis à mort?" [11] On donna à chacun d'eux une robe blanche, et on leur dit de se tenir en repos encore un peu de temps, jusqu'à ce que soit complété le nombre de leurs frères et compagnons de service qui devaient être mis à mort comme ils l'avaient été eux-mêmes.

[12] Puis je vis l'Agneau briser le sixième sceau. Il y eut un violent tremblement de terre; le soleil devint noir, comme une grossière étoffe noire, et la lune tout entière devint rouge comme du sang; [13] les étoiles tombèrent du ciel sur la terre, comme des figues encore vertes qui tombent de l'arbre quand un fort vent le secoue. [14] Le ciel disparut comme un livre en *parchemin que l'on roule; toutes les montagnes et toutes les îles furent arrachées de leur place. [15] Les rois de la terre, les dirigeants, les chefs militaires, les riches, les puissants, et tous les autres hommes, esclaves ou

libres, se cachèrent dans les cavernes et parmi les rochers des montagnes. [16] Et ils disaient aux montagnes et aux rochers: "Tombez sur nous et cachez-nous loin du regard de celui qui est assis sur le trône et loin de la colère de l'Agneau. [17] Car le grand jour de leur colère est arrivé et qui pourrait lui résister?"

Les 144.000 membres du peuple d'Israël

7 Après cela, je vis quatre anges debout aux quatre coins de la terre; ils retenaient les quatre vents de la terre, afin qu'aucun vent ne souffle sur la terre, ni sur la mer, ni sur un arbre quelconque. [2] Et je vis un autre ange qui montait de l'est et qui tenait le *sceau du Dieu vivant. Il cria d'une voix forte aux quatre anges qui avaient reçu le pouvoir de ravager la terre et la mer: [3] "Ne faites pas de mal à la terre, ni à la mer, ni aux arbres, jusqu'à ce que nous ayons marqué d'un sceau le front des serviteurs de notre Dieu." [4] On m'indiqua alors le nombre de ceux qui furent marqués au front du sceau de Dieu: ils étaient cent quarante-quatre mille, de toutes les tribus du peuple d'Israël. [5] Douze mille membres de la tribu de Juda furent marqués du sceau; douze mille de la tribu de Ruben; douze mille de la tribu de Gad; [6] douze mille de la tribu d'Aser; douze mille de la tribu de Nephtali; douze mille de la tribu de Manassé; [7] douze mille de la tribu de Siméon; douze mille de la tribu de Lévi; douze mille de la tribu d'Issacar; [8] douze mille de la tribu de Zabulon; douze mille de la tribu de Joseph; douze mille de la tribu de Benjamin.

La foule immense

[9] Après cela, je regardai encore et je vis une foule immense: personne ne pouvait compter tous ceux qui en faisaient partie. C'étaient des gens de toute nation, de toute tribu, de tout peuple et de toute langue. Ils se tenaient devant le trône et devant l'Agneau, habillés de robes blanches et avec des branches de palmier à la main. [10] Ils criaient d'une voix forte: "Notre salut vient de notre Dieu, qui est assis sur le trône, ainsi que de l'Agneau!" [11] Tous les anges se tenaient autour du trône, des *anciens et des quatre êtres vivants. Ils tombèrent alors devant le trône, le visage contre terre, et adorèrent Dieu [12] en disant: "Amen! La louange,

la gloire, la sagesse, la reconnaissance, l'honneur, la puissance et la force sont à notre Dieu pour toujours! Amen."

[13] L'un des anciens me demanda: "Qui sont ces gens habillés de robes blanches et d'où viennent-ils?" [14] Je lui répondis: "C'est toi qui le sais, mon seigneur." Il me dit alors: "Ce sont ceux qui ont passé par la grande persécution. Ils ont lavé leurs robes et les ont blanchies dans le sang de l'Agneau. [15] C'est pourquoi ils se tiennent devant le trône de Dieu et servent Dieu nuit et jour dans son temple. Celui qui est assis sur le trône les protégera par sa présence. [16] Ils n'auront plus jamais faim ni soif; ni le soleil, ni aucune chaleur ardente ne les brûleront plus. [17] Car l'Agneau qui est au milieu du trône sera leur *berger et les conduira aux sources d'eau vive. Et Dieu essuiera toute larme de leurs yeux."

Le septième sceau

8 Quand l'Agneau brisa le septième *sceau, il y eut dans le ciel un silence d'environ une demi-heure. [2] Puis je vis les sept anges qui se tiennent devant Dieu; on leur donna sept trompettes.

[3] Un autre ange vint se placer près de *l'autel; il tenait un *encensoir d'or. On lui donna beaucoup *d'encens pour qu'il l'offre, avec les prières de tous les membres du peuple de Dieu, sur l'autel d'or qui se trouve devant le trône. [4] La fumée de l'encens qui brûlait s'éleva de la main de l'ange, devant Dieu, avec les prières des membres du peuple de Dieu. [5] Puis l'ange prit l'encensoir, le remplit du feu de l'autel et le jeta sur la terre. Il y eut des coups de tonnerre, des sons, des éclairs et un tremblement de terre.

Les trompettes

[6] Les sept anges qui tenaient les sept trompettes se préparèrent alors à en sonner.

[7] Le premier ange sonna de la trompette. De la grêle et du feu, mêlés de sang, furent jetés sur la terre. Le tiers de la terre fut brûlé, le tiers des arbres fut brûlé, et toute l'herbe verte fut brûlée.

[8] Puis le deuxième ange sonna de la trompette. Une sorte de grande montagne enflammée fut jetée dans la mer. Le tiers de la mer se changea en sang. [9] Le tiers de toutes les créatures vivantes de la mer mourut et le tiers de tous les bateaux fut détruit.

[10] Puis le troisième ange sonna de la trompette. Une grande étoile, qui brûlait comme un flambeau, tomba du ciel. Elle tomba sur le tiers des fleuves et sur les sources d'eau. [11] (Le nom de cette étoile est Amertume.) Le tiers des eaux devint amer et beaucoup d'hommes moururent d'avoir bu de l'eau, parce qu'elle était devenue amère.

[12] Puis le quatrième ange sonna de la trompette. Le tiers du soleil fut frappé, ainsi que le tiers de la lune et le tiers des étoiles, de sorte qu'ils perdirent un tiers de leur clarté; il n'y eut pas de lumière pendant un tiers du jour et également pendant un tiers de la nuit.

[13] Je regardai encore, et j'entendis un aigle qui volait très haut dans les airs dire d'une voix forte: “Malheur! Malheur! Quel malheur ce sera pour les habitants de la terre quand retentira le son des trompettes que les trois autres anges vont faire entendre!”

9 Puis le cinquième ange sonna de la trompette. Je vis une étoile qui était tombée du ciel sur la terre; on lui donna la clé du puits de *l'abîme. [2] L'étoile ouvrit le puits de l'abîme; il en sortit une fumée, semblable à la fumée d'une grande fournaise. Le soleil et l'air furent obscurcis par la fumée du puits. [3] Des *sauterelles sortirent de la fumée et se répandirent sur la terre; on leur donna un pouvoir semblable à celui que possèdent les *scorpions. [4] On leur dit de ne pas faire de mal à l'herbe, ni à aucun arbre, ni à aucune autre plante, mais seulement aux hommes qui ne sont pas marqués au front du *sceau de Dieu. [5] Les sauterelles ne reçurent pas la permission de tuer ces hommes, mais seulement de les torturer pendant cinq mois. La douleur qu'elles causent par leurs tortures est semblable à celle qu'un homme éprouve quand il est piqué par un scorpion. [6] Durant cette période de cinq mois, les hommes chercheront la mort, mais ils ne la trouveront pas; ils désireront mourir, mais la mort fuira loin d'eux.

[7] Ces sauterelles ressemblent à des chevaux prêts pour le combat; sur leurs têtes, il y a comme des couronnes d'or, et leurs visages sont semblables à des visages d'hommes. [8] Leurs cheveux sont comme des cheveux de femmes, et leurs dents sont comme celles des lions. [9] Sur leurs poitrines, il y a comme des cuirasses de fer, et le bruit produit par leurs ailes est semblable au bruit de nombreux chars tirés par des chevaux qui se précipitent au combat. [10] Elles ont des queues et des aiguillons comme en ont les scorpions, et c'est au moyen de leurs queues qu'elles ont le pouvoir de faire du mal aux hommes pendant cinq mois. [11] Elles ont à leur tête un roi, qui est l'ange de l'abîme. Il s'appelle en hébreu "Abaddon", et en grec "Apollyon" (ce qui signifie "le Destructeur").

[12] Le premier malheur est passé; après cela, deux autres malheurs doivent encore venir.

[13] Puis le sixième ange sonna de la trompette. J'entendis une voix venir des coins de *l'autel d'or qui se trouve devant Dieu. [14] La voix dit au sixième ange qui tenait la trompette: "Libère les quatre anges qui sont enchaînés près du grand fleuve Euphrate." [15] On libéra les quatre anges; ils avaient été préparés précisément pour cette heure, de ce jour, ce mois et cette année, afin de faire mourir le tiers de l'humanité. [16] On m'indiqua le nombre des soldats à che-

val: ils étaient deux cent millions. [17] Et voici comment, dans ma vision, je vis les chevaux et leurs cavaliers: ceux-ci avaient des cuirasses rouges comme le feu, bleues comme le *saphir et jaune comme le *soufre. Les têtes des chevaux étaient comme des têtes de lions; de leurs bouches sortaient du feu, de la fumée et du soufre. [18] Le tiers de l'humanité fut tué par ces trois fléaux: le feu, la fumée et le soufre qui sortaient de la bouche des chevaux. [19] Car le pouvoir des chevaux se trouve dans leurs bouches et aussi dans leurs queues. Leurs queues sont semblables à des serpents; elles ont des têtes, dont elles se servent pour faire du mal aux hommes.

[20] Le reste de l'humanité, tous ceux qui n'avaient pas été tués par ces fléaux, ne se détournèrent pas de ce qu'ils avaient fait eux-mêmes. Ils ne cessèrent pas d'adorer les *démons et les idoles d'or, d'argent, de bronze, de pierre et de bois, qui ne peuvent ni voir, ni entendre, ni marcher. [21] Ces hommes ne se détournèrent pas non plus de leurs meurtres, de leur magie, de leur immoralité ou de leurs vols.

L'ange et le petit livre

10 Je vis ensuite un autre ange puissant descendre du ciel. Il était enveloppé d'un nuage et avait un arc-en-ciel autour de la tête; son visage était comme le soleil et ses jambes étaient comme des colonnes de feu. [2] Il tenait à la main un petit livre ouvert. Il posa le pied droit sur la mer et le pied gauche sur la terre. [3] Il cria d'une voix forte, comme un lion qui rugit. Après qu'il eut crié, les sept tonnerres répondirent dans un grondement. [4] Dès qu'ils eurent parlé, j'allais me mettre à écrire. Mais j'entendis une voix me dire du ciel: "Tiens secret ce que les sept tonnerres ont dit; ne l'écris pas."

[5] Alors l'ange que j'avais vu debout sur la mer et sur la terre leva la main droite vers le ciel [6] et fit un serment au nom du Dieu qui vit pour toujours, qui a créé le ciel et tout ce qui s'y trouve, la terre et tout ce qui s'y trouve, ainsi que la mer et tout ce qui s'y trouve. L'ange déclara: "Il n'y aura plus de délai! [7] Mais au moment où le septième ange se mettra à sonner de la trompette, alors Dieu accomplira son plan secret, comme il l'avait annoncé à ses serviteurs les *prophètes."

[8] Puis la voix que j'avais entendue venir du ciel me parla

de nouveau en ces mots: “Va prendre le petit livre ouvert dans la main de l’ange qui se tient debout sur la mer et sur la terre.” [9] J’allai vers l’ange et lui demandai de me donner le petit livre. Il me dit: “Prends-le et mange-le: il sera amer dans ton estomac, mais dans ta bouche il sera doux comme du miel.” [10] Je pris le petit livre de sa main et le mangeai. Dans ma bouche, il fut doux comme du miel; mais quand je l’eus avalé, il devint amer dans mon estomac.

[11] On me dit alors: “Il faut une fois encore que tu annonces le message de Dieu qui concerne beaucoup de peuples, de nations, de langues et de rois.”

Les deux témoins

11 On me donna ensuite un roseau servant à mesurer, semblable à un bâton, et l’on me dit: “Lève-toi et mesure le temple de Dieu ainsi que *l’autel, et compte ceux qui adorent dans le temple. [2] Mais laisse de côté la cour extérieure du temple; ne la mesure pas, car elle a été donnée aux païens, qui piétineront la ville sainte pendant quarante-deux mois. [3] J’enverrai mes deux témoins, habillés de sacs, et ils annonceront le message de Dieu pendant ces mille deux cent soixante jours.”

[4] Les deux témoins sont les deux oliviers et les deux lampes qui se tiennent devant le Seigneur de la terre. [5] Si quelqu’un cherche à leur faire du mal, du feu sort de leur bouche et détruit leurs ennemis; c’est ainsi que doit être tué celui qui cherchera à leur faire du mal. [6] Ils ont le pouvoir de fermer le ciel, afin qu’il ne tombe pas de pluie durant le temps où ils annoncent le message de Dieu. Ils ont également le pouvoir de changer l’eau en sang; ils ont encore le pouvoir de frapper la terre de toutes sortes de fléaux aussi souvent qu’ils le veulent.

[7] Quand ils auront fini de proclamer leur message, la bête qui sort de *l’abîme les attaquera. Elle les vaincra et les tuera. [8] Leurs cadavres resteront dans la rue de la grande ville, là où leur Seigneur a été cloué sur la croix. Cette ville est appelée symboliquement *Sodome, ou Egypte. [9] Des hommes de tout peuple, de toute tribu, de toute langue et de toute nation regarderont leurs cadavres pendant trois jours et demi et ne permettront pas qu’on les enterre. [10] Les habitants de la terre seront heureux de la mort de ces deux hommes; ils s’en réjouiront et s’enverront des cadeaux les

uns aux autres, parce que ces deux *prophètes auront causé bien des tourments aux habitants de la terre. [11] Mais, après les trois jours et demi, un souffle de vie vient de Dieu et entre en eux, et ils se relèvent; tous ceux qui les voient sont saisis d'une grande crainte. [12] Les deux prophètes entendent alors une voix forte leur dire du ciel: "Montez ici!" Ils montent au ciel dans un nuage, pendant que leurs ennemis les regardent. [13] Au même moment, il y a un violent tremblement de terre; la dixième partie de la ville s'écroule et sept mille personne sont tuées dans un tremblement de terre. Les autres gens sont remplis de peur et rendent gloire au Dieu du ciel.

[14] Le deuxième malheur est passé; mais attention! le troisième va venir bientôt.

La septième trompette

[15] Puis le septième ange sonna de la trompette. Des voix fortes se firent entendre dans le ciel; elles disaient: "Le pouvoir de régner sur le monde appartient maintenant à notre Seigneur et à son Christ, et il régnera pour toujours!" [16] Les vingt-quatre *anciens qui sont assis sur leurs trônes devant Dieu tombèrent le visage contre terre et adorèrent Dieu [17] en disant:

"Seigneur Dieu tout-puissant, toi qui es et qui étais,
Nous te remercions de ce que tu t'es servi de ta grande puissance
Et de ce que tu t'es mis à régner.
[18] Les nations étaient remplies de fureur,
Mais le moment est arrivé où ta colère va se manifester
Et où les morts vont être jugés;
Le moment est arrivé où tu vas accorder la récompense à tes serviteurs les *prophètes
Et à tous ceux qui t'appartiennent et te craignent,
Qu'ils soient grands ou petits;
Le moment est arrivé où tu vas détruire ceux qui détruisent la terre!"

[19] Le temple de Dieu, dans le ciel, s'ouvrit alors, et l'on vit le coffre de *l'alliance dans son temple. Il y eut des éclairs, des sons, des coups de tonnerre, un tremblement de terre et une forte grêle.

La femme et le *dragon

12 Un grand signe apparut dans le ciel: une femme enveloppée du soleil comme d'un vêtement, qui avait la lune sous les pieds et une couronne de douze étoiles sur la tête. [2] Elle était sur le point de mettre au monde un enfant, et les souffrances et douleurs de l'enfantement la faisaient crier.

[3] Un autre signe apparut dans le ciel: un énorme *dragon rouge qui avait sept têtes et dix cornes, et une couronne sur chacune de ses têtes. [4] Avec sa queue, il arracha le tiers des étoiles du ciel et les jeta sur la terre. Il se tint devant la femme qui allait mettre au monde un enfant, afin de dévorer son enfant dès qu'il serait né. [5] Et la femme enfanta un fils, qui dirigera toutes les nations avec une barre de fer. Mais son enfant fut emporté et emmené auprès de Dieu et de son trône. [6] La femme s'enfuit dans le désert, où Dieu lui avait préparé une place, pour qu'elle y soit nourrie pendant mille deux cent soixante jours.

[7] Alors une bataille s'engagea dans le ciel. *Michel et ses anges combattirent le dragon, et celui-ci se battit contre eux

avec ses anges. [8] Mais le dragon fut vaincu et il ne fut plus autorisé, ainsi que ses anges, à rester dans le ciel. [9] L'énorme dragon fut jeté dehors. C'est lui le serpent ancien, appelé le diable ou Satan, qui trompe le monde entier. Il fut jeté sur la terre, et ses anges y furent jetés avec lui.

[10] Puis j'entendis une voix forte dans le ciel, qui disait: "Maintenant le salut de Dieu est arrivé! Maintenant Dieu a manifesté sa puissance royale! Maintenant son Christ a manifesté l'autorité qui est la sienne! Car l'accusateur de nos frères, celui qui se tenait devant notre Dieu pour les accuser jour et nuit, a été jeté hors du ciel. [11] Nos frères ont remporté la victoire sur lui grâce au sang de l'Agneau et grâce à la vérité qu'ils ont proclamée; ils ont accepté de donner leur vie et de mourir. [12] C'est pourquoi, réjouissez-vous, cieux, et vous qui les habitez! Mais quel malheur pour la terre et la mer! En effet, le diable est descendu vers vous, et il est rempli de colère car il sait qu'il lui reste très peu de temps."

[13] Quand le dragon se rendit compte qu'il avait été jeté sur la terre, il se mit à poursuivre la femme qui avait mis au monde le fils. [14] Mais la femme reçut les deux ailes d'un grand aigle pour voler jusqu'à sa place dans le désert, où elle sera nourrie pendant trois ans et demi, à l'abri des attaques du serpent. [15] Alors le serpent projeta de sa gueule de l'eau comme un fleuve derrière la femme, afin que les flots l'emportent. [16] Mais la terre vint au secours de la femme: la terre ouvrit sa bouche et avala l'eau que le dragon avait projetée de sa gueule. [17] Le dragon fut rempli de fureur contre la femme, et il s'en alla combattre le reste de ses descendants, tous ceux qui obéissent aux commandements de Dieu et qui sont fidèles à la vérité révélée par Jésus. [18] Et le dragon se tint sur le bord de la mer.

Les deux bêtes

13 Puis je vis une bête qui sortait de la mer. Elle avait dix cornes et sept têtes; elle portait une couronne sur chacune de ses cornes, et un nom insultant pour Dieu était inscrit sur ses têtes. [2] La bête que je vis ressemblait à un léopard, ses pattes étaient comme les pattes d'un ours et sa gueule comme la gueule d'un lion. Le *dragon lui donna sa puissance, son trône et son grand pouvoir. [3] L'une des têtes de la bête semblait avoir été blessée à mort, mais la blessure mortelle avait été guérie. La terre entière fut remplie d'admiration et suivit la bête. [4] Tout le monde se mit à adorer le dragon, parce qu'il avait donné son pouvoir à la bête. Ils adorèrent également la bête, en disant: "Qui est semblable à la bête? Qui peut combattre contre elle?"

[5] La bête fut autorisée à prononcer des paroles orgueilleuses et insultantes pour Dieu; elle reçut le pouvoir d'agir pendant quarante-deux mois. [6] Elle se mit à parler contre Dieu, à insulter son nom et le lieu où il demeure, ainsi que tous ceux qui demeurent dans le ciel. [7] Elle fut autorisée à combattre les membres du peuple de Dieu et à les vaincre; elle reçut le pouvoir sur toute tribu, tout peuple, toute langue et toute nation. [8] Tous les habitants de la terre l'adoreront, c'est-à-dire tous ceux dont le nom ne se trouve pas écrit, depuis le commencement du monde, dans le livre de la vie, le livre qui appartient à l'Agneau mis à mort.

[9] "Ecoutez bien, si vous avez des oreilles pour entendre! [10] Celui qui est destiné à être prisonnier, sera certainement emmené prisonnier; celui qui est destiné à être tué par l'épée, sera certainement tué par l'épée. Voilà pourquoi les membres du peuple de Dieu doivent faire preuve de patience et de foi."

[11] Puis je vis une autre bête qui sortait de la terre. Elle avait deux cornes semblables à des cornes d'agneau et elle parlait comme un dragon. [12] Elle utilisait tout le pouvoir de la première bête en sa présence. Elle obligeait la terre et ses habitants à adorer la première bête, dont la blessure mortelle avait été guérie. [13] Cette deuxième bête accomplissait de grands miracles; elle faisait descendre le feu du ciel sur la terre en présence de tous les hommes. [14] Elle égarait les habitants de la terre par les miracles qu'elle était autorisée à accomplir en présence de la première bête. Elle disait aux habitants de la terre de faire une image en l'honneur de la bête qui avait été blessée par l'épée et qui vivait pourtant. [15] La deuxième bête reçut le pouvoir de donner le souffle de vie à l'image de la première bête, afin que cette image se mette à parler et qu'elle puisse mettre à mort tous ceux qui ne l'adoreraient pas. [16] La bête obligeait tous les hommes, petits et grands, riches et pauvres, esclaves et libres, à recevoir une marque sur la main droite et sur le front. [17] Personne ne pouvait acheter ou vendre s'il n'avait pas cette marque, c'est-à-dire le nom de la bête ou le chiffre qui correspond à ce nom.

[18] C'est ici qu'il s'agit de faire preuve de sagesse. Celui qui est intelligent peut résoudre le problème posé par le chiffre de la bête, car ce chiffre correspond au nom d'un homme. Son chiffre est six cent soixante-six.

Le cantique des rachetés

14 Puis je regardai, et je vis l'Agneau qui se tenait sur le mont *Sion; avec lui se trouvaient cent quarante-quatre mille personnes qui avaient son nom et le nom de son Père écrits sur le front. [2] J'entendis une voix qui venait du ciel et qui résonnait comme de grandes chutes d'eau, comme un fort coup de tonnerre. La voix que j'entendis était semblable au son produit par des harpistes, quand ils jouent de la harpe. [3] Ces milliers de gens se tenaient devant le trône, devant les quatre êtres vivants et devant les *anciens, et ils chantaient un cantique nouveau. Personne ne pouvait apprendre ce cantique sinon les cent quarante-quatre mille qui ont été rachetés de la terre. [4] Ceux-là ne se sont pas souillés avec des femmes, ils se sont gardés purs. Ils suivent l'Agneau partout où il va; ils ont été rachetés d'entre les hommes pour être offerts les premiers à Dieu et à l'Agneau. [5] On ne les a jamais entendus prononcer un mensonge; ils sont sans défaut.

Les trois anges

[6] Puis je vis un autre ange qui volait très haut dans les airs; il avait une Bonne Nouvelle éternelle à annoncer aux habitants de la terre, aux gens de toute nation, toute tribu, toute langue et tout peuple. [7] Il disait d'une voix forte: "Craignez Dieu et rendez-lui gloire! Car le moment est arrivé où il va juger les hommes. Adorez celui qui a fait le ciel, la terre, la mer et les sources d'eau!"

[8] Un deuxième ange suivit le premier en disant: "Elle est tombée, elle est tombée la grande *Babylone! Elle a fait boire son vin à toutes les nations, le vin de sa terrible immoralité!"

[9] Un troisième ange suivit les deux premiers, en disant d'une voix forte: "Celui qui adore la bête et son image, et en reçoit la marque sur le front ou sur la main, [10] boira lui-même le vin de Dieu, le vin de sa fureur, qu'il a versé pur dans la coupe de sa colère! Tous ceux qui agissent ainsi seront tourmentés dans le feu et le *soufre devant les saints anges et devant l'Agneau. [11] La fumée du feu qui les tourmente s'élève pour toujours. Il n'y a pas de repos, ni le jour ni la nuit, pour ceux qui ont adoré la bête et son image, et pour quiconque a reçu la marque de son nom."

[12] Voilà pourquoi les membres du peuple du Dieu, ceux qui obéissent à ses commandements et qui sont fidèles à Jésus, doivent faire preuve de patience.

[13] Puis j'entendis une voix me dire du ciel: "Ecris ceci: 'Heureux les morts qui dès maintenant meurent au service du Seigneur!' " " Oui, c'est vrai," déclare l'Esprit. " Ils pourront se reposer de leurs durs travaux, car le bien qu'ils ont accompli les accompagne."

La moisson de la terre

[14] Je regardai encore, et je vis un nuage blanc, et sur ce nuage était assis un être semblable à un homme. Il avait sur la tête une couronne d'or et à la main une *faucille tranchante. [15] Un autre ange sortit du temple et cria d'une voix forte à celui qui était assis sur le nuage: "Emploie ta faucille et moissonne, car le moment de moissonner est

arrivé: la terre est mûre pour la moisson!" [16] Alors celui qui était assis sur le nuage fit passer sa faucille sur la terre et la terre fut moissonnée.

[17] Un autre ange sortit du temple qui est dans le ciel; il avait, lui aussi, une faucille tranchante.

[18] Un autre ange encore, qui a autorité sur le feu, vint de *l'autel. Il cria d'une voix forte à celui qui avait la faucille tranchante: "Emploie ta faucille et coupe les grappes de la vigne de la terre, car leurs raisins sont mûrs." [19] L'ange fit alors passer sa faucille sur la terre, coupa les grappes de la vigne de la terre et les jeta dans le pressoir à raisin de la grande colère de Dieu. [20] On écrasa les raisins dans le pressoir hors de la ville; du pressoir sortirent des flots de sang qui s'étendirent sur trois cents kilomètres, avec une profondeur d'environ un mètre cinquante.

Les anges et les derniers fléaux

15 Puis je vis dans le ciel un autre signe, grand et étonnant: sept anges qui tenaient sept fléaux. Ce sont les derniers fléaux, car c'est par eux que s'achève la colère de Dieu.

[2] Puis je vis comme une mer de verre, mêlée de feu; je vis aussi ceux qui avaient remporté la victoire sur la bête, sur son image et sur celui dont le nom est représenté par un chiffre. Ils étaient debout près de cette mer de verre et tenaient les harpes que Dieu leur avait données. [3] Ils chantaient le cantique de Moïse, le serviteur de Dieu, et le cantique de l'Agneau:

"Seigneur Dieu tout-puissant,
Que tes oeuvres sont grandes et merveilleuses!
Roi des nations,
Que tes plans sont justes et vrais!
[4] Qui ne te craindrait, Seigneur?
Qui refuserait de te rendre gloire?
Car toi seul es saint,
Toutes les nations viendront
Et s'inclineront devant toi pour t'adorer,
Car tes actions justes se sont clairement révélées."

[5] Après cela, je vis s'ouvrir dans le ciel le temple où se trouve la tente de la présence de Dieu. [6] Les sept anges qui tenaient les sept fléaux sortirent du temple; ils étaient habillés de lin blanc et brillant, et portaient des ceintures d'or autour de la poitrine. [7] L'un des quatre êtres vivants donna aux sept anges sept coupes d'or pleines de la colère du Dieu qui vit pour toujours. [8] Le temple fut rempli d'une fumée produite par la gloire et la puissance de Dieu, et personne ne pouvait entrer dans le temple jusqu'à ce que les sept fléaux apportés par les anges soient accomplis.

Les coupes de la colère de Dieu

16 Puis j'entendis une voix forte qui venait du temple et qui disait aux sept anges: "Allez verser sur la terre les sept coupes de la colère de Dieu!"

[2] Le premier ange partit et versa sa coupe sur la terre. Alors, des plaies mauvaises et douloureuses apparurent sur les hommes qui avaient la marque de la bête et qui adoraient son image.

[3] Le deuxième ange versa sa coupe dans la mer. L'eau de-

vint comme le sang d'un mort et tous les êtres vivants qui se trouvaient dans la mer moururent.

[4] Le troisième ange versa sa coupe dans les fleuves et les sources d'eau, qui se changèrent en sang. [5] J'entendis alors l'ange qui a autorité sur les eaux dire: "Tu es juste d'avoir jugé ainsi, ô toi le Saint, qui es et qui étais. [6] Ils ont en effet répandu le sang des membres du peuple de Dieu et celui des *prophètes, et maintenant tu leur as donné du sang à boire. Ils ont ce qu'ils méritent!" [7] Puis j'entendis une voix qui venait de *l'autel et disait: "Oui, Seigneur Dieu tout-puissant, tes jugements sont vrais et justes!"

[8] Le quatrième ange versa sa coupe sur le soleil, qui fut autorisé alors à brûler les hommes par son feu. [9] Les hommes furent brûlés par une chaleur terrible et ils insultèrent le nom du Dieu qui détient de tels fléaux en son pouvoir; mais ils refusèrent de se détourner de leurs péchés et de rendre gloire à Dieu.

[10] Le cinquième ange versa sa coupe sur le trône de la bête, dont le royaume fut alors plongé dans l'obscurité. Les hommes se mordaient la langue de douleur; [11] ils insultèrent le Dieu du ciel à cause de leurs douleurs et de leurs plaies. Mais ils ne se détournèrent pas de leurs mauvaises actions.

[12] Le sixième ange versa sa coupe sur le grand fleuve Euphrate. Le fleuve se dessécha pour livrer passage aux rois qui viennent de l'est. [13] Puis je vis trois esprits mauvais, semblables à des grenouilles, qui sortaient de la gueule du *dragon, de la gueule de la bête et de la bouche du faux prophète. [14] Ce sont les esprits de *démons qui accomplissent des miracles. Ces trois esprits s'en vont vers les rois de toute la terre, afin de les rassembler pour la bataille du grand jour du Dieu tout-puissant.

[15] "Ecoute, je viens comme un voleur! Heureux celui qui reste éveillé et garde ses vêtements, pour ne pas aller nu et ne pas avoir la honte d'être vu ainsi."

[16] Les esprits rassemblèrent les rois dans le lieu appelé en hébreu *Harmaguédon.

[17] Le septième ange versa sa coupe dans l'air. Une voix forte se fit entendre du temple; elle venait du trône et disait: "C'en est fait!" [18] Il y eut des éclairs, des sons, des coups de tonnerre et un violent tremblement de terre. Il n'y a jamais eu un pareil tremblement de terre depuis la création de l'homme, tellement celui-ci fut violent! [19] La grande

ville fut brisée en trois parties et les villes de tous les pays s'écroulèrent. Dieu se souvint de la grande *Babylone et lui fit boire le vin de sa coupe, le vin de son ardente colère. [20] Toutes les îles disparurent et l'on ne vit plus de montagnes. [21] D'énormes grêlons, qui pesaient jusqu'à quarante kilos, tombèrent du ciel sur les hommes. Et les hommes insultèrent Dieu à cause du fléau de la grêle, car c'était un fléau d'une violence terrible.

La grande prostituée

17 Alors l'un des sept anges qui tenaient les sept coupes vint me dire: "Viens et je te montrerai comment doit être punie la grande prostituée, la grande ville bâtie au bord de nombreuses rivières. [2] Les rois de la terre se sont livrés à l'immoralité avec elle et les habitants de la terre se sont enivrés du vin de son immoralité."

[3] L'Esprit se saisit de moi et l'ange me transporta dans un désert. Je vis là une femme assise sur une bête rouge qui était couverte de noms insultants pour Dieu; cette bête avait sept têtes et dix cornes. [4] La femme était habillée de pourpre et d'écarlate, elle était chargée de bijoux d'or, de pierres précieuses et de perles. Elle tenait à la main une coupe d'or pleine des abominables impuretés dues à son immoralité. [5] Sur son front était écrit un nom au sens secret: "La grande *Babylone, la mère des prostituées et des abominations du monde." [6] Je vis que cette femme était ivre du sang des membres du peuple de Dieu et du sang de ceux qui ont été tués à cause de leur fidélité à Jésus.

En la voyant, je fus saisi d'un grand étonnement. [7] L'ange me dit alors: "Pourquoi t'étonnes-tu? Je te dirai la signification secrète de la femme et de la bête qui la porte, la bête qui a les sept têtes et les dix cornes. [8] La bête que tu as vue était autrefois vivante mais ne l'est plus; elle doit sortir de *l'abîme, mais pour aller à sa destruction. Les habitants de la terre, dont le nom ne se trouve pas écrit depuis le commencement du monde dans le livre de la vie, s'étonneront en voyant la bête: en effet, elle était autrefois vivante, mais ne l'est plus, et elle reparaîtra.

[9] "C'est ici qu'il s'agit de faire preuve d'intelligence et de sagesse. Les sept têtes sont sept collines, sur lesquelles la femme est assise. Elles sont aussi sept rois: [10] cinq d'entre eux sont tombés, l'un règne actuellement et l'autre n'est pas

encore venu; quand il sera venu, il ne doit rester que peu de temps. [11] La bête, qui était autrefois vivante mais ne l'est plus, est elle-même un huitième roi, qui fait en même temps partie des sept premiers et qui va à sa destruction.

[12] "Les dix cornes que tu as vues sont dix rois qui n'ont pas encore commencé à régner; mais ils recevront le pouvoir royal pour régner pendant une heure avec la bête. [13] Ils ont tous les dix la même intention, et ils remettent leur puissance et leur pouvoir à la bête. [14] Ils combattront l'Agneau, mais l'Agneau les vaincra, parce qu'il est le Seigneur des seigneurs et le Roi des rois; il les vaincra avec les siens, ceux qui ont été appelés et choisis, ses fidèles."

[15] L'ange me dit encore: "Les eaux que tu as vues, sur lesquelles est assise la prostituée, ce sont des peuples, des foules, des nations et des langues. [16] Les dix cornes que tu as vues et la bête haïront la prostituée: elles lui enlèveront tout ce qu'elle a et la mettront à nu, elles mangeront sa chair et la détruiront par le feu. [17] Car Dieu a mis dans leur coeur le désir d'accomplir son intention, en agissant d'un commun accord et en remettant leur pouvoir royal à la bête, jusqu'à ce que les paroles de Dieu soient réalisées.

[18] "Enfin, la femme que tu as vue, c'est la grande ville qui domine les rois de la terre."

La chute de Babylone

18 Après cela, je vis un autre ange descendre du ciel. Il avait un grand pouvoir, et sa splendeur illumina la terre entière. [2] Il cria d'une voix forte: "Elle est tombée, elle est tombée la grande *Babylone! Elle est maintenant un lieu habité par des *démons, un refuge pour toutes sortes d'esprits mauvais; toutes sortes d'oiseaux *impurs et détestables y vivent. [3] Car elle a fait boire son vin à toutes les nations, le vin de sa terrible immoralité. Les rois de la terre se sont livrés à l'immoralité avec elle et les marchands de la terre se sont enrichis de son luxe effréné."

[4] Puis j'entendis une autre voix qui venait du ciel et disait:

"Sortez du milieu d'elle, mon peuple, afin de ne pas participer à ses péchés et de ne pas avoir part aux fléaux qui vont la frapper. [5] Car ses péchés se sont amoncelés jusqu'au ciel et Dieu s'est souvenu de ses mauvaises actions. [6] Traitez-la comme elle vous a traités, payez-lui le double de ce qu'elle a fait. Remplissez sa coupe d'une boisson deux fois plus forte que celle qu'elle vous a préparée. [7] Donnez-lui autant de souffrance et de malheur qu'elle s'est accordé de gloire et de luxe. Elle se dit en elle-même: 'Je suis assise ici comme une reine, je ne suis pas veuve et je ne connaîtrai jamais le deuil.' [8] C'est pourquoi, les fléaux qui lui sont réservés vont tous la frapper en un seul jour: maladie, deuil et famine; elle sera détruite par le feu. Car il est puissant le Seigneur Dieu qui la juge."

[9] Les rois de la terre, qui se sont livrés avec elle à l'immoralité et au luxe, pleureront et se lamenteront au sujet de la ville, quand ils verront la fumée de son incendie. [10] Ils se tiendront à bonne distance, par peur des souffrances qu'elle va subir, et diront: "Malheur! Quel malheur! O Babylone, ville grande et puissante! Une seule heure a suffi pour que tu sois punie!"

[11] Les marchands de la terre pleurent aussi et se lamentent à son sujet, parce que personne n'achète plus leurs marchandises: [12] or, argent, pierres précieuses et perles; fines toiles de lin, étoffes de pourpre et d'écarlate, soie; toute sorte de bois rares, toute espèce d'objets en ivoire, en bois précieux, en bronze, en fer et en marbre; [13] cannelle, épices, parfums, *myrrhe et *encens; vin, huile, farine et blé; boeufs et moutons, chevaux et chars, esclaves et même vies humaines. [14] Ces marchands disent à la ville: "Tous les produits que tu désirais avoir ont disparu de chez toi, toutes tes richesses et ton luxe sont perdus pour toi, et tu ne les retrouveras plus jamais!" [15] Les marchands qui se sont enrichis en faisant du commerce dans cette ville, se tiendront à bonne distance par peur des souffrances qu'elle va subir. Ils pleureront et se lamenteront; [16] ils diront: "Malheur! Quel malheur pour la grande ville! Elle était habillée d'un fin tissu de lin, de pourpre et d'écarlate, elle était chargée de bijoux d'or, de pierres précieuses et de perles. [17] Et une seule heure a suffi pour qu'elle perde toute cette richesse!"

Tous les capitaines de navires et leurs passagers, les marins et tous ceux qui gagnent leur vie sur la mer, se tenaient à bonne distance [18] et s'écriaient en voyant la fumée de son incendie: "Il n'y a jamais eu de ville pareille à cette grande ville!" [19] Ils jetaient de la poussière sur leurs têtes, ils pleuraient, se lamentaient et criaient: "Malheur! Quel malheur pour la grande ville! C'est de sa richesse que s'enrichissaient tous ceux qui ont des navires sur la mer. Et une seule heure a suffi pour qu'elle perde tout!"

[20] Réjouis-toi de sa destruction, ô ciel! Réjouissez-vous membres du peuple de Dieu, *apôtres et *prophètes! Car Dieu l'a jugée pour le mal qu'elle vous a fait!

[21] Alors un ange puissant prit une pierre de la taille d'une grande *meule à blé et la jeta dans la mer en disant: "C'est ainsi que la grande ville de Babylone sera jetée à bas avec violence, et on ne la reverra plus jamais. [22] On n'entendra plus jamais chez toi la musique des harpistes et des musiciens, des joueurs de flûte et de trompette. On n'y trouvera plus aucun ouvrier d'un métier quelconque; on n'y entendra plus le bruit de la meule à blé. [23] La lumière de la lampe ne brillera plus jamais chez toi; on n'y entendra plus la voix du marié et de la mariée. Tes marchands étaient les plus puissants du monde, et par tes pratiques de magie tu as trompé tous les peuples."

[24] Babylone a été punie parce qu'on a trouvé dans cette ville le sang des prophètes et des membres du peuple de Dieu, le sang de tous ceux qui ont été mis à mort sur la terre.

19 Après cela, j'entendis comme la voix forte d'une foule nombreuse dans le ciel, qui disait: "Louez Dieu! Le salut, la gloire et la puissance sont à notre Dieu! [2] Ses jugements sont vrais et justes! Car il a condamné la grande prostituée qui corrompait la terre par son immoralité. Il l'a punie parce qu'elle avait tué les serviteurs de Dieu." [3] Et ils dirent encore: "Louez Dieu! La fumée de l'incendie de la grande ville s'élève pour toujours!" [4] Les vingt-quatre *anciens et les quatre êtres vivants tombèrent à genoux et adorèrent Dieu, qui est assis sur le trône, et dirent: "Amen! Louez Dieu!"

Le repas des noces de l'Agneau

[5] Une voix se fit entendre du trône; elle disait: "Louez notre Dieu, vous tous ses serviteurs, et vous qui le craignez, les grands comme les petits!" [6] Puis j'entendis comme la voix d'une foule nombreuse, qui résonnait comme de grandes chutes d'eau, comme de violents coups de tonnerre. J'entendis qu'ils disaient: "Louez Dieu! Car le Seigneur, notre Dieu tout-puissant, règne en Roi! [7] Réjouissons-nous et

soyons heureux, rendons-lui gloire! Car le moment des noces de l'Agneau est arrivé, et son épouse s'est préparée. [8] Elle a été autorisée à s'habiller d'un fin tissu de lin, brillant et pur." (Le tissu de lin représente les oeuvres justes des membres du peuple de Dieu.)

[9] L'ange me dit: "Ecris: Heureux ceux qui ont été invités au repas des noces de l'Agneau." Et il ajouta: "Ce sont là les paroles véritables de Dieu." [10] Je tombai à ses pieds pour l'adorer, mais il me dit: "Garde-toi de le faire! Je suis un serviteur, comme toi et comme tes frères qui possèdent la vérité révélée par Jésus. Adore Dieu!"

La vérité révélée par Jésus, c'est ce qui inspire les *prophètes.

Le cavalier monté sur le cheval blanc

[11] Puis je vis le ciel ouvert, et un cheval blanc apparut. Celui qui le monte s'appelle Fidèle et Véritable; il juge et combat avec justice. [12] Ses yeux flamboyaient comme du feu et il avait de nombreuses couronnes sur la tête. Il portait un nom écrit que personne ne connaît à part lui. [13] Il était habillé d'une robe couverte de sang. Il s'appelle "La Parole de Dieu". [14] Les armées du ciel le suivaient, montées sur des chevaux blancs et habillées d'un fin tissu de lin, blanc et pur. [15] De sa bouche sortait une épée aiguë dont il va frapper les nations. Il les dirigera avec une barre de fer, et il écrasera le raisin dans le pressoir à vin de l'ardente colère du Dieu tout-puissant. [16] Sur sa robe et sur sa jambe le nom suivant était écrit: "Roi des rois et Seigneur des seigneurs."

[17] Puis je vis un ange debout dans le soleil. Il cria d'une voix forte à tous les oiseaux qui volaient à travers les airs: "Venez, rassemblez-vous pour le grand repas de Dieu! [18] Venez manger la chair des rois, des généraux et des soldats, la chair des chevaux et de leurs cavaliers, la chair de tous les hommes, esclaves et libres, grands et petits."

[19] Puis je vis la bête, les rois de la terre et leurs armées, rassemblés pour combattre contre celui qui monte le cheval et contre son armée. [20] La bête fut faite prisonnière, ainsi que le faux *prophète qui avait accompli des miracles en sa présence. (C'est par ces miracles qu'il avait trompé ceux qui avaient reçu la marque de la bête et qui adoraient son image.) La bête et le faux prophète furent jetés vivants dans

le lac de feu où brûle le *soufre. [21] Les autres furent tués par l'épée qui sort de la bouche de celui qui monte le cheval, et tous les oiseaux se nourrirent de leur chair.

Les mille ans

20 Puis je vis un ange descendre du ciel; il tenait à la main la clé de *l'abîme et une énorme chaîne. [2] Il saisit le *dragon, le serpent ancien, c'est-à-dire le diable ou Satan, et il l'enchaîna pour mille ans. [3] L'ange le jeta dans

l'abîme, qu'il ferma à clé et scella, afin que le dragon ne puisse plus égarer les nations jusqu'à ce que les mille ans soient passés. Après cela, il doit être relâché pour un peu de temps.

[4] Puis je vis des trônes: ceux qui étaient assis dessus reçurent le pouvoir de juger. Je vis aussi les âmes de ceux qui avaient été exécutés parce qu'ils avaient annoncé la vérité révélée par Jésus et la parole de Dieu. Ils n'avaient pas adoré la bête, ni son image, et ils n'avaient pas reçu la marque de la bête sur le front ou sur la main. Ils revinrent à la vie et régnèrent avec le Christ pendant mille ans. [5] (Les autres morts ne revinrent pas à la vie jusqu'à ce que les mille ans soient passés.) C'est la première *résurrection. [6] Heureux et particulièrement bénis sont ceux qui ont part à cette première résurrection! La seconde mort n'a pas de pouvoir sur eux; ils seront prêtres de Dieu et du Christ, et ils régneront avec lui pendant mille ans.

La défaite de Satan

[7] Quand les mille ans seront passés, Satan sera relâché de sa prison, [8] et il s'en ira tromper les nations répandues dans le monde entier, c'est-à-dire Gog et Magog. Il les rassemblera pour le combat, et ils seront aussi nombreux que les grains de sable au bord de la mer. [9] Les voici qui s'avancent sur toute l'étendue de la terre, et ils encerclent le camp du peuple de Dieu et la ville aimée de Dieu. Mais le feu descend du ciel et les détruit. [10] Alors le diable, qui les trompait, est jeté dans le lac de feu et de *soufre, où la bête et le faux *prophète ont déjà été jetés. Ils seront tourmentés jour et nuit pour toujours.

Le jugement dernier

[11] Puis je vis un grand trône blanc et celui qui y est assis. La terre et le ciel s'enfuirent devant lui, et on ne les revit plus. [12] Ensuite, je vis les morts, grands et petits, debout devant le trône. Des livres furent ouverts. Un autre livre encore fut ouvert, le livre de la vie. Les morts furent jugés selon ce qu'ils avaient fait, d'après ce qui était écrit dans les livres. [13] La mer rendit les morts qu'elle contenait. La mort et le monde des morts rendirent aussi les morts qu'ils gardaient. Et tous furent jugés selon ce qu'ils avaient fait. [14] La mort et le monde des morts furent jetés dans le lac de feu. (Ce lac de feu est la seconde mort.) [15] Quiconque n'avait pas son nom écrit dans le livre de la vie fut jeté dans le lac de feu.

Le nouveau ciel et la nouvelle terre

21 Puis je vis un nouveau ciel et une nouvelle terre. Le premier ciel et la première terre avaient disparu, et il n'y avait plus de mer. [2] Et je vis la ville sainte, la nouvelle Jérusalem, qui descendait du ciel, d'auprès de Dieu, prête comme une mariée qui s'est faite belle pour aller à la rencontre de son mari. [3] J'entendis une voix forte qui venait du trône et disait: "Maintenant la demeure de Dieu est parmi les hommes! Il demeurera avec eux et ils seront son peuple. Dieu lui-même sera avec eux et il sera leur Dieu. [4] Il essuiera toute larme de leurs yeux. Il n'y aura plus de mort, il n'y aura plus ni deuil, ni lamentations, ni douleur. Les choses anciennes auront disparu."

[5] Alors celui qui est assis sur le trône déclara: "Maintenant, je fais toutes choses nouvelles." Puis il me dit: "Ecris ceci, car mes paroles sont vraies et dignes de confiance." [6] Et il ajouta: "C'en est fait! Je suis *l'Alpha et *l'Oméga, le commencement et la fin. Celui qui a soif, je lui donnerai à boire gratuitement à la source de l'eau de la vie. [7] Ceux qui auront remporté la victoire recevront de moi ce don; et je serai leur Dieu, et ils seront mes fils. [8] En ce qui concerne les lâches, les infidèles, les êtres abominables, les meurtriers, les gens immoraux, ceux qui pratiquent la magie, les adorateurs d'idoles et tous les menteurs, leur place sera dans le lac brûlant de feu et de *soufre, qui est la seconde mort."

La nouvelle Jérusalem

[9] L'un des sept anges qui tenaient les sept coupes pleines des sept derniers fléaux vint me dire: "Viens et je te montrerai la mariée, l'épouse de l'Agneau." [10] L'Esprit se saisit de moi et l'ange me transporta au sommet d'une très haute montagne. Il me montra la ville sainte, Jérusalem, qui descendait du ciel, d'auprès de Dieu, [11] resplendissante de la gloire de Dieu. La ville brillait d'un éclat semblable à celui d'une pierre précieuse, d'une pierre de *jaspe transparente

comme du cristal. [12] Elle avait une grande et haute muraille, avec douze portes, et douze anges gardaient les portes. Sur les portes étaient écrits les noms des douze tribus du peuple d'Israël. [13] Il y avait trois portes de chaque côté: trois à l'est, trois au nord, trois au sud et trois à l'ouest. [14] La muraille de la ville reposait sur douze pierres, et sur ces pierres étaient écrits les noms des douze *apôtres de l'Agneau.

[15] L'ange qui me parlait tenait une mesure, un roseau d'or, pour mesurer la ville, ses portes et sa muraille. [16] La ville avait la forme d'un carré, sa longueur était égale à sa largeur. L'ange mesura la ville avec son roseau : elle avait deux mille deux cents kilomètres de longueur, et elle était aussi large et haute que longue. [17] L'ange mesura aussi la muraille, qui avait soixante-douze mètres de hauteur, selon la mesure ordinaire qu'il utilisait. [18] La muraille était construite en jaspe, et la ville elle-même était d'or pur, aussi clair que du verre. [19] Les pierres de fondation de la muraille de la ville étaient ornées de toutes sortes de pierres précieuses : la première pierre de fondation était de jaspe, la deuxième de *saphir, la troisième *d'agate, la quatrième *d'émeraude, [20] la cinquième *d'onyx, la sixième de *sardoine, la septième de *chrysolithe, la huitième de *béryl, la neuvième de *topaze, la dixième de *chrysoprase, la onzième de *turquoise et la douzième *d'améthyste. [21] Les douze portes étaient douze perles; chaque porte était faite d'une seule perle. La rue de la ville était d'or pur, transparent comme du verre.

[22] Je ne vis pas de temple dans cette ville, car elle a pour temple le Seigneur Dieu tout-puissant, ainsi que l'Agneau. [23] La ville n'a besoin ni du soleil ni de la lune pour l'éclairer, car la gloire de Dieu l'illumine et l'Agneau est sa lampe. [24] Les peuples du monde marcheront à sa lumière, et les rois de la terre y apporteront leurs richesses. [25] Les portes de la ville seront ouvertes pendant toute la journée; elles ne seront jamais fermées, car, là, il n'y aura pas de nuit. [26] On y apportera la richesse et la grandeur des nations. [27] Mais rien *d'impur n'entrera dans cette ville, ni personne qui se livre à des pratiques abominables et au mensonge. Seuls entreront ceux dont le nom est écrit dans le livre de la vie, le livre qui appartient à l'Agneau.

22 L'ange me montra aussi le fleuve de l'eau de la vie, brillant comme du cristal, qui sortait du trône de Dieu et de l'Agneau, [2] et coulait au milieu de la rue de la ville. De chaque côté du fleuve se trouve l'arbre de la vie, qui donne du fruit douze fois par année, une fois chaque mois. Ses feuilles servent à la guérison des nations. [3] Il ne s'y trouvera plus rien qui soit frappé par la malédiction de Dieu.

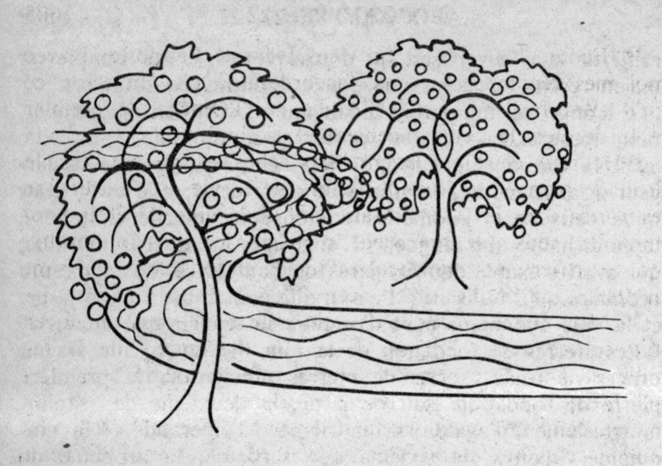

Le trône de Dieu et de l'Agneau sera dans la ville, et les serviteurs de Dieu l'adoreront. [4] Ils verront sa face, et son nom sera écrit sur leurs fronts. [5] Il n'y aura plus de nuit, et ils n'auront besoin ni de la lumière d'une lampe, ni de celle du soleil, parce que le Seigneur Dieu répandra sur eux sa lumière, et ils régneront pour toujours.

La venue de Jésus

[6] Puis l'ange me dit: "Ces paroles sont vraies et dignes de confiance. Et le Seigneur Dieu, qui accorde son Esprit aux *prophètes, a envoyé son ange pour montrer à ses serviteurs ce qui doit arriver bientôt."

[7] "Ecoute," dit Jésus, "je viens bientôt! Heureux ceux qui obéissent aux paroles prophétiques de ce livre!"

[8] Moi, Jean, j'ai entendu et vu ces choses. Et quand j'eus fini de les entendre et de les voir, je tombai aux pieds de l'ange qui me les avait montrées, pour l'adorer. [9] Mais il me dit: "Garde-toi de le faire! Je suis un serviteur comme toi, comme tes frères les prophètes et comme tous ceux qui obéissent aux paroles de ce livre. Adore Dieu!" [10] Puis il me dit: "Ne tiens pas secrètes les paroles prophétiques de ce livre, car le moment fixé pour tous ces événements est proche. [11] Que celui qui est mauvais continue à mal agir, et que celui qui est sale continue à être sale; que celui qui est bon continue à bien agir, et que celui qui est saint continue à être saint."

[12] "Ecoute," dit Jésus, "je viens bientôt! J'apporterai avec moi mes récompenses, que j'accorderai à chacun selon ce qu'il aura fait. [13] Je suis *l'Alpha et *l'Oméga, le premier et le dernier, le commencement et la fin."

[14] Heureux ceux qui lavent leurs robes, et qui ont ainsi le droit de manger le fruit de l'arbre de la vie et d'entrer par les portes dans la ville. [15] Mais hors de la ville les êtres abominables, ceux qui pratiquent la magie, les gens immoraux, les meurtriers, les adorateurs d'idoles et tous ceux qui sont menteurs, en paroles et en actes!

[16] "Moi, Jésus, j'ai envoyé mon ange pour vous annoncer tout cela dans les Eglises. Je suis le descendant de la famille de David, je suis l'étoile brillante du matin."

[17] L'Esprit et l'Epouse disent: "Viens!"
Que celui qui entend cela dise aussi: "Viens!"
Que celui qui a soif vienne; que celui qui veut de l'eau de la vie la reçoive gratuitement.

Conclusion

[18] Moi, Jean, j'adresse ce solennel avertissement à tous ceux qui entendent les paroles prophétiques de ce livre: si quelqu'un y ajoute quelque chose, Dieu ajoutera à sa punition les fléaux décrits dans ce livre. [19] Et si quelqu'un enlève quelque chose des paroles prophétiques de ce livre, Dieu lui enlèvera sa part du fruit de l'arbre de la vie et sa part de la ville sainte décrits dans ce livre.

[20] Celui qui garantit la vérité de tout cela déclare: "Oui, je viens bientôt!"
Oh! qu'il en soit ainsi! Viens, Seigneur Jésus!
[21] Que la grâce du Seigneur Jésus soit avec tous.

GLOSSAIRE

Aaron Frère de Moïse, qui fut choisi par Dieu pour être le chef des prêtres d'Israël (Exode 28.1—30.10).

abîme Caverne profonde dans la terre, où, selon la tradition juive, les esprits mauvais étaient emprisonnés en attendant la punition définitive.

agate Pierre précieuse de diverses couleurs.

Agrippa Hérode Agrippa II, arrière-petit-fils d'Hérode le Grand. Il fut roi de Chalcis, région située au nord de la Palestine, et de territoires voisins. Paul présenta sa défense devant lui et sa soeur Bérénice (Actes 25.13—26.32).

albâtre Pierre de couleur claire, dont on faisait des vases à parfums.

alliance Traité ou accord que Dieu conclut, de sa propre initiative, tout d'abord avec Abraham (Genèse 17.1-8), puis, plus tard, avec le peuple d'Israël (Deutéronome 29.10-15), et, enfin, avec tous ceux qui croient en Jésus-Christ.

aloès Substance parfumée, tirée d'une plante, que les Juifs répandaient sur les bandes de lin dont ils entouraient un corps avant de l'enterrer.

Alpha Première lettre de l'alphabet grec. L'expression "Je suis l'Alpha et l'Oméga" (Apocalypse 1.8; 21.6; 22.13) signifie "Je suis le premier et le dernier".

Amen Mot hébreu signifiant "il en est ainsi" ou "qu'il en soit ainsi". On peut aussi le traduire par "en vérité", "certainement", "sûrement". Dans Apocalypse 3.14, il est employé comme titre pour le Christ.

améthyste Pierre précieuse, de couleur habituellement pourpre ou violette.

anciens 1) Dans les Evangiles, les anciens sont des chefs religieux juifs, dont plusieurs faisaient partie du Conseil supérieur. 2) Dans Actes 11—21 et dans les épîtres, les anciens sont des chrétiens ayant une responsabilité dans la direction des Eglises. 3) Dans l'Apocalypse, les vingt-quatre anciens font partie de la cour céleste de Dieu, peut-être comme représentants du peuple de Dieu.

apôtres Nom désignant les membres du groupe des douze hommes choisis par Jésus pour l'accompagner et l'aider. Le terme apôtre signifie "envoyé" et il est appliqué dans le Nouveau Testament également à Paul et à d'autres collaborateurs de la mission de l'Eglise primitive.

archange Un des principaux anges.

arche Grand bateau construit par Noé et dans lequel lui-même, sa famille et les animaux échappèrent à la grande inondation (ou déluge) (Genèse 6.9—8.19).

Aréopage Colline d'Athènes où se réunissait le Conseil de la ville. Le nom en vint à désigner ce Conseil, même lorsqu'il ne siégea plus sur cette colline.

Arétas Roi du pays des Nabatéens, contrée située au sud et à l'est de la Palestine.

Artémis Nom grec d'une ancienne déesse de la fertilité, adorée principalement en Asie Mineure.

Auguste Un des titres de Caïus Octavus, qui fut empereur romain de 27 av. J.C. à 14 ap. J.C. (Luc 2.1).

autel Endroit où l'on offre des sacrifices à Dieu.

Baal Nom du dieu adoré par les anciens habitants du pays de Canaan.

Babylone Capitale de l'ancien pays de Babylonie, situé à l'est de la Palestine sur les bords des fleuves Tigre et Euphrate. Dans le Nouveau Testament, le nom de Babylone désigne probablement la ville de Rome.

Balaam Personnage originaire de Péthor, près du fleuve Euphrate. Balak, roi de Moab, lui demanda de maudire le peuple d'Israël. Mais Balaam obéit à l'ordre de Dieu et bénit Israël (Nombres 22.1—24.25; Deutéronome 23.3-6; Josué 13.22).

Balak Roi de Moab, pays situé au sud-est de la mer Morte. Il entraîna le peuple d'Israël à adorer des idoles (Nombres 22.1—24.25; Apocalypse 2.14).

Béelzébul Nom donné au diable en tant que chef des esprits mauvais.

Bérénice Soeur du roi Agrippa II (Actes 25.13—26.32).

berger Homme ou garçon qui garde les moutons.

béryl Pierre précieuse, de couleur habituellement verte ou bleu vert.

brebis Au sens propre: femelle du mouton. Au sens figuré, ce terme est employé pour désigner ceux qui croient en Jésus-Christ et font partie du troupeau dont il est le berger.

chrysolithe Pierre précieuse de couleur jaune doré.

chrysoprase Pierre précieuse de couleur vert pomme.

circoncire Couper le prépuce d'un bébé mâle. Ce rite juif était un signe de l'alliance conclue par Dieu avec le peuple d'Israël (Genèse 17.9-14).

Claude Empereur romain de 41-54 ap. J.C. (Actes 11.28; 18.2).

Conseil supérieur ou Sanhédrin. Tribunal religieux suprême des Juifs, composé de 70 ou 71 membres et présidé par le grand-prêtre.

couronne Cercle de fleurs ou de feuillages que l'on pose sur la tête de quelqu'un. Autrefois, le vainqueur d'une compétition sportive recevait une couronne de feuillages comme prix.

Dédicace, fête de la Fête juive, d'une durée de huit jours, où l'on rappelait la restauration et la nouvelle dédicace de l'autel du temple de Jérusalem effectuées par le patriote juif Judas Macchabée en 165 av. J.C.

démon Esprit mauvais considéré comme étant un envoyé ou un serviteur du diable.

diacre Titre donné à certains membres de l'Eglise qui étaient spécialement chargés du soin des pauvres et des malades.

disciple Personne qui en suit une autre pour recevoir d'elle un enseignement. Dans le Nouveau Testament, le mot est utilisé spécialement pour désigner ceux qui suivent Jésus (les douze apôtres en particulier). Mais il est aussi appliqué à ceux qui suivent Jean-Baptiste ou Paul.

dragon Animal imaginaire, ayant la forme d'un énorme lézard. Il est aussi appelé serpent et représente, dans la Bible, le diable (Apocalypse 12.3—13.4; 20.2-3).

Elie Prophète de l'Ancien Testament dont le retour était attendu pour la période précédant immédiatement la venue du Messie (Malachie 4.5-6).

émeraude Pierre précieuse de couleur verte.

encens Substance que l'on brûle pour produire une odeur agréable.

encensoir Ustensile sur lequel on brûle l'encens.

épicuriens Les partisans de la doctrine d'Epicure (mort en 270 av. J.C.) qui enseignait que le bonheur est le plus grand bien de la vie.

épileptique Personne souffrant d'une maladie nerveuse qui provoque des convulsions et des évanouissements.

eunuque Homme qui a été rendu physiquement incapable d'avoir des relations sexuelles normales.

faucille Instrument fait d'une lame de métal courbée en demicercle fixée à une poignée de bois, dont on se sert pour couper les céréales ou l'herbe.

Félix Gouverneur romain de la Judée de 52-60 ap. J.C. Paul présenta sa défense devant lui (Actes 23.24—24.47).

Festus Gouverneur romain de la Judée de 60-62 ap. J.C. C'est devant lui que Paul présenta sa défense et en appela à l'empereur romain (Actes 25.1—26.32).

Fils de David Titre que les Juifs appliquaient au Messie attendu, en tant que descendant et successeur du roi David.

Fils de l'homme Titre que Jésus emploie pour se désigner luimême. Ce titre se rapporte à la fois à l'abaissement actuel de Jésus (Marc 8.31; Luc 9.58) et à sa gloire future (Matthieu 25.31; Marc 8.38).

Gabriel L'un des chefs des anges de Dieu. Il fut envoyé à Zacharie, père de Jean-Baptiste (Luc 1.11-20), et à Marie, mère de Jésus (Luc 1.26-38).

Gallion Gouverneur romain de la Grèce de 51-52 ap. J.C. (Actes 18.12-17).

Gamaliel Un des plus célèbres maîtres juifs. Il faisait partie du Conseil supérieur des Juifs et Paul avait suivi son enseignement (Actes 22.3).

Génésareth Autre nom du lac de Galilée (Luc 5.1).

Gomorrhe Ville proche de la mer Morte, que Dieu détruisit par le feu en raison de la grande méchanceté de ses habitants (Genèse 19.24-28).

grand-prêtre Prêtre qui détenait la plus haute fonction dans la prêtrise juive et qui présidait le Conseil supérieur des Juifs. Une fois par année (le jour des expiations), il entrait dans le lieu très saint du temple et y offrait un sacrifice pour lui-même et pour les péchés du peuple d'Israël.

Harmaguédon Lieu mentionné dans Apocalypse 16.16. On ne sait pas exactement si ce nom désigne un endroit réel ("la montagne de Meguiddo"), ou s'il a une valeur symbolique.

Hermès Nom d'un dieu grec qui servait de messager aux dieux.

Hérode 1) Hérode le Grand (Luc 1.5) fut roi sur l'ensemble du territoire juif de 37 - 4 av. J.C. 2) Hérode Antipas (Marc 6.14-27; Luc 3.1,19-20; 9.7-9; 13.31; 23.6-12; Actes 4.27; 13.1) régna sur la Galilée de 4 av. J.C. à 39 ap. J.C. Il était le fils d'Hérode le Grand. 3) Hérode Agrippa 1er (Actes 12.1-23) régna sur l'ensemble du territoire juif de 41-44 ap. J.C. Il était le petit-fils d'Hérode le Grand.

Hérodiade Femme d'Hérode Antipas (qui régna sur la Galilée). Avant d'épouser Hérode, elle avait été la femme du demi-frère de celui-ci, Philippe (Matthieu 14.3-12; Marc 6.17-28; Luc 3.19).

hysope Petite plante dont les branches étaient utilisées pour l'aspersion du sang dans certaines cérémonies du culte juif.

imposition des mains Geste symbolique qui consistait à poser les mains sur quelqu'un pour indiquer qu'un don spirituel, une bénédiction particulière ou la guérison lui était accordé.

impur Dans la religion juive, était impur tout ce qui faisait obstacle, d'un point de vue rituel ou moral, à la communion avec Dieu. L'impureté était causée au point de vue rituel par certains aliments, par certaines maladies (lèpre), par un esprit mauvais, par le contact avec un cadavre, etc., et, au point de vue moral, par le péché.

Israël Autre nom de Jacob, fils d'Isaac (Genèse 32.28; 35.10). Ses descendants furent appelés Israélites ou peuple d'Israël.

jaspe Pierre précieuse qui peut avoir diverses couleurs. Le jaspe que mentionne la Bible était probablement vert.

Jessé Père du roi David, l'un des ancêtres de Jésus (Actes 13.22; Romains 15.12).

Jeûne d'automne Autre nom du jour des expiations au cours duquel le grand-prêtre offrait un sacrifice pour les péchés du peuple d'Israël (Lévitique 16.29-34).

joug Lourde barre de bois fixée sur le cou de deux boeufs pour leur permettre de tirer une charrue ou un char. Le terme est utilisé comme image pour indiquer l'enseignement qu'un maître communique à ses élèves.

lépreux Personne souffrant d'une maladie appelée lèpre. Dans la Bible, le terme traduit par "lèpre" avait probablement un sens plus étendu que celui que nous lui donnons maintenant: il désignait diverses maladies de la peau, en plus de la lèpre proprement dite.

levain Substance que l'on ajoute à la pâte afin qu'elle lève, avant de la cuire pour en faire du pain.

Lévites Membres de la tribu de Lévi, qui aidaient les prêtres dans le culte du temple (Nombres 3.1-13).

Loi Nom que les Juifs donnaient aux cinq premiers livres de la Bible, appelés aussi livres de Moïse. Parfois, le terme est utilisé dans un sens plus général pour désigner l'ensemble de l'Ancien Testament.

Lot Neveu d'Abraham qui s'échappa, avec ses filles, de Sodome au moment où cette ville fut détruite par Dieu. Par contre, sa femme ne put échapper à la mort (Genèse 19.12-29).

maîtres de la loi Hommes qui étudiaient et interprétaient les enseignements de l'Ancien Testament, de ses cinq premiers livres en particulier.

manne Aliment que Dieu accorda aux Israélites durant leur séjour au désert après la sortie d'Egypte (Exode 16.14-21). La manne était blanche et semblable à de petits grains.

Messie Titre (signifiant "Oint", c'est-à-dire choisi par Dieu) donné au Sauveur dont la venue avait été annoncée par les prophètes de l'Ancien Testament. Le mot "Messie" vient de l'hébreu et a le même sens que le mot "Christ" qui vient du grec.

meule à blé Grosse pierre servant à broyer le blé pour en extraire la farine.

Michel L'un des chefs des anges de Dieu (Jude 9; Apocalypse 12.7).

Moloch L'un des dieux des anciens habitants du pays de Canaan.

muselière Appareil qui entoure le museau d'un animal et qui l'empêche d'ouvrir la gueule pour mordre ou pour manger.

myrrhe Substance parfumée, tirée d'une plante. On l'utilisait soit pour en faire un cadeau précieux, soit comme drogue, soit pour la répandre sur les bandes de lin dont les Juifs entouraient un corps avant de l'enterrer.

nard Plante dont on faisait un parfum précieux.

Nazaréen Personne venant de Nazareth. Ce nom fut utilisé comme titre pour Jésus et servit aussi à désigner les premiers chrétiens (Actes 24.5).

Nicolaïtes Groupement mentionné dans Apocalypse 2.6 et 15, dont les enseignements et les actions sont condamnés. Il semble qu'ils se livraient à l'idolâtrie et à l'immoralité. Mais il est impossible de savoir avec précision quand, où et par qui ce groupement fut créé.

Ninive L'ancienne capitale de l'Assyrie, à l'est du fleuve Tigre, où prêcha le prophète Jonas (Jonas 3.1-10).

Noé Patriarche de l'Ancien Testament qui construisit l'arche dans laquelle lui-même, sa famille et les animaux furent sauvés de la grande inondation (ou déluge) que Dieu envoya sur la terre (Genèse 6.5—9.28).

Oméga Dernière lettre de l'alphabet grec. L'expression "Je suis l'Alpha et l'Oméga" (Apocalypse 1.8; 21.6; 22.13) signifie "Je suis le premier et le dernier".

onyx Pierre précieuse de diverses couleurs.

outre Peau (généralement de chèvre) cousue en forme de sac, qu'on utilisait pour conserver le vin ou d'autres liquides.

pains sans levain, fête des Fête juive qui durait sept jours à partir de la Pâque, et où l'on célébrait également la libération des Israélites de l'esclavage d'Egypte. Le nom est dû au fait qu'on n'employait pas de levain pour faire le pain durant cette semaine (Exode 12.14-20).

Pâque, fête de la Fête juive qui célébrait la libération des Israélites de l'esclavage d'Egypte (Exode 12.23-27).

parabole Récit ou comparaison qu'utilisait Jésus pour donner un enseignement particulier.

paradis Nom désignant le ciel où réside Dieu.

parchemin Peau d'animal, habituellement de mouton ou de chèvre, préparée spécialement pour que l'on puisse écrire dessus.

parti d'Hérode Parti politique composé de Juifs qui tenaient à voir l'un des descendants du roi Hérode le Grand régner sur eux à la place du gouverneur romain.

patriarches Les ancêtres célèbres de la race juive, tels qu'Abraham, Isaac et Jacob, avec lesquels Dieu fit alliance.

pelle à vanner Instrument semblable à une pelle ou à une fourche et servant à secouer le blé pour séparer le grain de la paille.

Pentecôte, jour de Fête juive de la moisson. Le nom de Pentecôte, qui signifie "cinquante", vient de ce que cette fête était célébrée cinquante jours après celle de la Pâque.

percepteurs d'impôts Personnages chargés de prélever les droits et taxes sur les marchandises. Comme ils étaient au service de la puissance occupante (les Romains) et qu'ils profitaient souvent de leur situation pour s'enrichir injustement, ils étaient méprisés par les Juifs.

Pharaon Titre donné aux rois de l'ancienne Egypte. Deux rois d'Egypte sont mentionnés dans le Nouveau Testament: celui qui régnait à l'époque de Joseph, fils de Jacob (Actes 7.10-13; Genèse 40.1—50.26), et celui qui régnait à l'époque de Moïse (Actes 7.21; Romains 9.17; Hébreux 11.24; Exode 1.8—14.31).

Pharisiens Parti religieux juif. Les Pharisiens pratiquaient une obéissance rigide à la loi de Moïse et aux règlements qu'on lui avait ajoutés au cours des siècles.

Pilate Ponce-Pilate fut gouverneur romain de la Judée, de la Samarie et de l'Idumée, de 26-36 ap. J.C. (Luc 3.1; Actes 3.13).

préparation, Jour de la Le sixième jour de la semaine, au cours duquel les Juifs effectuaient les préparatifs nécessaires à l'observance du jour suivant, le sabbat.

prophète Homme qui parle de la part de Dieu, qui est chargé par lui d'apporter un message particulier. Le terme se rapporte habituellement aux prophètes de l'Ancien Testament. Mais il est appliqué aussi à Jean-Baptiste et à Jésus, ainsi qu'aux prophètes de l'Eglise.

Prophète, le Prophète promis par Moïse (Deutéronome 18.15,18) et dont on pensait qu'il viendrait annoncer l'arrivée immédiate du Messie.

Réphan Nom d'un ancien dieu que l'on adorait en tant que maître de la planète Saturne.

résurrection Retour de la mort à la vie.

ressusciter Revenir ou faire revenir de la mort à la vie.

Royaume de Dieu, Royaume des cieux Expression qui désigne non pas une région particulière, mais le pouvoir que Dieu exerce en tant que roi sur le monde.

sabbat Le septième jour de la semaine juive, jour sacré durant lequel tout travail était interdit.

Sadducéens Parti juif peu nombreux, composé principalement de prêtres. L'enseignement des Sadducéens différait sur plus d'un point de celui des Pharisiens.

Samaritain Habitant de la Samarie, région située entre la Judée et la Galilée. Les Juifs et les Samaritains étaient ennemis pour des raisons d'ordre politique, moral et religieux.

sanctuaire Bâtiment central du temple de Jérusalem, dans lequel se trouvaient le lieu saint et le lieu très saint.

saphir Pierre précieuse, de couleur habituellement bleue.

sardoine Pierre précieuse, de couleur habituellement rouge.

sauterelles Insectes extrêmement nuisibles pour les plantes. Les sauterelles, dans les pays bibliques, volent en masses énormes et dévorent complètement les récoltes et les plantes sur lesquelles elles s'abattent.

sceau Marque imprimée dans l'argile ou la cire qu'un propriétaire apposait sur un objet lui appartenant, ou dont on se servait pour fermer un livre en forme de rouleau.

scorpion Petit animal dont la longue queue comporte à son extrémité un aiguillon empoisonné. Il peut causer des blessures très douloureuses et parfois mortelles.

Sion Autre nom de Jérusalem. A l'origine, c'était le nom de la colline sur laquelle fut construite Jérusalem.

Sodome Ville proche de la mer Morte, que Dieu détruisit par le feu en raison de la grande méchanceté de ses habitants (Genèse 19.24-28).

soufre Substance jaune qui brûle en produisant une grande chaleur et une odeur désagréable.

stoïciens Les partisans de la doctrine du philosophe Zénon (mort en 265 av. J.C.) qui enseignait que le bonheur réside dans le fait d'être libre aussi bien à l'égard du plaisir que de la douleur.

synagogue Edifice dans lequel les Juifs se réunissaient pour le culte et pour l'enseignement religieux. S'il n'y avait qu'un seul temple (où étaient offerts les sacrifices), à Jérusalem, on trouvait, par contre, des synagogues dans chaque ville et dans les villages importants.

Tabernacles, fête des Fête juive, d'une durée de huit jours, où l'on rappelait l'époque où les Israélites vivaient sous tente, dans le désert, après la sortie d'Egypte.

Tibère Empereur romain de 14-37 ap. J.C. Ce fut pendant la quinzième année de son règne (environ 29 ap. J.C.) que Jean-Baptiste commença son ministère (Luc 3.1).

Tibériade Autre nom du lac de Galilée (Jean 6.1; 21.1). La ville de Tibériade (Jean 6.23) se trouvait sur la côte ouest du lac de Galilée.

topaze Pierre précieuse, de couleur habituellement jaune.

turquoise Pierre précieuse de couleur bleue ou bleu vert.

voeu Déclaration solennelle, ou engagement, que l'on faisait généralement en demandant à Dieu de punir celui qui en était l'auteur si la déclaration n'était pas vraie ou l'engagement pas tenu.

Zeus Nom du dieu suprême des Grecs.

INDEX

INDEX

Q

R

CARTES DE GÉOGRAPHIE BIBLIQUE

Sidon
MER MÉDITERRANÉE
Mont Liban
Sarepta
Mont Hermon
Damas
PHÉNICIE
Tyr
Césarée de Philippe
GALILÉE
Chorazin
Ptolémaïs
Capernaüm
Bethsaïda
Magadan
Lac de Galilée
Mont Carmel
Cana
Gergesa
Tibériade
Nazareth
Naïn
Césarée
DIX VILLES
SAMARIE
Jourdain
Samarie
Sychar
Sichem
Joppé
Arimathée
Lydda
Ephraim
Béthanie
Béthel
Emmaüs
Jéricho
Jérusalem
Béthanie
PÉRÉE
Nord
Azot
Bethléhem
JUDÉE
Hébron
Gaza
Mer Morte
IDUMÉE
La terre Sainte au temps de Jésus-Christ
Échelle de Kilomètres
8 16 32 64 96

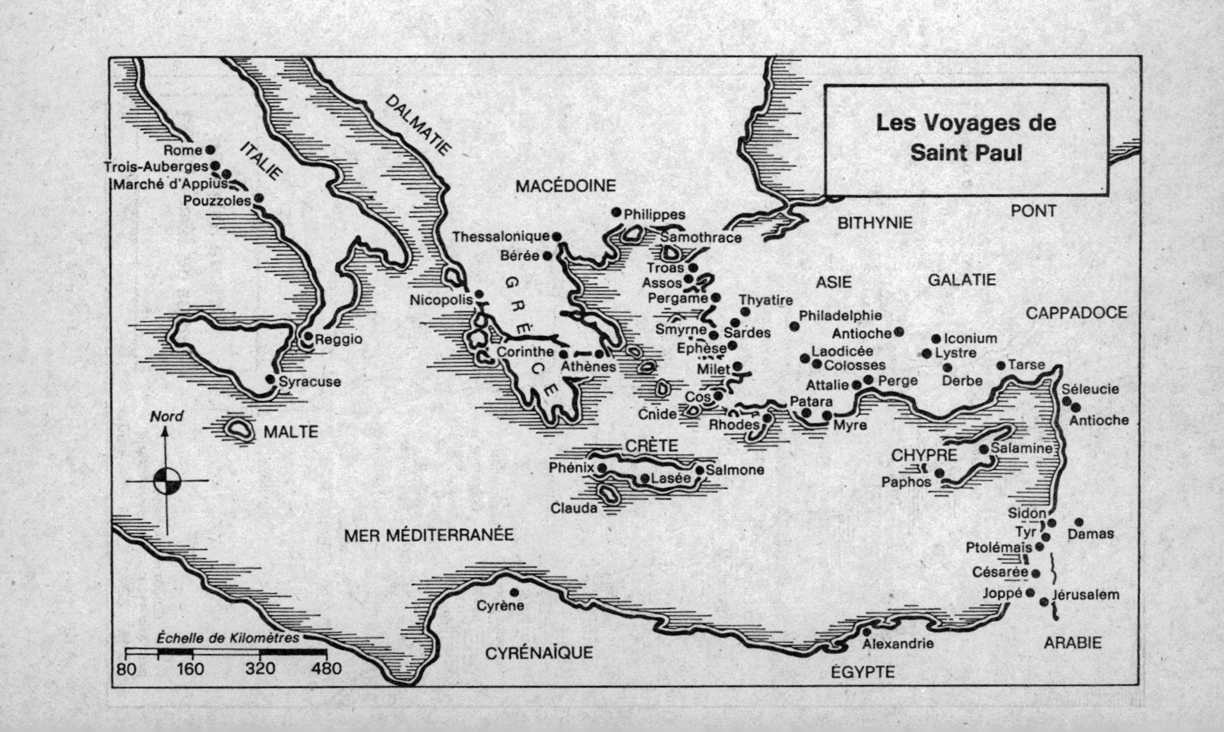
Les Voyages de
Saint Paul
Rome
Trois-Auberges
Marché d'Appius
Pouzzoles
ITALIE
DALMATIE
MACÉDOINE
Thessalonique
Bérée
Nicopolis
GRÈCE
Corinthe
Athènes
Reggio
Syracuse
MALTE
Nord
Philippes
Samothrace
Troas
Assos
Pergame
Thyatire
Smyrne
Sardes
Ephèse
Milet
Cos
Cnide
Rhodes
BITHYNIE
PONT
ASIE
GALATIE
CAPPADOCE
Philadelphie
Antioche
Laodicée
Colosses
Attalie
Perge
Patara
Myre
Iconium
Lystre
Derbe
Tarse
Séleucie
Antioche
CRÈTE
Phénix
Lasée
Salmone
Clauda
CHYPRE
Salamine
Paphos
Sidon
Tyr
Damas
Ptolémaïs
Césarée
Joppé
Jérusalem
MER MÉDITERRANÉE
Cyrène
CYRÉNAÏQUE
Alexandrie
ÉGYPTE
ARABIE
Échelle de Kilomètres
80
160
320
480